이우재의 논어 읽기

도가 사라진 세상, 진정한 도를 찾아 떠나는

이우재의 논어 읽기

이우재 역주

21세기북스

| 추천사 |

　이우재 선생이 『논어 읽기』를 처음 출간할 때, 나는 추천사를 쓰면서 말미에 "이왕에 권력이나 돈은 포기했으니 더욱 열심히 공부해서 우리를 깨우쳐" 주기를 간곡히 부탁했습니다. 꼭 13년 전입니다. 13년이면 공자가 도가 행해지는 세상을 그리며 천하를 떠돌던 기간과 같습니다. 길다면 길고 짧다면 짧은 그간 세상은 참 많이 변했습니다. 우리 역사상 처음으로 선거를 통한 정권교체가 이루어졌고 국토 분단 이후 꽁꽁 얼어붙은 이 땅에 해빙의 분위기가 조성되어 남북 정상이 서로 얼싸안는 모습이 TV를 통해 전 세계에 생중계 되는 것을 보았습니다. 우리는 환호했습니다. 하지만 그것도 잠시, 부자 될 꿈에 눈이 멀어 우리의 판단력이 흐려진 틈을 이용해서 천하의 사기꾼이 청와대에 입성하니 겨우 반짝했던 반도는 다시 얼어붙고 강산은 사정없이 파헤쳐져 살해당했습니다. 급기야는 전직 대통령이 스스로 목숨을 끊고 저 끔찍했던 유신독재의 악령이 되살아나는, 도무지 이해하려야 이해할 수 없는 해괴망측한 기현상이 벌어지기 시작했습니다. 원통하고도 안타깝게 세상을 떠난 건 노 대통령뿐이 아니었습니다. 이우재와 고락을 함께 했던 김근태 선생, 오래도록 더없이 가까웠던 동무 서동만

교수, 부친이 돌아가신 뒤 아버지처럼 존경하며 따르던 홍성훈 선생까지 세인의 애통 속에 서둘러(?) 갔습니다. 우리는 점점 더 외로워졌습니다. 공자가 그리던 새 세상은 도로 저만큼 멀어지고 우리는 춥고 어둡던 옛날로 다시 돌아가고 말았습니다.

그간 이우재는 집 근처에 작은 오피스텔을 얻어 '온고재'라 이름 붙인 서당을 꾸리고 논어를 비롯한 다양한 인문학 강좌를 개설해서 벗들과 함께 공부에 전념했습니다. 지난 2012년 초에는 온고재에서 해온 강의를 토대로 900쪽에 가까운 방대한 분량의 『이우재의 맹자 읽기』(21세기북스)를 펴내기도 했습니다. 나의 간곡한 청을 저버리지 않은 거라고 내 멋대로 생각하며 내심 흐뭇한 미소를 지었습니다. 공자의 유랑생활과 같은 기간인 13년을 지나면서 가톨릭에 귀의한 이우재는 하늘이 자신에게 맡긴 달란트(마태오 25, 14 이하)가 무엇이며 어디에 어떻게 써야 하는지를 확실히 깨달은 것 같습니다.

많은 사람들이 이성적으로 옳고 그름을 분별하기보다는 그때그때의 이해타산으로 매사를 판단하니 진정 정의가 무엇인지 모호한 세상이 되었습니다. 거짓이 참이 되고 악이 선으로 둔갑하는 사례가 비일비재한 혼돈 속에서 그는 차분히 논어를 읽고 또 읽으며 자신이 쓴 책에 대한 부끄러움을 느꼈다고 솔직하게 고백합니다. 그 사이 반백을 훌쩍 넘어 살면서 무엇을 성찰하고 반성하면서 무슨 새로운 깨달음을 얻었기에 예전의 공부가 부끄럽다고 하는 것인지 아직 증보판을 받지 못한 나 역시 무척이나 궁금합니다.

일전에 가까운 산을 오르다가 강아지 한 마리를 앞세우고 내 곁을 스쳐 산을 내려가던 중년부인이 아무렇지도 않게 무심코 하는 말을 듣고 나는 정말 기절초풍했습니다. "아들, 이리 와. 그리 가면 밤송이에 찔려." 사방을 둘러보았지만 아무도 없는데 부인이 쫓아가서 강아지를 들어 품에 안는 것을 보니 '아들'은 틀림없이 그 강아지의 호칭이었습니다. 기가 막혀 한동안 그 자리에 멍하니 서있었습니다. 사람세상이 개세상이 되었습니다. 어쩌다가 이 지경이 되었을까요? 우재 선생님! 공자님이 그 광경을 보셨더라면 뭐라 하셨겠습니까? 그래서 당신의 곧은 절개와 거침없는 일갈이 간절한 요즘입니다.

2013년 가을
인천 부개동 성당에서 호인수

| 논어 증보판을 내며 |

세상에 도가 행해지는 것, 그것이 공자의 평생 바람이었다. 그래서 공자는 아침에 세상에 도가 행해지고 있다는 소리를 들을 수 있다면 저녁에 죽어도 좋다(朝聞道 夕死可矣)고까지 했다. 공자는 그것을 이루기 위해 선왕들로부터 내려오는 그 글(斯文)을 배웠고, 고향을 떠나 무려 13년간이나 천하를 떠돌았다. 그렇지만 그의 꿈은 실현되지 않았다. 실망한 공자는 오랑캐의 땅에 가서 살 생각도 해 보았고, 뗏목을 타고 바다로 나갈 생각까지 해 보았다. 그러다 고향 취푸에서 끝내 세상에 도가 행해지는 것을 보지 못한 채 숨을 거두었다.

공자가 그토록 바란 도가 행해지는 세상이란 도대체 어떤 세상이었을까? 공자의 말을 빌리면 늙은이는 편안하게 해주고, 벗은 믿도록 해주며, 어린이는 품어 주는 세상(老者安之 朋友信之 小者懷之), 바로 그런 세상 아니었을까? 소외됨이 없는 세상, 사람끼리 서로 보듬어 안고 사는 세상, 仁이 충만한 세상이 공자가 바란 세상이었을 것이다. 예기(禮記) 예운(禮運)편에서 말하는 "그 부모만을 부모로 여기지 않고, 그 아들만을 아들로 여기지 않는" 세상, "늙은이는 마칠 곳이 있고, 젊은이는 쓰일 곳이 있으며, 어린이는 자랄 곳이 있고, 홀아비와 과부와 고아와 늙어 자식이 없는 자와 몹쓸 병에 걸린 자도 모두 봉양 받을 곳이 있는" 세상, 다시 말해 대동(大同)의 세상이 공자가 바란 세상이었을 것이다.

죽고 난 후 공자는 화려하게 부활했다. 공자의 후예를 자처한 사람들은 그를 인간이 태어난 이래 다시없는 성인으로 추앙하였고(自有生民以來 未有孔子也), 그의 가르침을 독존(獨尊)의 지위에 올려 국가의 공인 이념으로 삼았다. 그러면서 그들은 도의 실현보다는 도의 탐구에 더 많은 관심을 기울였다. 도는 점차 실현 대상이 아니라 탐구 대상으로 변해갔다. 공자의 도는 삶과 괴리되어 관념화, 형해화되었고, 마침내는 대동의 세상을 가져오기는커녕 대동의 세상을 꿈꾸는 이들을 억압하는 족쇄가 되었다. 끝내 도는 행해지지 않았다.

달나라를 오고 가는 지금 세상에도 도는 아직 행해지지 않고 있다. 아니 오히려 모순은 더 확대, 심화되고 있다. 인간은 더는 이 세계의 주인이 아니며, 자신의 창조물인 돈의 노예가 되고 말았다. 억압과 착취는 전지구적 규모로 행해지고 있으며, 재물이 넘쳐흐르는 반대편에는 굶주림에 허덕이는 사람들이 있다. 뿐만 아니라 인간을 착취하는 것도 성이 안 차는지 이제는 우리와 후손들의 영원한 삶의 터전인 지구까지 착취의 대상으로 삼아 병들게 하고 있다.

인간 세상에 끝내 도는 행해지지 않을 것인가? 대동의 세상은 영원히 실현될 수 없는 이상에 불과할까? 인간 세상에 불평등이 있고, 소외가 있고, 억압과 착취가 있는 한, 도가 행해지는 세상을 꿈꾸는 사람들, 대동의 세상을 꿈꾸는 사람들도 결코 그 꿈을 포기하지 않을 것이다. 세상이 무도(無道)할수록 유도(有道)한 세상에 대한 염원은 더욱 강렬해진다.

바로 이 대목에서 오늘 우리가 공자를 다시 만나야 할 필요가 있다. 우리가 만나야 할 공자는 성인이라는 허울 속에 박제된 공자가 아니라, 도를 실현하기 위하여 13년간 천하를 주유할 때의 그 살아 있는 공자다. 그리고 우리 또한 도가 행해지는 세상, 대동의 세상을 향해 나아가는 고민의 현장, 삶의 현장에서 공자를 찾아야 한다. 공자의 도란 결국 소외됨이 없는 세상, 서로 보듬어 안고 사는 세상을 만들기 위하여 우리 인간이 마땅히 가야 할 길, 그 이외의 어떤 것도 아니기 때문이다.

2000년 가을 논어를 처음 출판한 이후 13년의 세월이 흘렀다. 그 13년의 세월 동안 여러 사람에게 논어를 강독하면서 지난 시절 써낸 책이 많이 부족하다고 느끼고 있었다. 항상 언젠가는 다시 고쳐 써야 하는데 하고 마음만 먹다가 마침내 이제야 결실을 보게 되었다. 독자 여러분의 비판을 겸허한 마음으로 기다린다.

그리고 대학 시절 처음 민주화운동에 몸담은 이래 지금껏 나와 그 길을 같이한 민주화운동 동료들과 선후배 여러분들에게 이 기회를 빌려 새삼 감사를 표한다. 대학 시절을 무도한 독부(獨夫) 박정희 치하에서 보냈기 때문에 그만큼 더 도가 행해지는 세상에 대한 갈망이 컸는지 모른다. 민주화운동은 내게 도가 행해지는 세상으로 나아가기 위한 몸부림이었고, 그 몸부림이 있었기에 지금의 내가 있을 수 있었다. 그 길을 가다가 안타깝게도 먼저 이 세상을 하직한 여러 선후배, 동료들의 명복을 빈다. 그들의 영혼이 부디 저세상에서 평온하기를 빌며, 특히 둘도 없는 친구 서동만과 아우 방인혁의 영혼이 평온하기를 간절히 기원한다.

돌아가신 아버님께는 평생의 불효를 용서해 주실 것을 간절히 청하며, 평생 속만 썩인 자식을 아직도 따뜻이 보듬어 주시는 어머님의 건강과 장수를 빈다. 그리고 모자란 나를 항상 따라준 동생들에게도 감사의 뜻을 전한다. 변함없이 나를 사랑해준 아내 유경림에게 이 세상 그 무엇보다 큰 사랑을 전하며, 나의 아이들에게도 따뜻한 사랑을 보낸다.

  보잘 것 없는 원고를 기꺼이 책으로 출판해 준 21세기북스 김영곤 사장과 한자 때문에 속 좀 썩였을 편집부 정지은 씨에게도 이 기회에 고마움을 표하고 싶다.

2013년 11월 이 우 재

| 논어를 읽기에 앞서 |

 논어는 공자(孔子, BC 552 또는 551~479)의 언행(言行)을 기록한 책이다. 『한서(漢書)』「예문지(藝文志)」에 의하면 공자가 제자들을 비롯한 당시 사람들과 나눈 대화(語)를 후대의 문인들이 논찬(論撰)하였기 때문에 그 이름이 논어라고 한다. 한(漢)대 초기에는 세가지 종류의 논어가 전해지고 있었다고 한다. 노논어(魯論語), 제논어(齊論語), 고논어(古論語)가 그것이다. 그러나 이것들은 지금 어느 하나 전해지지 않고 있다. 오늘날 우리가 보는 논어는 위(魏)나라의 하안(何晏)이 중심이 되어 편찬한 『논어집해(論語集解)』를 따른 것이다.
 공자에 대한 기록은 사마천(司馬遷)의 『사기(史記)』를 위시하여 『춘추좌씨전(春秋左氏傳)』, 『맹자(孟子)』 등 여러 곳에서 찾을 수 있다. 그러나 『사기』「공자세가(孔子世家)」를 제외하고는 모두 단편적인 것에 불과하며, 때로는 신빙성의 문제까지 제기되는 형편이다. 현재 우리가 공자를 알려고 할 때 신뢰할 수 있는 유일한 전거(典據)는 오직 논어뿐이다. 물론 논어 자체도 전해 내려오는 과정에서 착간(錯簡, 한(漢)나라 때 종이가 발명되기 이전에는 책을 대나무로 만들었다. 대나무를 잘게 쪼개 그 위에 글을 쓴 후 그것들을 하나하나 묶어 책으

로 만든 것이다. 따라서 대나무 조각들을 엮은 끈이 풀어질 경우 다시 엮는 과정에서 잘못 섞일 가능성이 충분히 있다. 이런 것을 착간이라고 한다.)이나 변조되었을 가능성이 있기 때문에 전적으로 믿을 수 있다고는 할 수 없다. 그러나 그것은 비판적인 연구를 통하여 극복하여야 할 과제이며, 현재로서는 달리 대안이 없다.

　다른 인물도 마찬가지겠지만, 공자도 그의 사상을 제대로 이해하려면 제일 먼저 그가 살던 시대 상황부터 살펴보아야 한다. 인간의 삶은 주어진 시공간이라는 제약 속에서 이루어지며, 한 인간의 사상은 그 시공간 속에서 그에게 닥친 제반 문제에 대한 그 나름의 총체적 대응이다. 따라서 한 인간의 사상과 그가 살던 시공간은 분리할 수 없는 동전의 양면과 같다. 더군다나 공자와 같이 사회 개혁을 위해 일생을 바친 사람의 경우에는 더욱 그렇다.

　이하에서는 공자가 살던 시대 상황부터 개략적으로 언급하고자 한다. 그럼으로써 공자라는 인간의 실체에 접근해 가는 데 조금이라도 도움이 되기를 바란다.

역사적 배경

1. 공자 이전의 중국 역사

1) 주(周)왕조의 성립

　사마천의 『사기』 「본기(本紀)」는 그 시작을 오제(五帝)로부터 하고 있다. 신화에 의하면 오제 이전에 삼황(三皇)이 있었다고 하나, 사마천은 삼황을 믿을 수 없는 전설로 치부한다. 오제는 한족(漢族)의 시조로 추앙받는 황제

(黃帝) 헌원(軒轅), 전욱(顓頊), 제곡(帝嚳), 그리고 만고의 성왕(聖王)으로 추앙받는 요(堯)와 순(舜)이다. 그러나 현대의 역사학계에서는 오제 또한 신화에 불과한 것으로 본다.

오제 다음은 황하(黃河)의 치수(治水) 사업에 큰 공을 남겼다는 우(禹)임금이다. 그는 요와 순과는 달리 왕위(王位)를 선양(禪讓)하지 않고 자기 아들에게 물려주었다. 그로써 하(夏)라는 중국 최초의 왕조가 성립한다. 사마천은 하나라의 역사를 〈하본기(夏本紀)〉에서 서술하고 있다. 그러나 하나라의 실재 여부에 대해서는 아직도 이론(異論)이 많다. 하나라 시기로 추정할 수 있는 고고학적 유물이 많이 발견되고는 있으나, 하왕조의 문물이라고 확정할 만한 증거는 아직 발견되지 않았다.

중국 역사상 고고학적으로 확인할 수 있는 최초의 왕조는 은(殷)이다. 은은 그 시조인 탕(湯)이 하나라 최후의 왕 걸(桀)의 폭정을 타도하고 세운 나라이다. 중국 역사상 최초의 역성혁명(易姓革命)이다. 은은 상(商)이라고도 불리며 지금의 허난성(河南省) 일대를 기반으로 하고 있었다. 상당한 수준의 청동기 문명을 소유했으며, 지금의 산둥성(山東省), 산시성(山西省), 허베이성(河北省), 산시성(陝西省), 후베이성(湖北省), 안후이성(安徽省) 일대까지를 세력범위로 하는 광대한 국가를 이룩하였다. 은나라의 실재(實在)는 당시 점을 칠 때 사용하였던 거북의 껍질이나, 소의 견갑골(肩甲骨)에 새겨진 갑골문(甲骨文)의 해독을 통해 증명되었다. 은나라의 연대는 대략 BC 17세기부터 BC 12세기(혹은 11세기)까지로 추정된다.

은의 뒤를 이은 왕조가 주(周)이다. 주족(周族)의 기원에 대해서는 확실치는 않지만, 『사기』「주본기(周本紀)」에 의하면 족성(族姓)은 희(姬)씨이고 시조는 후직(后稷)이라고 한다. 후직은 요, 순 시대에 농업을 전담한 사람으로 큰 공을 세웠다. 태(邰, 산시陝西성 우공武功현)에 피봉(被封)되어 희성(姬

姓)을 부여받았으며, 후에 농업의 신(神)으로 받들어졌다.

주족은 주로 산시, 간쑤성(甘肅省) 일대에서 활약했는데, 고공단보(古公亶父, 후에 태왕太王으로 추존됨) 대에 이르러 남쪽으로 이주하여 위수(渭水) 지역에 정착하면서 그 세력이 크게 신장되었다. 고공단보는 왕위를 계력(季歷)에게 물려주었고, 계력은 아들 창(昌)에게 물려주었는데 그가 바로 그 유명한 주 문왕(文王)이다. 창의 시대에 주는 더욱 흥기하여 마침내 관중(關中) 지방의 지배자가 되었다. 창은 죽기 일 년 전 도읍을 기산(岐山) 기슭에서 풍(豊, 산시성 시안西安 부근)으로 옮겼는데, 그곳은 관중평야의 중앙에 위치한 요충지로 훗날 주가 은을 타도하는 거점이 되었다.

창이 죽자 그의 아들 발(發)이 즉위하였는데 그가 바로 주 무왕(武王)이다. 무왕은 실력을 배양하면서 은을 칠 기회만 엿보고 있었다. 당시 은의 왕은 제신(帝辛)으로 훗날 하나라의 마지막 임금 걸(桀)과 더불어 폭군의 대명사처럼 불린 주(紂)이다. 『사기』「은본기」에 의하면 주(紂)는 주지육림(酒池肉林)을 만들고, 포락(炮烙)의 형벌(기름을 칠한 구리 기둥 아래 불을 피워 놓고, 죄인으로 하여금 기둥 위를 걷게 하여 미끄러져 떨어지면 불에 타 죽게 하는 형벌)을 제정하는 등 무도하기 이를 데 없었다. 주(紂)의 포악함은 날로 심해져 마침내 자기에게 충간하는 비간(比干)을 "내가 듣기로 성인(聖人)의 심장에는 구멍이 일곱 개나 있다고 하였소."라고 하면서 그의 배를 갈라 심장을 꺼내 보는 지경에까지 이르렀다고 한다. 그러나 『사기』의 이 내용은 그대로 받아들이기에는 무리가 있다. 아마 무왕의 역성혁명을 합리화하기 위하여 고의로 만들어진 전승(傳承)일 것이다.

아무튼 마침내 기회가 왔다고 생각한 무왕은 드디어 군사를 일으켰다. 양 측의 군대는 목야(牧野, 허난성 치淇현)에서 마주쳤다. 은의 군대는 대패했고, 주는 불 속에 몸을 던져 자살하였다. 이로써 은왕조가 멸망하고 주왕조가 개국했다. 대략 BC 1046년 무렵의 일로 추정된다.

2) 서주(西周)시대

BC 1046년 무왕이 은을 타도한 때로부터 BC 771년 이민족 견융(犬戎)의 침입으로 유왕(幽王)이 피살되어 주왕조가 한때 멸망한 때까지를 서주시대라고 부른다. 유왕이 피살된 이듬해인 BC 770년 유왕의 아들 평왕(平王)은 도읍을 낙읍(洛邑, 허난성 뤄양(洛陽) 일대)으로 옮겨 주왕실을 재건한다. 이때부터 BC 256년 진(秦)에 의해 주나라가 멸망할 때까지를 동주(東周)시대라고 한다. 서주, 동주라고 한 것은 서주의 수도 호경(鎬京, 산시성 시안 부근)이 동주의 수도 낙읍보다 서쪽에 있었기 때문이다.

서주도 은과 마찬가지로 청동기 문명에 기초를 둔 사회였다. 종래는 서주의 청동기 문명을 은과는 계통을 달리하는 것으로 간주해 왔다. 그러나 지금은 서주의 청동기 문명을 은의 한 갈래로 보는 것이 일반적이다. 철기가 도입되기 시작한 것은 서주 말 무렵부터이다.

무왕은 은을 정벌한 후 얼마 되지 않아 곧 병사하였다. 이어 무왕의 아들 성왕(成王)이 즉위하였으나 나이가 어려 무왕의 동생인 주공(周公) 단(旦)이 섭정을 했다. 그 와중을 틈타 멸망한 은의 유족과 무왕의 동생인 관숙(管叔), 채숙(蔡叔) 등이 연합하여 대규모의 반란을 일으켰다. 이른바 삼감(三監)의 난이다. 주공은 성왕을 보필하여 이들의 반란을 진압하고 이들 지역의 원활한 지배를 위하여 지금의 허난성 뤄양 부근에 대규모 도읍을 건설했다. 그것이 낙읍이다. 낙읍은 주의 제2의 수도로서 성주(成周)라고도 불렸다. 주공은 이 성주를 중심으로 은의 유족을 제압하면서 각종 체제를 정비해 갔다. 이러한 주공의 활약으로 주나라는 차츰 안정되어 갔다.

서주의 정치 제도는 봉건(封建)제와 종법(宗法)제로 상징된다. 서주는 광

대한 영토를 지배하기 위하여 봉건제를 실시하였다. 우선 주왕실은 수도 호경(주왕실의 종묘가 있었던 관계로 종주宗周라고도 불림)과 성주 일대를 직접 지배하에 두었다. 그것이 이른바 왕기(王畿) 지방이다. 왕기 지방을 제외한 광대한 피정복지는 주왕실의 자제, 일족(姬姓諸侯) 및 동맹 부족 출신자(異姓諸侯)들을 파견하여 제후로 분봉(分封), 배치하고 은의 유민과 주변 이민족을 감시하게 하였다. 그 밖에 주에 복속한 지방 토호(土着諸侯)는 소제후로서 그 지역을 지배하였다. 또한 제후도 자신의 봉토를 자신의 근친(大夫)에게 나누어 주었다(采地 또는 采邑). 봉건제는 주왕(天子)을 정점으로 하여 제후, 대부에 이르는 정치적 피라미드를 형성하였다.

천자와 제후 사이에는 권리와 의무 관계가 수반되었다. 천자는 제후에 대한 임명권을 갖고 있었으며, 또 봉국(封國) 내에서 주왕실의 정령(政令)을 시행할 것을 강요하였다. 뿐만 아니라 제후는 일정 시기마다 천자를 조현(朝見)해야 했으며, 일정량의 군사, 공납(貢納)의 의무도 부과되었다. 만일 제후가 이와 같은 의무를 소홀히 할 경우에는 탈작(奪爵), 전봉(轉封) 및 봉지의 회수, 삭감 등의 조치가 취해졌다. 반면에 천자는 제후에 대한 책명(册命)을 통해 제후의 봉지에 대한 지배권을 정당화하고, 내란이나 외침으로부터 제후를 보호할 의무가 있었다. 또한 제후에게는 자신의 영역 내에서 일정 정도의 통치의 자율성이 보장되었다.

이러한 봉건제에는 당연히 주왕실이 천하의 모든 토지와 인민을 소유한다는 왕토(王土) 사상이 전제되어 있었다. 그러나 주왕실과 제후의 정치적 결합을 더욱 공고히 한 것은 주왕실인 대종(大宗)에 대한 제후인 소종(小宗) 간의 혈연적 관계를 규정한 종법제도였다. 원래 종법제도는 부족 사회 내에서 씨족 조직이 발전하면서 체계를 갖춘 종족(宗族)제에 그 근거를 두었다. 즉 종족(氏族)은 총본가(總本家)인 대종을 중심으로 단결하며, 각 지파(支派)

는 소종으로서 대종에 예속된다. 상속은 적장자(嫡長子)에게 우선권이 주어지며, 상속자 이외에는 모두 별자(別子)로서 소종을 이루면서 신분은 한 단계씩 낮아진다. 이 종법제도에 의거하여 천자와 제후, 대부 사이는 모두 혈연관계로 의제(擬制)되었다.

은(殷) 대 이후 중국 사회를 구성하는 기본 단위는 읍(邑)이었다. 읍은 보통 성곽으로 둘러싸인 집단 취락(聚落)지를 의미하나, 모든 읍이 성곽으로 둘러싸인 것은 아니었다. 작은 호(濠)로만 둘러싸인 소규모 취락지도 읍이라고 불렸다. 이 읍이 전국(戰國)시대에 중앙에 직할된 현(縣)으로 재편될 때까지 당시 사회를 구성하는 기본 단위였다.

서주 시대 읍은 대체로 다음과 같이 셋으로 분류된다. 우선 제후가 거주하는 중심적 읍인 국(國), 국 이외의 중요한 읍인 도(都), 그리고 국이나 도 이외에 단지 읍으로 지칭되거나 비(鄙)라고 일컬어지는 일반 읍이 그것이다. 국의 주위에는 광대한 원야(原野)가 펼쳐져 있는 데 이를 흔히 야(野)라고 부른다. 야 중에는 국의 축소 형태인 도가 제후 일족의 분읍(分邑)으로서 요충지마다 자리를 잡고 있었다. 이 국과 도를 둘러싸고 원야의 여기저기에 산재한 것이 바로 비의 읍이다. 국과 도는 주변의 비의 읍을 속읍(屬邑)으로 영유하였다. 국의 지배권이 미치는 야의 끝에는 산림이나 계곡 등 자연을 이용한 봉강(封疆)이 타국과의 경계로 설정되어 있었으나, 그것이 오늘날 우리가 뜻하는 식의 국경(國境)은 아니었다. 당시는 영토 개념이 뚜렷하지 않아 국은 읍을 지배하는 것이지 영토를 지배하는 것이 아니었다. 따라서 국의 속읍이 봉강을 넘어 다른 국 안에 있는 경우도 간혹 있었다.

국의 구성원 중 최고의 우두머리는 흔히 공(公)이라 불리는 제후였고, 따라서 중요한 국사에 대한 최종 결정은 공의 권한이었다. 공은 국정의 최고 책임자이면서 국 구성원 전체의 정신적 지주이자 대표자로서 종교적 카리

스마에 호소하는 공동체 수장의 성격도 함께 갖고 있었다. 그것은 공이 국의 지배 계급을 구성하는 일족의 총본가로서, 당시 우주를 주재하는 최고의 신으로 숭배된 천(天)과 함께 신계(神界)에 머물면서 천에 영향력을 행사하는 일족의 조상신(祖上神)인 선공(先公)에게 제사지낼 수 있는 유일한 존재였기 때문이다. 당시 국의 가장 중요한 일은 전쟁(戎)과 제사(祀)였다.

국의 지배 계급 중 공 다음의 지위를 차지한 것은 대부(大夫)였다. 대부는 대부분 공의 일족으로서 복수의 부계 가족을 거느리는 씨(氏)의 종주(宗主) 내지는 그에 버금가는 유력자로, 국의 주요 관직을 세습 독점하였다. 이들은 공으로부터 분여(分與)받은 비(鄙)의 채읍(采邑)을 물질적 기반으로 하여 일족 자제들을 부양하였고, 아울러 이들로 병단을 구성하여 전쟁에 참여할 의무를 부여받았다. 대부 중 일부는 분여 받은 봉읍(封邑) 중 일부를 본거지로 삼아 독자적인 기반을 구축하였는데, 그것이 바로 도(都)이다. 대부 중 국의 최고 직책을 관장하는 유력 명문씨족의 장을 경(卿)이라 칭하였는데, 그는 국정을 총괄하는 집정(執政)과 군(軍) 최고사령관직을 겸임했다.

공과 경대부 이외에 국의 기저를 이루는 최말단 지배계급이 사(士)였다. 사는 원래 조상이 공이나 경대부였으나, 계속된 분족(分族)과 인구증가로 말미암아 혈연관계가 소원해지면서 말단지족(末端支族)으로 전락한 사람들이다. 사는 국에 거주하였으며(國人), 국의 바깥에 전지(田地)를 보유하여 이를 경제적 기반으로 하는 작은 영주와 같은 경우 외에도, 직접 생산에 종사하거나 국의 하급 관리, 경대부의 가재(家宰)나 읍재(邑宰) 등 다양한 형태로 존재했다. 그러나 사는 모두가 전쟁에 종사하는 전사(戰士)라는 공통점이 있었다. 이들은 공이나 경대부의 지배를 받았으나, 때로는 국의 중요 정치 결정에 직접 참여하는 경우도 있었다. 그것은 당시 국이 공, 경대부, 사로 구성되는 일족의 혈연공동체였기 때문이다.

원야에 산재하는 비읍(鄙邑)은 원래 농경 가능한 지역마다 형성된 자연취락으로 혈연관계에 입각한 자립적인 생산공동체였다. 경, 대부의 채읍으로 예속된 이후에도 그와 같은 성격에는 전혀 변함이 없었다. 비읍에 대해 국의 경, 대부 등이 취한 지배 방식은 읍내의 기존 공동체질서를 그대로 온존시키면서 읍 단위로 파악하는 이른바 총체적 지배였다. 즉 읍 단위로 할당된 일정량의 공납(貢納)과 역역(力役)을 공동체의 수장을 통해 착취하는 방식이었다. 경, 대부의 지배는 공동체의 수장을 통해 관철되었지, 직접 읍의 구성원 개개인에게 미치는 것은 아니었다. 이러한 지배 방식이 채택된 데는 공동체 구성원들의 강한 반발도 문제가 되었겠지만, 무엇보다 당시의 낮은 생산력 수준이 결정적인 요인이었다. 목기(木器)나 석기(石器)에 의존할 수밖에 없었던 당시로서는 분산적인 개체노동보다는 집단적인 집체노동이 보다 효율적이었기 때문이다. 비읍의 구성원들은 비록 읍의 수장의 지배를 받고는 있었으나, 균등한 토지 점유 하에 거의 계층분화가 없는 공동체 생활을 영위하고 있었다.

서주 시대의 농업 생산은 은보다 진일보하였다. 아직 석기나 목기가 보편적인 농기구였지만, 예리한 날을 가진 청동제 낫 같은 상당한 수준의 청동제 농기구도 일부 보급되고 있었다. 아울러 농업 기술의 면에서도 초보적인 관개 기술과 더불어 지력을 보강하기 위한 휴경(休耕) 농법이 시도되었으며, 두 사람이 한 조가 되어 경작하는 대규모 집단우경(集團耦耕)이 출현하였다. 이에 따라 농산물의 품종도 증가하여 기장, 조, 밀, 보리, 벼, 고량 등 백곡(百穀)이라고 불릴 만큼 다양한 작물이 재배되었다.

농업의 발달과 함께 수공업, 특히 청동주조법이 급속히 발달하였다. 그에 따라 청동기 중 제기(祭器)의 비중이 줄어든 반면 식기, 무기, 농기구(낫)와 같은 실용적인 제품이 점점 많이 생산되었다. 수공업이 발달하면서 상업도 따라 발달하기 시작했다. 당시 상업은 기본적으로 물물교환 형태였으나, 은대보다 많은 조개껍질(貝)이 화폐로 사용되었고 구리가 상거래의 매개물로 이용되기도 하였다. 이것은 금속화폐의 원초적 형태라고 할 수 있다.

2. 격동의 춘추전국(春秋戰國)시대 — 공자의 시대

1) 춘추전국시대란?

서주의 마지막 임금 유왕(幽王)은 걸주(桀紂)와 더불어 중국 역사상 폭군으로 이름이 높다. 그는 포사(褒姒)를 총애하여 정후(正后)였던 신후(申后)와 태자 의구(宜臼)를 폐하고, 포사를 정후로, 그의 아들 백복(伯服)을 태자로 삼았다. 이에 분개한 신후(申侯, 申后의 아버지)는 산시성 북부에 있던 견융(犬戎)과 연합하여 종주(宗周)를 함락하고 유왕을 죽였다. 이로써 서주는 멸망하였으니 BC 771년의 일이다.

유왕의 원래 태자였던 의구는 동쪽의 성주로 도망가 제후들의 도움을 받아 주왕실을 재건했다. BC 770년의 일로 이때부터 BC 256년 동주가 진에 의해 멸망할 때까지를 동주시대라고 부른다. 그러나 이 시기는 흔히 춘추전국시대라는 이름으로 더 알려져 있다. 춘추는 『춘추(春秋)』라는 책에서 그 이름이 유래했다. 『춘추』는 원래 노(魯)나라의 연대기였던 것을 공자가 편집, 개정한 것이라고 전해지는데, BC 722년 노나라 은공(隱公) 원년부터 BC 479년 애공(哀公) 16년까지의 사건들을 기록하고 있다(공자는 춘추 후기의 인물이다). 전국이라는 이름은 『전국책(戰國策)』이란 책에서 유래했는데, 동주시대 후반기에 활약했던 외교가들의 언론을 중심 내용으로 하고 있다.

춘추시대와 전국시대의 분기점을 언제로 하는가에 대해서는 여러 가지

설이 있다. 그러나 흔히 춘추시대를 명목상으로나마 주왕실의 권위가 인정되고(尊王攘夷) 서주 이래의 질서(周禮)가 다소나마 시행되던 시대, 전국시대를 주왕실이 권위를 완전히 잃고 주례가 붕괴된 시대라고 규정하고 있음을 비추어 본다면, 진(晉)의 대부였던 한(韓), 위(魏), 조(趙) 3가(家)가 진을 삼분하여 사실상 독립했던 BC 453년을 그 분기점으로 보는 것이 타당하다. 그렇게 본다면 춘추시대는 BC 770년부터 BC 453년까지고, 전국시대는 BC 452년부터 진(秦)이 전중국을 통일한 BC 221년까지다.

그러나 이는 편의상의 구분이고, 보통은 춘추전국시대라고 통칭하여 부르는 경우가 많다. 이 시기 동안 종래 토착적 기반 위에서 폐쇄성을 견지해 왔던 읍은 권력의 집중화와 지배력의 심화 과정 속에서 독자성을 상실하고 강력한 중앙 권력의 행정단위로 재편되었다. 또한 서주 사회의 기저를 이루었던 씨족공동체가 해체되면서 소농민 경영이 정착, 보편화되었으며, 국가는 이들을 직접 지배하에 두었다. 종래 인간 세상을 지배한다고 간주되어 왔던 천(天)은 이제 단순한 자연 현상에 불과한 것으로 인식되기에 이르렀다. 학문이 만개하여 제자백가(諸子百家)라는 중국 역사상 보기 드문 문화적인 황금기가 열리기도 하였다. 이러한 가운데 마침내 정치적, 문화적, 경제적, 민족적 단일체로서의 중국이 형성되었다. 춘추전국시대는 한 마디로 분열로부터 통일로 가는 시기라고도 할 수 있다.

2) 춘추전국시대의 정치

주의 정치 체제의 근간을 이루고 있는 종법제는 그 안에 심각한 모순이 내재되어 있었다. 종법제가 의제한 혈연관계라는 것이 시간이 지남에 따라 소원해질 수밖에 없는 것이기 때문이다. 결국 주의 봉건제는 이념적으로는 종법제에 기초하였지만, 실제로는 주왕실의 무력에 의지할 수밖에 없었다. 이런 주의 정치 체제의 내재적인 모순은 주왕실이 이민족의 침입을 받아 동천(東遷)한 동주 시대 이후 표면화되었다.

주왕실의 동천 자체가 이미 주왕실의 몰락을 상징적으로 나타내고 있듯이, 동주 이후 주왕실은 명목상으로만 존재하였을 뿐 이미 제후들을 통제할 물리력을 상실하고 있었다. 게다가 소위 종법제에 입각한 혈연적인 유대는 봉건 이후 몇 백 년이 지난 상황 속에서 아무런 의미도 가질 수 없었다. 주왕실을 정점으로 한 정치적 피라미드는 그 맨 꼭대기에서부터 붕괴하기 시작했다.

주왕실의 통제가 사라지면서 제후들 간에는 강한 자가 약한 자를 삼키는 약육강식의 무한경쟁이 시작되었다. 춘추시대 초기 170여개나 확인되던 제후국은 춘추 말기에 이르러 13개 정도만 존재하게 된다. 이는 전국시대 진(秦), 초(楚), 연(燕), 제(齊), 한(韓), 위(魏), 조(趙)의 7대국으로 병합되고 결국 진(秦)의 전국 통일로 마감되었다.

그러나 이러한 통일 과정이 일률적으로 진행된 것은 아니었다. 춘추 초기에는 아직 강대국이 약소국을 무력 병합하는 단계까지 이르지는 않았다. 춘추기의 정치 질서는 패자(覇者)라 불리는 강대국이 그 무력을 바탕으로 제후간의 회맹(會盟)의 주재자가 되어 주왕실을 명목상으로나마 받들면서 기존의 열국(列國) 체제를 유지하는 것이었다. 패자는 전생을 통해 타국을 정벌하였어도, 그 나라 자체를 멸망시키지는 않았다. 그것은 아마 한 제후국을 멸망시켰을 경우 받게 될 그 나라 조상신의 노여움이나, 또는 해당 주민들의 집단적 반발이 우려되어서였을 것이다. 따라서 약소국이라도 패자가 강요하는 굴욕적인 맹약만 받아들인다면, 나라의 조선(祖先)에 대한 제사로서 상징되는 자국의 독자성을 유지할 수 있었다.

그러나 전쟁이 계속되고, 동맹과 배반이 빈번해지면서 더 이상 이러한 상태가 영속될 수는 없었다. 결국 춘추 중기를 전후하여 진(秦), 진(晉), 초(楚) 등 강대국은 종래의 회맹을 통한 지배 방식에서 탈피하여, 소국을 멸하고 이를 현(縣)으로 삼아 직접 지배하는 이른바 멸국치현(滅國置縣)의 지배방식으로 전환하였다. 물론 이러한 지배 방식에 대한 저항도 격렬하였으나, 강대국은 피정복국의 종묘를 파괴하고, 주민을 집단 이주시키는 등의 방법으로 이를 관철하였다. 이후 전국시대에 이르러서는 대부분의 국이 멸망하고 전국칠웅(戰國七雄)으로 표현되는 강대국만이 살아남았으며, 그마저도 BC 221년 진(秦)에 의해 통일되었다. 진(秦)은 전국에 걸쳐 군현제(郡縣制)를 실시함으로써 중국 전역을 군주의 직접 지배 아래 두는 역사상 최초의 중앙집권적 통일 국가를 수립하였다.

춘추시대 이후 나타나기 시작한 제후국 내부의 중요한 정치적 변화는 공실(公室)의 쇠퇴와 사가(私家, 世卿家)의 대두였다. 원래 공(公)은 일족의 조상신에 대한 제사자로서의 주술적 권위에 그 권력 기반을 두고 있었다. 그는 일족의 대표자였지, 일족에 대한 절대적인 지배자는 아니었다. 이 점에서 그의 권력은 처음부터 약점이 내재되어 있었다. 게다가 계속된 분족(分族)은 공과 대부, 사와의 혈연적 유대마저 약화시켰다. 이런 상태에서 공이 열국 간의 무한 경쟁에서 살아남기 위해 군주권의 강화를 시도할 경우 자칫 국인(國人) 내부로부터의 집단적인 저항을 초래할 가능성이 높았다. 이러한 경향은 주나라의 전통(周禮)이 강하게 남아 있었던 노(魯), 진(晉), 정(鄭), 송(宋), 제(齊) 등 중원 지역의 제후국에서 특히 두드러지게 나타났다. 이들 제후국에서 공은 점차 실권을 잃고 명목상의 존재로만 남게 되었다.

한편 유력 대부(세경가)들은 노(魯)의 삼환(三桓)씨의 경우에는 공실(公室)을 삼분(三分)하면서, 진(晉)의 이성세족의 경우에는 세족(世族)간의 투쟁을 통해 점차 자신의 세력을 확대해 갔다. 이들은 주변의 채읍을 복속시켜

경제적 기반을 확장하고, 다시 그것을 발판으로 삼아 자신을 추종하는 무력집단을 확대했다. 이들 무력 집단은 혈연 의식에 근거한 종래의 봉건적인 주종 관계가 아니라 주군(主君)과 가신(家臣)이라는 가부장(家父長)적인 관계로 맺어졌다. 세경가들은 이들 무력 집단을 정규군으로 편제했고 이것을 바탕으로 삼아 진(晉)의 한(韓), 위(魏), 조(趙) 삼가(三家)는 마침내 BC 453년 진(晉)을 삼분했다. 이로써 주례(周禮)로 표현되는 주의 정치 질서는 마침내 붕괴됐고, 이어 전국시대로 접어들었다. 제(齊)의 경우도 BC 386년 전(田)씨에게 결국 나라를 찬탈당하고 말았다. 그리고 이런 과정을 통하여 군주권의 성격도 변화하여 전국시대의 가부장적인 전제 군주가 등장하였다. 전국시대 열국의 군주들이 서로 앞을 다투어 왕(王)이라 칭한 것은 바로 이러한 군주권의 변화를 나타낸 것이었다.

　춘추시대의 정치는 한마디로 주례로 표현되는 주의 정치 질서, 즉 위로는 천자로부터 제후, 대부에 이르는 정치적 피라미드가 총체적으로 붕괴되는 과정이었다. 천자는 제후에게 능멸당했고, 제후는 잦은 전쟁 속에서 점차 멸망해 갔으며, 약소국은 강대국의 현으로 흡수되었다. 국(國) 내부에서는 공이 점차 실권을 잃고, 유력 대부들이 실권을 장악했으며, 또 대부들은 서로간의 세력 투쟁 과정에서 하나씩 강자에게 흡수되었다. 주의 정치 질서(주례)는 총체적으로 붕괴됐으며, 그것을 단적으로 나타낸 것이 진(晉)의 삼분(三分)이었다. 이후 전국시대에 이르러서는 어디에도 주례의 흔적은 남아 있지 않았다.

3) 춘추전국시대의 사회, 경제, 문화

　춘추 중기 이후 본격화한 멸국치현의 새로운 지배 방식은 피정복지의 구질서를 해체해 갔다. 피정복지의 구질서를 온존시킨 채로는 효율적인 지배를 기대하기 어려웠기 때문이다. 강대국들은 피정복국의 구질서(씨족공동체질서)를 상징하는 종묘를 파괴하고, 그 지배 씨족을 처형하거나 강제로 이주시켰다. 이에 저항할 경우에는 피정복민 전체를 강제 이주시키는 극한적 방법도 불사하였다. 이런 과정을 통해 적어도 피정복지 내에서는 구래의 씨족적 질서가 외부로부터 점차 해체되어 갔다.

한편 철기(鐵器)의 보급에 따른 농업 생산력의 발달도 씨족적 질서를 내부로부터 해체해 갔다. 서주 말기부터 도입되기 시작한 철기는 BC 7~6세기경 기존의 목제 농구나 석제 농구를 대체하기 시작했다. 그에 따라 우경(牛耕)이 시작되면서 이전에는 엄두도 낼 수 없었던 심경(深耕)과 기타 토양가공, 중경(中耕), 제초(除草) 등이 용이해져 단위 면적 당 생산량이 급격히 증가했다. 이와 함께 노동생산성이 크게 높아짐으로써 광대한 황무지와 원야(原野)에 대한 개간이 확대되어 공동체적 토지 소유의 규제를 받지 않는 농경지가 출현함은 물론 토지 점유의 불균형도 심화되었다. 그 결과 낮은 생산력 때문에 불가피하게 유지되어 왔던 씨족제적 읍공동체질서는 계층분화에 따라 내부로부터 붕괴되었고 가족단위의 소농경영이 출현하였다. 이러한 과정은 춘추시대 중기 이후 전국시대 초에 걸쳐 진행되었으며, 전국시대 이후에는 가족 단위의 소농경영이 보편화되었다.

이렇게 내외부적 요인에 의해 씨족공동체가 붕괴되면서 그에 따른 부작용도 크게 나타났다. 계층분화가 진행되면서 빈부의 격차가 심화되었으며, 다수의 농민이 몰락했고, 심지어는 토지로부터 방기되어 유랑하는 경우도 많았다. 게다가 전국 이후 총력전의 양상으로 변모한 전쟁은 더 많은 전비와 병사를 필요로 했고, 그에 따라 백성의 주류를 이루는 농민의 삶은 더욱 피폐해졌다. 이러한 사회 불안 요소를 해결하기 위하여 전국(戰國)의 열강들은 앞 다투어 변법(變法)을 실시했다. 위문후(魏文侯) 때

이회(李悝)를 필두로 하여 한소후(韓昭侯) 때 신불해(申不害), 진효공(秦孝公) 때 상앙(商鞅) 등으로 대표되는 변법의 목적은 크게 두 가지였다. 하나는 구래의 공동체적 질서의 잔재를 파괴하여 군주를 정점으로 하는 일원적인 법치질서를 전 지역에 관철하는 것이었고, 또 하나는 공동체로부터 분리된 소농민에게 안정적 재생산구조를 보장하는 것이었다. 후자를 위하여 열국들은 농민에게 적정한 규모의 토지를 공급하고, 또한 광대한 규모의 치수, 개간 사업을 진행하였다. 이로써 농민은 직접 군주에게 예속되었고, 그것은 결국 가부장적 군주를 정점으로 하는 중앙집권체제의 확립에 크게 기여하였다. 전국시대 군주들이 왕을 칭한 것은 바로 이러한 사실을 배경으로 했다.

춘추시대 이후 열국 간의 잦은 전쟁과 공과 대부 간, 대부 상호간의 세력투쟁의 결과 봉건제 하에서의 구지배층은 점차 몰락해 갔다. 그에 따라 봉건제 하의 신분 질서가 붕괴되었고, 또한 구지배층이 독점했던 관료 기구도 변화를 맞이할 수밖에 없게 되었다. 한편 열국 간의 무한 경쟁에 처한 군주의 입장에서는 경쟁에서 승리하기 위하여 보다 유능하고 보다 자기에게 충성하는 그런 집단이 필요하였다. 그것은 유력 대부의 경우도 마찬가지였다. 그리고 멸국치현에서 보이듯이 직할통치 지역이 확대되면서 군주를 보좌할 관리들이 점차 많이 요구되었으며, 사회가 복잡해지면서 행정 사무가 복잡화, 전문화됨에 따라 전문 행정 관리에 대한 수요는 더욱 증대하였다.

이에 따라 실제적인 행정능력과 정치적 식견을 갖춘 유능한 인재가 대거 필요해졌다. 이제 신분은 관리가 되는 데 더 이상 장애 요인이 되지 않았다. 관직을 독점했던 구지배층도 더 이상 존재하지 않았으며, 또한 남아 있다 하더라도 그들로서는 이 새로운 요구를 충족시킬 수 없었기 때문이었다. 모든 제자백가들이 신분의 귀천에 관계없이 능력 본위로 인재를 발탁해야 한다는 이른바 상현(尙賢)을 주장했던 것도 바로 이 때문이었다. 이러한 시대적 요구에 따라 하층의 사(士)나 심지어는 미천한 신분의 사람들까지도 학식을 통해 관직에 오르는 것이 가능해졌다. 이들 새로운 관리들은 구 봉건제의 옹호자가 아니었다. 신분제에 기반을 둔 구 봉건제는 그들의 성장에 방해가 되는 질곡일 뿐이었다. 그들은 자신을 등용해 준 군주를 도와 봉건제를 타파하고 군주권의 강화에 힘썼다. 그에 따라 관료제에 기반을 둔 중앙집권적 통일국가로의 길은 더욱 가속화되었다.

한편 학문을 통한 출세의 길이 열리면서 새로운 교육의 장이 열렸다. 가문 안에서 비전(祕傳)의 형식으로 이루어져 왔던 전통적 교육은 신분제가 붕괴되면서 함께 무너졌다. 또한 사회가 커지고 복잡해지면서 새로운 지식이 요구되었다. 이에 부응하여 나타난 것이 이른바 사학(私學)이었다. 중국 역사상 사학의 비조(鼻祖)라 불리는 공자의 문하 제자들을 살펴보면 알 수 있듯이, 제각기 다른 출신 성분의 수많은 젊은이들이 신분상승의 뜻을 품고 유능한 스승의 문하에 몰려들었다. 그들은 스승의 문하에서 학문을 익히고 그것을 발판으로 삼아 관직의 길에 올랐다.

이러한 사회적 분위기는 당연히 학문을 만개시켰다. 이른바 제자백가(諸子百家)라고 불리는 중국 역사상 보기 드문 문화적 황금기가 열린 것이다. 그러나 이 문화적 황금기는 사회 전반에 걸친 신분상승 욕구에 편승하여 이루어졌다는 한계 때문에 정치, 행정, 군사 등 소위 입신에 필요한 학문으로만 한정되고 말았다. 비슷한 시기 그리스 학문이 "학문을 위한 학문", 자연과학에 깊은 관심을 보인 것과 크게 대조되는 것이다.

BC 7~6세기 이후 철제 농구가 보급되면서 농업이 비약적으로 발달함에 따라 수공업과 상업도 함께 발전하였다. 수공업은 서주 시기까지 주로 왕실이나 공실에 예속된 직업적 씨족이 주된 담당자였다. 그러나 춘추시대 이후 씨족이 해체되면서 한 편으로는 관영공장으로 재편되고, 또 한 편으로는 독립 자영 수공업자가 출현하였다. 이에 따라 수공업 생산품의 성격도 변화했는데, 춘추시대에는 지배층을 상대로 한 군수품이나 사치품이 주종을 이루었던 것이 전국시대에는 일반인을 위한 일용품이 많아졌다. 철제 농구의 보급도 이에 따른 결과였다. 제염업, 제철업, 칠기, 피혁, 직물 등 다양한 수공업이 발달하였으며 이에 따라 지역적 특산품의 생산도 발전하였다.

농업, 수공업이 발달하면서 많은 잉여가 발생하고, 분업에 따른 지역적 편차가 심화되면서 교역의 필요성이 대두되었다. 특히 계층분화에 따라 부민(富民)층이 성장하면서 대상인도 출현하였다. 이에 따라 시장권도 확대되어 이미 국의 경계를 넘어서고 있었다. 공자의 제자인 자공(子貢)이 조(曹)와 노 사이에서 장사를 하여 거금을 모았다는 『사기』「화식열전(貨殖列傳)」의 기록은 그러한 사실을 잘 말하여 주고 있다. 청동제 화폐도 유통되었으며, 대도시도 출현하였다. 전국 후기 제(齊)의 수도 임치(臨淄)의 호수가 7만 호(戶)였다고 하는데 1호당 평균 5명으로 계산하면 대략 35만 명의 인구가 살고 있었던 것이 된다. 이들 중 상당수는 수공업자나 상인이었을 것이다. 당시 수공업과 상업의 발달을 미루어 짐작할 수 있다.

난립한 열국 체제는 상업의 발달에 큰 장애가 되었다. 국경을 넘을 때마다 새로이 통행증을 발급받아야 했으며, 또 통관세도 지불해야 했다. 나라마다 도량형이 달라 거래할 때마다 다시 측량해야 하는 불편함도 있었다. 화폐도 각기 달랐다. 대상인들에게 열국의 통일이야말로 무엇보다 절실한 과제였다. 진의 전국 통일은 이러한 상인층의 욕구도 반영된 것이었다.

철기의 도입에 따라 대규모 관개 시설이 건설되면서 농업의 자연의존도는 점점 낮아져 갔다. 수공업이 발달하면서 인간은 자연에 존재하지 않는 새로운 도구들을 개발해 쓸 수 있게 되었다. 인간의 자연 지배력이 증진된 것이다. 또 지식의 발달로 말미암아 전에는 그저 미지와 경이의 대상이었던 자연을 부분적으로나마 그 법칙에 대해 인식할 수 있게 되었다. 이러한 결과 인간은 이전까지의 주술적 세계관으로부터 점차 해방될 수 있었다.

이러한 변화에는 정치, 사회적인 변동도 크게 기여하였다. 우주를 주재하는 천(天)은 주 봉건제의 보증인이었다. 그러나 그는 주왕실이 몰락하고 봉건제가 파괴되는 내내 수수방관만 하고 있었다. 제후간의 맹약이 빈번히 파괴되었어도 그 맹약의 보증자인 천이나 조상신은 그 맹약의 배반자에 대해 아무런 징벌도 내리지 못했다. 씨족공동체가 해체되면서 조상신이 설 자리도 함께 사라져 갔다. 천이나 신의 정치, 사회적 효용성이 소멸된 것이다. 순자(荀子)가 천(天)을 단순한 자연현상에 불과한 것으로 인식한 것도 당연한 일이었다. 인간은 이제 천이나 신으로 상징되는 주술적 세계관으로부터 해방되어 인간 중심의 길을 걸을 수 있게 되었다.

3. 진한제국(秦漢帝國)의 성립

BC 221년 진시황(秦始皇)의 중국 통일은 춘추전국시대 내내 진행되어 왔던 역사적 흐름의 귀결이었다. 춘추 초 170여개로 난립했던 정치적 분열은 하나의 강력한 국가로 통일되었다. 그 과정에서 많은 국들이 군현제 하의 행정단위로 변모하였다. 씨족공동체는 해체되었으며, 공동체의 독자성, 특수성은 인정되지 않았고 전국이 일원적 통치 질서로 재편되었다. 종래 공동체의 규제 아래 놓였던 인민들은 군주의 직접적인 지배 아래 놓이게 되었다. 새로운 관료 집단이 군주의 직접 통치를 보좌했다. 도량형이 통일되면서, 하나의 경제권이 형성되었다. 문자도 통일되었고, 따라서 하나의 문화권이 형성되었다. 정치, 경제, 사회, 문화적으로 명실상부한 하나의 중국이 건설된 것이다.

주술적 세계관으로부터 해방된 인간은 더 이상 인간 세상의 일에 대해 천이나 신의 간섭을 원치 않았다. 중국을 통일한 진시황은 자신의 칭호를 황제(皇帝)라고 하였다. 전설상의 삼황(三皇)의 으뜸인 태황(太皇), 오제(五帝)에서 딴 것이다. 진시황은 자신을 인간 세상의 절대자, 주재자로 천명하였다.

진의 천하는 불행히도 오래가지 못해 BC 207년 멸망하고, 이어 한(漢) 제국이 성립하였으나, 이와 같은 역사적 추세는 크게 변하지 않았다. 한 번 흘러간 역사는 다시는 되풀이되지 않았다.

이상 우리는 공자가 살던 춘추전국시대의 역사를 개략적으로 살펴보았다. 공자는 춘추 후기의 인물로, 이 격동기의 한 복판에서 삶을 살았다. 주 봉건제가 해체되는 과정에서 열국 간에는 전쟁이 끊이지 않았으며, 국(國) 내에서는 공과 대부 간의 세력 투쟁이 빈발하였다. 또 씨족공동체가 해체되면서 수많은 인민이 아무런 대책 없이 공동체의 보호 밖으로 추방되었다. 치열한 생존경쟁으로 말미암아 이기심이 만연하여 인심은 각박하기 그지없었다. 시대의 흐름을 탄 소수의 사람을 제외한 다수의 인민에게는 참으로 고통스럽기 그지없는 세상이었다. 구시대가 물러가고 새 시대가 오는 과정에서 이러한 혼란과 고통은 역사의 진보를 위해 불가피한 것일 수도 있었겠지만, 당대의 사람, 특히 소수의 승리자를 위하여 몰락할 수밖에 없는 다수의 인민에게는 언제 끝날지 알 수 없는 끝없는 고난 그 자체일 뿐이었다. 공자는 이 참담한 현실에 대해 고민했다. 논어는 그 고민을 기록한 책이다.

논어에 대하여

논어가 언제 편찬됐느냐에 대해서 현재까지 확실하게 알려진 것은 없다. 한(漢) 초에 이미 노논어, 제논어, 고논어의 세 논어가 전해지고 있었던 것으로 미루어 보면, 논어의 편찬 시기는 한 이전으로 거슬러 올라간다. 논어에는 논어의 성립 시기를 알려주는 분명한 언급은 없다. 다만 태백(泰伯) 편에 증자(曾子)가 임종할 무렵의 일이 기록되어 있을 뿐이다. 따라서 논어의 성립 시기는 적어도 증자가 사망한 이후이다. 여기서 또 하나의 중요한 단서는 『맹자』이다. 공자의 문도임을 자인한 맹자의 저서 안에는 논어에 대한 언급이 없다. 이에 근거하여 논어의 성립 시기를 맹자 이후로 추정하는 사람도 있다. 그러나 여기에 이의를 제기하는 학자들도 많다. 그것은 논어에 있는 공자의 말을 인용할 때 "論語曰"이라고 하지 않고, 바로 "孔子曰"이나 "子曰", 또는 "仲尼曰"이라고 하는 것이 당시의 일반적인 관행이었기 때문이다. 현재까지 논어의 성립 시기에 관한 정설(定說)은 없다. 다만 춘추 말에서 전국 초기에 이르는 시기에 논어가 성립되었으리라는 것이 학계의 일반적인 견해이다.

논어를 누가 편찬했는가도 아직까지 확실하게 알려진 바는 없다. 송(宋)의 정자(程子)는 논어에서 오직 유자(有子)와 증자(曾子)만을 자(子)로 칭하는 것에 주목하여 논어가 유자와 증자의 문인들에 의하여 편찬된 것으로 추정했다. 그러나 그에 대한 이견도 많다. 송의 형병(邢昺)의 『논어주소(論語注疏)』에 인용된 한(漢)의 대학자 정현(鄭玄)의 주장에 의하면 논어는 중궁(仲弓), 자유(子游), 자하(子夏)가 편찬한 것이라고 한다. 하지만 이것 또한 확실한 증거는 없다. 현재 우리가 추정할 수 있는 것은 논어가 공자의 이대(二代) 제자나 그 이후의 문인들에 의하여 편찬되었으리라는 것뿐이다.

인쇄술이 아직 발명되지 않았던 고대 사회에서 책은 필사(筆寫)나 구전(口傳)을 통하여 전해질 수밖에 없었다. 이러한 사정은 책이 전해지는 과정에서 당연히 많은 이본(異本)을 낳았다. 논어 또한 예외는 아니었다. 한(漢) 초기에 세 종류의 논어가 있었다. 이른바 노논어(魯論語), 제논어(齊論語), 고논어(古論語)가 그것이다. 노논어는 공자의 고향인 노나라를 중심으로 전해지던 것으로 도합 20편(編)이다. 지금 우리가 보는 논어의 편제(編制)는 이 노논어를 따른 것이다. 제논어는 오늘날 산둥성 일대인 제나라 학자들 사이에서 전해지던 것이다. 도합 22편으로 문왕(問王), 지도(知道)의 두 편이 더 있다. 뿐만 아니라 장구(章句)도 노논어보다 많았다고 한다. 고논어는 한(漢) 대에 공자의 구택(舊宅)을 허물다 그 벽 속에서 나온 것이라고 한다. 현재 논어의 마지막 편인 요왈(堯曰)의 제2장 "子張問於孔子曰" 이하를 별도로 자장(子張) 편으로 독립시켜 결국 자장 편이 둘 있는 21편이다. 고문(古文) 즉 옛 글자인 과두문자(蝌蚪文字)로 쓰여 있어 고논어라고 한다. 현재 이들 세 논어는 전해지지 않는다.

현재 우리가 보는 논어의 성립 과정은 다음과 같다. 한 성제(成帝) 때의 인물인 장우(張禹)는 본래 노논어를 전수받았으나, 제논어의 좋은 점도 취하여 자기 나름의 논어를 만들었다. 그가 안창후(安昌侯)에 봉해졌기 때문에 이 논어를 장후론(張侯論)이라고 했는데, 세상에서 귀하게 여겼다. 또 동한(東漢) 말에 정현은 노논어의 편장(編章)을 주로 하고, 제논어, 고논어를 참고하여 주석을 달았다. 이러한 바탕 위에서 위(魏)의 하안(何晏) 등이 당시 전해지던 여러 학자들의 좋은 점을 취하여 『논어집해(論語集解)』를 펴냈다. 현재 우리가 보는 논어는 이 『논어집해』를 따른 것이다. 장후론과 정현의 논어 또한 현재 전해지지 않는다.

논어가 전해지는 과정이 이와 같았던 만큼 논어에는 앞뒤의 문맥이 이

어지지 않는 곳이 상당히 있다. 앞이나 뒤의 문장이 빠진 것으로 추측되는 곳도 있고, 공자나 공문(孔門)과 무관한 것으로 생각되는 글도 있으며, 무슨 뜻인지 도저히 해석할 수 없는 문장도 있다. 물론 전해지는 과정에서의 착간(錯簡)이나 누락 때문으로 추측되나, 때로는 의도적인 조작의 가능성까지도 제기되고 있다. 그런 만큼 논어 장구(章句)의 해석도 다양하여 그야말로 한우충동(汗牛充棟)이라 할 만큼 많은 주석서(註釋書)가 발간되었으며, 앞으로도 그럴 것으로 추측된다. 이하에서는 논어의 중요한 주석서에 대해 개괄해 본다.

1) 하안의 『논어집해』

앞에서도 언급했듯이 현존하는 최고의 논어 주석서이자, 논어 텍스트이다. 하안 혼자 쓴 것은 아니며 손옹(孫邕), 정충(鄭沖), 조희(曹羲), 순의(荀顗) 등도 함께 관여하였다. 그 시기는 대략 위나라 정시(正始) 년 간(240~254)으로 추정되나, 하안이 249년 사마의(司馬懿)에게 처형된 것으로 미루어 그 이전일 것이다. 한(漢)의 공안국(孔安國), 포함(包咸), 주씨(周氏), 마융(馬融), 정현(鄭玄), 위(魏)의 진군(陳群), 왕숙(王肅), 주생렬(周生烈)의 주들이 소개되어 있다. 하안 자신이 직접 주를 단 것도 있으나, 그 자신이 노장(老莊) 사상에 심취하였기 때문에 자설(自說)의 경우에는 노장 사상의 흔적이 엿보인다. 논어의 주 중 가장 오래되었기 때문에 고주(古注)라고도 불린다. 신주(新注)라고 불리는 주희의 『논어집주』가 나오기 전까지 논어를 읽는데 가장 기본이 되는 책이었다.

2) 황간(皇侃)의 『논어의소(論語義疏)』

6세기 전반인 양(梁)나라 무제(武帝) 때의 인물인 황간이 하안의 『논어집해』를 재주석한 것이다. 하안 이후 그의 시대에 이르기까지의 여러 학자들의 주석도 함께 소개하고 있다. 황간 자신이 유학자이면서 불교 신봉자이기도 한 까닭에, 노장 사상과 불교의 영향이 곳곳에서 감지된다. 또한 기이하고 재미있는 해설이 풍부하게 소개되어 있어, 그것이 장점이자 단점이 되고 있다. 중국에서는 이미 오래 전에 실전(失傳)되었으나, 일본에서 전해 내려오던 것이 중국에 다시 역수입돼 청(淸)의 건륭(乾隆)년 간에 복간되었다.

3) 형병(邢昺)의 『논어주소(論語注疏)』

하안의 『논어집해』를 북송(北宋) 초에 형병이 재주석한 것이다. 원래 이름은 『논어정의(論語正義)』이나 『십삼경주소(十三經注疏)』에 포함되어 있어 『논어주소』라고도 불린다. 경전의 권위적 해석에 충실하여 특별히 새로운 주장 등은 거의 눈에 띄지 않는다.

4) 주희(朱熹)의 『논어집주(論語集注)』

중국의 유학은 한 대 이래 고전의 해석에 충실하였다. 이른바 훈고학(訓古學)이다. 그러나 북송(北宋) 중기 이후 새로운 유학의 기풍이 등장했다. 이른바 도학(道學), 이학(理學), 또는 그 완성자의 이름을 따 주자학(朱子學)이라고도 불리는 성리학(性理學)의 출현이 그것이다. 이들은 유학을 새로운 형이상학(形而上學)으로 발전시키고자 하였다. 우주를 이(理)와 기(氣)로 설명하려고 한 이 새로운 유학은 이정자(二程子)라고 불리는 정호(程顥), 정이(程頤) 형제를 거쳐 주희(朱熹)에 의해 완성되었다.

주희는 자신의 학문의 법통을 공자에서 증자, 자사(子思)를 거쳐 맹자로 이르는 계보에서 찾았다. 주희는 논어, 『맹자』, 『대학(大學)』, 『중용(中庸)』을 따로 사서(四書)라고 불렀으며, 오경(五經)보다도 중요시하였다. 주희에게 공자는 인류 최대의 성인이었으며, 당연히 그의 언행을 기록한 논어 또한 최고(最高)의 책이었다. 그런 주희가 논어를 자신의 입장에서 새롭게 해석하려 한 것은 당연한 일이었다. 주희가 중국 역사상 가장 뛰어난 학자 중 한 사람이었던 만큼 그의 『논어집주』 또한 논어의 가장 뛰어난 주석서 중 하나이다. 그러나 그의 주에는 공자를 지나치게 성인시하고, 또 성리학을 뒷받침하기 위하여 원문을 무리하게 해석하는 등 결점도 적지 않다. 주희의 『논어집주』는 고주, 즉 하안의 『논어집해』와 대비하여 흔히 신주(新注)라고 불린다. 이후 신주는 한국, 중국, 일본에서 논어에 관한 일종의 교과서로 받아들여져 왔다.

5) 유보남(劉宝楠)의 『논어정의(論語正義)』

남송(南宋) 이래 400~500년을 넘게 중국의 학계를 지배한 성리학은 청(淸) 대에 이르러 학자들의 집단적인 반발에 직면한다. 청의 학자들은 성리학에 대항하여 실증적인 고증학(考證學)을 주창하였다. 이들은 주희의 신주에서 이(理) 자가 들어간 것은 모두 부정하고, 고대의 음운학이나 언어학을 연구하여 고전을 당시의 뜻 그대로 읽을 것을 주장하였다. 이러한 청대 고증학의 연구가 총 집대성된 것이 유보남의 『논어정의』다. 유보남은 고주, 즉 하안의 『논어집해』를 바탕으로 하면서도 한유(漢儒), 송유(宋儒)를 비롯하여 명(明), 청 대 학자들의 장점을 모두 섭렵하고 있다. 가히 전통 시대 논어 연구의 최정점이라 할 수 있는 책이다. 그러나 책 전부를 유보남이 직접 쓴 것은 아니다. 유보남이 집필하다 중도에 그만둔 것을 아들 유공면(劉恭冕)이 계속하여 동치(同治) 5년인 1866년 출판하였다.

6) 다산(茶山) 정약용(丁若鏞)의 『논어고금주(論語古今註)』

우리나라 조선 시대의 논어 해석은 주희의 신주(新注) 일색이었다. 성리학이 국교이다시피 했으니 당연한 일이었다. 그러나 조선 후기에 실학(實學)이 등장하면서 상황은 변하기 시작했다. 실사구시(實事求是)를 내세운 실학자들은 당시 청의 고증학에 눈을 돌려 경전을 재해석하기 시작하였다. 그러한 노력의 소산으로 나타난 것이 다산의 『논어고금주』다. 다산은 우리나라 최고의 학자답게 논어에 관한 고금의 주를 두루 섭렵하며 자신의 입장을 밝혔다. 그 내용은 청의 학자들과 일본의 오규 소라이(荻生徂徠)에 이르기까지 실로 방대하다. 다산의 『논어고금주』는 1812년 다산의 나이 52세 때 유배지인 강진의 초당에서 쓰였다.

이외 논어의 주석서는 이루 헤아릴 수 없을 만큼 많으나, 그 중 일본의 이토 진사이(伊藤仁齋)의 『논어고의(論語古義)』, 오규 소라이의 『논어징(論語徵)』도 눈여겨 볼 만한 책이다. 또 중국의 정수덕(程樹德)의 『논어집석(論語集釋)』은 논어의 각종 주 중 의미 있다고 생각되는 것들을 집대성한 책으로 논어의 여러 주를 한 눈에 볼 수 있다는 장점이 있다. 필자도 이 책의 신세를 많이 졌다.

논어의 주석서는 아니지만 사마천의 『사기』 「공자세가」와 「중니제자열전(仲尼弟子列傳)」도 논어를 공부하고자 하는 사람이라면 반드시 한 번 읽어 보아야 할 책이다. 그것은 이 책이 공자와 그의 제자들에 대한 가장 오래된 전기(傳記)이기 때문이다. 다만 많은 학자들이 몇몇 부분의 신빙성에 문제를 제기하고 있다는 사실은 염두에 둘 필요가 있다.

| 차례 |

추천사 _5
논어 증보판을 내며 _8
논어를 읽기에 앞서 _12

제1편. 학이(學而) _41
배우고 제때에 수시로 익히면 또한 기쁘지 아니한가?

제2편. 위정(爲政) _79
덕으로 정치를 하는 것은, 비유컨대 북극성이 제자리에 있으니 모든 별이 그를 향해 인사하는 것과 같다.

제3편. 팔일(八佾) _113
팔일의 춤을 마당에서 추니, 이것을 차마 한다면 무엇인들 차마 하지 못하겠는가?

제4편. 이인(里仁) _157
인(仁)에 사는 것이 아름답다. 선택해 인에 처하지 않는다면 어찌 지혜롭다 할 수 있겠는가?

제5편. 공야장(公冶長) _193
나라에 도가 있으면 버려지지 않을 것이요, 나라에 도가 없더라도 형벌은 면할 것이다.

제6편. 옹야(雍也) _239
평소 몸가짐도 소탈하면서 행동이 소탈하다면, 지나치게 소탈한 것 아닙니까?

제7편. 술이(述而) _291
조술(祖述)할 뿐 창작하지 않으며, 옛것을 믿고 좋아하니, 몰래 우리 노팽에게 비유할거나.

제8편. 태백(泰伯) _341
태백은 덕이 지극하다고 할 수 있겠다. 세 번 천하를 양보했으나 백성이 그 덕을 칭송할 길이 없다.

제9편. 자한(子罕) _369
공자께서는 이(利)에 대해서는 좀처럼 말씀하시지 않으셨으나, 말씀하실 때에는 명(命)과 인(仁)과 함께 하셨다.

제10편. 향당(鄕黨) _409
공자께서 마을에 계실 때에는 공순하셔서서 마치 말할 줄 모르는 사람 같으셨다.

제11편. 선진(先進) _441
선배들은 예악(禮樂)에 대해 야인다웠고, 후배들은 예악에 대해 군자답다. 만일 쓴다면 나는 선배들을 따를 것이다.

제12편. 안연(顔淵) _497
나를 극복하고 예를 실천하는 것이 인을 행하는 것이다.

제13편. 자로(子路) _545
먼저 솔선수범하고 나서 백성에게 일을 시켜라.

제14편. 헌문(憲問) _589
나라에 도가 있으면 봉록을 받는다. 나라에 도가 없는데 봉록을 받는 것이 부끄러운 일이다.

제15편. 위령공(衛靈公) _653
제례에 관한 일은 일찍이 들었습니다. 군사에 관한 일은 아직 배우지 못했습니다.

제16편. 계씨(季氏) _695
군자는 자기가 원한다고 말하지 않고, 억지로 꾸며대어 말하는 것을 미워한다.

제17편. 양화(陽貨) _719
해와 달이 가고 있습니다. 세월은 우리를 기다려주지 않소.

제18편. 미자(微子) _763
미자는 떠나갔고, 기자는 종이 되었으며, 비간은 간언을 하다가 죽었다.

제19편. 자장(子張) _791
사(士)가 위태로운 것을 보고 목숨을 내놓고, 이득을 보고 의(義)를 생각하며, 제사에 공경함을 생각하고, 초상에 슬픔을 생각한다면 아마 괜찮을 것이다.

제20편. 요왈(堯曰) _823
아아, 너 순아! 하늘의 역수(曆數)가 네게 있으니, 진실로 그 중용의 도를 잡아라.

공자 연표 _838 | 공자의 제자들 _840 | 논어 인명 색인 _842 | 논어 어구 색인 _847

제1편
학이 學而

논어의 각 편의 이름은 대개 첫 장(章)의 처음 두 글자 내지 세 글자를 취해 만들어졌다. 「학이」편의 학이라는 이름은 첫 장의 자왈 학이시습지(子曰 學而時習之)에서 자왈을 뺀 첫 두 글자에서 취해졌다. 이는 당시에도 드문 일이었다. 관중(管仲, ?~BC 645)의 저서라고 전해지는 『관자(管子)』 제1편의 이름은 「목민(牧民)」인데, 이는 그 주제가 '백성을 기르는 것'이기 때문이었고, 장주(莊周, BC 369?~BC 286)가 썼다고 전해지는 『장자(莊子)』 첫 편의 이름은 그 주제가 '인간세계를 초월한 소요'인 까닭에 「소요유(逍遙遊)」라고 붙여졌다. 논어의 이러한 작명법은 논어가 공자의 체계적인 저술이 아니고, 후대의 제자들이 각자 기억하고 있던 단편적인 공자의 말들을 아무런 주제 의식이나 시간적인 선후 관계 없이 그냥 논찬(論纂)해 엮은 책이라는 사실을 보여준다. 이와 같은 작명법은 『맹자(孟子)』에서도 볼 수 있는데, 이는 맹자가 공자의 후계자를 자임한 것과 연관이 있을 것이다.

1

공자께서 말씀하셨다. "배우고 제때에 수시로 익히면 또한 기쁘지 아니한가? 벗이 먼 곳에서 찾아오면 또한 즐겁지 아니한가? 남이 알아주지 않는다 하더라도 노여워하지 않는다면 또한 군자답지 아니한가?"

子曰 學而時習之 不亦說乎.

공자께서 말씀하셨다.

"배우고 제때에 수시로 익히면 또한 기쁘지 아니한가?"

남북조(南北朝)시대 양(梁)의 황간(皇侃, 488~545)이 쓴 『논어의소(論語義疏)』에 의하면, 자(子)는 덕이 있는 사람을 칭하는 말로(有德之稱) 옛날에는 스승을 일컬어 子라고 했다고 한다. 후대에 와서는 학덕으로 일가(一家)를 이룬 사람을 존칭하는 말로 쓰였다. 논어는 공자의 제자들이 스승인 공자의 언행을 기록한 책이므로, 대부분 자왈로 시작한다. 그러나 간혹 공자왈로 시작하는 경우도 있다.

현존하는 논어의 주석(註釋) 가운데 가장 오래된 것으로, 흔히 고주(古注)라고 불리는 위(魏)의 하안(何晏, 193?~249)이 쓴 『논어집해(論語集解)』(이하 고주)는 후한(後漢)의 마융(馬融, 79~166)의 해설을 인용해 자를 남자에 대한 통칭(通稱)으로 풀이한다.

학(學)은 남송(南宋)의 주희(朱熹, 1130~1200)가 쓴 『논어집주(論語集注)』(이하 신주)에 의하면 효(效)로 본받는 것이다. 즉 앞서 산 훌륭한 성현(聖賢)들을 본받아 그와 같은 사람이 되고자 하는 것이다. 따라서 수신(修身)이 주가 된다.

일본의 오규 소라이(荻生徂徠, 1666~1728)는 學의 대상을 선왕의 도(先王之道)로 본다(『논어징(論語徵)』). 좀 더 구체적으로는 고대 위대한 선왕들이 제정한 문물제도가 남아 있는 시서예악(詩書禮樂)이다. 그 시서예악을 공부해 고대 선왕들처럼 올바른 정치를 베푸는 것이 學의 목적이다. 현대 일본의 역사학자 카이즈카 시게키(貝塚茂樹)는 이러한 오규 소라이의 주장에 근거해 '공자가 학당에서 주로 가르친 것은 예였다'라고까지 주장한다. 그러나 이러한 주장은 공자의 가르침을 너무 좁게 제도적·정치적으로만 해석하려고 하는 견해다. 공자에게 수신과 정치는 결코 분리될 수 없는 동전의 양면이었다.

시(時)에 대한 해석은 크게 둘이 있다. 하나는 영어로 말하면 'timely', 즉 '제때'라는 뜻으로 해석하는 것으로 청(淸)의 초순(焦循, 1763~1820)이 『논어보소(論語補疏)』에서 주장한 견해인데, 정수덕(程樹德, 1877~1944)의 『논어집석(論語集釋)』에 소개되어 있다. 또 하나는 'frequently', 즉 '수시로', '때때로'라는 뜻으로 해석하는 것으로 주희가 주장했다. 전통적으로 때때로의 뜻으로 읽혀왔으나, 배움에는 또한 때가 있으므로 양쪽의 뜻이 다 있는 것으로 보아야 할 것이다.

습(習)은 새가 날갯짓을 배울 때 틈만 나면 날갯짓을 익히는 것처럼 익히는 것이다.

說은 여기서는 기쁘다는 뜻의 열(悅)로 읽는다.

그러나 중국의 조기빈(趙紀彬)은 『논어신탐(論語新探)』(국내에는 『反논어』라는 제목으로 번역됐다)에서 '이해되다'는 뜻의 해(解)로 읽어야 한다고 주장한다. 조기빈의 주장도 일리가 있다고 생각되나, 전통적인 해석의 맛이 더 깊은 것 같아 그쪽을 따랐다.

배움(學)은 세상의 이치를 먼저 깨달은 사람(先覺)으로부터 가르침을 받아 작게는 나 자신이 완전한 인간이 되는 것이며(修身), 크게는 천하 모든 사람이 평안히 살 수 있게끔 하는 것이다(爲政). 그 배운 것을 제때에 그리고 수시로 익혀 날마다 모르는 것을 알아가고, 달마다 할 수 있는 바를 잊지 아니할 때(日知其所亡 月無忘其所能-자장5), 비로소 그 배운 것이 몸에 익어 완전한 내 것이 된다. 이것은 마치 맛있고 영양 많은 음식이 마침내 나의 피와 살이 되는 것과 같으니 어찌 기쁘지 않겠는가? 맛있고 영양 많은 음식이 나를 살찌우고 건강하게 하듯이, 배우고 수시로 익히는 사이에 나 자신도 완전한 인간이 되어간다.

有朋自遠方來 不亦樂乎.

"벗이 먼 곳에서 찾아오면 또한 즐겁지 아니한가?"

붕(朋)은 고주의 포함(包咸, BC 6~AD65)에 의하면 동문(同門), 즉 같은 문하, 주희에 의하면 동류(同類), 즉 부류를 같이하는 사람이다. 여기서는 그냥 벗이라고 번역했다.

청의 송상봉(宋翔鳳, 1779~1860)은 『박학재찰기(樸學齋札記)』에서 『사기(史記)』「공자세가(孔子世家)」의 정공(定公) 5년의 기록을 인용해 朋이 공자의 제자들을 가리킨다고 했으나 동의하기 어렵다(『논어집석』에서 재인용).

학문을 배우고 익혀 덕이 높아지면 외롭지 않으니(德不孤 必有鄰-이인25), 나와 학문을 같이하고자 하는 벗들이 먼 곳을 불문하고 찾아와 나의 부족함을 메워줘 나의 학문과 덕은 더욱 높아진다(君子 以文會友 以友輔仁-안연

24). 그러니 이게 즐거운 일이 아니고 무엇이랴?

신주에서 정이(程頤, 1033~1107)는 기뻐하는 것(說)은 마음에 있는 것이요, 즐거워하는 것(樂)은 발산(發散)을 주로 하여 밖에 있는 것이라고 양자를 구분한다.

人不知而不慍 不亦君子乎
"남이 알아주지 않는다 하더라도 노여워하지 않는다면 또한 군자답지 아니한가?"

인부지(人不知)는 남이 나를 알아주지 않는 것이다.

오규 소라이는 人不知를 윗사람이 나를 알아주지 않는 것, 즉 쓰지 않는 것으로 해석하는데 앞에서도 언급했듯이 너무 정치적으로만 해석한 것이다. 한편 황간의 『논어의소』에는 人不知를 남이 내 말을 알아듣지 못하는 것으로 해석하는 견해가 일설로 소개되어 있다. 즉 남을 가르칠 때의 이야기란 뜻이다. 재미있는 해설이기는 하나 이 장은 나의 공부에 관한 것이지 남을 가르치는 것에 관한 것이 아니기 때문에 동의하기 어렵다.

온(慍)은 화내는 것이다.

군자(君子)는 그 어원으로 살펴볼 때 임금(君)의 아들(子), 즉 신분이 높은 자를 의미하나 여기서는 학식과 덕행이 높은 자를 가리킨다. 이후 군자는 유교 문화권에서 선비의 이상향, 즉 이상적인 인격체를 가리키는 것으로 뜻이 전화됐다. 영어의 gentry가 본래 신분을 의미하는 단어였으나 여기서 유래한 gentleman이 예의범절이 바른 훌륭한 사람이란 뜻으로 전화된 것과 같은 예다.

배움은 나 자신을 완성시키는 데 그 뜻이 있지, 남에게 자랑하는 데 있지 않다(古之學者爲己 今之學者爲人-헌문25). 따라서 열심히 공부해 훌륭한 사람이 되려고 노력할 뿐이다. 남이 알아줄 만한 훌륭한 사람이 되는 것은 나의 문제이지만, 알아주고 알아주지 않는 것은 남의 문제로 내가 어떻게 할 수 있는 것이 아니다. 그러니 어찌 노여워할 것이 있겠는가? 군자는 모름지기 자기가 할 수 있는 일만 할 뿐이다. 내가 어쩔 수 없는 일에 대해 어찌 연연할 필요가 있겠는가?

일본의 이토 진사이(伊藤仁齋, 1627~1705)는 『논어고의(論語古義)』에서 이 장을 다음과 같이 총평했다.

"벗이 오는 즐거움, 화내지 않는 군자는 모두 배움(學)을 통해 얻어지는 것이니, 배움의 공이 어찌 크지 않으랴! 공자께서 천지간에 도(道)를 세우고, 백성에게 법도를 세우며, 만세에 태평(太平)을 열어 보이신 것도 또한 學의 공이다. 논어는 學이라는 글자 하나로 시작하며, 문인들도 그래서 이 장을 책의 처음으로 삼은 것이다. 이 장은 아마 한 권의 소논어라 할 수 있을 것이다."

●

논어는 한 가지 주제에 대한 체계적인 저술이 아니다. 논어는 제자들의 기억 속에 산재했던 공자의 말을 논찬한 것이다. 각 편의 삭명법에서도 알 수 있듯이, 각 편의 관계는 상호 독립적이며 한 편 안에서도 각 장들 또한 상호 독립적이다. 그럼에도 논어의 첫머리에 이 말이 실린 것은 무슨 특별한 의미가 있을까? 그것은 아마 제자들이 볼 때 이 말이 공자의 일생, 특히 말년의 일생을 가장 압축적으로 표현했다고 생각했기 때문은 아닐까?

주지하다시피 공자의 가장 주된 관심은 정치에 있었다. 그는 도탄에 빠진 백성들을 구하기 위해, 백성의 행복을 가장 중요한 목표로 하는 민본주의(民本主義)적인 정치를 주장하며 수레에 몸을 싣고 천하의 제후를 상대로 유세에 나섰다. 그러나 대략 13년간의 방랑 끝에 그가 얻은 것은 참담한 좌절감뿐, 결국 그는 고향으로 돌아와 후학을 육성하는 일에 전념하다가 일생을 마감했다. 높은 이상과 학덕을 지녔으면서도 세상으로부터 인정받지 못한 그가 만일 자기를 받아주지 않는 세상에 대한 분노로 여생을 보냈다거나, 또는 세상을 등진 채 냉소로 일관했다면 오늘날 우리가 추앙하는 공자가 있을 수 있었을까? 제자들의 기억 속에 남아 있는 공자는 그렇지 않았다. 그는 비록 세상이 자신을 인정하지 않았어도 그것을 남의 탓으로 돌리지 않고 꾸준히 학덕을 연마해 자신을 완성하려고 노력했다. 그리하여 제자들과 함께하는 학덕의 연마는 그의 남은 삶의 중요한 목표이자 기쁨이었고, 세상으로부터 인정받지 못했기 때문에 간혹 그를 이해하고 찾아오는 벗들은 그에게 커다란 즐거움이었을 것이다. 그는 세상이 자신을 알아주지 않아도 의연하려고 노력했고, 학덕의 연마와 간혹 찾아오는 벗들과의 교류 속에서 마침내 마음의 평화를 얻을 수 있었다. 바로 이러한 스승의 말년의 모습을 세 구절로 압축해 나타낸 것이 바로 이 장이 아닐까?

2

유자가 말했다. "그 사람됨이 효성스럽고 공손한 사람으로서 윗사람을 범하기를 좋아하는 자가 적다. 윗사람을 범하기를 좋아하지 않으면서 난을 일으키기를 좋아하는 자는 없다. 군자는 근본을 힘써야 하니 근본이 서면 도가 생겨난다. 효성과 우애야말로 아마 인(仁)의 근본일 것이다."

有子曰 其爲人也孝弟 而好犯上者鮮矣. 不好犯上 而好作亂者 未之有也.

유자가 말했다. "그 사람됨이 효성스럽고 공손한 사람으로서 윗사람을 범하기를 좋아하는 자가 적다. 윗사람을 범하기를 좋아하지 않으면서 난을 일으키기를 좋아하는 자는 없다."

유자(有子)는 공자의 제자로 이름은 약(若)이다. 사마천(司馬遷, BC 145?~BC 86?)의 『사기(史記)』「중니제자열전(仲尼弟子列傳)」에 의하면 공자보다 마흔세 살 연하라고 한다.

  효(孝)는 주희에 의하면 부모를 잘 섬기는 것(善事父母)을 말하며, 제(弟)는 형장(兄長)을 잘 받드는 것(善事兄弟)을 말한다.

  『논어』는 공자의 2~3대 제자들에 의해 만들어진 책이지만, 중심이 공자이기 때문에 공자의 직계 제자들을 언급할 때 이름이나 자(字)를 부르는 것이 원칙이다. 그런데 『논어』 안에서 유독 유자와 증자(曾子)만이 스승이란 뜻의 존칭인 자를 칭하고 있다. 여기에 착안해 정자(程子)는 『논어』가 유약이나 증삼(曾參)의 문하에 의해 만들어졌다고 주장했다. 재미있는 착상이긴 하나 그렇다는 증거는 아무 데도 없다.

君子務本 本立而道生. 孝弟也者 其爲仁之本與.

"군자는 근본을 힘써야 하니 근본이 서면 도가 생겨난다. 효성과 우애야말로 아마 인의 근본일 것이다."

도(道)는 다산(茶山) 정약용(丁若鏞, 1762~1836)의 『논어고금주(論語古今註)』에

의하면 사람이 따라가야 할 길(人所由行)이다. 하늘의 해와 달이 모두 제 길을 가듯이 인간도 인간이 가야 할 길이 있다. 그것이 도다.

야자(也者)는 강조를 나타내는 어조사이며, 기(其)는 추측을 나타내는 부사, 여(與)는 문장 끝에 쓰여 추측을 나타내는 어조사다.

인(仁)은 주희에 의하면 사랑의 이치(愛之理)로, 마음의 덕(心之德)이다. 황간의 『논어의소』에 인용된 위(魏)의 왕필(王弼, 226~249)의 해설에 의하면, 자연스럽게 친애하는 것(自然親愛)이 효(孝)요, 그 사랑을 남에게까지 미치게 하는 것(推愛及物)이 인이다. 위인지본(爲仁之本)은 인의 근본이라는 말이다.

爲仁에 대해서는 다른 해설도 있다. 우선 정수덕은 仁을 사람이라는 뜻의 人으로 풀이한다. 그에 의하면 경전 안에서 仁과 人은 서로 통용되는데 『논어』 안에서도 옹야24에 보이는 井有仁焉과 같은 경우가 그러한 예라는 것이다. 효제가 사람됨의 근본이라는 말인데, 논리적으로도 무리는 없어 보인다.

신주에서는 爲仁을 행인(行仁)으로 풀이한다. 효제가 인을 행하는 근본이란 말이다. 원래 爲란 글자에는 行의 뜻도 있고 시(是), 즉 '~이다'라는 뜻도 있는데 정자나 주희를 비롯한 성리학자들은 하나같이 行의 뜻으로 풀이한다. 그 이유는 주희가 인용한 정이의 말에서 잘 나타나 있다.

"어떤 사람이 물었다. '孝弟爲仁之本이란 말은 효제로부터 인에 도달할 수 있다는 말입니까?' (정이가) 대답했다. '아니다. 인을 행하는 것이 효제에서 시작한다는 것을 일컬은 말로, 효제는 인의 한 가지 일에 불과하다. 이것을 일컬어 인을 행하는 근본이라고 하는 것은 괜찮지만, 인의 근본이라고 하는 것은 안 된다. 인은 성(性)이요, 효제는 용(用)으로, 성에는 단지 인, 의(義), 예(禮), 지(智) 넷만 있을 뿐인데, 어찌 일찍이 효제가 있겠는가? 그러나 인은 사랑을 주로 하는데, 사랑에는 부모를 사랑하는 것보다 더 큰 것이 없으므로 말하길 효제야말로 아마 인을 행하는 근본일 것이라고 하는 것이다.'"

정이의 말은 인은 인간이 타고난 본성으로, 인을 타고났기 때문에 효제를 할 수 있다는 말이다. 따라서 효제를 인의 근본이라고 하면 틀리는 것이다. 다만 인의 쓰임(用) 중에 효제보다 큰 것이 없기 때문에 효제가 인을 행하는 근본이라고 할 수는 있다는 것이다. 주희가 인을 풀이하길 사랑의 이치(愛之理)라고 한 것도 같은 이유에서다. 즉 인은 사랑이라는 인간의 감정 현상 배후에 있는 근본 이치로, 인간은 인을 타고났기 때문에 사랑을 할 수 있다는 뜻이다.

이에 대해 다산은 仁과 爲仁(行仁)을 그처럼 뚜렷이 구분할 필요는 없다는 입장이다. 즉 인의 근본이면서 인을 행하는 근본이라는 말이다. 다만 인은 총명(總名)이므로 임금을 섬기는 것, 백성을 기르는 것, 고아를 구휼하는 것 등 모든 것을 포괄하지만, 효제는 전칭(專稱)이어서 오직 어버이를 섬기고 형을 공경하여야만 그 실상이 되므로 유자가 그렇게 말했다는 것이다. 다산은 효제를 인의 근본이라고 할 수는 없다는 정이의 말을 부정한다. 성리학에 비판적인 다산의 입장을 확인할 수 있다. 여기서는 다산의 견해를 따랐다.

효제(孝弟)는 가정을 위시해 혈연을 매개로 한 공동체를 유시하는 데 가장 근본이 되는 덕목이다. 공자는 국가와 사회를 혈연공동체의 연장선상에서 파악했다. 따라서 효제는 공자에게 국가와 사회를 유지하는 데도 가장 근본이 되는 도덕적 덕목이다. 가족 내에서의 효제가 가족의 울타리를 넘어 천하 만백성에게까지 미칠 때, 천하의 모든 사람이 서로 사랑하며 함께 살아갈 수 있으니 효제야말로 인(仁)의 근본이다. 이렇듯 공자는 자기와 가까운 것에서부터 터득해 멀리 남에게까지 미루어가는 것(能近取譬)을 인(仁)

을 실천하는 방법으로 보았다(能近取譬 可謂仁之方也已-옹야28).

인(仁)이라는 글자는 논어 안에서 위정, 향당, 선진, 계씨편을 제외한 전편에 걸쳐 무려 105번이나 나올 만큼 가장 중요한 주제로, 공자 자신이 가장 중요시한 덕목이나, 그 정확한 의미는 공자 스스로도 분명히 하지 않았다. 공자는 어느 때는 남을 사랑하는 것이라고도 하고(愛人-안연22), 어느 때는 자신을 극복하고 예를 실천하는 것이라고도 했으며(克己復禮爲仁-안연1), 자기가 원하지 않는 것을 남에게 베풀지 않는 것(己所不欲 勿施於人-안연2), 어려운 일은 남보다 앞장서고 얻는 일은 남보다 뒤에 서는 것(仁者先難而後獲-옹야20), 그 말을 참는 것(仁者其言也訒-안연3)이라고도 하는 등, 묻는 사람에 따라 각기 다르게 말했다. 이는 공자가 인에 대해 사전적 정의를 내리지 않았을 뿐만 아니라, 어떤 특정 개념만으로도 사용하지 않았음을 보여준다.

다산은『논어고금주』에서 인을 단지 두 사람이 함께하는 것(二人相與)이라는 다소 추상적인 개념으로 정의한다. 좀 더 구체적으로 말하자면 무릇 두 사람 사이에서 그 본분을 다하는 것이다(凡二人之間盡其本分者-『중용강의』). 인이라는 글자가 사람 人과 두 二로 되어 있는 데서 나온 견해다. 공자의 인을 구체적으로 정의하기는 쉽지 않지만, 다산의 생각대로 그것이 사람이 사람과 함께 살아가는 것과 관련이 있는 것임은 분명하다. 사랑은 사람과 사람이 함께 살아가는 동안에 갖추어야 할 가장 소중한 덕목이다. 따라서 흔히들 인을 그냥 사랑으로 해석하기도 한다.

3

공자께서 말씀하셨다. "교묘한 말과 좋은 얼굴빛치고 어진 자가 드물다."

子曰 巧言令色 鮮矣仁.

교언(巧言)은 교묘히 입에 발린 소리를 하는 것이요, 영색(令色)은 얼굴빛을 좋게 하는 것이다. 선(鮮)은 드물다는 뜻이다. 주희는 鮮이 성인이 말을 박절하게 하지 않아서 그렇게 말한 것이지, 실은 절대로 없다는(絶無) 뜻이라고 하고 있다. 그러나 다산은 절대로 없다고는 할 수 없다고 반박한다.

진실하지 못한 자는 능히 남과 더불어 살아갈 수 없다. 따라서 어진 자가 드문 것이다. 공자는 오히려 강직하고 의연하며 질박하고 어눌한 것이 인(仁)에 가깝다고 했다(子曰 剛毅木訥近仁 -자로27). 인(仁)은 가식이 아니라 내면의 진실함을 일컫는 말이다.

● 같은 구절이 양화17에도 보인다.

4

증자가 말했다. "나는 날마다 세 가지 일로 내 몸을 살펴본다. 남을 위해 일을 꾀함에 성의를 다하지 않았는가? 벗과 사귐에 신의를 지키지 않았는가? 전해 받은 것을 익히지 않았는가?"

曾子曰 吾日三省吾身. 爲人謀而不忠乎. 與朋友交而不信乎. 傳不習乎.

증자(曾子)는 공자의 제자로 이름은 삼(參)이고 자는 자여(子輿)다. 『사기』「중니제자열전」에 의하면 공자보다 마흔여섯 살 아래라고 하며, 『대학(大學)』과 『효경(孝經)』의 저자라고 전해진다. 주희나 정호(程顥, 1032~1085) 형제 같은 성리학자들은 증자가 공자의 도통(道統)을 계승했다고 주장하나, 성리학자 이외에 그 주장에 귀를 기울이는 사람은 거의 없다.

삼(三)은 다음에 언급한 세 가지 일을 말한다. 충(忠)은 주희에 의하면 온몸을 다하는 것을 일컫는 말(盡己之謂忠)이니 온몸을 다하는 성실함이요, 신(信)은 진실로 하는 것을 일컫는 말(以實之謂信)이니 신의(信義)다. 전불습(傳不習)은 스승으로부터 전해 받은 것(傳)을 익히지 않은 것이다. 이상은 신주와 다산의 입장을 따랐다.

『논어주소(論語注疏)』를 쓴 송(宋)의 형병(邢昺, 932~1010)이나 일본의 이토 진사이, 오규 소라이 등은 三을 세 가지 일이 아니라 세 번이라는 뜻으로 풀이한다. 뒤에 나온 세 가지 일은 우연의 일치라는 것이다. 세 번이라는 뜻은 꼭 세 번을 의미하는 것은 아니고 자주라는 뜻이다.

傳不習에 대해서도 고주나 『논어의소』는 익히지도 못한 것(不習)을 남들에게 전했나의 뜻으로 해석한다. 즉 남을 가르칠 때의 일로 보는 것인데, 이 장의 초점이 나를 돌아보는 데 있으므로 동의하기 어렵다.

문 밖에 나아가 행동할 때는 충(忠)과 신(信), 즉 성실과 신의를 다하며, 집에 들어 와서는 배운 것을 익혀 학덕을 증진한다. 매일 이것을 반성해 부족함이 없다면 과연 군자라고 할 수 있을 것이다.

5

공자께서 말씀하셨다. "천승의 나라를 다스리려면 일을 공경해 믿음을 얻어야 하고, 비용을 절약해 사람을 사랑해야 하며, 백성을 부릴 때는 때에 맞게 해야 한다."

子曰 道千乘之國 敬事而信 節用而愛人 使民以時.

주희에 의하면 도(道)는 치(治)로 다스리는 것이다. 황간의 『논어의소』에는 道가 이끈다는 뜻의 도(導)로 되어 있는데, 뜻에는 큰 차이가 없다.

승(乘)은 말 네 필이 끄는 수레이며, 국(國)은 보통 제후의 도성을 말하나 여기서는 제후의 나라를 가리킨다. 천승(千乘)의 나라는 그 땅 안에서 말 네 필이 모는 전차 1,000대를 낼 수 있는 규모의 나라이며, 보통 주(周) 왕실에 의해 봉국(封國)을 받은 제후 중 큰 나라를 지칭한다(천자는 萬乘, 대부는 百乘

이라 부른다).

경(敬)은 주희에 의하면 하나를 주장(主掌)해 다른 데로 가지 않는 것으로 (主一無適之謂), 마음 가운데에 담고 항상 놓지 않는 것을 말한다. 일을 마음 가운데에 담고 항상 놓지 않으면 백성이 나라의 일에 대해 믿음을 잃지 않는다. 백성들이 나라를 신뢰하지 않는 것은 일을 벌여만 놓고 방치하기 때문이다.

인(人)은 일반적인 의미의 사람을 가리키는 말로 생각되나 확실하지는 않다. 중국의 조기빈은 『논어신탐』에서 人을 노예 소유 계급, 민(民)을 노예 계급이라고 주장하고 있으나, 무리한 주장이라고 생각된다. 다만 人이 사람 일반을 가리킨다고 하여도 그 人의 범주(範疇)에 노예가 포함되지는 않았을 것이다. 고대 노예사회에서 노예는 인격이 없는 물건과 같은 존재였기 때문이다.

民은 피치자 계급으로서의 백성이다. 당시 사회가 농업에 기초한 사회였기에 백성의 대부분은 농민이었을 것이다. 이 백성이란 개념 속에 노예가 포함된 것인지 아니면 노예가 아닌 피복속(被服屬) 인민만 의미하는지는 아직 불분명하다. 중국 고대사회의 구조에 대한 보다 진전된 연구를 기다릴 수밖에 없다.

시(時)는 때에 맞게 한다는 말로 백성을 부역시킬 때 농번기를 피해 생업에 지장을 주지 말아야 한다는 뜻이다.

나랏일을 삼가고 공경해 함부로 처리하지 않는다면 백성은 나랏일에 대해 신뢰를 갖는다. 백성과 나라 사이에 믿음이 생기는 것이다. 비용을 절약하면 사람들의 삶이 풍요로워진다. 농사철을 피해 백성을 부리면 백성의 삶이 피폐해지지 않는다. 나라와 백성 사이의 신뢰, 백성의 경제적 안정, 이것이 나라를 다스리는 요체다.

안연7에서는 나라를 다스리는 데 가장 중요한 것이 백성의 믿음(信)이고, 그다음이 백성의 먹을 것을 풍족하게 하는 것(足食)이며, 군대를 갖추는 것(足兵)은 맨 마지막이라고 하고 있다.

6

공자께서 말씀하셨다. "너희들은 들어오면 효도하고, 나가면 공손하도록 하라. 삼가고 조심해 믿음을 주도록 하라. 널리 사람을 사랑하고, 어진 이를 가까이하도록 하라. 그리고 남은 힘이 있으면 글을 배울 것이다."

子曰 弟子入則孝 出則弟. 謹而信 汎愛衆 而親仁. 行有餘力 則以學文.

황간에 의하면 제자(弟子)는 자제(子弟)로, 남의 자제를 가리킨다. 일반적으로 나이 어린 사람을 가리키며, 여기서는 너희들이라고 번역했다. 근(謹)은 삼가고 조심하는 것으로 주희에 의하면 행동에 변치 않음이 있는 것이다(行之有常). 범(汎)은 광(廣)으로 여기서는 '널리'라는 뜻이다. 중(衆)은 일반 사람들, 仁은 어진 사람이다. 문(文)은 고주에 인용된 마융의 해설에 의하면 옛 사람이 남긴 글이다.

효제충신(孝弟忠信) 중에서 충(忠)이 빠졌다. 대신 널리 사람을 사랑하는 것과 어진 이를 가까이할 것이 추가됐다. 어진 이를 가까이하는 것은 자신

제1편. 학이(學而) 57

의 덕을 높이기 위함이다. 그리고 남음이 있으면 글을 공부하라는 말은 글보다는 덕행에 힘쓸 것을 강조한 말이다. 그러나 학문을 소홀히 하라는 뜻은 결코 아니다. 공자는 바탕이 아무리 좋아도 배움이 없으면 거칠어진다고 했다(質勝文則野—옹야16).

한편 다산은 범애중(汎愛衆)의 汎을 범범연(汎汎然), 즉 '그저 그렇게, 대충'의 뜻으로 풀이한다. 나이 어린 사람들은 사람들을 널리 사랑할 수 없다. 따라서 사람들은 그저 그렇게만 사랑하고 어진 자를 친애(親愛)하라는 뜻이다.

7

자하가 말했다. "아름다운 여인을 좋아하는 마음으로 어진 이를 어질게 여겨라. 부모를 섬기는 데는 온 힘을 다할 것이며, 임금을 섬기는 데는 온몸을 다 바칠 것이다. 벗과 사귀는 데는 말을 하면 지키도록 하라. (그렇다면) 비록 배우지 않았다 하더라도 나는 반드시 그 사람을 배웠다고 할 것이다."

子夏曰 賢賢易色. 事父母能竭其力. 事君能致其身. 與朋友交言而有信. 雖曰未學 吾必謂之學矣.

자하(子夏)는 공자의 제자로 성은 복(卜), 이름은 상(商)이다. 공자보다 마흔네 살 아래라고 한다.

현현이색(賢賢易色)은 고주의 공안국(孔安國)에 의하면 아름다운 여인을 좋아하는 마음으로(易色) 어진 이를 어질게 여기는 것(賢賢)이다. 치(致)는 주희에 의하면 위(委)로 다 바치는 것이다.

이 장도 앞과 마찬가지로 글보다 덕행이 우선함을 강조한 말이다. 그러나 덕행이 있다고 해서 학문이 불필요하다는 뜻은 결코 아니다. 논어 곳곳에서 공자는 배움의 중요함을 누차 강조하고 있다.

한편 賢賢易色에 대해서는 다른 해설도 있다. 황간의 『논어의소』에는 賢賢易色을 "어진 이를 어질게 여겨 얼굴빛을 바꾼다(바로 한다)"라고 해석하는 일설(一說)이 소개되어 있다. 易을 바꾼다는 뜻의 역으로 읽는 것이다. 청의 유봉록(劉逢祿, 1776~1829)의 『논어술하(論語述何)』, 유보남(劉寶楠, 1791~1855)의 『논어정의(論語正義)』의 해석은 더욱 색다르다. 그들에 의하면 賢賢易色은 부부의 도를 말한 것이라고 한다. 즉 공자가 부모, 임금, 친구에 대한 도리를 말하기에 앞서 먼저 인륜(人倫)의 시초인 부부의 도리를 말한 것으로, 그 뜻은 "부인(婦人)을 얻을 때는 어진 덕(德)을 어질게 여기며(賢賢), 미색(美色)은 가볍게 여긴다(易色)"는 것이다. 이렇게 해석하면 易는 이로 읽히며 '가볍다', '경시하다'는 뜻이 된다.

●
자한17에 덕을 좋아하기를 아름다운 여인을 좋아하듯 하는 사람을 보지 못했다는 표현이 있다.

8

공자께서 말씀하셨다. "군자가 장중하지 못하면 위엄이 없어지고, 그 공부도 견고하지 못하게 된다. 충성과 신의를 주로 하며, 자기만 못한 자를 벗으로 사귀지 마라. 허물이 있으면 고치기를 꺼려하지 말 것이다."

子曰 君子不重則不威 學則不固.
공자께서 말씀하셨다. "군자가 장중하지 못하면 위엄이 없어지고, 그 공부도 견고하지 못하게 된다."

학즉불고(學則不固)의 固는 견고한 것이다. 군자가 몸가짐이 장중하지 않으면 위엄이 없어질 뿐만 아니라 공부도 견고해지지 못한다는 말이다. 주희의 해설을 따랐다.

고주의 공안국은 固를 어둡다는 뜻의 폐(蔽)로 풀이한다. 그렇게 되면 學則不固는 독립된 문장으로, 공부를 하면 어두운 폐단이 사라진다는 뜻이 된다. 이토 진사이의 견해도 같다. 한편 오규 소라이의 해석은 아주 독특하다. 오규 소라이에 의하면 이 문장은 다음과 같이 해석된다. "군자는 중요한 일이 아니면 위엄을 부리지 않으며, 배움에는 고집을 부리지 않는다." 重을 중요한 일, 固를 고집을 부리는 것으로 해석했다.

主忠信. 無友不如己者. 過則勿憚改.
"충성과 신의를 주로 하며, 자기만 못한 자를 벗으로 사귀지 마라. 허물이 있으면 고치기를 꺼려하지 말 것이다."

주(主)는 마음에 중심으로 놓는 것이다. 충성과 신의는 사람이 이 사회를 살아가는 데 없어서는 안 될 핵심 가치다. 따라서 마음에 중심으로 놓아야 한다.

한편 고주의 정현(鄭玄, 127~200)은 主를 친(親)이라는 뜻으로 읽어 忠信한 사람을 가까이하라는 뜻으로 풀이한다.

무우(無友)의 無는 금지를 나타내는 무(毋)이고, 불여기자(不如己者)는 자기만 못한 사람이다. 벗은 서로 질책하며 발전을 돕는다. 자기만 못한 사람은 자신의 발전에 도움이 되지 않을 사람이므로 벗으로 삼아서는 안 된다.

과즉물탄개(過則勿憚改)의 過는 자신의 허물로, 허물이 있다면 고치기를 꺼려하지 말라는 뜻이다. 누구나 허물이 없을 수는 없다. 고치는 것이 중요할 뿐이다. 허물을 짓고 고치지 않는 것, 그것이 바로 허물이다(過而不改是謂過矣-위령공29).

황간의 『논어의소』는 過를 친구의 허물로 본다. 친구가 잘못할 경우 충고하고 고쳐주라는 뜻이다. 황간은 또 친구를 사귈 때 잘못해 좋은 사람을 얻지 못하면 친구를 바꾸는 것을 어려워하지 말라고 해석하는 일설도 소개한다.

한편 無友不如己者에 대해 원(元)의 진천상(陳天祥, 1230~1316)은 『사서변의(四書辨疑)』에서 다음과 같은 재미있는 주장을 펴고 있다.

"소동파(蘇東坡)는 다음과 같이 말했다. '세상의 비루한 자들이 자기만 못한 자들을 벗으로 사귀는 것을 즐겨, 스스로 만족하고 날마다 퇴보하기 때문에 이처럼 가르친 것이다. 만일 반드시 나보다 나은 자만을 사귄다고 하면 나보다 나은 자 또한 나와 사귀려 하지 않을 것이다.' 학자들이 왕왕 이것 때문에 의문을 품기 때문에 부득불 분명히 해야겠다. 如란 글자는 勝(이기다, 낫다)으로 해설해서는 안 된다. 如는 似(같다)다. 『남북광운(南北廣韻)』과 『중원운략(中原韻略)』에서는 如를 均(같다)으로 풀이했다. 나만 못한 사람(不如己), 나와 같은 사람(如己), 나보다 나은 사람(勝己)의 세 등급이 있다. 나와 같은 사람은 덕도 같고 도도 합치하여(德同道合) 자연히 서로 벗한다. 맹자가 말하길 '한 고을의 훌륭한 사(士)는 한 고을의 훌륭한 사와 사귀고, 한 나라의 훌륭한 사는 한 나라의 훌륭한 사와 사귀며, 천하의 훌륭한 사는 천하의 훌륭한 사와 사귄다'고 했다. 이것은 모두 자기와 같은 사람을 벗한 것이다. 자기와 같은 사람은 벗한다. 자기보다 나은 사람은 마땅히 스승으로 삼아야지 어찌 벗으로 삼기를 바라겠는가? 자기와 같은 사람과 자기보다 나은 사람을 분별한다면 배우는 자들이 여기에 의문을 갖지 않을 것이다."

●

主忠信 無友不如己者 過則勿憚改는 자한24에서도 반복된다.

9

증자가 말했다. "부모의 장례를 정성껏 모시고, 조상을 추모해 제사를 지내면 백성의 덕이 두터워질 것이다."

曾子曰 愼終追遠 民德歸厚矣.

신종(愼終)은 유보남의 『논어정의』에 의하면, 부모의 장례에 예를 극진히 함을 일컬으며, 추원(追遠)은 부조(父祖)가 돌아가신 지 오래되어도 잊지 않고 추모해 제사를 받드는 것을 말한다. 부모의 장례를 극진히 함은 부모가 살아계실 적에 효도를 다하는 것은 물론 돌아가신 후에도 잊지 않는 것을 의미하며, 부조가 돌아가신 지 오래되어도 제사를 잊지 않는 것은 자칫 잊기 쉬운 먼 것조차 소홀히 하지 않는 것을 말한다. 멀고 소홀히 하기 쉬운 것을 잊지 않고 정성껏 할 때, 그 덕이 멀리 백성에게까지 미쳐 자연히 백성의 인정이 두터워진다.

정치적인 관점에서 해석한다면, 부조의 장례와 제사를 정성껏 지내면 씨족공동체 내부의 구성원들이 서로 한 핏줄임을 다시금 확인할 수 있고, 그에 따라 공동체 내의 일체감이 고양되면서 백성들 사이의 인정도 자연히 후덕해진다는 뜻으로 볼 수 있다.

공자가 살던 주(周) 왕조는 주 왕실을 정점으로 하여 주로부터 분봉(分封) 받은 각 제후국이 각각 지역을 나누어 지배하는 봉건제를 채택하고 있었다. 제(齊)나 송(宋)과 같이 주 왕실과 성이 다른 제후국도 있었으나, 대부분은 주 왕실과 혈연관계에 있는 동성(同姓)인 희(姬) 성의 제후국이었다. 주 왕실과 제후와의 관계는 주 왕실을 종가(宗家)로 하는 종법질서(宗法秩序)에 의해 결합됐다. 각 제후국의 기저에는 공통의 조상신을 모시는 씨족공동체가 자리 잡고 있었다. 이렇듯 주의 통치 제도는 혈연관계를 매개로 성립했다. 따라서 부모의 장례와 조상에 대한 제례 의식은 단순한 도덕적인 차원을 넘어서, 기저의 씨족공동체뿐만 아니라 주 왕실과 각 제후국을 유지, 결합시켜주는 중요한 정치적 행사였다.

10

　자금이 자공에게 물었다. "선생님께서는 어느 나라에 가시든지 반드시 그 나라 정사에 대해 들으십니다. 선생님이 구하신 것입니까? 아니면 요청을 받으신 것입니까?"

　자공이 대답했다. "선생님께서는 온화하시고, 선량하시며, 공손하시며, 검소하시며, 겸양한 것으로 얻으셨으니, 선생님께서 구하신 것은 아마 남들이 구한 것과는 다를 것입니다."

子禽問於子貢曰 夫子至於是邦也 必聞其政. 求之與 抑與之與.

자금이 자공에게 물었다. "선생님께서는 어느 나라에 가시든지 반드시 그 나라 정사에 대해 들으십니다. 선생님이 구하신 것입니까? 아니면 요청을 받으신 것입니까?"

자금(子禽)은 성은 진(陳), 이름은 항(亢)이며 공자의 제자다. 그러나 자공(子貢)의 제자라고 하는 사람도 있다. 자공은 성은 단목(端木), 이름은 사(賜)로 공자의 제자다. 공자보다 서른한 살 손아래라고 『사기』「중니제자열전」에 기록되어 있으며 변설에 뛰어났다고 한다(言語 宰我子貢-선진2). 말년의 공자를 시봉했으며, 공자가 죽었을 때 공자의 무덤 앞에 초막을 짓고 다른 제자들은 모두 3년을 머물렀는데, 자공만 홀로 6년을 머물렀다고 한다.

　시방(是邦)의 是는 어느 특정한 것을 지시(指示)하는 것이 아니라, 불특정한 어떤 것(영어로는 any)을 지시하는 말이다. 邦은 제후의 나라를 가리킨다.

나라를 뜻하는 말로 국(國)이 쓰이기 시작한 것은 영토국가가 확립되어가던 전국시대부터다.

구지(求之)는 자신이 찾아 구한 것, 여지(與之)는 남들이 준 것, 즉 요청한 것이다. 求之與, 與之與의 與는 어조사로 의문을 나타내며, 억(抑)은 선택을 나타내는 어조사로 영어로 말하면 'or'이다.

子貢曰 夫子溫良恭儉讓以得之. 夫子之求之也 其諸異乎人之求之與.
자공이 대답했다. "선생님께서는 온화하시고, 선량하시며, 공손하시며, 검소하시며, 겸양한 것으로 얻으셨으니, 선생님께서 구하신 것은 아마 남들이 구한 것과는 다를 것입니다."

온(溫)은 온화함, 양(良)은 선량함, 공(恭)은 공경함, 검(儉)은 검소함, 양(讓)은 겸손함이다. 온량공검양(溫良恭儉讓)은 모두 자신을 낮춘 것이다. 공자는 스스로를 내세우지 않고 낮추었을 뿐이나, 그 높은 덕은 가려지지 않고 도리어 누구나 숭상하는 바가 됐다. 공자가 이르는 곳마다 제후들은 공자의 높은 덕을 숭상해 정사에 대해 문의해왔다. 따라서 공자가 구한 것은, 그 높은 덕을 보고 제 발로 찾아오게끔 한 것이니 남들이 구한 것과 다른 것이다.

기저(其諸)는 추측을 나타내는 말로 '아마도'의 뜻이다.

한편 다산은 溫良恭儉讓以得之로 읽지 않고, 溫良恭儉 讓以得之로 띄어 읽는다. 즉 "선생님께서는 온화하시고, 선량하시며, 공손하시며, 검소하셔서, 사양했음에도 얻게 되신 것이다"라고 해석했다.

11

공자께서 말씀하셨다. "아버지가 살아계신 동안에는 아버지의 뜻을 살피고, 아버지가 돌아가시면 아버지의 행적을 살펴본다. 3년 동안 아버지가 하던 바를 바꾸지 말아야 효라고 할 수 있을 것이다."

子曰 父在觀其志 父沒觀其行. 三年無改於父之道 可謂孝矣.

기지(其志), 기행(其行)은 아버지의 뜻, 아버지의 행적이다. 아버지가 살아계실 때에는 아버지의 뜻을 살펴 받들고, 아버지가 돌아가신 후에는 그 행적을 살펴 받든다. 아버지가 죽은 후 삼 년 동안 아비가 하던 바를 바꾸지 말아야 효자라고 할 수 있을 것이다. 청의 전대흔(錢大昕, 1728~1804)이 『잠연당문집(潛研堂文集)』에서 밝힌 주장에 의거했다(『논어집석』에서 재인용).

고주의 공안국 이래 주희를 위시한 대부분의 학자들은 其志, 其行을 아버지가 아니라, 자식의 뜻, 자식의 행적으로 해석한다. 즉 아버지가 살아계실 때에는 자식이 그 아버지 때문에 행동을 마음대로 못하지만 그 뜻하는 바를 보면 사람됨을 알 수 있으며, 돌아가신 후에는 그 행실이 나타나므로 그것을 보면 사람됨을 알 수 있다. 그래서 또 3년을 아버지의 길을 고치지 않을 때라야 효자라고 할 수 있다는 것이다. 문법적으로 틀리지는 않겠으나 앞에서는 자식의 사람됨을 논하고 뒤에서는 효를 논하는 등 문장의 연결이 부자연스럽다.

3년이란 부모의 상을 모시는 기간이다. 만일 아비의 길이 옳지 않은 경우에는 어떻게 해야 할까? 그래도 3년 동안 아비의 길을 고치지 말아야 하는가? 고금의 모든 주석이 아비의 길이 옳지 않을 경우에는 마땅히 고쳐야 한다는 점에 일치한다.

●

이인20에도 비슷한 내용의 말이 있다. 자장18에서는 맹장자가 부친의 가신을 바꾸지 않고 그 정치를 그대로 시행했는데, 이것은 보통 사람으로서는 하기 힘든 일이라고 증자가 칭찬한다. 3년상에 대해서는 양화21을 참조하기 바란다.

12

유자가 말했다. "예를 쓰는 것은 조화를 귀중히 여기니, 선왕의 도가 이것을 아름답게 여겨 크고 작은 것이 여기에서 비롯됐다. 그러나 하지 않을 것이 있다. 조화만 알고 조화에 치우쳐 예로써 절제하지 않으면, 또한 행해서는 안 되는 것이다."

有子曰 禮之用 和爲貴. 先王之道斯爲美 小大由之.
유자가 말했다. "예를 쓰는 것은 조화를 귀중히 여기니, 선왕의 도가 이것을 아름답게 여겨 크고 작은 것이 여기에서 비롯됐다."

예(禮)는 단순한 대인 관계에서의 행위 규범만을 가리키지 않는다. 예는 의례(儀禮, ceremonial), 제의(祭儀, ritual) 등 종교나 제사에 관계되는 의식을 포함해 훨씬 더 광범위한 사회의 문물제도 전반을 의미한다. 예는 대인 관계에서 원만함을 이루게 하며(에티켓), 나아가 공동체 구성원 전체의 동질성을 확인시켜주고(조상에 대한 제사), 또한 사회를 구성하는 각 계급, 계층 간의 사회적 분업 관계와 위계질서를 규정한다(왕, 공, 경, 대부, 사의 예의 차별). 예는 남녀(男女), 노소(老小), 장유(長幼), 군신(君臣), 주객(主客), 귀천(貴賤), 적서(嫡庶), 상하(上下) 등으로 대상을 구분하여 각각 그에 맞게 차별해 대하는 것이다. 예는 본질적으로 구분해 차별해야 하기 때문에 그 구분이 엄격하다. 예가 무너진다는 것은 남녀, 노소, 군신, 상하, 귀천 등의 구분이 무너진다는 말과 다름없다.

 예는 이처럼 엄격하지만 그 구분은 원래 모두가 보다 더 조화롭게 살기 위한 데서 비롯됐다. 계급이 원래는 공동의 선을 위한 사회적 분업에서 발생한 것과 같은 이치다. 따라서 예를 집행할 때는 원래의 목적을 잊어서는 안 된다. 남녀를 구분하는 것은 여성의 신체적 특수성을 인정해 그에 걸맞게 대하는 것이 사회 전체가 더 조화롭게 살 수 있는 길이기 때문이다. 예를 쓸 때 화(和)를 귀중히 여긴다는 것은 예가 원래 모두가 조화롭게 살려고 한 데서 기원한 것임을, 즉 사회적 분업의 소산임을 잊지 않는 것이다. 따라서 예를 쓸 때는 예로 구분되는 것들 사이의 조화를 잊으면 안 된다. 예가 조화를 잃어버리면, 내용이 사라진 형식과 같이 질곡(桎梏)으로만 작용할 뿐이다. 조화가 사라진 남녀의 예는 여성에 대한 억압으로만 존재할 뿐이다.

 선왕(先王)은 요(堯), 순(舜), 우(禹), 탕(湯), 문(文), 무(武) 등 고대의 위대한 성왕(聖王)이다. 고대의 위대한 성왕들은 예를 쓸 때 조화를 귀중하게 여겼기 때문에, 크고 작은 모든 것들이 다 여기에서 유래했다.

한편 주희는 예를 하늘의 이치(天理)를 구분지어 나타낸 것(天理之節文)이라고 풀이한다. 우주의 근본 원리인 이(理)를 남녀, 노소, 귀천, 상하 등의 여러 관계로 구분지어 나타낸 것이 예라는 주희의 주장은 성리학 고유의 주장이기는 하나, 예를 지나치게 절대화하는 위험성이 있다. 예는 인간 역사의 소산이다. 그러한 예를 우주의 근본 이치라는 식으로 절대화하면, 예의 차별성은 영원화되고 절대화된다. 그것은 인간 역사의 흐름과 정면으로 배치되는 반동적인 주장이 아닐 수 없다. 조선 시대 숙종, 경종 연간에 예송(禮訟) 문제로 피비린내 나는 당쟁이 발발한 것도 성리학의 이런 주장과 분리해서 생각할 수 없다.

有所不行. 知和而和 不以禮節之 亦不可行也.
"그러나 하지 않을 것이 있다. 조화만 알고 조화에 치우쳐 예로써 절제하지 않으면, 또한 행해서는 안 되는 것이다."

예를 쓸 때는 조화를 중히 여긴다. 그러나 너무 조화만 강조할 경우 서로 간의 구별이 없어지고 질서가 무너진다. 남녀 간의 조화만 생각하면, 서로 간의 구분이 무너져 문란해질 뿐이다. 흔히 하는 말로 할아버지가 손자를 예뻐해주었더니, 손자가 할아버지가 과자를 안 사준다고 따귀를 때린다는 격이 되는 것이다. 그러므로 반드시 예로서 절제해야 할 필요가 있다. 유자(有子)는 화(和)와 예(禮) 어느 한 쪽에도 치우치지 않는 중용(中庸)의 덕을 말했다.

『예기(禮記)』「악기(樂記)」에서는 다음과 같이 말한다. "음악이라는 것은 같게 하는 것이고, 예라는 것은 다르게 하는 것이다. 같게 하면 서로 친해지고, 다르게 하면 서로 공경한다. 음악이 지나치면 방탕해지고, 예가 지나치면 멀어진다(樂者爲同 禮者爲異 同則相親 異則相敬 樂勝則流 禮勝則離)." 음악의 본질이 바로 조화다.

13

유자가 말했다. "약속이 의에 가까우면 그 말이 지켜질 것이다. 공손함이 예에 가까우면 치욕을 멀리할 수 있다. 그러면서도 친한 이를 잃지 않으면 가히 존경할 만하다."

有子曰 信近於義 言可復也. 恭近於禮 遠恥辱也.
유자가 말했다. "약속이 의에 가까우면 그 말이 지켜질 것이다. 공손함이 예에 가까우면 치욕을 멀리할 수 있다."

신(信)은 약신(約信), 즉 약속이고, 복(復)은 천언(踐言), 즉 그 약속을 실행하는 것이다. 주희의 해설이다. 약속이라고 다 지켜야 하는 것은 아니다. 의(義)에 어긋난 약속은 지키면 안 된다. 작은 신의(信義)만 생각하고 배움을 소홀히 할 경우 남을 해치는 도적이 될 수 있다(好信不好學 其蔽也賊-양화8). 도적이나 깡패의 의리가 바로 그러한 경우다. 약속이 의에 가까울 때만이 그 약속이 지켜질 수 있는 것이다. 맹자는 "대인은 말을 했다고 해서 꼭 지킬 것을 기약하지 않으며, 행동을 했다고 해서 꼭 그 결과를 기약하지 않는다. 오직 의만 따를 뿐이다"라고 했다(孟子曰 大人者 言不必信 行不必果 惟義

所在-『맹자』「이루하」11).

고주는 復을 반복(反覆), 즉 정하지 못하고 이랬다저랬다 하는 것으로 풀이하여 "말은 반복할 수 있기 때문에 (의라고는 못하고) 의에 가깝다"고 해석하는데, 동의하기 어렵다.

공손함은 미덕이나 지나치면 안 된다. 공손함이 지나치면 남에게 업신여김을 받아 수고롭기만 할 뿐이다(恭而無禮則勞-태백2). 예(禮)에 어긋나지 않아야만 욕을 면할 수 있다.

因不失其親 亦可宗也.
"그러면서도 친한 이를 잃지 않으면 가히 존경할 만하다."

인(因)은 이토 진사이에 의하면 '그로 인하여'의 뜻이다. 여기서는 이 견해를 따라 '그러면서도'로 번역했다. 친(親)은 친한 사람, 종(宗)은 존경을 받는 것이다.

약속을 義에, 공손함을 禮에 맞게 실천하려다 보면 자연 엄격해지기 쉽다. 인정이 사라지기 때문이다. 약속과 공손함을 의와 예에 맞게 실천하면서도 인정을 잃지 않아 친한 사람들을 잃지 않는다면, 가히 남들로부터 존경을 받을 만한 사람이다.

因에 대해서는 학자에 따라 견해가 분분하다. 먼저 고주의 공안국은 因을 친(親)으로 풀이해 "친해야 할 사람과 친함을 잃지 않는다면"으로 해석한다. 오규 소라이는 因을 혼인한다는 뜻의 인(姻)으로 읽어 "인척(외가나 처가)과 친하면서도 그 친족을 잃지 않는다면"으로 해석하는데, 독특하긴 하지만 동의하긴 어렵다. 주희는 의지한다는 뜻의 의(依)로 풀이한다. "의지하는 사람이 그 친할 만한 사람을 잃지 않는다면"의 뜻이다.

14

공자께서 말씀하셨다. "군자는 먹는 데 배부름을 구하지 아니하며, 거처하는 데 편안함을 찾지 아니한다. 일은 민첩하지만 말은 삼가며, 도를 지닌 사람을 찾아가 자신을 바르게 한다. 그러면 가히 배움을 좋아한다고 할 수 있을 것이다."

子曰 君子食無求飽 居無求安. 敏於事而愼於言. 就有道而正焉. 可謂好學也已.

포(飽)는 배부른 것이요, 거(居)는 평소 거처하는 것이다. 취유도(就有道)는 도를 지닌 사람에게 나아가는 것이고, 정(正)은 자신을 바로 하는 것이다.
 군자가 배부름을 구하지 않고, 편안함을 찾지 않는 것은 학문에 뜻이 있기 때문에 그러한 것에 연연하지 않는 것이다. 군자는 항상 말을 아끼며, 말보다 행동을 앞세운다(君子欲訥於言而敏於行 - 이인24). 그리고 항상 자신보다 훌륭한 사람을 찾아 그로부터 올바른 길을 전수받고 자신을 바로 한다.

● 위정13, 이인22, 24, 헌문29에서도 군자의 말과 행동에 관해 말한다.

15

자공이 말했다. "가난해도 아첨하지 않고 부유해도 교만하지 않는다면 어떻겠습니까?"

공자께서 말씀하셨다. "좋으나 가난해도 즐거워하고 부유하면서도 예를 좋아하는 것만은 못하다."

자공이 말했다. "시(詩)에 이르길 '깎고 다듬은 듯 쪼고 간 듯이 한다'라고 했는데 아마 이를 두고 한 말일까요?"

공자께서 말씀하셨다. "사는 이제야 비로소 함께 시를 말할 수 있겠구나. 지나간 것을 말하니 앞으로 올 것을 아는구나."

子貢曰 貧而無諂 富而無驕 何如.
자공이 말했다. "가난해도 아첨하지 않고 부유해도 교만하지 않는다면 어떻겠습니까?"

빈이무첨 부이무교(貧而無諂 富而無驕)는 가난하든 부유하든 자신의 본분을 잃지 않는 것이다. 그러나 빈부(貧富)로부터 자유로운 것은 아니다.

선진18에 보면 자공이 경제에 대한 예측 능력이 뛰어나 돈을 많이 벌었다는 말이 있다(賜不受命而貨殖焉 億則屢中). 자공은 자신이 부유하지만 교만하지 않다는 데서 만족하려 했다. 그리하여 공자에게 물었다.

子曰 可也. 未若貧而樂 富而好禮者也.

공자께서 말씀하셨다. "좋으나 가난해도 즐거워하고 부유하면서도 예를 좋아하는 것만은 못하다."

빈이라 부이호례(貧而樂 富而好禮)는 빈부로부터 완전히 벗어난 자유로운 경지다. 옹야9에서 안연이 가난 속에서도 학문하는 즐거움을 바꾸지 않았다고 하는 것이 바로 이러한 경지를 말한 것이다.

공자는 대답하기를 그것도 괜찮으나 부유하면서도 예를 좋아하느니만 못하다고 하면서 더욱 공부에 힘쓸 것을 요구했다. 달리는 말에 채찍질한다(走馬加鞭)고, 현재에 안주하지 말고 부단히 갈고 닦을 것을 가르친 말이다.

오규 소라이는 貧而樂의 樂을 음악이라는 뜻의 악으로 읽는다. 貧而樂은 빈이호악(貧而好樂)으로 가난하여도 음악을 좋아한다는 뜻이라는 것이다. 소라이는 이 문답을 자공이 백성을 교화하는 도에 대해 물은 것으로 보고 있다. 소라이의 논어 해석의 가장 큰 문제 중 하나는 모든 것을 정치적으로만 이해하려고 하여 덕을 쌓는 일은 의식적으로 배제하려 한다는 점이다. 그러나 공자에게 정치와 수양은 결코 분리될 수 없는 하나였다.

子貢曰 詩云 如切如磋 如琢如磨. 其斯之謂與.
자공이 말했다. "시(詩)에 이르길 '깎고 다듬은 듯 쪼고 간 듯이 한다'라고 했는데 아마 이를 두고 한 말일까요?"

詩는 『시경(詩經)』이다. 자공이 인용한 귀절은 『시경』 위풍(衛風) 기욱(淇奧)의 첫 장에 있다. 기욱은 주가 동천(東遷)할 때 공을 세운 위무공(衛武公)을 찬미한 시로 그 첫 장은 다음과 같다.

기수의 물굽이 바라보니 푸르른 대나무 우거졌도다
우리 님은 깎아 다듬은 듯 쪼고 간 듯이 위엄 있고 너그럽다
빛나고 의젓하며 아름다운 우리 님을 끝내 잊지 못하겠네
瞻彼淇奧 綠竹猗猗
有匪君子 如切如磋 如琢如磨
瑟兮僩兮 赫兮咺兮 有匪君子 終不可諼兮

절차탁마(切磋琢磨)라는 말이 여기서 유래했다.
다산에 의하면 절(切)과 탁(琢)은 대강의 모양을 만드는 과정이고, 차(磋)와 마(磨)는 윤이 나도록 정밀하게 다듬는 과정이다.
자공은 공자의 말에 시를 인용하면서 대답한다. "『시경』의 '끊고 다듬은 듯 쪼고 간 듯이'라는 구절이 본래 아름다운 재료라도 더욱 갈고 닦아야 한다는 의미입니까?"

子曰 賜也 始可與言詩已矣. 告諸往而知來者.
공자께서 말씀하셨다. "사는 이제야 비로소 함께 시를 말할 수 있겠구나. 지나간 것을 말하니 앞으로 올 것을 아는구나."

고저왕이지래자(告諸往而知來者)의 諸는 대명사 지(之)고, 往은 주희에 의하면 이미 말한 것, 來는 아직 말하지 않은 것이다.
자공이 자신의 말을 깊이 이해했을 뿐 아니라, 『시경』의 구절을 들어 비유(譬喻)까지 할 수 있게 된 것을 본 공자는 자공이 비로소 시를 이해할 수 있게 됐다고 칭찬한다.

공자는 시를 매우 중요시했다. 그는 아들인 백어(伯魚)에게 시를 공부하라고 하면서 시를 모르면 말을 제대로 할 수 없다고 했으며(不學詩 無以言-계씨13), 시를 배우면 감흥을 나타낼 수 있고 사물을 제대로 살필 수 있으며 무리와 어울릴 수 있고 불의를 원망할 수 있으며, 가까이는 부모를 섬기고 멀리는 임금을 섬길 수 있으며, 새와 짐승, 풀과 나무의 이름을 많이 알 수 있게 된다고 했다(양화9).

공자가 시에서 중요시한 것 중 하나는 대화에서의 수사적인 표현이다. 그는 말을 잘하는 사람을 영자(佞者)라고 하여 싫어했다. 그리고 장황히 말을 많이 하는 것도 좋아하지 않았다. 그는 군자는 행동에 민첩하고 말은 어눌한 듯해야 한다고 했다(君子 欲訥於言而敏於行-이인24). 그러한 그로서는 다른 사람과 대화할 때 직접적이거나 장황한 표현보다는 비유적이거나 간결한 표현이 더 유용하고 적절했을 것이다. 그리고 비유적인 표현은 직설적인 표현이 가져올 격심한 감정의 노출을 자제하는 효과도 있었다. 실제로 논어에 나타난 공자의 말들은 대부분 직접적이기보다는 비유적이고, 장황하기보다는 압축적이다. 그는 시가 그러한 비유적인 표현을 익히는 데 최상의 교재라고 생각해 제자들에게 학습을 장려했으며, 현재까지 전해진 『시경』도 그가 편찬한 것이라고 말해진다. 신약에 나타난 예수의 언행이 짤막하면서도 주옥같은 비유로 가득 찬 것도 같은 이유에서일 것이다.

한편 공자는 시를 해석할 때 너무 인위적으로 의미를 과장한 바도 없지 않다. 절차탁마라는 말만 해도 단순히 사람을 형용한 데 불과한 것인데 공자가 지나치게 자의적으로 해석한 것이다. 또 팔일8에서는 여인의 아름다움을 나타내는 데 쓰인 巧笑倩兮 美目盼兮 素以爲絢兮란 말을 갖고 예(禮)가 나중이라고까지 하고 있다. 이렇듯 시의 내용을 지은이의 의도와 상관없이 자기 마음대로 해석하는 것을 단장취의(斷章取義)라고 한다. 이러한 공자의 영향을 받아 전통시대 중국에서는 시를 포함한 대부분의 문학 작품이 정치적·사회적 의미를 내포하는 것으로 간주되어왔다. 현대 중국에서 오함(吳晗)의 해서파관(海瑞罷官)이라는 희곡을 둘러싼 논쟁이 문화대혁명의 서곡이었다는 사실은 이를 웅변적으로 말해준다.

●

헌문11에는 "가난하면서도 원망하지 않기는 어렵고, 부유하면서 교만하지 않기는 쉽다"라는 말이 있다.

16

공자께서 말씀하셨다. "남이 나를 알아주지 않음을 걱정하지 말고 내가 남을 알지 못함을 걱정하라."

▬▬

子曰 不患人之不己知 患不知人也.

군자는 자기의 허물을 근심할 뿐이다. 그러므로 남이 나를 알아주지 않는 것을 근심하지 않는다. 그건 그 사람의 허물이기 때문이다. 그러나 내가 남을 알아보지 못하는 것은 나 자신의 허물이다. 그러므로 근심한다.

●

이인14, 헌문32, 위령공18에도 비슷한 내용이 있다.

제2편
위정 爲政

이 편에는 특이하게도 인(仁)이라는 글자가 한 번도 쓰이지 않았다.

1

공자께서 말씀하셨다. "덕으로 정치를 하는 것은, 비유컨대 북극성이 제자리에 있으니 모든 별이 그를 향해 인사하는 것과 같다."

子曰 爲政以德 譬如北辰 居其所而衆星共之.

덕(德)은 주희에 의하면 득(得)으로, 도를 행해 마음에 얻은 것이다(行道而有得於心也). 이토 진사이는 덕을 풀이하기를 인의예지(仁義禮智)의 총칭이라고 한다.

북신(北辰)은 북극성이다. 그러나 지구의 세차운동(歲差運動) 때문에 당시의 북극성은 오늘날처럼 천구(天球) 상의 북극점에 위치하지는 않았다. 이러한 사실에 근거해 청의 유보남은 북신이 북극성이 아니라 천구 상의 북극점을 가리키는 말이라고 주장했으나, 공자 당시 그러한 개념이 있었는지 모르겠다.

공(共)은 당(唐)의 육덕명(陸德明)이 쓴 『경전석문(經典釋文)』에 인용된 정현의 주에 의하면, 공(拱)으로 두 손을 맞잡고 가볍게 인사하는 것(拱手)이다. 주희는 共을 향한다는 뜻의 향(向)으로 풀이하고, 다산은 함께한다는 뜻의 동(同)으로 풀이한다.

북극성이 밤하늘의 중심에 자리 잡고 뭇 별들이 그 주위를 도는 것을 보고, 덕에 의한 정치를 그것에 비유한 말이다. 공자는 덕에 의한 정치를 주장했으며 법제나 형벌에 의한 정치를 비판했다(道之以政 齊之以刑 民免而無

恥-위정3). 북극성이 제자리에 있다는 말이 북극성이 아무것도 하지 않고 단순히 그 자리에 가만히 있다는 뜻은 아니다. 고주에서 포함은 이것을 제자리에 가만히 있기만 한 것으로 해석해 덕에 의한 정치를 아무런 인위적 행위가 없는 정치(無爲之治)로 풀이한다. 그러나 이는 노자(老子)를 위시한 도가(道家)의 입장이지 공자의 정치철학은 아니다. 오히려 이 구절은 북극성이 밤하늘의 중심에서 자기 위치를 고수하고 있듯이, 임금이 임금으로서 자기 본분을 다하면 모든 백성이 자연 그에게로 기울어진다는 의미일 것이다(君君臣臣父父子子-안연11).

한편 오규 소라이는 이덕(以德)을 유덕한 사람을 기용하는 것(用有德之人)으로 해석한다. 以를 쓴다는 뜻의 동사 용(用)으로 해석하는 것인데, 정치를 할 때 유덕한 사람을 기용하면 수고하지 않아도 저절로 다스려진다는 뜻이다.

2

공자께서 말씀하셨다. "시 300편을 한마디 말로 나타낸다면 생각에 사특함이 없는 것이다."

子曰 詩三百 一言以蔽之曰 思無邪.

시(詩)는 『시경』이고, 폐(蔽)는 개(蓋)로 총괄하는 것이다. 현존하는 『시경』의 시는 305편으로 제목만 전하고 본문이 없는 것까지 포함한다면 311편이다. 대략 시 300편이라고 한다. 『시경』은 공자가 편찬했다고 전해지지만 확실하지는 않다. 그러나 논어에 『시경』이 자주 언급되고, 또 이 장에서 시 300편이라고 하는 것으로 미루어 볼 때, 공자 당대에 이미 현존하는 『시경』의 원형이 어느 정도 갖추어져 있었다고 추측할 수 있다.

사무사(思無邪)라는 표현은 『시경』 노송(魯頌) 경지십(駉之什)의 경(駉)에 보인다. 청(淸)의 유월(俞樾, 1821~1907)의 『곡원잡찬(曲園雜纂)』이란 책에 의하면 사(思)는 단순한 어조사(語助辭)로 아무런 뜻이 없다(『논어집석』에서 재인용). 그걸 공자가 단장취의해 "생각에 사특함이 없다"는 뜻으로 풀이한 것이다. 사특함이 없다는 말에 대해 주희는 시가 듣는 사람의 성정(性情)을 바르게 한다는 뜻으로 이해한다. 그러나 다산은 지은이의 마음이 간사하고 편벽됨이 없는 것으로 해석한다.

3

공자께서 말씀하셨다. "법으로 이끌고 형벌로 가지런히 한다면 백성들은 죄만 면하면 부끄러워할 줄 모른다. 그러나 덕으로 이끌고 예로 가지런히 한다면 부끄러움을 알고 바르게 될 것이다."

子曰 道之以政 齊之以刑 民免而無恥. 道之以德 齊之以禮 有恥且格.

도(道)는 도(導)로 이끄는 것이다. 제(齊)는 하나로 가지런하게 하는 것으로, 들쑥날쑥한 것을 가위나 칼로 가지런하게 하듯이 백성들 중에 들쑥날

쑥한 자들을 가지런하게 다듬는 것이다. 정(政)은 법제와 금령(禁令)이고 형(刑)은 형벌이다. 민면이무치(民免而無恥)는 잘못을 저질러도 법에 걸리지 않아 죄만 면하게 된다면 그것으로 다행이라고 생각하고 부끄러워하지 않는다는 뜻이다. 유치차격(有恥且格)의 格은 정(正)으로 부끄러움을 알고 바르게 된다는 말이다. 이상은 고주에 의거했다.

신주는 格을 이른다는 뜻의 지(至)로 풀이한다. 백성이 부끄러움을 알고 선에 이르게 된다는 뜻이다.

덕과 예로써 솔선수범하고 백성을 교화할 때 백성이 저절로 바르게 된다는 이 말이 지나치게 이상적으로 들릴 수도 있다. 그러나 법과 형벌이 나날이 발전해 정교해진 오늘날에도 범죄가 줄어들기는커녕 날로 늘어남에 비추어볼 때 다시금 깊이 생각해볼 필요가 있다.

4

공자께서 말씀하셨다. "나는 열다섯에 학문에 뜻을 두고, 서른에 섰으며, 마흔에 미혹이 없어지고, 쉰에 천명을 알았으며, 예순에 남의 말이 귀에 거슬리지 않게 되었고, 일흔이 되어서는 마음이 하고자 하는 대로 행하여도 법도에 어긋나지 않았다."

子曰 吾十有五而志于學. 三十而立.
공자께서 말씀하셨다. "나는 열다섯에 학문에 뜻을 두고, 서른에 섰으며"

십유오(十有五)의 有는 우(又)로, 열다섯 살을 十有五로 표현했다. 주희에 의하면 열다섯 살에 대학(大學)에 들어가는 것이 옛날의 법도였기 때문에 이렇게 말했다고 하는데, 근거 없는 말이다. 그냥 학문에 뜻을 두었다고 해석하는 것이 타당할 것이다.

입(立)은 주희에 의하면 자립하는 것이다. 독립된 인격체로 우뚝 설 수 있었다는 말이다.

황간은 열다섯 살부터 서른 살까지 15년 동안 매 3년마다 경전 하나씩을 공부해 마침내 오경(五經) 공부를 이뤘기(成立) 때문에 立이라고 했다고 풀이하는데, 오경이라는 말이 성립된 것은 한(漢) 대이기 때문에 공자와는 맞지 않다. 황간의 『논어의소』에는 독특하다 못해 다소 황당하기까지 한 주석들이 많이 소개되어 있는데, 아마 남북조 시대의 정치적·사회적 혼란이 그 원인 중 하나였을 것이다.

한편 청의 송상봉은 『논어발미(論語發微)』란 책에서 『예기(禮記)』 「곡례(曲禮)」의 "삼십을 장(壯)이라고 부르는데 결혼을 한다(三十日壯 有室)"는 구절을 인용해 立을 결혼을 하는 것으로 파악했다. 재미있는 해석이긴 하지만 고대에 결혼이 그렇게 늦었다는 것이 역사적 사실과는 부합하지 않아 보인다.

四十而不惑. 五十而知天命.
"마흔에 미혹이 없어지고, 쉰에 천명을 알았으며"

불혹(不惑)은 학문이 깊어져 세상 사물에 대해 미혹됨이 없는 것이다.

천명(天命)은 주희에 의하면 천도가 유행(流行)해 사물에 부여한 것으로, 바로 사물이 당연히 그러한 까닭이다(天道之流行而賦於物者 乃事物所以當然

之故也). 다시 말해 내가 이 세상에 존재하게 된 까닭, 즉 내가 이 세상에서 해야 할 소명(召命)을 알게 됐다는 말이다.

한편 황간에 의하면 天命은 하늘이 명한 것으로(天爲命者) 궁함과 통함이 나뉘는 것(窮通之分)이다. 공자가 나이 쉰 살에 학문이 깊어져 인간사의 이루어짐(通)과 이루어지지 못함(窮)을 살필 줄 알았다는 뜻이다. 왕필은 한술 더 떠 "끝내 도가 이루어지지 못함을 안 것"이라고까지 말했다(『논어의소』). 즉 공자가 앞날을 내다볼 줄 알았다는 말이다. 불가지(不可知)한 세계에 대한 언급을 삼간 공자의 평소 언행으로 미루어 볼 때 주희의 주장이 더 타당하지 않을까 생각된다.

六十而耳順. 七十而從心所欲不踰矩.
"예순에 남의 말이 귀에 거슬리지 않게 되었고, 일흔이 되어서는 마음이 하고자 하는 대로 행하여도 법도에 어긋나지 않았다."

이순(耳順)은 다산의 『논어고금주』에 의하면 남의 말이 이치에 어긋나더라도 귀에 거슬리지 않고 순순히 받아들일 수 있게 됐다(不逆耳)는 뜻이다. 오규 소라이도 같은 입장이다.

그러나 고주의 정현은 말만 듣고도 그 은미(隱微)한 뜻을 알 수 있게 됐다는 뜻으로 풀이한다. 주희도 비슷한 견해로 귀로 들으면 바로 마음이 통하는 것(聲入心通)으로 해석한다. 그러나 이 입장은 공자를 너무 성인시하는 것으로, 세상에 아무리 학문이 깊어도 말만 듣고 바로 마음이 통해 그 뜻을 알 수 있는 사람은 없다.

유(踰)는 벗어나는 것이요, 구(矩)는 사각형을 그리는 데 쓰는 곱자로 여기서는 법도(法度)라는 뜻으로 쓰였다. 종심소욕불유구(從心所欲不踰矩)는 마음 내키는 대로 행동하여도 법도에 어긋나지 않는다는 말로, 진리(眞理)와 자신이 하나가 된 성인(聖人)의 경지다. 다산의 해설을 따른다면 도심(道心)이 주재가 되고 인심(人心)이 그 명을 따르게 되어 마음이 하고픈 대로 따라 하여도 바로 도심이 하고픈 바를 따르게 되는 경지다.

한편 황간은 從을 방종(放縱)으로 풀이하는데, 뜻은 큰 차이가 나지 않지만 양백준(楊伯峻)이 『논어역주(論語譯注)』에서 밝히고 있듯이 동의하긴 어렵다.

공자가 자신의 일생을 간략히 정리한 말이다. 열다섯 살에 학문에 뜻을 두어 일흔 살에 마음이 하고자 하는 대로 행해도 법도에 어긋나지 않는 경지에 이를 수 있었던 것은 모두 배움(學) 덕분이다. 자하도 말했듯이 군자는 배움으로 그 도를 이룬다(君子學以致其道-자장7).

한편 크릴(H. G. Creel)은 『공자, 인간과 신화』에서 이 장(章)이 너무 자화자찬(自畵自讚)이 심하다고 생각하여 과연 공자 자신의 말일까 의심한다.

5

맹의자가 효에 대해 물었다. 공자께서 말씀하셨다. "어김이 없어야 할 것입니다."

번지가 수레를 몰았다. 공자가 그에게 말씀하셨다. "맹손이 나에게 효에 관해 묻기에 내가 '어김이 없어야 할 것이다'라고 말해주었다."

번지가 물었다. "무슨 뜻이옵니까?"

공자께서 말씀하셨다. "부모가 살아계실 때 예로 섬기며, 돌아가시면 예로 장례를 치르고, 예로 제사를 모시는 것이다."

孟懿子問孝. 子曰 無違.
맹의자가 효에 대해 물었다. 공자께서 말씀하셨다. "어김이 없어야 할 것입니다."

맹의자(孟懿子)는 노(魯)의 대부이며 이름은 하기(何忌)다. 당시 노의 국정은 삼환(三桓)이라 불리는 계손(季孫), 숙손(叔孫), 맹손(孟孫) 씨 이 세 가문이 전횡하고 있었는데, 그중 맹손씨의 후손이다.
무위(無違)는 어기는 것이 없는 것이다.

樊遲御. 子告之曰 孟孫問孝於我 我對曰 無違.
번지가 수레를 몰았다. 공자가 그에게 말씀하셨다. "맹손이 나에게 효에 관해 묻기에 내가 '어김이 없어야 할 것이다'라고 말해주었다."

번지(樊遲)는 공자의 제자로 이름은 수(須)다. 『사기』「중니제자열전」에 의하면 공자보다 서른여섯 살 아래라고 한다.
어(御)는 수레를 모는 것이다.

樊遲曰 何謂也.
번지가 물었다. "무슨 뜻이옵니까?"

子曰 生 事之以禮, 死 葬之以禮 祭之以禮.

공자께서 말씀하셨다. "부모가 살아계실 때 예로 섬기며, 돌아가시면 예로 장례를 치르고, 예로 제사를 모시는 것이다."

맹의자가 어김이 없어야 한다는 말(無違)을 부모의 뜻을 어기지 말라는 것으로 잘못 이해할까 봐 걱정해, 공자가 번지에게 밝혀주어 그로 하여금 맹의자에게 전달하게 한 것이다. 그러나 한편으로는 당시 맹손씨를 비롯한 삼환이 분수를 모르고 예를 참람(僭濫)하는 것을 비판한 말이라고도 생각할 수 있다.

6

맹무백이 효에 관해 물었다. 공자가 말씀하셨다. "부모는 오직 자식의 병만을 근심하십니다."

孟武伯問孝. 子曰 父母唯其疾之憂.

맹무백(孟武伯)은 앞에 나온 맹의자의 자식으로 이름은 체(彘)다.
  부모유기질지우(父母唯其疾之憂)는 부모가 오직 자식의 건강만을 근심하는 그 마음을 깊이 새겨 부모에 대한 효도에 정성을 다하라는 뜻이다. 주희의 해설을 따랐다.
  父母唯其疾之憂에 대해 고주의 마융은 "효자는 망령되이 그릇된 일을 하지 않고, 오직 병이 생긴 연후에 부모를 근심케 한다"라고 풀이했다. 즉 병 이외의 것으로 부모에게 근심을 끼쳐드리지 말라는 뜻이다. 오규 소라이의 견해도 같다. 한편 후한(後漢)의 왕충(王充, 29~97?)은 『논형(論衡)』「문공(問孔)」편에서 맹무백이 부모에 대한 근심을 너무 많이 하기 때문에 오직 부모의 병만을 근심하라고 가르친 것이라고 했다. 일본의 이토 진사이의 『논어고의』도 같은 입장이다.

7

자유가 효에 관해 물었다. 공자께서 말씀하셨다. "지금의 효라는 것은 부모를 능히 봉양하는 것을 말한다. (그러나) 개나 말조차도 모두 능히 봉양하거늘, 공경하는 마음이 없다면 어떻게 구별할 수 있겠는가?"

子游問孝. 子曰 今之孝者 是謂能養. 至於犬馬 皆能有養. 不敬 何以別乎.

자유(子游)는 공자의 제자로 성은 언(言)이요, 이름은 언(偃)이다. 『사기』「중니제자열전」에 공자보다 마흔다섯 살 아래라고 전해진다.
지어견마 개능유양(至於犬馬 皆能有養)은 개나 말 같은 금수들도 능히 서로 봉양하는데, 사람이 부모를 봉양하면서 공경하지 않는다면 금수와 무슨 차이가 있겠냐는 말이다. 청의 이광지(李光地, 1642~1718)가 『논어차기(論語箚記)』에서 밝힌 견해다(『논어집석』에서 재인용).

주희는 至於犬馬 皆能有養을 개나 말조차도 봉양한다는 뜻으로 해석한다. 즉 인간이 개나 말조차도 먹여 기르는데, 제 부모를 봉양한다고 하여도 공경하는 마음이 없다면 어떻게 구별할 수 있겠느냐라는 뜻이다. 고주에도 일설(一說)로 소개되어 있다. 그러나 이 해설은 부모를 개나 말과 비교하고 있다는 데 문제점이 있다. 고주의 포함의 설은 이와 다르다. 개는 집을 지킴으로써, 말은 힘든 일을 대신함으로써 인간을 봉양하는데, 부모를 봉양한다고 하여도 공경하는 마음이 없다면, 사람이 개나 말과 구별될 수 있겠느냐의 뜻으로 풀이하는 것이다. 주희보다는 나아 보이나 개나 말이 사람을 봉양한다는 게 어색하다.

8

자하가 효에 관해 물었다. 공자께서 말씀하셨다. "부모의 안색을 살피는 것이 어렵다. 일이 있을 때 젊은 사람이 그 수고로움을 대신하고, 술과 음식이 있을 때 나이 드신 분에게 갖춰 드린다고 하여 효라고 할 수 있겠는가?"

子夏問孝. 子曰 色難. 有事 弟子服其勞. 有酒食 先生饌. 曾是以爲孝乎.

색난(色難)은 고주의 포함에 의하면 부모의 얼굴색을 살펴 그 뜻을 따르는 것이 어렵다는 뜻이다. 그러나 주희는 자식이 부모에게 항상 온화한 얼굴로 대하는 것이 어렵다는 뜻으로 해석한다. 여기서는 고주를 따랐다.

제자(弟子)는 다산에 의하면 나이가 어린 사람을 일컫는 말이고, 선생(先生)은 존장(尊長)을 일컫는 말이다. 찬(饌)은 음식을 갖춰 드리는 것이다. 증(曾)은 즉(則)이다.

4장부터 여기까지는 효에 관한 문답이다. 그런데 공자는 각기 상대에 따라 그 대답을 달리했다. 그것은 인(仁)과 예(禮)에 관해서도 마찬가지다. 인과 예에 관한 공자의 언행도 그 상대에 따라 각기 다르다. 그 까닭은 무엇일까? 공자는 효에 관해(인과 예에 관해서도) 추상적으로 획일적인 정의를 내리는 것보다는 사람에 따라 그것을 구체적으로 실천하는 것이 더 중요하다고 판단했다. 그런데 그 실천의 문제는 사람마다 자질과 처한 조건이 다 다르다. 따라서 그 사람의 자질과 조건에 따라 대답이 다를 수밖에 없는 것이다. 이같이 각기 그 상황을 고려해 행동을 달리하는 공자의 유연성은 너무도 유명해, 후일 맹자는 공자를 "시의에 따라 행동하는 성인(聖之時者, 『맹자』 「만장하」 1)"이라고까지 했다. 이 경우에도 각기 그 배경을 알 수 있다면 공자가 그렇게 달리 대답한 이유를 알아낼 수 있을 것이다.

불교에서 보살이 중생을 구제하기 위한 편의적인 수단으로 그때그때 형편에 따라 방법을 달리한다는 방편(方便)도 이와 유사하다.

9

공자께서 말씀하셨다. "내가 하루 종일 회와 함께 이야기했으나 어기지 않는 것이 마치 어리석은 자와 같았다. 물러간 후 그 사생활을 살펴보니 그대로 드러내고 있더라. 회는 어리석지 않도다."

子曰 吾與回言終日 不違如愚. 退而省其私 亦足以發. 回也不愚.

회(回)는 공자의 제자로 성은 안(顔), 이름은 회, 자는 자연(子淵)이다.『사기』「중니제자열전」에 의하면 공자보다 서른 살 아래라고 한다.

불위(不違)는 말을 묵묵히 듣기만 하고 아무런 의문이나 이의를 제기하지 않는 것이다. 사(私)는 사적으로 한가하게 있는 것을 말한다. 발(發)은 들은 바의 이치를 드러내는 것으로, 다산에 의하면 꽃이 꽃망울을 머금고 있다가 그것을 토해내는 것과 같은 것을 형용한 말이다.

안회는 공자의 말을 충분히 이해하고 있었기 때문에 특별히 이의를 제기하거나 물을 필요가 없었던 것이다.

10

공자께서 말씀하셨다. "그 동기를 보고, 그 경유하는 바를 살피며, 그 머무는 것을 관찰한다. 사람이 무엇을 숨길 수 있겠는가? 사람이 무엇을 숨길 수 있겠는가?"

子曰 視其所以 觀其所由 察其所安. 人焉廋哉 人焉廋哉.

이(以)는 인(因)으로 처음에 시작하게 된 동기(動機)다. 유(由)는 경(經)으로 중간에 경유(經由)하는 길이며, 안(安)은 지(止)로 마지막에 머무는 곳이다.

시(視)는 무심히 보는 것이요, 관(觀)은 주의해 보는 것이고, 찰(察)은 더욱 상세히 보는 것이다. 다산의 『논어고금주』에 의거했다.

고주에서는 以를 용(用)으로 보아 행하고 쓰는 것(行用), 由는 다산과 마찬가지로 經으로 보아 경유하는 것으로 풀이했다. 주희는 以는 위(爲)로 하는 것, 由는 종(從)으로 따르는 것, 安은 낙(樂)으로 즐기는 것으로 풀이한다.

사람을 겉으로 보이는 행동거지만으로는 제대로 판단할 수 없다. 무슨 동기로 그러한 행동을 했는지 그것까지 살펴보아야 제대로 알 수 있다. 또 그 동기가 좋다 하더라도 방법이 정당하지 못해서는 안 되며, 방법이 정당하다고 해도 마지막에 머무는 곳이 좋지 않으면 안 된다.

한편 오규 소라이는 이 장이 한 나라의 임금을 살피는 방도를 이야기한 것이라고 해설하나, 굳이 한 나라의 임금에 국한할 하등의 이유가 없다.

11

공자께서 말씀하셨다. "옛것을 익혀 새로운 것을 알면 남의 스승이 될 만하다."

子曰 溫故而知新 可以爲師矣.

온(溫)은 고주에 의하면 심(尋)으로 찾아 궁구(窮究)하는 것(尋繹)이다. 고(故)는 옛것(古), 즉 옛날에 배운 것이다. 모든 새로운 것은 이미 이루어진 것 위에 서 있다. 따라서 옛것은 새로운 것을 이루는 바탕이 된다. 그러나 옛것을 답습만 해서는 안 된다. 옛것의 이치를 궁구해 새로운 것을 창의적으로 발전시켜야 한다. 그러면 능히 남의 스승이 될 수 있을 것이다. 온고지신(溫故知新)이란 말이 여기서 유래했다.

왕충은 『논형』「사단(謝短)」편에서 이 말을 부연해 말하길, 옛일만을 알고 오늘을 모르는 것을 육침(陸沈), 즉 육지에서 물에 빠지는 것이라고 하고, 오늘만을 알고 옛일을 모르는 것을 맹고(盲瞽), 즉 장님이라고 했다. 재미있는 해설이다.

이상은 고주·신주를 위시한 보통의 해석이나, 다산의 해석은 다르다. 다산은 가이위사의(可以爲師矣)를 남의 스승이 되는 것도 해볼 만하다는 뜻으로 풀이한다. 溫은 심온(燖溫)으로 따뜻하게 덥히는 것이다. 남을 가르치게 되면 옛 지식이 다시 데워지고 또 새로운 것도 알게 되니, 남의 스승이 되는 것도 가히 해볼 만한 일이라는 뜻이다.

12

공자께서 말씀하셨다. "군자는 그릇이 되어서는 안 된다."

子曰 君子不器.

기(器)는 그릇처럼 한 가지 용도로밖에 쓰이지 못하는 것을 말한다. 공자 시대 선비의 이상적인 모습(君子)은 시서예악(詩書禮樂)을 고루 갖춘 지성인으로서 백성의 행복을 위해 정치에 종사하는 것이다. 그릇(器)은 제각기 그 종류에 따라 용도가 다 다르다. 여기서 그릇은 농부, 장인(匠人), 상인과 같은 한 분야의 전문가를 의미한다. 군자가 그릇이 되어서는 안 된다는 것은 편벽한 한 분야만의 전문가가 되지 말고 널리 학덕을 갖추어 두루두루 능통해야 한다는 뜻이다.

오규 소라이는 이 장을 아주 독특하게 해석한다. 그에 의하면 그릇은 쓰이는 것이다. 그런데 군자란 백성을 기르는 덕을 갖추고 그릇을 쓰는 사람이기 때문에 자신이 그릇이 되어서는 안 된다. 즉 남에게 쓰여서는 안 된다는 말이다. 재미있기도 하거니와 군자란 말이 원래 지위가 높은 사람을 지칭하는 말이기 때문에 일면 타당해 보인다. 하지만 이 세상에 남에게 쓰이지 않고 남을 쓸 수 있는 사람이란 임금 하나밖에 없는데, 공자는 이런 말을 왜 했단 말인가? 그렇게 보면 논어에서 군자 운운하는 말은 모두 임금 하나만을 위한 말이란 말인가? 그러면 안회, 자로, 자공 등의 여러 제자들은 모두 바지저고리란 말인지? 오규 소라이식 논어 해석의 문제점이다.

13

자공이 군자에 대해 물었다. 공자께서 말씀하셨다. "먼저 말하고자 하는 것을 행하고 그 후에 말이 뒤따른다."

子貢問君子. 子曰 先行其言 而後從之.

자공(子貢)은 공자의 제자 중 재아(宰我)와 함께 말을 잘하는 것으로 평판이 난 사람이다(言語 宰我子貢-선진2). 따라서 공자가 그에게 말보다 행동을 앞서 하라고 가르친 것으로 추측된다. 청의 황식삼(黃式三, 1788~1862)은 『논어후안(論語後案)』에서 先行 其言而後從之로 끊어 읽을 것을 주장하고 있으나 뜻은 별 차이 없다(『논어집석』에서 재인용).

● 학이14, 이인22, 24, 헌문29에도 비슷한 내용이 있다.

14

공자께서 말씀하셨다. "군자는 의(義)로 사귀며 이(利)로 사귀지 않으나, 소인은 이로 사귀고 의로 사귀지 않는다."

子曰 君子周而不比 小人比而不周.

주(周)와 비(比) 모두 친밀하다는 뜻이나 周는 의(義)로 합하는 것이고, 比는 이(利)로 합하는 것이다. 왕인지(王引之, 1766~1834)가 『경의술문(經義述聞)』에서 밝힌 견해다(『논어집석』에서 재인용). 달리 말하면 周는 공(公)적으로 하는 것이고, 比는 사(私)적으로 하는 것이라는 말이다.

周와 比의 해석을 놓고 의견이 많다. 고주는 충신(忠信)이 周이고, 아첨하며 편드는 것(阿黨)이 比라고 풀이한다. 황간은 고주를 부연해 말하길 周

는 두루 하는 법이요(博遍之法), 比는 친압하는 법(親狎之法)이라고 한다. 신주는 周는 보편(普遍), 比는 편당(偏黨)이라고 풀이한다. 조금씩 다르면서도 모두 비슷한 견해다. 다산은 周는 마음으로 하는 것이고, 比는 세력으로 하는 것이라고 주장한다.

소인(小人)은 군자와 대립되는 개념이다. 군자라는 말의 유래와 같이 소인도 본래는 비천한 계급 출신을 일컫는 말이었으나 점차 그 뜻이 전화되어 도덕적으로 저속한 사람을 일컫게 됐다. 군자와 소인의 나뉨은 義와 利의 차이에서 비롯된다. 따라서 군자는 의를 바탕으로 널리 만민과 더불어 사귀고, 사사로운 이해관계로 편벽하게 교제하지 않는다. 그러나 소인은 그 반대다.

●

자로23에 "군자는 서로 어울리면서도 부화뇌동하지는 않으며, 소인은 부화뇌동하면서도 서로 어울릴 줄은 모른다"라는 말이 있다.

15

공자께서 말씀하셨다. "배우기만 하고 생각하지 않으면 견식이 어둡고, 생각만 하고 배우지 않으면 위태롭다."

子曰 學而不思則罔 思而不學則殆.

학(學)은 선인(先人)들의 가르침을 배우는 것이요, 사(思)는 혼자 생각해 궁구(窮究)하는 것이다. 망(罔)은 견식이 어두운 것이고, 태(殆)는 위태로운 것이다.

배우되 그것을 깊이 궁구해 내 것으로 만들지 않으면 그 배운 바가 진전되지 않아 견식이 좁고 어두워지며, 생각만 하고 배우지 않을 경우 자기만의 독단적인 생각에 빠져 위태롭게 되기 쉽다.

●

위령공30에서는 생각하는 것이 배우는 것만 같지 못하다고 했다.

16

공자께서 말씀하셨다. "이단을 공부하면 해로울 뿐이다."

子曰 攻乎異端 斯害也已.

공(攻)은 신주의 범조우(范祖禹, 1041~1098)에 의하면 치(治)로 공부하는 것이다.

이단(異端)이 무엇을 가리키는가는 불분명하다. 자장4에서 자하는 "비록 작은 도라고 하더라도 반드시 볼 만한 것이 있다. 그러나 멀리 가는데 발이 빠질까 두렵다. 이런 까닭으로 군자는 배우지 않는 것이다"라고 했다. 이 말로 미루어 본다면, 공자가 말하는 이단이란 아마 자신을 닦아 천하 만민을 편안케 하는 공부 외의 다른 잡학(雜學)들을 지칭하는 것이 아닌가 싶다.

범조우는 이단에 대해서 양주(楊朱)나 묵자(墨子)와 같이 제자백가(諸子百家) 중 유가(儒家) 외의 다른 학파를 지칭하는 것으로 해석한다. 그러나 이단에 대한 범조우의 해석은 다산도 지적하듯이, 양주나 묵자가 공자보다 후대의 사람으로서 공자 당시에는 아직 문호(門戶)조차 없었다는 점에서 문제가 된다.

攻을 공격한다는 뜻으로 풀이하는 학자도 있다. 청의 왕개운(王闓運, 1832~1916)은 『논어훈(論語訓)』에서 "이단이 한쪽으로 치우쳐 정도(正道)에 어긋나는 폐단이 있지만, 군자는 자기의 길만을 꾸준히 갈 뿐 거기에 대해 공격하지 않는다. 자신의 공부에 오히려 방해가 되고 또 남으로부터 쓸데없는 원한을 사게 되어 해롭기 때문이다"라고 했다. 한편 청의 이공(李塨, 1659~1733)은 『논어전주(論語傳注)』에서 명태조(明太祖) 주원장(朱元璋, 1328~1398)의 "이단을 공격해 없애면 사특한 주장의 폐해가 그치고 정도가 가히 실행될 것이다"라는 말을 인용했다. 이(已)를 지(止)로 읽은 것이다(모두 『논어집석』에서 재인용).

자장4

17

공자께서 말씀하셨다. "유야! 너에게 안다는 것을 가르쳐줄까? 아는 것을 안다고 하고, 모르는 것을 모른다고 하는 것, 이것이 아는 것이다."

子曰 由 誨女知之乎. 知之爲知之 不知爲不知 是知也.

유(由)는 공자의 제자로 성은 중(仲), 이름은 유, 자는 자로(子路), 또는 계로(季路)다.『사기』「중니제자열전」에 의하면 노(魯) 태생으로 공자보다 아홉 살 아래라고 전해진다.

회(誨)는 가르쳐주는 것이다.

자로가 용기를 숭상해 알지 못하는 것도 억지로 안다고 하는 경향이 있으므로 공자가 이를 경계한 말이라고 주희는 풀이한다.

한편 유월은 『군경평의(羣經平議)』에서 誨女知之乎의 지(知)는 지(志)로 읽어야 한다고 주장한다. 그러면 "네게 가르쳐줄 테니 잘 새겨두어라"는 뜻이 된다.

학문은 알지 못하는 것을 알지 못한다고 하는 데서부터 출발한다. 의혹이 있는 것을 안다고 하면 그 안다고 하는 것 전체가 의혹에 근거한 불확실한 것이 되고 만다. 데카르트(Rene Descartes, 1596~1650)가 모든 의혹을 그 뿌리까지 파헤쳐 마침내 자신이 의심 없이 받아들일 수 있는 분명한 사실, 즉 "나는 생각한다. 고로 나는 존재한다(I think, therefore I am)"는 명제로부터 자신의 학문을 발전시켰다는 것은 유명한 이야기다.

공자는 학문의 이론적 토대 구축보다는 실천에 관심이 있었던 관계로 데카르트와 같은 방법적 회의로까지 나아가지는 않았으나, 의혹이 없는 분명한 것을 안다고 하고, 의혹이 있어 불확실한 것은 알지 못한다고 하는 것이 아는 것임을 분명히 했다. 이는 공자 또한 자신의 학문을 한 점의 의혹도 없는 명백한 진리 위에 구축하려고 애썼음을 보여주는 것이다. 공자의 치열한 학문적 자세를 엿볼 수 있다.

18

자장이 녹을 구하는 것을 배우려 했다. 공자께서 말씀하셨다. "많이 듣되, 의심이 나는 것은 접어두고, 그 나머지를 삼가 말하면 허물이 적을 것이다. 많이 보되, 확신이 안 서는 것은 접어두고, 그 나머지를 삼가 행하면 후회가 적을 것이다. 말에 허물이 없고 행동에 후회가 없으면 녹은 자연히 그 가운데에 있다."

子張學干祿. 子曰 多聞闕疑 愼言其餘 則寡尤. 多見闕殆 愼行其餘 則寡悔.
자장이 녹을 구하는 것을 배우려 했다. 공자께서 말씀하셨다. "많이 듣되, 의심이 나는 것은 접어두고, 그 나머지를 삼가 말하면 허물이 적을 것이다. 많이 보되, 확신이 안 서는 것은 접어두고, 그 나머지를 삼가 행하면 후회가 적을 것이다."

자장(子張)은 공자의 제자로 성은 전손(顓孫)이고 이름은 사(師)다. 『사기』 「중니제자열전」에 의하면 공자보다 마흔여덟 살 아래다.

학간록(學干祿)의 干은 구한다는 뜻이고, 祿은 벼슬아치가 받는 봉록이다. 자장이 벼슬을 얻는 방법에 대해 배우기를 청한 것이다.

궐의(闕疑)의 闕은 비어두는 것이고, 疑는 의심이 나서 믿지 못하는 것이다. 의심이 나서 믿지 못하는 것은 일단 접어두라는 말이다. 기여(其餘)는 의심이 나서 접어두고 난 나머지를 말한다. 우(尤)는 허물로, 신주의 정이에 의하면 죄가 밖으로부터 이르는 것이다(罪自外至者). 다시 말하면 남이 죄를 묻는 것을 일컬은 말이다.

태(殆)는 위태로워 안심할 수 없는 것이다. 회(悔)는 후회로, 정이에 의하면 이치가 안으로부터 나오는 것이다(理自內出者). 달리 말해 마음속으로 후회하는 것이다.

言寡尤 行寡悔 祿在其中矣.
"말에 허물이 없고 행동에 후회가 없으면 녹은 자연히 그 가운데에 있다."

녹재기중의(祿在其中矣)는 녹이 그 안에 있다는 말로, 그러다 보면 저절로 녹이 들어온다는 뜻이다.

의심이 나고 확신이 안 서는 것을 접어두라는 것은 바로 앞 장에서 말한 아는 것을 안다고 하고 모르는 것은 모른다고 하는 것이 아는 것이라는 말과 뜻을 같이한다.

공자는 벼슬을 구하려는 자장에게 학문이 우선이며 학문을 하면 벼슬은 저절로 온다고 대답했다. 자세한 내막은 알 수 없지만, 지장이 학문보다 벼슬에 뜻을 두고 있어 그것을 경계한 말이 아닐까 생각된다.

청의 정호(鄭浩)는 『논어집주술요(論語集注述要)』에서 간록(干祿)을 풀이하기를 복(福)을 구하는 것(求福)이라고 했다. 덕을 쌓아 허물과 후회를 적게 하면 남에게 비난받을 일도 없고, 또 귀신으로부터 책망 받을 일도 없어, 복이 자연히 굴러 들어온다고 공자가 자장을 가르친 말이라고 한다(『논어집석』에서 재인용).

앞의 15장부터 여기까지는 모두 배움(學)에 대한 말이었다.

공자는 춘추 말의 난세에 태어나 도탄에 빠진 백성을 구제하기 위한 경세(經世)에 일생의 뜻을 두었다. 그에게 군자란 갈고 닦은 자신의 학문을 정치에 구현하여 만백성을 평안케 해야 할 사명을 지닌 지성인이었다. 그러기에 그는 나라에 도가 행해지면 벼슬을 해야 하며(邦有道 穀-헌문1\邦有道則仕-위령공6), 나라에 도가 행해지는데도 지위가 낮고 가난함은 수치라고(邦有道 貧且賤焉恥也-태백13) 했다.

그러나 벼슬보다 우선하는 것은 자신의 학문을 완성하는 것이다. 공자는 아직 배움이 부족한 자고(子羔)를 비(費) 땅의 읍재(邑宰)로 삼으려는 자로를 비판했다. 자로가 백성과 인민이 있는데 굳이 책을 읽는 것만이 학문을 하는 것이냐고 반박하자 그는 "저래서 나는 말만 교묘히 둘러대는 자를 미워한다"라고 꾸중하기도 했다(선진24).

또한 공자는 벼슬이라고 하여 무조건 지지하지도 않았다. 군자가 벼슬을 함은 자기의 학문을 바탕으로 세상에 도를 구현하기 위함이다. 그러기에 나라에 도가 없으면 벼슬에서 물러나 세상으로부터 은거해야 한다(舍之則藏-술이10\無道則隱-태백13\邦無道則可券而懷之-위령공6). 나라에 도가 없는 데도 벼슬을 하여 녹을 먹거나 부귀를 얻는 것은 치욕일 뿐이라고 했다(邦無道 富且貴焉恥也-태백13\邦無道穀恥也-헌문1).

● 학문과 녹에 관해서는 위령공31에서도 언급한다.

19

애공이 물었다. "어떻게 하면 백성이 복종하겠습니까?"
공자께서 대답하셨다. "곧은 사람을 들어 굽은 사람 위에 놓으면 백성이 복종하지만, 굽은 사람을 들어 곧은 사람 위에 놓는다면 백성은 복종하지 않습니다."

哀公問曰 何爲則民服.
애공이 물었다. "어떻게 하면 백성이 복종하겠습니까?"

애공(哀公)은 공자가 태어난 노의 군주로 성은 희(姬)요, 이름은 장(蔣)이다. BC 494년에 즉위해 16년간 재위했다.

孔子對曰 擧直錯諸枉 則民服. 擧枉錯諸直 則民不服.
공자께서 대답하셨다. "곧은 사람을 들어 굽은 사람 위에 놓으면 백성이 복종하지만, 굽은 사람을 들어 곧은 사람 위에 놓는다면 백성은 복종하지 않습니다."

자대왈(子對曰)이라고 하지 않고 공자대왈(孔子對曰)이라고 한 것은 애공이 노의 제후이기 때문에 공대한 것이다.

거(擧)는 천거(薦擧)하는 것이고, 조(錯)는 올려놓는 것(置)이다. 저(諸)는 지어(之於)의 줄인 말이고, 왕(枉)은 굽은 것이다. 거직조저왕(擧直錯諸枉)은 곧은 사람을 발탁해 굽은 사람들 위에 올려놓아 그들을 다스리게 하는 것이고, 거왕조저직(擧枉錯諸直)은 그 반대다. 다산, 청의 유보남, 일본의 오규 소라이 모두가 이렇게 해석한다.

그러나 고주에 인용된 포함이나 주희의 해석은 다르다. 그들은 조(錯)를 버리다(廢置)는 뜻으로 해석해 '곧은 사람을 천거하고 굽은 사람을 버리면 백성이 복종하고, 그 반대이면 백성이 복종하지 않는다'라고 풀이한다. 어느 쪽이든 의미는 큰 차이 없으나, 안연22에 擧直錯諸枉 能使枉者直이라고 굽은 사람을 곧게 만든다는 표현(能使枉者直)이 있는 것으로 볼 때 전자가 좀 더 합당하지 않을까 생각된다.

훌륭한 인재를 발굴해 적재적소에 등용하는 것의 중요성을 이야기한 말이다.

●
안연22에도 비슷한 내용이 있다.

20

계강자가 물었다. "백성으로 하여금 공경하고 충성하며 선행에 힘쓰게 하려면 어떻게 해야 합니까?"

공자께서 대답하셨다. "백성에게 장중한 태도로 임한다면 공경할 것이요, 부모에게 효도하고 백성을 자애롭게 사랑한다면 충성할 것이고, 착한 사람을 천거해 능력이 없는 사람을 가르치게 한다면 백성이 선행에 힘쓰게 될 것입니다."

季康子問 使民敬忠以勸 如之何.

계강자가 물었다. "백성으로 하여금 공경하고 충성하며 선행에 힘쓰게 하려면 어떻게 해야 합니까?"

계강자(季康子)는 노의 대부이며 삼환(三桓) 중 제일 세력이 컸던 계손(季孫)씨의 가주(家主)로 이름은 비(肥)다. 아버지는 계환자(季桓子)다.
사민경충이권(使民敬忠以勸)의 以는 왕인지에 의하면 이(而)로 '그리고'의 뜻이다(『논어집석』에서 재인용). 권(勸)은 선행에 힘쓰게 하는 것이다.

子曰 臨之以莊則敬 孝慈則忠 擧善而敎不能則勸.

공자께서 대답하셨다. "백성에게 장중한 태도로 임한다면 공경할 것이요, 부모에게 효도하고 백성을 자애롭게 사랑한다면 충성할 것이고, 착한 사람을 천거해 능력이 없는 사람을 가르치게 한다면 백성이 선행에 힘쓰게 될 것입니다."

거선이교불능즉권(擧善而敎不能則勸)이라는 구절은 바로 앞의 擧直錯諸枉則民服과 같은 뜻이다.

21

어떤 사람이 공자에게 말했다. "선생님께서는 어찌 정치를 하지 않습니까?"

공자께서 말씀하셨다. "『서(書)』에 이르기를 '효도하라, 오직 효도하고 형제간에 우애(友愛) 있어라. 그러면 정사에 베푸는 것이 있으리라'고 했으니, 이 또한 정치를 하는 것인데 어찌 정치를 할 것이 있겠습니까?"

或謂孔子曰 子奚不爲政.
어떤 사람이 공자에게 말했다. "선생님께서는 어찌 정치를 하지 않습니까?"

子曰 書云 孝乎惟孝 友于兄弟 施於有政. 是亦爲政 奚其爲爲政.
공자께서 말씀하셨다. "『서(書)』에 이르기를 '효도하라, 오직 효도하고 형제간에 우애(友愛) 있어라. 그러면 정사에 베푸는 것이 있으리라'고 했으니, 이 또한 정치를 하는 것인데 어찌 정치를 할 것이 있겠습니까?"

서(書)는 보통 『서경(書經)』을 가리키는 것으로 본다. 그러나 오늘날 우리가 서경이라고 부르는 책은 한(漢) 대에 정리된 것으로 당시에는 상서(尙書)라고 불렸다. 공자가 살던 시대에 오늘날 우리가 서경이라고 부르는 책이 지금의 내용대로 존재했을지 여부는 불확실하다. 원래 서라는 말은 각 왕조나 왕들의 여러 기록을 담은 일종의 정치적 문서를 가리킨다. 따라서 여기서 書는 『서경』이 아니라, 공자 시대까지 전해 내려온 여러 가지 역사 기록들(書) 중 어느 하나를 의미하는 것으로 보아야 할 것이다.

공자가 인용한 구절은 『서경』「주서(周書)」군진편(君陳編)에 실려 있으나, 「주서」 군진편은 이른바 위고문상서(僞古文尙書)로, 이 위고문상서는 AD 4세기경인 동진(東晉) 시대의 위작임이 밝혀졌다. 따라서 공자가 인용한 서의 구절이 어디까지인지도 불확실하다. 사람에 따라서는 효호유효 우우형제(孝乎惟孝 友于兄弟)만을 서에서 인용한 구절로 보기도 한다.

　부모에 대한 효도와 형제에 대한 우애는 혈연공동체를 유지하는 가장 기본적인 덕목이다. 공자 시대의 사회는 이 혈연적 질서를 매개로 조직된 사회였다. 공자에게 이것을 떠난 정치는 생각조차 할 수 없는 것이었다.

22

　공자께서 말씀하셨다. "사람이 신의가 없다면 무엇을 할 수 있는지 모르겠다. 큰 수레에 마구리가 없고, 작은 수레에 멍에 막이가 없다면 무엇으로 가겠는가?"

子曰 人而無信 不知其可也. 大車無輗 小車無軏 其何以行之哉.

예(輗)는 수레 마구리, 월(軏)은 수레 막이로 모두 멍에를 매는 곳이다.
　예와 월이 없으면 수레와 우마(牛馬)가 각기 분리되어 마차가 갈 수 없는 것처럼, 신(信)이 없다면 사람과 사람 사이의 결속이 사리져 아무것노 할 수 있는 일이 없어진다.

23

　자장이 물었다. "10세(世) 후를 알 수 있습니까?"

제2편. 위정(爲政) 109

공자께서 말씀하셨다. "은(殷)은 하(夏)의 예를 이어 받았으니 그 빼고 더한 것을 알 수 있고, 주(周)는 은의 예를 이어 받았으니 그 빼고 더한 것을 알 수 있다. 혹 주의 뒤를 이어 받는 자가 있다면 비록 100세 후라도 알 수 있을 것이다."

子張問 十世可知也.
자장이 물었다. "10세(世) 후를 알 수 있습니까?"

세(世)는 여기서는 세대가 아니라 왕조(王朝)가 한 번 바뀌는 것을 말한다.

子曰 殷因於夏禮 所損益可知也. 周因於殷禮 所損益可知也. 其或繼周者 雖百世可知也.
공자께서 말씀하셨다. "은(殷)은 하(夏)의 예를 이어 받았으니 그 빼고 더한 것을 알 수 있고, 주(周)는 은의 예를 이어 받았으니 그 빼고 더한 것을 알 수 있다. 혹 주의 뒤를 이어 받는 자가 있다면 비록 100세 후라도 알 수 있을 것이다."

하(夏)는 우(禹)가 건설한 나라로 중국 최초의 왕조로 전해지고 있으나 고고학적으로는 아직 확인되지 않았다. 마지막 임금 걸(桀)의 폭정으로 인해 은의 탕(湯)에게 멸망당했다고 한다.

　　은은 고고학적으로 확인되는 중국 최초의 왕조. BC 17세기경부터 오늘날 허난성(河南省) 일대를 중심으로 발달한 나라다. 탕이 하를 타도하고 세웠다고 전해지며, 주(紂) 대에 이르러 주(周) 무왕(武王)에게 멸망당했다.

　　주는 은 왕조를 계승한 나라다. 원래 오늘날 산시성(陝西省) 중부 지역의 치산(岐山) 부근에 자리 잡고 있었으며 은(殷)의 복속국이었다. 그 시조는 후직(后稷)이라고 한다. 문왕(文王) 대에 이르러 크게 발전했고, 그 아들인 무왕이 은의 주를 멸하고 천하를 차지했다. 최초의 수도는 오늘날 산시성 시안(西安), 즉 장안(長安) 부근에 있던 호경(鎬京)이었다. 유왕(幽王) 대에 융적(戎狄)의 침입을 받아 멸망했으나(BC 771년), 그의 아들 평왕(平王)이 수도를 오늘날 허난성 뤄양(洛陽) 부근으로 옮겨(BC 770년) 나라를 재건했다. 이를 주의 동천(東遷)이라고 하며 그 이전을 서주(西周), 이후를 동주(東周)라고 한다.

여기서 예는 문물제도를 말한다. 현재는 과거의 바탕 위에 서 있으며, 미래는 현재로부터 이루어진다. 인간 세상에는 보편적인 이치가 있으니, 그 보편적인 이치를 깊이 이해하고 역사를 헤아릴 수 있다면 비록 먼 미래라도 능히 예측할 수 있을 것이다. 이것이 바로 공자의 역사관이다.

24

공자께서 말씀하셨다. "귀신이 아닌 것을 제사 지내는 것은 아첨이요, 의를 보고도 행하지 않는 것은 용기가 없는 것이다."

子曰 非其鬼而祭之 諂也. 見義不爲 無勇也.

귀(鬼)는 제사의 대상이 되는 조상의 영을 가리킨다. 첨(諂)은 아첨하는 것이다. 귀신이 아닌 것을 제사지내는 것은 무언가를 얻기 위해 귀신에게 아부하는 것이다. 『예기』「곡례」에 의하면 제사 지낼 대상이 아닌데 제사 지내는 것을 일컬어 음사(淫祀)라고 하는데, 아무런 복이 없다고 한다.

● 의와 용에 대해서는 양화23에서도 언급한다.

제3편

팔일 八佾

전례대로 한다면 편명이 계씨(季氏)여야 한다. 그러나 제16편 또한 계씨로 시작하므로 중복을 피하기 위해 그다음 글자를 따 팔일로 한 것으로 보인다.

1

공자께서 계씨에 대해 말씀하셨다. "팔일의 춤을 마당에서 추니, 이것을 차마 한다면 무엇인들 차마 하지 못하겠는가?"

孔子謂季氏 八佾舞於庭 是可忍也 孰不可忍也.

계씨(季氏)는 당시 노(魯)의 실권을 쥐었던 삼환(三桓)의 하나인 계손씨를 가리키나 누구인지는 불분명하다. 고주의 마융은 계환자(季桓子)라고 주장하고, 다산은 계평자(季平子)라고 주장하나 확인할 수 없다.

팔일(八佾)의 佾은 고주의 마융에 의하면 열(列)이다. 한 열이 여덟 명으로 이루어지니, 팔일은 총 64명(8×8=64)이 추는 군무(群舞)로서 천자에게만 허용되는 춤이다. 제후는 육일로 48명(6×8=48), 경대부(卿大夫)는 사일로 32명(4×8=32), 사(士)는 이일로 16명(2×8=16)이 당시 예법이었다. 주희는 매 일(佾)의 사람 수가 일의 수와 같다고 하면서 8×8=64, 6×6=36, 4×4=16, 2×2=4이 예법이라고 주장한다. 어쨌든 계씨는 당시 제후를 섬기는 대부의 신분이므로 사일의 춤으로 그쳐야 했다. 예의 참람(僭濫)이 극심한 것이다.

인(忍)은 '차마 ~하다'의 뜻이다. 대부의 신분으로 천자의 흉내를 내는 자가 차마 무엇인들 못하겠느냐는 반문이다. 한편 忍을 용인한다는 뜻으로도 풀이할 수 있다. 신주에는 혹자의 견해로 소개되어 있는데(或曰), 그렇게 해석하면 다산이 논한 것처럼 이 장은 계씨를 논한 것이 아니게 된다.

공자가 살던 춘추시대 말은 이미 주의 봉건 질서가 그 외형만 남기고 거의 무너져버린 시대였다. 중앙의 천자(天子, 주의 왕)에게는 형식적인 권위만 남아 있을 뿐, 제후를 통제할 권력은 없는 상태였다. 제후국 내부에서도 노(魯)나 진(晉) 같은 경우 제후는 형식적인 지배자였을 뿐, 이미 실권은 가신들의 손으로 완전히 넘어가고 있었다. 또한 사회의 기저를 이루고 있던 씨족공동체 내부에서는 철기의 도입에 따른 결과로 계층 분화가 진행되면서 공동체의 붕괴 과정이 격심하게 진행되고 있었다. 이처럼 정치 사회 질서가 전반적으로 붕괴함에 따라 그것을 지탱하던 예 또한 필연적으로 무너질 수밖에 없었다. 제후가 천자를 참람하고, 대부가 제후를 능멸했으며, 계층 분화의 과정 속에서 새롭게 부를 축적한 신흥 계급은 공공연히 구질서, 즉 예에 대항하고 있었다.

공자는 이러한 예의 붕괴가 당시의 사회적 혼란과 백성의 고통을 가져온 가장 기본적인 원인이라고 생각했다. 따라서 그에게 당시의 사회적 혼란과 백성의 고통을 극복하는 방법은 바로 그 무너져버린 예(周禮)를 다시 복원하는 것이었다. 이러한 공자의 정치 노선을 흔히 복례(復禮)라고 부른다.

공자의 복례 노선은 19세기 말 동아시아 사회가 서구 제국주의 열강의 침략 앞에 무기력하게 무너지면서 많은 비판을 받아왔다. 그러한 비판의 가장 큰 근거는 공자의 복례가 복(復), 즉 옛날의 그 어떤 상태로 되돌아가자는 복고주의(復古主義)를 내세우고 있다는 것이다. 그 비판에 의하면 공자는 역사의 진보보다는 과거로의 후퇴를 주장했으며, 공자의 이러한 주장으로 말미암아 동아시아 사회는 발전이 정체되었고, 마침내 서구 제국주의 열강의 식민지 내지 준식민지로 전락하고 말았다는 것이다. 공자의 복례 노선에 대한 이 같은 비판은 씨족공동체의 해체와 중앙집권화된 통일 국가를 지향한 법가(法家)와 대비되면서 더욱 설득력 있게 받아들여졌다.

그러나 공자의 복례에 대한 이러한 비판이 과연 타당한 것일까? 우선 법가와 비교해도 그렇다. 법가가 진한(秦漢) 제국의 성립에 크게 기여한 것은 의심의 여지가 없는 사실이며, 역사는 분명 그렇게 흘러갔다. 그러나 춘추전국시대를 거쳐 진한 제국으로 가는 500여 년의 세월 동안 당시를 살았던 인간이 받은 삶의 고통을 역사의 희생양이라는 단 한마디의 말로 간단히 무시할 수 있을까? 자본주의의 성립이 역사의 필연이었다고 하여 양들이 인간을 잡아먹던(Sheep are eating man) 시대에 영국의 농민들이 겪어야 했던 그 끔찍했던 고통을 외면할 수 있을까? 무엇이 인간을 진보로 이끈 원동력이었을까? 무자비한 생산력의 발전이었을까, 아니면 인간이 인간답게 살 수 있는 세상을 염원한 인민 대중의 줄기찬 투쟁이었을까? 강력했던 진 제국이 고작 30년도 채 못 되어 멸망하고 말았다는 사실과 그 이후 중국의 정치 무대에서 법가가 공식적으로는 완전히 사라지고 말았다는 것은 이 문제에 대한 새로운 해답을 제시한다.

공자의 복례는 인간에 대한 사랑, 특히 당시 공동체의 보호로부터 방기되어 약육강식의 무한 경쟁에 아무런 무기도 없이 내몰려야 했던 백성의 고통을 동정하며 출발했다. 그것은 그의 정치관이 무엇보다 백성의 행복을 가장 우선시했다는 데서 분명히 확인된다. 이러한 공자의 복례를 복고주의적·반동적이라고 매도할 수 있을까?

공자의 복례노선을 일방적으로 반동이라고 매도할 수 없는 또 하나의 이유가 있다. 그는 신분이 미천한 자신의 제자 중궁(仲弓)이 임금이 될 만한 자격이 있는 사람이라고 했으며(雍也可使南面 - 옹야1), 그때까지의 세습 귀족에 의한 정치를 학덕을 갖춘 군자에 의한 정치로 바꿀 것을 주장했다. 그가 제자를 모아 가르친 것은 바로 이러한 정치, 즉 군자에 의한 정치를 실현하기 위한 인재 양성을 위해서였다. 그리하여 그는 그때까지 지배계급의 전유물이었던 교육을 모든 사람에게 개방했으며(有敎無類-위령공38), 자신에게 일정한 예의만 갖춘다면 누구를 막론하고 가르침을 베풀었다(自行束脩以上 吾未嘗無誨焉-술이7). 그가 복례를 주장하고 신분에 따른 예의 차별을 주장한 것은 사실이다. 그러나 그는 적어도 교육과 정치의 분야에서는 당시 사회의 가장 중요한 질서인 세습에 의한 신분 차별을 인정하지 않았다. 이는 일종의 기회의 평등이며, 유럽의 근대 민주주의국가에서도 교육의 평등이 20세기에 들어와서야 정착되기 시작한 것에 비추어 볼 때 대단히 획기적인 것이었음에 틀림없다.

 결론적으로 말해 공자의 복례는 결코 일방적으로 구시대로의 복귀만을 주장한 것은 아니었다. 그는 사회의 혼란과 백성의 고난을 구원하기 위해 주 왕조 초기 주공 시대로 돌아갈 것을 주장했지만(復禮), 그가 돌아가고자 한 사회는 신분 세습 등 불합리한 요소는 배제된, 적어도 교육과 정치 분야만큼은 나름대로 기회의 균등이 보장된, 그러면서도 각자 자신의 사회적 위치에 따라 서로 절제하고 자신의 본분에 충실한, 그러한 사회였다. 그것은 달리 말하면 인간이 다른 인간과 서로 사랑하며 어울려 살 수 있는 공동체적 삶으로의 복귀였다. 다만 공자는 그것을 자신의 말로 나타내지 않고 주례(周禮)라는 이름을 빌려 표현했을 뿐이다.

2

 세 집안에서 옹의 노래를 부르며 제물을 거두었다. 공자께서 말씀하셨다. "'제사를 돕는 제후와 천자의 단아한 모습'을 어찌 세 집 묘당에서 찾을 수 있겠는가?"

三家者以雍徹. 子曰 相維辟公 天子穆穆 奚取於三家之堂.

가(家)는 대부(大夫)의 집안을 말한다. 삼가(三家)는 당시 노의 실권을 쥐었던 계손(季孫), 맹손(孟孫), 숙손(叔孫)씨다. 모두 노환공(魯桓公)의 후예기 때문에 삼환(三桓)이라고 한다.

옹(雍)은 『시경』 주송(周頌) 중의 한 편으로 주의 천자가 종묘의 제사를 마치고 제물을 거둘 때 이 노래를 연주했다고 한다. 철(徹)은 제사를 끝내고 제물을 거두는 것이다.

상유벽공 천자목목(相維辟公 天子穆穆)의 相은 돕는 것이고, 辟公은 제후다. 穆穆은 단아한 모양을 나타낸 말이다. 제후들의 시중을 받으며 종묘에서 제사를 지내는 천자의 모습을 나타낸다. 『시경』 주송 옹에 나오며 그 전문은 다음과 같다.

화기애애하게 종묘를 찾아 경건하고 엄숙하게 들어오네
제후들 제사를 도우러 오고 천자의 높은 덕 아름다워라
아아! 여기 큰 짐승 제물로 바치고 제후들 나를 도와 제사지내니
지극히 거룩하신 부왕이시여! 이 아들 평안하게 해주소서
어질고 슬기로운 어른이시며 문무를 겸비한 임금이시니
그 높은 덕 하늘에 닿아 후손들 길이 번영케 하리
우리 자손들 장수케 하고 누리는 복 더욱 크게 하시니
오직 빛나는 부조님들과 문덕 높은 어머님들의 도움이라네
有來雝雝 至止肅肅
相維辟公 天子穆穆

於薦廣牡 相予肆祀
　　假哉皇考 綏予孝子
　　宣哲維人 文武維后
　　燕及皇天 克昌厥後
　　綏我眉壽 介以繁祉
　　旣右烈考 亦右文母

앞 장과 마찬가지로, 삼환이 대부의 신분임에도 참람하게 천자의 예로써 제사를 지내는 것을 보고, 공자가 어찌 대부에 불과한 너희 집 묘당에서 천자와 제후의 모습을 찾아볼 수 있겠느냐고 하면서 그들의 참례(僭禮)를 비판한 말이다.

3

공자께서 말씀하셨다. "사람으로서 어질지 않다면 예를 어찌할 것이며, 사람으로서 어질지 않다면 음악을 어찌할 것인가?"

子曰 人而不仁 如禮何. 人而不仁 如樂何.

악(樂)은 음악이다. 예가 구분되는 것들 사이의 차별을 내용으로 한다면 악은 조화를 그 내용으로 한다. 학이12에서 "예를 쓰는 것은 조화를 귀중히 여기나 …… 예로써 절제하지 않으면 행할 수 없다(禮之用和爲貴 …… 不以禮

節之 亦不可行也)"고 했다. 크게 볼 때 악은 예에 포함되는 것이나, 구분해 말할 때의 예는 차별의 측면을 강조한 것이고 악은 조화의 측면을 강조한 것이다.

예와 악은 공동체 구성원들 사이의 질서 유지와 화목을 위해 필요한 것이다. 그러나 예와 악은 공동체 구성원 사이의 서로 본분을 다하고자 하는 마음, 서로 사랑하고 함께하고자 하는 마음(仁)을 전제로 하지 않으면 안 된다. 공동체의 구성원 사이에 서로 사랑하는 마음, 함께하는 마음이 없다면 예악이 무슨 의미가 있겠는가?

사랑의 아가(雅歌)로 유명한 고린도전서 13장을 연상시키는 말이다. 사도 바울은 '사랑이 없다면 천사의 말이나 예언의 능력 또한 아무것도 아니며, 믿음, 소망, 사랑 중에 가장 귀한 것이 사랑'이라고 했다. 고금동서를 막론하고 인간에게 가장 소중한 것은 사랑(仁)인 모양이다.

4

임방이 예의 근본에 대해 물었다. 공자께서 말씀하셨다. "크도다, 질문이! 예는 사치하기보다는 차라리 검소할 것이며, 장례는 형식을 다 갖추려고 하기보다는 차라리 슬퍼하라."

林放問禮之本. 子曰 大哉 問. 禮 與其奢也寧儉 喪 與其易也寧戚.

임방(林放)은 노나라 사람이라고만 전해질 뿐, 자세한 것은 전혀 알려지지 않았다. 이 편 6에서 그에 관해 한 번 더 언급된다.

이(易)는 주희에 의하면, 치(治)로 절차와 형식을 두루 갖추는 것이다. 척(戚)은 슬퍼하는 것이다. 사(奢)와 易는 모두 그 꾸밈(文)이 지나친 것이요, 검(儉)과 戚은 너무 바탕(質)에 치우친 것이다.

만물은 중용(中庸)의 덕을 가장 귀중히 여긴다. 예에서 너무 사치한 것도, 그렇다고 너무 궁색한 것도 옳지 않으며, 장례에서도 너무 그 형식적인 갖춤에 연연해 슬퍼하는 감정이 모자란 것도, 그리고 너무 슬픔에만 치우쳐 형식적인 갖춤이 소홀한 것도 옳지 않다. 예와 상(喪) 모두 중용의 덕을 갖추어야 한다. 그러나 어쩔 수 없이 그중의 하나를 취한다면 그 꾸밈보다는 바탕을 택하겠다는 말이다.

술이35에 사치함과 검소함에 관해 비슷한 내용의 글이 있다.

5

공자께서 말씀하셨다. "오랑캐에 군주가 있는 것이 중국에 없는 것보다 낫다."

子曰 夷狄之有君 不如諸夏之亡也.

이적(夷狄)이란 중국 변방의 이민족을 가리킨다. 중국을 중심으로 동쪽에 있는 이민족을 동이(東夷), 서쪽을 서융(西戎), 남쪽을 남만(南蠻), 북쪽을 북적(北狄)이라고 한다. 제하(諸夏)는 중국, 즉 중화(中華)를 말한다. 비록 문화적으로 뒤떨어진 야만족이라 하더라도 군주가 있어 혼란스럽지 않은 것이, 공자 당시의 중국처럼 문화는 있으나 무도하고 혼란스러운 것보다는 낫다는 말이다. 황간의 해석을 따랐으며, 신주의 정이도 같은 입장이다.

여기에는 정반대의 해석도 있다. 불여(不如)를 보통의 용례대로 불급(不及), 즉 미치지 못하는 것으로 해석해 "오랑캐에 군주가 있더라도 중국의 없는 것만 못하다"라고 풀이하는 것이다. 비록 중국에 임금은 없다 하더라도 빛나는 문화(禮)가 있기 때문에, 오랑캐가 임금이 있어 상하는 정연하지만 문화적으로 야만 상태(無禮)에 있는 것보다 낫다는 뜻이다. 다시 말해 공자가 문화의 중요성, 즉 예(禮)의 중요성을 말했다는 것이다. 송(宋)의 형병의 『논어주소』가 이 입장을 취하며, 오규 소라이의 견해도 같다.

논어 안에서 不如가 대부분 不及의 의미로 사용되었음을 살펴볼 때 형병의 해석이 문법적으로는 더 정확할지도 모르겠다. 그러나 공자가 당시 사회의 혼란함과 무도함에 대해 개탄하고 그것을 해결하기 위해 평생을 바쳐 노력했음을 생각할 때, 형병의 견해는 아무래도 받아들이기 어렵다. 공자는 비록 오랑캐의 땅이라 하더라도 군자가 거기에 있다면 어찌 누추하겠느냐고 하면서 구이(九夷)의 땅에 가서 살고 싶다고 말한 바 있고(자한13), 또 세상의 무도(無道)함에 실망해 뗏목을 타고 바다로 나아가고 싶다고도 말했다(공야장6). 공자에게는 오랑캐 땅이 문제가 아니라 도(道)가 행해지고 있느냐 아니냐가 중요할 뿐이다. 형병의 견해는 독선적인 중화사상(中華思想)의 무의식적인 반영으로밖에 생각되지 않는다.

우리나라의 다산은 이적(夷狄)을 이적의 도(夷狄之道), 제하(諸夏)를 중국의 법도(諸夏之法)라고 풀이한다. 즉 오랑캐의 도를 쓰면서 군주의 자리에 있는 것보다는 중국의 법도를 지키다가 군주의 자리를 잃는 것이 더 낫다는 것이다. 임금답지 못하면서 구차하게 임금의 자리를 보전하는 것보다 임금답게 처신하려다 임금의 지위를 잃는 것이 더 낫다는 뜻이다.

6

계씨가 태산에서 여(旅)제를 지냈다. 공자께서 염유에게 말씀하셨다. "네가 말릴 수 없었느냐?"
염유가 대답하기를 "할 수 없었습니다."
공자께서 말씀하셨다. "아아! 그렇다면 저 태산의 신이 임방만 못하단 말이냐?"

季氏旅於泰山. 子謂冉有曰 女弗能救與.
계씨가 태산에서 여(旅)제를 지냈다. 공자께서 염유에게 말씀하셨다. "네가 말릴 수 없었느냐?"

계씨는 노의 실권자인 계손씨다. 여(旅)는 제후가 봉국(封國) 안의 명산대천(名山大川)에 지내는 제사로 오직 천자로부터 분봉 받은 제후만이 할 수 있다. 노의 대부에 불과한 계씨가 여제를 지내는 것은 예를 참람한 것이다. 태산(泰山)은 중국 산둥성(山東省)에 있는 중국 5대 명산 중의 하나(東嶽)로, 진시황 이래 중국의 역대 황제들이 하늘에 봉선(封禪) 의식을 거행한 산이다.
염유(冉有)는 공자의 제자로 성은 염, 이름은 구(求), 자는 자유(子有)다. 『사기』 「중니제자열전」에 의하면 공자보다 스물아홉 살 손아래라고 한다.

당시 계씨의 가신(宰)으로 있었다.

對曰 不能.

염유가 대답하기를 "할 수 없었습니다."

子曰 嗚呼 曾謂泰山不如林放乎.

공자께서 말씀하셨다. "아아! 그렇다면 저 태산의 신이 임방만 못하단 말이냐?"

임방은 이 편 4에서 나온 그 임방으로 추정되는데 왜 그를 특정해서 말했는지는 불분명하다. 다만 앞에서 임방이 예의 근본에 대해 물은 것을 미루어 짐작할 때, 저 임방조차도 예의 근본에 대해 알고 싶어 하는데 태산의 신이 예에 어긋난 그러한 망령된 제사를 받아들일 것 같냐고 힐문(詰問)한 것으로 추측된다. 임방이 예의 근본에 대해 물은 지 얼마 안 된 시점에서 일어난 일이기 때문에 공자가 임방을 들어 비유한 것으로 생각된다.

계씨가 예를 참람한 것을 꾸짖은 말이다. 그러나 오규 소라이는 이 편 4에서 임방이 예의 근본에 대해 물었을 때 공자가 사치하기보다는 차라리 검소하라고 한 말과 연관지어 계씨가 사치한 것을 꾸짖은 말로 본다.

7

공자께서 말씀하셨다. "군자는 다투지 않으나, 꼭 한다면 활쏘기일까?

인사를 나누고 서로 양보하면서 당(堂)을 오르내리며, 경기가 끝난 후 승자가 패자에게 벌주(罰酒)를 권하니, 그러한 다툼이 군자다운 것이다."

子曰 君子無所爭 必也射乎. 揖讓而升下 而飮. 其爭也君子.

필야(必也)는 '굳이 한다면', '꼭 한다면'의 뜻이다. 사(射)는 활을 쏘는 것이다. 읍양(揖讓)은 서로 인사를 하며 양보하는 것이요, 승하(升下)는 당(堂)을 오르내리는 것이다. 음(飮)은 승자가 패자에게 벌주를 권하는 것이다.

군자는 남과 승패를 겨루지 않으나 굳이 겨루게 되더라도 예를 갖추어야 한다는 말이다. 왜 활쏘기냐 하면 당시 활쏘기가 군자의 심신 수련의 수단인 육예(六藝)의 하나였기 때문이리라. 고주를 따랐다.

주희는 揖讓而升 下而飮으로 끊어 읽어 "인사를 하고 서로 양보하면서 당에 오르고, 내려와 술을 마신다"라고 해석한다. 다산도 같이 끊어 읽으나 下를 당에서 내려오는 것으로 풀이하지 않고 진다는 뜻으로 풀이한다. 즉 지면 술을 마신다는 뜻이다.

한편 활쏘기에 대해서는 맹자도 한마디 했다. "인(仁)이라는 것은 활을 쏘는 것과 같으니, 활을 쏘는 것은 몸을 바로 한 후에 쏘는 것이다. 쏘아 맞지 않으면 나를 이긴 자를 원망하는 것이 아니라 자기 자신을 돌이켜 구할 뿐이다."(『맹자』「공손추상」 7)

8

　자하가 물었다. "'방긋 웃는 웃음에 입맵시가 아름답고, 아름다운 눈동자에 눈매가 고우니, 흰 바탕에 고운 채색이로다'라고 하는데 무엇을 일컫은 말입니까?"
　공자께서 말씀하셨다. "먼저 흰 바탕을 만든 후에 그림을 그린다는 뜻이다."
　자하가 말했다. "예가 나중입니까?"
　공자께서 말씀하셨다. "나를 일깨워주는구나, 상이. 비로소 더불어 시를 말할 만하구나."

子夏問曰 巧笑倩兮 美目盼兮 素以爲絢兮 何謂也.
자하가 물었다. "'방긋 웃는 웃음에 입맵시가 아름답고, 아름다운 눈동자에 눈매가 고우니, 흰 바탕에 고운 채색이로다'라고 하는데 무엇을 일컫은 말입니까?"

교소천혜 미목반혜(巧笑倩兮 美目盼兮)는 『시경』 위풍(衛風) 석인(碩人)에 나온다. 석인은 위장공(衛莊公)의 아내인 장강(莊姜)이 제(齊)에서 위로 시집을 때의 모습을 노래한 시다. 그 부분만 소개하면 다음과 같다.

　　손은 부드러운 띠 싹 같고, 살결은 기름처럼 윤이 난다네
　　목덜미는 나무굼벵이 같고, 가지런한 흰 이는 박씨와 같네
　　매미 같은 이마에 누에 눈썹

방긋 웃는 웃음에 입맵시가 아름답고, 아름다운 눈동자에 눈매가 곱도다
手如柔荑 膚如凝脂
領如蝤蠐 齒如瓠犀
螓首蛾眉
巧笑倩兮 美目盼兮

倩은 입가의 보조개가 예쁜 모습을 나타내며, 盼은 눈동자가 뚜렷해 예쁜 모습을 나타내는 말이다. 뒷부분의 소이위현혜(素以爲絢兮)도 앞의 巧笑倩兮 美目盼兮와 연관된 일련의 구절로 추정되나 현재의 석인편에는 보이지 않는다. 素는 하얗게 분칠하는 것이고, 현(絢)은 채색하는 것이다.

子曰 繪事後素.

공자께서 말씀하셨다. "먼저 흰 바탕을 만든 후에 그림을 그린다는 뜻이다."

회사후소(繪事後素)는 그림을 그리는 법이 먼저 흰 바탕을 만든 후에 그림을 그린다는 말이다. 주희의 견해로 다산도 같은 입장이다.

  고주의 정현은 繪事後素를 "그림을 그린 후에 흰색을 칠한다"라고 해석한다. 고주와 신주의 입장이 정반대라 상당히 곤혹스러우나, 뒤에 예가 나중이냐는 문장이 있는 것으로 미루어 볼 때 무엇을 예로 볼 것인가가 문제의 핵심이 될 것이다. 그런데 예가 바탕(質, 어진 마음)에 대한 꾸밈(文)이라고 볼 때 흰색을 바탕에, 채색을 예에 비유하는 것이 좀 더 낫지 않을까 생각된다. 따라서 주희의 견해를 따랐다.

  한편 청의 전조망(全祖望, 1704~1755)은 『경사문답(經史問答)』에서 이에 대

해 다음과 같이 해명했다. 고주와 신주의 입장이 갈리는 것은 『주례(周禮)』 「고공기(考工記)」에 있는 "무릇 그림을 그린 후에 흰 칠을 한다(凡繪畫之事後素功)"는 문장을 오해한 데서 비롯됐다. 「고공기」에서 말하는 것은 그림을 다 그리고 남은 여백에 흰 칠을 하는 것이고, 繪事後素는 그림을 그리기 전에 바탕을 모두 희게 칠하는 것인데, 정현이 이것을 착각해 繪事後素를 그림을 그린 후에 흰 칠을 하는 것으로 해석했다. 그런데 주희는 해석은 바르게 했으나 주석을 달면서 이 「고공기」의 문장을 인용했다. 그래서 오해가 더욱 증폭됐다는 것이다. 『논어집석』에서 재인용했다.

曰 禮後乎.
자하가 말했다. "예가 나중입니까?"

子曰 起予者商也. 始可與言詩已矣.
공자께서 말씀하셨다. "나를 일깨워주는구나, 상이. 비로소 더불어 시를 말할 만하구나."

기여자상야(起予者商也)의 起는 발(發)로 일깨워주는 것으로, 자하를 가르치면서 공자가 무언가 얻은 것이 있었음을 나타낸다. 공자는 사하와의 문답을 통해 이미 알고 있던 것이 더욱 깊어졌거나, 아니면 새로운 그 무엇을 깨닫게 되었을 것이다. 그것을 이렇게 표현한 것이다.

그림이 먼저 흰 바탕을 만든 후에 색칠을 하는 것과 마찬가지로 사람도 먼저 어진 마음(바탕)을 갖춘 후에 예(채색)를 갖추어야 한다는 것을, 『시경』 위풍 석인의 구절을 단장취의해 말했다.

始可與言詩已矣는 학이15의 자공과의 문답에서도 나온다.

9

공자께서 말씀하셨다. "하의 예에 대해 내가 능히 말할 수 있으나 기(杞)가 그것을 증명하기에 부족하고, 은의 예를 내가 능히 말할 수 있으나 송(宋)이 그것을 증명하기에 부족하다. 문헌이 부족하기 때문이다. 만일 문헌이 충분하다면 내가 능히 증명할 수 있을 것이다."

子曰 夏禮吾能言之 杞不足徵也. 殷禮吾能言之 宋不足徵也. 文獻不足故也. 足則吾能徵之矣.

기(杞)는 오늘날 허난성(河南省) 치(杞)현 부근에 있던 제후국 이름으로 주 무왕(武王)이 하(夏)의 후예에게 봉한 나라다. 무왕이 은을 정복하고 난 후 이미 멸망당한 나라들을 다시 세워 그 후손들로 하여금 끊어진 제사를 잇게 했는데(興滅國 繼絶世-요왈1), 그때 하의 제사를 잇도록 봉해진 나라다. 징(徵)은 증(證)으로 증명하는 것이다.

송(宋)은 오늘날 허난성 상추(商邱)현 부근에 있던 제후국 이름으로 무왕이 은의 제사를 잇게 하기 위해 은의 후예인 미자(微子)에게 봉한 나라다.

문(文)은 전적(典籍)이며, 헌(獻)은 현(賢), 즉 옛일을 기억하고 있는 현자다. 주희의 설이다.

한편 之를 夏禮, 殷禮를 지시하는 대명사가 아니라 간다는 뜻의 동사로 읽어야 한다고 주장하는 학자들도 있다. 『논어집석』에 인용된 왕개운 등의 견해로, 그들은 『예기』「예운(禮運)」편에 之杞 而不足徵也, 之宋 而不足徵也로 되어 있는 것을 들어 이 문장도 夏禮吾能言 之杞不足徵也. 殷禮吾能言 之宋不足徵也로 끊어 읽어야 한다고 주장한다. 그 뜻은 "하의 예를 내가 능히 말할 수 있으나 기에 가도 증명하기에 부족하고, 은의 예를 내가 능히 말할 수 있으나 송에 가도 증명하기에 부족하다"가 된다.

많이 보고 듣되 의심나고 확신이 서지 않는 것은 비워두며(多聞闕疑 …… 多見闕殆-위정18), 또 알지 못하는 것도 비워둔다(君子於其所不知 蓋闕如也-자로3). 아는 것을 안다고 하고, 모르는 것을 모른다고 하는 것이 참으로 아는 것이다(知之爲知之 不知爲不知 是知也-위정17). 확신할 수 없는 것, 증거를 댈 수 없는 것은 말하지 않는다. 이것이 학문하는 올바른 자세다. 공자의 엄격한 학문 태도를 엿볼 수 있는 대목이다.

10

공자께서 말씀하셨다. "체(禘) 제사는 관(灌) 의식이 끝난 뒤부터는 보고 싶지 않다."

子曰 禘自旣灌而往者 吾不欲觀之矣.

체(禘)는 주의 천자만이 지낼 수 있는 큰 제사다. 왕조(王朝)를 처음 세운 시조(始祖)의 조상(帝)을 추존해 시조의 사당에서 그들을 제사 지내고, 시조로 하여금 그 조상신(帝)을 배향케 하는 것이 체 제사다. 제후에게는 허용되지 않는다. 그러나 노는 그 시조 주공(周公) 단(旦)이 무왕(武王)의 어린 아들인 조카 성왕(成王)을 보필한 공이 큰 까닭에, 성왕이 주공의 사당에 체 제사를 특별히 허락해 주공으로 하여금 문왕(文王)을 제(帝)로 배향케 했다고 한다.

관(灌)은 제사를 시작할 때 술을 땅에 부어 조상의 신령을 불러내는 의식이다. 따라서 관 의식 이후는 보고 싶지 않다는 것은 체 제사 전체를 보고 싶지 않다는 것과 같은 의미다. 주희의 해설에 의거했다.

공자가 왜 이런 말을 했는지는 불분명하다. 원래 체가 천자에게만 허용되는 것이기 때문에 비록 주 왕실이 허락했다 하더라도 노에서 체 제사를 계속 지내는 것 자체가 옳지 않다고 생각해서 그러한 것인지, 아니면 체 제사를 지내는 중에 무슨 불경스러운 일이 있어서 그랬는지 알 수 없다.

11

어떤 사람이 체 제사의 뜻을 물었다. 공자께서 "모르겠소. 그 뜻을 아는 자라면 천하의 모든 일에 대해 아마 여기에서 보는 것과 같을 것이요"라고 하시면서 자신의 손바닥을 가리키셨다.

或問禘之說. 子曰 不知也. 知其說者之於天下也 其如示諸斯乎. 指其掌.

시(示)는 주희에 의하면 시(視)로 보는 것이다. 기(其)는 아마라는 뜻의 부사이고, 저(諸)는 지어(之於)를 줄인 것이다. 문장 그대로 해석한다면 체 제사의 이치를 깨닫는 자는 천하의 모든 일에 어려움이 없을 것이라는 뜻이다. 그러나 앞의 장과 연관 지어 달리 해석할 수도 있을 것 같다. 노나라의 체 제사가 이미 보지 못할 지경이 되고 말았는데, 체 제사를 알아서 무엇에 쓰겠느냐? 세상의 이치를 잘 안다면 체 제사를 그렇게 지내겠느냐 하는 풍자의 의미로 말이다.

12

제사를 지낼 때는 조상이 있는 듯이 하며, 신에게 제사를 지낼 때에는 신이 있는 듯이 한다. 공자께서 말씀하셨다. "내가 제사에 참여하지 않으면 제사를 지내지 않은 것과 같다."

祭如在 祭神如神在. 子曰 吾不與祭 如不祭.

제(祭)는 조상에 대한 제사, 제신(祭神)은 조상을 제외한 여러 신령에 대한 제사다. 제여재 제신여신재(祭如在 祭神如神在)는 아마 당시 제사에 관해 널리 통용되던 관용구로 추측된다. 혹은 공자가 제사에 임하는 자세를 기록한 것으로도 볼 수 있다. 제사는 정성을 다해야 하며 정성이 없는 제사는 제사를 안 지낸 것과 같다는 뜻이다.

13

왕손가가 물었다. "'깊은 방 속의 오(奧)에게 잘 보이느니 차라리 부뚜막의 조(竈)에게 잘 보여라'라는 말이 있는데 무슨 말입니까?"

공자께서 말씀하셨다. "아닙니다. 하늘에 죄를 지으면 빌 곳이 없습니다."

王孫賈問曰 與其媚於奧 寧媚於竈. 何謂也.

왕손가가 물었다. "'깊은 방 속의 오(奧)에게 잘 보이느니 차라리 부뚜막의 조(竈)에게 잘 보여라'라는 말이 있는데 무슨 말입니까?"

왕손가(王孫賈)는 위(衛)의 대부로 영공(靈公)을 섬겼다. 헌문20에서는 영공이 무도함에도 나라를 잃지 않은 것은 왕손가를 비롯한 세 사람의 덕택이라고 했다.

미(媚)는 아첨한다, 잘 보인다는 뜻이다. 오(奧)는 방의 서남쪽 구석의 신, 조(竈)는 부뚜막의 신이다. 奧는 비록 존귀하나 실속은 없으며, 竈는 비록 천하나 실속이 있다. 여기미어오 영미어조(與其媚於奧 寧媚於竈)는 아마 당시 세속적으로 유행했던 말일 것이라 생각되며, 안방 깊숙한 곳의 높은 사람보다는 실제로 권력을 주무르는 사람에게 잘 보이는 것이 낫다는 뜻이다.

子曰 不然. 獲罪於天 無所禱也.

공자께서 말씀하셨다. "아닙니다. 하늘에 죄를 지으면 빌 곳이 없습니다."

그에 대한 공자의 대답은 단호하다. 누구와 친하고 말고가 아니라 도리대로 움직일 뿐이라고.

뜬금없는 문답처럼 보이는데, 문제는 오와 조가 각각 누구를 가리키느냐다. 대부분 왕손가가 자신을 조에 비유해, 공자에게 궁궐 안의 임금(衛靈公)보다는 자신과 친한 것이 낫지 않겠느냐며 공자의 의중을 떠본 것으로 해석한다. 그러나 다른 해석도 있다. 청의 임계운(任啓運, 1670~1744)은 『사서약지(四書約旨)』에서 당시 위나라의 실권을 미자하(彌子瑕)가 쥐고 있었기 때문에 왕손가가 그에게 잘 보이는 것이 어떨지 자신의 처신에 대해 공자에게 자문을 요청했고, 공자가 누구에게 잘 보이려고 하지 말고 도리에 맞게 처신하라고 대답한 것이라고 한다. 헌문20에서 공자가 왕손가를 위나라를 지탱한 세 인물 중 하나로 평가했음에 비추어 볼 때 이쪽이 더 타당한 듯도 하다. 정수덕의 『논어집석』에서 재인용했다.

14

공자께서 말씀하셨다. "주는 하, 은 두 왕조를 거울삼았으니 그 문물제도가 찬란히 빛나는구나. 나는 주를 따르겠다."

子曰 周監於二代 郁郁乎文哉. 吾從周.

감(監)은 거울삼는 것이다. 이대(二代)는 주(周)에 앞선 하(夏), 은(殷) 두 왕조를 가리킨다. 욱욱(郁郁)은 무늬가 다채롭고 찬란한 것이다. 문(文)은 문물제도다. 공자는 주공에 의해 문물제도가 완성된 주 왕조 초기를 자신의 정치적 이상으로 삼았다.

15

공자께서 태묘에 들어가시어 매사를 물으셨다. 어떤 사람이 말했다. "누가 추(鄹)인의 아들이 예를 안다고 했느냐? 태묘에 들어와서 매사를 묻는구나."
공자께서 그 말을 들으시고 말씀하셨다. "그것이 예다."

子入大廟 每事問. 或曰 孰謂鄹人之子知禮乎. 入大廟 每事問.
공자께서 태묘에 들어가시어 매사를 물으셨다. 어떤 사람이 말했다. "누가 추(鄹)인의 아들이 예를 안다고 했느냐? 태묘에 들어와서 매사를 묻는구나."

태묘(大廟)는 노의 시조 주공 단을 모신 사당이다. 추(鄹)는 오늘날 산둥성 취푸(曲阜) 일대로, 추인의 아들이라 함은 공자의 아버지라 전해지는 숙량흘(叔梁紇)이 추(鄹) 땅 출신이기 때문이다.
예를 잘 안다는 공자가 태묘에 들어가 매사를 묻자 그를 비아냥거린 말이다.

子聞之曰 是禮也.

공자께서 그 말을 들으시고 말씀하셨다. "그것이 예다."

그것이 예라 함은 예법을 몰라서가 아니라 비록 알고 있더라도 매사를 삼가고 공경하는 것이 예의 근본이기 때문이다.

일본의 이토 진사이는 공자가 정말 몰라서 물은 것이라고 풀이한다. 공자가 책으로만 보다가 직접 눈으로 보게 되어 알지 못하는 것이 있자 물은 것으로, 알지 못하면 묻는 것이 예라는 뜻이다. 한편 청의 유월의 해석은 독특하다. 그는 육덕명의 『경전석문』 서(序)에 "如와 而를 구분하지 않고, 也와 邪도 구별하지 않는다"라는 말을 인용해 是禮也를 是禮邪로 읽어, "이것도 예냐?"라고 힐문한 것으로 해석한다. 즉 당시 노나라 태묘에서 벌어지던 것도 예냐고 기롱(譏弄)했다는 말이다(『논어집석』에서 재인용).

주희는 북송의 학자 윤돈(尹焞, 1071~1142)의 말을 인용해 이 장에 대한 해설을 마쳤다. "예라는 것은 경(敬)일 뿐이다. 비록 알고 있으나 또 묻는 것은 삼가는 것이 지극함이니, 공경함이 이것보다 큰 것이 없다. 이것을 일컬어 예를 모른다고 한 자가 어찌 족히 공자를 알 수 있겠는가?"

16

공자께서 말씀하셨다. "활을 쏘는 것은 가죽을 관통하는 것을 위주로 하지 않는다. 힘을 쓰는 것이 같지 않기 때문이다. 이것이 옛날의 도다."

子曰 射不主皮 爲力不同科. 古之道也.

피(皮)는 활을 쏠 때 그 과녁의 중앙에 댄 가죽을 말한다. 과(科)는 등(等)으로 등급을 뜻한다. 활을 쏠 때 그 과녁을 맞히는 것을 중요하게 여기고 과녁의 가죽을 관통하는 것을 중요하게 여기지 않는 것은, 서로 타고난 힘의 차이도 있지만 활쏘기는 군자의 심신 수련의 수단이지 살상이 목표가 아니기 때문이다. 옛날의 도라는 말은 지금은 그렇지 않음을 한탄한 말이다. 신주를 따랐다.
  고주의 마음은 위력부동과(爲力不同科)를 사부주피(射不主皮)와 무관한 별개의 문장으로 파악한다. 또 피(皮)는 과녁에 명중하는 것으로 해석한다. 즉 활쏘기는 과녁을 명중시키는 것만을 위주로 하지 않고, 활쏘기의 용의(容儀)도 중요시한다. 또한 힘을 쓰는 일(백성을 사역하는 것)은 사람마다 무조건 같게 하지 않는다는 뜻이다.

17

자공이 고삭 의식에 양을 바치는 것을 없애려고 했다. 공자께서 말씀하셨다. "사야, 너는 그 양을 아끼느냐? 나는 그 예를 아낀다."

子貢欲去告朔之餼羊. 子曰 賜也 爾愛其羊. 我愛其禮.

고삭(告朔)은 매해 섣달에 천자가 다음 해 12개월의 역(曆)을 제후에게 나누어 주면, 제후가 이것을 받아 종묘에 둔 후, 매달 초하루에 양을 바치고 그 달의 책력(冊曆)을 자신의 나라 안에 나누어 주는 의식이다. 주희는 告를 곡으로 읽어야 한다고 주장하나 대부분 고로 읽는다.

 근세 이전까지 중국을 비롯한 극동(極東) 삼국은 태음력을 사용했다. 태음력에서는 달이 차고 이지러지는 것을 한 달로 하고(약 29.5일) 일 년은 열두 달이었다. 따라서 실제로 지구가 태양을 한 바퀴 도는 시간과는 대략 11~12일 정도 차이가 났다. 태음력은 이 문제를 19년에 일곱 번 윤달을 두어 해결했다. 천문학이 그다지 발달하지 못한 고대인에게 이러한 일은 매우 어려운 작업이었다. 그리고 언제 윤달을 둘지, 어느 달을 29일로 할지 30일로 할지 정하는 일도 매우 까다로운 일이었다. 따라서 천자가 역(曆)을 정하고 제후에게 나누어 주어 나라의 절기를 통일시키고자 한 것이 고삭 의식이었다. 이는 농경뿐만 아니라 나라의 통일성을 유지하는 데에도 매우 중요한 일이었다. 오늘날 중국이 동서의 시간대 차이가 많이 나는데도 전국에 걸쳐 하나의 시간을 고수하는 것도 아마 이런 전통과 관련이 있을 것이다. 그런데 노나라에서는 고삭 의식에 임금이 직접 참석하는 것이 법도임에도 문공(文公) 때부터 임금은 참석하지 않고 양을 바치는 의식만 남아 있었다고 한다.

 희양(餼羊)은 제물로 바치는 양이다.

 자공은 앞에서도 언급했지만 재물을 모으는 데 뛰어난 재주를 가진 사람이었기에 경제적인 문제에 민감했을 것이다. 그가 생각하기에 이미 유명무

실해진 고삭 의식을 위해 양을 없앤다는 것은 재물의 낭비였다. 그러나 공자는 그렇게 생각하지 않았다. 비록 형해화(形骸化)됐지만 양을 바치는 의식은 남아 있고, 그것이 남아 있는 한 예는 아직 폐지된 것이 아니다. 양마저 없어진다면 그 예마저 사라질 것이다. 공자는 예가 사라짐으로써 그 예가 나타내고자 했던 본래의 목적, 그것이 망각될까 두려워한 것이다. 오늘을 사는 우리들이 깊이 생각해야 할 문제다.

18

공자께서 말씀하셨다. "임금을 섬김에 예를 다하니 남들이 아첨한다고 하는구나."

子曰 事君盡禮 人以爲諂也.

공자는 예에 엄격한 사람이다. 그러나 그의 시대는 이미 예가 붕괴하고 있었다. 나라에 도가 없으니 옳은 것이 그른 것으로 매도된다. 공자가 당대를 살아가는 것이 얼마나 어려웠을지 가히 짐작할 수 있다.

19

정공이 물었다. "임금이 신하를 부리고, 신하가 임금을 섬기는 것을 어떻게 해야 합니까?"

공자께서 대답했다. "임금이 신하를 부리기를 예로써 하면, 신하가 임금을 섬기기를 충성으로 합니다."

定公問 君使臣 臣事君 如之何.

정공이 물었다. "임금이 신하를 부리고, 신하가 임금을 섬기는 것을 어떻게 해야 합니까?"

정공(定公)은 노의 군주로 이름은 송(宋)이다. 소공(昭公)의 뒤를 이어 즉위했으며 재위 기간은 BC 509~BC 495이다.

孔子對曰 君使臣以禮 臣事君以忠.

공자께서 대답했다. "임금이 신하를 부리기를 예로써 하면, 신하가 임금을 섬기기를 충성으로 합니다."

충(忠)은 정성을 다하는 것을 말한다. 군사신이례 신사군이충(君使臣以禮 臣事君以忠)은 형식적으로는 병렬 구조로 대등한 관계다. 그러나 내용적으로는 君使臣以禮가 조건을 의미하고 있다. 임금이 먼저 신하를 부리기를 예로써 해야 신하가 임금을 섬기기를 충성으로 한다는 것이다. 공자의 대답의 초점이 정공, 즉 임금에 있기 때문이기도 하지만, 윗사람이 먼저 모범을 보여야 한다는 것이 공자의 정치사상의 핵심 중 하나이기 때문이다.

한편 신주에서 윤돈은 다음과 같이 말한다. "임금과 신하는 의(義)로서 만났다. 그렇기 때문에 임금이 신하를 부리기를 예로써 하면 신하는 임금을 섬기기를 충성으로 하는 것이다." 군신 관계는 부자나 형제처럼 선천적인 관계가 아닌 후천적인 관계이기 때문에 의(義)가 유지되어야만 관계가 성립된다. 의가 없으면 관계도 없는 것이다. 따라서 군주가 먼저 예로써 신하를 부려야만 신하도 군주를 충성으로 섬긴다는 말이다.

20

공자께서 말씀하셨다. "관저는 즐거우면서도 지나치지 않으며, 슬프면서도 상심케 하지 않는다."

子曰 關雎 樂而不淫 哀而不傷.

관저(關雎)는 『시경』「국풍(國風)」주남(周南)의 첫 시로 그 전문은 다음과 같다.

    관관하며 징경이 모래톱에서 우는데
    요조숙녀는 군자의 좋은 짝이라네
    關關雎鳩 在河之洲
    窈窕淑女 君子好逑

    올망졸망 마름풀을 이리저리 찾네

요조숙녀를 자나 깨나 그리네
구해도 얻지 못해 자나 깨나 생각하네
오래고 오래도록 잠 못 자고 뒤척이네
參差荇菜 左右流之
窈窕淑女 寤寐求之
求之不得 寤寐思服
悠哉悠哉 輾轉反側

올망졸망 마름풀을 이리저리 뜯네
요조숙녀와 거문고 타며 사귀리
올망졸망 마름풀을 이리저리 고르네
요조숙녀와 종을 치며 즐기리
參差荇菜 左右采之
窈窕淑女 琴瑟友之
參差荇菜 左右芼之
窈窕淑女 鐘鼓樂之

 음(淫)은 양백준에 의하면 지나쳐 적합하지 않은 지경에 이른 것을 일컫는 말이다. 상(傷)은 사람을 상하게 하는 것이다.
 시는 인간의 정조(情操)를 운율로 나타낸 것이다. 그러나 그 표현은 항상 지나치지 않아야 한다. 지나치면 거친 감정만 전면에 나타날 뿐, 시가 원하는 감정의 정화(Catharsis)는 기대할 수 없다. 낙이불음 애이불상(樂而不淫 哀而不傷), 이 두 구절 속에서 공자의 시에 대한 이해의 깊이를 느낄 수 있다.
 오규 소라이는 이 말이 시에 대해 말한 것이 아니라 음악에 대해 말한 것이라고 본다.

21

애공이 사(社)에 대해 재아에게 물었다. 재아가 대답했다. "하는 소나무를 썼고, 은은 측백나무를 썼으며, 주는 밤나무를 썼습니다. 말하자면 백성을 전율케 한 것입니다."

공자께서 그 말을 듣고 말씀하셨다. "이미 이루어진 일이라 말하지 않겠으며, 어쩔 수 없는 일이라 탓하지 않겠으며, 지나간 일이라 꾸짖지 않겠노라."

哀公問社於宰我. 宰我對曰 夏后氏以松 殷人以柏 周人以栗. 曰 使民戰栗.

애공이 사(社)에 대해 재아에게 물었다. 재아가 대답했다. "하는 소나무를 썼고, 은은 측백나무를 썼으며, 주는 밤나무를 썼습니다. 말하자면 백성을 전율케 한 것입니다."

재아(宰我)는 공자의 제자로 이름은 여(予)이고 자는 자아(子我)다. 자공과 함께 말재주가 뛰어난 사람으로 전해진다(선진2).

사(社)는 특정한 나무를 신주(神主)로 하는 토지신이다. 옛날에는 社의 마당에서 죄인을 처형했다고 한다. 하후(夏后)는 하(夏) 왕조를 말한다. 전율(戰栗)은 전율(戰慄)이다.

子聞之曰 成事不說 遂事不諫 旣往不咎.

공자께서 그 말을 듣고 말씀하셨다. "이미 이루어진 일이라 말하지 않겠으며, 어쩔 수 없는 일이라 탓하지 않겠으며, 지나간 일이라 꾸짖지 않겠노라."

성사(成事)는 이미 이루어진 일, 수사(遂事)는 아직 끝나지는 않았으나 대세가 이미 굳어져 어떻게 할 수 없는 일, 기왕(旣往)은 지나간 일을 말한다.

이 기묘한 문답은 이 문장만 가지고는 무슨 의미인지 알기가 어렵다. 청의 이돈(李惇, 1734~1784)의 『군경식소(羣經識小)』에 의하면 애공 4년 6월 은의 社인 박사(亳社)에서 불이 나서 애공이 박사를 재건하려고 했는데, 이 문답은 그때의 일을 기록한 것이라고 한다. 그런데 재아는 은은 잣나무를 썼다고만 대답하면 될 것을 왜 딴 얘기를 했을까? 청의 방관욱(方觀旭)의 『논어우기(論語偶記)』에 의하면 그 이유는 재아가 애공을 부추겨 당시 노의 우환이었던 삼환(三桓)을 제거하려고 했기 때문이라고 한다(유보남의 『논어정의』에서 재인용). 재아가 사의 마당에서 죄인을 처벌해왔다는 것을 상기시켜, 은근히 애공으로 하여금 삼환을 토벌하도록 부추겼다는 것이다. 밤나무를 뜻하는 율(栗)을 전율(戰慄)의 율(慄)로 해석한 재아의 말재주가 대단하나, 그에 대해 공자는 이미 지나간 일이라 무어라 책망할 수는 없으나, 재아가 너무 경솔하지 않았느냐고 하면서 책망한다. 그 이유는 공자가 판단하기에 이미 삼환을 제거한다는 것이 불가능했기 때문이다. 무리하게 삼환을 제거하려다가 자칫 잘못하면 더 큰 화를 당할 가능성도 있었다.

22

공자께서 말씀하셨다. "관중의 그릇이 작구나!"
어떤 사람이 말했다. "관중은 검소했습니까?"
공자께서 말씀하셨다. "관씨는 창고가 셋이나 되었고, 자기 집 관원들에게 업무를 겸임시키지 않았으니, 어찌 검소하다고 할 수 있겠습니까?"
"그러면 관중이 예를 알고 있었나요?"
"한 나라의 임금이 되어야만 담장을 세워 문을 가리는데, 관씨도 담장을 세워 문을 가렸고, 한 나라의 임금이어야만 다른 나라 임금과 우호를 다지기 위한 연회에 쓰기 위해 반점(反坫)을 두는 데, 관씨도 역시 반점을 두었소. 관씨가 예를 안다면 누가 예를 알지 못하겠습니까?"

子曰 管仲之器小哉.
공자께서 말씀하셨다. "관중의 그릇이 작구나!"

관중(管仲, ?~BC 645)은 제(齊)의 대부로 성은 관, 이름은 이오(夷吾)다. 공자보다 약 200년 전인 춘추시대 초기의 인물로 제환공(齊桓公)을 도와 제후들의 패자(覇者)가 되게 했다. 춘추시대를 대표하는 대 정치가로 그가 지었다고 전해지는 『관자(管子)』 「소광(小匡)」편에 "시백(施伯)이 노후(魯候)에게 말하길 '관중은 천하의 현인이요, 큰 그릇이다'라고 했다."는 기록이 있다. 아마 당시 관중에 대한 일반적인 평가였을 것이다. 그런데 여기에 대해 공자가 반론을 제기했다. 관중의 그릇됨이 작다고.

或曰 管仲儉乎.

어떤 사람이 말했다. "관중은 검소했습니까?"

그러자 어떤 사람이 관중의 그릇됨이 작다는 것이 씀씀이가 검소해서 그러한 것인 줄 알고 관중이 검소했냐고 물었다.

曰 管氏有三歸 官事不攝 焉得儉.

공자께서 말씀하셨다. "관씨는 창고가 셋이나 되었고, 자기 집 관원들에게 업무를 겸임시키지 않았으니, 어찌 검소하다고 할 수 있겠습니까?"

삼귀(三歸)는 해석이 분분하나 여기서는 청의 송상봉의 『논어발미』의 주장을 따라 창고로 번역했다(『논어집석』에서 재인용). 고주의 포함은 여자가 시집가는 것을 歸라고 하는 데서 三歸를 세 성씨(姓氏)의 부인이라고 해석하지만, 주희는 歸가 누대(樓臺)을 뜻한다고 풀이한다. 또 청의 유월은 『군경평의』에서 집에 세 채라는 뜻으로 이해했다.

섭(攝)은 겸(兼)으로 일을 겸임하는 것이다. 제후가 아니면 집안일에 각 업무마다 따로 담당을 두지 못하고, 한 사람이 여러 업무를 겸임하게 하는 것이 당시의 규정이었다. 모두 관중의 사치함을 지적한 것이다.

然則管仲知禮乎.

"그러면 관중이 예를 알고 있었나요?"

공자가 관중의 사치함을 지적하자, 그 사람이 관중의 사치함이 예의 규정을 지키느라 그렇게 된 것인 줄 알고, 관중이 예를 알고 있었냐고 또 물었다.

曰 邦君樹塞門 管氏亦樹塞門. 邦君 爲兩君之好有反坫 管氏亦有反坫. 管氏而知禮 孰不知禮.

"한 나라의 임금이 되어야만 담장을 세워 문을 가리는 데, 관씨도 담장을 세워 문을 가렸고, 한 나라의 임금이어야만 다른 나라 임금과 우호를 다지기 위한 연회에 쓰기 위해 반점을 두는 데, 관씨도 역시 반점을 두었소. 관씨가 예를 안다면 누가 예를 알지 못하겠습니까?"

방(邦)은 제후의 나라다. 전국 이전에는 나라를 의미할 때 국(國)이라 하지 않고 邦이라 했다. 國은 제후가 거주하는 도성을 의미했다. 나라를 지칭하는 말로 國이 일반적으로 사용되기 시작하는 것은 영토국가가 출현하는 전국시대부터다.

수색문(樹塞門)의 樹는 병(屛)으로 담장, 塞은 폐(蔽)로 가리는 것이다. 문 안을 들여다보지 못하게 담장을 만들어 가리는 것을 말한다. 주희의 해설이다. 양백준은 樹는 입(立)으로 세우는 것, 塞門은 칸막이라는 견해를 주장한다. 아무튼 제후만이 할 수 있다. 관중이 제후가 아님에도 불구하고 제후의 예를 참람한 것이다.

호(好)는 제후끼리 우호를 다지기 위한 연회다. 반점(反坫)은 흙으로 빚어 만든 대(臺)로, 제후가 연회 시 술잔을 주고받을 때 다 마신 잔을 되돌려 놓는 곳이다. 제후만이 할 수 있으며 마찬가지로 관중이 참례한 것이다.

관씨이지례(管氏而知禮)의 而는 가정을 나타낸다.

공자는 관중의 그릇이 작다고 한 자신의 말에 대해 직접적인 설명은 하지 않았다. 다만 다른 사람의 질문에 대한 대답을 통해 관중이 사치하고 참례했음을 지적한다. 헌문11에 가난하면서도 원망이 없기는 어려우나 부유하면서도 교만하지 않기는 쉽다는 말이 있다(貧而無怨難 富而無驕易). 그런데 관중은 사치하면서 예까지 참람했으니 이것으로 그의 그릇은 가히 알 수 있다는 뜻일 것이다.

주희는 다음과 같은 소식(蘇軾, 1037~1101)의 말을 인용해 이 장을 해설한다. "자기 몸을 닦고 집안을 바르게 하여 나라에까지 미치면, 그 근본이 깊어지고 그 미치는 것이 원대해지니, 이것을 일컬어 대기(大器)라고 한다. 양웅(揚雄, BC 53~AD18)이 소위 대기는 규구준승(規矩準繩)과 같다고 했는데, 먼저 자신을 다스리고 난 뒤에 남을 다스린다고 하는 것이 이것이다. 관중은 삼귀와 반점을 두었고, 환공은 안으로 여섯 여인을 총애했다. 그런데도 천하의 패자가 되었으나, 그 근본은 진실로 매우 얕았다. 관중이 죽고 환공이 세상을 떠나자 천하가 다시는 제나라를 받들지 않았다."

헌문10, 17, 18에서 공자는 이 장과는 달리 관중의 덕과 공을 찬양했다. 공자는 관중이 남의 식읍(食邑)을 빼앗았으나, 피해자도 그 처사의 공정함에 원망이 없었다고 했다(헌문10). 또 관중이 전에 자신이 섬기던 공자 규(糾)가 환공에 의해 죽임을 당했는데도 같이 따라 죽지 않고 오히려 환공을 도왔다는 비난에 대해, 관중이 무력을 동원하지 않고 천하의 제후를 규합했으며, 그 덕택으로 오늘 우리가 오랑캐의 지배를 받지 않을 수 있었다고 관중의 공을 찬양했다(헌문17, 18). 모두 관중의 치적을 찬양한 것이다.

그러면 공자는 왜 관중에 대해 각기 상반된 평가를 내렸을까? 공자는 그 가르침에서도 획일적인 것을 배제하고 사람에 따라 각각 그 내용을 달리 했지만, 사람을 평가하는 데서도 그랬던 것 같다. 그가 볼 때 관중은 그보다 앞선 시대의 대정치가로 제환공을 도와 패업을 달성하게 했으며, 또 존왕양이(尊王攘夷)를 내세워 중국을 넘보는 오랑캐를 물리치는 등 큰 공적을 세운 사람이었다. 그러나 그는 개인적으로는 자신의 분수를 지키지 못하고 참례하는 등 사회의 혼란을 더욱 가중시킨 잘못도 범하고 있었다. 공자는 관중의 공적과 잘못을 구분해 공적은 공적대로 잘못은 잘못대로 분명히 밝혔다. 그리하여 관중의 공적만 갖고 관중을 평가하려는 사람에게는 관중의 사치와 참례를 들어 그 부당함을 지적했고, 또 관중의 잘못된 면만 갖고 비판하려는 사람에게는 그의 공적을 들어 그를 옹호했다. 즉 어느 한 면만 갖고 평가하는 것은 옳지 않다는 것이다. 사람에게나 사물에나 어느 한 면만 갖고 단정하는 것이야말로 진정 가장 위험한 일일 것이다.

또는 시간이 흐름에 따라 관중에 대한 공자의 평가가 달라진 것일 수도 있다. 이 장의 내용과 헌문편의 내용이 각기 언제 쓰인 것인지 몰라 확언할 수는 없지만, 만약 세월에 따라 공자의 평가가 달라진 것이라면 아마 이 장의 말이 헌문편의 말보다 훨씬 젊었을 때 한 것으로 추측할 수 있다. 나이가 들면서 원숙해짐에 따라 관중에 대한 공자의 평가도 후해졌으리라.

23

공자께서 노나라 태사에게 음악에 대해 말씀하셨다. "음악을 알 수 있을 것 같습니다. 처음에 시작할 때 모든 가락이 합쳐져 일어나고, 계속해서 여러 악기의 소리가 제각기 울려 퍼지면서 조화를 이루고, 각각의 음이 명료해지며, 그러한 상태가 계속되면서 끝마무리에 이르는 것입니다."

子語魯大師樂曰 樂其可知也. 始作翕如也 從之純如也 皦如也 繹如也 以成.

태사(大師)는 악관(樂官)의 우두머리. 흡(翕)은 합(合)으로 흡여(翕如)는 여러 악기의 소리가 일제히 울려 퍼지는 모양을 나타낸 말이다. 종(從)은 방(放)으로 악기의 소리가 자유롭게 퍼져 나오는 것이다. 순(純)은 화(和)로 순여(純如)는 서로 화합하는 모양, 교(皦)는 명(明)으로 교여(皦如)는 또렷한 모양, 역여(繹如)는 끊어지지 않고 계속되는 모양을 나타내는 말이다. 성(成)은 음악의 한 악장이 끝나는 것이다. 주희의 해설에 의거했다.

음악은 시(詩)와 표리(表裏)의 관계에 있다. 공자가 시에 관심이 많았던 만큼 음악에 대해서도 관심이 많았으리라는 것은 새삼스러울 것도 없다. 더군다나 악(樂)은 예(禮)와 일체를 이루는 것이다. 이 글에서도 공자의 음악에 대한 관심과 조예를 읽을 수 있다. 이처럼 논어에는 음악에 관한 언급이 자주 보인다.

24

의(儀) 지방을 지키는 관리가 알현을 청하며 말했다. "군자가 이곳에 올 경우 내가 일찍이 만나보지 않은 적이 없었습니다." 모시는 사람들이 알현케 했다.

나오면서 말했다. "그대들은 어찌 잃는 것을 근심합니까? 천하에 도가 없어진 지 오래되어서 하늘이 장차 선생님을 목탁으로 삼을 것입니다."

儀封人請見曰 君子之至於斯也 吾未嘗不得見也. 從者見之.

의(儀) 지방을 지키는 관리가 알현을 청하며 말했다. "군자가 이곳에 올 경우 내가 일찍이 만나보지 않은 적이 없었습니다." 모시는 사람들이 알현케 했다.

의(儀)는 위(衛)의 지명, 봉인(封人)은 나라의 국경을 지키는 관리다. 請見, 見之의 見은 알현한다는 뜻의 현으로 읽고, 나머지 見은 보다라는 뜻의 견으로 읽는다.

出曰 二三者 何患於喪乎. 天下之無道也久矣 天將以夫子爲木鐸.

나오면서 말했다. "그대들은 어찌 잃는 것을 근심합니까? 천하에 도가 없어진지 오래되어서 하늘이 장차 선생님을 목탁으로 삼을 것입니다."

이삼자(二三子)는 공자를 수행하는 제자들을 가리킨다. 상(喪)은 벼슬을 잃고 나라를 떠나는 것이다. 목탁(木鐸)은 금속제의 입에 나무로 만든 혀를 매단 것으로, 정교(政敎)를 베풀 때 이것을 흔들어 소리를 내어 사람들의 주의를 집중시켰다고 한다. 하늘이 장차 공자를 목탁으로 삼겠다는 말은 하늘이 장차 공자에게 자리를 주어 정교를 베풀게 할 것이란 말이다. 이상은 주희의 해설을 따랐다.

목탁에 대해서는 다른 견해도 있다. 목탁은 길을 따라다니며 소리 내는 것이기 때문에 하늘이 공자로 하여금 목탁처럼 길을 따라 사방을 주유하며 가르침을 행하게 할 것이란 뜻이다. 신주에 혹설로 소개되어 있으며, 다산도 이 입장에 서 있다.

언제인지 분명하지는 않으나 공자가 13년 동안 천하를 주유하다가 위의 경계로 들어갈 때의 일로 생각된다. 위의 국경을 지키는 관리가 공자를 만나 보기를 청했다. 자기 관할 지역으로 오는 군자라면 만나보지 않은 사람이 없다고 하니 그 또한 학덕을 숨기고 사는 은자임이 틀림없으리라. 공자를 만나보고 나온 그는 벼슬을 잃고 고국인 노를 떠나 낙심하고 있던 공자의 제자들을 위로한다. 어찌 그러한 일로 근심하고 있느냐? 그대들의 선생님은 하늘이 점지한 이 세상에 도를 전파할 목탁이다. 긍지를 가지라고. 한 번 만나보고 공자를 목탁에 비유한 그 관리의 식견이 놀랍기만 하다. 그 관리의 말대로 공자는 살아생전에는 벼슬다운 벼슬 한 번 제대로 해보지 못했지만, 마침내 전 인류의 목탁이 되어 역사와 함께 길이 빛나고 있다.

25

공자께서 소(韶)에 대해 말씀하셨다. "더할 나위 없이 아름답고 더할 나위 없이 착하도다."
무(武)에 대해 말씀하셨다. "더할 나위 없이 아름다우나 더할 나위 없이 착하지는 못하구나."

子謂韶 盡美矣 又盡善也. 謂武 盡美矣 未盡善也.

소(韶)는 순(舜)의 음악이고, 무(武)는 무왕의 음악이다. 순은 전설상의 성왕(聖王)으로 요(堯)로부터 선양(禪讓)을 받아 왕위에 올랐으며, 자신도 우(禹)에게 선양했다고 전해진다. 무왕(武王)은 은을 멸(滅)하고 주를 천하의 주인으로 만든 임금이다.

공자가 무엇을 근거로 이런 말을 했는지는 불분명하다. 주희에 의하면 순이나 무왕 모두 성군(聖君)으로 백성을 평안케 했다. 그러나 순은 선양이란 평화적 방법으로 천하를 얻었고, 무왕은 정벌(征伐)로써 천하를 얻었다. 여기에서 그 차이가 난 것이라고 한다.

그러나 다산의 해설은 이와 다르다. 다산에 의하면 미(美)는 일을 처음 시작할 때 빛나고 훌륭하게 하는 것이고, 선(善)은 일을 마무리할 때 좋고 완전하게 하는 것이다. 순은 요의 뒤를 이어 태평성대를 다스리다 우에게 물려주었으니 처음과 끝이 다 부족함이 없었다. 따라서 더할 나위 없이 아름답고(美) 더할 나위 없이 착한(善) 것이다. 그러나 무왕은 천하를 얻었지만 고작 7년 만에 사망함으로써 천하가 안정되지 않았고 예악도 일어나지 못했다. 따라서 더할 나위 없이 아름답기는 하나 더할 나위 없이 착하지는 못하다고 한다.

소(韶)에 대해서는 술이13, 위령공10에서도 언급한다.

26

공자께서 말씀하셨다. "윗자리에 있으면서 너그럽지 못하고, 예를 행함에 공경스럽지 못하며, 초상에 임해도 슬퍼하지 않는다면, 내가 무엇으로써 이런 사람을 보겠는가?"

子曰 居上不寬 爲禮不敬 臨喪不哀 吾何以觀之哉.

남의 위에 있는 사람은 자기 밑의 사람을 사랑하는 게 주(主)가 된다. 그러므로 너그럽지 않으면 안 된다. 예는 공경을 근본으로 삼고, 상은 슬픔을 근본으로 삼는다. 그 근본이 없는 자에게서 찾아볼 것이 무엇이 있겠는가?

제4편

이인 里仁

1

공자께서 말씀하셨다. "인(仁)에 사는 것이 아름답다. 선택해 인에 처하지 않는다면 어찌 지혜롭다 할 수 있겠는가?"

子曰 里仁爲美. 擇不處仁 焉得知.

이인위미(里仁爲美)의 里仁은 오규 소라이에 의하면 거인(居仁)으로 인에 머무는 것, 인에 사는 것이다. 사람이 인에 머물러 사는 것이 아름다우니 선택하기를 인에 처할 줄 모른다면 지혜로운 사람이 아니다. 그러나 고주의 정현이나 주희는 里를 사람이 거주하는 마을로 풀이한다. 그들에 의하면 里仁爲美는 마을의 풍속이 어진 것이 아름답다는 뜻이 된다. 말이 안 되는 것은 아니나, 『맹자』에 거인유의(居仁由義, 인에 살고 의를 따른다)라는 말이 있는 것으로 미루어(「진심상」 33) 오규 소라이의 해석이 훨씬 설득력이 있어 보인다.

한편 다산은 里仁爲美를 里 仁爲美로 끊어 읽을 것을 주장한다. 里는 다산에 의하면 사람이 사는 곳이나, 주거(住居)를 의미하지는 않는다. 부처 안에서 산다, 예수 안에서 산다 할 때의 그 산다는 것과 같은 의미다. 즉 사람이 사는 곳은 인을 아름답게 친다는 뜻이다. 오규 소라이와 견해가 비슷하다.

『맹자』 「공손추상」 7에도 같은 표현이 있다. 다만 거기에는 지(知)가 지(智)로 되어 있고, 뒤이어 "대저 인은 하늘이 내린 존귀한 작위요, 인간이 살 편안한 집이다(夫仁天之尊爵也 人之安宅也)"란 표현이 덧붙여 있다.

　인은 사람끼리 함께 살기 위한 덕목이다. 사람은 사회적 동물로 남들과 떨어져서 홀로 살 수는 없다. 따라서 인 속에 있을 때 사람은 편안하며, 사람이 사는 데 사람끼리 서로 보듬어 안고 함께 사는 것보다 아름다운 것은 없다. 그것이 里仁爲美다.

2

　공자께서 말씀하셨다. "어질지 못한 자는 곤궁함에 오래 머물 수 없으며, 즐거움에 오래 머물 수 없다. 어진 자는 인(仁)을 편안하다고 여기며, 지혜로운 자는 인을 이롭다고 여긴다."

子曰 不仁者不可以久處約, 不可以長處樂. 仁者安仁 知者利仁.

　약(約)은 곤궁한 것이다. 안(安)은 편안하다고 여기는 것이고, 이(利)는 이롭다고 여기는 것이다. 어진 자는 항상 남을 생각하고 남과 함께하고자 하는 사람이다. 따라서 곤궁함에 처하더라도 그 곤궁함에서 벗어나기 위해 남에게 해가 되는 일을 하지 않으며, 즐거움에 처하더라도 그렇지 못한 사람을 항상 잊지 않는다. 그러나 어질지 못한 자는 곤궁하면 참람해 차마 하지 못하는 일이 없게 되고, 즐거우면 거기에 탐닉해 방탕해진다. 그래서 곤궁함이나 즐거움에 오래 머물 수 없는 것이다. 어진 자는 자신이 이미 인(仁)과 하나가 되었으므로, 인 속에서 편안함을 얻으며 한시도 인을 벗어나려 하지 않는다. 지혜로운 자는 자신과 인이 하나가 되지는 못했지만, 인의 좋음을 아는 까닭에 인을 이롭다 여기고 구하려 한다.

●

옹야21, 자한28, 헌문30에서도 인자(仁者)와 지자(知者)를 대비해 말한다.

3

공자께서 말씀하셨다. "오직 어진 사람만이 능히 사람을 좋아할 수 있고 능히 사람을 미워할 수 있다."

▬▬▬

子曰 唯仁者 能好人 能惡人.

다산에 의하면 인은 두 사람이 함께 하는 것이다(二人相與). 다시 말하면 사람이 남들과 더불어 살려고 하는 것이 인이다. 그런데 남들과 더불어 살기 위해서는 무엇보다 먼저 요구되는 것이 남들도 나와 똑같은 사람임을 인정하는 것이다. 나만 사람이라고 생각하고 남은 같은 사람이라고 인정하지 않는데 어떻게 더불어 살 수 있겠는가? 어진 사람은 남도 나와 같은 사람임을 항상 잊지 않는다. 따라서 어진 사람은 남을 대할 때 어떤 선입관도 갖지 않는다. 다만 모두가 같은 사람이라는 관점에서 아무런 편견 없이 사람에게 이롭게 하는 사람은 좋아하고 사람에게 해롭게 하는 사람은 미워할 뿐이다. 그래서 오직 어진 사람만이 남을 미워할 수 있고 남을 좋아할 수 있다. 그러나 어질지 못한 사람은 자신의 사사로운 기호나, 이해관계, 편견에 따라 사람을 좋아하고 미워한다.

주희는 "사심이 없어진 연후에 좋아하고 미워함이 이(理)에 맞는다"라고 풀이하면서 다음과 같은 유초(游酢, 1053~1123)의 말로 이 장의 해설을 대신했다. "선을 좋아하고 악을 미워함은 천하의 공통된 마음이다. 그러나 사람이 매번 그 올바름을 잃는 것은 마음이 얽매이는 바가 있어서 스스로 극복하지 못하기 때문이다. 오직 어진 사람만이 사심이 없어 그 때문에 좋아하고 미워할 수 있다." 마음에 얽매이는 바가 없다는 말이 핵심이다. 그러나 마음이 어디에도 얽매이는 바가 없다는 말은 불가(佛家)의 말이지 유가(儒家)의 말은 아니다.

이 점을 이토 진사이는 다음과 같이 비판했다. "송유(宋儒―송대의 유학자)는 인을 이(理)로 여겼다. 그래서 좋아하고 미워함이 理에 맞는 것으로 해석했다. 즉 명경지수(明鏡止水)라는 뜻이다. 정이 없는 것(無情)으로 인을 보고 욕심이 없는 것(無欲)으로 인을 해석했기 때문에, 인의 덕(德)됨이 비록 크고 작고 깊고 얕은 차이는 있다 하더라도 모두 사람을 사랑하는 마음에서 나온 것이라는 사실을 알지 못하고 있다."

자로24에 선한 사람이 좋아하고 악한 사람이 미워하는 사람이 되라는 말이 있다. 위령공27에서는 "뭇사람이 미워하더라도 반드시 살펴보아야 하며, 뭇사람이 좋아하더라도 반드시 살펴보아야 한다"라고 한다.

4

공자께서 말씀하셨다. "진실로 인(仁)에 뜻을 둔다면 미워하지 않을 것이다."

子曰 苟志於仁矣 無惡也.

구(苟)는 성(誠)이다. 오(惡)는 남을 미워하는 것이다. 인은 사람에 대한 이해와 사랑을 전제로 한다. 바로 앞 장에서 오직 어진 자만이 사람을 좋아하고 미워할 수 있다고 했다. 그러나 진정 인에 뜻을 두었다면 남을 미워하기에 앞서 그 사람을 안타깝게 여기는 마음을 먼저 가질 것이다. 인자(仁者)의 사람에 대한 사랑을 강조한 말로 앞 장과 맥락을 같이한다. 惡을 미워한다는 뜻의 오로 읽은 것은 유월의 『군경평의』를 따랐다.

주희는 惡를 악으로 읽어야 한다고 주장한다. "진실로 인(仁)에 뜻을 둔다면 나쁜 짓이 없을 것이다"라는 것이다. 그러면 인을 너무 소극적으로 해석해 읽는 맛이 줄어든다. 이토 진사이는 惡을 오로 읽으나 해석은 "진실로 인에 뜻을 둔다면 미움을 받지 않을 것이다"로 해석한다. 너무 수동적인 느낌이 든다.

5

공자께서 말씀하셨다. "부(富)와 귀(貴)는 사람마다 원하는 바이나, 정당한 방법으로 얻은 것이 아니면 거기에 머무르지 않는다. 빈(貧)과 천(賤)은 사람마다 싫어하는 바이나, 부당하게 그렇게 되었다 하더라도 거기에서 떠나지 않는다. 군자가 인(仁)을 떠나서 어디에서 이름을 이룰 수 있겠는가? 군자는 밥 한 끼 먹는 동안도 인에서 벗어나지 않으며, 경황이 없을 때도 반드시 그렇고, 위급한 경우에도 반드시 그렇다."

子曰 富與貴是人之所欲也 不以其道得之 不處也. 貧與賤是人之所惡也 不以其道得之 不去也.

공자께서 말씀하셨다. "부(富)와 귀(貴)는 사람마다 원하는 바이나, 정당한 방법으로 얻은 것이 아니면 거기에 머무르지 않는다. 빈(貧)과 천(賤)은 사람마다 싫어하는 바이나, 부당하게 그렇게 되었다 하더라도 거기에서 떠나지 않는다."

불이기도득지(不以其道得之)는 주희에 의하면 마땅히 얻어서는 안 되는데 얻게 된 것을 말한다(不當得而得之). 다시 말해 마땅히 그렇게 되어서는 안 될 것이 그렇게 된 것을 말한다. 자신의 학문과 덕행에 의해 부귀나 빈천이 결정되지 않고 무언가 다른 요인에 의해 결정되는 것이다. 처(處)는 처하는 것, 머무는 것이고, 거(去)는 떠나는 것, 벗어나는 것이다.

君子去仁 惡乎成名. 君子無終食之間違仁 造次必於是 顚沛必於是.
"군자가 인(仁)을 떠나서 어디에서 이름을 이룰 수 있겠는가? 군자는 밥 한 끼 먹는 동안도 인에서 벗어나지 않으며, 경황이 없을 때도 반드시 그렇고, 위급한 경우에도 반드시 그렇다."

종식지간(終食之間)은 밥 한 끼를 먹는 동안이다. 위인(違仁)은 인을 떠나는 것이다. 조차(造次)는 다급해 경황이 없는 것이고, 전패(顚沛)는 엎어지고 넘어져 위급한 것이다.

군자가 부귀, 빈천에 연연하지 않는 것은 오로지 인(仁)을 이루는 데만 뜻이 있기 때문이다. 부귀, 빈천은 인을 이루는 것과는 아무 관계없는 '내 몸 밖의 물건(身外之物)'일 뿐이다. 그러나 군자는 부당한 부귀로부터는 당장 벗어나야만 한다. 그것은 죄악이기 때문이다. 그렇지만 부당한 빈천으로부터는 그것 때문에 고통을 겪는다 하더라도 애써 떠나려 하지 않는다. 왜냐하면 그것은 나의 잘못이 아니기 때문이다. 그러기에 군자는 거친 밥에 물을 먹고도 즐거움을 누릴 수 있으며, 불의의 부귀를 뜬구름과 같이 여길 수 있는 것이다(飯疏食飲水 曲肱而枕之 樂亦在其中矣 不義而富且貴 於我如浮雲-술이15).

다산은 『논어고금주』에서 不以其道得之의 得之에 대해 앞의 것은 得處之, 뒤의 것은 得去之로 풀이한다. 각기 바로 뒤의 不處也, 不去也의 處, 去가 생략된 것으로 읽고 있는 것이다. 정당한 방법으로 얻은 부귀가 아니면 거기에 머물지 않으며, 정당한 방법으로 벗어날 수 있는 빈천이 아니면 거기에서 벗어나지 않는다는 뜻이다.

6

 공자께서 말씀하셨다. "나는 인(仁)을 좋아하는 자와 불인(不仁)을 미워하는 자를 아직 보지 못했다. 인을 좋아하는 자는 더 더할 것이 없거니와, 불인을 미워하는 자도 인을 행하는 것이다. 불인한 것이 자신의 몸에 가해지지 못하게 하기 때문이다. 능히 하루라도 인에 그 힘을 쓸 수 있겠는가? 나는 아직 그렇게 할 힘이 부족한 사람을 보지 못했다. 혹시 있을 수도 있지만 나는 아직 보지 못했다."

 子曰 我未見好仁者 惡不仁者. 好仁者 無以尙之. 惡不仁者 其爲仁矣. 不使不仁者加乎其身. 有能一日用其力於仁矣乎. 我未見力不足者. 蓋有之矣 我未之見也.

 상(尙)은 고주에 의하면 가(加), 즉 더하는 것으로, 무이상지(無以尙之)는 더 이상 더할 것이 없는 것이다. 다산은 尙을 상(上)으로 풀이해 '그보다 위일 수 없다'로 해석한다. 고주를 따랐다. 불사불인자가호기신(不使不仁者加乎其身)는 불인한 것이 내 몸에 가해지지 못하게 하는 것이다. 고주에서는 불인한 자로 하여금 의롭지 못한 것을 내 몸에 가하지 못하게 하는 것으로 해석한다. 不仁者를 사물로 해석하지 않고 사람으로 해석한 것인데 여기서는 신주를 따랐다. 개(蓋)는 '혹시, 아마'의 뜻이다.
 인을 좋아하는 자는 인 속에 안주할 수 있는 사람이다. 그러나 비록 인을 좋아하지는 못한다 하더라도 불인을 미워하면 불인한 것이 내 몸 가까이 이르지 못하니, 비록 소극적일지언정 인을 행하는 것이 된다.

인은 먼 데 있는 것이 아니다. 바로 자신의 마음속에 있는 것이다. 누구나 인에 뜻을 두면 바로 인을 행할 수 있다(仁遠乎哉 我欲仁 斯仁至矣-술이 29). 따라서 인간이면 누구나 할 수 있는 것이다. 그렇게 할 수 있는 힘이 부족한 사람이 혹시 있을 수도 있다고 한 것은 그러한 사람을 보지 못했다는 것을 다시 한 번 강조하기 위한 말이다.

한편 다산은 개유지의 아미지견야(蓋有之矣 我未之見也)가 힘이 부족한 사람을 지칭한 것이 아니라 好仁者와 惡不仁者에 대해 한 말이라고 주장한다.

7

공자께서 말씀하셨다. "사람의 잘못이 각각 그 무리에 따라 다르니, 잘못을 살펴보면 그 인(仁)을 알 수 있다."

子曰 人之過也各於其黨. 觀過 斯知仁矣.

당(黨)은 무리(類)다. 사(斯)는 즉(則)이다. "군자는 항상 후(厚)한 잘못이 있고, 소인은 항상 각박한 잘못이 있으며, 군자는 사랑이 지나치고, 소인은 잔인함이 지나치다"(신주의 정이). "여기에서 살펴보면 사람이 어진지 어질지 않은지 알 수 있다"(신주의 윤돈).

고주의 공안국은 다르게 풀이한다. "소인이 군자의 행동을 하지 못하는

제4편. 이인(里仁) **167**

것은 소인의 허물이 아니다. 마땅히 용서하고 책망하지 말아야 할 것이다. 잘못을 살펴본다는 것은 현명한 사람, 어리석은 사람으로 하여금 각각 제 자리에 서게 하는 것이다. 그것이 인을 행하는 것이다." 즉 남의 잘못을 책망할 때, 그 사람이 군자냐 소인이냐를 먼저 살펴 각각 그 무리에 따라 달리하는 것이 인을 행하는 것이라는 뜻이다.

한편 황간의 『논어의소』에는 인지과야(人之過也)가 민지과야(民之過也)로 되어 있다.

이 장에 관한 오규 소라이의 해석은 독특하다 못해 괴이하다. 오규 소라이의 해석은 다음과 같다. "사람들의 허물이 각각 그 고을에서는 있기 마련이니, '아랫사람들의 허물을 살펴보면 그것으로 그 임금의 인(仁)을 알 것이다'라고 했다." 각(各)을 '각각 있다'로, 黨을 향당(鄕黨), 즉 자기 고을로 해석하고 있다. 관과 사지인의(觀過 斯知仁矣)는 옛말로, 오규 소라이에 의하면 이 장은 공자가 이 옛말을 풀이한 것이라고 한다. 인은 임금의 인(國君之仁)으로 풀이한다. 조정과 종묘 안에서는 (임금이 있기 때문에) 군자가 삼가 허물을 적게 한다. 그러나 자기 고을에서는 친척과 벗이 있기 때문에 허물을 짓는 것이 또한 당연하지 않겠는가?(마음을 풀어 놓고 있기 때문에 쉽게 허물을 짓는다) 국인(國人)들이 모두 이와 같으니, 임금의 어진 덕의 교화를 알 수 있다. 다시 말해 사람들이 친척과 친구가 있는 자기 고을에서는 다 허물을 짓고 사는데 임금이 있는 곳에서는 삼가 처신해 허물을 적게 하니 그것으로 임금의 인덕(仁德)을 알 수 있다는 말이다.

오규 소라이에 의하면 사람이 임금이 보는 데서는 허물을 짓지 않지만 임금이 보지 않는 자기 고을에서는 친척과 친구들이 있기 때문에 함부로 처신하며 허물을 짓는 것이 당연하다는 말 같은데, 이게 무슨 뜻인지 알 수 없다. 임금이 있는 곳에서는 긴장해서 행동을 삼가고 친척과 친구들이 있는 곳에서는 마음 편하게 행동한다는 것은 그 나름대로 일리가 있지만, 그게 꼭 허물을 짓는다는 것은 아닐 것이다. 만일 소라이의 말대로라면 겉과 속이 다른 것인데, 소라이는 그것을 당연하다고 여기는 것인지 의심스럽다. 그리고 임금 앞에서 허물을 적게 하는 것이 임금의 인덕의 교화인지, 아니면 임금이 두려워서 그러한 것인지? 인정상 임금이 두려워서 그렇다고 하는 것이 맞을 텐데, 소라이는 무엇을 근거로 임금의 인덕의 교화라고 하는지도 궁금하다. 황간의 『논어의소』의 해석도 상당히 기이한 것이 많지만, 오규 소라이 정도는 아니다.

8

공자께서 말씀하셨다. "아침에 세상에 도(道)가 행해지고 있다는 소리를 들을 수 있다면, 저녁에 죽더라도 좋다."

子曰 朝聞道 夕死可矣.

도(道)는 세지유도(世之有道)로 세상에 도가 있는 것, 도가 행해지는 것이다. 무도한 세상에 태어나 얼마나 도가 행해지는 세상에 대한 염원이 컸으면 공자가 이런 말을 따랐을까? 고주를 따랐다.
  주희는 "아침에 도를 듣는다면 저녁에 죽더라도 좋다"로 해석한다. 우리에게 익숙한 해석이다. 그러나 주희의 해석에 따르면, 공자가 마치 보리수나무 아래 앉아 득도(得道)를 염원하는 석가모니처럼 생각된다. 주희의 성리학에 반영된 중국 선종(禪宗)의 영향을 여기서도 읽을 수 있다.

9

공자께서 말씀하셨다. "사(士)가 도에 뜻을 두고서도 나쁜 옷과 나쁜 밥을 부끄러워한다면 더불어 의논할 수 없다."

子曰 士志於道 而恥惡衣惡食者 未足與議也.

군자는 '내 몸 밖의 물건(身外之物)'에 연연해하지 않는 법이다.

10

공자께서 말씀하셨다. "군자는 천하에 대해 해야 하는 것도, 하지 말아야 하는 것도 없다. 의(義)와 비교할 뿐이다."

子曰 君子之於天下也 無適也 無莫也. 義之與比.

적(適)과 막(莫)이 무슨 뜻인지 막막하다. 당의 한유(韓愈, 768~824)는 『논어필해(論語筆解)』에서 適은 가(可), 莫은 불가(不可)라고 했다(『논어집석』에서 재인용). 다산도 같은 입장이다. 또 미자8에도 無可無不可라는 표현이 있다. 해야 하는 것도 하지 말아야 하는 것도 없다는 말이다. 여기서는 이 주장을 따랐다.

비(比)는 비교하는 것으로 의지여비(義之與比)는 의(義)와 비교해 옳으면 행하고 옳지 않으면 행하지 않는다는 뜻이다.

適과 莫에 대해서는 다른 견해도 있다. 육덕명의 『경전석문』에는 適은 적(敵)으로 적대하는 것, 莫은 모(慕)로 흠모하는 것이라는 정현의 주장이 소개되어 있다. 황간의 『논어의소』에 인용된 범녕(范甯, 339~401)의 설(說)에 의하면 후(厚)하고 박(薄)한 것, 일본의 오규 소라이에 의하면 친(親)하고 소(疎)한 것이다. 주희는 適을 전주(專主)로 오로지 주장하는 것, 莫은 불긍(不肯)으로 하려 하지 않는 것이라고 했다.

한편 주희는 다음과 같은 송의 사량좌(謝良佐, 1050~1103)의 말을 인용했다. 성리학자들의 불교나 도가에 대한 생각이 잘 나타나 있어 소개한다.

"適은 가(可)이고, 莫은 불가(不可)다. 가함도 없고 불가함도 없는데 만일 도(道)로서 주장함이 없다면 미쳐 날뛰어 스스로 방자함에 가깝지 않겠는가? 이것이 불노(佛老, 부처와 노자 – 저자)의 학문이 스스로 마음에 머무는 바 없이 변화에 응할 수 있다(心無所住而能應變)고 말하나 마침내 성인(공자)에게 죄를 짓게 된 이유다. 성인의 학문은 그렇지 않아 가함도 없고 불가함도 없는 사이에 의(義)가 존재한다. 그러니 군자의 마음이 과연 치우치는 바가 있겠는가?"

도가나 불가에서는 가함도 없고 불가함도 없다고 하여 마침내 인간이 살아가면서 반드시 가져야 할 의까지 부정하니, 이것이 바로 그들 주장의 결정적 약점이란 말이다.

미자8

11

공자께서 말씀하셨다. "군자가 덕에 의한 정치에 귀의하면 소인은 자기 땅으로 돌아가며, 군자가 형벌에 의한 정치에 귀의하면 소인은 외국의 자혜(慈惠)로운 임금에게로 돌아간다."

子曰 君子懷德 小人懷土. 君子懷刑 小人懷惠.

회(懷)는 귀(歸)로 귀의하는 것, 돌아가는 것이다. 토(土)는 자기가 원래 살던 곳이며, 혜(惠)는 외국의 자혜로운 임금이다. 여기서 군자는 위정자, 소인은 백성을 뜻한다. 형벌보다는 덕에 의지해 백성을 다스릴 것을 주장한 말이다. 유월의 『군경평의』에 의거했다(『논어집석』에서 재인용).

주희의 해석은 이와 다르다. 주희는 懷를 사념(思念), 즉 생각하는 것으로 풀이해 "군자는 덕을 생각하고 소인은 땅을 생각하며, 군자는 형벌을 생각하고 소인은 이익을 생각한다"로 해석한다. 즉 군자는 덕(德)과 형벌(刑)을 생각하고, 소인은 땅(地)과 이익(惠)을 생각한다는 것이다. 그러나 위정3에서도 알 수 있듯이 공자가 평소 덕에 의한 정치를 주장했지 형벌에 의한 정치는 배척했다는 사실에 비추어 볼 때, 주희의 해석은 받아들이기 어렵다. 한편 고주의 공안국은 懷를 안(安)으로 풀이하고 있다. 군자가 덕에 안주하면 소인은 그 땅에 안주하며, 군자가 법에 안주하려 한다면 소인은 물질적인 은혜나 생각한다는 뜻이다.

12

공자께서 말씀하셨다. "이익에 의지해 행동하면 원망이 많다."

子曰 放於利而行 多怨.

방(放)은 고주의 공안국에 의하면 의지하는 것(依)이다. 이익에 의지해 행동하면 필연적으로 남과 다투게 된다. 따라서 남의 원망을 사는 일이 많아진다. 이익을 놓고 남과 경쟁하는 것을 사회의 기본 원리로 간주하는 자본주의사회가 점점 더 각박해질 수밖에 없는 것은 당연한 일일 것이다. 맹자는 『맹자』의 맨 첫머리에서 이(利)를 논하는 양혜왕(梁惠王)에게 단지 인의(仁義)만이 있을 뿐이라고 하면서, 위아래가 서로 이익을 다투게 되면 나라가 위태로워질 것이라고 했다(『맹자』「양혜왕상」 1).

13

공자께서 말씀하셨다. "예와 겸양으로 나라를 다스릴 수 있다면 무슨 어려움이 있겠느냐? 예와 겸양으로 나라를 다스릴 수 없다면 예는 해서 무엇

하겠느냐?"

子曰 能以禮讓爲國乎 何有. 不能以禮讓爲國 如禮何.

예양(禮讓)은 한마디로 표현한다면 예(禮)다. 하유(何有)는 무슨 어려움이 있느냐의 뜻이다. 위정자가 어진 덕을 쌓고 예로서 나라를 다스린다면 온 나라가 태평해질 것이다. 결코 법과 형벌에만 의지하려고 해서는 안 된다.

14

공자께서 말씀하셨다. "지위가 없음을 근심하지 말고 그 자리에 설 수 있을까를 근심하며, 나를 알아주지 않는다고 근심하지 말고, 알아줄 만한 사람이 되기를 구해라."

子曰 不患無位 患所以立. 不患莫己知 求爲可知也.

신주의 정이가 말하길 "군자는 자기 몸에 있는 것을 구할 뿐이다(君子求其在己者而已矣)"라고 했다. 군자는 자기가 할 수 있는 것을 근심할 뿐, 벼슬이나 명성과 같이 자기 밖에 있는 것, 자기로부터 이루어지지 않는 것(身外之物)은 근심하지 않는다.

학이16, 헌문32, 위령공18에도 같은 내용이 있다.

15

공자께서 말씀하셨다. "증삼아! 나의 도는 하나로 관통해 있느니라."
증자가 말했다. "그렇습니다."
공자께서 나가시자, 문인들이 물었다. "무슨 말입니까?"
증자가 말했다. "선생님의 도는 충서(忠恕)일뿐입니다."

子曰 參乎 吾道一以貫之.

공자께서 말씀하셨다. "증삼아! 나의 도는 하나로 관통해 있느니라."

삼(參)은 증자의 이름이다. 관(貫)은 통(通)으로 관통하는 것이다.

曾子曰 唯.

증자가 말했다. "그렇습니다."

유(唯)는 그렇다고 수긍하는 말이다.

제4편. 이인(里仁) **175**

子出. 門人問曰 何謂也.
공자께서 나가시자, 문인들이 물었다. "무슨 말입니까?"

문인(門人)은 증삼과 같이 수학하는 공자의 제자들이다.

曾子曰 夫子之道 忠恕而已矣.
증자가 말했다. "선생님의 도는 충서(忠恕)일 뿐입니다."

충(忠)은 주희에 의하면 자기 몸을 다하는 것(盡己之謂)을 말하며, 서(恕)는 자기 몸을 미루는 것(推己之謂)을 말한다. 황간의 『논어의소』에 인용된 왕필의 해설에 의하면 충은 정(情)을 다하는 것(情之盡), 서는 정(情)을 돌이켜 남과 같아지는 것(反情以同物)이다. 주희의 신주에는 가운데 마음(中心)을 충이라 하고, 같은 마음(如心)을 서라고 한다는 혹자의 설도 인용되어 있다. 대개 같은 말이다.

　충은 자기의 몸과 마음을 다하는 성실함이다. 사람은 누구나 자신을 이루기 위해(成己) 모든 정성을 다한다. 그것이 충이다. 서는 내 몸을 미루어 남에게 미치는 것, 즉 내가 그 입장이라고 생각하는 것이다. 다시 말하면 남도 나와 같다고 생각하는 것, 그것이 바로 서다. 따라서 충서는 나 자신을 위해 온몸을 다하는 성실한 마음가짐으로 남도 자기 몸처럼 대하는 것으로, 초순에 의하면 나를 이루고 이어 남에게까지 미치는 것(成己以及物)이다. 증자는 공자의 도가 자신을 이루기 위해 온갖 정성을 다하고, 그 마음가짐으로 남들도 대하는 것, 그것 하나로 관통해 있다고 풀이했다.

한편 주희는 이 문답이 공자에게서 증자로 비전(秘傳)의 도가 전수되는 순간이라고 주장한다. 즉 공문(孔門)의 비전이 공자-증자-자사(子思)-맹자로 이어졌는데, 그 증거가 바로 이 문답이라는 것이다. 다소 길더라도 주희의 주를 소개한다.

"성인의 마음은 혼연(渾然)한 하나의 이(一理)로서 두루 응(應)함에 곡진히 마땅하지만, 그 쓰임(用)은 각기 다르다. 증자는 그 쓰는 데에서는 이미 일에 따라 정밀히 살피고 힘써 행했으나, 다만 몸(體)이 하나임은 알지 못했다. 부자(夫子)께서는 그가 참되게 쌓고 힘써 행하기를 오래해서 장차 얻는 바가 있을 줄 아셨다. 이에 불러 고함에 증자가 과연 묵묵히 그 뜻을 알고 즉시 빠르게 대답하니 의심이 없어진 것이다."

성인의 마음에는 오직 하나의 이치만이 있으나, 그것이 다른 사물과 접할 때는 각각 그 사물에 맞게 다르게 대응한다. 증자는 공부를 열심히 하여 각각 그 사물에 맞게 다르게 대응할 줄은 알았으나, 그것이 모두 하나로 관통하고 있는 줄은 몰랐다. 공자는 그가 열심히 노력하는 것을 보고 장차 도를 깨달을 수 있을 것이라고 짐작했다. 그래서 그에게 도움을 주려고 불러 고하니 증자가 마침내 모든 의심이 사라지고 활연(豁然) 대오(大悟)해 입에서 불쑥 그렇다는 대답(唯)이 나왔다. 주희의 말은 대개 이런 뜻이다.

"부자의 하나의 이(一理)가 혼연(渾然)해 두루 응(應)함에 곡진히 마땅하다 함은 비유하자면 천지(天地)의 지극한 정성이 한순간도 쉬지 않음에 만물이 제자리를 얻는 것과 같은 것이다. 이것 이외에는 진실로 다른 법이 없으며, 또 미루는 것을 기다릴 것도 없다. 증자는 이것을 볼 수 있었으나, 말하기가 어려웠다. 그래서 당시 학자들의 진기(盡己, 충을 말함), 추기(推己, 서를 말함)의 조목을 빌려 드러내 밝혔으니, 다른 사람들이 쉽게 깨닫게 하기 위함이다. 천지의 지극한 정성이 한순간도 쉬지 않는 것은 도(道)의 체(體)로, 천하 만물의 하나의 근본이다. 천하 만물이 각기 제자리를 얻는 것은 도(道)의 용(用)으로, 하나의 근본이 만물이 되는 것이다. 이것으로 살펴보면 일이관지(一以貫之)의 실질을 볼 수 있을 것이다."

　천지의 운행이 한순간도 쉬지 않기 때문에 만물이 각기 제자리를 잡고 살아갈 수 있다. 천지의 운행이 한순간도 쉬지 않는 것은 도의 본체로 천지간의 만물이 살아갈 수 있는 근원이며, 천지간의 만물이 제 삶을 살아갈 수 있는 것은 바로 이 도의 쓰임으로 하나의 근원에서 유래된 것이다. 공자의 도가 하나로 관통한다는 것은 이것과 같다. 증자는 공자의 말에서 이것을 깨달을 수 있었다. 그리고 이것 말고 다른 법도 없으며, 또 다른 데 더 의지할 것도 없다는 것도 알았다. 그러나 그것을 말로 나타내기가 어려워 당시 학자들이 쓰던 용어인 충서라는 말로 표현했을 뿐이다. 이것이 주희의 주장이다.

　주희는 충서가 공자의 일이관지의 일을 정확하게 나타낸 말은 아니라고 보았다. 단지 증자가 공자의 도를 한마디로 달리 표현할 수가 없어 그렇게 말했을 뿐이라는 것이다. 증자가 공자의 일이관지란 말 속에서 깨달은 것은 공문(孔門)에서 별도의 비전(秘傳)으로 전수되어 자사, 맹자로까지 이어져왔다. 이후 오랫동안 끊어졌으나 이정자(二程子, 程顥, 程頤 형제)와 자기에게서 다시 발현됐다는 것이다. 정호(程顥)의 호가 명도(明道)인 것은 바로 맹자 이후 실전된 이 도를 밝혔기 때문이라 한다.

　그러나 주희의 이러한 해석은 무리가 많다. 우선 『사기』 「중니제자열전」에 의하면 증자는 공자보다 마흔여섯 살이나 어리다. 사기의 기록을 신뢰할 수 없다고 하더라도, 선진25에 증자의 아비인 증석(曾晳)이 공자의 제자로 나오는 것으로 미루어 볼 때, 증자가 공자의 나이와 상당히 차이나는 것만은 분명한 사실일 것이다. 그런데 이렇게 어린 그가 어찌 안연이나, 염옹, 자공과 같은 쟁쟁한 뭇 선배들을 제치고 혼자만이 공자로부터 비전의 공부를 전수받을 수 있었겠는가? 또 이는 가르침에 차별을 두지 않는다(有敎無類-위령공38)고 한 공자의 말과도 상충된다. 게다가 위령공2에서 공자는 자공에게도 일이관지라는 말을 한다. 그리고 한마디 말로 일생 동안 지킬 만한 것이 있느냐라는 자공의 질문에 그것은 바로 서라고까지 대답했다(위령공23). 증자의 말과 충 한 글자만 다를 뿐이다. 증자만이 공자의 비전을 전수받았다는 주희의 주장은 자신의 성리학(性理學)을 정당화하기 위한 견강부회(牽强附會)일 뿐이다.

그뿐만 아니라 주희의 주장은 부처가 자신이 고심 끝에 터득한, 세상의 어떤 말로도 나타낼 수 없는(不立文字), 오묘한 깨달음(心得)을 염화시중(拈華示衆)의 미소(微笑)로 가섭(迦葉)에게 전하고, 그 비전의 가르침이 달마(達摩)를 거쳐 중국 선종(禪宗)으로 이어졌다는 불교의 설화와 너무도 흡사하다. 주희는 선종으로부터 중국 유학의 전통을 수호하기 위해 성리학을 세웠으나, 후대 청의 유학자들이 말하는 대로 석씨지학(釋氏之學, 유학자들이 불교를 경멸해 부르는 말로 석가모니釋迦牟尼의 석釋자에서 유래했다)으로 석씨지학을 비판한 격이 되고 말았다. 그러한 성리학을 두고 다산은 만수일리(萬殊一理, 삼라만상이 하나의 理라는 말)를 궁구하는 성리학자들의 모습이 "뜰 앞의 잣나무(庭前栢樹子, 당나라 때의 선승인 조주趙州가 제기한 화두)"라는 화두(話頭)로 참선하는 선승과 유사하다고 했다. 주희의 성리학은 공자의 말로 포장한 별개의 철학으로 보아야 하며, 그러한 면에서 주희의 신주를 읽을 때 각별한 주의가 요망된다.

충서는 공자의 사상 근저를 하나로 꿰뚫는 근본 원리로, 나에 대해 최선을 다하는 정성으로 남도 나처럼 대하라는 뜻 이외에 다른 별도의 형이상학적 의미가 있는 것은 아니다.

한편 다산은 충서가 둘이 아니고 바로 서 하나라고 주장한다. 다산은 서의 근본으로 서를 행할 수 있는 소이(所以)가 바로 충이라고 한다. 다시 말해 충으로(中心으로, 온몸을 다해) 서를 행하는 것이 바로 충서라는 뜻이다.

●

위령공2에서 공자는 자공에게도 일이관지(一以貫之)라는 말을 한다.

16

공자께서 말씀하셨다. "군자는 의에 밝고, 소인은 이익에 밝다."

子曰 君子喩於義 小人喩於利.

유(喩)는 효(曉)로 밝은 것이다. 의(義)는 주희에 의하면 천리의 마땅한 바요(天理之所宜), 이(利)는 인정이 바라는 바다(人情之所欲). 천리와 인정으로 대비하는 것은 성리학 특유의 입장이나, 그냥 이치상 마땅한 것이 義요, 사람이 사사로이 바라는 것이 利라고 이해해도 무방할 것이다.

공자는 논어 안에서 자주 '군자는 ~하고, 소인은 ~하다'는 식으로, 군자와 소인을 대비해 말했다. 오늘날 우리는 그 군자를 도덕적으로 바람직한 인간, 소인은 도덕적으로 용렬한 자로 이해한다. 그러나 공자가 말하는 군자와 소인을 단지 그렇게 도덕적인 의미로만 해석할 수 있을까?

군자와 소인의 원래 의미는 앞에서도 언급한 바 있지만 분명히 계급적인 내용을 담고 있다. 전자가 임금(君)의 자식(子)이라는 의미, 후자가 하찮은(小) 사람(人)이라는 의미의 글자로 이루어졌음을 볼 때 그것은 당연하다. 그러기에 유월은 『군경평의』에서 옛사람들이 군자, 소인이라고 말할 때는 모두 그 지위를 갖고 말했다. 한(漢)나라 시대의 학자들도 모두 그렇게 말했다. 그러나 후세의 유가(儒家)들은 오직 인품만을 갖고 군자, 소인을 논한다. 옛 뜻에 어긋나는 것이다라고 밝혔다(『논어집석』에서 재인용).

그렇다면 공자는 군자, 소인의 개념을 어떻게 파악했을까? 공자가 군자, 소인을 일정 부분 계급적인 내용으로 파악했다는 증거는 논어 안에 여러 번 보인다. 이인11(君子懷德 小人懷土 君子懷刑 小人懷惠), 안연19(君子之德風 小人之德草 草上之風必偃), 양화4(君子學道則愛人 小人學道則易使也)에서 보이는 군자, 소인의 개념이 바로 그것이다. 여기서 군자, 소인은 분명히 위정자와 백성을 나타낸다. 그러나 다른 많은 곳에서는 군자, 소인이 주로 인품과 관련된 의미로 사용되고 있기도 하다. 이런 사실로 미루어 볼 때, 공자 이전에 계급을 나타내는 말로 사용되었던 군자, 소인이 공자 당대에 이르러서는 본래의 의미가 많이 퇴색되고 사람의 인품과 관계되는 것으로 전화되어가는 단계에 있었던 것으로 추정된다.

이와 관련해 중국의 조기빈이 『논어신탐』에서 펼친 주장은 새로운 단초를 열어준다. 조기빈은 소인을 고대 노예사회가 철기 등의 도입에 따른 생산력 발전의 결과로 붕괴되면서, 부의 축적을 통해 새롭게 등장하기 시작한 신흥지주계급으로 보았다. 그에 의하면 이들이 중국의 중세 봉건사회(秦漢帝國)를 열어간 역사 발전의 주체이며, 그들의 정치경제적 입장은 묵가(墨家)를 거쳐 법가(法家)에 이르러 완성되어 중국의 통일과 발전을 가져왔다. 그에 반해 공자의 입장은 역사 발전의 반동(反動)으로서 기존 노예소유계급의 이익을 대변해 노예제사회를 온존시키고 생산력과 역사의 발전을 저해했다. 공자의 이러한 정치경제적 입장은 소위 복례(復禮) 노선으로 집약되며, 그것이 다름 아닌 군자(君子) 계급의 정치경제적 입장이라는 것이다. 조기빈은 군자를 노예소유계급으로 보았다.

조기빈의 주장은 군자, 소인이라는 용어의 구체적 실례나 당시 사회상에 대한 구체적 언급이 결여되어 있어서 그대로 다 인정하기에는 분명 무리가 있다. 또 문화대혁명 당시 비림비공(批林批孔) 운동이 한창 치열하게 전개되던 때의 글이라 지나치게 교조적이고 경직되어 있다는 느낌도 지울 수 없다. 그러나 조기빈의 주장은 적어도 군자, 소인이라는 용어를 단순한 도덕적인 내용으로서가 아니라 당시 사회상과 연결해 풀이하려 했다는 점에서 분명 진일보한 것이라 할 수 있다.

군자, 소인을 말한 공자의 글을 자세히 읽어보면 단순히 도덕적인 의미로만 말하는 것 같은 대목에서도 그 이상의 사회적 의미를 찾을 수 있다. 우선 군자는 의(義)에 밝고 소인은 이(利)에 밝다는 이 장이 바로 그렇다. 소인이 이익에 밝다는 것은 당시 이미 이익을 쫓는 풍조가 일반화되었음을 뜻한다. 이는 다시 말하면 함께 노동하고 함께 생활하는 공동체적 질서가 이미 무너지고 있으며, 모든 사람이 먹고 살기 위한 생존경쟁에서 낙오하지 않으려고 남과 이익을 놓고 치열하게 다툴 수밖에 없었다는 것을 의미한다. 여기에서 군자는 의, 즉 공동체적 이념을 추구하는 사람, 소인은 이, 즉 생존경쟁에서의 승리를 위해 이익을 추구하는 사람이라고 해석할 수 있다. 조기빈처럼 군자를 꼭 노예제사회의 옹호자, 소인을 신흥의 지주계급으로 도식화할 수는 없을지 몰라도, 이 말 속에서 공동체 이념과 약육강식의 무한경쟁 이념이 서로 충돌하고 있음을 살펴볼 수 있다.

이러한 주장을 뒷받침할 수 있는 방증은 논어의 도처에서 찾을 수 있다.

안연16에서 "군자는 남의 좋은 점은 이루게 하고, 나쁜 점은 이루지 못하게 한다. 소인은 그 반대다"라고 한 말도 사실 당시 생존경쟁의 치열함과 그 과정에서의 군자와 소인의 입장 차이를 나타낸 말로 볼 수 있다. 또 자로4에서 공자는 농사짓는 법에 대해 묻는 번지(樊遲)를 소인이라고 질책했다. 번지는 당시 비약적으로 발전하고 있는 농업에 대한 관심을 표명한 것뿐이리라. 그러한 그를 공자가 소인이라 책망한 것 또한 이러한 사회상이 반영된 것이라 할 수 있다. 헌문24에는 "군자는 위로 통달하고 소인은 아래로 통달한다"는 말이 있다. 아래라는 것이 이익(利益)을 뜻한다는 데에는 대부분의 주석이 일치한다.

17

공자께서 말씀하셨다. "현명한 사람을 보면 그와 같이 되려고 생각하고, 현명하지 못한 사람을 보면 속에서 스스로 반성해야 한다."

子曰 見賢思齊焉 見不賢而內自省也.

제(齊)는 고주의 포함에 의하면 등(等)으로 같아지려고 하는 것이다. 현명한 사람을 보면 나도 그와 같이 현명한 사람이 되려고 생각하고, 그렇지 못한 사람을 보면 나에게도 그러한 면이 있지 않나 반성해야 한다.
　이토 진사이는 다음과 같이 말한다. "현명한 사람을 보고도 그와 같이 되려고 생각하지 않는 자는 뜻이 없는 자고(無志者), 현명하지 못한 사람을 보고도 속으로 반성하지 않는 자는 부끄러움을 모르는 자다(無恥者). 뜻이 없고, 부끄러움을 모르는 자는 소위 자포자기(自暴自棄)하는 자로 더불어 훌륭한 일을 할 수 없음이 틀림없다."

●

술이21에는 "세 사람이 가면 거기에는 반드시 나의 스승이 있으니, 좋은 면을 골라 그것을 따르고 좋지 않은 면을 골라 그것을 고친다"라는 말이 있다.

18

공자께서 말씀하셨다. "부모를 섬길 때는 드러내지 않고 은근하게 간언해야 한다. 부모가 내 뜻을 따르지 않을지라도 더욱 공경해 거스르지 말아야 하고, 수고롭더라도 원망하지 말아야 한다."

子曰 事父母幾諫. 見志不從 又敬不違 勞而不怨.

기간(幾諫)은 미간(微諫), 즉 드러내지 않고 은근하게 간하는 것이다. 견지부종(見志不從)은 그렇게 간언을 드렸는데도 부모가 자식의 말을 따르지 않을 뜻을 나타낸 것이다. 노이불원(勞而不怨)은 부모가 자식의 말을 받아들이지 않아 수고롭더라도 부모를 원망하지 말고 부모의 기분이 좋을 때를 기다려 다시 간하라는 말이다.

청의 왕인지는 『경의술문』에서 勞而不怨의 勞를 우(憂)로 해석해 부모가 자식의 뜻을 따르지 않아 근심은 하지만 원망하지 않는 것이라고 풀이했다 (『논어집석』). 다산 정약용은 見志不從을 자식이 부모의 명을 따르지 않을 것임을 은근히 보이는 것이라고 반대로 해석한다. 다산에 의하면 그렇게 하면서도 부모를 더욱 공경해 언젠가 부모가 스스로 깨닫게 되기를 기다리라는 뜻이다.

19

공자께서 말씀하셨다. "부모가 살아계실 때에는 멀리 나가지 말아야 하며, 나갈 때에는 반드시 가는 곳을 밝혀두어야 한다."

子曰 父母在 不遠遊. 遊必有方.

방(方)은 다산에 의하면 소(所)로 장소다. 부모가 살아계실 때에는 너무 멀리 여행하지 말아야 하며, 만일 어디 나갈 일이 있을 때에는 반드시 가는 곳을 알려 부모로 하여금 걱정하지 않도록 해야 한다는 말이다.

고주의 정현(鄭玄)은 방(方)을 상(常)으로 풀이해 어디 나갈 때는 늘 다니던 곳으로만 다니라는 뜻으로 해석한다.

주희는 이 장과 관련해 다음과 같은 범조우의 말을 인용했다. "자식이 능히 부모의 마음을 자신의 마음으로 삼으면 효가 될 것이다."

20

공자께서 말씀하셨다. "3년 동안 아버지가 하던 바를 바꾸지 말아야 효라고 할 수 있을 것이다."

子曰 三年無改於父之道 可謂孝矣.

● 학이11에 같은 말이 있다.

21

공자께서 말씀하셨다. "부모의 나이는 알아야 할 것이니, 한편으로는 기뻐함이요, 한편으로는 두려워함이라."

子曰 父母之年 不可不知也. 一則以喜 一則以懼.

기뻐하는 것은 아직 살아계심을 기뻐함이요, 두려워하는 것은 그 노쇠하심을 두려워함이다. 주희의 해설이다.

22

공자께서 말씀하셨다. "옛사람이 말을 하지 않은 것은, 몸이 미치지 못할 것을 부끄러워했기 때문이다."

子曰 古者言之不出 恥躬之不逮也.

출(出)은 말을 내뱉는 것, 궁(躬)은 내 몸, 체(逮)는 미치는 것이다.
  맹자는 이렇게 말했다. "사람이 말을 쉽게 하는 것은 책임이 없기 때문이다."(『맹자』「이루상」22). 행할 것을 생각한다면 말이 조심스러울 수밖에 없다.

●

  말과 행동에 대해서는 학이14, 위정13, 이인24, 헌문29에도 비슷한 내용이 있다.

23

공자께서 말씀하셨다. "검약하면 잃는 것이 적다."

子曰 以約失之者鮮矣.

약(約)은 경제적으로 검소한 것을 뜻할 수도 있고, 말과 행동을 비롯한 모든 일을 삼가고 절제하는 것일 수도 있다. 후자가 더 맛이 깊다. 다산과 이토 진사이도 후자의 견해를 취한다.

24

공자께서 말씀하셨다. "군자는 말은 어눌하기를, 행동은 민첩하기를 원한다."

子曰 君子欲訥於言 而敏於行.

눌(訥)은 어눌한 것이다.

● 학이14, 위정13, 이인22, 헌문29에도 비슷한 내용이 있다.

25

공자께서 말씀하셨다. "덕이 있는 사람은 외롭지 않으니, 반드시 이웃이 있다."

子曰 德不孤 必有鄰.

남송의 장식(張栻, 1133~1180)은 『논어해(論語解)』에서 이 장을 다음과 같이 풀이했다. "덕이 내 몸에 서면 천하의 선이 내게로 귀의하니 외롭지 않다. 좋은 말이 모이는 것과 좋은 친구가 오는 것 같은 일 모두가 소위 이웃이 있는 것이다. 천하가 인이라고 인정하는 데 이르면, 이것 또한 외롭지 않다."

이와는 달리 진천상은 『사서변의』에서 이렇게 풀이한다. "덕이 있는 사람은 외롭지 않으니 반드시 이웃이 있다는 말은, 대개 사람의 덕업(德業)은 홀로 이룰 수 없으니 반드시 덕이 있는 사람이 이웃에 있어 돕고 인도했기 때문이라는 것을 말한 것이다. '노나라에 군자가 없다면 이 사람이 어디서 이런 군자다운 덕을 지닐 수 있겠는가'(공야장 2)라는 말과 같은 뜻이다."(모두 『논어집석』에서 재인용)

26

자유가 말했다. "임금을 섬김에 너무 자주 간언하면 욕을 보게 되고, 벗을 사귐에 너무 자주 충고하면 소원해진다."

子游曰 事君數 斯辱矣. 朋友數 斯疏矣.

數를 주희는 삭으로 읽어 번거롭게 자주 하는 것으로 풀이한다. 임금에게 충성한다고 너무 자주 간언하면 오히려 욕을 당하기 마련이고, 벗에게 충고를 너무 자주 하면 오히려 소원해질 뿐이다. 신주의 범조우에 의하면 임금이나 벗은 모두 의(義)로 맺어진 관계이기 때문에 경우가 똑같다고 한다.

고주에서는 數를 빠르다는 뜻의 속으로 읽고 있다. 임금에게 간언을 올릴 때나 벗에게 충고할 때 점진적으로 나아가야지 너무 빨리 하면 오히려 부작용이 난다는 말이다. 한편 육덕명은 『경전석문』에서 數를 세다는 뜻의 수로 읽어 자기의 공로를 하나하나 세어 열거하는 것으로 풀이하는 정현의 주장을 소개한다.

도로써 임금을 섬기되 간해도 듣지 않으면 그만두라 했으니(以道事君 不可則止-선진23) 그렇지 않으면 오히려 일신의 화를 부르게 된다. 벗을 사귈 때도 충고해 올바른 길로 이끌되 받아들여지지 않으면 그만두어 내 몸에 욕됨이 없게 해야 한다(忠告而善道之 不可則止 無自辱焉-안연23). 그렇지 못하면 오히려 벗을 잃고 만다. 모두 의로써 맺어진 관계(후천적으로 맺어진 관계)이기 때문이다.

오늘날 우리가 알고 있는 유교의 충(忠)은 임금이 잘못할 경우, 죽음을 무릅쓰고서라도 임금에게 간언(諫言)해야 한다는 것이다. 임금에게 간언하다 목숨을 잃은 사람을 만고의 충신으로까지 숭상하고 있다. 충은 모든 도덕 항목 가운데 효와 더불어 으뜸을 차지하며, 함께 묶어 부를 때도 충효로 충이 효보다 먼저 불릴 정도다.

그런데 이 장에서 공자의 말은 지금껏 우리가 알았던 상식과는 크게 다르다. 임금이 말을 듣지 않으면 그만두어 화를 면하라고 하는 것이다. 공자는 자신의 제자인 남용이 나라에 도가 있으면 쓰일 것이요, 도가 없더라도 형벌은 면할 것이라고 하면서, 자신의 조카를 시집보낸 바 있으며(공야장1),

선진23에서는 도로써 임금을 섬기되, 안 되면 그만두라고 말했다. 충을 중요하게 취급하고는 있으나, 효제(孝弟)와 같은 정도의 비중을 두지는 않은 것이다.

원래 공자는 효제를 군주에 대한 충성보다 우선시했다. 누차 말했지만 공자가 살던 주나라의 정치 제도는 주 왕실이 종가(宗家)이고 각 제후는 주 왕실의 지족(支族)이라는 종법(宗法)에 입각한 것이었다. 성이 다른 제후국의 경우는 동성의 분가한 제후국을 의제(擬制)했다. 각 제후국 밑에는 의연 이전부터 존재하던 혈연공동체가 자리 잡고 있었다. 사회 전체의 기초 단위는 이 혈연에 기초한 공동체였으며, 이 공동체는 국가권력으로부터 그 특수성을 인정받아 자신들만의 고유한 관습과 전통을 유지하고 있었다. 효제는 이 혈연에 기초한 공동체를 유지하는 기본 질서였다. 그뿐만 아니라 효제는 종법을 유지하는 근거이기도 했다. 따라서 공자에게 군주에 대한 충성이란 종족 내의 효제를 외형적으로 연장한 것에 불과했다. 공자는 효제가 국법 질서보다 우선함을 자로18의 섭공과의 대화에서도 분명히 밝혔다.

그러나 전국시대가 지나고 진한(秦漢)의 통일 제국 시대를 맞으면서 상황은 변해갔다. 이미 혈연공동체는 파괴되어 가족(家族)이 별도의 단위로 독립했다. 중앙 권력은 종전의 공동체를 매개로 한 통치에서 벗어나 직접 개별 가족, 즉 개별 인민을 지배했다. 공동체적 특수성은 부정되었으며, 따라서 효제도 당연히 국가 질서 속에서 새롭게 자리매김되어야 했다.

한(漢) 대의 유가(儒家)들은 이러한 상황의 변화에 직면해 새로운 논리를 전개하기 시작했다. 종족 내의 효제는 가족 내의 가부장적인 효자(孝慈)로 변질되었고, 더 나아가 군주, 윗사람에 대한 공순(恭順)으로 발전했다. 임금은 모든 백성의 어버이로 임금에 대한 충성은 가장 큰 효로 간주됐다. 이를 통해 충(忠)과 효(孝) 사이의 모순은 해결되었으며 충이 효보다 상위의 개념으로 자리 잡았다. 한 대 유가들의 이러한 변화를 바탕으로 유교(儒敎)는 국교(國敎)로 채택될 수 있었으며, 이후 1911년 신해혁명(辛亥革命)에 이르기까지 2000년이 넘게 중국의 정치, 사상계를 지배할 수 있었다.

제5편

공야장 公冶長

1

　공자께서 공야장에 대해 말씀하시길 "사위를 삼을 만하다. 비록 감옥에 있었으나 그의 죄가 아니었다"라고 하시며, 자신의 딸을 그에게 출가시켰다.
　공자께서 남용에 대해 말씀하시길 "나라에 도가 있으면 버려지지 않을 것이요, 나라에 도가 없더라도 형벌은 면할 것이다"라고 하시며, 형의 딸을 그에게 출가시켰다.

子謂公冶長 可妻也. 雖在縲絏之中 非其罪也. 以其子妻之.
공자께서 공야장에 대해 말씀하시길 "사위를 삼을 만하다. 비록 감옥에 있었으나 그의 죄가 아니었다"라고 하시며, 자신의 딸을 그에게 출가시켰다.

공야장(公冶長)은 공자의 제자로 성은 공야, 이름은 장, 자는 자장(子長)이다. 『사기』 「중니제자열전」에 의하면 제나라 사람이라고 한다.
　루(縲)는 검은 포승, 설(絏)은 묶는 것으로, 縲絏은 감옥에서 죄인을 검은 포승줄로 묶는 것이니, 감옥에 갇힌 것이다. 공야장이 감옥에 갇힌 이유는 알려지지 않았다. 다만 황간의 『논어의소』는 『논석(論釋)』이라는 책을 인용해 다음과 같은 내용을 전한다.
　공야장은 새의 소리를 알아듣는 기이한 재주를 갖고 있었다. 그가 위(衛)를 떠나 노(魯)로 돌아오는 길에 새들이 사람의 시체를 먹으러 가자고 지저귀는 소리를 들었다. 그는 한 노파가 어린 자식을 잃고 통곡하는 것을 보고 그 자식의 시체가 있는 곳을 알려주었다가, 급기야 살인범으로 몰려 옥에 갇혔다. 그러다가 나중에 그가 정말 새소리를 알아듣는다는 것이 확인되어 옥에서 풀려나올 수 있었다. 믿을 수 없는 이야기지만 황간의 시대까지 전해 내려온 모양이다. 공자는 공야장이 감옥에 갇힌 적이 있었음에도 그의 무죄를 확신하고, 자신의 사위로 맞았다. 공자가 공야장에 대한 믿음이 얼마나 두터웠는가를 알 수 있다.

子謂南容 邦有道不廢 邦無道免於刑戮. 以其兄之子妻之.
공자께서 남용에 대해 말씀하시길 "나라에 도가 있으면 버려지지 않을 것이요, 나라에 도가 없더라도 형벌은 면할 것이다"라고 하시며, 형의 딸을 그에게 출가시켰다.

남용(南容)은 공자의 제자로 성은 남궁(南宮), 이름은 도(縚)라고도 하고, 괄(适)이라고도 한다. 『사기』「중니제자열전」에는 남궁괄(南宮括)로 되어 있다.

방(邦)은 제후의 나라다. 나라에 도가 있다 없다 하는 것(邦有道 邦無道)은 임금이 유도(有道)하냐 무도(無道)하냐를 말한다. 불폐(不廢)는 버려지지 않는다는 것이니 쓰여진다는 뜻이다. 남용이 나라에 도가 있을 때 버려지지 않는 것은 그만한 재주가 있다는 말이다. 또 나라에 도가 없을 때 형벌을 면한다는 것은 그만큼 말과 행동을 조심한다는 것이다. 그래서 형의 딸을 출가시킨 것이다.

이상은 공자가 사위를 구한 것을 말했다. 주희는 공자가 공야장에게는 자신의 딸, 남용에게는 형의 딸을 출가시킨 것이 공자가 공야장보다 남용을 높이 평가해 형의 딸을 그에게 출가시킨 것이라는 혹자의 말을 인용하면서 그런 말들은 사심을 가지고 성인을 엿본 것이라는 정이의 비판을 덧붙였다. 정이의 말대로 그것은 부질없는 억측일 것이다.

한편 고주는 공야장에 관한 말과 남용에 관한 말을 각각 별개의 장으로 분리했다. 여기서는 주희를 따랐다.

●

남용의 혼인에 대해서는 선진5에 남용이 백규의 시를 몇 번이고 되풀이 외우고 있음에 공자가 형의 딸을 그에게 출가시켰다는 내용이 있다.

또 '나라에 도가 있으면~, 나라에 도가 없으면~(邦有道~, 邦無道~)' 하는 표현도 논어에서 자주 보이는 것들이다. 주로 군자는 나라에 도가 있고 없음에 따라 각기 처신을 달리해야 한다는 뜻들이다. 공야장20, 태백13, 헌문1, 헌문4, 위령공6을 참고하기 바란다.

2

공자께서 자천에 대해 말씀하셨다. "군자로구나, 이 사람은! 노나라에 군자가 없다면 이 사람이 어디서 이런 군자다운 덕을 지닐 수 있겠는가?"

───

子謂子賤 君子哉 若人. 魯無君子者 斯焉取斯.

자천(子賤)은 공자의 제자로 성은 복(宓), 이름은 부제(不齊)이며 자천은 자(字)다. 『사기』「중니제자열전」에 의하면 공자보다 마흔아홉 살 젊다고 한다.

제5편. 공야장(公冶長) 197

『여씨춘추(呂氏春秋)』「찰현(察賢)」편에 다음 일화가 전해진다. 자천이 선보(單父, 오늘날 산둥성 산單현)의 읍재(邑宰)가 되었으나 거문고만 뜯으면서 당(堂)에서 내려오지도 않았다. 그렇지만 선보는 잘 다스려졌다. 반면 무마기(巫馬期)는 선보의 읍재가 되어 불철주야로 노력했다. 물론 선보는 잘 다스려졌다. 무마기가 자천에게 그 까닭을 물었다. 그가 말하길 "나는 사람에게 맡겼고, 당신은 (자신의) 힘에 맡겼습니다. 힘에 맡기면 수고롭고, 사람에게 맡기면 편안한 법입니다"라고 했다.

노무군자자(魯無君子者)의 者는 문장 끝에 쓰여 가정을 나타낸다. 사언취사(斯焉取斯)에서 앞의 斯는 이 사람, 즉 자천을 가리키고 뒤의 것은 이러한 덕(德)을 가리킨다.

자천의 덕이 자천 혼자의 힘으로 이루어진 것이 아니라 뭇 선배, 동료, 그리고 스승의 감화에서 비롯된 것임을 밝혔다. 배우는 자의 입장에서 훌륭한 스승과 선배, 동료를 만나는 것보다 더 좋은 것은 없으리라. 다행히 노나라에 군자가 많아 자천은 그들의 도움을 얻어 군자의 덕을 쌓을 수 있었다.

이토 진사이는 다음과 같이 말한다. "대개 타고난 자질의 아름다움은 유한하지만, 학문의 공은 무한하다. 진실로 스승에게 지도받고, 벗에게 도움 받는다면 이르지 못할 학문이 어디 있으며, 이루지 못할 덕이 어디 있겠는가?" 진사이에 의하면 공자는 사람을 취할 때 매번 그 자질의 아름다움을 취하지 않고, 그 학문을 좋아하는 것을 심히 칭찬했다고 한다.

3

자공이 물었다. "저는 어떻습니까?"
공자께서 말씀하셨다. "너는 그릇이다."
"어떤 그릇입니까?"
"호련이니라."

子貢問曰 賜也何如.
자공이 물었다. "저는 어떻습니까?"

사(賜)는 자공의 이름이다.

子曰 女器也.
공자께서 말씀하셨다. "너는 그릇이다."

曰 何器也..
"어떤 그릇입니까?"

曰 瑚璉也
"호련이니라."

호련(瑚璉)은 종묘의 제사 때 기장을 담아 신에게 바치는 그릇이다. 화려하게 장식한 귀중한 그릇이다.

위정12에서 공자는 군자는 한 가지 용도로만 쓰이는 그릇이 되어서는 안 된다(君子不器)고 했다. 그런데 이 장에서는 자공을 호련이라는 그릇에 비유한다. 호련이 무엇을 뜻하는가는 불분명하다. 주희는 자공이 비록 그릇이 아님(不器)에는 못 미치지만, 그릇 중에서는 귀한 것이라고 말한다. 그렇다면 어찌되었건 공자가 자공을 칭찬한 말로 보아야 할 것이다.

이토 진사이의 해석은 다르다. 진사이는 공자가 자공을 호련에 비유한 말이 자공을 심하게 질책한 말이라고 한다. 호련은 귀중하기는 하나 쟁기나 보습처럼 사람이 살아가는 데 없어서는 안 될 물건은 아니다. 자공은 호련과 같이 아름다운 재주는 있으나 쟁기나 보습처럼 일상생활에 없어서는 안 될 성인의 덕은 갖추지 못했다. 그래서 공자가 이런 말을 했다고 한다.

4

어떤 사람이 말했다. "옹은 어질지만 말을 잘하지 못합니다."
공자께서 말씀하셨다. "말을 잘하는 것을 어디에 쓰겠습니까? 말재주로 사람을 상대하면, 자주 남에게 미움을 살 것입니다. 옹이 어진가는 알 수 없지만, 말을 잘하는 것을 어디에 쓰겠습니까?"

或曰 雍也仁而不佞.

어떤 사람이 말했다. "옹은 어질지만 말을 잘하지 못합니다."

옹(雍)은 공자의 제자로 성은 염(冉), 자는 중궁(仲弓)이고 옹은 이름이다. 공자의 제자 중 안연과 함께 덕행으로 이름이 높았다(德行 顔淵閔子騫冉伯牛仲弓-선진2).

녕(佞)은 말을 잘하는 것이다.

子曰 焉用佞. 禦人以口給 屢憎於人. 不知其仁 焉用佞.

공자께서 말씀하셨다. "말을 잘하는 것을 어디에 쓰겠습니까? 말재주로 사람을 상대하면, 자주 남에게 미움을 살 것입니다. 옹이 어진가는 알 수 없지만, 말을 잘하는 것을 어디에 쓰겠습니까?"

어(禦)는 당(當)으로 상대하는 것이다. 구급(口給)은 구변(口辯)으로 말재주다.

말보다 행동을 앞세우며, 말은 항상 삼가고 조심하라는 공자의 평소의 가르침 그대로다. 옹이 어진지 여부는 모르겠다고 했지만 말을 잘하지 못하는 것, 즉 말을 삼가는 것으로 볼 때 능히 어진 자의 반열에 들 자격이 있으리라고 생각된다.

5

공자께서 칠조개로 하여금 벼슬에 나아가게 하셨다.

칠조개가 대답했다. "저는 아직 그것을 감당할 자신이 없습니다." 공자께서 기뻐하셨다.

子使漆雕開仕.

공자께서 칠조개로 하여금 벼슬에 나아가게 하셨다.

칠조개(漆雕開)는 공자의 제자로 성은 칠조, 이름은 개, 또는 계(啓), 자(字)는 주희에 의하면 자약(自若)이다. 『사기』에는 자가 자개(自開)로 나와 있다.

　공자가 벼슬을 권한 것은 칠조개에게 그만한 학덕이 있었기 때문이다.

對曰 吾斯之未能信. 子說.

칠조개가 대답했다. "저는 아직 그것을 감당할 자신이 없습니다." 공자께서 기뻐하셨다.

그러나 칠조개가 자신이 없다고 한 것은 스스로 겸양한 것이니, 그 겸양함이 공자를 기쁘게 했다.

　황간의 『논어의소』는 未能信을 아직 임금이나 백성의 신임을 얻지 못했다는 뜻으로 해석한다.

6

　공자께서 말씀하셨다. "도가 행해지지 않으니, 뗏목을 타고 바다로 나아갈까. 나를 따를 자는 아마 유일 것이다."

　자로가 그 말을 듣고 기뻐했다. 공자께서 말씀하셨다. "유는 용기를 좋아하는 것이 나보다 낫다. 그러나 뗏목을 만들 재목을 구할 수 없구나."

子曰 道不行 乘桴浮于海. 從我者其由與.

공자께서 말씀하셨다. "도가 행해지지 않으니, 뗏목을 타고 바다로나 나아갈까. 나를 따를 자는 아마 유일 것이다."

부(桴)는 뗏목이다. 유(由)는 자로의 이름이다.

子路聞之喜. 子曰 由也好勇過我. 無所取材.

자로가 그 말을 듣고 기뻐했다. 공자께서 말씀하셨다. "유는 용기를 좋아하는 것이 나보다 낫다. 그러나 뗏목을 만들 재목을 구할 수가 없구나."

무소취재(無所取材)는 고주의 정현에 의하면 無所取於桴材로 뗏목을 만들 재목을 구할 수가 없다는 뜻이다.

뗏목을 타고 바다로 나아가겠다는 것은 자신을 받아들이지 않는 세상에 대한 공자의 한탄이다. 그런데도 자로는 공자의 안타까운 심정을 헤아리지 못하고, 나를 따를 자는 유라는 말에 즐거워했다. 이에 공자가 그 용기는 가상하나, 재목이 없어 뗏목을 만들 수 없으니 어떻게 바다로 나아갈 수 있을까 하면서 자로를 기롱(譏弄)한 것이다. 유명한 공자의 부해지탄(浮海之歎)이 이것이다.

주희는 재(材)를 재(裁)로 풀이해 "사리를 분별할 줄 모르는구나!"라고 해석한다. 그러나 주희도 공자가 자로를 기롱한 것으로 보고 있는 점만은 동일하다.

다산의 해석은 전혀 다르다. 다산도 材를 주희처럼 裁로 본다. 다만 다산

제5편. 공야장(公冶長) **203**

은 無所取材를 자로가 공자를 따르려는 마음에 앞뒤를 재려고도 하지 않는 것으로 해석한다. 나를 따를 자는 자로뿐이라는 말의 의의를 분명히 밝힌 것으로 해석하는 것이다.

한편 황간의 『논어의소』에는 아주 재미난 해석 하나가 이름을 밝히지 않은 채(一家云) 실려 있다. 그 해석은 다음과 같다. 종아자기유여(從我者其由與)의 由는 자로의 이름이 아니라 같다는 뜻의 유(猶)다. 즉 나를 따르는 자들도 모두 나와 같을 것이란 뜻이다. 그런데 자로는 이 말을 전해들을 때 由를 자신의 이름으로 알아들었다. 그래서 기뻐한 것이다. 이에 공자가 그를 가볍게 놀린 것이라고 했다. 황간의 『논어의소』에는 이처럼 기이하고 재미있는 해석이 참 많이 실려 있다. 위진 남북조 시대의 정치적·사상적 혼란이 반영된 것이리라.

●

자한13에서도 공자는 구이(九夷)의 땅에 가 살고 싶다며, 세상을 벗어나고 싶은 안타까운 심정을 나타냈다.

7

맹무백이 물었다. "자로는 어집니까?"
공자께서 말씀하셨다. "모르겠습니다."
맹무백이 또 물었다. 공자께서 말씀하셨다. "유는 천승의 나라에서 군사를 다스리게 할 수는 있으나, 어진지는 모르겠습니다."
"구는 어떻습니까?"

"구는 천 호의 읍과 백승의 가문을 맡아 관리하게 할 수는 있지만, 그가 어진지는 모르겠습니다."

"적은 어떻습니까?"

"적은 조복(朝服)을 입고 조정에 서서 빈객과 더불어 말을 나누게 할 수는 있으나, 그가 어진지는 모르겠습니다."

孟武伯問 子路仁乎.

맹무백이 물었다. "자로는 어집니까?"

子曰 不知也.

공자께서 말씀하셨다. "모르겠습니다."

又問. 子曰 由也 千乘之國 可使治其賦也. 不知其仁也.

맹무백이 또 물었다. 공자께서 말씀하셨다. "유는 천승의 나라에서 그 군사를 다스리게 할 수는 있으나, 어진지는 모르겠습니다."

국(國)은 원래 제후의 도성을 뜻하는데 여기시는 제후의 나라를 가리킨다. 부(賦)는 군사다. 옛날에는 전부(田賦)에 따라 병사를 징발했기 때문에 군사를 부(賦)라고 불렀다.

맹무백이 공자의 제자 중 관리로 쓸 만한 사람이 있는지 알아보기 위해 자로는 어진 사람이냐고 빗대어 물었다. 재차 물은 것은 공자가 자신의 진의를 알아채지 못하는 것 같아 그런 것이다. 그러자 공자는 자로가 어진지는 모르겠지만 그가 한 나라의 국방을 맡을 수 있다고 대답했다. 간접적

제5편. 공야장(公冶長) **205**

으로 추천한 것이다.

求也何如.

"구는 어떻습니까?"

구(求)는 염유이다.

子曰 求也 千室之邑 百乘之家 可使爲之宰也. 不知其仁也.
"구는 천 호의 읍과 백승의 가문을 맡아 관리하게 할 수는 있지만, 그가 어진지는 모르겠습니다."

천실(千室)은 호구(戶口) 수가 천이라는 말이다. 백승(百乘)은 말 네 마리가 끄는 전차 백 대를 가지고 있다는 말로 대부(大夫)를 뜻한다. 재(宰)는 대부의 가신이나 읍장을 가리킨다.
　공자는 염유가 행정에 소질이 있다고 하고 있다.

赤也何如.

"적은 어떻습니까?"

적(赤)은 공자의 제자로 성은 공서(公西), 자는 자화(子華)로, 적은 이름이다. 『사기』「중니제자열전」에 의하면 공자보다 마흔두 살 어리다고 한다.

子曰 赤也 束帶立於朝 可使與賓客言也. 不知其仁也.

"적은 조복(朝服)을 입고 조정에 서서 빈객과 더불어 말을 나누게 할 수는 있으나, 그가 어진지는 모르겠습니다."

속대(束帶)는 조복(朝服)을 입는 것이다.

공자는 공서적이 외교에 소질이 있다고 밝혔다.

맹무백이 계속해서 염유와 공서적에 대해 물었다. 이제 맹무백의 진의를 깨달은 공자는 그들이 어진가 여부에 대해서는 잘 모르겠다고 하면서도, 염유는 행정에, 공서적은 외교에 재능이 있다고 간접적으로 추천한다.

우회적인 질문에 역시 우회적으로 답하면서도 성의를 다하는, 참으로 음미할 만한 문답이다.

선진25에 자로, 염유, 공서화가 증석과 함께 공자를 모시고 있다가, 각자 자신의 소망을 말한 내용이 있다. 거기에서 이 세 사람이 밝힌 소망도 여기에서 공자가 말하는 내용과 대략 일치한다.

8

공자께서 자공에게 말씀하셨다. "너와 안회 중 누가 나으냐?"

자공이 대답했다. "제가 어찌 감히 안회를 바라볼 수 있겠습니까? 회는 하나를 들으면 열을 압니다만, 저는 하나를 들으면 둘을 압니다."

공자께서 말씀하셨다. "미치지 못하노라. 너와 나 모두 미치지 못하노라."

子謂子貢曰 女與回也孰愈.
공자께서 자공에게 말씀하셨다. "너와 안회 중 누가 나으냐?"

여(女)는 여(汝)로 상대방을 가리키는 이인칭 대명사다. 유(愈)는 승(勝)으로 나은 것이다.

對曰 賜也何敢望回. 回也聞一以知十 賜也聞一以知二.
자공이 대답했다. "제가 어찌 감히 안회를 바라볼 수 있겠습니까? 회는 하나를 들으면 열을 압니다만, 저는 하나를 들으면 둘을 압니다."

子曰 弗如也. 吾與女弗如也.
공자께서 말씀하셨다. "미치지 못하노라. 너와 나 모두 미치지 못하노라."

불여(弗如)의 弗은 不로, 弗如는 미치지 못하는 것이다. 오여여불여야(吾與女弗如也)의 與는 영어로 말하면 'and'이다.

    자공은 안회보다 한 살 아래라고 전해지며, 안회는 덕행에, 자공은 언어에 뛰어났다고 한다(선진2). 또 안회는 공자가 가장 사랑하는 제자였고, 자공은 공자보다 낫다는 평이 있었을 정도로(자장23) 뛰어난 인물이었다. 게다가 둘은 나이도 한 살밖에 차이 나지 않았다. 그러니 자연 양자 간에 경쟁

의식 또한 있었으리라. 그것을 의식한 공자가 자공에게 물었다. 그랬더니 자공이 안회보다 못하다는 것을 순순히 인정했다. 이에 공자가 자신도 안회에 미치지 못한다고 하면서, 자공의 마음을 어루만져 준 것이다. 사제 간의 진솔함과 훈훈한 인정이 느껴지는 대화다.

주희는 吾與女弗如也의 與를 허(許)로 읽어 "내가 너의 미치지 못함을 허여한다(인정한다)"라고 해석하나, 공자는 제자들에게 그렇게 냉정한 사람은 아니었다.

유봉록은 『논어술하』에서 다음과 같이 말한다.

"세상이 보기를 자공이 공자보다 현명하다고 했는데, 자공은 스스로 말하길 안연보다 못하다고 했고, 공자 또한 스스로 말하길 안연보다 못하다고 했으니, 성인은 넓기가 하늘과 같고, 깊기가 연못과 같다. 만약 안연이 스스로를 봤다면 또한 자공만 못하다고 했을 것이다. 능력이 있으면서도 능력이 없는 사람에게 묻고, 많이 알고 있으면서도 조금 알고 있는 사람에게 물으며, 있으면서 없는 듯하고, 가득 찼으면서 빈 듯하니, 성현이 날마다 나아가고 그치지 않는 까닭이다"(『논어집석』에서 재인용).

9

재여가 낮잠을 잤다. 공자께서 말씀하셨다. "썩은 나무로는 조각을 할 수 없고, 썩은 흙담에는 흙손질을 할 수 없으니, 너에게 무엇을 꾸짖으랴."

공자께서 말씀하셨다. "내가 처음에는 사람에 대해 그 말을 들으면 그 행실을 믿었으나, 지금은 사람에 대해 그 말을 듣고도 그 행실을 살펴본다. 재여 때문에 이렇게 바뀌었다."

宰予晝寢. 子曰 朽木不可雕也 糞土之牆不可杇也. 於予與何誅.

재여가 낮잠을 잤다. 공자께서 말씀하셨다. "썩은 나무로는 조각을 할 수 없고, 썩은 흙담에는 흙손질을 할 수 없으니, 너에게 무엇을 꾸짖으랴."

재여(宰予)는 공자의 제자 재아다. 주침(晝寢)은 낮잠을 자는 것이다. 후목(朽木)은 썩은 나무, 조(雕)는 조각(彫刻)하는 것, 분토(糞土)는 흙이 부슬부슬하게 썩은 것, 오(杇)는 흙손질하는 것이다.

재여의 게으름에 대한 공자의 꾸중이다. 그러나 단순히 낮잠을 잔 것 때문에 꾸짖은 것치고 너무 가혹하다는 느낌이 드는 것도 사실이다. 그래서 송의 유창(劉敞, 1019~1068)은 『칠경소전(七經小傳)』에서 주침(晝寢)을 대낮에 내실에서 여자와 함께 지낸 것으로 해석한다(『논어집석』에서 재인용). 일본의 오규 소라이도 같은 설을 취한다. 또 유보남은 『논어정의』에서 양(梁)의 무제(武帝, 464~549)나 당의 한유를 인용해 주(晝)를 화(畫)가 잘못된 것이라고 하면서, 침실에 분수에 맞지 않는 호사스러운 벽화를 그린 것이라고 해석했다.

子曰 始吾於人也 聽其言而信其行. 今吾於人也 聽其言而觀其行. 於予與改是.

공자께서 말씀하셨다. "내가 처음에는 사람에 대해 그 말을 들으면 그 행실을 믿었으나, 지금은 사람에 대해 그 말을 듣고도 그 행실을 살펴본다. 재여 때문에 이렇게 바뀌었다."

재여는 말재주가 뛰어난 사람이다(선진2). 그러나 말이 행실과 어긋남이 많았던 모양이다. 그러기에 공자로부터 재여 때문에 그 말을 듣고도 그 행실을 살펴보게 됐다는 비판을 받았다. 아무튼 재여는 논어에서 공자에게 가장 비판을 많이 받은 제자 중 한 사람이다.

●

재여에 대한 공자의 비판은 팔일21, 옹야24, 양화21에도 보인다.

10

공자께서 말씀하셨다. "나는 아직 굳센 자를 보지 못했다."
어떤 사람이 대답했다. "신장이 있습니다."
공자께서 말씀하셨다. "장은 욕심이 있는데, 어찌 굳세다고 할 수 있겠느냐?"

子曰 吾未見剛者.
공자께서 말씀하셨다. "나는 아직 굳센 자를 보지 못했다."

강(剛)은 굳세고 강해 굴하지 않는 것이다.

或對曰 申棖.
어떤 사람이 대답했다. "신장이 있습니다."

신장(申棖)은 노나라 사람으로 주희는 공자의 제자라고 하나 확실하지 않다.

子曰 棖也慾 焉得剛.
공자께서 말씀하셨다. "장은 욕심이 있는 데, 어찌 굳세다고 할 수 있겠느냐?"

욕(慾)은 정욕(情慾)이 많은 것이다.

신주는 사량좌의 다음 말로 이 장의 해설을 마쳤다. "강(剛)과 욕(慾)은 정반대다. 능히 사물을 이길 수 있는 것을 일컬어 강이라고 하는데, 그렇기 때문에 항상 만물의 위로 뻗어나간다. 사물에 의해 가려지는 것을 일컬어 욕이라고 하는데, 그렇기 때문에 항상 만물의 밑에 굴복한다. 자고로 의지가 있는 자는 적고, 없는 자는 많으니 공자께서 보지 못했다고 하시는 것도 마땅하다. 신장의 욕심을 알 수는 없으나, 아마 그 사람됨이 성을 잘 내고 자기 지조를 아끼는 자가 아닐까? 고로 어떤 자가 그가 굳세다고 여긴 것 같으나, 이것이 바로 욕심인 것을 알지 못한 것이다."

11

자공이 말했다. "남이 나에게 가하는 것을 제가 원하지 않는 것을, 저도 남에게 가하는 바 없기를 바랍니다."
공자께서 말씀하셨다. "사야, 그것은 네가 미칠 바가 아니다."

子貢曰 我不欲人之加諸我也 吾亦欲無加諸人.

자공이 말했다. "남이 나에게 가하는 것을 제가 원하지 않는 것을, 저도 남에게 가하는 바 없기를 바랍니다."

안연2, 위령공23에 자기가 원하지 않는 것을 남에게 베풀지 말라(己所不欲 勿施於人)는 말이 있다. 또 옹야28에서는 자기가 서고 싶으면 남도 서게 해주며, 자기가 두루 통하고 싶으면 남도 두루 통하게 하라(己欲立而立人, 己欲達而達人)고 말한다. 소극적이고 적극적인 차이는 있지만 모두 같은 말이다. 역지사지(易地思之), 즉 입장을 바꾸어 생각하면 남도 나와 같은 인간으로, 내가 싫어하는 것은 남도 싫어하고, 내가 바라는 것은 남도 바란다. 자기를 미루어 남에게 미치는(推己) 서(恕)를 말한다.

子曰 賜也 非爾所及也.

공자께서 말씀하셨다. "사야, 그것은 네가 미칠 바가 아니다."

위령공23에서 공자는 한마디 말로 종신토록 행할 만한 것이 있느냐라는 자공의 질문에 "서(恕)다. 내가 원하지 않는 것을 남에게 베풀지 말라"라고 했다. 그런데 여기에서는 왜 자공이 미칠 바가 아니라고 했을까? 주희의 해설을 요약하면 다음과 같다. 아불욕인지가저아야 오역욕무가저인(我不欲人之加諸我也 吾亦欲無加諸人)과 기소불욕 물시어인(己所不欲 勿施於人)의 차이는 바로 무(無)와 물(勿)의 차이다. 無는 저절로 그렇게 되는 것이요(自然而然), 勿은 인위적으로 금지하는 것이다(禁止之謂). 我不欲人之加諸我也 吾亦欲

無加諸人은 수양이 깊어져 의식적으로 행하지 않더라도 저절로 그렇게 되는 것이니, 즉 인(仁)이요, 己所不欲 勿施於人은 의식적으로 그런 것을 하지 않으려는 것이니, 즉 서(恕)다. 無와 勿은 바로 仁과 恕의 차이다. 자공은 아직 저절로 그렇게 되는 仁의 경지에는 미치지 못한 것이다.

●
옹야28, 안연2, 위령공23

12

자공이 말했다. "선생님의 문장(文章)은 들을 수 있었지만, 성(性)과 천도(天道)에 대해 말씀하신 것은 들을 수 없었다."

子貢曰 夫子之文章 可得而聞也. 夫子之言性與天道 不可得而聞也.

문장(文章)은 인간 세상의 문물(文物)에 관한 것, 즉 예악전적(禮樂典籍)이다. 성(性)은 인간의 타고난 성품, 천도(天道)는 하늘의 도리다. 공자의 관심이 인간 세상의 문물과 같은 구체적인 것에 있었지, 인간의 타고난 성품이나 하늘의 도리와 같은 형이상학적인 것에 있지 않았다는 말이다. 실증적 학풍이 유행했던 청의 학자들이 주희를 비롯한 송유(宋儒)의 성리학에 반론을 제기하면서 즐겨 인용한 구절이다.

그러나 신주의 정이는 자공이 여태껏 성(性)과 천도(天道)에 대해 듣지 못했다가 이때에 비로소 듣게 되어 그것을 찬미한 말이라고 주장한다. 추상적이고 형이상학적인 것보다는 항상 구체적인 실천에 관심을 갖고 있었던 공자의 평소 언행에 비추어 볼 때 정이의 해석은 무리가 있다고 생각된다.

한편 황간의 『논어의소』에 인용된 태사숙명(太史叔明)의 해설은 좀 색다르다. 그에 의하면 문장(文章)은 공자가 지었다고 전해지는 책들이다. 공자가 지은 책들은 후대에도 다시 그 내용을 들을 수 있지만, 공자가 성과 천도에 대해 직접 육성(肉聲)으로 한 말은 후대에 다시 들을 수 없다는 뜻이다.

●
인간의 본성에 대해서는 양화2에서 유일하게 언급한다.

13

자로는 가르침을 듣고 아직 실행하지 못하고 있는 동안에 또 다른 가르침을 듣는 것을 두려워했다.

子路有聞 未之能行 唯恐有聞.

뒤의 유(有)는 우(又)로 '또'라는 뜻이다. 누구의 말인지는 명기되지 않았으나, 아무튼 자로가 가르침을 받으면 그것을 실천하기 위해 부단히 노력했음을 나타낸 말이다.

한편 청(淸)의 포신언(包愼言)의 『논어온고록(論語溫故錄)』, 황식삼의 『논어후안』은 문(聞)을 성문(聲聞), 즉 남에게 좋은 평판을 듣는 것이라고 해석한다. 즉 자로가 남이 칭찬하는 말을 들으면 그것을 감당하지 못할까 항상 삼가고 조심했다는 뜻이다(『논어집석』에서 재인용).

안연 12에서도 자로의 실천에 대해 언급한다.

14

자공이 물었다. "공문자는 어찌하여 시호를 문(文)이라고 했습니까?"
공자께서 말씀하셨다. "영민하면서도 공부하기를 좋아하고, 또한 아랫사람에게 묻는 것을 부끄러워하지 않기 때문에 문이라고 한 것이다."

子貢問曰 孔文子何以謂之文也.
자공이 물었다. "공문자는 어찌하여 시호를 문(文)이라고 했습니까?"

공문자(孔文子)는 위(衛)의 대부로 성은 공, 이름은 어(圉)이며, 문은 시호(諡號)이다. 문이라는 시호는 죽은 사람에게 바치는 시호 중 최고의 것 가운데 하나로, 도덕이 높거나 학문에 뛰어난 업적이 있는 사람에게 바치는 것이다. 그런데 공어에게는 문(文)이라는 시호에 어울리지 않는 좋지 못한 행적이 있었다. 『춘추좌씨전(春秋左氏傳)』 애공(哀公) 11년에 다음과 같은 내용이 기록되어 있다. 위의 태숙질(大叔疾)은 송나라 자조(子朝)의 딸과 결혼했으나 함께 따라온 처제 쪽을 더 총애했다. 그런데 공어는 태숙질에게 아내와 이혼하고 자신의 딸을 아내로 맞아들일 것을 강요했다. 태숙질은 공어의 딸과 결혼하고 난 후에도 예전의 처제를 잊지 못해 그녀에게 따로 집을 지어주어 살게 했다. 공어는 노해서 태숙질을 공격하려고 마음먹고 그것을 공자와 상의하려고 했다. 그러나 공자는 그를 상대하지 않고 떠났다. 후에 태숙질은 방탕한 짓을 계속하다가 송으로 달아나 버렸고, 공어는 자신의 딸을 태숙질의 동생인 유(遺)와 결혼시켰다.

이런 공어의 행적을 문제시한 자공이 그가 어찌하여 문이라는 시호를 받게 되었는지 그 이유를 물었다.

子曰 敏而好學 不恥下問 是以謂之文也.

공자께서 말씀하셨다. "영민하면서도 공부하기를 좋아하고, 또한 아랫사람에게 묻는 것을 부끄러워하지 않기 때문에 문이라고 한 것이다."

그러자 공자가 그가 문이라는 시호를 받을 만한 이유를 들고 있다. 영민한 사람은 대개 공부하기를 게을리하기 마련이다. 그러나 그는 공부하기를 좋아했다. 남의 윗자리에 앉은 사람은 대개 아랫사람에게 묻는 것을 부끄럽게 여기는 법이다. 그러나 공어는 그렇지 않았다. 학문에 대한 열정이 그로 하여금 아랫사람에게 묻는 것을 꺼리지 않게 한 것이다. 공어는 진정 학문을 좋아했기 때문에 문이라는 시호를 받을 자격이 있었던 것이다.

여기에서도 역시 공자는 사람을 일방적으로 평가하지 않고 시시비비를 구분한다. 공어가 비록 행실에 문제는 있었으나, 그가 문이라는 시호를 받은 것은 그의 학문에 대한 자세 때문이지 다른 것과는 무관하기 때문이다.

그러나 다산의 해석은 정반대다. 다산에 의하면 민이호학 불치하문(敏而好學 不恥下問)은 공문자와는 무관한 내용으로 시호를 붙일 때의 원칙을 말한 것이다. 공어는 원래 악인으로 문이라는 시호를 받을 자격이 없는 자이나, 공자가 위에 머물러 있는 관계로 직접 비방할 수 없어, 영민하면서도 배우는 것을 좋아하고 아랫사람에게 묻는 것을 부끄럽게 여기지 않는 사람만이 문(文)이라는 시호를 받는 법이라고 말하면서, 간접적으로 공어에게 문(文)이라는 시호가 어울리지 않음을 나타낸 것이라고 한다.

한편 이 장은 논어 안에서 대화가 일어난 연대를 짐작할 수 있는 몇 안 되는 구절 중 하나다. 왜냐하면 공문자가 애공 15년, 즉 공자가 죽기 1년 전에 사망했기 때문이다. 따라서 이 대화는 BC 480년 아니면 BC 479년에 일어난 일이다.

15

공자께서 자산에 대해 말씀하셨다. "군자의 도가 넷이 있었으니, 그 몸가짐은 공손했고, 윗사람을 섬김에 공경했으며, 백성을 부양함에 은혜를 베풀었고, 백성을 부림에 의로웠다."

子謂子産 有君子之道四焉. 其行己也恭 其事上也敬 其養民也惠 其使民也義.

자산(子産)은 정(鄭)의 대부로 이름은 공손교(公孫僑, ?~BC 522)다. 공자보다

한 세대 이전의 뛰어난 정치가며, 정의 재상으로서 정의 내정과 외교에 크게 공헌했다.

백성을 부릴 때 의로웠다는 것은 백성을 부릴 때 공정하게 했다는 것이다.

맹자는 「이루하」 2에서 자산이 자신의 수레로 강에서 사람들을 건네주었다는 말을 듣고 "은혜를 베푸나 정치를 할 줄 모른다"라고 비판하고 있어, 공자와는 다르게 평가한다.

● 헌문10에도 공자의 자산에 대한 인물평이 있다.

16

공자께서 말씀하셨다. "안평중은 남과 사귀는 것을 잘한다. 오래 사귀어도 공경하는구나."

子曰 晏平仲善與人交 久而敬之.

안평중(晏平仲, ?~BC 500)은 제의 대부로 성은 안(安), 이름은 영(嬰)이다. 공자보다 약간 앞선 시대의 정치가로 제의 재상을 지냈다. 『안자춘추(晏子春秋)』에 그 언행이 기록되어 있으나, 아마 후세의 위작일 것이다.

남과 사귐이 오래되면 그 친밀함이 공경함을 이겨 예(禮)를 소홀히 하기 쉽다. 예를 소홀히 하면 마침내 벗과 소원해지고 만다. 남과 사귐이 오래되어도 공경을 잃지 않는 것이 올바른 교제다. 경지(敬之)를 안평중이 벗을 공경하는 것으로 해석했다. 황간이나 오규 소라이는 남이 안평중을 공경하는 것으로 해석한다.

17

공자께서 말씀하셨다. "장문중이 점치는 데 쓰는 큰 거북을 집에서 기르면서, 그 기둥머리는 산처럼 만들고, 동자 기둥에는 마름 무늬를 새겼으니, 그 아는 것이 어떠했겠는가?"

子曰 臧文仲居蔡 山節藻梲. 何如其知也.

장문중(臧文仲)은 노의 대부 장손(臧孫)씨로, 이름은 신(辰)이며, 문은 시호(諡號), 중은 자(字)다. 『춘추좌씨전』 양공(襄公) 24년에 노(魯)의 숙손표(叔孫豹)가 진(晉)에 가 "장문중은 이미 죽었지만 그의 말은 세상에 서 있다"라고 말했다는 기록이 있는 것으로 미루어 볼 때, 노에서는 그에 대한 칭송이 자자했던 것 같다.

거(居)는 가두어 기르는 것이다. 채(蔡)는 점치는 데 쓰는 큰 거북으로 제후만이 가질 수 있다. 산절조절(山節藻梲)은 거북을 기르는 집의 기둥머리(節)를 산처럼 만들고(山節), 동자 기둥(梲)에 마름 무늬(藻)를 새기는 것(藻梲)으로, 천자의 사당 장식이라고 한다.

안다고 하는 것은 인간의 도리에 힘쓰고, 귀신을 공경은 하되 멀리하는 것이다(務民之義 敬鬼神而遠之 可謂知矣-옹야20). 장문중이 귀신에게 현혹되어 점치는 데 쓰는 거북을 집에서 길렀을 뿐만 아니라 예(禮)마저 참람했으니, 그런 장문중에 대해 공자의 평판이 좋을 리 없었던 것은 당연하다.

●

위령공13에도 장문중에 대한 비판의 말이 있다.

18

자장이 물었다. "초나라의 영윤(令尹)이었던 자문은 세 번이나 영윤이 되었으나 기뻐하는 기색이 없었고, 세 번이나 물러나면서도 원망하는 기색이 없이 신임 영윤에게 전임 영윤으로서 자기가 맡았던 정사에 대해 알려주었습니다. 어떻습니까?"

공자께서 말씀하셨다. "충성스럽다."

"어진 사람입니까?"

"모르겠으나, 어찌 어질 수 있겠느냐?"

"최자가 제나라 인금을 시해하자, 진문자는 말이 십 승이나 있음에도 그것을 버리고 떠났습니다. 다른 나라에 갔습니다만, '여기도 우리 대부 최자와 같다'라고 하며 그곳을 떠났습니다. 또 다른 나라에 갔습니다만, '여기도 우리 대부 최자와 같다'라고 하며 또 그곳을 떠났습니다. 어떻습니까?"

"맑다."

"어진 사람입니까?"

"모르겠으나, 어찌 어질 수 있겠느냐?"

子張問曰 令尹子文三仕爲令尹 無喜色. 三已之 無慍色 舊令尹之
政 必以告新令尹. 何如.

자장이 물었다. "초나라의 영윤(令尹)이었던 자문은 세 번이나 영윤이 되었으나 기뻐하는 기색이 없었고, 세 번이나 물러나면서도 원망하는 기색이 없이 신임 영윤에게 전임 영윤으로서 자기가 맡았던 정사에 대해 알려주었습니다. 어떻습니까?"

영윤(令尹)은 초(楚)의 벼슬 이름으로, 다른 제후국의 재상에 해당한다. 자문(子文)은 초의 대부로 성은 투(鬪), 이름은 곡어도(穀於菟)이며 춘추시대 초기의 인물이다.

子曰 忠矣.

공자께서 말씀하셨다. "충성스럽다."

자문이 영윤 벼슬을 세 번 하고 세 번 물러나면서도 좋고 싫음을 나타내지 않은 것은 나랏일에 자신의 사사로운 감정을 나타내지 않은 것이다. 물러나면서 자기가 하던 일을 신임 영윤에게 알려준 것은 나랏일에 충실한 것이다. 그런 까닭에 충성스런 사람이라고 한 것이다.

曰 仁矣乎.

"어진 사람입니까?"

曰 未知 焉得仁.

"모르겠으나, 어찌 어질 수 있겠느냐?"

미지 언득인(未知 焉得仁)은 잘 모르겠다고 판단을 유보하면서도 인(仁)에 대해서는 일단 부인한 것이다. 나만 생각하지 않고 세상 사람들과 서로 사랑하며 어울려 살려고 노력할 때 비로소 인(仁)이라고 할 수 있다. 여기에 나타난 것만 갖고는 자문이 어질다고는 할 수 없다.

崔子弒齊君. 陳文子有馬十乘 棄而違之. 之於他邦 則曰 猶吾大夫崔子也. 違之. 之一邦 則又曰 猶吾大夫崔子也. 違之. 何如.

"최자가 제나라 임금을 시해하자, 진문자는 말이 십 승이나 있음에도 그것을 버리고 떠났습니다. 다른 나라에 갔습니다만, '여기도 우리 대부 최자와 같다'라고 하며 그곳을 떠났습니다. 또 다른 나라에 갔습니다만, '여기도 우리 대부 최자와 같다'라고 하며 또 그곳을 떠났습니다. 어떻습니까?"

최자(崔子)는 제의 대부로 이름은 저(杼)이다. 시(弒)는 아랫사람이 윗사람을 죽인 것을 가리키는 말이다. 최자에게 시해당한 제의 임금은 장공(莊公)이다. BC 548년 장공이 최자의 처와 간통하자, 최자가 노해 장공을 시해했다.

진문자(陳文子)는 제의 대부로 성은 진(陳), 이름은 수무(須無)이다.

십승(十乘)은 말 40필이다. 위(違)는 거(去)로 떠나는 것이다.

유오대부최자야(猶吾大夫崔子也)는 가는 나라마다 최자와 같이 대부들이 임금을 능멸했음을 가리킨 말이다.

子曰 淸矣.

"맑다."

진문자가 자신의 재산을 다 버린 채 제나라를 떠나고, 또 가는 나라마다 대부들이 임금을 능멸하는 것을 보자 다시 그 나라를 떠난 것은, 그 더러움을 함께하고 싶지 않았기 때문이다. 이것은 마음이 맑은 사람의 행동이다.

曰 仁矣乎.

"어진 사람입니까?"

曰 未知 焉得仁.

"모르겠으나, 어찌 어질 수 있겠느냐?"

진문자의 맑음은 남들이 흉내 내기 힘든 것이다. 그러나 그것만 갖고 어질다고 할 수는 없다.

한편 황간(皇侃)의 『논어의소』에서 진(晉)의 이충(李充)은 미지(未知)의 知를 '안다'라는 뜻의 동사로 읽지 않고 지(智), 즉 '지혜로운 사람'이라는 뜻의 명사로 읽는다. 즉 未知 焉得仁을 "지혜롭지도 못한데, 어찌 어질 수 있겠느냐?"로 해석하는 것이다. 이충은 그 근거로 자문(子文)이 새 영윤으로 천거한 자옥(子玉)이 무능해 전쟁에서 크게 패한 것을 들었다. 자문이 지혜로운 사람이라면 그런 어리석은 사람을 새 영윤으로 천거했을 리 없다. 게다가 전쟁에 패해 수많은 사람들을 죽게 했으니 어찌 어진 자라고 할 수 있겠느냐는 것이다. 또 진문자에 대해서는 영무자(甯武子)의 어리석음과 거백옥(蘧伯玉)의 물러남만 같지 않으니 어찌 지혜로운 사람이라 할 수 있겠느냐고 한다. 그리고 자기 몸만 깨끗이 할 줄 알지 어지러운 세상을 구제하지 않았으니 더더욱 어진 자라고 할 수 없다는 것이다.

19

계문자는 세 번 생각한 후 행동했다. 공자께서 그것을 듣고 말씀하셨다. "두 번이면 족하다."

季文子三思而後行. 子聞之曰 再 斯可矣.

계문자(季文子)는 노의 대부 계손씨이며, 이름은 행보(行父), 문은 시호다. 공자 이전의 정치가로 노의 선공(宣公), 성공(成公), 양공(襄公) 시대에 재상을 지냈다. 성격이 신중해 앞날의 일까지 생각하며 행동하는 사람으로, 문공(文公) 6년 진후(晉候)의 병문안을 갈 때 장례 준비까지 갖추어 떠났다는 일화가 『춘추좌씨전』 문공 6년에 전해진다.

공자는 계문자의 세 번 생각함이 너무 지나치다고 생각해 두 번이면 족하다고 한 것이다. 너무 생각이 많으면 의혹이 생기고, 결단을 내리기 어려워진다. 군자의 행동은 결단(決斷)을 중히 여긴다. 결단하는 데 방해가 될 정도로 지나치게 생각하는 것은 좋지 않다는 뜻으로 말한 것이지, 꼭 두 번만 생각하면 된다는 뜻은 아니다.

한편 다산은 명(明)의 이지(李贄, 1527~1602)의 『분서(焚書)』를 인용해 이와 정반대의 해석을 내놓았다. 다산에 의하면 당시 계문자가 세 번 생각한 후 행동했다는 말이 전해 내려왔으나 공자는 이를 믿지 않았다. 공자는 그가 두 번만 생각한 후 행동했다고 해도 오히려 가(可)하다고 할 수 있을 터인데, 어찌 세 번을 생각할 수 있었겠느냐고 하면서 당시 세인의 말을 부정한 것이다.

20

공자께서 말씀하셨다. "영무자는 나라에 도가 있을 때는 지혜로웠고, 나라에 도가 없을 때에는 우직했다. 그 지혜로움은 따라갈 수 있으나, 그 우직함은 따라갈 수 없도다."

子曰 甯武子 邦有道則知 邦無道則愚. 其知可及也 其愚不可及也.

영무자(甯武子)는 위(衛)의 대부로 성은 영, 이름은 유(俞), 무는 시호다. 위성공(衛成公)을 섬긴 사람으로, 진(晉)과 초(楚)라는 양 강대국 사이에 끼인 위를 보전하기 위해 고군분투했다. 위성공이 나라를 잃고 목숨마저 위협당할 때, 영무자는 그를 끝까지 성실하게 보필했다. 이것이 나라에 도가 없을 때 우직한 것으로, 아무나 따라할 수 있는 것이 아니다. 그러나 위나라의 난이 평정되어 성공이 귀국하게 되자 영무자는 자취를 감추어 천수를 다했다. 이것이 나라에 도가 있을 때 지혜로운 것이나 남들도 능히 따라할 수 있는 것이다. 다산의 『논어고금주』에 의거했다.

●

'邦有道~, 邦無道~' 하는 표현은 공야장1, 태백13, 헌문1, 헌문4, 위령공6에도 보인다.

21

공자께서 진나라에 계실 때 말씀하셨다. "돌아가자, 돌아가! 우리의 젊은 무리들이 뜻은 높으나 일은 소략(疏略)하고, 문장은 화려하고 글은 조리 있지만 마름질할 줄을 모르는구나."

子在陳曰 歸與 歸與. 吾黨之小子狂簡 斐然成章 不知所以裁之.

진(陳)은 오늘날 허난성 남부 회이양(淮陽)현 일대에 있던 작은 나라다. 오당지소자(吾黨之小子)는 공자의 제자들을 가리킨다. 주희는 노나라에 남아 있는 제자들이라고 하는데, 꼭 그렇게 볼 이유는 없다.

광간(狂簡)의 狂은 맹자에 의하면 뜻은 높으나 행동이 뒤따르지 못하는 것이고, 簡은 일에 소략(疏略)한 것이다. 비연(斐然)은 문장이 화려한 것이고, 성장(成章)은 글이 조리 있고 정연한 것이다.

재(裁)는 바르게 재단(裁斷)하는 것이다. 부지소이재지(不知所以裁之)의 주

어느 주희에 의하면 小子다. 즉 공자의 제자들이 사물을 바르게 마름질할 줄 모르는 것이다. 그러나 양백준과 오규 소라이는 공자를 주어로 본다. 공자가 그들을 어떻게 마름질할 줄 몰라 했다는 것이다. 여기서는 주희를 따랐다.

공자가 자신의 정치적 이상을 실현하기 위해 무려 13여 년간이나 천하를 주유하다가, 결국 포기하고 고향인 노에 돌아가 후학을 양성하면서 말년을 보냈다는 것은 누구나 다 아는 바다. 이 장은 바로 그 사실을 이야기한 것이다. 사마천(司馬遷)의 『사기』「공자세가」에 의하면 공자는 13여 년의 주유 생활 중 진을 두 번 방문한다. 사마천은 이 말을 두 군데 다 기록하고 있으나, 내용 상 마지막 방문 때의 말로 보는 것이 옳으리라. 공자가 주유 생활을 마치고 고향인 노로 돌아간 것은 공자 나이 68세 때인 BC 484년의 일이다. 공자에게는 참담하기 이를 데 없는 쓰라린 일이었는지 몰라도 인류 역사의 한 페이지가 기록되는 순간이었다.

22

공자께서 말씀하셨다. "백이숙제는 남의 지난날의 잘못을 기억하지 않았다. 이 때문에 남으로부터 원망 받는 일이 드물었다."

子曰 伯夷叔齊不念舊惡. 怨是用希.

백이숙제(伯夷叔齊)는 은 왕조 말기 고죽국(孤竹國)의 임금의 아들로 백이(伯夷)가 형, 숙제(叔齊)가 동생이다. 부왕이 죽으면서 동생인 숙제가 뒤를 잇기를 바랐다. 그러나 숙제는 형인 백이에게 양보했고, 백이는 아비의 뜻을 따라야 한다며 거절했다. 서로 왕위를 양보하다 마침내 형제가 나라를 버리고 주나라에 몸을 의탁했다. 그러나 주 무왕(武王)이 무력으로 은을 토벌하려 하자, 백이숙제는 무왕이 탄 말고삐를 잡고 이를 만류했다. 끝내 은이 멸망하고 주가 천하를 지배하자, 이를 부끄럽게 여겨 수양산(首陽山)에 들어가 고사리를 캐 먹다가 굶어 죽었다. 옛날부터 의인(義人), 현인(賢人)의 대명사처럼 추앙받아왔으며, 사마천의 『사기(史記)』「열전(列傳)」의 첫머리를 장식한 인물이다.

시용(是用)은 시이(是以)로 '이 때문에'의 뜻이다.

맹자는 백이를 가리켜 "성인 중의 맑은 사람(聖之淸者)"이라고 하고 있다 (『맹자』「만장하」1). 대개 성품이 맑은 사람은 남의 허물을 용납하지 못한다. 그러나 백이숙제는 그처럼 성품이 맑으면서도 남이 고칠 경우 지난날의 잘못을 기억하지 않았다. 그렇기 때문에 남들도 그들을 원망하는 일이 거의 없었다. 주희는 "남의 지난날의 잘못을 기억하지 않는 것은 성품이 맑은 자(淸者)의 도량(度量)이다"라는 정이의 말을 부기했다. 자신의 입장을 견지하면서도 그것을 남에게 강요하지 않고 오히려 포용하는 넉넉함이 있다면, 남과 함께 살 수 있는 자격(仁)을 갖췄다고 할 수 있다. 그러기에 공자는 백이숙제를 인(仁)을 구해 인(仁)을 얻은 사람(술이14)이라고 했다.

한편 오규 소라이는 백이숙제가 남의 지난날의 잘못을 기억하지 않은 것은 주희처럼 고쳤기 때문이 아니라, 이미 지나가버려 어쩔 수가 없었기 때문이라고 풀이한다. 소라이의 논어 해석 특징 중 하나는 도덕을 철저히 배제하려고 한다는 것이다. 그러나 공자는 뛰어난 학자라 존경받아온 것이 아니라, 위대한 성인이었기 때문에 존경받아온 것이다. 공자로부터 도덕을 떼어낸다면 이미 공자가 아니다.

한편 청의 모기령(毛奇齡, 1623~1716)은 『사서개착(四書改錯)』에서 구악(舊惡)을 숙원(夙怨), 즉 지난날의 원한이라고 풀이하고 있다(『논어집석』에서 재인용).

●
술이14, 계씨12, 미자8에도 백이숙제에 대한 언급이 있다.

23

공자께서 말씀하셨다. "누가 미생고를 일컬어 곧다고 하느냐? 어떤 사람이 식초를 빌려달라고 하니까, 이웃집에 가서 빌려다 주더라."

子曰 孰謂微生高直. 或乞醯焉 乞諸其鄰而與之.

미생고(微生高)는 노나라 사람으로 성이 미생, 고는 이름이다. 자세한 행적은 알려지지 않았다. 혹자들은 다리 밑에서 여자를 만나기로 하고 기다리다 물이 불어 빠져 죽은 미생(尾生)이라는 인물이 이 미생고라고도 하는데 부질없는 소리다. 혜(醯)는 식초다.
시시비비(是是非非)가 분명한 사람을 곧다고 한다. 있으면 있고 없으면 없는 것이다. 미생고는 없음에도 없다고 하지 않고, 남에게서 빌려다 주었으니, 명성을 얻기 위해 꾸민 것이다. 따라서 곧지 않은 것이다. 다산에 의하면 공자의 말은 미생고가 곧지 않음을 말한 것이지, 그를 나쁘다고 비판한 것은 아니라고 한다.

24

공자께서 말씀하셨다. "교묘한 말과 좋은 얼굴빛, 지나친 공손함을 좌구명이 수치로 여겼거니와 나 또한 수치로 여긴다. 마음속에 원망을 숨기고, 그 사람과 친하게 지내는 것을 좌구명이 수치로 여겼거니와 나 또한 수치로 여긴다."

子曰 巧言令色足恭 左丘明恥之. 丘亦恥之. 匿怨而友其人 左丘明恥之. 丘亦恥之.

주공(足恭)의 足은 지나치다는 뜻의 주로 읽는다.
  좌구명(左丘明)에 대해서는 알려진 바가 거의 없다. 맹인으로서 『춘추좌씨전』을 썼다고 전해지는 좌구명과의 동일인인지 여부에 대해서도 확인할 길이 없다.
  구(丘)는 공자가 자신을 가리킨 말이다.
  익(匿)은 숨기는 것이다. 교언영색주공(巧言令色足恭), 익원이우기인(匿怨而友其人) 모두 가식으로 남을 대하는 것이니 성품이 곧은 자가 수치로 여기는 바다.

교언영색(巧言令色)은 학이3, 양화17에도 보인다.

25

안연과 계로가 공자를 모시고 있었다. 공자께서 말씀하셨다. "어찌 각자 자기의 뜻을 말하지 않느냐?"
자로가 말했다. "원컨대 수레와 말과 옷과 갖옷을 벗과 함께 사용하다가, 비록 그것이 낡아진다고 해도 유감으로 생각하지 않으려 합니다."
안연이 말했다. "원컨대 내가 잘한 일을 자랑하지 않으며, 남을 수고롭게 하지 않으려 합니다."
자로가 말했다. "원컨대 선생님의 뜻을 듣고 싶습니다."
공자께서 말씀하셨다. "늙은 사람은 편안하게 해주고, 벗은 믿도록 하며, 어린아이는 품어주겠노라."

顔淵季路侍. 子曰 盍各言爾志.
안연과 계로가 공자를 모시고 있었다. 공자께서 말씀하셨다. "어찌 각자 자기의 뜻을 말하지 않느냐?"

계로(季路)는 자로(子路)다. 시(侍)는 스승을 모시고 있는 것이다. 합(盍)은 하불(何不)을 줄인 것으로 '어찌 ~ 하지 않느냐'의 뜻이다.

子路曰 願車馬衣輕裘 與朋友共 敝之而無憾.
자로가 말했다. "원컨대 수레와 말과 옷과 갖옷을 벗과 함께 사용하다가, 비록 그것이 낡아진다고 하여도 유감으로 생각하지 않으려 합니다."

거마의경구(車馬衣輕裘)는 원래 車馬衣裘로 輕이란 글자가 없었으나, 후인들이 옹야3의 乘肥馬衣輕裘에서 착각해 잘못 첨가한 것이라고 청의 완원(阮元, 1764~1849)이 『논어교감기(論語校勘記)』에서 밝혔다(『논어집석』에서 재인용). 裘는 모피로 안을 댄 옷, 즉 갖옷이다. 폐(敝)는 해지는 것이고, 감(憾)은 유감으로 생각하는 것이다.

顔淵曰 願無伐善 無施勞.
안연이 말했다. "원컨대 내가 잘한 일을 자랑하지 않으며, 남을 수고롭게 하지 않으려 합니다."

무벌선(無伐善)의 伐은 과(誇)로 자랑하는 것, 善은 내가 잘한 것이다. 무시로(無施勞)는 양 갈래의 해석이 있다. 하나는 施를 과장한다는 뜻으로, 勞를 공로로 해석하는 견해로 주희와 유보남 등이 주장했다. 그들에 의하면 공로를 과장하지 않겠다는 뜻이 된다. 또 다른 견해는 施를 베푸는 것, 가하는 것으로 해석하고, 勞를 노고로 해석하는 것으로 고주와 신주의 혹자 설이다. 이 해석에 의하면 남을 수고롭게 하지 않겠다는 뜻이다. 여기서는 후자를 따랐다. 전자는 동어 반복의 의미가 있기 때문이다.

안연과 자로는 공자가 가장 사랑했던 제자들이다. 안연은 그 뛰어난 학덕으로, 자로는 제자 중 최연장자이자 곧고 용감한 성격으로 말미암아 공자의 사랑을 많이 받았다. 공자가 모처럼 사랑하는 제자들과 한가로이 대담할 기회가 생겨 각자의 포부를 물으니, 제자들이 그동안 품어왔던 바를 말했다. 그러나 그 포부가 의외로 소박했다.

자로는 벗과의 사귐을 말했다. 벗과 재물을 사용함에 내 것, 네 것을 가리지 않으니, 곧 벗과의 우애(友愛)를 중시한 것이다. 자로다운 이야기다. 안연은 자신을 내세우지도 않으면서 남을 수고롭게 하지도 않겠다는 것이니, 즉 자신의 배운 바를 지켜 도리에 어긋나지 않으려고 노력하는 것이다. 묵묵히 자기 수양에 몰두하는 안연다운 말이다.

子路曰 願聞子之志.
자로가 말했다. "원컨대 선생님의 뜻을 듣고 싶습니다."

子曰 老者安之 朋友信之 小者懷之.
공자께서 말씀하셨다. "늙은 사람은 편안하게 해주고, 벗은 믿도록 하며, 어린아이는 품어주겠노라."

노자안지 붕우신지 소자회지(老者安之 朋友信之 小者懷之)는 주희에 의하면 노인은 봉양해 편안하게 해주고, 벗에게는 믿음을 주며, 어린아이는 품어주는 것이다. 그러나 신주의 일설(一說)처럼 노인은 나를 편안하게 여기고, 벗은 나를 믿으며, 어린아이는 나를 품으로 여기게 하는 것으로 해석할 수도 있을 것이다.

안연의 답변이 끝나자 성격이 활달한 자로가 이제 공자의 뜻을 물었다. 공자의 대답 또한 소박했다. 노인은 봉양해 편안케 하고, 벗은 신의(信義)로써 믿게 하며, 어린아이는 자혜(慈惠)로써 품어주겠다는 것이다. 그러나 그 뜻한 바는 매우 깊으니, 즉 천하 만물이 각기 그 특성대로 이루어지게 하는 것이다. 자기를 내세우지 않고(克己), 상대방이 갖고 있는 차별성에 유의하여 배려하는 것(復禮), 그것이 바로 인을 행하는 것이 아닐까(爲仁)? 그리고 『예기』「예운(禮運)」편에서 말하는 대동(大同)의 세상, 즉 이상적인 공동체가 바로 그러한 세상이 아닐까?

신주에서 정이는 이 대화에 대해 언급하기를, 공자는 인(仁)에 편안해하며, 안연은 인(仁)을 떠나지 않으려 하고, 자로는 인(仁)을 구하려 한 것(夫子安仁, 顔淵不違仁, 子路求仁)이라고 했다. 씹을수록 깊은 맛이 나는 말이다. 정이는 계속해 다음과 같이 말했다.

"자로는 의(義)에 용감한 사람으로 그 뜻을 살펴보건대 어찌 권세와 이익으로 그를 속박할 수 있겠는가? 기수(沂水)에서 목욕하겠다고 한 증점(曾點)에 버금간다(선진 25 참조). 안자(顔子)는 자신을 사사로이 하지 않았으므로 잘한 일을 자랑하지 않았고, 남과 같음을 알아서 남을 수고롭게 하지 않았다. 그 뜻은 크다고 할 수 있으나, 아직 뜻이 있음을 면하지 못했다. 공자에 이르러서는 마치 천지의 화공(化工, 조물주)이 만물에 맡기고 자신은 수고하지 않음과 같으니, 이것이 바로 성인이 하시는 바다. 지금 굴레와 고삐로 말을 제어하고 소는 제어하지 않는데, 사람들은 모두 굴레와 고삐를 만든 것이 사람인 줄은 알고 있으나, 굴레와 고삐가 생겨난 것이 말에서 유래한 것은 알지 못하고 있다. 성인의 교화도 이와 같다. 먼저 두 사람의 말을 살펴보고 나중에 성인의 말을 살펴보면 천지의 기상이 분명하다. 논어를 읽을 때는 문자만 이해하려고 할 뿐 아니라 모름지기 성현의 기상도 알려고 해야 한다."

26

공자께서 말씀하셨다. "이제 그만인가? 나는 잘못을 깨닫고 속으로 자신을 꾸짖는 자를 보지 못했다."

子曰 已矣乎. 吾未見能見其過而內自訟者也.

이의호(已矣乎)는 끝내 보지 못할까 두려워 한탄한 말이다. 송(訟)은 고주에 의하면 책(責)으로 꾸짖는 것이다. 잘못을 범하더라도 속으로 자신을 꾸짖을 수 있다면 허물을 고치고 바른 길로 나아갈 수 있다. 그러면 허물이 두 번 다시 되풀이되지 않는다(不貳過-옹야2). 그렇지 못하면 매번 같은 잘못을 되풀이할 뿐이다. 자신을 채찍질해 앞으로 나아가려고 하는 자가 없음을 한탄한 말이다.

다산은 訟을 재판에서 다투는 것이라고 한다. 즉 잘못이 있으면 마음속에서 천명(天命)과 인욕(人欲)이 다투게 되는데, 그때 시비(是非)를 분별하고 자신을 극복해 잘못을 고치는 것이다.

27

공자께서 말씀하셨다. "열 집 정도의 마을에도 충성과 신의가 나와 같은 자가 반드시 있을 것이나, 나처럼 학문을 좋아하는 자는 없을 것이다."

子曰 十室之邑 必有忠信如丘者焉 不如丘之好學也.

양화2에서 공자는 사람마다 타고난 성품은 큰 차이가 없으나, 무엇을 익히냐에 따라 서로 멀어진다고 말했다(性相近也 習相遠也). 타고난 성품이 아무리 훌륭해도 학문을 통해 갈고 닦지 않으면 인(仁)을 이룰 수 없다. 부지런히 학문을 갈고 닦아야 할 것이다.

언(焉)을 앞의 구(句)에 연결시키지 않고 다음 구에 연결해 必有忠信如丘者 焉不如丘之好學也로 읽는 사람도 있다. 형병의 『논어주소』에 인용된 진(晉)의 위관(衛瓘, 220~291)과 오규 소라이 등으로, 그들에 의하면 "충성과 신의가 나와 같은 자가 반드시 있을 것이니, 어찌 나만큼 학문을 좋아하지 않겠는가?"가 된다.

술이2, 18에서도 공자는 자신을 학문을 좋아하는 사람이라고 말한다.

제6편

옹야 雍也

1

공자께서 말씀하셨다. "옹은 임금이 될 만하도다."

중궁이 자상백자에 대해 물었다. 공자께서 말씀하셨다. "괜찮다. 소탈하다."

중궁이 말했다. "평소에 몸가짐을 공경히 하면서 행동은 소탈하게 하여, 그로써 백성에게 임한다면 괜찮지 않겠습니까? 그러나 평소 몸가짐도 소탈하면서 행동이 소탈하다면, 지나치게 소탈한 것 아닙니까?"

공자께서 말씀하셨다. "옹의 말이 옳다."

子曰 雍也可使南面.

공자께서 말씀하셨다. "옹은 임금이 될 만하도다."

옹(雍)은 공야장4에서 나온 염옹(冉雍)이다. 남면(南面)이라 함은 임금이 신하를 대면할 때 북쪽에 앉아 남쪽을 향해 바라보는 것을 말하는 것으로, 염옹이 임금이 될 자격이 있다는 말이다. 염옹이 비록 안연 등과 더불어 공자의 문하에서 덕행으로 이름이 높은 사람이라고 하나(선진2), 임금이 될 만한 자격이 있다고까지 한 것은 파격적인 칭찬이 아닐 수 없다.

仲弓問子桑伯子. 子曰 可也 簡.

중궁이 자상백자에 대해 물었다. 공자께서 말씀하셨다. "괜찮다. 소탈하다."

중궁(仲弓)은 염옹의 자다. 자상백자(子桑伯子)에 대해서는 알려진 바가 없다. 다만 서한(西漢)의 유향(劉向, BC 77~BC 6)이 펴낸 『설원(說苑)』에 다음과 같은 이야기가 전한다. "공자가 백자를 만났는데, 백자는 의관을 갖추지 않고 있었다. 제자들이 말했다. '선생님께서는 어찌하여 이 사람을 만났습니까?' 공자가 말했다. '그 바탕(質)은 아름다우나 꾸밈(文)이 없다, 내가 이야기를 해 꾸며주고 싶다.' 공자가 떠나자, 자상백자의 문인들이 불쾌해하며 말했다. '어찌하여 공자를 만났습니까?' 백자가 말했다. '그 바탕은 아름다우나 꾸밈이 번잡하다. 내가 이야기를 해 그 꾸밈을 없애주고 싶다.' 그러므로 바탕과 꾸밈을 닦은 자를 일컬어 군자라고 하며, 바탕은 있는데 꾸밈이 없는 자를 일컬어 촌뜨기(易野)라고 한다. 자상백자는 촌뜨기로 인도(人道)를 소나 말과 같게 만들려고 한다. 고로 공자가 말하길 '지나치게 소탈해 번잡함이 없다. 내가 이야기를 해 꾸며주고 싶다'고 한 것이다." 아마 후대에 지어낸 이야기일 것이다. 아무튼 여기에 언급된 바로 미루어 보아 대단히 소탈한 사람임에는 틀림없다. 간(簡)은 소탈해 번거로운 것이 없는 것이다.

仲弓曰 居敬而行簡 以臨其民 不亦可乎. 居簡而行簡 無乃大簡乎.
중궁이 말했다. "평소에 몸가짐을 공경히 하면서 행동은 소탈하게 하여, 그로써 백성에게 임한다면 괜찮지 않겠습니까? 그러나 평소 몸가짐도 소탈하면서 행동이 소탈하다면, 지나치게 소탈한 것 아닙니까?"

거(居)는 평소에 한가로이 있는 것을 말한다. 평소에 몸가짐을 공경히 하면서 행동을 소탈하게 한다는 것은, 자신에게 엄격하면서 남에게는 관대한 것이다. 평소 몸가짐까지 소탈하게 한다는 것은 자신에게까지 관대한 것이니, 이는 방일(放逸)이다. 공자가 자상백자를 평하기를 소탈한 사람으로 괜찮다고 한 것에 대해 중궁은 그의 소탈함이 지나쳐 방일함으로까지 나아간 것을 지적했다. 진정한 군자는 항상 자신에게는 엄격하면서 남에게는 관대한 법이니(躬自厚而薄責於人-위령공14), 중궁은 이 대화로 미루어 볼 때 진정 군자의 풍모를 지녔다고 할 수 있다.

子曰 雍之言然.
공자께서 말씀하셨다. "옹의 말이 옳다."

염옹의 날카로운 지적에 대해 공자가 그의 말이 옳음을 솔직히 인정한다. 이 대화만 갖고도 공문(孔門)의 학풍을 능히 엿볼 수 있다. 스승의 잘못에 대해 자유롭게 비판하는 제자와 잘못을 순순히 시인하는 스승, 진정 바람직한 사제 간의 모습이다. 우리가 '유교' 하면 떠올리는 권위주의적이고 형식주의적인 모습은 진정 어디에서도 찾아볼 수 없다.

고주에서는 仲弓問子桑伯子 이하를 별개의 장으로 나눈다.

공자는 당시 사회가 혼란해진 가장 중요한 원인을 예의 붕괴에서 찾았다. 그러기에 그는 참례(僭禮)하는 사람들을 비판했으며 무너져가는 예를 복원하기 위해 일생을 바쳤다.
그런데 공자가 복원을 염원한 소위 주례(周禮)는 사회적인 면에서 볼 때 혈통에 의해 세습되는 신분제 사회의 상부구조요, 이데올로기다. 그런 공자가 여기에서는 신분제 사회를 뿌리부터 부정하는 말을 한다. 자신의 제자인 염옹이 이 세상에서 가장 고귀한 지위인 임금이 될 만한 자격이 있다고 한 것이다. 게다가 염옹은 얼룩소의 새끼라는 표현으로 미루어 볼 때(子謂仲弓曰 犁牛之子--옹야4) 출신 성분이 비천한 사람임이 분명하다. 사회적으로 비천한 신분의 인물이 한 사회의 최고의 지위인 임금의 자리에 오를 자격이 있다는 말은, 신분제가 부정되는 오늘날에도 파격적인 말임에 틀림없다. 하물며 당시 사회에서, 그것도 예의 복원을 누구보다 열심히 주장한 공자에게서 그런 말이 나왔다는 것은 실로 놀라운 일이다. 이 사실을 어떻게 해석해야 할까?

앞에서도 누차 강조했지만 공자가 주장한 복례는 공동체적 삶의 회복이었지, 주초 사회로의 일방적인 복귀는 아니었다. 그는 씨족공동체가 해체되어가면서 공동체의 보호에서 방기되어 고통에 신음하던 백성의 행복을 위해 공동체적 삶의 복원을 주장했다. 이러한 공자의 주장은 주례(周禮)의 복원이라는 면에서 외형상 반동적인 것처럼 보일지 모르나, 그 실제 내용에는 진보적인 요소가 훨씬 더 많았다. 민본주의적 정치를 주장한 것이나, 학덕을 갖춘 군자에 의한 정치와 행정을 주장한 것, 그리고 교육의 평등을 주장한 것 등이 그것이다. 그러나 그 모든 것도 여기 이 대목, 즉 비천한 자기의 제자가 임금이 될 만한 자격이 있다는 말 앞에서는 그 빛을 잃는다. 우리나라 고려 때 노비의 반란을 주도하다 처형당한 만적이 했다는 저 유명한 "왕후장상의 씨가 따로 있느냐"라는 말이 공자다운 어투로 그의 입에서 나온 것이다. 이렇게까지 신분제를 부정하는 공자의 사상을 복례(復禮)라는 이름 때문에 일방적으로 반동이라고 매도하는 것은 정녕 있을 수 없는 일이다.

2

애공이 물었다. "제자들 중에 누가 배움을 좋아합니까?"

공자께서 대답하셨다. "안회라는 자가 있어 배움을 좋아해 노여움을 옮기지 않았으며 잘못을 되풀이하지 않았습니다. 불행히도 명이 짧아 일찍 죽으니 지금은 없습니다. 이후로 배움을 좋아한다는 자를 듣지 못했습니다."

哀公問 弟子孰爲好學.

애공이 물었다. "제자들 중에 누가 배움을 좋아합니까?"

孔子對曰 有顔回者好學 不遷怒 不貳過. 不幸短命死矣 今也則亡. 未聞好學者也.

공자께서 대답하셨다. "안회라는 자가 있어 배움을 좋아해 노여움을 옮기지 않았으며 잘못을 되풀이하지 않았습니다. 불행히도 명이 짧아 일찍 죽으니 지금은 없습니다. 이후로 배움을 좋아한다는 자를 듣지 못했습니다."

불천노(不遷怒)는 갑에게 화난 것을 을에게 화풀이하지 않는 것이다. 그 대상 때문에 노여워하는 것이므로, 그 대상이 아니면 노여움이 마음속에 남아 있지 않으며, 따라서 노여움을 옮기지 않는 것이다. 불이과(不貳過)는 같은 잘못을 두 번 다시 되풀이하지 않는 것이다. 어쩌다 모르고 잘못을 범할 수는 있으나, 잘못을 저지른 것을 알게 되면 고쳐 다시는 같은 잘못을 되풀이하지 않는 것이다. 이상은 주희의 해설이다.

주희는 계속해서 정자를 인용한다.

"기뻐하고 노여워함은 일에 있으니, 이치상 당연히 기뻐하고 노여워해야 할 것이요, 혈기에 있지 않으니 옮기지 않는다. 예컨대 순임금이 사흉(四凶)을 죽일 때 그 노여움은 저들에게 있었지, 자신이야 그것과 무슨 상관있었겠는가? 마치 거울이 사물을 비출 때 아름답고 추함은 사물에 따라 응할 뿐이니 어찌 옮김이 있겠는가?" "안자와 같은 경지에서 어찌 선하지 않음이 있겠는가? 소위 선하지 않음이라는 것은 단지 약간 잘못이 있는 것일 뿐이다. 조금이라도 잘못이 있으면 바로 알았고, 조금이라도 알면 곧 다시는 그 싹이 돋아나지 않게 한 것이다."

계속해서 신주에서 인용한다.

어떤 자가 말했다. "시서육예를 70명의 제자들 중 익혀 통하지 않은 자가 없는데 공자께서는 유독 안자만을 학문을 좋아한다고 칭했다. 안자가 좋아한 것은 과연 무슨 학문인가?" 정이가 말했다. "배워서 성인에 이르는 도다." "그 배움의 도는 어떠한가?" "천지에 정기가 쌓여 오행(五行) 중 빼어난 것을 얻어 사람이 된다. 그 근본은 참되고 고요하다. 본성이 드러나지 않았을 때에도 오성(五性)이 갖추어져 있으니, 이름 하여 인의예지신(仁義禮智信)이다. 형체가 이미 생긴 후에는 바깥 사물이 그 형체에 접촉하면서 속에서 움직임이 일어난다. 움직임이 일어나면 칠정이 나오는데 이름 하여 희노애구애오욕(喜怒哀懼愛惡欲)이다. 그 감정이 왕성해져 더욱 방탕해지면 본성이 손상된다. 그러므로 공부하는 자는 그 감정을 제약해 중화(中和)에 맞게 하고 마음을 바르게 하며 본성을 기를 뿐이다. 그러므로 반드시 먼저 마음을 밝혀서, 갈 곳을 알은 연후에 힘써 행해 도에 이르기를 구한다. 만약 안자처럼 예가 아니면 보지를 않고, 듣지를 않으며, 말하지 않고, 움직이지 않으며, 노여움을 옮기지 않고, 잘못을 되풀이하지 않는다면 좋아함이 독실하고 배움에 그 도를 얻은 것이다. 그러나 아직 성인에 이르지 못한 것은 지킨 것이지, 저절로 화(化)하지 않았기 때문이니, 몇 년만 더 살 수 있었더라면 얼마 되지 않아 저절로 화할 수 있었을 것이다. 요즘 사람들은 성인은 본래 태어나면서부터 아는 사람이니, 공부해서 이를 수 있는 것이 아니라고 하면서, 배우는 것이라곤 고작 글이나 기억하고 외우며 문장이나 짓는 데 지나지 않으니, 이 또한 안자의 공부와 다른 것이다."

성리학이 생각하는 학문이 무엇인가를 알 수 있게 하는 글이라 장황하지만 소개했다.

안회가 비록 가난했으나 학문하는 즐거움을 버리지 않았고(옹야9), 그 마음가짐이 노함을 옮기지 아니하고 잘못을 되풀이하지 않았으니 스승인 공자의 총애를 받을 만했다. 그런 안회였기에 그가 젊은 나이에 죽었을 때(『공자가어(孔子家語)』에서는 서른한 살 때라고 한다. 그러나 청의 유보남은 마흔한 살 때라고 고증한다), 공자는 하늘이 자기를 버렸다고까지 하며 슬퍼했다(선진8). 여기에서도 요절한 안회에 대한 공자의 그리움이 절절히 나타나 있다.

한편 다산은 불천노, 불이과에 대해 좀 색다른 해석을 내놓았다. 다산에 의하면 불천노는 빈천(貧賤)과 우환(憂患)을 순순히 받아들이고 하늘이나 사람에 대해 원망하지 않는 것이라고 한다. 또 불이과의 貳는 기(歧)로 갈림길이다. 잘못이 있을 때 갈림길에서 망설이지 않고 용감히 고치는 것이 불이과다.

선진6에도 이와 거의 같은 내용의 문답이 계강자와 공자 사이에서 전개

된다. 안회의 죽음에 대한 공자의 비통함은 선진8, 9, 10에 절절히 나타나 있다.

3

자화가 제나라에 사자로 가게 되자, 염유가 그 모친을 위해 곡식을 달라고 청했다. 공자께서 말씀하셨다. "한 부(釜)를 주어라."
염유가 더 줄 것을 청했다. "한 유(庾)를 주어라."
염유가 다섯 병(秉)의 곡식을 주었다.
공자께서 말씀하셨다. "적이 제나라에 갈 때 살찐 말을 타고 가벼운 갖옷을 입고 있었다. 내가 듣기로 '군자는 급박한 사람은 도와주지만, 부유한 자에게 더 보태주지는 않는다'고 하더라."
원사가 공자의 가재를 맡으니, 그에게 곡식 구백(九百)을 주었다.
원사가 사양하자 공자께서 말씀하셨다. "사양할 것 없다. 네 이웃들에게 나누어주어라."

子華使於齊. 冉子爲其母請粟. 子曰 與之釜.
자화가 제나라에 사자로 가게 되자, 염유가 그 모친을 위해 곡식을 달라고 청했다. 공자께서 말씀하셨다. "한 부(釜)를 주어라."

자화(子華)는 공서적(公西赤)의 자(字)다. 공야장7에서 공자가 외교에 재능이 있다고 평가한 바 있다.

제나라에 사자로 간 것은 노나라의 사자로서가 아니라 공자의 사자로서 간 것이다. 따라서 염유가 공자에게 그의 모친에게 곡식을 줄 것을 청했던 것이다.

부(釜)는 곡식을 재는 도량형 단위로 1부는 여섯 말 네 되(六斗四升)다.

請益. 曰 與之庾.

염유가 더 줄 것을 청했다. "한 유(庾)를 주어라."

1유(庾)는 열여섯 말(十六斗)이다.

冉子與之粟五秉. 子曰 赤之適齊也 乘肥馬 衣輕裘. 吾聞之也 君子周急不繼富.

염유가 다섯 병(秉)의 곡식을 주었다. 공자께서 말씀하셨다. "적이 제나라에 갈 때 살찐 말을 타고 가벼운 갖옷을 입고 있었다. 내가 듣기로 '군자는 급박한 사람은 도와주지만, 부유한 자에게 더 보태주지는 않는다'고 하더라."

1병(秉)은 160말(十六斛＝百六十斗)로 5병은 125부다. 염유는 공자가 원래 말한 것보다 125배나 더 주었다. 주(周)는 주(賙)로 부족한 것을 보태어주는 것이요, 급(急)은 곤궁(困窮)한 것, 계(繼)는 남음이 있는데 더 보태주는 것이다.

제6편. 옹야(雍也) 249

原思爲之宰. 與之粟九百. 辭. 子曰 毋 以與爾鄰里鄕黨乎.

원사가 공자의 가재를 맡으니, 그에게 곡식 구백(九百)을 주었다. 원사가 사양하자, 공자께서 말씀하셨다. "사양할 것 없다. 네 이웃들에게 나누어주어라."

원사(原思)는 공자의 제자로 성은 원, 이름은 헌(憲), 자는 자사(子思)다. 공자보다 서른여섯 살 연하라고『공자가어』에 전해진다. 원헌은 공자가 죽은 후 늪지대에 숨어 살았다. 어느 날 위(衛)의 재상으로 있던 자공(子貢)이 그를 찾아왔다. 자공은 초라한 행색의 원헌을 보자 안타까워하며 말했다. "어찌 병이 들었습니까?" 원헌이 말했다. "나는 '재물이 없는 사람을 가난하다고 하고, 도(道)를 배우고도 실행하지 못하는 사람을 병들었다고 한다'라고 들었소. 내가 비록 가난하기는 하나 병이 들지는 않았소." 자공은 몹시 부끄러워했다. 이후 원헌과 헤어져 돌아간 뒤에도 자공은 이때의 실언을 평생의 수치로 여겼다.『사기』「중니제자열전」에 나오는 이야기다. 원헌이 명리(名利)에 초연했음을 알 수 있다.

재(宰)는 가재(家宰)로 공자의 살림을 도맡아 하는 직책이다. 원헌이 공자의 가재를 맡았던 것에 대해 고주나 신주 모두 공자가 노나라의 사구(司寇, 지금의 법무장관)였을 때의 일이라고 하고 있다. 그러나 공자가 노나라의 사구 직을 맡은 적이 있었다는 사실 자체를 부정하는 사람도 많아 확인하기 어렵다. 곡식 구백은 단위가 명시되어 있지 않아 얼마인지 확인할 수 없다. 다만 고주의 공안국은 900두(斗)라고 했다.

5가(家)를 가리켜 인(隣)이라 하고, 25가(家)를 리(里), 1만 2,500가(家)를 향(鄕), 500가(家)를 당(黨)이라고 한다. 고주의 정현의 설이다.

공자는 자화에 대해서는 곡식을 주고자 하지 않았고, 원사에 대해서는 받기 싫다는 것을 억지로 주려고 했다. 서로 상반된다. 그 이유는 무엇일까? 우선 원사의 경우는 비교적 이해하기 쉽다. 원사에게는 직책 수행의 대가, 즉 녹(祿)으로서 준 것이다. 응당 주어야 할 것이기 때문에 공자가 주려고 한 것이고, 원사가 정 받기 싫다면 그것을 이웃에게라도 나누어 주라고 한 것이다.

그러나 자화의 경우는 이해하기 어렵다. 당시 자화가 어떤 위치에 있었고, 또 무슨 용무로 제나라에 갔는지 불분명하기 때문이다. 아무튼 공자는 자화에게 그 일에 대한 별도의 대가를 지불할 필요가 없다고 생각한 모양이다. 그런데 염유는 왜 공자의 말을 거역한 것일까? 염유가 자화의 가난을 걱정해 그 모친을 위해 곡식을 청한 것으로 해석할 수도 있으나, 자화가 제나라에 갈 때 살찐 말을 타고 가벼운 갖옷(털가죽 옷)을 입고 있었다는 것으로 미루어 볼 때 그것은 아닌 것 같다. 그렇다면 염유는 공자가 자화를 제나라에 사자로 보냈으므로, 그 일의 대가를 마땅히 지불해야 한다고 생각했던 것이 아닐까? 오늘날의 말로 표현한다면 공자는 출장에 대한 약간의 수고비 정도를 생각했던 것 같고, 염유는 출장에 대한 정당한 노동의 대가를 생각했던 것 같다. 그렇지 않고서야 양자 사이에 그렇게 금액의 차이가 많이 날 이유가 없다. 자세한 사정은 알 수 없지만, 염유와 공자 사이의 경제 문제에 대한 입장 차이를 엿볼 수 있는 흥미로운 대목이다.

한편 다산은 자화가 가난한데도 살찐 말을 타고 가벼운 갖옷을 입었기 때문에 그것을 꾸짖은 것이라고 본다. 즉 자화가 가난한데도 분수에 넘치는 사치를 해 그것을 꾸짖은 것이라는 말이다. 그래서 염유가 그것을 알아채고는 자기 스스로 알아서 가난한 자화의 모친에게 많은 곡식을 주었다는 것이다.

4

공자께서 중궁에 대해 말씀하셨다. "얼룩소의 새끼라 하더라도 색깔이 붉고 뿔이 가지런하다면, 비록 (사람들이) 쓰지 않으려고 해도, 산천의 신들이 내버려두겠느냐?"

子謂仲弓曰 犁牛之子騂且角 雖欲勿用 山川其舍諸.

이우(犁牛)는 주희에 의하면 얼룩소다. 양백준은 이우를 경우(耕牛), 즉 농사일에 부리는 소라고 풀이한다. 여기서는 주희의 설을 따랐다. 주나라에서는 색깔이 붉은 소를 제사의 제물로 쓰고 얼룩소는 쓰지 않았다. 성(騂)은 색깔이 붉은 것이고, 각(角)은 뿔이 가지런한 것이다. 색깔이 붉고 뿔이 가지런하면 제물로 쓰기에 부족함이 없는 소다. 사람들이 쓰지 않으려는 것은 얼룩소의 새끼라는 그 출신 때문에 제물로 쓰려고 하지 않는 것이다. 산천의 신들이 내버려두지 않는다는 말은 산천의 신들은 그 출신을 따지지 않고 제물로 받아들인다는 뜻이다.

염옹이 임금이 될 자격이 있다는 이 편 1장과 함께 공자가 세습적인 신분질서에 얽매이지 않았음을 보여주는 유명한 말이다.

한편 다산의 해석은 이와 다르다. 다산에 의하면 이우(犁牛)는 얼룩소가 아니라 검은 소로 천신(天神)에게 바치는 제물이다. 색깔이 붉은 소는 검은 소보다 천(賤)한 것으로, 천신에게 바치는 제물로는 쓰지 않는다. 그러나 비록 천신에게 바칠 수는 없다 하더라도 산천(山川)의 신에게는 제물로 바칠 수 있다. 다산의 해석은 중궁이 비록 자기 아비만은 못하다 하더라도 학덕이 있으니 능히 한 단계 낮춰서는 쓸 수 있다는 말이다. 다만 문제가 되는 것은 공자가 중궁을 일컫기를 임금이 될 만하다고 했는데, 중궁의 아비가 그보다 더 뛰어나다면 대체 어떤 인물이냐는 점이다.

5

공자께서 말씀하셨다. "안회는 그 마음이 석 달이나 인(仁)에서 벗어나지 않으나, 나머지 제자들은 하루나 한 달쯤 인(仁)에 이를 뿐이다."

子曰 回也 其心三月不違仁. 其餘則日月至焉而已矣.

위(違)는 벗어나는 것이다. 기여(其餘)는 안회를 제외한 나머지 제자들을 일컫는 말이다. 일월지언이이의(日月至焉而已矣)는 하루 동안이나 한 달 동안 인에 이른다(인에서 벗어나지 않는다)로 해석할 수도 있고, 하루에 한 번, 한 달에 한 번 인에 이른다로 해석할 수도 있다. 여기서는 전자를 따랐다. 주희는 후자의 입장을 취한다. 안회의 어짐을 칭찬한 말로, 석 달이라 함은 꼭 석 달이라고 한정한 것이 아니라 오랫동안 인에서 벗어나지 않는다는 뜻이다.

한편 일본의 이토 진사이는 『논어고의』에서 기여(其餘)를 나머지 제자가 아니라 인 이외의 여러 가지 덕을 가리키는 것으로 해석해 "안회가 그 마음이 석 달이나 인에서 벗어나지 않으니, 그 나머지 것들은 하루나 한 달이면 이를 수 있을 것이다"라고 풀이한다.

6

계강자가 물었다. "중유는 정치에 종사하게 할 만합니까?"

공자께서 말씀하셨다. "유는 과단성이 있으니, 정치에 종사하는 데 무슨 어려움이 있겠습니까?"

"사는 정치에 종사하게 할 만합니까?"

"사는 두루 통했으니, 정치에 종사하는 데 무슨 어려움이 있겠습니까?"

"구는 정치에 종사하게 할 만합니까?"

"구는 재주가 많으니, 정치에 종사하는 데 무슨 어려움이 있겠습니까?"

季康子問 仲由可使從政也與.

계강자가 물었다. "중유는 정치에 종사하게 할 만합니까?"

子曰 由也果 於從政乎何有.

공자께서 말씀하셨다. "유는 과단성이 있으니, 정치에 종사하는 데 무슨 어려움이 있겠습니까?"

과(果)는 과단성이 있는 것이다. 하유(何有)는 '무슨 어려움이 있겠느냐'라는 뜻으로 어려움이 없다는 말이다.

曰 賜也可使從政也與.

"사는 정치에 종사하게 할 만합니까?"

曰 賜也達 於從政乎何有.

"사는 두루 통했으니, 정치에 종사하는 데 무슨 어려움이 있겠습니까?"

달(達)은 사리에 두루 통달한 것이다.

曰 求也可使從政也與.

"구는 정치에 종사하게 할 만합니까?"

曰 求也藝 於從政乎何有.

"구는 재주가 많으니, 정치에 종사하는 데 무슨 어려움이 있겠습니까?"

예(藝)는 재주가 많은 것이다.

공야장7에서 맹무백은 자로, 염구, 공서적의 관리로서의 역량에 대해 우회적으로 공자에게 물었다. 그러나 여기에서 계강자는 자로, 자공, 염구를 관리로서 등용할 만하냐고 노골적으로 묻는다. 공자는 자로는 과단성이 있어서, 자공은 사리에 두루 통해서, 염구는 재주가 많아 관리로서 능히 등용할 만하다고 적극 추천한다. 공자의 제자에 대한 사랑이 엿보이며, 또 자신의 제자들이 세상에 나아가 자신에게 배운 바를 능히 실천할 수 있기를 기대하는 염원일 것이다.

공자는 정치를 통해 세상을 바로잡을 수 있기를 그렇게 염원했음에도 기회가 주어지지 않았다. 그의 정치사상은 당시의 군주들의 입장에서 볼 때 이상에 지나치게 치우친 비현실적인 것이었다. 그런 그의 말년의 희망은 바로 제자들이었다. 그는 제자들을 교육하여, 그 제자들이 관리로 등용되어 자신이 못다 이룬 염원을 대신 실현해줄 것을 기대했다.

그러나 공자의 제자들 중에는 염옹의 예에서 볼 수 있듯이(옹야4) 전통 질서(周禮)하에서는 신분적 제약으로 인해 관리가 되는 것이 불가능한 신분의 사람들이 상당수 있었다. 그들은 주례에 의한 신분 질서가 붕괴되는 속에서만 관리로 등용될 수 있는 처지의 사람들이었다. 따라서 그들의 이해관계는 역설적으로 스승이 그렇게도 복원하려 했던 주례와 상충될 수밖에 없었다(물론 공자가 복원하려고 했던 것은 주례 그 자체이기보다는 공동체적인 삶이었지만 말이다).

또한 당시 중원 각국에서는 많은 경우 정치의 실권이 제후에게 있지 않았다. 주의 천자는 명목상의 존재였으며, 또 많은 제후국에서 대부들이 제후의 실권을 빼앗고 사실상의 통치자 노릇을 하고 있었다(노의 계씨 등). 이들 새로운 실력자들은 자신들의 참례, 월권을 부정하는 주례를 거부했을 뿐 아니라, 또한 약육강식의 경쟁에서 살아남기 위해 기존의 신분 질서(주례)에 얽매이지 않고 능력 있는 인재를 적극적으로 발굴, 등용하려고 했다. 학문이 장려되었고, 학자들은 자신을 등용해줄 군주를 찾아 열국을 방랑했다. 학문이 신분 상승의 발판으로 간주되기 시작한 것은 바로 이 시기, 즉 주례가 붕괴되면서 신분 질서가 해체되기 시작한 바로 이 무렵부터다.

공자가 자신을 대신해 주례를 복원할 수 있기를 기대했던 제자들이 실제로 관리로 등용된 것은 바로 이들, 주례를 파괴하는 데 앞장선 신진 실력자들에 의해서였다. 서로의 이해관계가 맞았던 것이다. 게다가 공자 자신도 공야장7이나, 이 장에서 볼 수 있듯이 그러한 신진 실력자들에게 자신의 제자들을 적극적으로 추천했다. 공자나 그의 제자들에게는 이것 이외에 다른 입신(立身)의 길이 없었던 것이다. 아무튼 공자의 제자들과 같은 이들 비세습 학자 관리들은 실제로 자신들을 등용한 신진 실력자들을 도와 주례를 붕괴시키고 진(秦)이 중국을 통일하는 데 선구적 기여를 했다. 공자와 그의 제자들이 역사의 격변기 속에서 겪을 수밖에 없었던 운명의 아이러니다.

7

계씨가 민자건에게 비의 읍재를 시키려고 하자, 민자건이 말했다. "나를 위해 잘 말해주시오. 만일 또다시 나에게 그런 일이 있다면, 나는 반드시 문수(汶水) 가에 있을 것입니다."

季氏使閔子騫爲費宰. 閔子騫曰 善爲我辭焉. 如有復我者 則吾必在汶上矣.

민자건(閔子騫)은 공자의 제자로 성은 민, 이름은 손(損), 자건은 자(字)다. 『사기』「중니제자열전」에 의하면 공자보다 열다섯 살 연하라고 한다. 공자의 여러 제자 중 안연, 염백우, 중궁과 함께 덕행으로 이름이 높았다(선진2).

비(費)는 오늘날 산동성(山東省) 페이(費)현 일대다. 계씨가 환공(桓公)으로부터 나눠 받은 읍으로, 계씨의 중요한 정치적 기반이었다. 문(汶)은 강 이름으로 오늘날 산동성 다원허(大汶河)다. 제와 노의 경계를 흐르는 강으로, 문수 강가에 있겠다는 말은 노를 떠나 제로 도망가겠다는 뜻이다.

민자건이 벼슬을 마다한 이유는 분명하지 않다. 원래 벼슬을 싫어한 것인지, 아니면 계씨가 노나라를 전횡하기 때문에 그 밑에서 일하기를 거부한 것인지, 그것도 아니면 단순한 겸양의 말인지 알 수 없다. 그러나 노를 떠나겠다는 말로 미루어 보아 단순한 겸양의 말은 아닌 것 같다.

8

백우가 병에 걸렸다. 공자께서 문병 가시어 창 너머로 그의 손을 잡으며 말씀하셨다. "이제 그만이로구나. 운명인가? 이 사람이 이런 병에 걸리다니, 이 사람이 이런 병에 걸리다니."

伯牛有疾. 子問之 自牖執其手. 曰 亡之. 命矣夫. 斯人也而有斯疾也 斯人也而有斯疾也.

백우(伯牛)는 공자의 제자로 성은 염(冉), 이름은 경(耕)으로, 백우는 자(字)다. 안연, 민자건, 중궁과 함께 덕행으로 이름이 높았다(선진2).

질(疾)은 병(病)이다. 『회남자(淮南子)』를 비롯해 일부 한(漢) 대 학자들은 염백우의 병을 나병(癩病)이라고 생각했다. 그리하여 공자가 문병을 가서도 방에 들어가지 않고 창밖에서 그의 손을 잡은 것이라고 한다. 그러나 나병은 신체가 썩어 문드러지기는 해도 오랜 기간에 걸쳐 점진적으로 진행되며, 바로 생사(生死)와 관계되지는 않는 병임에 비추어 볼 때, 나병설은 그다지 설득력이 없다.

문(問)은 문병 가는 것이다. 유(牖)는 창문이다. 공자가 창 너머로 백우의 손을 잡은 것에 대해 주희는 백우가 자신의 자리를 남쪽 창문 아래로 옮겨 공자로 하여금 남면해 보게 하려고 했기 때문이라고 설명한다. 그것은 군신 간의 예라 공자가 감당할 수 없어 방에 들어가지 않고 창 너머로 손을 잡았다는 것이다. 공자가 정말 그랬다면 아마 공자는 예에 얽매어 마지막 가는 제자의 얼굴조차 보지 못한 옹졸한 사람일 것이다. 성리학자들의 고질적인 병폐다.

망지(亡之)는 이제 가망이 없다는 말이다. 명의부(命矣夫)는 운명이라는 뜻으로 사랑하는 제자의 병을 운명이라고 생각해 체념한 것이다. 공자의 염백우에 대한 사랑이 절절히 와 닿는다.

9

공자께서 말씀하셨다. "어질도다, 회는! 밥 한 그릇에 물 한 그릇을 먹으며 누추한 골목에 살면서도, 남들은 다 그 근심을 견디지 못하거늘, 회는 그 즐거움을 바꾸려 하지 않는구나. 어질도다, 회는!"

子曰 賢哉 回也. 一簞食 一瓢飮 在陋巷. 人不堪其憂 回也不改其樂. 賢哉 回也.

일단사(一簞食)는 대나무로 만든 도시락(簞) 하나에 든 밥, 일표음(一瓢飮)은 표주박(瓢) 하나에 든 물로, 거칠고 반찬도 빈약한 한 끼 식사를 말한다.

그 즐거워하는 것은 가난한 생활이 아니라 도(道)를 공부하는 것이다. 군자는 도에 뜻을 두지, 부귀영화나 빈천(貧賤) 같은 몸 밖의 물건(身外之物)에 연연하지 않는다. 안회의 사람됨이 가히 눈에 선하다.

이인9와 술이15에서도 군자가 빈부에 연연하지 않음을 말한다.

10

염구가 말했다. "선생님의 도를 좋아하지 않는 것은 아닙니다만, 힘이 부족합니다."
공자께서 말씀하셨다. "힘이 부족한 자는 중도에서 쓰러지지만, 지금 너는 스스로 금을 긋는구나."

冉求曰 非不說子之道 力不足也.
염구가 말했다. "선생님의 도를 좋아하지 않는 것은 아닙니다만, 힘이 부족합니다."

설(說)은 보통 기쁠 열(悅)로 읽는다. 그러나 중국의 조기빈은 해(解), 즉 이해하는 것으로 읽을 것을 주장했다. 여기서는 일반적인 견해를 따랐다.

子曰 力不足者 中道而廢. 今女畫.
공자께서 말씀하셨다. "힘이 부족한 자는 중도에서 쓰러지지만, 지금 너는 스스로 금을 긋는구나."

폐(廢)는 다산에 의하면 힘이 다해 쓰러지는 것이다. 획(畫)은 획(劃)으로 미리 선을 긋고 스스로 한정하는 것이다. 힘이 부족한 자(力不足者)는 계속 앞으로 나아가기를 원하나 힘이 다 떨어져 중도에 쓰러지는 자이고, 스스로 금을 긋는 자는 앞으로 나아갈 수 있으나 그렇게 하려고 하지 않는 자이다.

신주의 호인(胡寅, 1098~1156)은 앞 장과 연관지어, 염구가 안회가 가난 속에서도 공부하는 즐거움을 버리지 않았다는 말을 듣고, 자신은 그런 생활을 감당할 수 없다고 지레 선을 그은 것이라고 했다. 능히 하루만이라도 인(仁)에 힘을 쏟는 데 그 힘이 부족한 자를 보지 못했다는 말처럼(이인6), 공자가 해보지도 않고 도망가려고 한 염구를 책망한 말이다.

11

공자께서 자하에게 말씀하셨다. "너는 군자 같은 선비가 되어야지, 소인 같은 선비는 되지 마라."

子謂子夏曰 女爲君子儒 無爲小人儒.

유(儒)는 주희에 의하면 학자를 일컫는 말이다. 여기서는 그냥 선비라고 번역했다. 군자와 소인의 나눔은 의(義)와 이(利)에서 비롯된다. 군자는 의를 생각하며 처신하고, 소인은 이익을 생각하며 처신한다. 의는 공동의 선(善)이고, 이는 개인의 이익이다. 따라서 군자는 공동체 전체를 위해 노력하고,

소인은 자신의 이익만을 위해 노력한다. 공자는 자하에게 공동선(共同善)을 위해 노력할 것을 당부했다. 공자가 자하에게 왜 이런 말을 했는지는 전후 사정이 없어 자세히 알 수 없다.

고주의 공안국은 군자가 선비가 되는 것은 도를 밝히기 위한 것이고, 소인이 선비가 되는 것은 그 이름을 내세우기 위한 것이라고 했다. 또 신주의 정이는 군자다운 선비는 자신을 위하고(자신을 완성시키려고 하고), 소인 같은 선비는 남을 위한다(남에게 보이려고 한다)라고 풀이했다.

한편 청의 유봉록은 자하가 고전에 박학하고(文學 子游子夏-선진2), 너무 말단의 일에 치중하므로(子夏之門人小子 當洒掃應對進退則可矣 抑末也. 本之則無如之何-자장12) 이렇게 훈계한 것이라고 한다. 그렇다면 군자와 소인의 구분은 그 규모의 크고 작음의 차이에서 비롯된 것이다.

12

자유가 무성(武城)의 읍재가 됐다. 공자께서 말씀하셨다. "너는 그곳에서 사람을 얻었느냐?"

"담대멸명이란 자가 있사온데, 길을 가되 지름길로 다니지 않고, 공적인 일이 아니면 저의 집에 오지 않습니다."

子游爲武城宰. 子曰 女得人焉爾乎.
자유가 무성(武城)의 읍재가 됐다. 공자께서 말씀하셨다. "너는 그곳에서 사람을 얻었느냐?"

무성(武城)은 노나라의 고을 이름으로 오늘날 산둥성 페이(費)현 서남방 부근이다. 재(宰)는 읍재(邑宰)로 읍장이다. 사람을 얻었느냐는 말은 쓸 만한 인재를 찾아 등용했느냐는 뜻이다.

曰 有澹臺滅明者. 行不由徑 非公事未嘗至於偃之室也.
"담대멸명이란 자가 있사온데, 길을 가되 지름길로 다니지 않고, 공적인 일이 아니면 저의 집에 오지 않습니다."

담대멸명(澹臺滅明)은 성이 담대, 이름이 멸명으로 자는 자우(子羽)다. 『사기』「중니제자열전」에 의하면 공자의 제자로 공자보다 서른아홉 살 연하라고 한다. 용모가 추해 처음 그를 만났을 때 공자는 그가 대수롭지 않은 사람인 줄 알았다고 한다. 후에 장강(長江) 유역에서 제자 300여 명을 모아 가르치면서 그 명성이 널리 제후에게 알려졌다. 공자가 그를 일컬어 말하길 "나는 말로 사람을 판단했다가 재여(宰予)에게 실수를 했고, 용모로 사람을 판단했다가 자우(子羽)에게 실수를 했다"고 한다.

경(徑)은 지름길이다. 행불유경(行不由徑)은 원칙을 중요시하는 것이고, 비공사미상지어언지실야(非公事未嘗至於偃之室也)는 공사를 구분하는 것이다. 담대멸명의 사람됨이 곧음을 알 수 있다.

공자는 적재적소에 인재를 등용하는 것을 매우 중요시했다. 그래서 자유에게 훌륭한 인재를 등용했는지 물었고, 그에 대해 자유는 스승이 평소 가르친 대로 담대멸명이란 곧은 사람을 등용했다고 대답한 것이다. 간단하면서도 정치의 요체를 잘 나타냈다.

자유가 무성의 읍재가 되었을 때의 행적은 양화4에도 나타나 있다.

13

공자께서 말씀하셨다. "맹지반은 공을 자랑하지 않는구나. 전쟁에 패배해 후퇴할 때 후위를 맡았으면서도, 성문을 들어설 때 그 말을 채찍질하며 말하길 '내가 감히 후위를 맡은 것이 아니라, 말이 나아가지 않은 것이다'라고 하는구나."

子曰 孟之反不伐. 奔而殿. 將入門 策其馬 曰 非敢後也 馬不進也.

맹지반(孟之反)은 노의 대부로 이름은 측(側)이다. 벌(伐)은 공로를 자랑하는 것이고, 분(奔)은 패배해 달아나는 것이다. 전(殿)은 군대의 후위(後衛)다. 군대의 전위(前衛)는 계(啓)라고 한다. 책(策)은 채찍질하는 것이다. 여기서 말을 채찍질했다는 것은 직접 말을 탔다는 것이 아니고 말이 끄는 전차(戰車)를 몬 것이다. 말에 직접 올라타는 기마(騎馬)는 전국시대 조(趙)의 무령왕(武靈王) 때에 이르러 비로소 시작되었으며, 그 이전에는 말을 수레에 매어 타고 다녔다. 맹지반의 일은 『춘추좌씨전』 애공 11년에 기록되어 있다.

전쟁에서 공격할 때는 전위에 서는 것, 후퇴할 때는 후위에 서는 것을 공으로 친다. 그중에서도 후퇴할 때 후위에 서는 것이 더욱 큰 공이다. 맹지반의 사람됨을 족히 알 수 있다.

14

공자께서 말씀하셨다. "축관인 타의 말재주와 송나라 사람 조의 미모가 없고서는, 지금 세상에서 화를 면하기 어려울 것이다."

子曰 不有祝鮀之佞而有宋朝之美 難乎免於今之世矣.

축(祝)은 종묘에서 제사를 관장하는 관리다. 타(鮀)는 위(衛)의 대부로 자는 자어(子魚)다. 공자에 의하면 위령공이 무도했음에도 나라를 잃지 않은 것은 이 사람을 비롯해 왕손가(王孫賈), 중숙어(仲叔圉), 세 사람이 있었기 때문이라고 한다(헌문20). 조(朝)는 송(宋)의 공자로 미색이 뛰어났으며 젊은 시절에 위령공의 부인인 남자(南子)의 애인이었다고 한다.

면(免)은 화(禍)를 면하는 것이다.

주희는 『논맹집주혹문(論孟集注或問)』에서 후중량(侯仲良)를 인용해 이유 송조지미(而有宋朝之美)의 而가 불(不)자가 아닌가 의심한다. 다산도 不자가 有祝鮀之佞, 有宋朝之美의 양 有 자에 모두 걸친다고 해석한다. 즉 "타의 말재주와 조의 미모가 없다면"으로 해석하는 것이다. 난세를 살아가기가 힘든 것을 한탄한 말이다. 여기서는 다산의 주장을 따랐다.

고주의 공안국(孔安國)은 "마땅히 축타처럼 말재주가 있어야지, 반대로 송조처럼 아름다워서는 지금 세상에서 화를 면하기가 어렵다"로 해석한다. 말재주가 숭상받음을 한탄한 말로 보는 것이다. 오규 소라이도 같은 견해다.

한편 진천상은 "축타처럼 말재주를 부리지 않으면 반드시 송조처럼 아름다워지려고 하고, 송조처럼 아름답지 않으면 반드시 축타처럼 말재주를 부리려 하니, 이 둘은 세상의 우환으로 면하기 어렵다"로 해석한다.

15

공자께서 말씀하셨다. "누가 문을 통하지 않고 나갈 수 있으리오? 어찌하여 아무도 이 도를 따르려고 하지 않을까?"

子曰 誰能出不由戶. 何莫由斯道也.

호(戶)는 문짝이 하나 있는 문이다. 문짝이 둘 있으면 문(門)이라 한다. 유보남의 『논어정의』에 의하면 건물의 바깥 반을 당(堂)이라 하고 안쪽 반을 실(室)이라 하며, 실에는 남쪽으로 벽이 있고, 동쪽으로 호(戶)를 열어 당(堂)에 이른다고 한다. 자신의 도가 세상에서 버림받고 있음을 한탄한 말이다.

16

공자께서 말씀하셨다. "바탕이 꾸밈을 누르면 야인처럼 거칠고, 꾸밈이 바탕을 누르면 문서나 다루는 사관과 같을 것이니, 꾸밈과 바탕이 고루 어울려야만 군자답다고 할 수 있을 것이다."

子曰 質勝文則野 文勝質則史. 文質彬彬 然後君子.

질(質)은 인간의 본바탕을 말한다. 문(文)은 인위적으로 세련되게 가꾸고 꾸미는 것으로, 예악(禮樂) 등을 말한다. 야(野)는 시골 사람처럼 거칠고 비속한 것이다. 사(史)는 문서를 담당하는 관리로 그 꾸밈이 번잡하다. 빈빈(彬彬)은 서로 섞이어 잘 어울리는 모습이다. 군자는 중용(中庸)을 귀히 여겨 한쪽으로 치우치지 않으니, 바탕(質)과 꾸밈(文)도 이와 같아야만 가히 군자라 할 수 있을 것이다.

꾸밈과 바탕의 관계에 대해 주희는 다음과 같은 양시(楊時, 1053~1135)의 말을 인용했다.

"꾸밈과 바탕은 서로 상대방을 눌러서는 안 된다. 그러나 바탕이 꾸밈을 누르는 것은 단맛이 다른 맛과 조화할 수 있고, 흰색이 다른 색깔을 받아들일 수 있는 것과 같다. 꾸밈이 이겨 바탕을 없앰에 이르면 그 근본이 없어지니, 비록 꾸밈이 있은들 장차 어디에 베풀겠는가? 그렇다면 사관과 같기보다는 차라리 야인처럼 거친 것이 나을 것이다."

●

안연8에서도 문(文)과 질(質)에 대해 말한다.

17

공자께서 말씀하셨다. "인간의 삶은 곧은 것이다. 곧지 않으면서도 살고 있는 것은 요행으로 죽음을 면하고 있는 것이다."

子曰 人之生也直. 罔之生也 幸而免.

생(生)은 삶이라고도 해석할 수 있고, 태어나는 것이라고도 해석할 수 있다. 정호와 주희는 앞의 生은 시생(始生)의 生, 즉 태어나는 것이라고 풀이하고, 뒤의 것은 삶이라고 풀이한다. 그러나 정이는 모두 삶으로 해석한다. 여기서는 정이를 따랐다.

직(直)은 곧고 정직한 것, 망(罔)은 그렇지 못한 것이다. 행이면(幸而免)은 요행으로 죽음을 면하고 있다는 뜻이다. 공자는 맹자처럼 인간의 타고난 성품이 착하다는 말은 하지 않았다. 다만 인간의 삶이 정직한 것이라고 했다. 인간의 가능성을 인정한 것이다.

한편 황간의 『논어의소』에서 이충은 직(直)을 인간의 몸이 직립(直立)한 것으로 풀이한다. 즉 인간이 짐승과 달리 직립하기 때문에 삶도 곧아야 한다는 것이다. 그리고 오규 소라이는 直이 덕(德)의 오자라고 주장한다. 소라이의 주장은 원래 한유와 이고(李翱, 772~841)가 함께 쓴 『논어필해』에서 비롯된 것이다. 정수덕에 의하면 한유와 이고가 이렇게 주장함으로써 후세에 자기 마음대로 경문의 글자를 뜯어고치는 폐단이 생겼다고 한다.

18

공자께서 말씀하셨다. "아는 것은 좋아하는 것만 못하고, 좋아하는 것은 즐기는 것만 못하다."

子曰 知之者不如好之者 好之者不如樂之者.

아는 것은 그 대상이 자기 밖에 의연 그대로 있는 것이요, 좋아하는 것은 밖에 있는 그 대상과 거리를 좁히려고 노력하는 것이다. 즐기는 것은 대상이 자기와 일체화되어 있는 것이다. 인(仁)에 비유한다면 안다는 것은 인을 아는 것이오(知仁), 좋아한다는 것은 인을 구하는 것이오(求仁), 즐긴다는 것은 인에 편안해하는 것(安仁)이라고나 할까?

19

공자께서 말씀하셨다. "보통 이상의 사람에게는 높은 도리를 말할 수 있지만, 보통 이하의 사람에게는 높은 도리를 말할 수 없다."

子曰 中人以上可以語上也 中人以下不可以語上也.

중인(中人)이라 함은 그 학문적 자질이 보통인 사람을 가리킨다. 상(上)은 자질이 높은 사람이 공부하는 고원한 학문이다. 후한(後漢) 때의 역사가 반고(班固, 32~92)는 이 장과 양화3장에 기초해 『한서(漢書)』「고금인표(古今人表)」에서 사람을 상상(上上), 상중(上中), 상하(上下), 중상(中上), 중중(中中), 중하

제6편. 옹야(雍也) **269**

(中下), 하상(下上), 하중(下中), 하하(下下)의 아홉 단계로 구분했다. 이후 중국에서는 이 아홉 단계에 입각해 사람을 구분하는 것이 일반적이었다.

학문은 처음부터 높고 어려운 데로 들어갈 수 있는 것은 아니다. 천성적으로 능력이 부족한 사람에게 처음부터 고매한 도리를 말하는 것은 오히려 혼란만 가중시킬 뿐이다. 배우는 자의 피부에 와 닿는 절실한 것, 가까운 것(切問而近思-자장6)부터 시작해 점차 높고 어려운 것으로 나아가는 것이다. 그것이 학문을 하는 방법이다. 중인 이하라고 하여 높고 어려운 것을 배울 수 없다는 말은 아니다.

●

양화3에 "가장 지혜로운 자와 가장 어리석은 자는 바꿀 수 없다"라는 말이 있다.

20

번지가 안다는 것(知)에 대해 물었다. 공자께서 말씀하셨다. "인간의 도리에 힘쓰고, 귀신을 공경하되 멀리하면, 안다고 할 수 있을 것이다."

인(仁)에 대해 물으니, 말씀하셨다. "어진 자는 어려운 일은 남보다 앞장서고, 이득을 얻는 일은 남보다 뒤에 한다. 그렇다면 가히 어질다고 할 수 있을 것이다."

樊遲問知. 子曰 務民之義 敬鬼神而遠之 可謂知矣.

번지가 안다는 것에 대해 물었다. 공자께서 말씀하셨다. "인간의 도리에 힘쓰고, 귀신을 공경하되 멀리하면, 안다고 할 수 있을 것이다."

무민지의(務民之義)의 民은 주희에 의하면 사람 人으로 인간의 도리에 힘쓰는 것이다. 경귀신이원지(敬鬼神而遠之)는 고주의 포함에 의하면 귀신을 공경하되 친압(親押)하지 않는 것, 즉 가까이하지 않는 것이다. 먼저 인간의 도리를 힘써 행하고, 귀신의 일은 의혹이 많고 알 수 없으니 공경은 하되 멀리하라는 뜻이다.

안다는 것(知)은 어떠한 사물에 대해 그 궁극에까지 파고들어 한 점의 의혹도 없는 것이다. 그러기에 지혜로운 자는 의혹이 없는 것이다(知者不惑-자한28). 귀신의 문제는 인간이 확인할 수 없는 것이기 때문에 깊이 파고 들어가면 들어갈수록 의혹만 늘어날 뿐이다. 그러기에 잘 알 수 없는 귀신의 문제는 일단 접어두고, 인간의 문제에 충실한 것이 지혜로운 자가 취할 방도다. 잘 알 수 없는 종교적인 문제보다 현실적인 인간의 문제를 우선시하는 공자의 세계관을 엿볼 수 있다. 공자로부터 내려오는 이러한 세계관은 중국 문화의 주요한 특징 가운데 하나이기도 하다.

問仁. 曰 仁者先難而後獲 可謂仁矣.
인에 대해 물으니, 말씀하셨다. "어진 자는 어려운 일은 남보다 앞장서고, 이득을 얻는 일은 남보다 뒤에 한다. 그렇다면 가히 어질다고 할 수 있을 것이다."

선난이후획(先難而後獲)은 다산에 의하면 어려운 일은 남보다 앞장서고, 이득을 얻는 일은 남보다 뒤에 하는 것이다. 황간의 『논어의소』에 인용된 범녕의 견해도 같다. 다산은 이러한 마음을 서(恕)라고 했다.

어려운 일에는 남보다 앞장서고, 이득을 얻는 일에는 남보다 뒤에 서는 것은 남과 더불어 살아가려고 하는 자의 마음가짐이다. 이기적인 욕심을 억제하고 남과 더불어 사는 것, 그것이 바로 인이다.

한편 고주의 공안국이나 신주는 先難而後獲을 먼저 힘들여 일을 하고 난 이후에 그 공(功)을 얻는 것으로 풀이한다.

귀신의 문제는 생물을 복제해내는 단계까지 과학이 발달한 오늘날에도 아직 뚜렷한 결론을 내리지 못하는 가장 불가지(不可知)한 문제 중 하나다. 인간 삶의 불확실성, 죽음에 대한 공포와 거기에서 비롯된 사후 세계에 대한 궁금증, 무한한 우주의 시초와 그 결말에 대한 의문과 두려움, 자연에 대한 경이와 공포, 이러한 것들과 연관된 귀신의 문제는 인간이 유한의 세계를 벗어나지 못하는 한 어쩌면 영원히 풀지 못할 숙제일는지도 모른다.

인간의 지식이 발달하지 못한 고대인의 세계에서 귀신의 존재는 당연했을 것이다. 고대인에게 자신을 둘러싼 객관적 세계는 그 거대한 위력만큼 경이의 세계였고, 또 그 정확한 법칙성을 알 수 없는 만큼 신비의 세계였다. 고대인들은 자신들의 무지와 무력을 절감한 만큼, 이 세계의 주재자로서 자신들을 초월한 어떤 강력한 존재(귀신)를 상정할 수밖에 없었다. 이는 어느 민족에게나 공통된 현상이었다.

중국 민족 또한 이러한 현상에서 예외는 아니었다. BC 18세기경부터 BC 11세기까지 존재했다고 추정되는 은의 경우, 왕(王)은 제사장(祭司長)을 겸했다. 왕의 통치 행위는 우주의 주재자이며 은족(殷族)의 최고신인 제(帝)의 신탁을 받아 행해졌다. 왕은 거북의 껍질이나 짐승의 뼈에 글을 새겨, 그것을 불에 구울 때 나타나는 균열의 모습을 판독해 우주의 주재자인 제의 뜻을 확인했다. 제는 인간에게 상벌을 내리고, 인간의 운명을 관장하며, 왕의 통치 행위의 정당성을 보증하고, 이민족의 침략으로부터 안전을 보장하는 절대적 존재였다. 농업 생산에 절대적 영향을 미치는 홍수, 가뭄 등의 천재(天災)는 산천의 신(神)들이 좌우했으며, 씨족공동체의 안정과 번영은 조상신(鬼)의 마음에 달려 있었다.

그러나 주 시대에 오면서 사정은 조금씩 바뀌어갔다. 우선 우주의 최고신이 제(帝)에서 천(天)으로 바뀌었다. 천은 주족(周族)의 최고신이었다. 인간세계의 왕조 교체가 우주의 주재자인 신을 바꾼 것이다. 거기에다 인간의 지혜도 점차 늘어갔다. 어떤 자연현상은 이제 그 법칙성을 인식할 수 있게 됐다. 또 생산력이 발달함에 따라 인간은 조금씩 자연의 지배에서 벗어날 수 있게 됐다. 우(禹)가 했다는 황하(黃河)의 치수 설화는 바로 이것을 단적으로 말해준다. 자연히 신의 영역은 줄어들 수밖에 없었다. 주의 왕은 이제 은 시대의 제사장이 아니었다. 그는 신탁이 아니라, 인간의 지혜로써 파악할 수 있는 천의 뜻(天道)에 입각해 나라를 다스렸다. 천의 뜻은 또한 인간 세상의 마땅한 도리(人道)기도 했다.

그렇지만 아직도 천은 우주의 주재자로서 인간 세상의 모든 것을 관장하는 존재였다. 왕의 통치는 천에 의해 보증받았고, 왕에 도전하는 모든 행위는 천에 의해 주벌(誅罰)될 것이었다. 제후끼리의 맹약(盟約)은 천과 조상신이 담보했다. 맹약을 어기는 자는 그들이 벌을 내릴 것이었다. 씨족공동체의 구성원들은 조상신의 보호 속에서 안정된 생활을 보장받았다. 농업은 아직도 산천의 신(神)들의 영역에 속해 있었다.

그러나 춘추시대로 들어서면서 상황은 급변했다. 철기가 도입되면서 생산력은 그 이전과 비교할 수 없을 정도로 발전하기 시작했다. 이제 농업은 석기(石器)나 목기(木器)에 의한 화전(火田)적 영농(營農)이 아니었다. 철기로 말미암아 대규모의 치수 사업과 심경(深耕)이 가능해짐에 따라 토지의 생산량은 인간의 노력 여하에 의해 결정되었지, 더 이상 산천(山川)의 신(神)에 의해 결정되지 않았다. 또 수공업이 발달하면서 인간은 자연에 존재하지 않는 물건을 자신의 손으로 만들어낼 수 있게 됐다. 자연만의 영역이었던 창조를 인간이 할 수 있게 된 것이다. 신의 영역은 더욱 줄어들었다.

인지(人智)의 급속한 발달로 자연은 더 이상 외경의 대상만이 아니었다. 인간이 자연현상의 법칙성에 대해 지식이 많아지면 많아질수록 그만큼 신의 영역은 더욱 줄어들었다.

춘추시대의 정치적 혼란은 주나라 통치 체제의 보증인인 천의 권위를 결정적으로 추락시켰다. 천은 주를 이민족의 침입으로부터 보호해주지 못했으며, 제후들의 도전에도 속수무책이었다. 제후끼리의 빈번한 맹약 파기는 그 맹약의 보증자인 천과 조상신의 권위를 더욱 실추시켰다. 이제 누구도 천(天)이나 귀(鬼)를 두려워하지 않았다.

생산력 발전에 따른 씨족공동체 내부의 계층 분화는 공동체의 수호자로서의 조상신의 필요성에 대해 깊은 의문을 제기했다. 공동체가 파괴되면서 이제 가족이 생산 및 소비의 주체로서 독립함에 따라 공동체라는 것 자체가 무의미해졌다. 그에 따라 공동의 조상신이란 개념 자체도 무의미해졌다. 생존경쟁에서 낙오해 공동체의 보호 밖으로 방기된 사람의 입장에서 볼 때 자신의 몰락을 방치한 조상신은 존재할 필요조차 없는 것이었다.

공자는 바로 이러한 격렬한 변화의 와중에 살았다. 아직 관습적으로 천이 우주의 주재자로서 숭상 받고, 귀신에 대한 제사가 행해졌으나, 그것은 이미 관습이라는 의미를 크게 벗어나지 못하고 있었다. 천이나 귀신의 사회적 존재 의의는 이미 소실되고 있었던 것이다. 귀신을 공경하되 멀리 하라는 말은 바로 이러한 변화의 반영이다. 귀신이 있는지 없는지 단정할 수 없고, 미지의 세계에 대한 불안감이 상존하는 가운데(그것은 오늘날도 마찬가지일 것이다) 귀신을 두려워하고 공경할 수는 있으나, 그 사회적 의미는 이미 소실되었기 때문에 그것에 매달릴 필요는 없었던 것이다. 인간은 이제 인간세계에 관한 한 천(天)과 귀(鬼)로부터 해방되기 시작했다.

천과 귀로부터의 인간의 해방은 춘추전국시대 내내 격렬하게 진행되어 갔다. 인간은 인간 사회의 모든 문제를 인간의 문제로 여기기 시작했다. 인간이 이제 인간 세상의 주인으로 우뚝 서기 시작한 것이다. 천은 더 이상 외경의 대상이 아니었다. 순자(荀子, BC298?~BC238?)는 천(天)을 그저 단순한 자연현상으로 이해했을 뿐만 아니라, 인간세계의 문제에 개입할 수 없다고까지 했다(故明於天人之分 則可謂至人矣－『순자』「천론天論」). 이제 인간은 인간세계의 문제에 관한 한 인간 이외의 어떤 존재로부터도 영향 받지 않게 됐다. 인간이 천(天)으로부터 해방되는 긴 과정이 비로소 일단락된 것이다.

●

논어 안에서 번지는 공자에게 인(仁)에 대해 세 번, 지(知)에 대해 두 번 묻고 있다. 여기가 그 첫 번째요, 두 번째는 안연22에 나타나 있고, 마지막으로 자로19에서는 인(仁)에 대해서만 묻는다. 또 술이20과 선진11에서는 귀신에 대해 말하고 있으며, 안연21에는 先事後得이란 말이 있다.

21

공자께서 말씀하셨다. "지혜로운 자는 물을 좋아하고 어진 자는 산을 좋아한다. 지혜로운 자는 동적(動的)이고 어진 자는 정적(靜的)이다. 지혜로운 자는 즐기고 어진 자는 장수를 누린다."

子曰 知者樂水 仁者樂山. 知者動 仁者靜. 知者樂 仁者壽.

樂이란 글자가 세 번 나오는데 앞의 둘은 좋아한다는 뜻의 요로 읽고, 뒤의 것은 즐긴다는 뜻의 낙으로 읽는다. 달리 해설이 필요 없을 만큼 유명한 말이다. 굳이 풀이한다면, 물이 항상 변화하고 움직이면서도 두루 흘러 막힘이 없는 모습이 마치 지혜로운 자가 사물의 변화 속에서 궁극의 도리를 찾아내고 사리의 막힘을 풀어내 즐기는 것과 같음을 말한 것이요, 산이 온갖 것을 그 속에 품고 기르면서 묵묵히 서 있는 모습이 마치 어진 자가 모든 사람을 마음에 보듬어 안고 거기에 안주하며 자기 밖의 사물과 갈등 없이 장수하는 것과 같음을 말한 것이다.

22

공자께서 말씀하셨다. "제(齊)가 한 번 바뀌면 노(魯)에 이를 것이요, 노가 한 번 바뀌면 도(道)에 이를 것이다."

子曰 齊一變 至於魯, 魯一變 至於道.

제(齊)는 주의 건국 공신인 태공(太公) 망(望)이 세운 나라요, 노(魯)는 주 무왕(武王)의 동생인 주공(周公) 단(旦)이 세운 나라다. 모두 주의 법제(周禮)에 따라 세운 나라지만, 시간이 지나면서 정치 내용이 많이 변했다. 당시 제는 강대국이었고, 노는 약소국이었으나, 공자는 노의 문물제도가 제보다 낫다고 판단했던 것 같다. 나라 간의 우열을 평가하는 기준을 세인과 달리 무력이나 경제력에 두지 않고 문물제도에 두고 있다는 점에서 과연 공자답다고 할 수 있다.

23

공자께서 말씀하셨다. "고(觚)가 모서리가 없다면 고이겠는가? 고이겠는가?"

子曰 觚不觚 觚哉 觚哉.

고(觚)는 술잔 또는 목간(木簡)이라 히는데 모서리가 있다고 한다. 고는 모서리가 있어야 하는데 고에 모서리가 없다면 고라고 할 수 없다는 뜻이다. 즉 이름과 실질이 일치해야 함을 지적한 말이다. 이렇게 이름과 실질을 일치시키는 것을 정명(正名, 자로3)이라고 한다. 주희의 해설을 따랐다. 다산도 같은 견해다.

계속해서 주희는 다음의 말을 덧붙였다. "고가 그 모양을 잃으면 고가 아니다. 그릇 하나를 들었지만 천하의 모든 사물이 그렇지 않은 것이 없다.

그러므로 임금이 임금의 도를 잃으면 임금이 아니며, 신하가 신하의 직책을 버리면 빈자리가 된다"(정이). "사람이 어질지 못하면 사람이 아니며, 나라가 다스려지지 않으면 나라가 아니다"(범조우).

고주의 해석은 조금 다르다. 마융에 의하면 고(觚)는 예(禮)를 치를 때 사용하는 그릇으로, 한 되짜리를 작(爵)이라 하고, 두 되짜리를 고(觚)라고 한다. 참고로 세 되짜리는 선(鱓), 네 되짜리는 각(角), 다섯 되짜리는 산(散)이다. 정치를 할 때 그 도를 얻지 못하면 이룰 수 없음을 비유한 말이라고 하나 무슨 뜻인지는 애매하다. 황간의 『논어의소』에 인용된 위(魏)의 왕숙의 설명에 의하면 당시 술을 지나치게 많이 먹는 것을 훈계한 말이라고 한다. 아마 당시 고에 두 되 이상의 술이 들어갔던 모양이다.

24

재아가 물었다. "어진 사람은 누가 우물에 사람이 빠졌다는 말을 했을 때 우물 속까지 따라 들어가야 합니까?"

공자께서 말씀하셨다. "어찌 그렇겠느냐? 군자는 우물가에 갈 수는 있지만, 우물 속에 빠지지는 않는다. 그럴 듯한 말로 속일 수는 있겠지만, 터무니없는 말로 속일 수는 없는 법이다."

宰我問曰 仁者 雖告之曰 井有仁焉 其從之也.
재아가 물었다. "어진 사람은 누가 우물에 사람이 빠졌다는 말을 했을 때 우물 속까지 따라 들어가야 합니까?"

정유인언(井有仁焉)의 仁은 신주의 유면지(劉勉之, 1091~1149)의 주장에 의하면 人이다. 재아의 질문은 어진 사람이라면 우물 속에 사람이 빠졌다는 말을 들었을 때, 자신의 안위는 고려하지 않은 채 우물 속까지 따라 들어가 구해야 하느냐는 뜻이다.

고주의 공안국은 井有仁焉의 仁을 인인(仁人), 즉 어진 사람이라고 풀이하고 있다. 황간(皇侃) 본(本)에는 인(仁)이 인자(仁者)로 되어 있다. 그러나 우물에 빠진 사람을 구하는데 어진 사람인가 그렇지 않은가를 따진다는 것 자체가 사리에 맞지 않다.

오규 소라이는 井有仁을 정유가위인지사(井有可爲仁之事)로 풀이한다. 즉 인을 행할 만한 일이 우물 속에 있다는 말이다. 정수덕이 인용한 청의 정호의 『논어집주술요』의 해석도 이와 비슷하다. 어진 사람은 사람을 구하는 데 뜻을 두는데 지금 우물 속에 사람이 빠져 그를 구할 기회가 생겼으므로 우물 속에 인(仁)이 있다(井有仁)는 것이다. 인인(仁人), 인자(仁者)로 해석하는 것보다는 훨씬 나아 보인다.

子曰 何爲其然也. 君子可逝也 不可陷也. 可欺也 不可罔也.
공자께서 말씀하셨다. "어찌 그렇겠느냐? 군자는 우물가에 갈 수는 있지만, 우물 속에 빠지지는 않는다. 그럴 듯한 말로 속일 수는 있겠지만, 터무니없는 말로 속일 수는 없는 법이다."

서(逝)는 우물가까지 가는 것이고, 함(陷)은 우물에 빠지는 것이다. 기(欺)는 이치에 닿는 말로 속이는 것이요, 망(罔)은 터무니없는 말로 속이는 것이다. 군자는 도리에 맞는 그럴듯한 말에 속을 수는 있지만, 이치에 닿지도 않는 터무니없는 말에 속을 정도로 어리석지는 않다. 마찬가지로 군자는 우물 속에 사람이 빠졌더라도 우물 밖에서 사람을 구하지, 우물 속까지 따라 들어가지는 않는다. 재아의 궤변에 가까운 질문에 대해 공자가 그건 어리석은 자나 할 짓이라고 대답했다.

25

공자께서 말씀하셨다. "군자가 널리 글을 배우고 예로써 그것을 요약하고 단속한다면 도리에 어긋나지 않을 것이다."

子曰 君子博學於文 約之以禮 亦可以弗畔矣夫.

약(約)은 요약하고 단속하는 것이고, 지(之)는 널리 배운 바의 글(文)이다. 약지이례(約之以禮)는 널리 배운 것을 요약해 예로써 행동을 단속하는 것이다. 널리 배우기만 해서는 산만해서 일상생활에 쓸 수가 없다. 반드시 그 배운 바를 요약해 일상생활에서 구체적인 상황에 맞게(예에 맞게) 쓸 줄 알아야 한다. 그것이 약지이례다.

불(弗)은 불(不)이고, 반(畔)은 도리에 어긋나는 것이다. 널리 글을 배우는 것은 도(道)를 알기 위함이요, 예로써 요약해 단속하는 것은 행동거지를 바로 하기 위함이다. 도를 알고 행동거지가 올바르다면 도리에 어긋나는 일이 없을 것이다.

안연15에 같은 말이 있다. 자한10에는 博我以文 約我以禮라는 표현이 있다.

26

공자께서 남자를 만나보셨는데 자로가 납득을 하지 못했다.
공자께서 맹세하며 말씀하셨다. "내가 만일 도리에 어긋나는 일을 했다면 하늘이 나를 버릴 것이다. 하늘이 버릴 것이다."

子見南子 子路不說. 夫子矢之曰 予所否者 天厭之. 天厭之.

남자(南子)는 위령공의 부인으로, 옹야14에서도 언급했지만 품행이 방정(方正)하지 못했다. 그런 그녀를 공자가 만난 것은 『사기』「공자세가」에 의하면 스스로 원해서가 아니라 그녀의 간청 때문이라고 한다. 그러나 고주의 공안국에 의하면 그녀를 통해 영공을 설득해 올바른 정치를 행하고자 했기 때문이라고 한다. 아무튼 직선적이고 정의감이 강한 자로로서는 공자가 남자를 만난 것을 납득할 수 없었다. 설(說)은 보통은 기쁘다는 뜻의 열(悅)로 읽으나, 여기서는 조기빈(趙紀彬)을 따라 이해한다(解)는 뜻으로 읽었다. 시(矢)는 서(誓)로 맹세하는 것이다. 소(所)는 맹세할 때 쓰는 말로 여과(如果), 즉 '만일 ~ 한다면'의 뜻이다. 부(否)는 불(不)로 도리에 어긋나는 것, 염(厭)은 기절(棄絕)로 버리고 끊는 것이다. 주희의 해설을 따랐다.

예로부터 해석이 엇갈리는 문장이다. 공자가 남자를 만난 것은 여러 기록으로 보아 사실이라고 생각되나, 그 이유가 불분명하고 또 제자인 자로에 대해 맹세까지 하면서 해명하는 모습이 성인으로 추앙받는 공자의 면모와 어울리지 않기 때문이다. 『논어의소』에 인용된 진(晉)의 채모(蔡謨, 281~356)의 주장에 의하면 시(矢)는 진(陳)으로, 설명하는 것이다. 공자가 자로에게 맹세한 것이 아니라 천명(天命)에 대해 설명한 것이라는 뜻이다. 천명(天命)의 내용은 같은 책에 인용된 왕필의 설명에 의하면 다음과 같다. 공자가 남자를 만난 것은 시세(時勢)가 부득이했기 때문이다. 즉 천명이 막힌 것이다. 자로는 군자라면 마땅히 욕(辱)을 당하는 것을 방비했어야 함에도 스승이 그렇게 못한 것이 마음에 들지 않았다. 그러자 공자가 말했다. 즉 운수가 막히고 트이는 것은 천명이 있는 것이니, 내가 운수가 막혀 세상에 쓰이지 않는 것은 하늘이 나를 버렸기 때문이다. 「子所否者」의 否는 여기서는 아닐 부가 아니라, 비극반태(否極反泰)라고 할 때의 막힐 비다.

한편 다산은 이 내용이 애공 2년(BC 493) 위령공이 죽자 남자가 괴외(蒯聵)의 아들인 첩(輒)을 세워 임금으로 삼으려고 할 때의 일이라고 한다. 공자는 아버지인 괴외를 제치고 첩을 임금으로 세우는 것이 장차 위나라의 화근이 될 것이라고 생각했다. 그리하여 공자는 남자를 만나 순리대로 괴외를 불러들여 임금으로 세우라고 충고하려 했다. 그러나 자로는 괴외가 어머니인 남자를 죽이려고 했기 때문에 임금이 될 자격이 없다고 생각하여 첩의 편을 들었다. 이것이 자로가 기뻐하지 않은 이유다. 그러자 공자가 말하길 "내가 그렇게 하지 않으면 하늘이 나를 버릴 것이다"라고 했다고 한다.

자로는 직선적인 성격 때문에 도처에서 스승인 공자와 의견 충돌을 빚는다. 특히 남자와 같이 자신이 용납할 수 없는 인물을 공자가 만날 때면 거침없이 스승에게 이의를 제기한다. 양화5와 7도 그러한 예다.

27

공자께서 말씀하셨다. "중용의 덕 됨이 아마 지극할 것이나, 백성들 중에 그것을 오랫동안 행한 이가 드물다."

子曰 中庸之爲德也 其至矣乎 民鮮久矣.

정이에 의하면 중용의 중(中)은 어느 한편으로 치우치지 않는 것이요(不偏之謂), 용(庸)은 바뀌지 않는 것이다(不易之謂). 다시 말해 중용이란 어느 한 쪽으로 치우치지 않는 불변의 자세나 진리를 말한다.

민선구의(民鮮久矣)에 대해 고주나 신주 모두 民鮮 久矣로 끊어 읽어 "백성들 중에 그것을 행한 이가 적어진지 오래된다"로 해석한다. 그러나 송의 손혁(孫弈)은 『시아편(示兒編)』에서 民 鮮久矣로 끊어 읽어 "중용의 덕은 행하기가 지극히 어려운 일은 아니다. 이 백성들이 날마다 쓰고 항상 행하는 것이다. 다만 그 행하는 것이 잠시 동안에 그치고 오랫동안 지속될 수 없을 뿐이다. 그래서 民鮮久矣라고 한 것이다"라고 풀이한다. 즉 "백성들 중에 그것을 오랫동안 행한 이가 드물다"로 해석하는 것이다. 다산도 견해가 같다. 여기서는 손혁을 따랐다.

28

자공이 말했다. "만일 널리 백성에게 은혜를 베풀고 능히 뭇사람을 구제한다면 어떻습니까? 인(仁)이라고 할 수 있겠습니까?"
공자께서 말씀하셨다. "어찌 인(仁)에 그치겠느냐. 꼭 말한다면 성(聖)일 것이니, 요순조차도 아마 어렵게 여기셨을 것이다. 무릇 어진 자는 자기가 서고 싶으면 남도 서게 해주며, 자기가 두루 통하고 싶으면 남도 두루 통하게 한다. 능히 가까운 것에서 비유를 취해가는 것이 인(仁)을 행하는 방법이라 말할 수 있을 것이다."

子貢曰 如有博施於民而能濟衆 何如. 可謂仁乎.
자공이 말했다. "만일 널리 백성에게 은혜를 베풀고 능히 뭇사람을 구제한다면 어떻습니까? 인(仁)이라고 할 수 있겠습니까?"

시(施)는 은혜를 베푸는 것이고, 제(濟)는 어려움에서 구제하는 것이다.
자공은 인을 너무 고원(高遠)하게 생각했다. 그래서 널리 백성에게 은혜를 베풀고 능히 뭇사람을 구제하는 것이 인이냐고 물은 것이다.

子曰 何事於仁 必也聖乎. 堯舜其猶病諸.

공자께서 말씀하셨다. "어찌 인(仁)에 그치겠느냐. 꼭 말한다면 성(聖)일 것이니, 요순조차도 아마 어렵게 여기셨을 것이다."

하사어인(何事於仁)의 事는 양백준에 의하면 지(止)로 '그친다'는 뜻이다. 어찌 인에 그치겠냐는 말이다. 필야(必也)는 '꼭 ~한다면'의 뜻이고, 기~저(其~諸)는 추측을 나타내는 말이다. 병(病)은 어려워하는 것이다.

인(仁)은 나 자신에 충실하면서(忠) 그것을 나에게만 국한시키지 않고 널리 남에게까지 넓히는 것(恕)이다. 성(聖)은 자기를 돌보지 않으면서 헌신적으로 널리 뭇사람을 사랑하는 것이다. 성이나 인 모두 자기를 넘어 남에게까지 사랑이 미치는 것에는 차이가 없으나, 성은 자기를 생각하는 마음이 없고 인은 있으며, 성은 그 규모가 널리 천하에까지 미치나 인은 자기의 주변으로부터 시작하므로 그렇게까지 넓지 못하다. 널리 백성에게 은혜를 베풀고 능히 뭇사람을 구제하는 것은 사실상 천하의 모든 백성을 편안케 하는 것으로, 그 규모 면에서 인에 그치지 않는다. 성이다. 이는 성인(聖人)인 요순조차도 아마 어려워했을 것이다(修己安百姓 堯舜其猶病諸-헌문45).

夫仁者 己欲立而立人 己欲達而達人. 能近取譬 可謂仁之方也已.
"무릇 어진 자는 자기가 서고 싶으면 남도 서게 해주며, 자기가 두루 통하고 싶으면 남도 두루 통하게 한다. 능히 가까운 것에서 비유를 취해가는 것이 인(仁)을 행하는 방법이라 말할 수 있을 것이다."

입(立)은 독립된 존재로서 또는 원숙한 인격체로서 우뚝 서는 것이다. 달(達)은 통달하는 것 또는 사방에 막히지 않고 두루 통하는 것이다.

기욕립이립인 기욕달이달인(己欲立而立人 己欲達而達人)은 내가 서고 싶으면 남도 서게 해주고, 내가 두루 통하고 싶으면 남도 두루 통하게 해주는 것이다. 즉 남도 나와 똑같다고 생각하며 대하는 것으로, 자기가 원하지 않는 것을 남에게 베풀지 마라(己所不欲 勿施於人-안연2, 위령공23)는 말과 대개 같은 뜻이다. 다만 차이가 있다면 전자가 후자에 비해 보다 적극적인 자세라는 것이다. 양백준은 『논어역주』에서 전자를 충(忠), 후자를 서(恕)라고 풀이하고 있으나, 모두 큰 범주 속에서 서라고 해도 무방할 것이다.

능근취비(能近取譬)는 능히 가까운 것에서 비유를 취해가는 것이다. 남은 나와 개체를 달리하기 때문에 남을 이해하는 것이 결코 쉽지 않다. 그러나 내가 만일 남의 개체 속으로 들어간다면, 즉 내가 그 입장이라면 하고 생각한다면 그 순간 남을 이해할 수 있다. 즉 나와 남 사이의 단절이 극복되는 것이다. 가까운 것에서 비유를 취해간다는 말은 바로 내가 바로 그 입장이라면 하고 생각하는 것이다. 속된 말로 입장을 바꿔 생각하는 것, 즉 역지사지(易地思之)고 다른 말로 하면 나와 남이 같다고 생각하는 것이다. 내가 서고 싶으면 남도 서고 싶어 한다는 것을 알아 남도 세워주며, 내가 두루 통하고 싶으면 남도 두루 통하고 싶어 한다는 것을 알아 남도 두루 통하게 해주고, 내가 싫어하면 남도 싫어한다는 것을 알아 남에게 베풀지 않는 것, 이것이 바로 能近取譬다.

진리는 결코 먼 데 있지 않다. 자기 몸에서부터 시작해 그것을 미루어 멀리까지 가는 것이다. 자기로부터 시작하되, 자기만을 고집하지 않고 자기를 미루어 남도 나와 같음을 알고 이해할 수 있을 때, 비로소 남과 더불어 살아갈 수 있다. 따라서 인을 행하는 방법이 되는 것이다. 다산의 표현을 따르자면 남도 나와 같음을 알고 이해할 수 있어야만 두 사람 사이에서 마땅히 해야 할 본분을 다할 수 있는 것이다.

나에게는 온 천하에 나보다 더 귀한 존재가 없기 때문에 나는 나 자신을 위해 온갖 정성을 다한다(盡己). 이것이 忠이다. 그러나 나만 귀하다고 생각하는 것이 아니라 나를 미루어 남도 나와 같이 귀중한 존재임을 깨닫는다(推己). 이것이 恕다. 이인15에서 증자는 공자의 도가 忠恕 하나로 두루 관통했다(一以貫之)고 했다. 그 忠恕가 바로 다름 아닌 仁이다.

주희는 다음과 같은 정호의 글을 인용한다.

"의학 서적에 손발이 마비된 것을 불인(不仁)이라고 하는데, 이 말이 인을 가장 잘 나타내고 있다. 어진 자는 천지 만물을 한 몸으로 여기니, 그 어떤 것도 내가 아닌 것이 없다. 내가 될 수 있다고 인식하면 어디엔들 이르지 못할 데가 있겠는가? 만약 내게 속하지 않는다면 자연 나와 상관없게 된다. 손발의 불인(마비)이 기가 이미 관통되지 못해 모두 내게 속하지 않게 된 것과 같다. 널리 은혜를 베풀고 뭇사람을 구제하는 것은 바로 성인의 공용(功用)이다. 인은 지극히 말하기 어렵다. 그래서 단지 말하길 '자기가 서고 싶으면 남도 세우며, 자기가 두루 통하고 싶으면 남도 두루 통하게 한다. 능히 가까운 것에서 비유를 취해가는 것이 인을 행하는 방법이라 말할 수 있을 것이다'라고 하는 데 그쳤다. 이와 같이 인을 살펴보게 하여 인의 본체를 터득할 수 있게 하고자 한 것이다."

손발이 마비되면 기가 소통되지 않고, 따라서 내 몸이지만 나와 무관한 것이 되고 만다. 마찬가지로 사람과 사람 사이에서 서로 소통이 이루어지지 않으면 같은 사람이라도 너는 너, 나는 나로 서로 무관한 사이가 되고 만다. 우리 몸에 기의 소통이 필요하듯이 사람과 사람 사이에도 소통이 필요하다. 그런데 이 소통이 이루어지려면 우선 서로 이해할 수 있어야 하고 서로 이해하려면 너와 내가 서로 같다고 하는 인식이 전제되어야 한다. 인은 어렵고 먼 것이 아니다. 바로 남을 나와 같다고 생각하는 것, 거기에서부터 시작하는 것이다. 누가 손발의 마비를 불인이라고 처음 명명했는지 모르지만, 진정 인의 실체를 아는 사람이라고 할 수 있겠다. 그리고 그것을 인용해 공자의 인을 설명한 정명도(程明道) 또한 대단하다 아니할 수 없다.

공자의 사람에 대한 사랑은 이처럼 자기와 가까운 것으로부터 시작해 멀리까지 나아가는 것이었다. 그는 일방적으로 모든 사람을 사랑하라고 하지 않았다. 그것은 말로는 가능할지 모르나 실상은 요순과 같은 성인만이 가능한 것이었다. 자기의 부모, 형제, 처자식을 먼저 사랑하고, 그로부터 나아가 서(恕)를 통해 멀리 모든 사람에게까지 사랑이 미치는 것이 오히려 현실적이고 인정에도 맞았다. 공자의 이러한 사랑을 흔히 별애(別愛)라고 부른다.

춘추전국시대를 대표하는 위대한 사상가의 한 사람인 묵자(墨子)는 모든 인간을 차별 없이 사랑해야 한다는 겸애(兼愛)설을 주장하면서, 공자의 이러한 별애에 비판적인 입장을 취했다. 그러나 묵자의 겸애는 말로는 그럴듯하지만, 실천의 관점에서 볼 때는 지나치게 이상적이었다. 그런 이상주의적인 한계 때문에 묵가(墨家)는 진한(秦漢) 시대를 거치면서 점차 소멸되고 말았다.

한편 공자의 별애 또한 자칫 자기 가족의 울타리 안에서만 맴돌면 가족주의, 족별주의라는 비난에서 벗어나기 어려웠다. 그리고 세상의 흐름은 대부분 그렇게 진행되어 인자(仁者)는 정녕 눈을 씻고 찾아도 찾기 어려운 존재가 되고 말았다.

●

이인15에서는 충서(忠恕)에 대해 말했고, 공야장11에서는 남이 나에게 가하는 것을 원치 않는 일을 나도 남에게 가하는 바 없게 되는 것(我不欲人之加諸我也 吾亦欲無加諸人)에 대해 말했다.

안연2, 위령공23에서는 己所不欲 勿施於人에 대해 말한다.

제7편
술이 述而

1

공자께서 말씀하셨다. "조술(祖述)할 뿐 창작하지 않으며, 옛것을 믿고 좋아하니, 몰래 우리 노팽에게 비유할거나."

子曰 述而不作 信而好古 竊比於我老彭.

술(述)은 조술(祖述)로 도(道)를 이어받아 후세에 전하는 것이고, 작(作)은 새로이 창작(創作)하는 것이다. 옛것이라 함은 요순으로부터 전승되어온 선왕(先王)의 도다. 노팽(老彭)은 은나라의 현인 노팽이라는 설(說)도 있고, 『도덕경(道德經)』을 쓴 노자와, 요임금의 신하로 은나라 때까지 800년을 살았다는 전설적인 인물 팽조(彭祖)를 가리킨다는 설도 있으나 확인할 수 없다.

공자는 스스로를 항상 옛 선왕의 도의 전승자일 뿐이라고 했다(我非生而知之者 好古敏以求之者也-술이19). 그뿐만 아니라 옛 선왕의 도가 자신에게 있으며 그것을 후세에 전달하는 것이 자신의 소명이라고 생각했고, 또한 그에 대한 자부심이 대단했다(자한5). 그러나 공자가 전하는 옛 선왕의 도라는 것은, 복례(復禮)와 마찬가지로 그 내용에서는 사실상 그 자신의 창작물이었다. 그는 단지 자신의 사상을 옛것의 틀을 빌어 표현했을 뿐이다. 맹자는 그것을 옛 성인들을 집대성(集大成)했다고 표현했다(『맹자』「만장하」 1).

절비어아노팽(竊比於我老彭)의 我는 주희에 의하면 친(親)함을 나타내는 말이다. 그러나 청의 황식삼은 『논어후안』에서 혹자(或者)의 말을 인용해 竊比我於老彭의 我와 於가 뒤바뀌어 잘못 전해진 것이라고 했다(『논어집석』에서 재인용). 竊은 '몰래'의 뜻이다.

● 공자가 옛것을 좋아했다는 말은 술이19에도 있다.

2

공자께서 말씀하셨다. "묵묵히 알아가고, 배우되 싫증내지 아니하며, 남을 가르치는 일에 게을리하지 않는 것이라면 내게 무슨 어려움이 있겠느냐?"

子曰 黙而識之 學而不厭 誨人不倦 何有於我哉.

識은 안다는 뜻의 식으로 읽을 수도 있고, 기억한다는 뜻의 지로도 읽을 수 있다. 주희는 후자의 견해를 취하나 전자도 일설로 소개한다.

하유어아재(何有於我哉)에 대해서는 해석이 엇갈린다. 황식삼은 『논어후안』에서 내게 무슨 어려움이 있겠느냐는 뜻으로 해석한다(『논어집석』에서 재인용). 이 세 가지 일 정도는 내게 별 어려움이 되지 않는다는 말이다. 이인13, 옹야6, 자한15, 자로13에 나오는 何有도 모두 이런 뜻으로 해석된다. 여기서는 황식삼의 입장을 따랐다.

주희는 무엇이 내게 있겠느냐는 뜻으로 이해한다. 즉 아무것도 능한 것이 없다는 겸손의 말로 파악하는 것이다. 고주의 정현은 남들에게는 없고 나에게만 있다, 즉 남들은 못하고 자신만이 할 수 있다는 뜻으로 이해한다. 청의 환무용(宦懋庸)의 『논어계(論語稽)』에서는 이것 이외에 또 무엇이 있겠느냐는 뜻으로 해석한다(『논어집석』에서 재인용). 일본의 이토 진사이의 『논어고의』도 같은 입장이다. 한편 우리나라의 다산은 겨우 그런 일을 할 수 있는 정도이니 어찌 그런 것이 있다 없다고 할 수 있겠는가의 뜻으로 해석한다.

공자는 평소 자신이 학문을 좋아하고(十室之邑 必有忠信如丘者焉 不如丘之好學也 - 공야장27), 남을 가르치기를 게을리하지 않는 사람에 불과하다고 자임했다(抑爲之不厭 誨人不倦 則可謂云爾已矣 - 술이33). 물론 겸손의 말이나 여기에는 공자 자신의 강한 자긍심이 깃들어 있다. 공자에게 학문이란 단지 지적 능력의 고양만을 의미하는 것이 아니다. 군자는 학문을 통해 자신의 인격을 완성할 뿐만 아니라 나아가 천하 만백성을 평안케 한다. 또 남을 가르치는 것은 자신의 학문을 더욱 깊게 할 뿐만 아니라, 자신의 도(道)를 세상에 널리 전파할 수 있게 한다. 그러니 이보다 더 큰일이 어디 있겠는가? 어찌 작은 벼슬 따위와 비교할 수 있으랴. 그러기에 자공은 『맹자』「공손추상」 2에서 말하길 "배우기를 싫어하지 않으시는 것은 지(智)요, 가르치기를 게을리하지 않으시는 것은 인(仁)입니다. 어질고 지혜로우시니 선생님께서는 이미 성인이십니다"라고 했다.

그러나 다른 한편으로 생각할 때, 세상으로부터 쓰임을 얻지 못하고 고향에 눌러앉은 말년의 공자로서는 이것 이외에 달리 할 수 있는 일이 없었으리라. 학이1에서 보이는 것처럼 공부하고, 제자를 가르치며, 벗과 교제하는 일이 그에게는 삶의 거의 전부였을 것이다. 어찌 보면 공자의 마음속 깊이 숨어 있는 슬픔이 잔잔하게 배어 나오는 구절이기도 하다.

술이33에도 유사한 내용이 있다.

3

공자께서 말씀하셨다. "덕을 닦지 않는 것과 학문을 강습하지 않는 것, 의를 듣고도 행동으로 옮기지 않는 것, 좋지 못한 것을 능히 고치지 못하는 것, 이것이 나의 걱정이다."

子曰 德之不修 學之不講 聞義不能徙 不善不能改 是吾憂也.

공자는 인간으로서는 더 이상 오를 수 없을 정도의 도덕적 경지에 오른 사람이다. 그러나 그는 한시도 자만하지 않고 이처럼 정진을 거듭했다. 이것이 진정 우리가 본받아야 할 그의 위대한 점이 아닐까?

4

공자께서 한가로이 계실 때는 얼굴이 활짝 피시고 온화하셨다.

子之燕居 申申如也 夭夭如也.

신신여야(申申如也)는 용모가 펴진 것을 말하고, 요요여야(夭夭如也)는 얼굴빛이 온화한 것을 말한다. 주희의 해설에 의거했다.

5

공자께서 말씀하셨다. "심하구나, 내가 쇠약해진 것이! 오래되었구나, 내가 꿈에서 다시 주공을 뵙지 못한 것이!"

子曰 甚矣 吾衰也. 久矣 吾不復夢見周公.

주공(周公)은 성은 희(姬), 이름은 단(旦)으로, 무왕(武王)의 동생이다. 무왕의 뒤를 이어 그의 아들 성왕(成王)이 어린 나이로 즉위하자, 그를 도와 섭정하여 주의 문물제도(周禮)를 완성했으며, 후일 성왕이 장성하자 그에게 왕권을 돌려주었다. 후세에 성인의 한 사람으로 추앙받았다. 특히 공자가 추앙한 사람으로, 공자의 고향인 노는 성왕이 그의 공적을 기려 분봉한 나라다.

주공의 도를 실행도 하지 못하고 덧없이 늙어만 가는 자신에 대한 한탄의 말이다. 신주의 정이의 말에 의하면 "도를 보존하는 것은 마음으로 노소의 차이가 없지만, 도를 실행하는 것은 육체로 늙으면 쇠약해진다"고 한다.

6

공자께서 말씀하시길 "도(道)에 뜻을 두고, 덕(德)에 근거하며, 인(仁)에 의지하고, 예(藝)에서 노닌다."

子曰 志於道 據於德 依於仁 游於藝.

예(藝)는 예악사어서수(禮樂射御書數)의 육예(六藝)를 말한다. 선왕의 도에 뜻을 두고 덕을 바탕으로 하며 널리 사람들과 함께하는 인(仁)에 의지하고 여러 가지 기예를 즐긴다. 간결한 문장으로 공자의 진면목을 여실히 나타 냈다.

7

공자께서 말씀하셨다. "스스로 속수의 예를 행하는 이상, 나는 일찍이 가르치지 않은 바가 없다."

子曰 自行束脩以上 吾未嘗無誨焉.

속수(束脩)의 수(脩)는 육포(肉脯)이며 속(束)은 열 개를 묶은 것이다. 제자가 스승을 처음으로 대면할 때 예물을 가져가는 것이 예인데, 속수는 아주 작은 예물이다. 제자로서 최소한의 예의를 표시하면 빈부귀천을 구분하지 않고 모두 제자로서 받아들인다는 말이다. 주희의 견해로 다산이나 이토 진사이, 오규 소라이도 같다.

속수에 대해서는 다른 해석도 있다. 황식삼에 의하면 속수(束脩)는 속대수식(束帶修飾)으로 능히 의관을 정제하고 예의를 행할 수 있는 나이를 말하며, 정현에 의하면 15세 이상이라고 한다. 또 근속수결(謹束脩潔)로 보는 견해도 있다. 『후한서』 「유반전(劉般傳)」 주(注)에 보이며 자기 몸을 깨끗이 한다는 뜻이다. 정수덕의 『논어집석』에서 재인용했다.

●

위령공38에는 가르침을 베푸는 데 차별을 두지 않는다는 말이 있다.

8

공자께서 말씀하셨다. "분발하지 않으면 깨우쳐주지 않으며, 말로 나타내려고 애쓰지 않으면 말문을 틔워주지 않는다. 한 모퉁이를 들어 보일 때 나머지 세 모퉁이가 있다는 것을 깨닫지 못하면 다시 가르쳐주지 않는다."

子曰 不憤不啓 不悱不發. 擧一隅不以三隅反 則不復也.

불분불계(不憤不啓)의 憤은 마음으로 통하기를 구하나 아직 얻지 못한 것이고, 啓는 그 뜻을 열어주는 것이다. 아직 얻지 못했을 때 마음으로 통하기를 구해 분발하지 않으면 깨우쳐주지 않는다는 말이다. 불비불발(不悱不發)의 悱는 입으로 말하려고 하나 아직 할 수 없는 것이고, 發은 말문을 열어주는 것이다. 말로 나타내려고 애쓰지 않으면 말문을 틔워주지 않는다는 뜻이다. 우(隅)는 사각형의 한 모퉁이다. 주희를 따랐다.

본인이 애쓰고 노력하지 않으면 다시 가르치지 않는다는 말이니, 무릇 학문이란 가르치는 사람도 중요하지만 배우는 사람의 노력이 우선이다. 신주는 다음과 같은 정이의 말로 총평한다.

"분발하고 말로 나타내려 애쓰는 것은 성의가 안색과 말에 드러나는 것이다. 그 성의가 지극하기를 기다린 후에 알려준다. 이미 알려주었으면 반드시 스스로 터득하기를 기다린 후에 다시 알려준다." "분발하고 말로 나타내려 애쓰는 것을 기다리지 않고 틔워주면 아는 것이 견고해질 수 없다. 분발하고 말로 나타내려 애쓰는 것을 기다린 후에 틔워주어야 확 틔게 된다."

9

공자께서는 상을 당한 사람 옆에서 식사를 하실 때 배부르게 잡수시지 않으셨다. 곡을 하신 날에는 노래를 부르시지 않으셨다.

子食於有喪者之側 未嘗飽也. 子於是日哭 則不歌.

어진 마음이 남에게 두루 미쳐 상을 당한 사람과 슬픔을 같이하려는 것이다. 무릇 인간은 홀로 살지 못하고 남과 공동체를 이루며 함께 살아간다. 남이야 어떻든 내 마음대로라는 태도는 옳지 않다. 그런 행위는 설사 남에게 해를 끼치지는 않는다 하더라도, 공동체 내부에 위화감을 조성해 자칫 공동체 전체의 평화를 해칠 수 있다. 옛말에 흉년이 들면 하수구에 쌀 한 톨 떨어지지 않게 조심하고 삼간다는 말이 있다. 밥을 굶는 자의 아픈 심정을 고려하기 때문이다. 그런 마음이 바로 인(仁)의 시작이다. 오늘날 자본주의사회에서 나의 이익을 위해 남을 짓밟으려고만 하는 우리들이 깊이 새겨 두어야 할 대목이다.

옹야2의 不遷怒에 대한 해설에서 정이는 "거울이 사물을 비출 때 아름답고 추함은 사물에 따라 응할 뿐이니 어찌 옮김이 있겠는가?"라고 한 바 있다. 우리가 노여움을 옮기는 이유가 갑으로 인해 생긴 노여움의 찌꺼기가 내 안에 남아 있어서 아무 상관없는 을에게 그 노여움을 옮기는 것이기 때문에, 마음을 거울처럼 만들어 어떤 감정의 찌꺼기도 남아 있지 않게 하면 노여움을 옮기지 않게 된다는 말이다. 마음을 맑은 거울이나 고요한 물과 같이 유지하라는 송유들의 이른바 명경지수(明鏡止水), 담연허명(湛然虛明)설이다. 정이는 그렇게 하기 위해 경사스런 날에는 조문을 하려 하지 않았다고 한다. 그런데 여기서 공자는 아직 감정의 찌꺼기가 남아 배부르게 먹지도 않았고, 노래도 부르지 않았다. 이것을 어떻게 설명해야 할까? 오규 소라이는 송유를 비판하며 성인은 슬픔은 남기지만, 노여움은 남기지 않는다고 설명한다. 기쁨은 같이하지 않아도 상관없이 기쁘지만 슬픔은 모름지기 같이해 나눠야 한다는 속말처럼 인정에도 맞는 탁견이라 할 수 있겠다.

10

　공자께서 안연에게 말씀하셨다. "써주면 행하고, 써주지 않으면 간직한다. 오직 너와 나만이 그렇다."
　자로가 말했다. "선생님께서 삼군을 거느리신다면 누구와 함께하시겠습니까?"
　공자께서 말씀하셨다. "맨주먹으로 호랑이에게 달려들고 강을 걸어서 건너다 죽게 되어도 후회하지 않는 자와는 함께하지 않는다. 꼭 한다면, 일에 임하며 두려워하고, 계교를 잘 생각해 성사시킬 수 있는 그런 사람이어야 한다."

子謂顔淵曰 用之則行 舍之則藏 惟我與爾有是夫.
공자께서 안연에게 말씀하셨다. "써주면 행하고, 써주지 않으면 간직한다. 오직 너와 나만이 그렇다."

　행(行)은 도를 행하는 것이고, 장(藏)은 물러나 도를 간직하는 것이다. 용지즉행 사지즉장(用之則行 舍之則藏)은 세상에 대한 군자의 자세이니, 쓰이면 세상에 나아가 도를 행하지만 쓰이지 않을 때는 조용히 물러나 학문에 열중하는 것이다. 오직 자신과 안회만이 그러한 덕을 지녔다고 공자는 말했다. 신주의 사량좌는 말하길 "성인은 행하고 간직하는 사이에 특별히 의도하는 바도 없고, 또 꼭 해야 하는 것도 없다. 그 행함은 지위를 탐내는 것이 아니며, 그 물러나 간직함은 혼자만 선하려는 것도 아니다. 만일 욕심이 있다면 쓰이지 않아도 행할 것을 찾아 구하려 할 것이요, 또한 쓰이지 않더라도 물러나 간직하지 못할 것이다. 오직 안자(顔子)만이 여기에 참여할 수 있다"라고 했다. 적절한 해설이라고 생각된다.

子路曰 子行三軍 則誰與.
자로가 말했다. "선생님께서 삼군을 거느리신다면 누구와 함께하시겠습니까?"

곁에 있던 자로가 일종의 질투가 났던 것 같다. 그리하여 자신의 용맹함을 믿고, 그렇지만 군사 문제는 제가 적격이 아닙니까 하고 물었다. 군(軍)은 1만 2,500명으로 구성된 군대다. 따라서 삼군(三軍)은 3만 7,500명이다. 큰 제후국만이 삼군(三軍)을 가졌다.

子曰 暴虎馮河 死而無悔者 吾不與也. 必也臨事而懼 好謀而成者也.
공자께서 말씀하셨다. "맨주먹으로 호랑이에게 달려들고 강을 걸어서 건너다 죽게 되어도 후회하지 않는 자와는 함께 하지 않는다. 꼭 한다면, 일에 임해 두려워하고, 계교를 잘 생각해 성사시킬 수 있는 그런 사람이어야 한다."

폭호빙하(暴虎馮河)는 호랑이를 맨손으로 상대하고, 강을 배도 없이 걸어 건너는 것이다. 용기는 혈기(血氣)만 갖고 되는 것은 아니다. 우선 의(義)에 맞아야 한다. 군자가 용기는 있되 의롭지 못하면 난(亂)을 일으키고, 소인의 경우는 도적이 되고 만다(君子有勇而無義爲亂 小人有勇而無義爲盜 - 양화23).. 그뿐만 아니라 깊은 생각이 뒷받침되어야 한다. 무모한 용기는 만용(蠻勇)

에 불과할 뿐이다. 공자는 자로가 만용을 부리며 매사를 너무 쉽게 자신하는 것에 대해 타이른 것이다.

11

공자께서 말씀하셨다. "부를 구해도 된다면 비록 채찍을 잡는 사람이라도 나도 또한 하겠지만, 만일 구해선 안 된다면 내가 좋아하는 바를 따르겠다."

子曰 富而可求也 雖執鞭之士 吾亦爲之. 如不可求 從吾所好.

부이가구야(富而可求也)의 而는 여(如)로 가정을 나타낸다. 可는 영어로 나타내면 해도 된다는 뜻의 'may'로 해석할 수도 있고, 할 수 있다는 뜻의 'can'으로 해석할 수도 있다. 전자는 다산의 설로 '부를 구해도 된다면'으로 해석한다. 不可는 '구해선 안 된다'는 뜻이다. 이 장에서는 다산을 따랐다. 주희는 후자의 입장을 취한다. 즉 '부가 인간의 노력으로 얻을 수 있는 것이라면'의 뜻으로 해석하는 것인데, 주희는 그 이유를 부귀에는 명(命)이 있기 때문이라고 부연한다. 그러나 주희에 따르면 공자는 운명론자가 된다.

집편지사(執鞭之士)는 채찍을 잡는 사람이니 천한 사람이다. 청의 전점(錢坫, 1741~1806)의 『논어후록(論語後錄)』에 의하면 시장(市場)에서 문을 지키는 문지기나, 또는 천자나 제후가 행차할 때 길을 정리하는 하인이라고 한다(『논어집석』에서 재인용).

공자가 벼슬하는 도(道)에 대해 설명한 말이다. 옛날의 부(富)는 신분이나 벼슬에서 나오는 것으로, 富而可求也는 '벼슬을 해서 부를 얻어도 괜찮은 세상이라면'의 뜻이다. 즉 세상에 도가 행해져 벼슬길에 나아가 부를 얻어도 좋을 때라면 비록 채찍을 쥐는 천한 벼슬이라도 하겠지만, 도가 행해지지 않아 벼슬길에 나아가서는 안 될 세상이라면 내가 좋아하는 공부나 계속해야겠다는 뜻이다.

공자가 살던 춘추시대는 철기의 도입으로 생산력이 비약적으로 발전하면서 부의 집중이 발생하고, 그에 따라 씨족공동체가 와해되기 시작하던 때였다. 씨족공동체 내에서의 공동생활이 이제 각 가족을 단위로 한 개별적 생활로 바뀌어갔다. 그에 따라 만인 대 만인이 투쟁하는 약육강식이 일반화되기 시작했다. 경쟁에서 뒤진 자들은 굶주림으로 내몰렸고, 경쟁에서 승리한 자에게 종속될 수밖에 없었다. 이러한 변화는 춘추전국시대 내내 전개되어갔다.

논어 안에 보이는 부에 대한 여러 이야기들은 이러한 시대상을 반영한다. 신분제가 붕괴되면서 누구든지 새로운 시대 상황에 잘 적응하고 열심히 노력만 한다면 부를 손에 쥘 수 있을 뿐만 아니라 귀(貴)도 획득할 수 있게 됐다. 부귀(富貴)는 이제 출신에 의해 결정되는 것이 아니라 각 개인의 노력과 기타 여러 가지 재능에 의해 결정되는 것이었다. 자공이 부를 축적한 것은 미래에 대한 탁월한 예측 능력이 있었기 때문이다(賜不受命而貨殖焉 億則屢中 - 선진18). 그러나 이렇게 자공처럼 부를 축적한 사람이 있는 이면에는 경쟁에서 낙오되어 쓰러져 간 수많은 사람들이 있기 마련이었다. 소수의 부의 축적을 위해 다수가 희생되어야만 하는 사회, 그러한 사회가 당시 공자가 살던 사회였다.

공자가 부를 부정하지 않으면서도 기본적으로 부에 대해 소극적인 태도로 일관한 것은 바로 이러한 사회상에서 기인했다. 부의 집중은 많은 사회적 약자들의 삶을 파괴했고 나아가 공동체적인 삶도 파괴했다. 즉 인(仁)을 해쳤던 것이다. 인을 해치는 부의 집중을 공자는 인정할 수 없었다.

12

공자께서 삼가신 것은 제사와 전쟁, 질병이었다.

子之所愼 齊 戰 疾.

재(齊)는 목욕재계(沐浴齋戒)하는 것이니 제사다. 제사는 조상을 기리고, 국가나 종족의 통일성을 유지시키는 중요한 행사였다. 전쟁은 나라의 존망과 수많은 사람의 생사가 걸린 문제다. 질병 또한 개인의 생사가 달린 문제이니 삼가 신중할 수밖에 없다.

13

공자께서 제에 계실 때 소(韶)악을 들으시고 석 달 동안 고기 맛을 알지 못하셨다. 말씀하시길 "음악을 하는 것이 여기에 이를 줄은 생각도 하지 못했도다"라고 하셨다.

子在齊聞韶 三月不知肉味. 曰 不圖爲樂之至於斯也.

소(韶)는 순임금의 음악이다. 일찍이 공자가 지극히 아름답고 지극히 선하구나(子謂韶 盡美矣 又盡善也 - 팔일25)라고 말한 바 있다. 석 달이라 함은 '오랫동안'이라는 뜻이다. 『대학(大學)』에 "마음이 여기에 있지 않으면 보아도 보이지 않고, 들어도 들리지 않으며, 먹어도 맛을 모른다(心不在焉 視而不見 聽而不聞 食而不知其味)"라고 했으니, 바로 이것을 일컬은 말이다. 『사기』「공자세가」는 이 이야기를 공자 나이 서른다섯 살에서 마흔두 살 사이의 일로 기록하면서 三月不知肉味 앞에 學之라는 두 글자를 더했다. 즉 소악을 공부하느라 석 달 동안 고기 맛도 알지 못했다는 뜻이다.

한편 정자는 『정자유서(程子遺書)』에서 三月이란 글자는 잘못된 것으로, 이를 음(音)으로 바꿔야 한다고 주장한다. 音이라는 글자를 三月이라는 글자의 세로쓰기로 착각해 잘못이 생겼다는 말이다. 즉 "공자께서 제에 계실 때 소음(韶音)을 들으시고 고기 맛을 알지 못하셨다"로 해석하는 것이다. 정자에 의하면 성인은 사물에 응체(凝滯)되지 않는데, 소가 비록 아름답다고 해도 어찌 석 달이나 고기 맛을 모를 수가 있냐는 것이다. 즉 성인의 마음은 거울이 사물을 비추는 것과 같아 지나가면 그 흔적이 남지 않으니, 음악이 아무리 아름답다고 해도 그의 마음을 붙잡아 둘 수 없다는 뜻이다. 앞에서도 언급한 명경지수(明鏡止水), 담연허명(湛然虛明)설이다. 이에 대해 이토 진사이는 "성인이 뭇사람과 다른 것은 마음이 얽매여 있냐 아니냐에 있는 것이 아니라 선을 좋아하는 것이 독실하냐 아니냐에 있다"라고 하며 비판한다.

팔일25, 위령공10에서도 소(韶)악에 대해 언급한다.

14

염유가 말했다. "선생님께서 위나라 임금을 돕겠습니까?"
자공이 말했다. "예, 제가 장차 여쭈어 보겠습니다."
들어가 말했다. "백이숙제는 어떠한 사람입니까?"
"옛날의 어진 사람들이다."
"원망했습니까?"
"인(仁)을 구해 인(仁)을 얻었는데 또 무엇을 원망하겠느냐?"
자공이 물러나와 말했다. "선생님께서는 돕지 않으실 것입니다."

冉有曰 夫子爲衛君乎.
염유가 말했다. "선생님께서 위나라 임금을 돕겠습니까?"

위(爲)는 고주의 정현에 의하면 조(助)로 돕는 것이다.
　위군(衛君)은 위출공(衛出公) 첩(輒)으로 위 영공의 손자다. 노 정공(定公) 14년(BC 496)에 위 영공의 전처의 아들인 괴외(蒯聵)가 영공의 현 아내인 남자(南子)을 죽이려다 실패해 국외로 망명하는 일이 발생했다. 그 후 영공이 죽자(노 애공 2년, BC 493) 남자는 괴외의 아들이자 영공의 적손(嫡孫)인 첩을 임금으로 삼았다. 괴외는 계승권을 주장하며 진(晉)의 원조를 얻어 위로 돌아오려고 했으나, 아들인 첩은 군대를 보내 그를 저지했다. 부자간에 임금 자리를 놓고 다툼이 벌어진 것이다(훗날 공자의 제자인 자로도 이 부자간의 다툼에 휘말려 희생되고 만다). 이 부자간의 자리다툼은 무려 16년간이나 계속됐다.

염유는 이 복잡한 부자간의 자리다툼에서 공자가 과연 어느 편을 들지 궁금했다. 그래서 공자가 현 임금인 출공을 도와주시겠냐고 말 잘하는 자공에게 물은 것이다.

子貢曰 諾 吾將問之.
자공이 말했다. "예, 제가 장차 여쭈어 보겠습니다."

낙(諾)은 승낙하는 말이다.

入曰 伯夷叔齊何人也.
들어가 말했다. "백이숙제는 어떠한 사람입니까?"

백이(伯夷)와 숙제(叔齊)는 고죽국(孤竹國)의 임금의 아들들로 백이가 형이고 숙제가 동생이다. 그 아비는 죽음에 즈음해 숙제가 계승하기를 바랐다. 그런데 아비가 죽자 숙제는 백이에게 자리를 양보했고, 백이 또한 아비의 명이라고 하면서 사양하여 도망갔다. 이에 숙제도 자리에 오르지 않고 도망가 국인들이 가운데 자식을 세웠다. 백이숙제도 이처럼 형제간에 자리를 놓고 다툼이 있었다. 다만 다른 것은 출공 부자가 서로 자리를 계승하려고 싸운 것과 달리 서로 자리를 양보하려고 했다는 점이다.

　말 잘하는 자공이었지만 위나라 출공 부자간의 자리다툼에 대해 직접 물어보지는 못했다. 그래서 생각해낸 것이 백이숙제에 대한 평가를 물으면서, 공자가 출공 부자에 대해 어떻게 생각하는가를 알아보려고 했다.

曰 古之賢人也.
"옛날의 어진 사람들이다."

曰 怨乎.
"원망했습니까?"

공자가 옛날의 어진 사람들이라고 대답했으나 자공은 아직 미진했다. 그래 다시 물었다. 원망함이 없었냐고. 즉 나라를 양보한 것을 원망하지는 않았느냐고 물은 것이다.

曰 求仁而得仁 又何怨.
"인(仁)을 구해 인(仁)을 얻었는데 또 무엇을 원망하겠느냐?"

백이는 아비가 동생인 숙제에게 대통(大統)을 잇도록 한 것에 대해 아무 원망을 나타내지 않았을 뿐만 아니라 또한 숙제가 자기에게 대통을 양보하려한 것도 사양했으니 아비의 뜻을 충실히 받든 것이다. 숙제는 비록 아비의 뜻을 어기고 형인 백이에게 양보하려 했으나 그것은 형제간의 우애를 상하려 하지 않기 위함이다. 둘 다 임금의 지위를 티끌처럼 여기고, 백이는 아비의 명을, 숙제는 형제간의 우애를 얻었다. 혼자만이 갖겠다는 이기심을 버리고 아비와 형제가 함께 살 수 있는 길을 구해 결국 얻었으니 어찌 인(仁)이 아니겠는가? 따라서 인을 구해 인을 얻었다고 한 것이다.

出曰 夫子不爲也.
자공이 물러나와 말했다. "선생님께서는 돕지 않으실 것입니다."

괴외는 아비인 영공의 뜻을 어기고 아들과 왕위를 다투었으니 아비의 뜻을 거역한 것이다. 출공 첩은 비록 조부인 영공의 뜻을 받들었다 하나, 왕위에 대한 욕심으로 아비인 괴외를 배척했으니 천륜을 저버린 것이다. 물욕에 눈이 어두워 모두 천륜을 저버렸으니 어찌 공자가 그들을 도울 수 있겠는가? 이에 자공은 공자가 위나라 임금을 돕지 않을 것임을 알 수 있었다.

  우회적인 질문에 완곡하게 돌려 말하면서도 사태의 정곡을 찌르는 대답은 가히 논어에서만 볼 수 있는 문답이다.
  한편 다산은 부자위위군호(夫子爲衛君乎)의 爲를 돕는다는 뜻이 아니라 '~이 되다'의 뜻으로 풀이한다. 염유는 공자가 만일 출공 첩의 입장이라면 과연 임금의 자리에 오를 것인지 궁금했다. 다만 그런 질문을 직접 하는 것은 스승에게 무례한 짓이 되므로 자공으로 하여금 백이숙제의 일을 빗대어 공자의 의중을 살피게 한 것이라는 말이다.

15

공자께서 말씀하셨다. "거친 밥을 먹고 물을 마시며 팔을 굽혀 베더라도 또한 즐거움이 그 속에 있다. 불의의 부와 귀는 나에게 뜬구름과 같다."

子曰 飯疏食飮水 曲肱而枕之 樂亦在其中矣. 不義而富且貴 於我如浮雲.

새삼 설명할 필요조차 없을 정도로 유명한 말이다. 소사(疏食)는 잡곡 등을 섞어 지은 거친 밥이다. 황간(皇侃)본에는 소(疏)가 소(蔬)로 되어 있다. 채식(菜食)이란 의미다. 뜻은 큰 차이 없다. 곡굉이침지(曲肱而枕之)는 팔베개를 하는 것이다.

주희는 다음과 같은 정이의 말을 인용했다.

"거친 밥을 먹고 물을 마시는 것을 즐거워한 것이 아니다. 비록 거친 밥에 물을 마시더라도 그 즐거움을 고칠 수 없는 것이며, 의롭지 못한 부귀를 보기를 뜬구름과 같이 가볍게 여기신 것이다."

또 정호의 다음 말도 추가했다.

"모름지기 그 즐거워한 것이 무엇인지 알아야 한다."

●

옹야9에서는 안연이 가난 속에서도 즐거움을 잃지 않은 것을 칭찬한다.

16

공자께서 말씀하셨다. "나에게 몇 년이 더 주어져 오십이 될 때까지 공부할 수 있다면, 또한 큰 잘못은 없게 되리라."

子曰 加我數年 五十以學 易可以無大過矣.

당의 육덕명의 『경전석문』과 청의 혜동(惠棟, 1697~1758)의 『구경고의(九經古義)』에 의하면, 한나라 때까지 전해지던 논어의 세 종류, 공자의 옛집 벽속에서 발견됐다는 고문(古文), 즉 과두문자(蝌蚪文字)로 쓰여진 『고논어』, 제(齊)나라에서 전해졌다는 금문(今文), 즉 예서(隸書)로 쓰여진 『제논어』, 공자의 고향인 노나라에서 전해졌다는 역시 금문으로 쓰인 『노논어』 중, 『노논어』에는 역가이무대과의(易可以無大過矣)의 易이 역(亦)으로 되어 있다고 한다. 가아수년(加我數年)은 '나에게 몇 년이 더 주어져', 즉 '내가 몇 년 더 살 수 있다면'의 뜻이고, 오십이학(五十以學)은 '나이 쉰이 될 때까지 공부할 수 있다면'의 뜻이다. 몇 년 더 살 수 있어 나이 쉰이 될 때까지 공부할 수 있다면 큰 잘못을 범하는 일은 없게 될 것이라는 말이다.

고주나 신주의 해석은 전혀 다르다. 먼저 하안의 고주나 황간의 『논어의소』 등에서는 "나에게 몇 년이 더 주어져, 쉰 살이 될 때까지 역(易)을 공부할 수 있다면 큰 잘못은 없게 되리라"라고 해석한다. 五十以學 易可以無大過矣을 五十以學易 可以無大過矣로 끊어 읽고, 易을 오늘날 우리가 알고 있는 『역경(易經)』(주역周易)으로 해석하는 것이다. 이들은 그 근거를

제7편. 술이(述而) 313

易이 천리(天理)를 궁구(窮究)하고 성(性)을 다해 천명(天命)에 이르게 하는 책이라는 사실과, 공자 스스로 위정4에서 五十而知天命이라고 말한 데서 찾고 있다. 황간의 『논어의소』는 공자 나이 45, 46세 때의 말이라고 부연까지 했다.

주희의 신주는 유면지의 말을 인용해 加를 가(假), 五十을 졸(卒)의 오자(誤字)로 본다. 주희는 그 근거를 『사기』「공자세가」에 가아수년 약시 아어역즉빈빈의(假我數年 若是 我於易則彬彬矣)라고 기록되어 있는 데서 찾는다. 加는 假로 되어 있으며, 五十이란 글자는 없다. 사마천은 이 말을 공자 만년(晚年)의 것, 즉 공자가 13년간의 주유 생활을 마치고 노나라로 돌아온 이후의 것으로 기록했다. 이때의 공자 나이는 적어도 68세 이상이다. 따라서 오십(五十)과는 맞지 않는다는 것이다. 그러나 주희도 易을 『역경』으로 이해하는 것에는 차이가 없다. 사마천도 이 문장을 공자가 말년에 易에 심취하여 가죽 끈이 세 번 끊어질 정도로 열심히 읽었다는 고사(韋編三絶) 바로 뒤에 기록했다. 주희에 의하면 이 문장은 假我數年 卒以學易 可以無大過矣로 고쳐 읽어야 한다. 그 뜻은 "(하늘이) 나에게 몇 년을 더 빌려주어 마침내 易의 공부를 마칠 수 있다면, 큰 잘못은 없게 되리라"다. 五十을 卒로 읽는 것은 五十을 아래로 내려 쓸 경우 卒 자와 비슷하기 때문이다.

고주, 신주를 비롯한 대부분의 주가 비록 작은 차이는 있지만, 易을 『역경(易經)』으로 보고 공자가 『역경』을 공부할 필요성을 강조한 말로 해석하는 것은 동일하다. 『사기』「공자세가」에 공자가 易에 대한 공부를 열심히 하여 죽간(竹簡)을 엮은 가죽 끈이 세 번이나 끊어졌다는 고사가 실린 것이 그 결정적인 근거다.

그러나 이것은 세밀히 살펴볼 때 무리가 있다. 우선 공자가 그렇게 易을 중요시했다면 논어에 易에 대한 언급이 자주 나타나야 한다. 그러나 오늘날 논어 안에는 이 장 말고는 어느 곳에서도 易에 대한 언급은 없다. 자로 22에 지금의 『역경』 항괘(恒卦) 九三의 효사(爻辭)에 보이는 불항기덕 혹승지수(不恒其德, 或承之羞)란 말이 인용되어 있으나, 이것은 당시 전해오던 숙어(熟語)를 공자가 易과 상관없이 인용한 것으로 보아야 할 것이다. 또 헌문 28에 『역경』 간괘(艮卦) 상전(象傳)에 보이는 군자이사불출기위(君子以思不出其位)라는 말이 증자의 말로 나타나 있는데, 이것 역시 아마 당시 전해지던 숙어로 『역경』과는 무관한 것으로 보아야 할 것이다. 만일 공자나 증자가 易을 인용했다면 易曰이라고 해야 한다. 『사기』의 위편삼절(韋編三絕)의 고사와 논어에 易에 대한 언급이 전혀 없다는 사실은 명백히 상호 모순된다.

또 공자 사후 100여 년 후에 태어나 공자의 학문을 계승했다고 자처한 맹자 역시 그의 저서 『맹자』에서 易에 대해 단 한마디도 언급하지 않았다. 이는 맹자가 易에 대해 몰랐거나 또는 알았다 하더라도 공자와는 무관한 것으로 여겼음을 알려주는 또 다른 증거다. 가죽 끈이 세 번 끊어질 정도로 공자가 易에 심취했다는 것이 사실이라면 맹자가 그에 대해 언급하지 않았을 까닭이 없다.

易은 고대의 점술에서 기원했으며 지금까지도 점술서적으로 애용된다. 그러나 논어에 보이는 공자는 그러한 신비주의를 배척했다. 그는 천명(天命)을 부정하지는 않았으나 모든 것은 인간이 인간의 일을 다 하고 난 뒤의 문제라는 입장을 굳게 갖고 있었다. 그리하여 그는 천도에 대해 말하지 않았고(夫子之言性與天道 不可得而聞也 - 공야장12), 인간을 넘어서는 귀신에 대해서도 말하기를 꺼렸으며(子不語怪力亂神 - 술이20), 사람도 제대로 못 섬기는데 어찌 귀신을 제대로 섬길 수 있겠느냐(未能事人焉能事鬼 - 선진11)고 했고, 병을 낫게 해달라고 기도할 것을 요구하는 자로의 청을 거절했다(술이34). 그런 그가 점술서인 易을 애독했다는 것은 있을 수 없는 일이라고 생각된다. 易과 논어에 보이는 공자는 분명 서로 상반된다.

또 공자가 저술했다고 전해지는 易의 십익(十翼)은 공자의 후대인 전국시대 말에 이루어졌다고 하는 것이 오늘날 역사학계의 통설이다. 공자 시대에 오늘날 전해지는 易의 경(經)이 과연 존재하고 있었는지 여부는 불분명하지만 적어도 그것과 공자와는 무관한 것으로 보아야 한다.

사마천의 『사기』는 빼어난 문장과 탁월한 역사의식 때문에 고래로 애독되어왔으며, 그로 인해 『사기』의 내용은 거의 대부분이 무비판적으로 진실로 받아들여져 왔다. 그러나 그 내용 중 적어도 「공자세가」에 관한 한 상당 부분 믿기 어려운 것들이 있다. 우선 위편삼절의 고사가 그렇고, 또 공자가 노나라의 사구(司寇, 오늘날 법무장관) 벼슬을 했다는 기록 역시 그렇다.

논어에 그려진 공자는 자신의 이상을 펼치기 위해 무려 13년간이나 천하를 주유하다 결국 좌절만 한 채, 고향에 은거해 제자를 가르치고 학문을 연마하면서 말년을 보낸 사람이다. 만일 그가 정말 노나라의 사구 벼슬을 했다면 사구 자리에 있으면서 자신의 경륜을 펼친 행적이 논어 안에 상세히 기재되어 있어야 한다. 그러나 그런 행적은 논어 안에 한 군데도 없다. 오히려 자신은 대부의 말석에 있는 자라고 한 기록만 있을 뿐이다(以吾從大夫之後 - 선진7). 논어를 편찬한 공자의 제자들이 공자가 노나라의 사구 벼슬을 한 사실을 은폐하려 했거나 혹은 누락시켰다고 생각할 수는 없다. 왜냐하면 공자가 말했듯이 써주면 나아가 도를 행하는 것(用之則行 - 술이10)이 유가의 전통적 사상이기 때문이다.

공자와 비교적 가까운 시대의 문헌 중에 공자가 사구 벼슬을 했다는 기록이 보이는 것은 『춘추좌씨전』, 『맹자』, 『묵자(墨子)』 등이다. 『묵자』에 실린 내용은 「비유(非儒)하」편의 공자가 관문을 들어 올려 계손씨를 도망가게 했다는 믿지 못할 이야기뿐이다. 그마저도 크릴의 주장에 의하면 후세에 조작된 것이라고 한다. 또한 『춘추좌씨전』에도 공자가 사구 벼슬을 했다는 기록은 정공(定公) 원년에 공자가 사구가 되어 도랑을 파 제후들의 묘를 합쳤다는 기이한 내용뿐이다. 『맹자』에 나오는 내용도 「고자(告子)하」 6의 공자가 제사 때 쓴 구운 고기(燔肉)가 이르지 않아 사구 직을 버리고 떠났다는 이야기 하나다. 크릴은 이와 같은 것을 근거로 하여, 공자가 노나라의 사구 벼슬을 했다는 사실을 후대의 인물들에 의해 가공(架空)된 것으로 보고 있다 (H. G. 크릴, 『孔子, 인간과 신화』, 이성규 역, 지식산업사, pp.51~53).

이 밖에 『사기』「공자세가」의 내용 중 공자가 소정묘(少正卯)를 베어 죽였다는 기록도 가공의 것일 가능성을 부정할 수 없다. 공자와 가까운 시대의 문헌 속에서 확인할 수 없기 때문이다. 일찍이 청의 염약거(閻若璩, 1636~1704)를 위시한 많은 학자들이 그러한 사실이 없었다고 변증했다.

이러한 가공의 설화들 대부분은 공자가 사람들 사이에서 점점 추앙됨에 따라 자연스럽게 공자를 성인화하는 과정에서 생겨난 것들로 추정된다. 그러나 공자를 폄하(貶下)하기 위한 것들도 있다. 예를 들어 공자가 노자(老子)를 만나 그로부터 예를 배웠다는 설화는 도가(道家)가 유가(儒家)를 모해하기 위해 날조한 것일 가능성이 상당히 높다. 노자는 그 생존 여부조차 불확실한 가공의 인물이며, 그가 지었다는 『도덕경(道德經)』 또한 공자로부터 한참 뒤인 전국시대의 저술로 추정되기 때문이다.

논어조차 공자의 말이라고 보기에는 의심스러운, 어떤 것은 명백히 공자의 사상과 배치되는 것들이 뒤섞여 있는 것도 사실이다. 특히 논어의 후반 열 편이 그렇다. 그럼에도 현재 공자의 행적에 대해 신뢰할 수 있는 유일한 문헌은 논어밖에 없다는 것 또한 현실이다. 공자에 관한 기록을 접할 때 모두가 주의해야 할 점이다.

17

공자께서 기휘(忌諱)하지 않고 원문 그대로 바르게 읽으신 것은 『시』와 『서』를 읽으실 때와 예를 집행하실 때였다. 이때에는 모두 원문 그대로 바르게 읽으셨다.

子所雅言 詩 書 執禮. 皆雅言也.

아언(雅言)은 원문에 임금이나 조상의 이름자와 같은 글자가 나오더라도 그것을 피하지(忌諱) 않고 원문 그대로 읽는 것이다. 『시』와 『서』, 그리고 예를 집행할 때 기휘(忌諱)하지 않고 그대로 읽는 것은 본문의 뜻을 온전히 하기 위함이다. 고주의 정현의 설(說)이다.

유태공(劉台拱, 1751~1805)의 『논어변기(論語騈枝)』와 유보남의 『논어정의』는 雅言을 표준어로 풀이한다. 그런데 당시 표준어라는 개념이 있었는지는 의문이 든다. 주희는 雅言의 雅를 상(常)으로 풀이해 '항상 말씀하시는 것은'이라고 해석했다.

18

섭공이 자로에게 공자에 대해 물었으나 자로가 대답하지 못했다. 공자께서 말씀하셨다. "너는 어찌하여 '그 사람됨이 분발하면 밥 먹는 것도 잊으며, 즐기면 근심을 잊고, 늙음이 이르는 줄도 모릅니다'라고 말하지 아니했느냐?"

葉公問孔子於子路 子路不對. 子曰 女奚不曰 其爲人也 發憤忘食 樂以忘憂 不知老之將至云爾.

섭공(葉公)은 초(楚)의 葉(오늘날 허난성 예葉현 일대) 지방을 다스리던 사람으로, 성은 심(沈), 이름은 저량(諸梁)이다. 초에서 명망이 높았던 사람이다. 공은 원래 애공, 위령공과 같이 제후국의 군주를 칭하는 말이다. 그러나 초가 주(周)의 법제를 따르지 않고 스스로를 왕(王)이라고 칭했기 때문에 초의 대부인 섭공도 공이라 칭한 것이다.

발분망식(發憤忘食)은 아직 이치를 터득하지 못하면 학문에 분발해 끼니조차 잊는 것이고, 낙이망우(樂以忘憂)는 이치를 터득하면 그것을 즐겨 근심을 잊는 것이다.

자로가 스승을 가까이 모신 지 오래되어 스승에 대해 모를 리 없지만, 갑작스러운 질문에 무어라 한마디로 대답하지 못한 것이다. 안연도 공자에 대해 "우러러볼수록 더욱 높으시며 뚫을수록 더욱 단단하시다. 바라보면 앞에 계시더니 홀연 뒤에 계신다(仰之彌高 鑽之彌堅 瞻之在前 忽然在後-자한10)"라고 한 바 있으니, 자로가 공자에 대해 한마디로 말하기란 실로 어려웠으리라. 공자는 스스로를 항상 학문을 좋아하는 사람이라고 생각하고 있었다.

● 공자가 자신을 학문을 좋아하는 사람으로 자처하고 있었음은 공야장27, 술이2에서도 알 수 있다.

19

공자께서 말씀하셨다. "나는 태어날 때부터 아는 사람이 아니다. 옛것을 좋아해 힘써 탐구하는 사람이다."

子曰 我非生而知之者. 好古 敏以求之者也.

민(敏)은 유보남의 『논어정의』에 의하면 면(勉)으로 힘쓰는 것이다. 앞의 글과 마찬가지로 배움의 중요성을 말하고 있다. 공자의 학덕은 저절로 이루어진 것이 아니라 힘써 옛 문헌을 탐구하고 깊이 사고한 노력의 결과다.

● 계씨9에 "태어나면서부터 아는 자가 으뜸이요, 배워서 아는 자는 그다음이고, 곤궁해져 배우는 자는 또 그다음이며, 곤궁해져도 배우지 않는 자는 백성으로 가장 못난 사람이다"라는 말이 있다. 술이1에서도 공자는 자신이 옛것을 좋아하는 사람이라 말한다.

20

 공자께서는 괴이한 일과 완력에 대한 것, 세상을 어지럽히는 것 그리고 귀신에 대해서는 말씀하시지 않으셨다.

子不語怪力亂神.

오규 소라이의 『논어징』에 의하면 어(語)는 그냥 말하는 것이 아니라 남에게 가르치며 말하는 것이다. 신주에 인용된 사량좌의 말로 해설을 대신한다. "성인은 정상적인 것(常)을 말하고 괴이한 것(怪)을 말하지 않으며, 덕(德)을 말하고 완력(力)을 말하지 않으며, 다스리는 것(治)을 말하고 어지러움(亂)을 말하지 않으며, 사람(人)을 말하고 귀신(神)을 말하지 않는다."
 한편 황간의 『논어의소』에 인용된 이충의 주장에 의하면 괴력난신(怪力亂神)은 怪力과 亂神 두 가지를 가리키는 것이다. 이치에서 나오지 않은 힘이 괴력(怪力)이며, 바르지 못한 곳에서 유래한 신(神)이 난신(亂神)이라고 한다.

21

 공자께서 말씀하셨다. "세 사람이 가면 거기에는 반드시 나의 스승이 있으니, 좋은 것을 골라 그것을 따르고, 좋지 않은 것을 골라 그것을 고친다."

子曰 三人行 必有我師焉. 擇其善者而從之 其不善者而改之.

비록 나를 뺀 두 사람에 불과하다 하더라도 그중에는 무언가 나보다 나은 점이 한 가지는 있을 것이다. 그것을 따라 배운다. 좋지 못한 점이 있으면 그것을 보고 나의 허물을 고친다. 그러니 나의 스승이 될 수 있는 것이다. 다산에 의거했다.

주희나 형병은 세 사람 중 하나는 나이고, 또 한 사람은 언행(言行)이 선한 자, 나머지 한 사람은 선하지 않은 자이니, 선한 자를 따르고 선하지 않은 자에게서는 나의 허물을 고친다는 뜻으로 풀이한다. 그러나 다산의 지적대로 세 사람 중 꼭 한 사람은 선하고, 한 사람은 선하지 않다는 가정 자체가 사리에 맞지 않는다고 생각된다.

이인17

22

공자께서 말씀하셨다. "하늘이 나에게 덕을 내리셨는데 환퇴가 나를 어찌하겠는가?"

子曰 天生德於予 桓魋其如予何.

환퇴(桓魋)는 송(宋)의 사마(司馬, 오늘날 국방장관)로, 성은 상(向)이요, 퇴는 이름이다. 송환공(宋桓公)의 후예이므로 환씨라고도 한다. 사마천은 『사기』 「공자세가」에서 "공자가 조(曹)를 떠나 송으로 갔다. 공자는 제자들과 큰 나무 아래서 예에 대해 강습하고 있었다. 그때 송의 사마 환퇴가 공자를 죽이려고 그 나무를 뽑아버렸다. 공자는 그곳을 떠날 수밖에 없었다. 제자들이 말했다. '빨리 떠나시는 것이 좋겠습니다.'"라는 믿기 어려운 기이한(사람을 죽이기 위해 큰 나무를 뽑는다는 사실 자체가 이해가 안 되는 말이다) 일화(逸話)를 소개한 뒤, 바로 연이어 공자의 이 말을 기록했다.

공자가 말한 덕이란 고래로부터 내려오는 문물(선왕의 도)을 이어받아 후대에 전할 수 있는 능력이다. 공자는 자신의 사명이 선왕(先王)의 도(道)를 후대에 전하는 것이라고 생각했고(자한5), 그에 대해 강한 신념을 가졌다. 그러한 자신감이 여기서도 잘 나타나고 있다. 공자의 자의식을 살필 수 있는 대목이다.

한편 오규 소라이는 德을 덕이 있는 사람(有德之人)으로 풀이한다. 즉 "하늘이 (나보고 가르치라고) 이렇게 덕이 있는 사람들을 내게 주셨는데 환퇴가 나를 어찌하겠는가?"로 해석한다. 공자가 교학(敎學)을 자임한 말로 풀이하는 것이다.

공자가 말한 하늘(天)이란 원래 주족(周族)의 최고신이었다. 은은 자신의 최고신을 제(帝)라고 칭했고, 주나라는 천(天)이라고 칭했다. 천은 우주의 최고 주재자, 인간 운명의 지배자로 숭상받았다. 그러나 인격신이라든가 또는 어떠한 종교적 체계하에서의 숭배의 대상은 아니었던 것 같다.

●
자한5

제7편. 술이(述而)

23

공자께서 말씀하셨다. "너희는 내가 숨기고 있다고 생각하느냐? 나는 너희에게 숨기는 것이 없다. 내가 무엇을 행하고 너희에게 알려주지 않은 것이 없으니, 이것이 바로 나다."

子曰 二三子以我爲隱乎 吾無隱乎爾. 吾無行而不與二三子者 是丘也.

이삼자(二三子)는 제자들을 부르는 말로 '너희들'이라는 뜻이다. 여(與)는 시(示)로 보여주는 것이다. 신주에는 다음과 같은 북송의 학자 여대림(呂大臨, 1046~1092)의 말이 인용됐다. "성인은 도를 몸소 행함에 숨김이 없어 마치 천상(天象)처럼 밝으니, 지극한 가르침이 아닌 것이 없다. 항상 사람들에게 보여주나 사람들이 스스로 살피지 못한다."

학문이란 훌륭한 스승이 가르친다고 해서 결코 쉽게 얻어지는 것이 아니다. 본인 스스로의 노력이 뒤따르지 않는 한 높은 성취는 불가능하다. 공자의 학덕이 높고 깊어서 제자들이 아직 거기에 미치지 못한 것인데, 제자들 스스로 각고의 노력을 하지 않고 거꾸로 스승이 무언가 숨기고 가르치지 않은 것이 있지 않나 의심한 것이다.

공자는 흔히 중국 최초로 사학(私學)을 만들어, 제자들을 교육한 사람이라고 일컬어진다. 공자 이전에는 나라에서 필요로 하는 각 분야의 인력은 직업의 세습을 통해 확보됐다. 당연한 결과로 교육은 가문 내에서만 전해지는 비전(秘傳)의 형태로 이루어질 수밖에 없었다.

그러나 공자의 시대로 내려오면서 세습적인 신분 질서는 점차 붕괴되어 갔다. 또한 각 나라마다 부국강병을 위해 더 많은 전문가 집단을 필요로 하고 있었다. 비전의 형태로 가문 내에서만 전해지는 전통적인 교육으로는 도저히 이러한 새로운 시대적 요청에 부응할 수 없었다. 여기에 자연스럽게 이들을 양성할 새로운 교육 기관의 필요성이 대두됐다. 공자가 제자들을 모아 가르친 것은 공자 자신의 욕구도 있었겠지만 또한 이러한 시대적 요청이 반영된 것이었다.

한편 배우는 사람의 입장에서 보면 지식의 습득이야말로 세습의 굴레에서 벗어나 사회적으로 신분 상승을 할 수 있는 가장 빠른 지름길이었다. 그러기에 저마다 훌륭한 스승을 찾아 나섰다. 춘추전국시대의 제자백가(諸子百家)는 이러한 상황을 바탕으로 성립한 것이다.

24

공자께서는 네 가지로써 가르치셨으니, 글과 덕행과 성실과 신의였다.

子以四敎 文行忠信.

문(文)은 글, 행(行)은 덕행, 충(忠)은 성실, 신(信)은 신의다. 신주의 정이는 이렇게 말한다. "글을 배우고, 덕행을 닦으며, 성실과 신의를 마음에 보존케 하는 것으로 사람을 가르치신 것이나, 이 중에 성실과 신의가 근본이다."

25

공자께서 말씀하셨다. "성인은 내가 만나볼 수 없으니, 군자라도 만나볼 수 있다면 좋겠다."

공자께서 말씀하셨다. "착한 사람은 내가 만나볼 수 없으니, 마음이 한결같은 사람이라도 만나볼 수 있다면 좋겠다. 없으면서 있는 체하고, 비었으면서 가득 찬 체하며, 곤궁하면서 넉넉한 체하면, 한결같기가 어렵다."

子曰 聖人吾不得而見之矣 得見君子者 斯可矣.
공자께서 말씀하셨다. "성인은 내가 만나볼 수 없으니, 군자라도 만나볼 수 있다면 좋겠다."

子曰 善人吾不得而見之矣 得見有恒者 斯可矣. 亡而爲有 虛而爲盈 約而爲泰 難乎有恒矣.
공자께서 말씀하셨다. "착한 사람은 내가 만나볼 수 없으니, 마음이 한결같은 사람이라도 만나볼 수 있다면 좋겠다. 없으면서 있는 체하고, 비었으면서 가득 찬 체하며, 곤궁하면서 넉넉한 체하면, 한결같기가 어렵다."

항(恒)은 마음이 한결같아 변함이 없는 것이다. 거짓으로 꾸미는 자는 언젠가는 그 거짓이 탄로 나기 마련이다. 따라서 한결같을 수 없다.

중간에 있는 자왈(子曰)에 대해 주희는 잘못 들어간 연문(衍文)으로 보고 있다. 그러나 유보남은 『논어정의』에서 말한 때가 서로 다르기 때문에 子曰이 다시 쓰인 것이라고 한다.

고주나 오규 소라이는 세상에 명군(明君)이 없음을 한탄한 말이라고 하나, 그냥 그대로 세상에 사람이 없음을 한탄한 말로 읽는 것이 더 나을 것 같다.

●

자로22에 "사람이 한결같지 않으면 무의(巫醫)도 어쩔 수 없다"라는 말이 있다.

26

공자께서는 낚시질은 하시되 주낙질은 하지 않으셨고, 주살로 새를 잡되 둥지에서 잠자는 새는 쏘지 않으셨다.

子釣而不綱 弋不射宿.

강(綱)은 긴 줄에 많은 낚시를 매어 고기를 잡는 것으로, 주낙을 가리킨다. 고주나 신주 모두 설명이 같다. 그러나 다산이나 오규 소라이는 그물이란 뜻의 망(網)이 잘못 쓰인 것이라고 주장한다.
 익(弋)은 끈이 달린 화살, 즉 주살이다. 射는 쏘아 맞출 석으로 읽으며, 숙(宿)은 둥지에서 잠들어 있는 새다.
 어쩔 수 없어 낚시질과 사냥을 하기는 하나, 도에 어긋나지 않으려는 것이다.

제7편. 술이(述而) **327**

27

공자께서 말씀하셨다. "알지도 못하면서 지어내는 사람들이 있는 모양이나, 나는 그렇지 않다. 많이 듣고 보아 그 착한 것을 골라 따르고 기억하는 것이 아는 순서다."

子曰 蓋有不知而作之者 我無是也. 多聞擇其善者而從之 多見而識之 知之次也.

작(作)은 새로이 지어내는 것이고, 識은 기억한다는 뜻의 지로 읽는다. 차(次)는 순서다. 다문택기선자이종지 다견이지지(多聞擇其善者而從之 多見而識之)는 황간에 의하면 두 문장이 상호 보완 관계에 있는 호문(互文)이다. 많이 보고 많이 들어 그중 옳은 것을 따르고 기억하는 것이 지식을 늘려가는 순서다.

고주의 공안국은 次를 버금간다는 뜻으로 해석해 지지차야(知之次也)를 "태어나면서부터 아는 사람(生知)에 버금간다"로 해석했다. 주희는 그냥 "아는 것에 버금간다"라고만 해석한다.

●
많이 보고 많이 듣되 의심스러운 것은 제쳐놓고 그 나머지를 실천하면 후회와 허물이 적을 것이란 말이 위정18에 있다.

28

 호향(互鄕)의 사람들은 더불어 이야기하기 어려운 사람들인데, 그 마을 동자가 공자를 알현하자 문인들이 의아해했다.
 공자께서 말씀하셨다. "앞으로 나아가는 것은 허용하지만, 뒤로 물러나는 것은 허용하지 않는다. 어찌 그리 심하게 할 수 있겠는가? 사람이 자기 몸을 씻고 나오면, 그 씻음을 허용하고, 예전의 일은 남겨두지 않는다."

互鄕難與言 童子見. 門人惑.
호향(互鄕)의 사람들은 더불어 이야기하기 어려운 사람들인데, 그 마을 동자가 공자를 알현하자 문인들이 의아해했다.

호향(互鄕)은 마을 이름이나 확실한 위치는 불분명하다. 이 글로 보아 마을의 풍속이 좋지 않은 곳인 듯하다. 현(見)은 알현하는 것이다.

子曰 與其進也 不與其退也. 唯何甚. 人潔己以進 與其潔也 不保其往也.
공자께서 말씀하셨다. "앞으로 나아가는 것은 허용하지만, 뒤로 물러나는 것은 허용하지 않는다. 어찌 그리 심하게 할 수 있겠는가? 사람이 자기 몸을 씻고 나오면, 그 씻음을 허용하고, 예전의 일은 남겨두지 않는다."

여(與)는 허(許)로 허용하는 것이다. 여기진야 불여기퇴야(與其進也 不與其退也)는 선(善)으로 나아감은 허용하고, 악(惡)으로 후퇴하는 것은 허용하지 않는다는 말이다. 왕(往)은 전일(前日)이다. 주희에 의거했다.

자기 몸을 씻는다는 것은 허물을 고치고 선으로 나아가는 것이다. 누구나 과거의 허물을 씻고 선으로 나오면 그것을 인정하고 그를 상대해야지, 과거의 허물에 연연해서는 안 된다. 호향의 동자가 공자를 알현하고자 한 것은 도(道)로 나아가고자 한 것이다. 그 마음가짐을 높이 사야지, 과거의 허물에 연연해 그를 거절하는 것은 너무 심한 짓이다.

주희는 이 장에 착간(錯簡)이 있지 않나 의심하고 있다. 주희에 의하면 人潔己以進 이하의 14자는 與其進也의 앞에 있어야 한다고 한다. 또 형병의 『논어주소』에서 임공(琳公)은 互鄕難與言童子見으로 붙여 읽어야 한다고 주장한다. 호향 사람 전체가 더불어 이야기하기 어려운 사람이라는 것은 인정상 맞지 않는다는 이야기다. 따라서 호향 마을의 더불어 이야기하기 어려운 동자가 알현했다로 해석해야 한다는 것이 그의 주장이다.

29

공자께서 말씀하셨다. "인(仁)이 멀겠느냐? 내가 인을 원하면, 인이 이른다."

子曰 仁遠乎哉. 我欲仁 斯仁至矣.

누구나 인(仁)을 멀고 어렵게만 생각한다. 그러나 인은 결코 멀고 어려운 것이 아니다. 누구나 단 하루만이라도 인에 힘을 쏟을 능력을 갖고 있다(有能一日用其力於仁矣乎 我未見力不足者 - 이인6). 또 인을 행하는 것은 나로 말미암지 남으로부터 말미암는 것이 아니다(爲仁由己 而由人乎哉 - 안연1). 인은 내 마음의 문제일 뿐이다. 따라서 내가 인을 행하려고 하는 순간 즉시 내게 이른다.

오규 소라이는 인원호재(仁遠乎哉)를 "인은 멀구나!"의 감탄문으로 해석한다. 인은 천하를 평안케 하는 것을 일로 삼는데, 천하를 평안케 하는 것은 선왕의 도다. 그래서 먼 것이다. 그런데 공자는 선왕의 도를 말아서 품고 있기 때문에, 공자가 인을 원하면 인이 이른다는 게 그의 주장이다. 소라이의 말에 따르면 일반 사람에게 인이란 정말 먼 것이고, 따라서 그것을 배우려고 노력할 필요도 없는 것이 되고 만다. 다만 공자는 선왕의 도를 갖고 있기 때문에 멀지 않은 것인데, 그렇다면 후대에 소라이 본인을 비롯해 일반인들이 무엇 때문에 논어를 읽고 공부했는지 정말 이해가 되지 않는다. 해봤자 소용도 없는 것을 무엇 때문에 배웠는지…… 소라이 본인의 대답을 들어봤으면 좋겠다.

30

진(陳)나라 사패(司敗)가 물었다. "소공은 예를 아셨습니까?"
공자께서 말씀하셨다. "예를 아셨습니다."
공자께서 물러가시자, 무마기에게 읍을 해 불러 말했다. "내가 듣기로 군자는 편당을 짓지 않는다고 했는데, 군자도 또한 편당을 짓습니까? 소공이 오나라에서 부인을 맞아들여 성이 같았는데도 그 부인을 오맹자(吳孟子)라고 불렀습니다. 소공이 예를 안다면 누가 예를 모르겠습니까?"

무마기가 이를 고하자, 공자께서 말씀하셨다. "나는 다행이도다. 잘못이 있으면 남이 그것을 꼭 알려주는구나."

陳司敗問 昭公知禮乎.
진(陳)나라 사패(司敗)가 물었다. "소공은 예를 아셨습니까?"

진(陳)은 나라 이름으로 오늘날 허난성 화이양(淮陽)현 일대에 있던 작은 나라다. 사패(司敗)는 사구(司寇)라고도 하며 형벌을 관장한다. 혹자는 사람 이름이라고도 하나 확인할 수 없다. 소공(昭公)은 공자가 어렸을 때의 노나라 임금으로 이름은 주(裯)다. 재위년도는 BC 541~510년이다.

孔子曰 知禮.
공자께서 말씀하셨다. "예를 아셨습니다."

孔子退. 揖巫馬期而進之 曰 吾聞君子不黨 君子亦黨乎. 君取於吳 爲同姓 謂之吳孟子. 君而知禮 孰不知禮.
공자께서 물러가시자, 무마기에게 읍을 해 불러 말했다. "내가 듣기로 군자는 편당을 짓지 않는다고 했는데, 군자도 또한 편당을 짓습니까? 소공이 오나라에서 부인을 맞아들여 성이 같았는데도 그 부인을 오맹자(吳孟子)라고 불렀습니다. 소공이 예를 안다면 누가 예를 모르겠습니까?"

무마기(巫馬期)는 공자의 제자로 무마는 성, 기는 자로, 이름은 시(施)다. 『사기』「중니제자열전」에 의하면 공자보다 서른 살 어리다고 한다.

진지(進之)는 오게 하는 것이다. 당(黨)은 편당(偏黨)을 지어 서로의 잘못을 감싸주는 것이다.

주나라에서는 동성(同姓) 간의 결혼이 금지되어 있었다. 오(吳)는 문왕(文王)의 큰아버지인 태백(泰伯)의 후예이고, 노는 문왕의 아들인 주공(周公)의 후예이니 둘 다 같은 희(姬) 성이다. 따라서 소공과 오나라 여인과의 혼인은 법으로 금지된 것이었다. 원래 제후의 아내는 그 본국의 이름과 성으로 부르니, 오나라 출신의 소공 부인은 마땅히 오희(吳姬)라고 불러야만 했다. 오맹자(吳孟子)라고 한 것은 동성임을 숨기기 위해 성이 子인 것처럼 한 것이다. 사패가 그것을 지적하면서 공자가 노나라 사람이라 자기 나라 임금인 소공을 옹호하는 것이 아니냐는 뜻으로, 군자도 편당을 짓습니까 하고 물은 것이다.

巫馬期以告. 子曰 丘也幸. 苟有過 人必知之.
무마기가 이를 고하자, 공자께서 말씀하셨다. "나는 다행이도다. 잘못이 있으면 남이 그것을 꼭 알려주는구나."

공자가 소공이 동성의 여성을 아내로 취한 사실을 모를 리 없다. 다만 공자는 노의 백성 된 사람으로서 자기 임금의 허물을 입에 담기 어려웠으리라. 그래서 소공이 예를 안다고 대답했던 것이고, 사패의 날카로운 지적에 스스로 자신의 잘못을 시인한 것이다. 이상은 주희의 해설이다.

이토 진사이는 다르게 해설한다. 진사이에 따르면 성인도 잘못이 있을 수 있다는 것이다. 공자는 사패가 의도적으로 물어온 것이라고는 전혀 생각하지 않았기 때문에 그냥 무심코 대답했다. 그런데 그만 사패가 날카롭게 붙들고 물어지자 순순히 자기 잘못을 시인했다는 것이다. 주희가 그리는 공자가 절대 무오류의 인간인데 반해, 진사이의 공자는 훨씬 인간적이다. 다만 공자가 성인인 것은 잘못을 변명하려 하지 않고 즉각 시인하고 고쳤기 때문이다.

31

공자께서는 남과 함께 노래를 부르시다가 그 사람이 잘하면 반드시 다시 부르게 하시고, 뒤에 화답하셨다.

子與人歌而善 必使反之 而後和之.

다시 부르게 한 것은 그 사람으로부터 배우려고 한 것이요, 뒤에 화답한 것은 그 배운 것을 함께하고자 한 것이다.

32

공자께서 말씀하셨다. "글이야 어찌 내가 남만 같지 못하겠느냐? 그렇지만 몸소 군자의 도를 행하는 것은 아직 하지 못했다."

子曰 文 莫吾猶人也. 躬行君子 則吾未之有得.

막(莫)은 의문을 나타내는 말로 다산에 의하면 기불(豈不), 즉 '어찌 ~하지 않겠느냐'의 뜻이다.

겸손의 말로 보이지만, 어찌 보면 높은 학덕을 갖고서도 그것을 펼쳐 보일 기회가 없었던 공자의 한탄 섞인 독백일 수도 있다.

명의 양신(楊愼, 1488~1559)의 『단연총록(丹鉛總錄)』에는 연(燕)과 제(齊) 지방에서는 힘을 다해 노력하는 것(勉强)을 문막(文莫)이라고 한다는 난조(欒肇)의 설(說)이 소개되어 있다(『논어집석』에서 재인용). 오규 소라이도 같은 주장을 편다.

33

공자께서 말씀하셨다. "성(聖)과 인(仁)이라면 내가 어찌 감당하겠느냐? 혹시 그것을 행하기를 싫어하지 않고, 남을 가르치기를 게을리하지 않는 것이라면, 그렇다고 할 수 있다."

공서화가 말했다. "바로 그것이 제자가 배울 수 없는 것입니다."

子曰 若聖與仁 則吾豈敢. 抑爲之不厭 誨人不倦 則可謂云爾已矣.
공자께서 말씀하셨다. "성(聖)과 인(仁)이라면 내가 어찌 감당하겠느냐? 혹시 그것을 행하기를 싫어하지 않고, 남을 가르치기를 게을리하지 않는 것이라면, 그렇다고 할 수 있다."

위지불염(爲之不厭)의 爲之는 인성(仁聖)의 도를 행하는 것이고, 회인불권(誨人不倦)의 誨人은 이 인성의 도를 남에게 가르치는 것이다. 주희의 해설이다.

   다산은 爲之의 之는 학(學)을 가리키는 것으로, 장차 성(聖)을 이루려는 것이고, 誨人은 가르치는 것으로 仁을 넓히려는 것이라고 풀이한다.

公西華曰 正唯弟子不能學也.
공서화가 말했다. "바로 그것이 제자가 배울 수 없는 것입니다."

누군가가 공자를 성인(聖人)이나 인자(仁者)에 비유한 모양이다. 그에 대한 공자의 겸양의 말이다. 세상에 쓰이지 못하고 초야에 묻혀 있으면서도 세상을 원망하지 않고 묵묵히 학문을 연마하며 제자를 양성하는 공자의 모습과 또한 그 겸손함. 공서화에게는 이런 스승이 존경 이상의 대상이었으리라. 『맹자』「공손추상」2에도 비슷한 문답이 있다. 다만 거기에서는 자공과의 문답으로 기록되어 있다.

● 술이2에도 學而不厭 誨人不倦이란 말이 나온다.

34

공자께서 병환이 위중하시자, 자로가 기도드릴 것을 청했다. 공자께서 말씀하셨다. "그런 것이 있느냐?"

　자로가 대답했다. "있습니다. 뇌(誄)에 이르기를 '너를 천지신명께 빈다'라고 했습니다."

　공자께서 말씀하셨다. "나의 기도가 오래됐다."

子疾病 子路請禱. 子曰 有諸.
공자께서 병환이 위중하시자, 자로가 기도드릴 것을 청했다. 공자께서 말씀하셨다. "그런 것이 있느냐?"

질병(疾病)은 病이 중한 것이다. 도(禱)는 귀신에게 비는 것이다. 유저(有諸)는 기도를 드리는 선례(先例)나 근거가 있느냐란 뜻이다.

子路對曰 有之. 誄曰 禱爾于上下神祇.
자로가 대답했다. "있습니다. 뇌(誄)에 이르기를 '너를 천지신명께 빈다'라고 했습니다."

뇌(誄)는 죽은 이의 생전의 공덕을 칭송해 기리는 글이다. 『논어집석』에 인용된 황식삼의 주장에 의하면 誄는 讄가 잘못 쓰인 것이라고 한다. 그의 주장에 의하면 誄는 죽은 자에게 베풀어 시호를 삼는 것이고, 讄는 산 자에게 베풀어 복을 구하는 것인데, 공자가 아직 살아 있기 때문에 讄로 써야 한다고 한다.

　상하(上下)는 천지(天地)이며, 천(天)을 일컬어 신(神)이라 하고, 지(地)를 일컬어 기(祇)라고 한다.

子曰 丘之禱久矣.
공자께서 말씀하셨다. "나의 기도가 오래됐다."

나의 기도가 오래됐다는 말이 무슨 뜻인지는 불분명하다. 이토 진사이는 공자가 사람은 마땅히 사람의 도리를 스스로 다할 뿐, 망령되이 기도해서는 안 된다고 생각해서 이렇게 말했다고 해설한다. 즉 기도할 필요가 없다는 말을 나의 기도가 오래됐다는 식으로 말했다는 것이다. 인간으로 이 세상에 왔으면 인간의 도리를 다하다가 갈 뿐이다. 기도한다고 해서 그 기도가 이루어진다는 보장도 없다. 죽고 사는 것은 운명일 뿐이다.

　한편 주희에 의하면 기도는 잘못을 저질렀을 때 개과천선하면서 하늘의 도움을 비는 것이라고 한다. 공자는 성인이라 일찍이 잘못이 없어 다시 옮겨갈 선이 없으며, 평소의 행동도 이미 신명(神明)에 부합된다. 그래서 공자가 "나의 기도가 오래됐다"라고 말했다는 것이다. 공자가 스스로를 성인이라고 생각했을 리도 없으며, 또 어떻게 자신은 일찍이 잘못이 없어 다시 옮겨갈 선도 없다고 생각했을 수 있을까? 논어에 보이는 공자는 그런 건방진 사람이 아니다. 주희의 해설은 너무 인위적이고 가식적이다.

　인간으로서 할 수 있는 바를 먼저 다한 이후에, 나머지는 운명에 맡기는 것이 진정 인간의 도리일 것이다. 공자는 알 수 없는 초월적 존재에게 인간의 일을 떠넘기지 않았다. 공자는 인간의 차원을 뛰어넘는다고 생각되는 운명·하늘·귀신 등을 부정하지는 않았으나 그것은 인간의 일 밖의 것이고, 따라서 인간 세상에서 다룰 성질의 것은 아니라고 생각했다. 그에게는 자기가 어쩔 수 없는 것, 자기 밖에서 이루어지는 것은 관심의 대상이 아니었다.

공자의 관심은 자신이 할 수 있는 것 속에서 최선을 다하는 것이었다. 그는 무신론자는 아니었을지 모르나 인간본위주의자였음에는 틀림없다.

35

　공자께서 말씀하셨다. "사치하면 불손해지고, 검소하면 고루해지나, 불손하기보다는 차라리 고루하라."

―――

子曰 奢則不孫 儉則固. 與其不孫也 寧固.

불손한 것이나 고루한 것이나 모두 중용(中庸)에서 벗어나 한쪽으로 치우친 것이다. 그러나 불손함은 이미 예를 해친 것이고, 고루함은 아직 예에 미치지 못한 것이니, 사치해 불손한 것의 폐단이 훨씬 더 클 수밖에 없다.

● 팔일4에도 비슷한 내용이 있다.

36

　공자께서 말씀하셨다. "군자는 관대하고 넓으나, 소인은 근심이 많고 두려워한다."

子曰 君子坦蕩蕩 小人長戚戚.

탄탕탕(坦蕩蕩)은 관대하고 넓은 모습을 나타낸 말이요, 장척척(長戚戚)은 근심이 많아 두려워하는 모습을 나타낸 말이다. 고주의 정현의 설이다. 신주의 정이에 의하면 "군자는 순리대로 하기 때문에 항상 편안하고 태연하며, 소인은 사물에 부림당하기 때문에 항상 근심이 많다"고 한다.

자로26에는 "군자는 태연하나 교만하지 않다. 소인은 교만하나 태연하지 못하다"라는 말이 있다.

37

공자께서는 온화하시면서도 엄숙하셨고, 위엄이 있으면서도 사납지 않으셨으며, 공손하시면서도 편안하셨다.

子溫而厲 威而不猛 恭而安.

온화하면(溫) 엄숙하지(厲) 못하며, 위엄(威)이 있으면 사납게 보이고(猛), 공손하면(恭) 편안하지(安) 못한다. 그 반대 또한 마찬가지다. 공자가 어느 한 쪽으로 치우치지 않고 중화(中和)의 덕을 갖고 있음을 말한다.

제8편

태백 泰伯

1

공자께서 말씀하셨다. "태백은 덕이 지극하다고 할 수 있겠다. 세 번 천하를 양보했으나 백성이 그 덕을 칭송할 길이 없다."

子曰 泰伯其可謂至德也已矣. 三以天下讓 民無得而稱焉.

태백(泰伯)은 주의 태왕(大王) 고공단보(古公亶父)의 장자다. 태왕에게 아들이 셋 있었는데, 태백, 중옹(仲雍), 계력(季歷)이다. 태왕은 계력의 아들 창(昌)에게 성인(聖人)의 덕이 있다고 생각해 그가 나라를 계승하기를 희망했다. 이를 알아챈 태백과 중옹은 당시로는 오랑캐 땅인 오(吳, 오늘날의 쑤저우 蘇州 지방)로 달아났다. 태왕이 죽자 계력이 왕통을 잇고, 이어 창이 왕위에 오르니, 그가 문왕(文王)으로 천하의 3분의 2가 그의 수중에 들어왔다. 문왕의 아들 발(發)이 무왕(武王)으로 마침내 은을 멸하고 천하를 얻었다. 후에 태백은 오의 군주가 됐다.

세 번 양보했다는 것은 완강히 사양했음을 일컬은 말이다. 천하(天下)라는 말은 태백 당시에는 해당되지 않는다. 당시 주(周)는 산시(陝西)성 일대의 한 제후국에 불과했기 때문이다. 그러나 무왕 대에 이르러 천하의 주인이 되었기 때문에 그렇게 말한 것이다. 민무득이칭언(民無得而稱焉)은 태백의 자취가 흔적 없이 사라져버려 백성들이 무어라고 언급조차 할 수 없게 됐다는 말이다.

2

공자께서 말씀하셨다. "공손하되 예가 없으면 수고로워지며, 신중하되 예가 없으면 주눅이 들게 되고, 용감하되 예가 없으면 난폭해지며, 정직하되 예가 없으면 가혹해진다. 군자가 친척에게 돈독히 하면 백성들 사이에 어진 기풍이 일어나며, 옛 친구를 버리지 않으면 백성들이 각박해지지 않는다."

子曰 恭而無禮則勞 愼而無禮則葸 勇而無禮則亂 直而無禮則絞.
공자께서 말씀하셨다. "공손하되 예가 없으면 수고로워지며, 신중하되 예가 없으면 주눅이 들게 되고, 용감하되 예가 없으면 난폭해지며, 정직하되 예가 없으면 가혹해진다."

노(勞)는 수고로운 것이요, 사(葸)는 주눅이 들어 두려워하는 것이다. 난(亂)은 난폭한 것, 교(絞)는 가혹한 것이다. 예가 없다(無禮)는 말은 상대에 맞게 절제하지 않는 것이다. 공(恭)·신(愼)·용(勇)·직(直) 모두 다 좋은 덕목이나, 절제하지 못하고 지나치게 되면 그 폐해가 노(勞)·사(葸)·난(亂)·교(絞)로 나타나게 됨을 경계한 말이다.

君子篤於親 則民興於仁. 故舊不遺 則民不偸.
"군자가 친척에게 돈독히 하면 백성들 사이에 어진 기풍이 일어나며, 옛 친구를 버리지 않으면 백성들이 각박해지지 않는다."

독(篤)은 돈독한 것, 친(親)은 일가친척이다. 흥(興)은 기(起)로 일어나는 것이다. 고구(故舊)는 옛 친구요, 투(偸)는 인정이 각박한 것이다. 다산은 고구(故舊)를 선군(先君)의 옛 신하라고 달리 해석한다. 여기서의 군자(君子)는 남의 윗자리에 있는 사람이다. 위에 있는 자가 자신의 일가친척에게 돈독히 하면 백성들도 감화되어 자신의 친척들에게 도탑게 대한다. 마을 전체가 서로 인정이 두터워지면 그것이 다름 아닌 인(仁)이다. 위에 있는 자가 옛 친구를 잊지 않을 때 백성들도 감화되어 자연 인정이 두터워진다.

신주에서 송의 오역(吳棫, 1100~1154)은 君子篤於親 이하를 증자의 말로 보고 별도의 장으로 만들어야 한다고 주장한다. 주희도 그 견해에 찬성한다. 오규 소라이는 별도의 장으로 해야 한다는 데는 동의하나, 증자의 말이라는 데는 찬성하지 않는다.

●
양화8에서는 학문을 좋아하지 않을 경우의 여섯 가지 폐단을 말한다.

3

증자가 병이 위중해지자, 제자들을 불러 말했다. "내 발을 보고 내 손을 보아라. 시(詩)에 이르기를 '두려워하고 조심하기를, 깊은 연못가에 이른 듯, 얇은 얼음을 밟은 듯하라'고 했으니, 이제야 내가 면하게 되었음을 알게 되었구나, 애들아!"

曾子有疾. 召門弟子曰 啓予足 啓予手.

증자가 병이 위중해지자, 제자들을 불러 말했다. "내 발을 보고 내 손을 보아라."

증자가 공자보다 마흔여섯 살 아래라고 전해지고 있음을 미루어 볼 때, 공자 사후 몇십 년이 경과한 때의 일로 추정된다. 계(啓)는 고주의 정현에 의하면 개(開)로 여는 것이다. 계여족 계여수(啓予足 啓予手)는 이불을 열어젖히고 손과 발을 보라는 말로, 부모가 주신 내 육신이 온전히 잘 있는지 살펴보라는 뜻이다. 양백준은 啓를 본다는 뜻의 시(視)로 풀이한다.

詩云 戰戰兢兢 如臨深淵 如履薄氷. 而今而後 吾知免夫 小子.

"시(詩)에 이르기를 '두려워하고 조심하기를, 깊은 연못가에 이른 듯, 얇은 얼음을 밟은 듯하라'고 했으니, 이제야 내가 면하게 되었음을 알게 되었구나, 애들아!"

전전긍긍 여림심연 여리박빙(戰戰兢兢 如臨深淵 如履薄氷)은 『시경』 소아(小雅) 소민(小旻)의 마지막 장에 실려 있는 구절이다. 그 마지막 장은 다음과 같다.

> 맨손으로는 호랑이를 잡을 수 없고, 걸어서는 황하를 건널 수 없음을
> 사람마다 다 알고 있으나, 다른 것은 알지 못하네
> 두려워하고 조심하기를
> 깊은 연못가에 이른 듯, 엷은 얼음을 밟은 듯해야 한다네
> 不敢暴虎 不敢馮河

人知其一 莫知其他

戰戰兢兢

如臨深淵 如履薄氷

오지면부(吾知免夫)는 증자가 이제 죽음에 임하게 되어서야 비로소 부모로부터 받은 육신이 훼손되지 않도록 조심해야 하는 의무에서 벗어날 수 있게 되었음을 알게 됐다는 말이다.

증자가 죽음에 임하여 자신의 손과 발을 보이면서, 제자들에게 부모로부터 받은 육신을 온전히 간수하기 위해 자기처럼 항상 삼가고 조심할 것을 가르친 말이다. 많은 사람들이 『효경(孝經)』에 있는 "이 몸의 모든 것은 부모로부터 받은 것이니, 감히 훼손하지 않는 것이 효도의 시작이다(身體髮膚 受之父母 不敢毁傷 孝之始也)"라는 유명한 공자의 말과 이 구절을 연결한다. 그러나 『효경』은 공자보다 한참 뒤인 전국시대의 저술로 추정되기 때문에, 『효경』에 나타난 공자의 말의 진위 여부는 확인할 수 없다.

신주는 "신체도 함부로 훼손할 수 없거늘, 하물며 행동을 잘못해 부모를 욕되게 해서야 되겠는가?"라는 범조우의 말로 이 장에 대한 해설을 마쳤다.

4

증자가 병이 위중하자, 맹경자가 문안을 왔다. 증자가 말했다. "새가 장차 죽으려고 할 때는 그 울음소리가 슬프고, 사람이 장차 죽으려고 할 때는 그 말이 착하다고 합니다. 군자가 도(道)에서 귀중하게 생각하는 것이 셋 있으니, 몸가짐을 바로 하면 난폭함이나 거만함이 멀어질 것이며, 안색을 바로하면 믿음에 가까워질 것이며, 말을 바로 하면 비속함이나 어긋남이 멀어질 것입니다. 제사 때 그릇을 놓는 일 따위는 담당자들이 있습니다."

曾子有疾 孟敬子問之. 曾子言曰 鳥之將死 其鳴也哀. 人之將死 其言也善.

증자가 병이 위중하자, 맹경자가 문안을 왔다. 증자가 말했다. "새가 장차 죽으려고 할 때는 그 울음소리가 슬프고, 사람이 장차 죽으려고 할 때는 그 말이 착하다고 합니다."

맹경자(孟敬子)는 노나라의 대부로 성은 중손(仲孫), 이름은 첩(捷)이다. 삼환의 하나인 맹손씨로 맹무백의 아들이다.

증자왈(曾子曰)이라고 하지 않고 증자언왈(曾子言曰)이라고 한 것은 증자가 임종에 즈음해 한 말이라 존중하고자 한 것이다(황간의 『논어의소』).

조지장사 기명야애 인지장사 기언야선(鳥之將死 其鳴也哀 人之將死 其言也善)은 아마 당시 유행하던 숙어(熟語)로 생각된다. 증자는 말을 하기에 앞서 자신의 말을 잘 명심하라는 뜻으로 이와 같은 숙어를 인용했다. 새가 죽음에 즈음해 그 울음소리가 슬픈 것은 죽음을 두려워하기 때문이요, 사람이 죽음에 즈음해 하는 말이 선한 것은 아마 욕심이 없기 때문일 것이다.

君子所貴乎道者三. 動容貌 斯遠暴慢矣. 正顔色 斯近信矣. 出辭氣 斯遠鄙倍矣. 籩豆之事 則有司存.

"군자가 도(道)에서 귀중하게 생각하는 것이 셋 있으니, 몸가짐을 바로 하면 난폭함이나 거만함이 멀어질 것이며, 안색을 바로하면 믿음에 가까워질 것이며, 말을 바로 하면 비속함이나 어긋남이 멀어질 것입니다. 제사 때 그릇을 놓는 일 따위는 담당자들이 있습니다."

여기서의 군자는 지위를 갖고 한 말이다. 용모(容貌)는 몸가짐이다. 폭(暴)은 난폭함이요, 만(慢)은 거만함이다. 사기(辭氣)는 말투이고, 비(鄙)는 비속한 것, 배(倍)는 배(背)로 이치에 어긋난 것이다.

사원폭만의(斯遠暴慢矣), 사근신의(斯近信矣), 사원비배의(斯遠鄙倍矣)는 신주의 정호에 의하면 나에게서 暴慢이 멀어지고, 내가 믿음에 가까워지며, 나에게서 鄙倍가 멀어지는 것이다. 그러나 고주의 정현은 남이 나를 대할 때 暴慢이 멀어지고, 믿음에 가까워지며, 鄙倍가 멀어지는 것으로 해석한다. 형병은 『논어주소』에서 말하길 "사람이 서로 만날 때 먼저 용모를 보고, 그다음에 안색을 보며, 이어 말을 나눈다. 이런 까닭에 이 셋을 순서대로 말한 것이다"라고 한다.

변두(籩豆)는 제사 때 제물을 담는 그릇으로 籩은 대나무로 만든 것, 豆는 나무로 만든 것이다. 유사(有司)는 담당 관원이다.

군자가 학문을 하는 것은 수양을 쌓아 자신의 덕을 높이는 데 우선적인 목적이 있다. 제기를 놓는 위치나 순서 따위의 일들은 물론 불필요한 것은 아니지만 말단의 작은 일이다. 군자는 모름지기 근본에 힘써야 할 것이니, 학문의 근본은 몸과 마음을 닦아 자신의 덕을 높이는 것이다. 맹경자가 작은 규정에 지나치게 얽매이고, 몸가짐과 언행을 바로 하는 근본은 소홀히 하고 있었기 때문에 증자가 이렇게 말한 것이 아닐까 생각된다.

5

증자가 말했다. "능하면서도 능하지 못한 자에게 묻고, 많으면서도 적은 이에게 물으며, 있으면서도 없는 듯이 하고, 가득 찼으면서도 텅 빈 듯이 하며, 범해도 따지지 않았으니, 예전에 내 친구가 이렇게 했다."

曾子曰 以能問於不能 以多問於寡 有若無 實若虛 犯而不校. 昔者 吾友嘗從事於斯矣.

범이불교(犯而不校)의 犯은 자신에게 잘못을 범하는 것, 校는 주희에 의하면 계교(計校), 즉 따지는 것이다. 고주의 마융을 비롯해 대부분의 학자들이 예전의 내 친구가 안연을 가리키는 것으로 풀이하나, 꼭 안연인지는 분명치 않다. 안연이 덕행에 뛰어나기 때문에 그렇게 추정한 것이리라. 주희는 안연이 의리(義理)가 무궁하다는 것만 알고, 남과 나 사이에 간격이 있다는 것은 보지 않았기 때문에 능히 이와 같을 수 있었다고 한다. 다시 말해 자신이 하지 못하는 것, 알 수 없는 것이 많다는 사실만 알고 있을 뿐이지, 남이 나보다 나은지 아닌지는 생각하지 않았기 때문이라는 말이다.

6

증자가 말했다. "6척의 어린 임금을 부탁받을 만하고, 사방 100리나 되는 나라의 정치를 맡을 만하며, 큰일을 당해도 그 뜻을 빼앗기지 않는다면, 군자다운 사람일까? 군자다운 사람이다."

曾子曰 可以託六尺之孤 可以寄百里之命 臨大節而不可奪也. 君子人與, 君子人也.

6척(六尺)이라 함은 지금의 6척이 아니다. 고대의 척(尺)은 지금보다 길이가 짧아 6척이 대략 지금의 4척보다 약간 긴 정도였다. 형병의 『논어주소』에 인용된 정현의 해설에 의하면, 6척은 15세 이하를 말하는 것으로, 육척지고(六尺之孤)는 부왕이 일찍 죽어 어린 나이에 즉위한 임금을 말한다.

　백리지명(百里之命)은 사방이 100리가 되는 제후국의 정치를 뜻한다. 대절(大節)은 어렵고 중요한 일이다. 주희는 생사가 걸린 일이라고 풀이하나, 고주에서는 국가와 사직을 안정시키는 일이라고 한다. 군자인여 군자인야(君子人與 君子人也)의 與는 의문을 나타내고, 也는 단정하는 말이다. 스스로 묻고 스스로 대답함으로써 강한 확신을 나타냈다.

　어려운 고비에도 흔들림이 없고, 어린 임금을 도와 국정을 맡을 만한 사람이라면 진정 군자임에 틀림없을 것이다.

7

　증자가 말했다. "사(士)는 넓고 굳세지 않으면 안 될 것이니, 맡은 임무는 무겁고, 가야 할 길은 멀기 때문이다. 인(仁)으로써 자신의 임무를 삼으니 어찌 무겁지 않으며, 죽은 다음에야 끝나니 어찌 멀지 않겠느냐?"

曾子曰 士不可以不弘毅 任重而道遠. 仁以爲己任 不亦重乎. 死而後已 不亦遠乎.

홍(弘)은 마음이 넓은 것이요, 의(毅)는 의지가 굳센 것이다. 마음이 넓지 않으면 무거운 임무를 맡을 수 없으며, 의지가 굳세지 않으면 오래 지속할 수 없다.
  인(仁)은 군자가 평생 추구해야 할 과제다. 무거운 짐을 지고 먼 길을 가는 사람처럼 한순간도 쉬지 말고 꾸준히 나아가야 할 것이다.

8

공자께서 말씀하셨다. "시에서 일어나, 예에서 서며, 악에서 이룬다."

子曰 興於詩 立於禮 成於樂.

주희에 의하면 공부를 하는 순서라고 한다. 시(詩)는 그 말이 이해하기 쉽고, 또 인간의 마음을 감동시킨다. 그런 까닭에 공부는 시에서 감흥을 일으켜 뜻을 세우고, 예에서 꾸미고 절제하는 것을 배워 독립된 인격체로 우뚝 서며, 음악에서 조화를 이루어 완성한다.

한편 황간의 『논어의소』는 왕필을 인용해 정치를 하는 순서라고 풀이한다. 시를 채집해 백성들의 뜻과 풍속을 알고, 그것에 따라 제도를 만들어 예를 달성하고, 음악으로 감화해 공을 이룬다는 뜻이다.

9

공자께서 말씀하셨다. "백성은 따르게 할 수는 있으나, 알게 할 수는 없다."

子曰 民可使由之 不可使知之.

가(可)와 불가(不可)를 영어의 'can'과 'cannot', 즉 '할 수 있다'와 '할 수 없다'로 해석하는 견해와 'may'와 'must not', 즉 '해도 된다'와 '해서는 안 된다'로 해석하는 견해로 의견이 크게 갈린다. 전자는 다산과 주희 등이 주장하는 바로, 신주의 정이는 다음과 같이 말한다. "성인이 가르침을 베풀 때 사람마다 깨닫기를 원하지 않는 것은 아니나, 그들로 하여금 알게 할 수는 없고 다만 따르게만 할 수 있을 뿐이다. 만일 성인이 백성들로 하여금 알지 못하게 하려고 했다면 이는 후세의 조삼모사(朝三暮四)의 술수이니, 어찌 성인의 마음이겠는가?" 즉 알게 하고 싶지만 현실적으로 불가능하기 때문에 따르게만 할 수 있을 뿐이라는 말이다.

후자는 『후한서』 「방술전(方術傳)」의 주(注)에 인용된 정현, 황간의 『논어의소』에 인용된 장빙(張憑)등의 견해로 정현은 다음과 같이 말한다. "왕자는 가르침을 베풀어 사람들로 하여금 따르게 하는 데 힘써야 한다. 만일 모두가 그 본말을 알게 되면 혹 어리석은 자들이 가볍게 여기고 행하지 않을 수 있다"(『논어집석』에서 재인용). 백성으로 하여금 왜 그렇게 하는지 알게 해서는 안 된다는 이 주장은 사실상 백성을 어리석게 만들어야 한다는 우민정책으로, 아마 공자의 본뜻은 아닐 것이다. 왜냐하면 공자는 인간의 가능성을 누구보다 믿었고, 그랬기에 누구에게나 아무런 차별 없이 가르침을 베풀었기 때문이다(有敎無類 - 위령공38).

한편 청의 환무용은 『논어계』에서 民可 使由之. 不可 使知之로 끊어 읽어 "백성에게 그 가(可)한 것은 따르게 하고, 불가(不可)한 것도 또한 알게 해야 한다"라고 해석한다(『논어집석』에서 재인용).

10

공자께서 말씀하셨다. "용기를 좋아하면서 가난함을 미워하면 난을 일으키게 되며, 남이 어질지 않다고 하여 그를 너무 심하게 미워하면 난을 부르게 된다."

子曰 好勇疾貧 亂也. 人而不仁 疾之已甚 亂也.

용기는 훌륭한 미덕이나 절제하지 못하면 난의 원인이 된다(勇而無禮則亂 - 태백2). 용기를 좋아하면서 자신의 가난한 처지를 원망하면 혁명이나 반란을 꿈꾸게 된다. 남의 잘못을 너무 심하게 미워해도 그 용납하지 못함이 난의 원인이 된다.

원(元)의 허겸(許謙, 1270~1337)은 이 장과 관련해 『독사서총설(讀四書叢說)』에서 "어질지 못한 자를 미워하는 것은 당연하나 다만 시세(時勢)를 살펴야 한다. 시세가 어질지 못한 자를 능히 제압할 수 있는 형편이라면 어찌 난이 일어나겠는가? 그러나 시세가 능히 어질지 못한 자를 토벌할 형편이 아닌데도 너무 심하게 미워하면 난을 부르지 않은 적이 드물다. 한나라 때 환관(宦官)의 발호가 그런 것이고, 당나라의 말로(末路)도 또한 그런 류(類)이다"라고 말한다(『논어집석』에서 재인용).

●
용기와 난에 대해서는 태백2, 양화8, 23에서도 언급한다.

11

공자께서 말씀하셨다. "비록 주공과 같은 훌륭한 재능을 지니고 있다 하더라도, 교만하고 인색하다면 그 나머지는 족히 볼 것도 없다."

子曰 如有周公之才之美 使驕且吝 其餘不足觀也已.

재(才)는 재능이고 미(美)는 기예의 아름다움이다. 교(驕)는 교만한 것, 인(吝)은 인색한 것이다. 신주의 정이에 의하면 驕는 기(氣)가 가득한 것이고, 吝은 기가 부족한 것이다. 주희에 의하면 교만함은 인색함의 가지이고, 인색함은 교만함의 근본이다. 따라서 천하의 사람에게 징험해볼 때 교만하면서 인색하지 않은 사람이 없고, 인색하면서 교만하지 않은 사람이 없다고 한다. 이토 진사이에 의하면 교만하면 덕이 진보하지 않으며, 인색하면 덕이 넓어지지 않는다고 한다. 그러니 족히 볼 것이 없을 수밖에 없다.

12

공자께서 말씀하셨다. "3년을 공부하고서도 벼슬길에 나아가지 않고 학문에 전념하는 자를 쉽게 얻지 못하겠다."

子曰 三年學 不至於穀 不易得也.

부지어곡(不至於穀)의 至는 도(到)로 이르는 것, 穀은 벼슬길에 나아가 받는 녹(祿)으로, 不至於穀은 벼슬길에 나아가지 않고 학문에 전념하는 것이다. 주희는 지(至)를 지(志)로 써야 한다고 하면서 벼슬에 뜻을 두지 않는 것이라고 해석한다. 뜻에 큰 차이는 없으나, 주희의 주장은 청(淸)의 유학자들로부터 원문의 자구를 함부로 수정한다는 비판을 받았다. 여기서는 정수덕이 『논어집석』에서 인용한 이공의 『논어전주』에 의거했다.
  오랜 세월을 공부하고서도 벼슬에 유혹되지 않고 학문에 전념할 수 있다면 진정 학문을 좋아하는 자라 할 수 있을 것이다.
  고주의 공안국은 穀을 선(善)으로 해석해 "3년을 공부하고서도 선에 이르지 못하는 자는 찾기 어렵다"라고 풀이한다. 송의 장식도 『논어해』에서 穀

을 善으로 보았으나, 三年學不至於穀 不易得也로 끊어 읽어 "3년을 공부해서는 선에 이르지 못한다. 쉽게 얻을 수 없음이 이와 같다"라는 정반대의 의미로 해석한다(『논어집석』에서 재인용).

13

공자께서 말씀하셨다. "학문을 독실하게 믿고 좋아하며, 도를 죽음으로 지키고 닦는다. 위태로운 나라에는 들어가지 아니하며, 어지러운 나라에는 머물지 않는다. 천하에 도가 있으면 드러내고, 도가 없으면 감춘다. 나라에 도가 있는데 빈천한 것은 부끄러운 일이며, 나라에 도가 없는데 부귀한 것은 수치스러운 일이다."

子曰 篤信好學 守死善道. 危邦不入 亂邦不居.
공자께서 말씀하셨다. "학문을 독실하게 믿고 좋아하며, 도를 죽음으로 지키고 닦는다. 위태로운 나라에는 들어가지 아니하며, 어지러운 나라에는 머물지 않는다."

독신(篤信)과 호(好)의 대상은 학문(學)이다. 學을 독실하게 믿지 못한다면 좋아할 수 없다. 수사선도(守死善道)의 善은 다산에 의하면 닦는다는 뜻의 수(修)로, 도를 죽음으로 지키고 닦는 것이다. 도에 목숨을 걸 정도가 되어야 도를 닦는다고 말할 수 있다. 유월은 『군경평의』에서 善을 좋아한다는 뜻의 好로 읽을 것을 주장하고 있다. 다산을 따랐다.
위방(危邦)은 고주의 포함(包咸)에 의하면 난(亂)이 일어날 조짐이 있는 위태로운 나라다. 난방(亂邦)은 신하가 임금을 죽이고, 자식이 부모를 죽이는 그러한 나라다. 난이 일어날 조짐이 있는 위태로운 나라에는 들어갈 생각을 말아야 하고, 만일 난이 일어나고 있는 나라에 머무르고 있다면 한시도 지체하지 말고 떠나야 한다. 그러한 나라에서는 설사 그러한 위태로움과 어지러움을 다스릴 수 있는 능력이 있다 하더라도, 그 능력을 발휘할 기회조차 주어지지 않기 때문에 결국 자기에게 욕(辱)만 돌아올 뿐이다.

天下有道則見 無道則隱. 邦有道 貧且賤焉 恥也. 邦無道 富且貴焉 恥也.
천하에 도가 있으면 드러내고, 도가 없으면 감춘다. 나라에 도가 있는데 빈천한 것은 부끄러운 일이며, 나라에 도가 없는데 부귀한 것은 수치스러운 일이다."

자기의 학덕을 인정하고 그것을 발휘할 기회를 주는 그러한 세상(天下有道)이라면 세상에 나아가 자기의 능력을 드러내지만(見), 그렇지 못한 세상(無道)이라면 오히려 일신에 욕만 초래할 뿐이니 자신을 감추고 은거한다(隱). 나라에 도가 행해지면 마땅히 벼슬길에 나아가 백성을 위해 자기의 능력을 발휘해야 한다. 나라에 도가 있는데도 빈천하다면 자신의 학덕이 부족한 탓이니 부끄러운 일이다. 그러나 도가 행해지지 않을 때는 마땅히 은거하여 학덕의 수양에 힘쓸 것이다. 나라에 도가 없는데도 벼슬길에 나아가 부귀를 누리는 것은 지조가 없는 것이니, 또한 부끄러운 일이다.

주희는 다음과 같은 조설지(晁說之, 1059~1129)의 말로 이 장의 해설을 마쳤다. "배움이 있고 지키는 것이 있으며, 거취의 의리가 깨끗하고, 출처의 구분이 분명한 연후에 군자의 덕이 온전해진다."

공야장1, 20, 헌문1, 4, 위령공6에도 비슷한 내용이 있다.

14

공자께서 말씀하셨다. "그 지위에 있지 않고서는 정사를 도모하지 않는다."

子曰 不在其位 不謀其政.

그 지위에 있지 않은 자가 정사를 논하는 것은 무책임한 짓이며 주제넘은 짓이다. 공자는 그것을 경계한 것 같으나 오늘날의 민주 사회에서 그대로 받아들이기에는 무리가 있다.

신주에는 정이의 "그 지위에 있지 않다는 것은 직책을 맡지 않은 것이다. 그러나 만일 임금이나 대부가 물어올 경우 대답해 말하는 것은 있을 수 있다"라는 말이 인용되어 있다. 군자가 학덕을 수양하는 목적이 결국 백성을 평안케 하는 정치에 있는 만큼, 그 지위에 있지 않으면 정사에 대해 도모하지 말라는 공자의 말을 액면 그대로 받아들이기에는 주희 역시 망설임이 있었던 모양이다.

헌문27에서도 같은 말이 반복되고 헌문28에서는 비슷한 내용을 증자가 말한다.

15

공자께서 말씀하셨다. "태사 지의 연주로 시작해 관저의 합창으로 끝날 때까지 그 음악이 아름답게 귀에 가득 찼도다."

子曰 師摯之始 關雎之亂 洋洋乎盈耳哉.

사(師)는 태사(太師)로 악사장이며, 지(摯)는 당시 노나라 악사장의 이름이다. 시(始)는 연주의 시작이요, 난(亂)은 연주의 마지막이다. 당시 음악은 악사장의 연주로부터 시작해 시(詩)의 합창으로 끝을 맺었는데, 이것을 각각 승가(升歌), 합악(合樂)이라고 했다. 여기서의 始는 승가를, 亂은 합악을 가리키는 말이다. 관저(關雎)는 『시경』의 제일 처음에 나오는 국풍(國風) 주남(周南)의 첫 시다. 양양(洋洋)은 아름답게 가득 차는 것이다. 당시 노의 음악이 훌륭했음을 나타낸 말이다. 시(始)와 난(亂)의 의미를 놓고 고래로 해석이 분분하나, 여기서는 청 유태공의 『논어변기』의 주장을 따랐다(『논어집석』에서 재인용).

16

공자께서 말씀하셨다. "뜻은 높으면서도 곧지 않으며, 미련하면서도 성실하지 않으며, 어리석으면서도 믿을 수 없는 자, 이런 자들은 내가 알지 못한다."

子曰 狂而不直 侗而不愿 悾悾而不信 吾不知之矣.

광(狂)은 뜻은 높으나 행동이 못 미치는 것이며, 직(直)은 곧은 것이다. 통(侗)은 미련한 것, 원(愿)은 성실한 것이고, 공공(悾悾)은 능한 것이 없는 어리석은 모습이다. 인격상의 결함이 있다고 하여 모두 나쁜 점만 있는 것은 아니다. 뜻이 높은 자들은 대개 곧기 마련이며, 미련한 자는 성실하고, 어리석은 자는 그래도 거짓말은 안 하는 법이다. 그러나 그렇지 않다면 아무 짝에도 쓸 데가 없으니 상대할 필요조차 없다.

다음은 신주에 인용된 소식의 말이다. "하늘이 만물을 낳음에 그 기질은 고르지 않다. 중간 재주 이하는 이러한 덕이 있으면 이러한 병이 있고, 이러한 병이 있으면 이러한 덕이 있다. 발로 차고 이빨로 무는 말은 반드시 달리기를 잘하고, 달리기를 잘하지 못하는 말은 반드시 순하다. 이러한 병이 있으면서 이러한 덕이 없다면 천하에서 버림받을 재주다."

17

공자께서 말씀하셨다. "배움은 미치지 못하는 듯, 오히려 잃을까 두려워하는 듯해야 한다."

子曰 學如不及 猶恐失之.

배움의 길은 끝이 없다. 짐은 무겁고 길은 머니 죽은 뒤에나 끝난다고 증자도 말했다(任重而道遠 …… 死而後已 - 태백7). 다 배웠다고 자만하지 말고 항상 부족한 듯 꾸준히 해야 할 것이다.

18

공자께서 말씀하셨다. "높고 크도다. 순과 우께서는 천하를 가지셨으면서도 관여하지 않으셨도다."

子曰 巍巍乎. 舜禹之有天下也 而不與焉.

외외(巍巍)는 높고 큰 모양을 나타내는 말이다. 우(禹)는 하(夏) 왕조를 세운 시조로, 황하의 치수 사업에 공이 있어 순으로부터 왕위를 선양(禪讓)받았다고 전해진다. 여(與)는 자신이 직접 정치에 관여하는 것이다. 순과 우가 직접 정치에 관여하지 않고, 훌륭한 인재에게 정사를 맡겨 천하를 잘 다스린 것을 기린 말이다.

고주에서는 불여(不與)를 불여구(不與求)로 보아, 순과 우가 천하를 얻으려고 몸소 노력하지 않았음에도 천하를 얻은 것(전설에 의하면 순은 요에게, 우는 순에게 선양받아 왕이 됐다)을 찬양한 말이라고 해설한다. 그러나 하안의 이러한 주장은 유보남이 『논어정의』에서 밝히는 것처럼, 위(魏)나라 사람인 하안이 위가 한(漢)으로부터 선양의 형식으로 제위(帝位)를 찬탈한 것을 순과 우의 선양을 빌려 꾸며대기 위한 것으로 보아야 할 것이다.

한편 황간의 『논어의소』에 인용된 동진(東晉)의 강희(江熙)의 주장에 의하면, 여(與)는 함께하는 것으로 공자가 순, 우와 세상을 함께하지 못한 것을 한탄한 말이라고 한다.

●

위령공4에서도 순에 대해 비슷한 내용으로 찬양한다.

19

공자께서 말씀하셨다. "위대하시도다! 요의 임금 되심이여. 높고 크도다! 오직 하늘만이 위대한데, 요만이 본받으셨구나. 넓고 넓도다! 백성들은 무어라 이름 짓지 못하는구나. 높고 크도다! 그 공을 이루심이여. 빛나도다! 그 문물제도여."

子曰 大哉 堯之爲君也. 巍巍乎 唯天爲大 唯堯則之. 蕩蕩乎 民無能名焉. 巍巍乎 其有成功也. 煥乎 其有文章.

칙(則)은 법(法)으로 본받는 것이고, 탕탕(蕩蕩)은 넓고 우원(迂遠)한 모양이다. 명(名)은 이름 짓는 것이요, 환(煥)은 밝게 빛나는 모양이다. 문장은 문물제도를 말한다. 요의 성군(聖君)됨을 하늘에 빗대어 찬양했다.

유교 문화권에서 성군(聖君)으로 추앙받는 요와 순은 그 실재(實在)가 의심되는 전설상의 인물이다. 순에게서 선양받은 우(禹)가 세웠다는 하(夏)조차 아직 그 실재가 확인되지 않고 있다. 중국 역사에서 고고학적으로 그 실재가 확인되는 것은 은부터다.

그러나 공자가 살던 춘추시대에는 이미 요순에 대한 전설이 민간 사이에서 광범하게 자리 잡고 있었던 것으로 보인다. 논어는 요에 대해 네 번, 순에 대해 일곱 번이나 언급한다. 그중 후세에 첨가됐다고 생각되는 요왈편을 제외하면 요에 대해 세 번, 순에 대해 여섯 번이다. 춘추시대의 정치 사회적 혼란이 요와 순 같은 성군의 전설을 만들어냈다고 할 수 있겠다.

요순 전설의 핵심은 군주가 덕으로 나라를 다스려야 한다는 덕치(德治)와, 임금이 그 지위를 자기 자식에게 물려주지 않고, 덕이 있는 자에게 물려준다는 선양이다. 공자 당대에 덕치에 관한 전설은 이미 확립되어 있었던 것 같다. 논어 안에 보이는 요와 순에 관한 내용들이 그 증거다. 그러나 선양에 관한 전설은 아직 확립되어 있지 않았던 듯하다. 만일 그것이 확립되어 있었다면 덕이 있는 군자가 정치를 담당해야 한다고 생각한 공자가 그것을 인용하지 않았을 리 없다. 그러나 논어 안에는 요순의 선양에 대한 언급은 보이지 않는다. 문헌상으로 선양의 전설이 처음 언급된 것은 『묵자(墨子)』이며, 이후 『맹자(孟子)』에 이르러서야 비로소 오늘날 우리들이 알고 있는 바와 같은 내용이 나타난다.

20

순에게는 신하가 다섯 있었는데 천하가 다스려졌다.
무왕이 말했다. "내게는 훌륭한 신하가 열 사람 있다."
공자께서 말씀하셨다. "인재를 구하기 어렵다고 하더니 정말 그렇지 않은가? 요순시대 이후 이때가 인재가 가장 많았다. 그러나 부인이 있었으니 아홉 사람일 뿐이다. 천하를 셋으로 나누어 그 둘을 가졌음에도 은을 섬겼으니, 주의 덕은 아마 지극한 덕이라고 할 수 있을 것이다."

舜有臣五人而天下治.
순에게는 신하가 다섯 있었는데 천하가 다스려졌다.

순의 다섯 신하는 우(禹), 직(稷), 설(契), 고요(皐陶), 백익(伯益)이라 전해진다.

武王曰 予有亂臣十人.
무왕이 말했다. "내게는 훌륭한 신하가 열 사람 있다."

여유난신십인(予有亂臣十人)의 亂은 치(治)다. 한 글자가 본래의 뜻과는 정반대로 쓰이는 이른바 반훈(反訓)이다. 무왕의 열 신하는 태사(太姒), 주공(周公) 단(旦), 소공(昭公) 석(奭), 태공(太公) 망(望), 필공(畢公), 영공(榮公), 대전(大顚), 굉요(閎天), 산의생(散宜生), 남궁괄(南宮适)이라고 전해진다.

孔子曰 才難 不其然乎. 唐虞之際 於斯爲盛. 有婦人焉 九人而已. 三分天下有其二 以服事殷. 周之德 其可謂至德也已矣.

공자께서 말씀하셨다. "인재를 구하기 어렵다고 하더니 정말 그렇지 않은가? 요순시대 이후 이때가 인재가 가장 많았다. 그러나 부인이 있었으니 아홉 사람일 뿐이다. 천하를 셋으로 나누어 그 둘을 가졌음에도 은을 섬겼으니, 주의 덕은 아마 지극한 덕이라고 할 수 있을 것이다."

당(唐)은 요, 우(虞)는 순의 별칭이다. 당우지제 어사위성(唐虞之際 於斯爲盛)에 대해서는 고래로 해석이 엇갈리나, 여기서는 제(際)를 하(下)로 보아, 요순 이후 이때(무왕 때)에 이르러 인재가 가장 많았다라고 풀이한 유보남의 『논어정의』를 따랐다. 부인은 문왕의 비(妃)인 태사(太姒)를 말한다.

21

공자께서 말씀하셨다. "우는 내가 끼어들 수가 없구나. 마시고 드시는 것은 검소하게 하셨으면서도 귀신에 대한 제사에는 정성을 다하셨다. 평소 때 입는 의복은 검소하게 하셨으면서도 제례 때의 의복은 아름다움을 다하셨다. 자신의 궁궐은 초라하게 하셨어도 치수에는 힘을 다 기울이셨도다.

우는 내가 끼어들 수가 없구나."

子曰 禹 吾無間然矣. 菲飮食 而致孝乎鬼神. 惡衣服 而致美乎黻冕. 卑宮室 而盡力乎溝洫. 禹 吾無間然矣.

간(間)은 적호(翟灝, 1736~1788)의 『사서고이(四書考異)』에 의하면 간측(間厠)으로 곁에 끼어든다는 뜻이다(『논어집석』에서 재인용). 비(菲)는 박(薄)으로 엷은 것이다. 치효(致孝)는 효를 다함이니, 정성을 다하는 것이다. 의복(衣服)은 상복(常服)으로 평소에 입는 옷이다. 불(黻)은 제례 때 입는 수놓은 의복이고, 면(冕)은 구슬이 달린 관(冠)이다. 모두 제례 때 입는 것이다. 구혁(溝洫)은 치수를 위해 만든 크고 작은 도랑이다.

우가 자신에게는 소홀히 하면서도 백성을 위한 정사에는 정성을 다한 것을 기린 말이다.

주희는 간(間)을 하극(罅隙), 즉 남의 허물을 틈타 비방하는 것으로 해석한다.

제9편

자한 子罕

1

공자께서는 이(利)에 대해서는 좀처럼 말씀하시지 않으셨으나, 말씀하실 때에는 명(命)과 인(仁)과 함께 하셨다.

子罕言利 與命與仁

불과 여덟 자의 간결한 문장이지만 옛날부터 해석이 분분한 대목이다. 한(罕)은 희(希)로 드문 것이다.

진천상은 『사서변의』에서 이 문장을 子罕言利 與命與仁로 끊어 읽을 것을 주장한다. 여(與)를 종(從)으로 읽으면 "공자께서는 이(利)에 대해서는 좀처럼 말씀하시지 않으셨고, 명과 인을 따르셨다"로 풀이된다. 청의 초순은 『논어보소』에서 위와 같이 끊어 읽을 것을 주장하면서도 조금 다른 주장을 편다. 즉 與를 利에 대해 언급한 것과 연관시키는 것이다. 초순에 따르면 이 문장은 "공자께서는 利에 대해서는 좀처럼 말씀하시지 않으셨으나, 말씀하실 때에는 命, 仁과 함께 하셨다"가 된다. 그에 의하면 옛말에 利라고 할 때는 모두 남에게 미치는 것을 말한 것이라 한다(古所謂利皆以及物言). 즉 남을 이롭게 한다는 뜻이라는 것이다. 그런데 춘추시대에 이르러 이 글자의 뜻이 전화되어 자기를 이롭게 한다는 뜻이 됐다고 한다. 따라서 그 利를 命, 仁과 관련지어 말할 때만이 의(義)가 될 수 있다는 것이다. 여기서는 초순의 주장을 따랐다.

하안의 고주나 주희의 신주는 모두 이 문장을 하나로 읽어 "공자께서는

利와 命과 仁에 대해서는 좀처럼 말씀하시지 않으셨다"라고 해석한다. 다산도 같은 입장이다. 그러나 이렇게 해석하는 데는 명백히 무리가 있다. 우선 논어가 비록 특정 주제를 다룬 체계적인 저술이 아니라 하더라도 仁은 논어의 중요한 주제 중의 하나다. 공자 사상의 핵심이 인이라는 것은, 인이라는 글자가 논어 안에 무려 105번이나 나오고 있다는 데서도 쉽게 확인된다. 그런데도 공자가 인에 대해 거의 언급하지 않았다고 해석하는 것은 상식적으로 납득이 가지 않는다. 그리고 이와 명, 인은 서로 대치되는 개념이다. 利가 남을 고려하지 않고 자기 자신만을 위한 것이라면, 命은 천도(天道)가 행해지는 것이요, 仁은 이기심을 버리고 남과 어울려 살아가는 것이다. 이렇게 利와 命, 仁이 서로 대치되고 있음에도 이 셋을 똑같이 취급해서 논한다는 것은 분명히 모순이 아닐 수 없다.

하안은 이 셋에 능히 미칠 수 있는 자가 드물기 때문에 좀처럼 언급하지 않은 것이라고 했지만 구구할 뿐이다. 주희 또한 정이를 인용해 리는 의(義)를 해치고, 命은 그 이치가 은미하며, 仁은 그 도(道)가 크기 때문이라고 하나 석연치 않다. 다산은 공자가 실제로 인에 대해서는 말을 많이 하지 않았으나 제자들이 하나도 빠짐없이 기록했기 때문에 많아 보이는 것이라고 하지만, 이 역시 궁색할 뿐이다.

2

달항당(達巷黨) 사람이 말했다. "위대하도다! 공자는. 널리 공부했으나 무어라 이름을 이룬 것이 없구나."

공자께서 그 말을 듣고 제자들에게 말씀하셨다. "내가 무엇을 잡을까?

말고삐를 잡을까? 활을 잡을까? 나는 말고삐를 잡겠다."

達巷黨人曰 大哉孔子. 博學而無所成名.
달항당(達巷黨) 사람이 말했다. "위대하도다! 공자는. 널리 공부했으나 무어라 이름을 이룬 것이 없구나."

달항당(達巷黨)은 지명이다. 그 사람이 누구인지는 분명하지 않다. 무소성명(無所成名)은 무어라 특정한 이름을 이룬 것이 없는 것이다. 달항당 사람이 공자가 무언가 특정하게 형용하지 못할 정도로 널리 공부한 것을 기려서 한 말이다.

　주희는 無所成名을 달항당 사람이 공자가 널리 공부했으면서도 무언가 특정 분야에서 이름을 이루지 못한 것을 애석히 여겨 한 말로 본다.

子聞之 謂門弟子曰 吾何執 執御乎 執射乎. 吾執御矣.
공자께서 그 말을 듣고 제자들에게 말씀하셨다. "내가 무엇을 잡을까? 말고삐를 잡을까? 활을 잡을까? 나는 말고삐를 잡겠다."

그 말에 대해 공자는 자기는 말고삐나 잡을 수 있을 뿐이라고 겸손함으로 일관한다.

3

공자께서 말씀하셨다. "삼실로 짠 관을 쓰는 것이 예인데, 지금은 명주실로 짠 것을 쓰고 있으니, 이것은 검소함이다. 나도 뭇사람을 따르리라. 당 아래에서 절을 하는 것이 예인데, 지금은 당 위에서 절을 하니, 이것은 거만함이다. 나는 비록 뭇사람과 어긋나더라도 당 아래를 따르겠다."

子曰 麻冕禮也. 今也純 儉 吾從衆. 拜下禮也. 今拜乎上 泰也 雖違衆 吾從下.

마면(麻冕)은 검은 삼실로 만든 관이다. 순(純)은 명주실이다. 주희에 의하면 삼실로 만든 관은 2,400가닥의 날 실(縷)을 쓰기 때문에, 명주실보다 훨씬 제작하기 힘들다고 한다. 당 아래에서 절을 한다는 것은 임금과 신하가 공식적인 예를 행할 때 신하가 먼저 당 아래에서 절을 한 뒤 당 위에 오르는 것을 말한다.

예와 풍습(風習)에 대한 공자의 자세를 알 수 있는 말이다. 예의 기본 정신에 어긋나지 않는다면 공자도 풍습을 거부하지 않는다. 그러나 예의 정신에 어긋난다면 홀로 외톨박이가 되더라도 풍습을 따르지 않고 예를 지킨다. 시세(時勢)의 변화를 수용하면서도 어디까지나 예의 기본 정신을 잃지 않으려고 하는 자세다.

4

공자께서는 네 가지를 끊으셨다. 억측하지 않으셨고, 기필코 하고자 하지 않으셨으며, 고집하지 않으셨고, 자신에 집착하지 않으셨다.

子絶四 毋意 毋必 毋固 毋我.

의(意)는 억(憶)으로 억측하는 것이다. 필(必)은 기필코 하고자 함이요, 고(固)는 고집하는 것, 아(我)는 자아에 집착하는 것이다. 하안에 의하면 도로써 헤아렸기 때문에 임의로 생각하지 않았으며, 쓰면 행하고 버리면 간직했기 때문에 꼭 하고자 하지 않았고, 가한 것도 불가한 것도 없기 때문에 행할 것을 고집하지 않았으며, 옛것을 조술하고 스스로 창작하지 않았으며 무리와 함께하면서도 스스로 달리하지 않고 오직 도만 따랐기 때문에 자기라는 생각을 갖지 않았다고 한다.

한편 주희는 무(毋)는 『사기』에는 無로 쓰여 있다고 하면서 금지한다는 뜻의 毋가 아니라 없다는 뜻의 無로 해석할 것을 주장한다. 그 이유는 공자는 성인이라 이미 意必固我를 끊으셨는데 어찌 금지할 필요가 있었겠냐는 것이다.

또 이 넷에 대해 다음과 같이 말했다. "이 넷은 서로 시작과 끝이 된다. 意에서 일어나, 必에서 이루어지고, 固에서 머무르다, 我에서 완성된다. 意와 必은 항상 일의 앞에 있고, 固와 我는 항상 일의 뒤에 있는데, 我에 이르러 다시 意를 낳고 물욕에 이끌려 끊임없이 순환하게 된다." 意를 망상(妄想),

我를 아집이나 아상(我相)으로 바꿔놓으면 주희의 말이 유가(儒家)의 말인지 불가(佛家)의 말인지 헷갈린다. 청대 학자들이 성리학을 석씨(釋氏, 석가모니를 지칭함)의 도로써 석씨를 비판한 학문이라 한 말이 전혀 틀리지 않다.

송(宋)의 정여해(鄭汝諧)는 『논어의원(論語意原)』에서 공자가 끊은(絶) 것은 意, 必, 固, 我가 아니라, 그것들을 금지하려는 마음(毋), 바로 그것이라는 정반대의 주장을 폈다(『논어집석』에서 재인용). 번뇌와 망상을 끊겠다는 그 생각조차 끊어야 깨달음에 이를 수 있다는 선가(禪家)의 가르침과 무슨 차이가 있는지 모르겠다.

5

공자께서 광 땅에서 두려운 일을 당하시자 말씀하셨다. "문왕께서 이미 돌아가시고 난 후, 이 도가 여기에 있지 아니한가? 하늘이 이 도를 없애려 했다면, 나중에 죽을 사람이 어찌 이 도에 관여할 수 있었겠는가? 하늘이 이 도를 없애려 하지 않는다면, 광 땅의 사람들이 나를 어찌하겠는가?"

子畏於匡. 曰 文王旣沒 文不在茲乎.
공자께서 광 땅에서 두려운 일을 당하시자 말씀하셨다. "문왕께서 이미 돌아가시고 난 후, 이 도가 여기에 있지 아니한가?

외(畏)는 다산에 의하면 두려운 일을 당하는 것이다. 주희는 경계하는 마음이 있는 것이라고 하고, 유월은 구금(拘禁)되는 것이라고 하고 있다. 광(匡)

은 지명으로, 위(衛)의 한 읍(邑)이라는 설과 송(宋)의 한 읍이라는 설 등 여러 설이 있다. 양백준은 오늘날 허난성 창위안(長垣)현 남서쪽 15리에 있는 쾅청(匡城)일 것이라고 추측한다.

공자가 광 땅에서 당한 어려운 일에 대해서는 『사기』「공자세가」에 다음의 내용이 전한다. 일찍이 노나라의 장수 양호(陽虎)가 광 땅을 침략해 난폭한 짓을 자행하고 물러난 일이 있었다. 그래서 공자가 광 땅에 도착했을 때, 광의 사람들이 공자의 외모가 양호와 비슷한 까닭에 그를 양호로 잘못 알고 닷새나 붙잡아 놓았다고 한다.

문왕은 주 왕조의 기초를 쌓은 임금으로 공자는 자신의 학문이 이 문왕의 도를 이어받은 것이라고 생각하고 있었다. 문(文)은 주희에 의하면 도가 드러난 것으로 예악제도를 일컫는 것이다. 공자가 말하는 선왕의 도(道)가 그것이다. 그러나 다산은 文이 주역(周易) 중 문왕이 짓고 공자가 후세에 전했다고 전해지는 단(彖)과 상(象)을 지칭하는 것이라고 한다.

天之將喪斯文也 後死者不得與於斯文也. 天之未喪斯文也 匡人其如予何.

하늘이 이 도를 없애려 했다면, 나중에 죽을 사람이 어찌 이 도에 관여할 수 있었겠는가? 하늘이 이 도를 없애려 하지 않는다면, 광 땅의 사람들이 나를 어찌하겠는가?"

후사자(後死者)는 문왕보다 나중에 죽을 사람을 말하니, 공자 자신을 일컬은 말이다.

스스로 옛 선왕의 도를 이었다고 생각하는 공자의 자의식을 엿볼 수 있다. 또한 자신의 삶에 대한 자긍심도 보이는 대목이다.

공자가 광 땅에서 두려운 일이 있었던 것에 대해서는 선진22에서도 언급한다.

6

태재가 자공에게 물었다. "선생님께서는 성인이신가? 어찌 그렇게도 재주가 많으신가?"

자공이 말했다. "진실로 하늘이 선생님을 성인으로 내리셔서 또한 재주도 많습니다."

공자께서 그 말을 듣고 말씀하셨다. "태재가 나를 알고 있구나. 나는 어렸을 때에 빈천했다. 그런 까닭에 하찮은 일에 많이 능했다. 군자는 재능이 많아야 할까? 그렇지 않다."

금로가 말했다. "선생님께서 말씀하시길 '나는 세상에 쓰이지 못한 까닭으로 여러 가지 기예를 익혔다'라고 하셨다."

大宰問於子貢曰 夫子聖者與 何其多能也.
태재가 자공에게 물었다. "선생님께서는 성인이신가? 어찌 그렇게도 재주가 많으신가?"

태재(大宰)는 벼슬 이름으로 재상(宰相)이다. 육덕명의 『경전석문』에 인용된 정현의 주장에 의하면 오(吳)의 태재 비(嚭)다. 그러나 확실하지는 않다. 태재는 공자가 재주 많은 것을 궁금히 여겨 혹시 하늘이 낸 성인이 아닌가 의심했다.

子貢曰 固天縱之將聖 又多能也.
자공이 말했다. "진실로 하늘이 선생님을 성인으로 내리셔서 또한 재주도 많습니다."

장(將)은 주희에 의하면 태(殆), 고주의 공안국(孔安國)에 의하면 대(大)다. 주희가 공자를 성인이라고 단언하지 않고 성인에 가까운(殆) 사람으로 풀이하고 있는 데 반해 공안국은 직접 대성인(大聖人)이라고 풀이했다.
   자공은 공자가 재주가 많은 이유를 하늘이 낸 성인이기 때문이라고 설명했다.

子聞之曰 大宰知我乎. 吾少也賤 故多能鄙事. 君子多乎哉 不多也.
공자께서 그 말을 듣고 말씀하셨다. "태재가 나를 알고 있구나. 나는 어렸을 때에 빈천했다. 그런 까닭에 하찮은 일에 많이 능했다. 군자는 재능이 많아야 할까? 그렇지 않다."

공자는 달랐다. 그는 자기가 재주 많은 것이 어렸을 때 가난해 먹고사느라 할 수 없이 그랬던 것이라고 변명한다. 겸손함이다. 한술 더 떠 공자는 말하길 군자는 재주가 많을 필요가 없다고까지 한다. 공자의 생각은 군자는 그 근본에 힘쓸 것이지 지엽말단에 연연할 필요는 없다는 것이리라.

牢曰 子云 吾不試 故藝.

제9편. 자한(子罕) **379**

금로가 말했다. "선생님께서 말씀하시길 '나는 세상에 쓰이지 못한 까닭으로 여러 가지 기예를 익혔다'라고 하셨다."

노(牢)는 공자의 제자로 성은 금(琴), 자는 자개(子開)다.

시(試)는 용(用)이다.

금로의 말은 앞의 말과 뜻을 같이한다. 신주의 오역의 주장에 의하면 공자의 제자들이 이 장을 기록할 때 금로가 예전에 들은 바도 이와 같아 그 뜻이 서로 가깝기 때문에 함께 기록한 것이라고 한다.

고주에서는 牢曰 이하를 별개의 장으로 나눈다.

7

공자께서 말씀하셨다. "내가 아는 것이 있느냐? 아는 것이 없다. 어느 하찮은 사람이 내게 물어오더라도, 비록 (내가) 어리석지만 나는 그 양끝을 두드려 다 밝혀준다."

子曰 吾有知乎哉 無知也. 有鄙夫問於我 空空如也. 我叩其兩端而竭焉.

지(知)는 아는 것으로, 공자가 아는 것이 없다고 한 것은 겸손의 말이다. 공공(空空)은 공공(悾悾)으로 고지식하고 어리석은 것을 말한다. 空空如에 대해 주희는 질문한 사람이 어리석은 것으로 보는데, 다산은 공자 본인이 어리석다고 한 것으로 본다. 여기서는 다산을 따랐다. 고(叩)는 두드리는 것이다. 양단(兩端)은 시종(始終), 본말(本末)을 가리킨다.

공자가 아무리 하찮은 사람이라 하더라도 결코 소홀히 하지 않고 성의를 다해 가르쳐주었음을 이야기하는 말이다.

8

공자께서 말씀하셨다. "봉황새도 이르지 않고, 황하에서 그림도 나오지 않으니, 나도 끝났구나."

子曰 鳳鳥不至 河不出圖 吾已矣夫.

봉황새는 전설상의 신비로운 새로 성왕(聖王)이 천하를 다스릴 때 나타난다고 한다. 순의 시대에 나타나 춤을 추었고, 문왕 때에 기산(岐山)에서 울었다고 한다. 하도(河圖)는 복희(伏羲) 때 황하의 용마(龍馬)가 등에 지고 나왔다는 그림으로, 또한 성왕을 상징하는 길조(吉兆)다.

공지가 성왕을 상징하는 상서(祥瑞)가 나타나지 않음을 한탄한 말로 고래로부터 두 가지 해석이 있어 왔다. 하나는 공자 자신이 상서가 없어 왕이 되지 못함을 한탄한 말이라고 보는 설(說)로, 한의 동중서(董仲舒, BC 179?~BC 104?) 등이 주장했고, 왕충이 쓴 『논형』「문공(問孔)」편에도 보인다. 또 하나는 공자를 이해하고 등용할 만한 성왕이 나타나지 않음을 한탄한 말이라는 설이다. 『한서(漢書)』「유림전(儒林傳)」에 보이며, 왕충의 『논형』「문공」편에도 혹자(或者)의 말로 소개되어 있다. 공자의 겸손함으로 볼 때 후자가 더 적합하지 않나 생각된다.

그러나 논어에 보이는 공자가 인간의 일에 충실하고, 인간을 벗어나는 운명이라든가 기타 초자연적인 것에 대해 언급하기를 회피해왔음에(子不語怪力亂神 - 술이20) 비추어 볼 때, 과연 진짜 공자의 말일까 의심이 드는 대목이기도 하다. 크릴은 후세의 위작(僞作)으로 본다.

한편 황간의 『논어의소』에는 이와 관련해 재미있는 해설이 실려 있다. 동진(東晉)의 손작(孫綽, 314~371)의 설로, 그에 의하면 이 장은 공자가 자신이 왕이 될 수 없음을 해명한 말이라고 한다. 공자는 대성인의 덕이 있었고 또 제자들은 모두 뛰어난 자질을 갖춘 인재들이었다. 이것은 위에서는 왕의 덕이 빛나고 아래에서는 장상(將相)이 구비되어 있는 형세여서 당시 군주들이 모두 꺼려하는 바였다. 그래서 공자가 이런 말을 함으로써 세인들의 의심을 해소한 것이라고 한다.

9

공자께서는 상복을 입은 자와 관복을 입은 자, 소경을 보았을 때는 비록 상대가 어리더라도 반드시 일어나셨으며, 지나쳐 가실 때에는 빠른 걸음으로 지나치셨다.

子見齊衰者 冕衣裳者與瞽者 見之 雖少必作, 過之 必趨.

자최(齊衰)는 상복이다. 면의상(冕衣裳)은 신분이 고귀한 자가 입는 관복으로, 冕은 관, 衣는 상의, 裳은 하의다. 고(瞽)는 소경이다. 작(作)은 일어나는 것이요, 추(趨)는 빠른 걸음으로 지나가는 것이다.

자리에서 일어나고 빠른 걸음으로 지나치는 것은 상복을 입은 자에게는 그 슬픔을 함께하고자 함이요, 관복을 입은 자에게는 경의를 나타내고, 소경에게는 동정을 나타내고자 함이다. 공자의 마음씀씀이가 사소한 일 하나하나에도 소홀히 지나치지 않았음을 나타낸 말이다.

신주에는 수소필작(雖少必作)의 少는 마땅히 앉는다는 뜻의 좌(坐)로 써야 한다는 혹자의 주장이 소개되어 있다.

10

안연이 탄식하며 말했다. "우러러볼수록 더욱 높으시며 뚫을수록 더욱 단단하시다. 바라보면 앞에 계시더니 홀연 뒤에 계시도다. 선생님께서는 차근차근히 사람을 잘 유도하시어 글로써 나를 넓혀주시고 예로써 나를 요약해주신다. 그만두려 해도 그만둘 수가 없다. 이미 나의 능력을 다했는데도 우뚝 서 계시는 것 같다. 비록 따르고자 하지만 따르지 못하겠다."

顏淵喟然歎曰 仰之彌高 鑽之彌堅. 瞻之在前 忽焉在後.
안연이 탄식하며 말했다. "우러러볼수록 더욱 높으시며 뚫을수록 더욱 단단하시다. 바라보면 앞에 계시더니 홀연 뒤에 계시도다."

위연(喟然)은 탄식하는 모양을 나타낸 말이다. 앙(仰)은 바라보는 것, 찬(鑽)은 뚫는 것이다. 미(彌)는 익(益)으로 '더욱'이라는 뜻이다.

우러러볼수록 더욱 높다는 말(仰之彌高)은 공자에게 미칠 수 없음을 나타내며, 뚫을수록 더욱 단단하다는 말(鑽之彌堅)은 공자에게 들어갈 수 없음을 나타낸다. 첨지재전 홀언재후(瞻之在前 忽焉在後)는 황홀해 형상할 수 없음을 말한다. 모두 공자의 도가 높고 무궁해, 다가갈 수도 파악할 수도 없음을 말하고 있다. 신주에 의거했다.

夫子循循然善誘人 博我以文 約我以禮.
선생님께서는 차근차근히 사람을 잘 유도하시어 글로써 나를 넓혀주시고 예로써 나를 요약해주신다.

순순연(循循然)은 순서대로 차근차근한 모양이다. 박아이문(博我以文)은 글을 통해 나의 견식을 넓히는 것이다. 약아이례(約我以禮)는 그렇게 넓어진 견식을 예로써 요약해 나를 단속하는 것이다. 예는 사물을 구분해 다르게 대하는 것이다. 아무리 견식이 넓다고 하더라도 그것을 구체적인 상황에 따라 사물을 구분해 각각 알맞게 대할 줄 모르면 헛배운 것이 된다. 따라서 예로써 요약해 나를 단속할 줄 알아야 한다.

欲罷不能. 旣竭吾才 如有所立卓爾. 雖欲從之 末由也已.
그만두려 해도 그만둘 수가 없다. 이미 나의 능력을 다했는데도 우뚝 서 계시는 것 같다. 비록 따르고자 하지만 따르지 못하겠다."

욕파불능(欲罷不能)은 마치 배고픈 자가 음식 먹는 것을 그만둘 수 없는 것과 같이, 이제 지쳐 그만두고자 해도 배움을 그만둘 수 없는 것이다. 탁이(卓爾)은 높이 우뚝 선 모양이다. 기갈오재 여유소립탁이 수욕종지 말유야이(旣竭吾才 如有所立卓爾 雖欲從之 末由也已)는 이미 힘이 다 빠져 더는 못 갈 것 같은데, 다시 앞에 우뚝 나타나 따라올 것을 손짓하니, 이에 또 따라 나서려 하지만 가도 가도 이르지 못할 뿐임을 나타낸 말이다. 공자가 사람을 잘 인도해 끊임없이 학문의 길로 나아가게 하나, 가도 가도 끝이 없음을 형용한 것이다.

주희는 이 장과 관련해 다음의 말들을 인용했다.

"이른바 우뚝 서 있다고 하는 것(卓爾)은 날마다 쓰고 행하는 사이에 있다는 것이지, 이른바 '깊고 어두워 말로 나타낼 수 없다'는 것은 아니다"(오역). "이 경지에 이르면 공부가 더욱 어려워지니, 바로 벼랑처럼 길이 끊어져(峻絶), 크게 힘을 쓴다고 해도 얻을 수가 없다"(정자). "도가 바랄만한 것임을 아는 선(善)에서부터 그것을 확충해 대(大)에 이르기까지는 힘써 행하는 것이 쌓여 될 수 있지만, 크고 조화를 부리는 성(聖)은 힘써 행한다고 하여 미칠 수 있는 것이 아니다. 바로 이것이 안자가 (성인의 경지에) 한 칸을 이르지 못한 이유다"(양시).

여기에 이르면 주희가 인용하는 사람들이 유가(儒家)인지 아니면 선방(禪房)의 선승(禪僧)인지 도저히 구분이 가지 않는다.

●

博我以文 約我以禮는 옹야25, 안연15에도 비슷한 표현이 보인다.

11

　공자께서 병이 위중하시자 자로가 문인들로 하여금 신하 노릇을 하게 했다.
　병이 차도가 있자 말씀하셨다. "오래되었느냐? 유가 속인 것이. 신하가 없는데도 신하가 있는 것처럼 꾸몄으니. 내가 누구를 속이겠는가? 하늘을 속이겠는가? 또 내가 그런 신하의 손에 죽느니 차라리 너희들의 손에 죽어야 하지 않겠느냐? 또 내가 가령 성대한 장례는 치르지 못한다 하더라도 길에서 죽기야 하겠느냐?"

子疾病 子路使門人爲臣.
공자께서 병이 위중하시자 자로가 문인들로 하여금 신하 노릇을 하게 했다.

　질병(疾病)은 병이 위중한 것이다. 자로사문인위신(子路使門人爲臣)의 신(臣)은 다산의 『논어고금주』에 의하면 『예기』「상대기(喪大記)」편에 보이는 소신(小臣)이다. 소신은 임금의 근신(近臣)으로 임금이 임종할 때 임금의 사지(四肢)를 붙잡는 사람이다. 원래 제후에게만 허용되는 것이나 자로가 스승을 공경한 나머지 문인들로 하여금 소신의 역을 맡게 한 것이다. 그러나 자로의 행위는 명백히 예에 어긋난 것이었다.
　자로는 공자의 문하 중 가장 나이가 많으면서도 성격은 직선적이고 솔직한 사람이었다. 일찍부터 공자를 따랐던 관계로 공자의 임종을 눈앞에 두고 여러 가지 상념이 교차했을 것이다. 무엇보다도 가슴이 아픈 것은 스승이 높은 학덕을 갖추고서도 경륜을 제대로 펴볼 기회조차 갖지 못했던 것이리라. 자로는 스승의 장례만큼은 성대하게 하고 싶은 마음에 이러한 무리를 범했다.

病間. 曰 久矣哉 由之行詐也 無臣而爲有臣. 吾誰欺 欺天乎. 且予與其死於臣之手也 無寧死於二三子之手乎. 且予縱不得大葬 予死於道路乎.

병이 차도가 있자 말씀하셨다. "오래되었느냐? 유가 속인 것이. 신하가 없는데도 신하가 있는 것처럼 꾸몄으니. 내가 누구를 속이겠는가? 하늘을 속이겠는가? 또 내가 그런 신하의 손에 죽느니 차라리 너희들의 손에 죽어야 하지 않겠느냐? 또 내가 가령 성대한 장례는 치르지 못한다 하더라도 길에서 죽기야 하겠느냐?"

간(間)은 병에 차도가 있는 것이다.

　공자는 자로의 참례를 단호히 거절한다. 공자가 자로의 마음을 이해하지 못했을 리 없지만 자로의 행위는 무엇보다 자신의 평생의 소신과 위배되는 것이다. 거짓되고 분수에 맞지 않는 예절은 그 동기가 무엇이든지 참례다. 공자는 거짓된 호화로운 장례보다는 자로의 그 애설한 사랑을 가슴에 안고 가는 것이 더 행복했으리라. 나를 그렇게 사랑하는 너희들이 있는데 설마 내가 길가에서 죽기야 하겠느냐? 스승과 제자 간의 사랑이 가슴에 와 닿게 절절하다.

　문인을 거짓 신하로라도 삼아 그토록 스승의 장례를 성대하게 치르고 싶어 한 자로이지만, 그는 결국 스승의 장례를 모시지 못하고 스승보다 먼저 세상을 떠나고 만다. 『사기』「중니제자열전」에서 전하는 바에 의하면 BC 480년의 일로, 자로는 위나라 괴외(蒯聵)와 첩(輒), 부자간의 왕권 싸움에 휘말려 애석하게 목숨을 잃는다. 공자는 그 소식을 듣고 "내가 유를 제자로 얻고 난 뒤부터는 악한 말이 내 귀에 들리지 않았다"고 하며 슬퍼했다고 한다.

12

자공이 말했다. "여기에 좋은 옥이 있다면 궤 속에 넣어 감추겠습니까? 아니면 좋은 장사치를 찾아 팔겠습니까?"
　공자께서 말씀하셨다. "팔아야지, 팔아야지. 나는 장사치를 기다리고 있다."

子貢曰 有美玉於斯. 韞匵而藏諸 求善賈而沽諸.
자공이 말했다. "여기에 좋은 옥이 있다면 궤 속에 넣어 감추겠습니까? 아니면 좋은 장사치를 찾아 팔겠습니까?"

온(韞)은 장(藏)으로 감추는 것이고, 독(匵)은 궤(匱)로 물건을 담아두는 상자다. 賈는 고로 읽으면 '장사치'라는 뜻이고, 가로 읽으면 '가격'이라는 뜻이다. 주희는 가로 읽었는데 그러면 공자가 가격이나 흥정하는 사람처럼 보일 수 있다. 따라서 여기서는 고로 읽었다. 반고의 『백호통(白虎通)』에 의하면 이곳저곳을 돌아다니며 물건을 파는 사람을 상(商)이라 하고, 한 곳에 있으면서 고객이 오기를 기다려 물건을 파는 사람을 고(賈)라고 한다. 고(沽)는 매(賣)로 파는 것이다.

　언어에 뛰어난 자공다운 말솜씨다. 자공은 공자가 높은 학덕을 지니고서도 초야에만 머물러 있는 것을 보고, 그 높은 학덕을 그냥 묵혀만 둘 것인지 아니면 세상에 나아가 벼슬할 것인지 궁금했다. 그래서 옥에 비유해 물었다.

子曰 沽之哉 沽之哉. 我待賈者也.
공자께서 말씀하셨다. "팔아야지, 팔아야지. 나는 장사치를 기다리고 있다."

이에 공자가 자신도 세상에 나아가고 싶으나 진실로 자신을 이해하고 등용해줄 사람을 기다리고 있는 것이라고 대답한다. 신주의 범조우는 이에 대해 다음과 같이 말했다. "군자가 일찍이 벼슬길에 나아가길 원하지 않는 것은 아니나 그 도(道)에 의하지 않는 것을 싫어할 뿐이다. 선비가 예를 기다리는 것은 마치 옥이 장사치를 기다리는 것과 같다. 만약 이윤(伊尹)이 초야에서 농사를 짓고, 백이(伯夷)와 태공(太公)이 바닷가에 살고 있더라도, 세상에 탕왕(湯王)과 무왕(武王)이 없었더라면 그것으로 그치고 말 뿐, 반드시 도를 굽히면서까지 사람을 따르고, 옥을 자랑하면서까지 팔려고 하지는 않았을 것이다."

13

　공자께서 구이(九夷) 땅에서 살고 싶어 했다. 어떤 사람이 말했다. "누추할 텐데, 어쩌시겠습니까?"

공자께서 말씀하셨다. "군자가 사는데 어찌 누추하겠습니까?"

子欲居九夷. 或曰 陋 如之何.

공자께서 구이(九夷) 땅에서 살고 싶어 했다. 어떤 사람이 말했다. "누추할 텐데, 어쩌시겠습니까?"

구이(九夷)는 중원 동쪽의 오랑캐로, 그 종족이 아홉이라 九夷라 부른다. 지금의 산둥성(山東省) 남부와 장쑤성(江蘇省) 북부 지역인 사수(泗水)와 회하(淮河) 사이에 거주하고 있었다고 한다.

子曰 君子居之 何陋之有.

공자께서 말씀하셨다. "군자가 사는데 어찌 누추하겠습니까?"

군자거지(君子居之)의 군자가 누구인지는 분명하지 않다. 주희는 공자 자신을 가리킨다고 했으나 이토 진사이는 구이의 땅에 있는 군자를 가리킨다고 했다. 진사이는 한술 더 떠 군자가 사는 구이의 땅이란 일본을 가리킨다고까지 했다.

도가 실행되지 않는 중원에 대한 실망감의 표현이다. 팔일5에서 오랑캐 땅에 임금이 있는 것이 중국의 없는 것보다 낫다(夷狄之有君 不如諸夏之亡也)고 한 것이나, 공야장6에서 뗏목을 타고 바다에 나아가고 싶다(道不行 乘桴浮于海)고 한 것과 같은 맥락이다.

14

공자께서 말씀하셨다. "내가 위에서 노로 돌아온 연후에 비로소 음악이 바로잡히고, 아와 송도 각각 제자리를 잡았다."

子曰 吾自衛反魯 然後樂正 雅頌各得其所.

아(雅)는 조정에서 공식 행사 때 연주하던 노래고, 송(頌)은 종묘에서 조상을 제사지낼 때 연주하던 노래다.

고주의 정현에 의하면 공자가 위에서 노로 돌아온 것은 노나라 애공(哀公) 11년 겨울로 BC 484년이라고 한다.『사기』「공자세가」에 의하면 공자는 그해 13년간의 주유(周遊)를 마치고 노나라로 돌아와 일흔세 살로 사망할 때까지 쭉 노나라에 머물러 있었다.

악정(樂正)에 대해서는 두 가지 설이 있다. 하나는『시경』의 악장(樂章)을 바로잡았다는 것으로 모기령 등이 주장했고, 또 다른 설은 그 음(音)을 바로잡았다는 것으로 포신언 등이 주장했다(『논어집석』에서 재인용).

15

공자께서 말씀하셨다. "나가서는 공경(公卿)을 섬기고, 들어와서는 부형(父兄)을 섬긴다. 초상 일에는 열심히 힘쓰고, 술로 인해 곤란해지지 않는다. 이런 일들이라면 내게 무슨 어려움이 있겠는가?"

子曰 出則事公卿 入則事父兄 喪事不敢不勉 不爲酒困 何有於我哉.

何有於我哉에 대해서는 술이2에서 설명한 바 있다. 스스로에 대한 겸손의 말이다.

16

공자께서 냇가에서 말씀하셨다. "흘러가는 것이 이와 같아서 밤낮으로 멈추지를 않는구나."

子在川上曰 逝者如斯夫 不舍晝夜.

사(舍)는 지(止)로 그치는 것이다.
　공자의 그 유명한 천상지탄(川上之歎)이다. 고래로 두 가지 엇갈린 해석이 있어왔다. 황간은 『논어의소』에서 공자가 끊임없이 흘러가는 시냇물을 바라보면서 덧없이 흘러가는 인생을 한탄한 것으로 풀이했다.
　그러나 주희를 위시한 송유(宋儒)들은 달리 해석했다. 송유들은 시냇물이 끊임없이 흘러가는 모습이 우주의 섭리, 즉 도(道)가 한시도 쉬지 않고 활동하는 것을 나타내는 것으로 이해했다. 그리하여 우리 인간도 저 시냇물과 같이 촌음(寸陰)도 함부로 낭비하지 말고 부지런히 학문을 연마해야 한다는 것이다. 송유들의 견해는 분명 지나치게 도학(道學)적이어서 받아들이기 쉽지 않다. 그러나 황간의 해석과 크게 배치된다고도 볼 수 없다. 왜냐하면 흘러간 세월의 허망함을 알게 되면 남은 시간의 귀중함을 알 수 있으며, 따라서 그 남은 기간 동안 최선을 다해야 함은 당연하기 때문이다.

『맹자』「이루(離婁)하」 18에 "원천(源泉)의 물은 항상 용솟음쳐 밤늦으로 멈추지 아니하고, 웅덩이를 다 채운 후 나아가 사해(四海)에 이른다. 근본이 있는 것은 이와 같다(原泉混混 不舍晝夜 盈科而後進 放乎四海 有本者如是)"는 말이 있다. 생각하건대 아마 송유의 해설은 맹자의 이 말에서 연유한 것 같다.

17

공자께서 말씀하셨다. "나는 덕을 좋아하기를 미녀를 좋아하듯 하는 사람을 아직 보지 못했다."

子曰 吾未見好德如好色者也.

이 세상에 미색을 좋아하는 사람은 많으나 덕을 좋아하는 사람은 적다. 공자의 한탄이지만 어느 시대에나 통용될 수 있는 말일 것이다. 한편 오규 소라이는 임금에 대해 말한 것이라고 하나 동의하기 어렵다.

공자는 부귀나 미색(美色) 등 인간의 욕망에 대해서 어떠한 입장을 갖고 있었을까? 우리의 선입관으로는 공자는 금욕주의자로서 인간의 모든 욕망을 부정한 사람처럼 생각될 것이다. 그러나 공자는 결코 인간의 모든 욕망을 일방적으로 부정한 사람은 아니다.

공자는 부귀는 인간 모두가 바라는 것이며, 빈천은 인간 모두가 싫어하는 것이라고 인정했다(富與貴 是人之所欲也 …… 貧與賤 是人之所惡也-이인5). 문제는 그것을 추구하는 방법이다. 부귀를 얻기 위해 도를 어기면 안 되는 것이다. 공자가 또한 경계한 것은 부유하다고 해서 분수를 잊고 방자해지는 것이다. 그러기에 공자는 부유하면서도 교만하지 말아야 하며, 더 나아가 예를 잊지 말아야 한다고 말했다(학이15). 문제는 부귀 그 자체가 아니라 그것을 얻는 방법과 이후의 처신인 것이다.

논어에서 공자가 미색에 대해 언급한 것은 이곳 외에 학이7에서 어진 이를 어질게 대하기를 아름다운 여인을 좋아하듯 하라(賢賢易色)는 것 정도다. 이 두 대목만 갖고 판단하는 것은 좀 무리가 있으나, 앞의 부귀의 예와 같이 미색에 대해서도 공자가 그것을 일단 인간의 자연스러운 욕망으로 인정한 후, 그 마음과 같은 자세로 어진 사람이나 덕 있는 사람을 대하라고 했음에는 틀림없다. 만일 공자가 미색을 인간의 자연스러운 욕망으로 인정하지 않았다면 미색을 경계하라는 말이 논어에 자주 나왔을 것이나, 논어에서 공자가 미색에 대해 경계한 말은 젊어 혈기가 넘칠 때 미색을 조심하라는 것뿐이다(少之時血氣未定 戒之在色-계씨7).

술에 대해서도 마찬가지다. 공자는 술에 대해 알아서 자기 양껏 마시되, 술로 인해서 실수를 하거나 추태를 부려서는 안 된다(不爲酒困-자한15\唯酒無量 不及亂-향당8)고만 했을 뿐이다.

부귀나 미색, 음주 등은 인간의 자연스러운 욕망이다. 그러나 그것은 일정한 규범(道)을 어기지 않는 속에서 추구되어야 한다. 그리고 군자라면 그러한 것에 대한 욕망보다는 도를 추구하고 자신의 학덕을 높이며 나아가 천하 만민의 행복을 추구하는 일에 더욱 관심이 있을 것이고, 그 속에서 더 큰 만족을 느낄 것이다. 아마 이런 것이 공자의 생각은 아니었을는지.

● 위령공12에 같은 구절이 있다.

18

공자께서 말씀하셨다. "산을 만드는 데 비유하건대 한 삼태기가 모자란다 하더라도, 그만두었다면 내가 그만둔 것이다. 땅을 고르는 데 비유하건대 비록 한 삼태기만 덮었다 하더라도, 나아가면 내가 나아간 것이다."

子曰 譬如爲山 未成一簣 止 吾止也. 譬如平地 雖覆一簣 進 吾往也.

궤(簣)는 흙을 담는 삼태기다.

공을 이루고 못 이룸은 모두 자기의 책임이다. 비록 다 이루었으나 한 삼태기가 빠진 채 그만두었다면 그것은 자기가 그만둔 것이요, 비록 한 삼태기 밖에 이룬 것이 없어도 이루었으면 자기가 이룬 것이다. 배우는 자가 항상 쉬지 않고 연마해야 함(自强不息)을 강조한 말이다. 주희의 해설을 따랐다. 다산도 같은 입장이다.

고주의 포함이나 마융은 "산을 만드는 데 비유하건대 한 삼태기가 모자
란다 하더라도 그만두는 자는 나도 그만둔다. 땅을 고르는 데 비유하건대
비록 한 삼태기만 덮었다 하더라도 나아가는 자는 나도 함께 가준다"라고
해석했다. 즉 그전의 공이 아무리 크다 하더라도 중도에서 그만두는 자와
는 나도 함께하지 않으며, 그전의 공이 아무리 작다 하더라도 계속 나아가
는 자와는 나도 함께 나아간다는 뜻이다.

19

공자께서 말씀하셨다. "말해줌에 게을리하지 않는 자는 아마 안회일 것
이다."

子曰 語之而不惰者 其回也與.

타(惰)는 실행하는 것을 게을리하는 것이다.
    안회의 배우는 자세가 진지함을 칭찬한 말이다.

20

공자께서 안연에 대해 말씀하셨다. "애석하도다! 나는 그가 나아가는 것
은 보았지만 멈추는 것은 보지 못했다."

子謂顔淵曰 惜乎 吾見其進也 未見其止也.

애석한 것은 그가 이미 죽고 세상에 없기 때문이다.
  안연이 평생을 쉬지 않고 학문 연마에 충실했던 것을 칭찬한 말이다.

21

  공자께서 말씀하셨다. "싹은 텄으나 이삭이 패지 못하는 것도 있고, 이삭은 팼으나 낟알이 영글지 못하는 것도 있다."

子曰 苗而不秀者有矣夫 秀而不實者有矣夫.

묘(苗)는 곡식이 싹이 트는 것이요, 수(秀)는 이삭이 패는 것, 실(實)은 낟알이 영그는 것이다. 유의부(有矣夫)는 환무용의 『논어계』에 의하면 항상 있는 것이 아님을 나타내는 말이다(『논어집석』에서 재인용). 즉 어쩌다 간혹 그런 일이 있나는 것이다.
  전도(前途)가 촉망되던 사람이 피치 못할 사정으로 결실을 맺지 못하고 중도에 쓰러지게 될 때 하는 말이다. 주로 수재가 학문을 이루지 못하고 요절할 때 쓰인다. 황간은 『논어의소』에서 앞 장과 연관 지어 공자가 안연의 요절(夭折)을 애석하게 여겨 한 말이라고 한다.

22

공자께서 말씀하셨다. "젊은이는 두려우니, 어찌 올 것이 지금만 못하다고 생각할 수 있겠는가? 그러나 마흔, 쉰이 되도록 이름이 들리지 않는다면 이는 역시 두려워할 만하지 않다."

子曰 後生可畏 焉知來者之不如今也. 四十五十而無聞焉 斯亦不足畏也已.

후생(後生)은 자기보다 뒤에 태어난 사람을 가리키는 말로 젊은이를 뜻한다. 내자(來者)는 젊은이의 장래이고, 금(今)은 지금의 나다. 문(聞)은 세상에 이름이 들리는 것이다.

청년의 가능성을 존중하는 말로 널리 쓰이는 후생가외(後生可畏)가 여기서 유래했다. 젊은이의 가능성을 존중하나 그것은 부단히 자기 연마에 힘쓰는 자에게만 국한된다. 젊은이라도 자기 연마를 게을리하면 나이 마흔, 쉰이 되어도 이룬 것이 없게 될 것이니, 세상에 이름이 들리지 않는다. 그런 자라면 족히 두려워할 것이 없다.

문(聞)은 문자 그대로 꼭 세상에 이름이 들리는 것만을 지칭하는 것은 아니다. 군자는 남이 자기를 알아주지 않아도 화를 내지 않으며(人不知而不慍 不亦君子乎-학이1), 또 학문은 남에게 보이기 위해 하는 것이 아니라, 자기 자신을 위해 하는 것인데(古之學者爲己 今之學者爲人-헌문25), 어찌 세상에 이름이 들리는 것(聞)이 중요하겠는가? 문(聞)은 학문이 어느 정도 경지에 이르러 마치 과일이 익으면 저절로 향기가 나듯이 의도하지 않아도 자연스럽게 세상에 소문이 나는 것이다. 중요한 것은 학문이 완숙한 경지에 이르는 것이지 소문이 나는 것 그 자체는 아니다. 다만 여기서는 공자가 제자들의 이해를 돕기 위해 편의상 세상에 이름이 들리는 것(聞)이라고 표현했을 뿐이다.

한편 왕양명(王陽明, 1472~1528)은 無聞의 聞은 명성이라는 뜻의 성문(聲聞)이 아니라 문도(聞道)라고 주장한다. 나이 마흔, 쉰이 되도록 도를 듣지 못했다면 두려워할 바 없다는 말이다.

23

공자께서 말씀하셨다. "옳은 말을 능히 따르지 않겠는가마는 그 잘못을 고치는 것이 중요하다. 완곡하게 인도하는 말을 능히 기뻐하지 않겠는가마는 그 실마리를 찾아내는 것이 중요하다. 기뻐하면서도 그 실마리를 찾아내지 않고 따르면서도 그 잘못을 고치지 않는다면 나로서도 어찌할 수가 없다."

子曰 法語之言 能無從乎 改之爲貴. 巽與之言 能無說乎 繹之爲貴. 說而不繹 從而不改 吾末如之何也已矣.

법어지언(法語之言)은 옳은 말이며, 손여지언(巽與之言)은 완곡하게 인도하는 말이다. 역(繹)은 그 실마리를 찾는 것이다. 주희의 해설이다. 다산은 巽

제9편. 자한(子罕) **399**

與之言을 유순하게 서로 돕는 말, 繹을 계속하는 것이라고 풀이한다.

  누구나 옳은 이야기에는 수긍하지 않을 도리가 없다. 그러나 그 잘못을 고치지 않는다면 그것은 겉으로만 듣는 것일 뿐이다. 완곡하게 인도하는 말을 싫어할 사람은 없다. 그러나 왜 그런 이야기를 하는지 그 실마리를 찾아내지 못한다면 그 말속에 숨은 깊은 뜻을 알지 못하고 넘어가는 것이다. 그런 사람이라면 공자와 같은 성인이라도 어찌할 방도가 없으리라.

24

  공자께서 말씀하셨다. "충성과 신의를 주로 하며, 자기만 못한 자를 벗으로 사귀지 마라. 허물이 있으면 고치기를 꺼려하지 말 것이다."

子曰 主忠信 毋友不如己者 過則勿憚改.

  학이8에서 나온 말이다. 다만 다른 것은 학이8에서는 毋 대신 無가 쓰였을 뿐이다.

25

  공자께서 말씀하셨다. "삼군이라도 그 장수를 빼앗을 수 있지만, 필부라도 그 뜻을 빼앗을 수는 없다."

子曰 三軍可奪帥也 匹夫不可奪志也.

삼군(三軍)은 큰 제후국의 군대로, 병사가 3만 7500명이다. 필부(匹夫)는 평범한 사나이다. 신주의 후중량은 다음과 같이 말한다. "삼군의 용맹은 남에게 있고 필부의 뜻은 자기에게 있다. 따라서 장수는 빼앗을 수 있어도 뜻은 빼앗을 수 없으니, 만일 빼앗을 수 있다면 뜻이라고 할 수 없을 것이다."
 한편 오규 소라이는 이 말이 임금을 위해 한 말이라고 하면서 필부필부(匹夫匹婦)를 업신여기지 않도록 하기 위함이라고 하고 있다. 可를 '~해도 된다'는 뜻의 'may'로, 不可를 '~해서는 안 된다'는 뜻의 'must not'으로 해석한 것인데 억지일 뿐이다.

26

 공자께서 말씀하셨다. "해진 솜옷을 입고도 여우나 담비의 털가죽으로 만든 갓옷을 입은 사람과 함께 서서 부끄러워하지 않는 자는 아마 유일 것이다."
 "해치지 않고 탐하지 않는다면, 어찌 선(善)하지 않겠는가?"
 자로는 항상 이 말을 외우고 있었다. 공자께서 말씀하셨다. "옳기는 하나, 어찌 족히 선(善)하겠는가?"

子曰 衣敝縕袍 與衣狐貉者立 而不恥者 其由也與.

공자께서 말씀하셨다. "해진 솜옷을 입고도 여우나 담비의 털가죽으로 만든 갖옷을 입은 사람과 함께 서서 부끄러워하지 않는 자는 아마 유일 것이다."

폐(敝)는 해진 것이고, 온포(縕袍)는 값이 싼 솜옷이다. 호(狐)는 여우, 학(貉)은 담비다.

不忮不求 何用不臧.

"해치지 않고 탐하지 않는다면, 어찌 선(善)하지 않겠는가?"

기(忮)는 남을 해치는 것이요, 구(求)는 탐욕을 부리는 것이다. 장(臧)은 선(善)이다.

 불기불구 하용부장(不忮不求 何用不臧)은 『시경』 패풍(邶風) 웅치(雄雉)의 마지막 장의 마지막 구절이다. 그 마지막 장은 다음과 같다.

  세상 모든 남정네여, 덕행을 모르는가?
  해치지 않고 탐하지 않는다면, 어찌 선하지 않겠는가?
  百爾君子 不知德行
  不忮不求 何用不臧

子路終身誦之. 子曰 是道也 何足以臧.

자로는 항상 이 말을 외우고 있었다. 공자께서 말씀하셨다. "옳기는 하나, 어찌 족히 선(善)하겠는가?"

종신(終身)은 '항상', '늘'의 뜻이다.

자로가 不忮不求 何用不臧을 항상 외웠던 것은 거기에 만족하고 안주하려 했기 때문이다. 그런 까닭에 공자가 그를 깨우쳐 더 나아가게 하고자 한 것이다.

남송(南宋)의 보광(輔廣)은 『사서찬소(四書纂疏)』에서 이렇게 말했다. "忮는 남이 가진 것을 질투해 해치려고 하는 것이고, 求는 자기가 없는 것을 부끄러워해 가지려고 하는 것이다. 이것들은 모두 외물(外物)에 얽매인 것들이다. 능히 외물에 하나도 얽매이지 않는다면 어디에 간들 선하지 않겠는가?"

27

공자께서 말씀하셨다. "날씨가 추워진 후에야 비로소 소나무와 잣나무가 더디 시드는 것을 알 수 있다."

子曰 歲寒 然後知松柏之後彫也.

세한(歲寒)은 날씨가 추워지는 것이다. 조(彫)는 시드는 것이다. 선비는 어려운 처지에 처해 봐야 그 절의를 알 수 있고, 세상이 어지러워야 충신을 알 수 있는 법이다.

28

공자께서 말씀하셨다. "지혜로운 자는 의혹에 빠지지 않고, 어진 자는 걱정하지 않으며, 용감한 자는 두려워하지 않는다."

子曰 知者不惑 仁者不憂 勇者不懼.

지혜로운 자는 이치에 밝으므로 사물에 미혹됨이 없다. 어진 자는 항상 남과 더불어 살고자 하는데, 그것은 나로부터 말미암는 것이지 남으로부터 말미암는 것이 아니다(爲仁由己 而由人乎哉-안연1). 내가 마음먹는 순간 인이 내게 이르는데(我欲仁 斯仁至矣-술이29) 무슨 걱정이 있겠는가? 내가 어찌할 수 없는 것, 내 밖에서 결정되는 것들은 명(命)을 따를 뿐이다. 용기 있는 자는 오직 의(義)를 쫓아 행동할 뿐이다. 두려움이 있을 리 없다.

● 헌문30에서도 君子道者三이라고 하면서 같은 내용을 말한다.

29

공자께서 말씀하셨다. "함께 공부할 수는 있으나 함께 길을 갈 수는 없으며, 함께 길을 갈 수는 있으나 함께 설 수는 없으며, 함께 설 수는 있으나 함께 권(權)을 행할 수는 없다."

子曰 可與共學 未可與適道. 可與適道 未可與立. 可與立 未可與權.

권(權)은 저울질하는 것이다. 세상의 일이 항상 변화무쌍하므로 한 가지 원칙만으로 만사를 다 처리할 수는 없다. 어떤 상황에서 원칙과 원칙이 충돌할 때 상황에 대응하여 그 원칙의 경중을 저울질해, 그에 따라 시의적절한 조치를 취함으로써 의(義)에 합치되게 하는 것을 권이라 한다. 예를 들자면 남녀칠세부동석이 원칙이지만, 형수가 물에 빠졌으면 형수를 구해야 하는 것도 원칙이다. 이럴 때 남녀칠세부동석이라는 원칙과 사람의 목숨을 구해야 한다는 원칙을 저울질해 남녀칠세부동석의 예를 어겨서라도 형수를 구하는 것이 바로 권이다.

『춘추공양전(春秋公羊傳)』 환공(桓公) 11년 조(條)에서는 권을 경상(經常)에 반(反)한 연후에 선(善)함이 있는 것(反乎經 然後有善者)이라고 했다. 즉 일시적으로 원칙에 어긋나지만 나중에 좋은 결과를 낳는 것이 권이라는 말이다.

다음은 신주에 인용된 정이와 양시의 해설이다.

"함께 공부한다는 것은 구할 바를 아는 것이요, 함께 길을 간다는 것은 갈 바를 아는 것이고, 함께 선다는 것은 뜻을 돈독히 하고 굳게 지켜 변하지 않는 것이다. 권은 저울추로 물건을 저울질해 그 경중을 아는 것이다. 함께 권을 행한다는 것은 능히 경중을 헤아려 의에 합치되게 하는 것이다" (정이). "나를 위하는 것을 알면 함께 공부할 수 있다. 배움이 족히 선(善)을 밝힐 수 있은 연후에 함께 길을 갈 수 있다. 도를 믿기를 돈독히 한 연후에 함께 설 수 있다. 때에 맞게 적절히 조치할 줄 알은 연후에 함께 권을 행할 수 있다"(양시).

학문을 하는 것은 자기 자신을 갈고 닦기 위해서다. 그러나 함께 학문을 한다고 하더라도 그 나아가야 할 바가 같지 않으면 함께 같은 길을 갈 수 없다. 같이 선한 길을 간다고 하더라도 믿고 의지하는 것이 같지 않으면 같은 입장에 서기 어렵다. 같은 입장에 설 수 있더라도 때에 따라 변하는 상황 속에서 시의적절한 조치를 함께 취하기란 더더욱 쉽지 않다.

30

"산앵도 꽃이 나부껴 흩날리는구나.
어찌 너를 생각하지 않겠느냐마는 집이 너무 멀구나."
공자께서 말씀하셨다. "생각하지 않는 것이지, 어찌 먼 것이 있겠느냐?"

唐棣之華 偏其反而. 豈不爾思 室是遠而. 子曰 未之思也 夫何遠之有.

진천상은 『사서변의』에서 "한(漢)과 위(魏) 이후 논어를 해설한 사람들이 많지만, 이 장의 뜻은 아무도 명확히 밝히지 못하고 있다. 그리고 또한 의심스러워 말하지 않겠다고 한 사람도 없다"고 했다(『논어집석』에서 재인용). 고래로 해설이 분분하나 그 어느 것도 명쾌하지 않다.

당체(唐棣)는 산앵도다. 화(華)는 꽃(花)이다. 편(偏)은 꽃잎이 나부끼는 것(翩)이요, 반(反)은 흩날리는 것(翻)이다. 이(而)는 아무 의미 없는 어조사다.

이 시는 현존 『시경』에는 없는 일시(逸詩)다. 앞의 두 귀는 별다른 뜻은 없고, 뒤의 두 귀를 이끌어내기 위한 것이다. 여기에서 말하는 너(爾)라는 것이 또한 누구를 가리키는 것인지도 알 수 없다. 미지사야 부하원지유(未之思也 夫何遠之有)는 공자가 시의 말을 빌려 뒤집어 말한 것이다. 그 뜻은 앞에서 "인이 멀겠느냐(仁遠乎哉-술이29)"고 한 것과 같다. 이상은 주희의 해설에 의거했다.

한편 고주에서는 이 장을 권(權)을 말한 앞의 장(章)과 합해 하나의 장으로 만들었다. 보통 꽃들은 먼저 꽃봉오리가 나온 후 꽃잎이 벌어진다. 그러나 산앵도는 먼저 꽃잎이 벌어지고 나중에 하나로 합쳐진다. 하안은 산앵도 꽃의 이러한 모습이, 처음에는 원칙에 어긋나지만 결국 도에 합치하는 (反經合道) 權을 나타내는 것으로 보았다. 즉 唐棣之華 偏其反而를 "산앵도 꽃은 외곬으로 반대이구나"로 해석했다. 따라서 뒤의 공자의 말도 인(仁)이 아니라 權에 대해서 한 말로 본다. 즉 권도(權道)라는 것이 생각을 하지 않아서 그렇지, 생각만 한다면 그렇게 멀리 있는 것이 아니라는 뜻이다.

제10편

향당 鄉黨

향당편은 그 구성이나 내용이 논어의 다른 19편과 상당히 다르다. 즉 논어의 다른 편들이 공자와 제자들의 언행, 주로 공자의 말을 기록했는데 반해, 오직 이 향당편만은 공자의 공사(公私)에 걸친 일상생활을 기록했다. 소식 같은 사람은 이 향당편이 공자에 대해 기록한 것이 아니라, 곡례(曲禮), 즉 예의 세세한 규정에 대해 이것저것 두서없이 기록한 것이라고까지 주장했다. 확실한 경위는 알 수 없으나 내용상 논어의 제일 마지막 편으로 편집했어야 옳았을 것이다.

한편 향당편의 이런 특이한 구조 때문에 원래의 논어가 이 향당편을 마지막으로 하는 10편까지로만 구성되어 있었을 것이라고 하는 주장도 제기됐다. 이른바 논어의 상반 10편까지를 상론(上論), 그 나머지를 하론(下論)이라고 하는 것이 그것이다. 확인할 방법은 없으나 하론, 즉 11편 이후부터 과연 공자의 말일까 의심이 가는 대목이 많이 눈에 띄는 것도 사실이다.

원래 이 향당편은 전체가 한 장으로 되어 있으나, 여기서는 그것에 구애받지 않고 내용에 따라 편의상 26장으로 나누었다. 주희는 17장으로 나눴다.

1

공자께서 마을에 계실 때에는 공순하셔서 마치 말할 줄 모르는 사람 같으셨다.

종묘나 조정에 계실 때에는 분명하고 또렷하게 말씀하시되 오직 신중히 하셨다.

孔子於鄕黨 恂恂如也 似不能言者.
其在宗廟朝廷 便便言 唯謹爾.

순순(恂恂)은 온화하고 공순한 모습이다. 사불능언자(似不能言者)는 자신을 낮춰 말을 삼감으로써 겸손하게 처신하는 것이다. 편편(便便)은 분명하고 또렷하게 말하는 모양이다.

향리에서는 일가의 웃어른도 계시기 때문에 겸손하게 처신한 것이다. 종묘와 조정은 국가의 정사를 의논하는 장소이므로 자신의 의사를 분명하게 나타냈으나 항상 신중히 했다.

2

조정에서 하대부와 이야기하실 때에는 온화하게 하셨으며 상대부와 이야기하실 때에는 곧고 바르게 하셨다.

임금이 계시면 공경하고 삼가면서도 위의를 잃지 않으셨다.

朝 與下大夫言 侃侃如也. 與上大夫言 誾誾如也.
君在 踧踖如也 與與如也.

조(朝)는 매일 아침 신하들이 모여 임금이 집무를 개시하기 위해 나오는 것을 기다리는 장소. 상대부는 대부 중 지위가 높은 자, 하대부는 낮은 자다. 간간(侃侃)은 화락(和樂)한 모양이고, 은은(誾誾)은 곧고 바른(中正) 모양이다. 조정에서 임금이 나오기 전에 신하들끼리 말을 나눌 때의 모습을 기록했다.

군재(君在)는 임금이 조정에 나온 것이다. 축적(踧踖)은 공경하고 삼가는 모습이고, 여여(與與)는 위의(威儀)가 알맞은 모양이다. 조정에서의 공자의 모습을 기록했다.

3

임금이 불러 손님 접대를 맡기시면, 얼굴빛은 긴장하셨고 발걸음은 종종걸음이셨다.

함께 서서 읍을 할 때에는 좌우로 하셨으며, 옷도 앞뒤로 가지런히 하셨다.

빨리 나아가실 때에는 마치 새가 날개를 편 듯했다.

손님이 물러가면 반드시 복명(復命)해 말하셨다. "손님이 뒤를 돌아보지 않았습니다."

君召使擯 色勃如也 足躩如也.
揖所與立 左右手, 衣前後 襜如也.
趨進 翼如也.
賓退 必復命曰 賓不顧矣.

빈(擯)은 나라의 손님을 접대하는 역이다. 발여(勃如)은 얼굴빛이 긴장해서 변하는 것이고, 곽여(躩如)은 발굽을 들고 종종걸음으로 바삐 가는 것이니, 모두 임금의 명을 공경함을 나타낸 말이다.

  나라에 손님이 찾아오면 접대 역을 맡은 빈들은 성문 안의 동쪽에, 손님들은 서쪽에, 남북으로 늘어서서 서로 인사를 나눈다. 그때 손님 측에서 먼저 높은 사람이 낮은 사람에게로 차례로 말을 전하면, 맨 끝의 제일 낮은 사람이 다시 그 말을 주인 측의 제일 낮은 사람에게 전하고, 주인 측에서는 또 그 말을 차례로 위로 전해 임금에게까지 이른다. 읍소여립 좌우수(揖所與立 左右手)는 그때의 일로, 말을 듣고 전할 때마다 옆의 사람에게 읍을 하는데, 좌측의 사람에게는 그 손을 왼쪽으로, 우측의 사람에게는 그 손을 오른쪽으로 하여 읍을 하는 것이다. 의전후 첨여야(衣前後 襜如也)는 읍을 할 때 옷자락이 앞뒤로 가지런한 것을 나타낸 말이다.

  이러한 절차가 끝나면 주인 측에서 손님들을 종묘가 있는 마당으로 안내한다. 추진 익여야(趨進 翼如也)는 그때의 일로, 翼如는 새가 날개를 편 듯이 단아한 모양이다.

  모든 절차가 끝나 손님이 물러갈 때 그를 전송하는 것도 빈의 임무다. 손님을 전송하고 나면 빈은 그 사실을 임금에게 고한다. 빈불고의(賓不顧矣)는 손님이 모든 일이 잘 끝난 데 대해 안심하고 뒤도 돌아보지 않고 떠나갔다는 뜻이다.

이 장은 공자가 빈이 되어 나라의 손님을 접대할 때의 일을 기록했다.

4

대궐의 정문을 들어가실 때에는 허리를 굽혀 마치 용납되지 않는 듯이 하셨다.

문의 가운데에 서지 않으셨으며, 지나가실 때 문지방을 밟지 않으셨다.

임금이 계시지 않을지라도, 그 자리를 지날 때에는 얼굴빛은 긴장하셨고, 발걸음은 종종걸음이셨으며, 말씀은 삼가셨다.

옷자락을 거머쥐고 당에 오르실 때는 허리를 굽히고 마치 숨을 쉬지 않는 것처럼 숨을 죽이셨다.

물러 나와 계단을 하나 내려오시면 얼굴빛을 푸시고 환해지셨다.

계단을 다 내려오면 빨리 가심이 마치 새가 날개를 편 듯했다.

그 자리에 돌아오실 때는 삼가고 조심스러우셨다.

入公門 鞠躬如也 如不容.
立不中門 行不履閾.
過位 色勃如也 足躩如也 其言似不足者.

대궐의 정문을 들어가실 때에는 허리를 굽혀 마치 용납되지 않는 듯이 하셨다.

문의 가운데에 서지 않으셨으며, 지나가실 때 문지방을 밟지 않으셨다.

임금이 계시지 않을지라도, 그 자리를 지날 때에는 얼굴빛은 긴장하셨고, 발걸음은 종종걸음이셨으며, 말씀은 삼가셨다.

공문(公門)은 궁성의 정문이다. 국궁여야(鞠躬如也)는 주희에 의하면 허리를 굽히는 것이다(曲身). 여불용(如不容)은 마치 용납되지 않는 듯이 한 것이니 공경함이 지극한 것이다.

　역(閾)은 문지방이다. 문 가운데는 임금이 지나 다니는 곳이며, 문을 지날 때에는 문지방을 밟지 않는 것이 예다.

　위(位)는 임금이 공식 행사 때 서는 자리다. 여기서는 그 자리에 임금이 없을 때를 말한다. 공자가 임금을 공경함이 비록 그 비어 있는 자리를 지날 때에도 지극했음을 알 수 있다.

攝齊升堂 鞠躬如也 屛氣似不息者.
出 降一等 逞顏色 怡怡如也.
沒階 趨 翼如也.
復其位 踧踖如也.

옷자락을 거머쥐고 당에 오르실 때는 허리를 굽히고 마치 숨을 쉬지 않는 것처럼 숨을 죽이셨다.

물러 나와 계단을 하나 내려오시면 얼굴빛을 푸시고 환해지셨다.

계단을 다 내려오면 빨리 가심이 마치 새가 날개를 편 듯했다.

그 자리에 돌아오실 때는 삼가고 조심스러우셨다.

섭자(攝齊)의 攝은 치켜드는 것이요, 齊는 옷자락이니, 당(堂)에 오를 때 옷자락을 밟지 않기 위해 거머쥐는 것이다. 병기사불식자(屛氣似不息者)는 당에 올라 임금을 가까이하게 됨에 따라 마음가짐을 엄숙히 하여 마치 숨을 쉬지 않는 것처럼 숨을 죽이는 것이다.

영안색 이이여야(逞顔色 怡怡如也)의 逞은 방(放)으로 푸는 것이고, 이이(怡怡)는 환한 모양이다. 임금으로부터 멀어지게 되자 긴장을 푸는 것이다.

이 장은 공자가 조정에 있을 때의 모습을 기록했다.

5

규를 잡으시면 허리를 굽혀 마치 감당할 수 없는 것처럼 하셨다.
규를 든 손을 올리실 때에는 마치 읍을 하는 것처럼, 내리실 때에는 마치 물건을 주는 것처럼 하셨다.
얼굴빛은 마치 무엇을 두려워하는 듯 긴장하셨다.
걸음걸이는 짧게 땅을 스치듯이 하셨다.
예물을 드리실 때에는 얼굴빛이 부드러워지셨다.
사사로이 배알할 때가 되자 더욱 화기가 도셨다.

執圭 鞠躬如也 如不勝.
上如揖 下如授.
勃如戰色.
足蹜蹜 如有循.

규를 잡으시면 허리를 굽혀 마치 감당할 수 없는 것처럼 하셨다.

규를 든 손을 올리실 때에는 마치 읍을 하는 것처럼, 내리실 때에는 마치 물건을 주는 것처럼 하셨다.

얼굴빛은 마치 무엇을 두려워하는 듯 긴장하셨다.

걸음걸이는 짧게 땅을 스치듯이 하셨다.

규(圭)는 옥을 위는 뾰족하거나 둥글게, 아래는 사각형 모양으로 깎은 것으로, 천자가 제후를 봉할 때 하사하는 것이다. 사신이 공식으로 다른 나라를 방문할 때 가져간다. 따라서 규를 받았다 함은 공식으로 사신이 되어 타국을 방문하게 되었음을 말한다.

여불승(如不勝)은 마치 감당하지 못하는 것처럼 하는 모습으로, 사신으로서의 직무가 중대하기 때문이다.

상여읍 하여수(上如揖 下如授)는 규를 가슴 높이로 받쳐 들고 올릴 때에는 읍을 하는 것처럼, 내릴 때에는 물건을 주는 것처럼 하는 것이다. 규를 정중히 취급해 올리고 내릴 때에 삼가는 모습을 말했다.

전색(戰色)은 두려워하는 모습이다.

축축(蹜蹜)은 발걸음을 좁게 하는 것이고, 순(循)은 발꿈치를 땅에 대고 끄는 것이다.

享禮 有容色.
私覿 愉愉如也.

예물을 드리실 때에는 얼굴빛이 부드러워지셨다.

사사로이 배알할 때가 되자 더욱 화기가 도셨다.

향례(享禮)는 사신으로서의 공식적인 빙례(聘禮)가 끝난 후 임금이 보내준 선물을 마당에 늘어놓고 상대 임금에게 전달하는 의례다. 용색(容色)은 얼굴빛을 부드럽게 하는 것으로, 사신으로서의 어려운 절차를 한고비 넘긴 것에 안도하는 모습이다.

사적(私覿)은 사신이 나라의 공식적인 사자(使者)로서가 아니라, 개인의 자격으로 상대 임금을 만나는 것이다. 모든 공식적인 임무를 마쳤으니 마음이 홀가분하게 되어, 얼굴이 더욱 밝아짐(愉愉如)은 당연하다.

이 장은 공자가 사신이 되어 다른 나라를 방문했을 때의 일을 기록했다.

6

공자께서는 군청색이나 보라색으로 옷깃을 만들지 않으셨다.
진홍색이나 자주색으로 평상복을 만들지 않으셨다.
더울 때에도 칡베로 만든 홑옷 위에 반드시 겉옷을 걸치고 외출하셨다.
검은 옷에는 검은 양가죽 갖옷을, 흰 옷에는 흰 사슴가죽 갖옷을, 노란 옷에는 노란 여우가죽 갖옷을 입으셨다.
평소에 입는 갖옷은 길게 하시되, 오른쪽 소매는 짧게 하셨다.
반드시 이불을 갖추셨는데, 그 길이는 한 길 반이었다.
여우나 담비의 두꺼운 털가죽으로 방석을 삼으셨다.
상복을 입으실 때를 제외하고는 꼭 패옥(佩玉)을 차셨다.
예복 외에는 폭을 좁게 마름질해서 입으셨다.
검은 양가죽 갖옷과 검은 관을 착용하고 조문 가지 않으셨다.

매달 초하루에는 반드시 조복(朝服)을 입고 조정에 나아가셨다.

君子不以紺緅飾.
紅紫不以爲褻服.
공자께서는 군청색이나 보라색으로 옷깃을 만들지 않으셨다.
진홍색이나 자주색으로 평상복을 만들지 않으셨다.

여기서의 군자(君子)는 공자를 가리킨다. 그러나 소식은 군자 일반을 의미하는 것으로 해석하고 있다. 그럴 경우 이 내용은 군자가 옷을 입을 때 지켜야 할 예법을 풀이한 것이 된다.

감(紺)은 검정에 가까운 짙은 청색 즉 군청색이고, 추(緅)는 보라색이다. 식(飾)은 동정이나 소매의 테두리를 장식하는 것이다. 紺은 재계(齋戒)할 때 입는 옷의 색이고 緅는 상복(喪服)의 장식에 쓰는 색이므로, 옷깃을 만드는 데 쓰지 않았다.

설복(褻服)은 평상복이다. 홍색(紅色)이나 자색(紫色)은 간색(間色, 赤黃靑白黑의 다섯 가지 색이 아닌 색)이기 때문에 피한 것이다. 고주의 왕숙, 형병의 『논어주소』의 설(說)이다. 주희는 간색이면서 또한 아녀자의 색에 가깝기 때문에 피한 것이라고 했다.

當暑 袗絺綌 必表而出之.
緇衣羔裘 素衣麑裘 黃衣狐裘.
더울 때에도 칡베로 만든 홑옷 위에 반드시 겉옷을 걸치시고 외출하셨다.

검은 옷에는 검은 양가죽 갖옷을, 흰 옷에는 흰 사슴가죽 갖옷을, 노란 옷에는 노란 여우가죽 갖옷을 입으셨다.

진(袗)은 홑옷, 치(絺)와 격(綌)은 칡베(葛布)로, 絺는 실이 가늘고 촘촘한 것, 綌은 굵고 성긴 것이다. 필표이출지(必表而出之)은 칡베로 만든 홑옷이 속이 훤히 비치므로, 반드시 겉옷을 그 위에 걸치고 외출한다는 말이다. 여름에는 날씨가 더우므로 평상시에는 칡베로 만든 홑옷을 입으나, 외출할 때에는 반드시 겉옷을 걸치고 나선 것이다. 주희는 必表而出之를 안에 속옷을 입고 칡베 옷을 겉에 걸친 것이라고 해석했다.

   치(緇)는 검은색이다. 고구(羔裘)는 새끼 양의 가죽으로 만든 갖옷으로 그 색깔이 검다. 예(麑)는 새끼 사슴으로 그 가죽이 흰색이고, 여우의 가죽은 노란색이다. 치의고구 소의예구 황의호구(緇衣羔裘 素衣麑裘 黃衣狐裘)는 각기 그 겉옷의 색깔에 맞게 갖옷을 골랐음을 말한다. 겨울옷에 관한 이야기다.

褻裘長 短右袂.
必有寢衣 長一身有半.
평소에 입는 갖옷은 길게 하시되, 오른쪽 소매는 짧게 하셨다.
반드시 이불을 갖추셨는데, 그 길이는 한 길 반이었다.

고주의 공안국에 의하면, 평소에 입는 갖옷의 길이를 길게 한 것은 몸을 따뜻하게 하기 위해서이고, 오른쪽 소매를 짧게 한 것은 활동하는 데 편리하게 하기 위해서라고 한다. 유월은 『군경평의』에서 단우몌(短右袂)를 오른쪽 옷소매를 짧게 한 것이 아니라 접은 것이라고 해설했다(『논어집석』에서 재인용).

침의(寢衣)는 고주의 공안국에 의하면 이불(被)이다. 주희는 잠옷으로 해석했다.

狐貉之厚以居.
去喪 無所不佩.

여우나 담비의 두꺼운 털가죽으로 방석을 삼으셨다.
상복을 입으실 때를 제외하고는 꼭 패옥(佩玉)을 차셨다.

호학지후이거(狐貉之厚以居)의 居는 청의 염약거의 『사서석지우속(四書釋地又續)』에 의하면 좌(坐)로 앉는 것이다(『논어집석』에서 재인용). 여우나 담비의 털가죽으로 방석을 만들어 앉는 데 사용한 것이다. 고대 중국인들은 오늘날과는 달리 의자 생활을 하지 않았다. 중국인들이 일상생활에서 의자를 사용하기 시작한 것은 당대 이후부터다.

거상(去喪)의 去는 제(除)다. 패(佩)는 허리띠에 차는 패옥(佩玉)으로 남자는 상중을 제외하고는 항상 패옥을 몸에서 떼지 않는다.

非帷裳 必殺之.
羔裘玄冠不以弔.
吉月 必朝服而朝.

예복 외에는 폭을 좁게 마름질하셔서 입으셨다.

검은 양가죽 갖옷과 검은 관을 착용하시고서는 조문 가지 않으셨다.

매달 초하루에는 반드시 조복(朝服)을 입으시고 조정에 나아가셨다.

유상(帷裳)은 황간의 『논어의소』에 인용된 정현의 해설에 의하면 조회나 제사 때에 입는 예복이다. 원래 유상은 천을 몸의 형태에 따라 미리 마름질하지 않고, 몸의 길이만큼 자른 천 여러 장을 그대로 이어 허리 부근은 주름을 잡고 아래는 죽 늘어뜨려 만든다. 그 모양이 마치 휘장(帷)과 같아 유상이라 한다. 그러나 품이 많이 들고 천의 낭비가 심해, 평상복은 허리 부근을 미리 좁게 마름질한 천 여러 장을 이어 만든다. 필쇄지(必殺之)는 그때 허리 쪽의 폭을 다리 쪽의 절반으로 미리 마름질하는 것을 말한다.

상(喪)에는 흰색(白)을, 길(吉)한 일에는 검은색(黑)을 주로 사용한다. 따라서 검은 양가죽 갖옷과 검은 관을 착용하고서는 조문 가지 않는다.

길월(吉月)은 매달 삭일(朔日), 즉 초하루다. 매달 초하루에는 고삭(告朔)이라는 중요한 의식이 있으므로 공자도 조복을 입고 참가한 것이다. 고삭에 대해서는 팔일17을 참고하기 바란다. 정수덕은 吉月이 정월(正月)이라고 주장한다.

이 장은 모두 공자의 의복에 대해 기록했다.

7

재계하실 때는 반드시 깨끗한 욕의를 갖추셨는데, 삼베로 만든 것이었다.

재계하실 때는 평소와 식사를 달리하셨으며, 거처하시는 곳도 옮기셨다.

齊 必有明衣 布.
齊 必變食 居必遷坐.

재(齊)는 제사를 앞두고 재계(齋戒)하는 것이다. 명의(明衣)는 목욕이 끝나고 입는 욕의(浴衣)다.

변식(變食)은 주희에 의하면 술을 삼가고, 마늘, 파, 부추와 같은 냄새나는 채소(葷)를 먹지 않는 것이다. 그러나 청의 전점의 『논어후록』에 의하면 매 끼니마다 음식을 새로 만들어 먹는 것이라고 한다(『논어집석』에서 재인용).

천좌(遷坐)는 청의 호배휘(胡培翬, 1782~1849)의 『연침고(燕寢考)』에 의하면 잠자리를 외침(外寢), 곧 정침(正寢)으로 옮기는 것이라고 한다(『논어집석』에서 재인용). 평상시에는 내침(內寢)에서 처와 함께 잠자리를 한다.

이 장은 모두 공자가 재계할 때 삼가고 조심하는 모습을 기록했다.

8

밥은 흰 것만 좋아하시지 않으셨으며 회도 잘게 썬 것만 좋아하시지 않으셨다.

쉬어서 냄새가 나는 밥과 상한 생선, 썩은 고기는 드시지 않으셨다.

빛깔이 나쁜 것, 냄새가 나쁜 것도 잡숫지 않으셨다.

익지 않은 것은 드시지 않으셨으며 제철이 아닌 것은 잡숫지 않으셨다.

도축이 올바르지 않은 것은 드시지 않으셨으며, 간장이 맞지 않으면 잡숫지 않으셨다.

고기가 아무리 많이 있어도 곡기를 이길 정도로 많이 드시지 않으셨다.

술은 양을 한정하지는 않으셨으나 취해 몸가짐이 흐트러질 정도로 드시지 않으셨다.

저자에서 파는 술이나 육포는 드시지 않으셨다.

생강을 마다하시지 않으셨으나 많이 드시지는 않으셨다.

食不厭精 膾不厭細.
食饐而餲 魚餒而肉敗 不食.
色惡不食 臭惡不食.

밥은 흰 것만 좋아하시지 않으셨으며 회도 잘게 썬 것만 좋아하시지 않으셨다.

쉬어서 냄새가 나는 밥과 상한 생선, 썩은 고기는 드시지 않으셨다.

빛깔이 나쁜 것, 냄새가 나쁜 것도 잡숫지 않으셨다.

정(精)은 도정(搗精)한 곡식이다. 회(膾)는 짐승이나 생선을 날로 먹는 것이다. 염(厭)은 유보남의 『논어정의』에 의하면 족(足)으로 만족하는 것이다. 즉 공자가 흰밥이나 잘게 썬 회만 만족해하지 않고 다 잘 먹었다는 뜻이다. 그러나 주희는 흰밥과 잘게 썬 회를 싫어하지 않은 것으로 해석했다. 즉 공자가 그런 것을 좋아는 했으나 꼭 그것만 고집한 것은 아니라는 말이다. 일찍이 공자는 거친 밥에 물만 먹어도 즐거움이 그 속에 있으며(飯疏食飮水 曲肱而枕之 樂亦在其中矣-술이15), 사(士)가 밥이 거칠다고 부끄러워한다면 더불어 상대할 것조차 없다(士志於道 而恥惡衣惡食者 未足與議也-

이인9)고 한 바 있다.

의(饐)와 애(餲)는 밥이 쉬어 냄새가 나고 맛이 변한 것이다. 뇌(餒)는 생선이 썩은 것, 패(敗)는 육류(肉類)가 썩은 것이다. 쉬어버린 밥과 상한 생선, 썩은 고기, 빛깔과 냄새가 나쁜 것을 먹지 않은 것은 건강을 해치기 때문이다.

▰▰▰

失飪不食 不時不食.
割不正不食 不得其醬不食.
익지 않은 것은 드시지 않으셨으며 제철이 아닌 것은 잡숫지 않으셨다.
도축이 올바르지 않은 것은 드시지 않으셨으며 간장이 맞지 않으면 잡숫지 않으셨다.

실임(失飪)은 알맞게 익지 않은 것을 말한다. 알맞게 익지 않은 것은 건강을 해칠 위험이 있다.

불시불식(不時不食)은 주희에 의하면 제철이 아닌 과일이나 곡식 따위를 먹지 않는 것이다. 이것 또한 건강을 위해서다. 그러나 고주의 정현은 끼니때가 아니면 식사하지 않은 것으로 해석했다.

할부정(割不正)은 왕부지(王夫之, 1619~1692)의 『사서패소(四書稗疏)』에 의하면 가축을 격식에 맞게 각을 뜨지 않은 것이다(『논어집석』에서 재인용). 동진(東晉)의 강희(江熙)는 황간의 『논어의소』에서 법도에 맞게 죽이지 않은 것이라고 주장했다. 그러나 주희는 반듯하게 썰지 않은 것이라고 했다. 도축이 올바르지 않은 것을 먹지 않은 것은 위생상 문제도 있고, 혹 부정을 탈까 경계한 것이다.

장(醬)은 간장으로, 부득기장(不得其醬)은 음식에 따라 써야 할 간장이 제

각기 다른데도, 그 간장을 제대로 쓰지 않은 것이다. 구차히 음식에 연연하여 아무 음식이나 먹지 않았음을 알 수 있다.

肉雖多 不使勝食氣.
唯酒無量 不及亂.
沽酒市脯不食.
不撤薑食 不多食.

고기가 아무리 많이 있어도 곡기를 이길 정도로 많이 드시지 않으셨다.
술은 양을 한정하지는 않으셨으나 취해 몸가짐이 흐트러질 정도로 드시지 않으셨다.
저자에서 파는 술이나 육포는 드시지 않으셨다.
생강을 마다하시지 않으셨으나 많이 드시지는 않으셨다.

고기를 밥보다 많이 먹지 않은 것은 식사가 밥을 주로 하기 때문이다.
  술은 즐겨했으나 취하면 추태를 보이므로 절제한 것이다.
  고주(沽酒)는 저자에서 파는 술, 시포(市脯)는 저자에서 파는 육포(脯)이다. 무엇으로 어떻게 만들었는지 알 수 없는 까닭에 몸에 해로울 수 있다.
  철(撤)은 거(去)로 마다하는 것이다. 강(薑)은 생강이다. 생강은 방향성(芳香性)의 건위약(健胃藥)이다. 그런 까닭에 생강 먹는 것을 마다하지 않은 것이다. 그러나 많이 먹지는 않았다. 염약거의 『사서석지(四書釋地)』의 주장을 따라 不撤薑食과 不多食을 한 문장으로 연결해 읽었다(『논어집석』에서 재인용). 그러나 고주의 공안국과 신주의 주희는 별개의 문장으로 보아 不多食을 일반적으로 과식하지 않은 것으로 해석했다.

모두 공자의 식생활에 관한 기술(記述)이다. 위생상의 문제 때문에 그러기도 했겠지만 한 치의 흐트러짐도 없이 자신을 절제하는 공자의 진면목이 눈에 선하다.

9

나라에서 제사를 지내면 그 고기는 그날 밤을 넘기지 않으셨다.
제사 때 쓴 고기는 사흘을 넘기지 않으셨다. 사흘이 넘으면 잡숫지 않으셨다.

祭於公 不宿肉.
祭肉不出三日. 出三日 不食之矣.

숙(宿)은 밤을 넘기는 것이다. 나라의 제사는 이틀에 걸쳐 진행된다. 첫날은 희생(犧牲)을 바치며 그 이튿날도 제사는 계속된다. 이 둘째 날의 제사를 역제(繹祭)라 한다. 제사가 모두 끝나면 임금은 세사에 참여한 신하들에게 고기를 나누어준다. 그런데 그 고기는 이미 이틀이나 되었기 때문에 하룻밤을 더 넘기면 사흘이 되는 셈이다. 그러기에 그날 밤을 넘기지 않은 것이다. 고기가 상할 것을 우려해서다.

10

식사를 하실 때 대화를 나누지 않으셨고, 잠자리에서 말씀하시지 않으셨다.

食不語 寢不言.

어(語)는 남과 대화를 나누는 것이고, 언(言)은 자기 혼자 말하는 것이다.

11

비록 거친 밥과 채소 국이라도 반드시 고수레를 하셨으며, 정성껏 하셨다.

雖疏食菜羹 瓜祭 必齊如也.

소사(疏食)는 거친 밥, 채갱(菜羹)은 채소로 만든 국이다.
 과(瓜)에 대해 육덕명의 『경전석문』은 "노론(魯論)에서는 필(必)로 읽는다"라고 했다. 주희도 그 견해에 동조한다. 제(祭)는 음식을 먹기 전에, 각 음식을 조금씩 떼어 그 음식을 처음으로 먹게 해준 사람에게 올리는 제사로, 우리의 고수레와 같다. 재여(齊如)는 경건한 모양이다.

12

자리가 바르지 않으면 앉지 않으셨다.

席不正 不坐.

자리가 바르지 않다는 것은 제자리가 아니라는 뜻도 있고, 자리가 어지럽다는 뜻도 있다.

13

마을 사람들과 술을 마실 때는 노인들이 물러난 후에야 물러나셨다.
마을 사람들이 구나(驅儺) 의식을 하면, 조복을 입고 동쪽 계단에 서 계셨다.

鄕人飮酒 杖者出 斯出矣.
鄕人儺 朝服而立於阼階.

장자(杖者)는 지팡이를 짚은 노인이다. 예(禮)에 쉰 살이 넘으면 집에서 지팡이를 짚고 다니고, 예순 살이 넘으면 마을에서도 지팡이를 짚고 다닌다고 한다. 노인들이 물러간 후에 물러나는 것은 노인을 공경하기 때문이다.

나(儺)는 구나(驅儺), 즉 역귀(疫鬼)를 쫓는 의식이다. 조계(阼階)는 사당(祠堂)에 오르는 두 계단 중 동쪽의 것으로, 주인이 오르는 계단이다. 조계에 서 있는 것은 역귀 쫓는 소리에 혹시 조상신이 놀랄까 염려해서다.

14

사람을 보내 다른 나라에 있는 사람을 방문하게 하실 때는 두 번 절하고 보내셨다.

問人於他邦 再拜而送之.

주인이 사자에게 두 번 절하는 것은 방문할 사람에 대한 공경의 표시다.

15

계강자가 약을 보내왔다. 공자께서 절을 하고 받으시면서 말씀하셨다. "제가 약에 대해서는 잘 알지 못하는 까닭에 감히 맛보지 못하겠습니다."

康子饋藥. 拜而受之曰 丘未達 不敢嘗.

강자(康子)는 앞에서도 나온 바 있는 계강자(季康子)다. 궤(饋)는 보내는 것이다. 미달(未達)은 약에 대해 알지 못한다는 말이다. 임금이 음식을 하사하면, 좌석을 바로 하고 먼저 맛을 보는 것이 예다(君賜食 必正席先嘗之 - 향당 17). 그러나 약에 대해서는 알지 못하는 까닭에 맛을 볼 수가 없었다.

16

마구간에 불이 났다. 공자께서 조정에서 돌아오셔서 말씀하셨다. "사람이 다치지는 않았느냐?"
말에 대해서는 묻지 않으셨다.

廐焚. 子退朝曰 傷人乎.
不問馬.

구(廐)는 마구간이다. 사람의 생명을 무엇보다 귀중히 여겨 말에 대해서는 물어볼 경황이 없는 것이다.

17

임금이 음식을 내리시면 반드시 좌석을 바로 하고 먼저 맛보시었다.
임금이 날고기를 내리시면 반드시 익힌 다음 조상에게 바치셨다.
임금이 산 짐승을 내리시면 반드시 기르셨다.

君賜食 必正席先嘗之.
君賜腥 必熟而薦之.
君賜生 必畜之.

좌석을 바로 하고 먼저 음식을 맛보는 것은 마치 임금을 직접 대면하는 것 같이 하는 것이다.

성(腥)은 날고기다. 날고기를 익혀 조상에게 받치는 것은 임금의 선물을 영예로 여기기 때문이다.

생(生)은 산 짐승이다. 산 짐승을 죽이지 않고 기르는 것은 임금의 은혜를 깊이 생각하는 것이다.

18

임금을 모시고 식사를 하실 때는 임금이 고수레를 하시면 먼저 맛을 보셨다.

侍食於君 君祭 先飯.

제(祭)는 이 편 11장에서 말한 고수레다. 임금보다 먼저 음식 맛을 보는 것은 임금과 대등한 입장이 되는 것을 피하고 신하로서 처신하는 것이다.

19

　병환이 드셨을 때, 임금이 문병을 오시면 동쪽으로 머리를 두고 조복을 몸 위에 덮으신 후, 띠를 그 위에 펼쳐 놓으셨다.

疾 君視之 東首 加朝服 拖紳.

임금과 대면할 때는 조복(朝服)을 입는 것이 예다. 그러나 병으로 인해 조복을 입을 수가 없으므로, 조복을 몸 위에 덮고 그 위에 띠를 펼쳐 놓는다. 병중에도 임금에게 예를 갖추려는 것이다.

20

　임금이 부르시면 수레를 기다리지 않고 먼저 가셨다.

君命召 不俟駕行矣.

무릇 군자는 외출할 때 수레가 준비되는 것을 기다려 타고 나간다. 그러나 임금이 부르면 그 부름을 중히 여겨 수레가 준비되는 것을 기다리지 않고 먼저 출발한다. 수레가 준비되어 뒤쫓아오면 그때 비로소 타고 간다.

21

태묘에 들어가서는 매사를 물으셨다.

入大廟 每事問

● 팔일15에 같은 말이 있다.

22

벗이 죽었으나 돌아갈 곳이 없자, 말씀하셨다. "내 집에 빈소를 차려라"
벗이 보내주는 것은, 제사를 지낸 고기가 아니면 비록 수레나 말이라 할지라도 절하지 않으셨다.

朋友死 無所歸. 曰 於我殯.
朋友之饋 雖車馬 非祭肉 不拜.

돌아갈 곳이 없다는 것은 빈소를 차릴 데가 없다는 말이다. 벗은 의(義)로 맺어진 사이므로 빈소를 대신 차려주는 것이다.
　벗은 재물 또한 함께하는 사이므로 아무리 귀중한 선물이라 하더라도 절까지 하지는 않는다. 그러나 제사를 지낸 고기는 그 벗의 조상에 대한 공경심에서 절을 한다.

23

　주무실 때 죽은 사람처럼 하지 않으셨으며, 집에 계실 때 손님처럼 하지 않으셨다.

寢不尸 居不容.

시(尸)는 죽은 사람처럼 사지를 쭉 뻗는 것이다. 용(容)은 육덕명의 『경전석문』에는 객(客)으로 되어 있다. 청의 유보남 또한 『논어정의』에서 당석경(唐石經)을 인용해 육덕명의 주장에 동조한다. 객(客)은 손님과 같이 엄숙한 태도를 취하는 것이다. 정수덕의 『논어집석』에는 "寢不尸는 삶이 죽음과 같아지는 것을 싫어한 것이요, 居不客은 주인이 손님과 같은 동류가 되는 것을 미워한 것이다"라는 청의 단옥재(段玉裁, 1735~1815)의 말이 인용되어 있다.

24

　상복을 입은 사람을 보시면 비록 친한 사이라도 반드시 자세를 고치셨다.
　관복을 입은 사람이나 소경을 보시면 비록 자주 본 사이라도 반드시 용모를 바로 하셨다.
　흉복을 입은 사람에게는 수레 위에서 식(式)의 예를 하셨으며, 비록 등짐장수라 해도 그렇게 하셨다.
　훌륭한 음식을 대접받으면 반드시 얼굴빛을 고치고 일어나셨다.
　천둥, 번개가 심하거나 바람이 맹렬할 때는 반드시 자세를 고치셨다.

見齊衰者　雖狎　必變.
見冕者與瞽者　雖褻　必以貌.
상복을 입은 사람을 보시면 비록 친한 사이라도 반드시 자세를 고치셨다.
관복을 입은 사람이나 소경을 보시면 비록 자주 본 사이라도 반드시 용모를 바로 하셨다.

자최(齊衰)는 상복을 뜻한다. 압(狎)은 친밀한 사이, 변(變)은 몸가짐을 고치는 것이다.
　면(冕)은 관복을 입을 때 쓰는 관이고, 고(瞽)는 소경이다. 설(褻)은 자주 보는 사이를 뜻한다. 모(貌)는 용모를 바로 하는 것이다.

凶服者式之 式負版者.

흉복을 입은 사람에게는 수레 위에서 식(式)의 예를 하셨으며, 비록 등짐장수라 하여도 그렇게 하셨다.

흉복(凶服)은 상복(喪服)이다. 식(式)은 수레 위에서 횡목(橫木)에 손을 짚고 몸을 숙여 하는 절이다. 부판자(負販者)는 『논어집석』에 인용된 유월의 주장에 의하면 등짐장수다. 유월에 의하면 흉복자식지(凶服者式之)와 식부판자(式負版者)는 서로 연결되는 문장으로 "흉복을 입은 사람에게는 수레 위에서 식(式)의 예를 했으며, 비록 등짐장수라 해도 그렇게 했다"로 해석된다. 여기서는 이 주장을 따랐다.

고주의 공안국이나 신주는 부판자를 나라의 호적과 지도를 등에 짊어진 자로 풀이했다. 부판자에게 式의 예를 하는 것은 거기에 표시되어 있는 백성을 존중하기 때문이라 한다.

有盛饌 必變色而作.
迅雷風烈必變.

훌륭한 음식을 대접받으면 반드시 얼굴빛을 고치고 일어나셨다.
천둥, 번개가 심하거나 바람이 맹렬할 때는 반드시 자세를 고치셨다.

훌륭한 음식에 얼굴빛을 고치고 일어나는 것은 음식을 대접한 사람에게 경의를 표하는 것이다.

천둥, 번개가 심하거나 바람이 심하게 불 때 자세를 고치는 것은 일기(日

氣)의 변화를 두려워하기 때문이다. 자연과학이 발달하지 않았던 고대의 사람들에게는 당연한 일이었으리라.

●

見齊衰者 雖狎必變 見冕者與瞽者 雖褻必以貌는 비슷한 내용이 자한9에도 있다.

25

수레에 오르실 때는 반드시 똑바로 서서 손잡이 줄을 잡으셨다.
 수레에서는 뒤를 돌아보지 않으셨으며, 큰 소리로 말씀하시지 않으셨고, 손가락으로 가리키지 않으셨다.

升車 必正立執綏.
車中 不內顧 不疾言 不親指.

수(綏)는 수레의 손잡이 줄이다.
 내고(內顧)의 內는 황간의 『논어의소』에 의하면 후(後), 고(顧)는 회두(廻頭)로, 뒤를 돌아보는 것이다. 질언(疾言)은 큰 소리로 말하는 것이며, 지(指)는 손가락질하는 것이다. 수레 안에서 뒤를 돌아보지 않는 것은 뒤에 탄 사람이 불편해하지 않도록 배려하는 것이다. 큰 소리로 말하지 않는 것은 사람을 놀라게 하지 않기 위해서이고, 손가락질을 하지 않는 것은 사람들을 당혹하게 하지 않기 위해서다.

26

사람의 기척을 살피더니 날아올라 한 바퀴 빙 돌다가 다시 내려앉았다.
"산기슭의 까투리가 때를 아는구나, 때를!"
자로가 바쳤으나 세 번 냄새를 맡으시고 일어나셨다.

色斯擧矣 翔而後集.
曰 山梁雌雉 時哉時哉.
子路共之 三嗅而作.

대단히 난해한 글로 여러 가지 의견이 분분하나 누구도 조리 있게 해석하지 못했다. 주희는 혹 빠진 글이 있을지도 모른다고 했다. 일반적으로 통용되는 바에 따라 번역하는 것으로 그친다.

제11편

선진 先進

선진편에는 다른 데서는 거의 언급되지 않았던 민자건에 대한 기록이 네 장이나 실려 있다. 주희는 이 사실에 근거해 혹 민자건의 제자들이 기록한 것이 아닐까 의심했다. 또한 인(仁)이라는 글자가 한 번도 나타나지 않고 있는 것도 이 편의 특징이다.

1

공자께서 말씀하셨다. "선배들은 예악(禮樂)에 대해 야인다웠고, 후배들은 예악에 대해 군자답다. 만일 쓴다면 나는 선배들을 따를 것이다."

子曰 先進於禮樂 野人也. 後進於禮樂 君子也. 如用之 則吾從先進.

선진(先進), 후진(後進)은 선배와 후배를 말한다. 야인(野人)은 그 바탕(質)이 꾸밈(文)을 이겨 소박한 것을 나타낸 말이고, 군자(君子)는 그 꾸밈(文)이 바탕(質)을 이겨 화려한 것을 나타낸 말이다. 옹야16에 "바탕이 꾸밈을 누르면 야인처럼 거칠고, 꾸밈이 바탕을 누르면 문서나 다루는 사관과 같을 것이니, 꾸밈과 바탕이 고루 어울려야만 군자답다고 할 수 있을 것이다"라는 말이 있다. 바탕이나 꾸밈 모두 한쪽으로 치우쳐서는 안 될 것이나, 당시의 선비들이 너무 꾸밈에 치우쳐 있으므로 그것을 경계한 말이다. 신주를 따랐다.

고주의 포함은 선진, 후진을 벼슬의 신배, 후배로 본다. 다산도 같다. 형병(邢昺)의 『논어주소』는 고주를 부연해 말하길 선진은 공자의 제자 중 양공(襄公), 소공(昭公) 시대에 벼슬한 사람, 후진은 정공(定公), 애공(哀公) 시대에 벼슬한 사람을 가리킨다고 했다.

청의 유보남이 『논어정의』에서 내놓은 해석은 좀 독특하다. 그에 의하면 선진어예악(先進於禮樂)은 먼저 예악을 배운 후 벼슬에 나아가는 것이고, 후진어예악(後進於禮樂)은 먼저 벼슬에 오르고 난 후 나중에 예악을 배우는 것이다. 상고(上古)시대의 사람을 쓰는 법은 먼저 예악을 공부하게 한 후 그중 출중한 자를 뽑아 벼슬길에 나아가게 하는 것이었다. 야인이라 함은 아직 벼슬길에 이르지 못하고 있는 자를 말한다. 그러나 춘추시대에 이르면 경대부(卿大夫)의 지위가 세습되었기 때문에 그 자식들은 학문을 익히지 않고서도 벼슬길에 오를 수 있었다. 군자(君子)란 바로 그런 경대부의 자식을 일컫는 말이다. 그들은 벼슬길에 오르고 나서야 필요한 학문(예악)을 공부했다. 그래서 공자가 당시의 이러한 세태를 개탄하고 상고시대의 법제로 돌아갈 것을 주장한 것이다. 상고시대 사람을 쓰는 법이라고 유보남이 주장한 것이 과연 얼마나 역사적 사실에 입각한 것인지는 심히 불분명하다.

2

공자께서 말씀하셨다. "진(陳)과 채(蔡)에서 나를 따랐던 자들이 모두 문에 이르지 못했다."

덕행에는 안연·민자건·염백우·중궁이요, 언어에는 재아·자공, 정사에는 염유·계로, 문학에는 자유·자하다.

子曰 從我於陳蔡者 皆不及門也.
공자께서 말씀하셨다. "진(陳)과 채(蔡)에서 나를 따랐던 자들이 모두 문에 이르지 못했다."

고국인 노에서 받아들여지지 않자 공자는 자신의 정치적 이상을 실현하기 위하여 기나긴 방랑의 길에 나선다. 『사기』에 의하면 BC 497년, 노나라 정공(定公) 13년으로 공자의 나이 쉰다섯 살 때의 일이다. 이후 아무런 성과도 없는 13년간의 긴 방랑 생활을 마치고 노로 돌아온 것은 BC 484년, 노 애공(哀公) 11년, 공자 나이 예순여덟 살 때였다. 진과 채에 들른 것은 이 긴 여행의 후반 무렵이었다. 그곳에서 공자 일행이 겪은 고초는 이루 형용할 수 없을 정도였다. 위령공1에서는 진에서 양식이 떨어지고 수행원들은 병에 걸렸었다고 기록했다(在陳絕糧 從者病莫能興). 또한 맹자(孟子)는 「진심(盡心)하」 18에서 "군자(공자)가 진과 채 사이에서 횡액(橫厄)을 당하신 것은 상하와 교제가 없었기 때문이다"라고 했다. 자세한 이야기는 『사기』 「공자세가」에 실려 있다.

불급문(不及門)의 門이 무엇을 뜻하는지는 불분명하다. 고주의 정현에 의하면 벼슬에 이르는 문이다. 주희는 지금 자신의 문하(門下)에 있지 않다는 뜻으로 풀이한다. 다산은 공자의 제자들이 공자를 호위하느라 뒤에 처져 아직 성문에 도착하지 못한 것이라고 본다. 황간의 『논어의소』에 실린 장빙(張憑)의 해석은 독특해 門을 개태지문(開泰之門)으로 본다. 운수가 확 트이지 못했다는 말이다. 진나라와 채나라에서 공자를 수행했던 제자들이 구체적으로 누구누구인지는 명확하지 않다.

德行 顔淵 閔子騫 冉伯牛 仲弓. 言語 宰我 子貢. 政事 冉有 季路. 文學 子游 子夏.

덕행에는 안연·민자건·염백우·중궁이요, 언어에는 재아·자공, 정사에는 염유·계로, 문학에는 자유·자하다.

덕행(德行), 언어(言語), 정사(政事), 문학(文學)을 공문의 사과(孔門四科)라고

제11편. 선진(先進) **445**

한다. 그리고 여기에 언급된 열 명을 공문의 십철(孔門十哲)이라고 부른다.

덕행(德行)이라 함은 도덕적인 실천을 의미한다. 언어, 정사, 문학과 더불어 넷으로 분류되고 있으나, 실상은 나머지 셋 위에 군림하는 개념일 것이다.

안연은 공자 자신이 가장 아꼈던 제자였던 만큼 그 덕행도 뛰어났다. 옹야9에도 보이듯이 가난에도 학문을 하는 즐거움을 결코 버리지 않았던 안연에 대해서는 새삼 설명할 필요도 없으리라. 민자건은 옹야7에서 비(費)의 읍재(邑宰)가 되는 것을 사양했다. 또한 그 효행이 뛰어났음을 선진4에서 알 수 있다. 선진13에도 백성을 위해 옛 창고를 그대로 쓰자고 한 민자건의 일이 기록되어 있다. 염백우는 옹야8에 몹쓸 병에 걸렸다는 기록이 있을 뿐으로 그 자세한 행적은 논어에 나타나 있지 않다. 중궁은 옹야1에 가히 임금을 삼을 만하다는 기록이 있는 것으로 미루어 보아 그 덕행이 뛰어났음을 짐작할 수 있다. 또 공야장4에 말재주는 없으나 어질다는 기록이 있다. 그리고 옹야4에서는 비록 신분은 천하나 그 인덕이 훌륭하다고 했다.

언어(言語)는 말솜씨로, 황간의 『논어의소』에 인용된 범녕의 해설에 의하면 빈주상대지사(賓主相對之辭), 즉 외교상의 언사(言辭)를 뜻한다. 다산의 견해도 같다.

재아는 팔일21에서 주나라의 사(社)가 밤나무인 사실을 갖고 말하기를 백성을 전율케 하기 위한 것이라는 궤변을 전개했다가 공자에게 꾸중을 들은 바 있다. 또 옹야24에서는 어진 자라면 사람이 우물에 빠졌을 때 그 우물 속까지 따라 들어가야 하냐고 공자에게 물었다. 그리고 양화21에서는 삼년상은 너무 길어 일년상으로 해야 한다고 나름대로 정연한 논리로 주장했다. 말재주가 궤변에 가까울 정도로 빼어났음을 알 수 있다. 자공은 논어에 자주 나오는 인물로 안회와 그 재주를 다툴 정도였다. 그리하여 공자는 공야장3에서 그를 종묘에서 제사를 지낼 때 쓰는 그릇인 호련(瑚璉)에 비유했으며, 공야장8에서는 그가 아직 안회만 못함을 깨우쳐주면서 더욱 정진할 것을 독려했다. 술이14에서 자공은 공자가 위나라 임금을 도울지 여부를 백이숙제의 고사를 빗대어 물었다. 또 자한12에서는 공자가 높은 학덕을 갖고 있음에도 초야에 묻혀 지내는 것을, 좋은 옥에 비유해 그 옥을 팔 것을 은근히 권유했다. 모두 그 말재주의 일단이리라. 『사기』「중니제자열전」에는 자공의 말재주를 극명하게 나타낸 일화가 하나 기록되어 있다. 거기에서 자공은 노나라의 사자로 활동하며 그 교묘한 변설로 노나라를 제나라의 침략으로부터 구출함은 물론, 오(吳), 월(越), 진(晉), 제(齊) 간에 일대 파란을 야기했다.

정사(政事)는 정치다.

염유는 계씨를 섬겼다. 그러나 염유의 정치에 대해 공자는 그리 기꺼워하지 않았다. 팔일6에서는 계씨가 태산에 여제(旅祭)를 지내는 것을 염유가 막지 못한 데 대해 비판했다. 또 선진16에서도 공자는 염유가 계씨를 위해 세금을 지나치게 많이 걷는 것을 비난하며 제자들에게 그를 공격하라고까지 했다. 그럼에도 공자가 공야장7에서 염유가 1,000호의 읍과 백승(百乘)의 가문을 맡아 다스릴 수 있는 능력이 있다고 하고 있는 것으로 보아, 정사에 어느 정도 재질이 있었던 것은 분명한 듯하다. 세로(季路)는 자로다. 공야장7에서 천승(千乘)의 나라의 군사 문제를 맡을 능력이 있다고 공자로부터 평가받았다. 그러나 계로의 정치 또한 공자에게 그리 만족스러운 것은 아니었다. 선진23에서 공자는 염유와 계로가 그저 자리나 차지하는 그런 신하에 불과하다고 한 바 있다. 또 선진24에서 자로는 어찌 학문을 하고 난 이후에만 백성을 다스릴 수 있느냐고 항변하다가 공자로부터 망령되이 궤변을 늘어놓는다고 꾸중을 들었다. 또 자로3에서는 정치의 요체가 이름을 바로 하는 것(正名)이라는 공자의 주장을 우원하다고 비판하다가 공자로부터 꾸중을 들었다. 계로는 결국 위나라 출공(出公) 부자의 권력 투쟁에 휘말려 비극적인 최후를 맞이했다.

문학(文學)은 오늘날의 문학(Literature)이 아니라 고전에 대한 해박한 지식을 뜻한다. 범녕은 선왕의 전문(先王典文)이라고 했다.

자유가 고전에 해박했음을 말해주는 기록은 논어에서는 보이지 않는다. 그러나 『예기』「단궁(檀弓)상」편에 증자와 자유가 예에 관한 논쟁을 벌이다 결국 증자가 자유에게 손들고 말았다는 기록이 있다. 자하는 자장 12에서 그 문하 제자들이 자잘한 예의범절에는 밝으나 근본이 없다고 자유에게 비판받는 것으로 미루어 보아, 예에 관한 고전에 통달했음을 짐작할 수 있다.

德行 顔淵 閔子騫 …… 文學 子游 子夏가 누구의 말인지는 불분명하다. 또한 공자의 다른 제자들, 즉 유자나 증자, 자장과 같이 논어에 자주 등장하는 인물들이 왜 빠졌는지도 분명하지 않다. 생각하건대 이 구절은 공자의 말이 아니라 후대에 전해오던 말이 논어의 편찬 과정에서 끼어 들어간 것이 아닐까? 고주에서는 德行 顔淵 閔子騫 이하를 별도의 장으로 분리한다. 그러나 주희는 이 말을 從我於陳蔡者 皆不及門也와 연결시켜 하나의 장으로 만들면서 공문십철은 당시 공자의 문하에 있던 사람들만을 지칭한 것이라고 했다. 증자가 빠진 것을 설명하기 위해서다.

3

공자께서 말씀하셨다. "안회는 나를 돕는 자가 아니다. 나의 말에 대해 이해하지 못하는 것이 없다."

子曰 回也 非助我者也. 於吾言無所不說.

설(說)은 조기빈의 『논어신탐』에 의하면 이해하는 것(解)이다. 고주의 공안국이나 황간의 『논어의소』에서도 그렇게 풀이했다. 그러나 주희는 기뻐한다는 뜻의 열로 읽는다.

  남을 가르치는 사람은 가르치는 과정에서 자기가 이미 알고 있던 것을 더 깊게 이해할 수 있고, 또 새로운 것들을 찾아내어 지식이 더 풍부해질 수 있다. 즉 가르친다는 것은 일방적인 지식의 주입이 아니라 가르치는 자와 가르침을 받는 자와의 변증법적인 상호 관계를 통한 지식의 확대, 심화 과정이다. 그런데 안회는 공자의 가르침을 모두 이해하고 묵묵부답으로 있으니 변증법적인 상호 관계가 이루어질 수 없다. 안회의 뛰어남을 칭찬한 말이다.

  팔일8에서 巧笑倩兮 美目盼兮 素以爲絢兮의 뜻을 묻는 자하와 대화를 나누는 과정에서 공자는 "나를 일깨워주는구나, 상이. 비로소 더불어 시를 말할 만하구나"라고 했다. 즉 자하와의 대화 속에서 공자 자신도 얻은 바가 있었던 것이리라. 안회와는 대비되는 모습이다.

4

공자께서 말씀하셨다. "'효자로다, 민자건은'이라고 하는데, 사람들은 부모 형제의 그 말에 무어라 끼어들지를 못하는구나."

子曰 孝哉 閔子騫. 人不間於其父母昆弟之言.

효재 민자건(孝哉 閔子騫)은 공자의 말이 아니라, 당시 세상 사람들의 말이며, 또한 동시에 민자건의 부모 형제의 말이기도 하다. 만일 공자의 말이라면 子騫이라는 자를 부르지 않고 손(損)이라는 이름을 불렀을 것이기 때문이다. 간(間)은 틈 사이로 끼어드는 것이다. 곤제(昆弟)는 형제다. 민자건의 부모 형제가 "효자로구나, 민자건은"이라고 하고 다니고, 또 당시 사람들도 그렇게 말하고 다녔음에도 누구 한 사람 그 말에 대해 무어라 다른 말로 끼어들지 못했다는 뜻이다. 민자건의 효행이 널리 세상으로부터 인정받았음을 칭찬한 말이다. 다산의 해설에 의거했다.

한(漢)의 한영(韓嬰)이 쓴 『한시외전(韓詩外傳)』에는 민자건의 효에 대해 다음과 같은 일화가 소개되어 있다. 민자건의 친어머니가 일찍 죽어 아버지는 후처를 맞이했다. 민자건의 새어머니는 자식을 둘을 낳았으나 민자건을 몹시 박대했다. 어느 날 아버지는 민자건이 갈대꽃으로 만든 얇은 옷을 입고 추위에 떨고 있는 것을 보았다. 그런데 새어머니가 낳은 두 자식은 모두 두꺼운 옷을 입고 있었다. 아버지는 화가 나서 새어머니를 내쫓으려고 했다. 민자건이 말하길 "어머니가 계시면 한 자식이 추위에 떨지만, 어머니가 안 계시면 세 자식이 추위에 떱니다"라고 했다. 아버지는 민자건의 말이 옳다고 생각해 새어머니를 내쫓지 않았다. 이 말을 전해들은 새어머니도 회개해 이윽고 자애로운 어머니가 됐다.

5

남용이 백규(白圭)의 시를 되풀이해 외고 있음에 공자께서 형님의 딸과 결혼시키셨다.

南容三復白圭. 孔子以其兄之子妻之.

백규(白圭)는 『시경』 대아(大雅) 탕지습(蕩之什)의 억(抑)에 나오는 시구다. 그 부분을 소개하면 다음과 같다.

    백성을 바로 이끌고 제후의 법도를 삼가 지키며
    뜻밖의 환난에 대비하고 말을 삼가
    공경하고 위의를 지킨다면 화평하지 않을 리 없네
    백규의 흠은 다시 갈면 되지만
    말을 잘못해서 생긴 허물은 어쩔 도리가 없네
    質爾人民 謹爾侯度
    用戒不虞 愼爾出話
    敬爾威儀 無不柔嘉

白圭之玷 尙可磨也
斯言之玷 不可爲也

백규는 흰 옥으로 만든 규다. 삼복(三復)은 여러 번 되풀이하는 것이다. 남용이 백규의 시를 되풀이해 왼 것은 말의 허물을 적게 하기 위해서다. 공야장1에서 공자가 남용을 평하여 말하길 "나라에 도가 있으면 버려지지 않을 것이요, 나라에 도가 없더라도 형벌은 면할 것이다"라고 했으니, 그 말이 신중했음을 미루어 짐작할 수 있다. 신주에서 범조우는 다음과 같이 말했다. "말은 행위의 겉이요, 행위는 말의 실질이다. 말을 쉽게 하면서 그 행위를 삼가는 자를 보지 못했다. 남용이 그 말을 삼가기를 이와 같이 한다면 반드시 그 행위도 능히 삼갈 수 있을 것이다."

● 공야장1에도 남용에게 형의 딸을 시집보냈다는 내용이 있다.

6

계강자가 물었다. "제자들 중에 누가 학문을 좋아합니까?"
공자께서 대답하셨다. "안회라는 자가 있어 학문을 좋아했습니다만, 불행히도 명이 짧아 일찍 죽으니 지금은 없습니다."

季康子問 弟子孰爲好學.

孔子對曰 有顔回者 好學. 不幸短命死矣 今也則亡.

공자께서 대답하셨다. "안회라는 자가 있어 학문을 좋아했습니다만, 불행히도 명이 짧아 일찍 죽으니 지금은 없습니다."

옹야2에도 같은 내용의 문답이 있는데, 거기서는 不遷怒 不貳過의 여섯 글자가 더 있다. 신주의 범조우에 의하면 옹야2에서는 노의 임금이 물었기 때문에 더 자세히 대답한 것이라고 한다.

7

안연이 죽었다. 안로가 공자의 수레로 덧널을 만들 것을 청했다.

공자께서 말씀하셨다. "재주가 있거나 없거나 각자 자기 자식이오. 이가 죽었을 때도 관은 있었으나 덧널은 없었소. 나는 걸어 다니면서까지 덧널을 만들지는 않았소. 내가 대부의 말석에라도 있는 이상 걸어 다닐 수는 없었기 때문이오."

顔淵死. 顔路請子之車以爲之槨.

안연이 죽었다. 안로가 공자의 수레로 덧널을 만들 것을 청했다.

안로(顔路)는 안연의 아버지로 이름은 무요(無繇)다.

곽(槨)은 관(棺)을 넣는 바깥 관, 즉 덧널이다. 청자지거이위지곽(請子之

車以爲之槨)에 대해서 고주나 신주 모두 안로가 집이 가난해 공자의 수레를 얻어다 그것을 팔아 장례 때 쓸 덧널을 장만하려고 한 것으로 해설한다. 그러나 환무용의 『논어계』의 설명은 다르다. 환무용은 공자가 고급 가죽옷(裘)도 있는 등 그렇게 곤궁하지 않았는데, 안로가 수많은 것들 중 하필이면 공자가 몸소 타고 다니는 수레를 청했는가에 주목한다. 그에 의하면 대부가 타고 다니는 수레는 시장에서 사고팔 수 있는 것이 아니라고 한다. 따라서 안로가 공자의 수레를 청한 것은, 그것을 팔아 장례 때 쓸 덧널을 장만하려고 한 것이 아니라, 그 수레를 꾸며 초빈(草殯)할 때 쓸 덧널을 만들려고 했던 것이다. 그런데 초빈할 때 수레로 덧널을 꾸미는 것은 천자나 제후의 예로, 사(士)의 신분인 안연에게 해당되는 것은 아니었다. 그래서 공자가 안로의 청을 거절한 것이라고 한다. 고증이 문제가 되나, 수레를 팔아 장례 때 쓸 덧널을 장만하려고 했다는 고주, 신주의 주장보다는 덜 어색해 보인다.

안연의 죽음에 대해 『공자가어』는 안연의 나이 서른한 살 때라고 했으나 청의 학자들이 고증을 통해 마흔한 살 때라고 밝혔다. 『사기』 「공자세가」에 의하면 노나라 애공 14년 공자 나이 일흔한 살 때다.

子曰 才不才 亦各言其子也. 鯉也死 有棺而無槨. 吾不徒行以爲之槨. 以吾從大夫之後 不可徒行也.

공자께서 말씀하셨다. "재주가 있거나 없거나 각자 자기 자식이오. 이가 죽었을 때도 관은 있었으나 덧널은 없었소. 나는 걸어 다니면서까지 덧널을 만들지는 않았소. 내가 대부의 말석에라도 있는 이상 걸어 다닐 수는 없었기 때문이오."

이(鯉)는 공자의 아들로, 자는 백어(伯魚)다. 안연이 죽기 2년 전에 쉰 살의 나이로 세상을 떠났다고 한다.

  대부는 도보로 걷지 아니하고 수레를 타는 것이 당시의 법도였다. 공자가 아무리 안연을 사랑했다 하더라도 예를 어기면서까지 안연의 장례를 치를 수는 없었다. 큰 슬픔 속에서도 예를 어기지 않으려고 하는 공자의 마음가짐이 여실히 나타났다.

8

  안연이 죽었다. 공자께서 말씀하셨다. "아아! 하늘이 나를 버리는구나! 하늘이 나를 버리는구나!"

顔淵死. 子曰 噫 天喪予. 天喪予.

희(噫)는 상심하여 통탄하는 소리다.
  안연은 공자에게 똑똑한 제자 이상의 존재였던 것 같다. 공자 자신은 이제 저 흘러가는 세월에 묻혀 조만간 이 세상을 떠날 수밖에 없지만, 안연이 있음으로 인해 자신의 도(道)는 세상에 이어져갈 것이다. 그리고 비록 자신은 꿈을 실현하는 데 실패했지만, 저 안연을 통해 언젠가 자신의 꿈은 실현될 수 있으리라. 공자가 안연에게 이러한 기대를 가졌던 것은 아닐까? 그러한 기대가 안연의 돌연한 죽음으로 인해 산산이 부서지게 되자, 하늘이 자신을 버린다고 비통해한 것은 아닐까? 바로 다음 장과 더불어 안연의 죽음에 대한 공자의 비통함이 절절하게 와 닿는다.

한대의 학자들은 이 장을 해석할 때 자한8의 "봉황새도 이르지 않고, 황하에서 그림도 나오지 않으니, 나도 끝났구나"와 연관 지어 해석한다. 『춘추공양전(春秋公羊傳)』이나, 『사기』의 저자인 사마천(司馬遷), 동중서(董仲舒), 유흠(劉歆) 등 한대의 학자들에 의하면 공자는 하늘로부터 성인(聖人)의 덕은 부여받았으나 새로운 천자의 등극을 예고하는 상서(祥瑞)를 초치(招致)할 수 있는 능력을 받지 못했기 때문에 천자가 될 수 없었다. 그런데 천자가 될 사람에게는 그를 보좌할 인재가 함께 따라온다. 은의 탕왕(湯王)에게 이윤(伊尹)이 있었고, 주의 무왕에게 태공(太公)이 있었듯이 말이다. 안연은 공자에게 자신을 보좌해 천자의 업(業)을 이루게 할 이윤이나 태공과 같은 존재였다. 그런데 이제 안연이 죽고 또 천자의 업을 예고하는 봉황이나 황하의 그림 같은 상서마저 나타나지 않게 되자, 공자는 하늘이 자신의 꿈을 이루어주지 않을 것이라고 믿게 됐다. 이어 성인(聖人)을 상징하는 상서로운 짐승인 기린(麒麟)이 잡힌 것을 보고는 이제 자신은 완전히 끝났다고 판단한다. 그리고 멀지 않아 공자는 이 세상을 떠나고 만다.

동중서를 위시한 한대 학자들의 이러한 주장은 유교(儒敎)가 한대에 국가의 공인 이데올로기가 되는 과정 속에서 얼마나 공자의 원래 가르침으로부터 멀어졌는가를 단적으로 보여준다. 공자가 비록 천(天)을 부정하지는 않았지만, 인간사는 인간의 책임하에 있다고 생각한 합리주의자로서 일체의 신비주의를 배격했음은 새삼 다시 말할 필요도 없다. 그런 공자가 봉황이나 기린 같은 현실에 존재하지도 않는 상서가 없어 자신이 천자가 되지 못했다고 생각했다 운운함은 공자를 모욕하는 것이다. 이러한 한대 학자들의 주장은 덕(德)이 있는 자가 임금이 되어야 한다는 공자, 맹자 이래의 가르침과 현실의 군주를 인정할 수밖에 없는, 아니 적극적으로 인정해 현실의 권력 세계에 참여하고자 한 한대 유가(儒家)들의 현실적 필요성이 상호 절충된 결과다. 그리고 그러한 절충의 결과 유가는 비록 현실의 권력 세계에는 참여할 수 있게 되었으나 그만큼 공자로부터는 멀어지고 말았다.

9

안연이 죽었다. 공자께서 곡을 하시다가 목을 놓아 우셨다. 따라간 사람이 말했다. "선생님께서 목을 놓아 우셨습니다."
공자께서 말씀하셨다. "목을 놓아 울었단 말이냐? 이 사람을 위해 목을 놓아 울지 않으면 누구를 위해 한단 말이냐?"

顔淵死. 子哭之慟. 從者曰 子慟矣.
안연이 죽었다. 공자께서 곡을 하시다가 목을 놓아 우셨다. 따라간 사람이 말했다. "선생님께서 목을 놓아 우셨습니다."

통(慟)은 슬픔이 지나쳐 목을 놓아 우는 것이다.

曰 有慟乎. 非夫人之爲慟 而誰爲.
공자께서 말씀하셨다. "목을 놓아 울었단 말이냐? 이 사람을 위하여 목을 놓아 울지 않으면 누구를 위해 한단 말이냐?"

평소의 공자의 가르침에 의하면 슬픔도 절제해 나타내야 한다. 그런데 공

제11편. 선진(先進) **457**

자 자신이 안연의 죽음에 슬픔을 못 이겨 목을 놓아 울고 말았다. 그것도 자신도 모르는 사이에 그렇게 됐다. 함께 따라간 제자가 그 사실을 지적하자 "이 사람을 위해 목을 놓아 울지 않으면 누구를 위하여 한단 말이냐?"고 했다. 공자가 얼마나 깊이 안연을 사랑했는지 눈앞에 보듯 선하다.

10

　안연이 죽었다. 문인들이 장례를 성대하게 치르려고 했다. 공자께서 말씀하셨다. "아니 된다."
　문인들이 성대하게 장례를 치렀다.
　공자께서 말씀하셨다. "회는 나를 보기를 아비처럼 했는데, 나는 그를 자식처럼 보지 못했구나. 내가 아니라, 너희들이 그런 것이다."

顔淵死 門人欲厚葬之. 子曰 不可.
門人厚葬之.
안연이 죽었다. 문인들이 장례를 성대하게 치르려고 했다. 공자께서 말씀하셨다. "아니 된다."
문인들이 성대하게 장례를 치렀다.

　문인은 공자의 문인들이다. 안연의 높은 덕행은 동문들로부터도 존경받고 있었다. 그러기에 그들은 안연의 장례를 성대히 치르기를 원했다. 그러나 공자는 그것을 허락하지 않았다. 가난하면 가난한 대로 정성을 다해 장례를 치르면 되지, 억지로 성대히 치르려고 하는 것은 허례(虛禮)로 예에 맞지 않기 때문이다. 그러나 문인들은 공자의 말을 따르지 않았다. 왜냐하면 이 장례에 공자는 무어라 직접 나설 수 있는 입장이 아닌 제삼자였기 때문이다. 문인들은 안연의 아비인 안로의 뜻에 따라 성대히 장례를 치렀다.

子曰 回也視予猶父也 予不得視猶子也. 非我也 夫二三子也.
공자께서 말씀하셨다. "회는 나를 보기를 아비처럼 했는데, 나는 그를 자식처럼 보지 못했구나. 내가 아니라, 너희들이 그런 것이다."

여부득시유자야(予不得視猶子也)는 공자가 안연을 자식처럼 대하지 못했다는 말로, 안연에게 자신의 자식인 이(鯉)처럼 형편에 맞는 합당한 장례를 치러주지 못했음을 말한다. 이가 피를 이어간 친자식이라면, 안연도 비록 피는 다르지만 자신의 도(道)를 이어간 정신적 자식이다. 안연도 자신을 아비 대하듯 했지만, 자신도 또한 안연을 자식처럼 생각했다. 만일 안연을 자식처럼 대했다면 이 분에 넘친 장례는 막았어야 했다. 그런데도 안연의 친아비인 안로의 뜻에만 맡겨 안연의 장례는 이 지경이 되고 말았다. 그것에 대한 탄식이다. 부이삼자(夫二三子)는 안로의 뜻에 동조한 몇몇 제자들을 일컫은 말이다.

한편 다산과 오규 소라이는 非我也夫 二三子也로 끊어 읽을 것을 주장한다. 전통적인 해석이 공자가 제자들에게 책임을 전가하는 것처럼 보이기 때문이다. 非는 비난한다는 뜻이고, 二三子는 공자의 문인들 중 다른 나라에 있어 안연의 장례에 참가하지 못한 사람들이다. 이들의 해석은 다음과 같다. "나를 비난하겠구나, 다른 나라에 있는 제자들이."

제11편. 선진(先進) **459**

7장부터 10장까지 모두 안연의 죽음을 다뤘다. 원의 허겸은 『독사서총설』에서 시간순으로는 8장, 9장, 7장, 10장의 순서로 배열했어야 한다고 했다.

11

계로가 귀신을 섬기는 것에 대해 물었다. 공자께서 말씀하셨다. "사람도 섬기지 못하면서 어찌 귀신을 섬길 수 있겠느냐?"
"감히 죽음에 대해 묻겠습니다."
"삶에 대해서도 알지 못하는데 어찌 죽음에 대해 알겠느냐?"

季路問事鬼神. 子曰 未能事人 焉能事鬼.
계로가 귀신을 섬기는 것에 대해 물었다. 공자께서 말씀하셨다. "사람도 섬기지 못하면서 어찌 귀신을 섬길 수 있겠느냐?"

敢問死.
"감히 죽음에 대해 묻겠습니다."

曰 未知生 焉知死.
"삶에 대해서도 알지 못하는데 어찌 죽음에 대해 알겠느냐?"

귀신에 대한 문제 그리고 죽고 난 뒤의 문제는 인간이면 누구나 숙명적으로 갖고 고민하는 문제다. 자로 또한 이 문제가 매우 궁금했던 모양이다.

그래서 먼저 귀신을 섬기는 문제부터 물어보았다. 제사를 지내는 것 자체가 귀신을 섬기는 것이니, 그것으로부터 실마리를 찾아 사후의 문제까지 차근차근 물어보려 했던 것이리라. 그러나 공자는 자로의 질문이 제사를 지내는 것에 있지 않고 사후의 문제에 있음을 깨닫고, 인간을 섬기는 것도 제대로 하지 못하면서 어떻게 귀신을 섬길 수 있겠느냐고 잘라 말한다. 그럼에도 적극적인 성격의 자로는 물러서지 않고 계속해 감히 죽음에 대해 물었다. 공자의 대답은 역시 같았다. 삶도 모르면서 어찌 죽음을 알 수 있겠느냐고. 공자는 이 세상을 어떻게 하면 올바르게 살아갈 수 있느냐에 관심이 있었지, 귀신이나 죽고 난 뒤 등 인간 너머에 있는 알 수 없는 세계에는 관심을 두지 않았다. 합리주의자로서의 공자의 진면목이 잘 나타난 대목이다.

불교에서도 비슷한 이야기가 있다. 『소만동자경』에서 만동자는 붓다에게 세상은 영원한가 아니면 영원하지 않은가, 여래는 사후에 존재하는가 아니면 존재하지 않는가 등에 관해 물었다. 그에 대한 붓다의 대답이 그 유명한 독화살의 비유다. 지금 독화살을 맞은 사람이 있는데 이 독화살이 어디에서 왔는지, 누가 쐈는지, 그의 계급이 어떤지 등을 따져 알아야 하는가? 아니면 우선 독화살을 뽑고 치료해야 하는가? 삶이 어디에서 왔고 어디로 가는지 모르지만, 지금 우선 필요한 것은 어디에서 왔고 어디로 가는지를 아는 것이 아니라, 지금 이 세상을 잘 사는 것이다.

한편 주희는 다음과 같이 해설했다.

"귀신을 섬기는 것을 물은 것은 제사를 받드는 뜻을 구한 것이고, 죽음은 사람에게 반드시 있는 것이니 알지 않으면 안 된다. 이들은 모두 절실한 질문이다. 그러나 정성과 공경이 족히 사람을 섬길 수 있는 자가 아니면 반드시 귀신을 섬길 수 없을 것이요, 처음의 근원을 탐구해 삶을 알지 못하면 반드시 끝으로 돌아가 죽음을 알지 못한다. 저승과 이승(幽明), 삶과 죽음은 처음부터 두 가지 이치가 아니다. 다만 배우는 데는 순서가 있어 차례를 뛰어넘을 수 없다. 그래서 공자가 이렇게 말한 것이다."

즉 공자에게도 귀신과 생사의 문제에 대한 공부가 있는데, 다만 자로가 아직 수준이 거기에까지 이르지 못해 말을 하지 않았다는 것이다. 이어 주희는 다음과 같은 정이의 말을 인용했다.

"낮과 밤이 생사의 도다. 삶의 도를 알면 죽음의 도를 알 것이요, 사람을 섬기는 도를 다하면 귀신을 섬기는 도를 다할 것이다. 삶과 죽음, 사람과 귀신은 하나이면서 둘이고, 둘이면서 하나다. 혹자는 말하기를 '공자께서 자로에게 말씀해주지 않으셨다'고 하는데, 이것이 바로 깊이 가르쳐주신 것임을 알지 못하는 것이다."

정이의 주장은 이 문답 속에 귀신과 사람, 생과 사의 문제에 대한 답이 다 들어 있다는 것이다. 실로 궤변이 아닐 수 없다. 정이를 비롯한 성리학자들은 공자의 가르침에 불교에서처럼 사생관이나 우주론 같은 것이 없음을 항상 안타깝게 생각했던 것 같다. 그렇지 않다면야 도대체 이런 황당한 주장이 왜 나오겠는가? 이런 주장의 극치는 청 말의 사상가 캉유웨이(康有爲, 1858~1927)다. 그는 『논어주(論語注)』에서 『주역』 「계사전(繫辭傳)」을 인용해 공자가 사람과 귀신, 생과 사의 문제뿐만 아니라 윤회(輪廻)까지도 이미 논했다고 주장했다(『논어집석』에서 재인용). 억지도 보통 억지가 아니다.

공자의 사상의 가장 큰 특징 중 하나는 그가 신이나 사후 세계 등 종교적인 문제에 거의 아무런 관심도 보이지 않았다는 것이다. 그러나 귀신이나 사후 세계를 부정하지는 않았던 것 같다. 그러기에 그는 죽은 선조들의 혼령을 모시는 제사나, 기타 산천초목 등에 드리는 제사를 부정하지 않았다.

오히려 그는 그러한 제사들의 중요성을 강조하고 그것을 격식대로 치를 것을 주장하면서, 양 한 마리가 아까워 고삭(告朔)의 제사를 폐지하려고 하는 자공을 꾸짖었다(팔일17).

그러나 그것은 종교적인 이유에서라기보다는 정치적·사회적인 이유에서였다. 제사는 공동체 구성원 사이의 공동체 의식을 고양하고 내부의 질서를 바로잡기 위한 정치적 행사였다. 공동의 조상에 대한 제사는 혈연공동체 내부의 동질성을 고취하며, 제례의 구분은 공동체 내부의 질서 의식을 공고히 한다. 공동체적 삶으로의 복귀를 염원한 공자의 입장에서 볼 때 제사는 그것을 달성할 수 있게 하는 매우 유용한 수단이었다.

또한 공자가 보기에 귀신의 일은 인간으로서는 알 수도, 도달할 수도 없는 미지의 세계였다. 생사의 문제 또한 인간이 어찌할 수 없는 운명이었다(死生有命 富貴在天-안연5). 공자는 인간이 알 수 있고, 그에 따라 판단하고, 행동할 수 있는 세계에만 관심을 갖고 있었다. 그러기에 인간의 손이 미치지 못하는 귀신·생사의 문제는 일단 젖혀두고, 인간 세상의 일에만 관심을 가졌던 것이다. 그러한 공자이기에 귀신의 일은 제례의 대상으로서 공경은 했으나 멀리했으며(敬鬼神而遠之-옹야20), 그에 대해 언급하지 않은 것이다(子不語怪力亂神-술이20).

한편으로 공자가 이렇게 귀신의 일을 멀리한 것은 춘추시대 이후의 사회적 변화를 반영한 것이기도 하다. 각 혈연공동체는 의연 그 보호자로서 조상신을 모시고 있었다. 조상신에 대한 제사는 구성원 간의 동질성을 확인시켜주는 정치적 의미뿐 아니라, 공동체를 외부의 위험으로부터 지켜달라는 주술적 의미도 함께 갖고 있었다. 그러나 현실의 세계에서 공동체는 와해되어갔고, 그 과정에서 수호자인 조상신은 아무런 보호도 하지 못했다. 공동체로부터 방기(放棄)된 각 개인에게 공동체의 조상신이라는 것은 이제

관습적인 것 외에 아무런 의미도 없는 존재에 불과했다. 또한 제후들 사이의 빈번한 맹약(盟約)의 보증인도 이들 귀신들이었다. 하지만 현실의 세계에서 이들 귀신들은 맹약을 지키는 아무런 방패막이가 되지 못했다. 귀신이 있는지 없는지는 알 수 없으나, 현실 세계에서의 존재 의미는 이제 사라지고 만 것이다. 이러한 저간의 사회적 변화가 공자로 하여금 귀신에 대해 거리를 두게 만들었다. 시대가 지나 순자에 이르면 우주를 주재하는 최고신인 천(天)마저 단순한 자연현상으로 인식하게 됐다. 주술적 신으로부터의 인간의 해방은 이러한 사회적 변화의 과정 속에서 이루어졌다.

●
옹야20, 술이20

12

민자건은 옆에서 모실 때 그 몸가짐이 바르고 곧았으며, 자로는 강직했고, 염유와 자공은 온화했다.
공자께서는 즐거워하셨다.
"자로 같은 사람은 제명을 다하지 못할 것이다."

閔子侍側 誾誾如也. 子路 行行如也. 冉有 子貢 侃侃如也.
子樂.
민자건은 옆에서 모실 때 그 몸가짐이 바르고 곧았으며, 자로는 강직했고, 염유와 자공은 온화했다.

공자께서는 즐거워하셨다.

민자(閔子)는 민자건이다. 은은(誾誾)은 곧고 바른(中正) 모양이고, 행행(行行)은 굳고 강직한(剛强) 모양, 간간(侃侃)은 화락(和樂)한 모양이다. 황간을 따랐다.

  민자건이나, 자로, 염유, 자공 같은 훌륭한 제자들에게 둘러싸인 공자는 자못 흐뭇했으리라. 공자가 즐거워했다는 것은 그것을 나타낸 말이다.

若由也 不得其死然.

"자로 같은 사람은 제명을 다하지 못할 것이다."

부득기사연(不得其死然)은 제명(命)대로 살지 못하는 것을 뜻한다.

  자로의 급하고 강직한 성격은 공자에게 근심거리였다. 어느 시대나 그런 성격의 사람은 항상 어려운 일을 많이 자초하기 마련이다. 공자는 자로가 그 성격 때문에 옳게 제명대로 살다 가지 못할 것을 근심했다. 不得其死然은 그것을 걱정한 말이다. 공자의 걱정대로 결국 자로는 위나라 출공(出公) 부자의 왕위 다툼 소용돌이에 휘말려 비극적인 최후를 맞고 말았다. 『사기』 「중니제자열전」에 의하면, 자로는 죽음에 즈음해 "군자는 죽을 때에도 관을 벗지 않는다"고 하며 관의 끈을 고쳐 매고 죽어갔다고 한다. 한편 공자는 위나라에 난이 일어났다는 말을 전해 듣고, 자로가 거기에 휘말려 목숨을 잃게 될 것이라고 예상했는데, 그 뒤 과연 자로의 죽음이 전해졌다. 공자가 죽기 1년 전으로, 그때 자로의 나이 예순네 살이었다고 한다.

황간의 『논어의소』에는 若由也 앞에 왈(曰) 자가 더 있다. 그리고 주희는 자락(子樂)의 樂이 曰의 오자(誤字)가 아닌가 의심한다. 모두 若由也 不得其死然이 누구의 말인지 명기되지 않아서 생긴 문제이다. 주희의 의심은 공자의 말이라면 子曰이 명기되어야 한다는 이야기다.

13

노나라 사람들이 장부를 다시 지었다. 민자건이 말했다. "옛것을 그대로 쓰는 것이 어떠한가? 꼭 다시 지어야 하는가?"
공자께서 말씀하셨다. "이 사람이 말은 안 하지만 하면 반드시 이치에 맞는다."

魯人爲長府. 閔子騫曰 仍舊貫 如之何. 何必改作.
노나라 사람들이 장부를 다시 지었다. 민자건이 말했다. "옛것을 그대로 쓰는 것이 어떠한가? 꼭 다시 지어야 하는가?"

장부(長府)는 창고의 이름이고 위(爲)는 다시 짓는 것이다. 잉(仍)은 인(因)이니 그대로 따르는 것이다. 관(貫)은 사(事)다. 노나라 사람들이 왜 장부를 다시 지었는지 그 이유는 불분명하나 아마 백성의 부담이 컸던 모양이다. 그래서 민자건이 옛것을 그대로 쓰자고 주장한 것이다.
고주, 신주 모두 장부를 창고의 이름으로 풀이하나, 유보남은 『논어정의』에서 다른 해설을 내놓았다. 『춘추좌씨전』 소공(昭公) 25년을 보면 소공이 장부에 머물면서 당시 노의 정권을 독단하던 계씨(季氏)를 쳤다는 기록이 나온다. 유보남은 이 기록과 연관지어 노나라 사람들이 장부를 다시 지은 것은 장차 소공이 계씨를 칠 때 그 거점으로 삼으려고 했기 때문이라 했다. 그러나 당시 계씨가 정권을 잡은 지 이미 오래되어 물리적인 힘으로 그를 정벌하기는 어려운 실정이었다. 따라서 민자건이 그것을 만류한 것이라고 한다.

한편 다산은 더욱 색다른 해설을 내놓았다. 다산에 의하면 장부는 화폐(貨幣)의 이름이고, 관은 동전을 꿰는 줄이다. 노나라에서 당시 화폐를 새로 주조했는데 옛것보다 액면 가치를 더 크게 했다. 민자건은 그것을 보고 장차 새 화폐로 세금을 거두면서 그 양을 옛 화폐대로 할 경우(仍舊貫) 백성의 부담이 늘어나 노나라에 장차 환란이 생기지 않을까 걱정했다. 그래서 이렇게 말한 것이라고 한다. 재미있는 해설이기는 하나, 당시 화폐로 세금을 거둘 정도로 화폐유통이 보편화되었는가에 대해서는 심히 의문이 든다.

子曰 夫人不言 言必有中.
공자께서 말씀하셨다. "이 사람이 말은 안 하지만 하면 반드시 이치에 맞는다."

공자의 가르침에 의하면 말은 삼갈수록 좋은 것이다. 그러나 말을 안 할 수는 없다. 따라서 이치에 맞는 말만 해야 하는 법이다. 민자건은 진정 공자의 충실한 제자였다.

14

공자께서 말씀하셨다. "유는 어찌하여 내 집 문에서 거문고를 타는가?"
문인들이 자로를 공경하지 않았다. 공자께서 말씀하셨다. "유는 당(堂)에는 올라와 있으나 아직 방에 들어가지 못했다."

子曰 由之瑟奚爲於丘之門.
공자께서 말씀하셨다. "유는 어찌하여 내 집 문에서 거문고를 타는가?"

슬(瑟)은 현(弦)이 여럿 있는 현악기다. 여기서는 그냥 거문고라고 번역했다.

門人不敬子路. 子曰 由也升堂矣 未入於室也.
문인들이 자로를 공경하지 않았다. 공자께서 말씀하셨다. "유는 당(堂)에는 올라와 있으나 아직 방에 들어가지 못했다."

당(堂)은 우리 식으로 말하면 대청에 해당하고 실(室)은 방이다. 여기서 室은 깊고 오묘한 경지를 말하고, 堂은 거기에 이르기 전 단계를 말한다.

음악은 조화를 기반으로 한다. 자로는 그 성격이 급하고 거칠어 조화와는 거리가 멀었다. 자연 그의 거문고 소리 또한 귀에 거슬리는 것이었으리라. 그래서 공자는 자로에게 "내 집에서 거문고를 타지 마라"고 한마디 했다. 이 말을 듣고 문인들이 자로를 깔보고 공경하지 않았다. 이에 공자가 자로의 공부가 아직 심오한 경지까지는 이르지 못했으나 이미 상당한 경지에 올라와 있다고 하면서, 문인들에게 자로를 함부로 대하지 말라고 타이르는 것이다.

주희는 『공자가어』를 인용해 "자로의 거문고 소리에는 거칠고 살벌한 기운이 있다"고 했다. 아마 자로의 성격이 급하고 용맹스러워 그런 말이 나온 듯하다. 그러나 소위 『공자가어』라는 책은 AD 3세기경 위나라 왕숙의 위작(僞作)임이 거의 확실한 책이다. 재미있는 이야깃거리 이상의 의미는 없다.

한편 다산은 자로의 음악이 堂에서 연주하는 아(雅)와 송(頌)에는 적합하나, 室에서 연주하는 주남(周南), 소남(召南)에는 적합하지 않음을 꾸짖은 말이라고 했다.

15

자공이 물었다. "사와 상은 누가 더 낫습니까?"
공자께서 말씀하셨다. "사는 지나치고 상은 미치지 못한다."
"그러면 사가 더 낫습니까?"
"지나친 것은 미치지 못하는 것과 같다."

子貢問 師與商也孰賢.
자공이 물었다. "사와 상은 누가 더 낫습니까?"

사(師)는 자장, 상(商)은 자하다.

같은 스승으로부터 같은 것을 배워도 사람마다 차이가 나기 마련이다. 각자가 타고난 재능이 다르고, 노력하는 정도가 다르기 때문이다. 우리도 학생 시절 누가 공부를 더 잘하는지 무척 궁금해했던 것처럼 공자의 제자들도 서로 누가 더 나은지 퍽이나 궁금했던 것 같다. 자공의 질문은 그런 일면을 보여준다.

子曰 師也過 商也不及.
공자께서 말씀하셨다. "사는 지나치고 상은 미치지 못한다."

자장의 어떤 모습 때문에 공자가 그를 지나치다고 했는지는 불분명하다. 그러나 자유의 말에 자장과 벗을 하기에는 재주가 모자라 아직 그의 인(仁)에는 미치지 못한다(子游日 吾友張也爲難能也 然而未仁-자장15)고 하고, 증삼도 그의 인(仁)과 어깨를 나란히 하기가 어렵다(堂堂乎張也 難與並爲仁矣-자장16)고 하는 것으로 미루어 볼 때, 재주가 뛰어나고 기개나 포부도 컸음을 짐작할 수 있다. 그러나 자장은 일상적인 일에 성실하지는 않았던 것 같다. 그러기에 공자가 자신을 올바르게 하기를 게을리하지 말라고(居之無倦-안연14) 가르친 바 있다.

자하는 고전에 밝은 사람으로(文學 子游子夏-선진2), 그 문인들이 예의범절에 밝은 것(子夏之門人小子 當洒掃應對進退則可矣-자장12)으로 미루어 볼 때, 상당히 돈독한 성격의 소유자로 생각된다. 또한 작은 일에 얽매이는 경향도 있었던 것 같다. 그러기에 공자는 그에게 작은 이익에 얽매이지 말라(無見小利-자로17)고 가르친 바 있다. 아마 그런 면이 공자에게는 그 규모나

포부가 작고 소극적인 것으로 보인 모양이다.

자장3을 보면 벗을 사귀는 것에 관해, 자하가 사귀어도 되는 사람과는 사귀고 그렇지 못한 사람과는 사귀지 말라고 한 데 대해, 자장은 그것은 본인의 문제로 본인이 어질다면 어찌 그렇게 구별할 필요가 있겠느냐고 말하고 있다. 자장의 진취적이고 방탕한 성격과 자하의 소극적이면서 원칙에 집착하는 성격이 잘 대비된다.

曰 然則師愈與.

"그러면 사가 더 낫습니까?"

유(愈)는 고주에 의하면 승(勝)이다.

子曰 過猶不及.

"지나친 것은 미치지 못하는 것과 같다."

지나친 것이나, 미치지 못하는 것이나 모두 중용(中庸)의 덕에 어긋난다. 중용의 덕을 최고로 치는 공자의 가르침(中庸之爲德也其至矣乎-옹야27)이 "지나친 것은 미치지 못하는 것과 같다(過猶不及)"는 이 말 한마디에 잘 나타난다.

● 자공은 인물평에 유난히 관심이 많았다. 헌문31에는 자공이 인물을 비교

하다 공자로부터 꾸중을 듣는 장면이 있다.

16

계씨가 주공보다 부유했는데도, 염구는 그를 위해 많은 세금을 거두어 그의 재산을 더욱 늘려주었다.
공자께서 말씀하셨다. "우리 무리가 아니다. 너희들은 북을 울려 그를 공격해도 된다."

季氏富於周公 而求也爲之聚斂而附益之.
계씨가 주공보다 부유했는데도, 염구는 그를 위해 많은 세금을 거두어 그의 재산을 더욱 늘려주었다.

염구가 섬긴 계씨는 계강자(季康子)다. 주공(周公)은 황간의 『논어의소』에 의하면 주 왕실의 신하로, 작위가 공(公)이고 그 식읍(食邑)이 주에 있었기 때문에 주공이라고 한다. 노의 시조인 주공 단(旦)이 노의 제후로 책봉되었을 때, 주공은 자신이 주의 재상을 겸하고 있었기 때문에 아들인 백금(伯禽)을 대신 노에 부임시켰다. 여기서 말하는 주공(周公)이란 아마 그때 노에 따라가지 않고 주 왕실에 남아 대대로 재상의 지위를 세습한 주공 단의 또 다른 후예를 가리키는 말 같다.
계씨가 제후국인 노의 재상임에도 그 부가 주공보다 많은 것은 지나친 것이다. 염구가 그런 계씨를 위해 백성으로부터 많은 세금을 거두어 더욱 그의 재산을 늘려준 것은 백성을 착취한 것일 수밖에 없다.

子曰 非吾徒也. 小子鳴鼓而攻之 可也.
공자께서 말씀하셨다. "우리 무리가 아니다. 너희들은 북을 울려 그를 공격해도 된다."

분노한 공자는 보기 드물게 강경한 어조로 염구를 비난한다. 우리 무리가 아니라는 것은 사문(師門)에서 파문한다는 뜻이다. 사제 간에서는 최고로 무거운 벌이다. 백성을 사랑하는 공자의 마음을 잘 느낄 수 있다. 이후 염구가 정말 공자의 문하에서 쫓겨났는지 여부는 알 수 없다.

    염구는 경제관이 공자와는 사뭇 달랐던 것 같다. 옹야3을 보면 공서화가 공자의 사자로 제나라에 갔을 때 염구는 그의 모친을 위해 공자가 원래 말한 것보다 무려 125배나 더 많은 곡식을 주었다가 공자로부터 "군자는 급박한 사람은 도와주지만, 부유한 자에게 더 보태주지는 않는다"라는 말을 들었다. 무언가 생각이 달랐기 때문에 그런 차이가 벌어졌던 것이리라. 그리고 여기서는 공자로부터 파문에 가까운 비난을 듣는다. 염구의 행적이 구체적으로 무엇이었는지는 알 길이 없다. 많은 학자들은 『춘추좌씨전』 애공 11년, 12년 조에 보이는 계씨가 토지에 따라 세금을 부과한 사실과 연관이 있는 것으로 본다. 그렇다면 이것은 토지 사유화의 진행에 따른 필연적인 변화로 보아야 할 것이다. 염구는 당시 사회적 변화에 순응하려고 했던 것이고, 공자는 그런 변화에 대해 부정적인 입장을 취했기 때문에 둘 사이에 이런 갈등이 생긴 것은 아닌지 모르겠다. 한편 『맹자』「이루상」14에도 비슷한 이야기가 실려 있다.

17

시는 우직하고, 삼은 둔하며, 사는 꾸밈이 심하고, 유는 거칠다.

柴也愚, 參也魯, 師也辟, 由也喭.

시(柴)는 공자의 제자로 성은 고(高), 자는 자고(子羔), 柴는 이름이다. 『사기』「중니제자열전」에 의하면 공자보다 서른 살 연하라 한다. 자로가 비(費)의 재(宰)로 추천했다는 기록이 선진24에 보인다. 그 외에는 아무런 행적도 논어에 보이지 않는다. 우(愚)는 우직한 것이다. 삼(參)은 증삼이다. 노(魯)는 둔(鈍), 즉 둔한 것이다. 사(師)는 자장이고, 벽(辟)은 꾸밈이 심한 것이다. 유(由)는 자로로, 언(喭)은 거칠고 사나운 것을 말한다. 황간의 『논어의소』에 인용된 왕필의 설명에 의하면 愚는 인(仁)을 좋아함이 지나친 것이고, 魯는 바탕이 꾸밈보다 나은 것, 辟은 꾸밈이 지나친 것, 喭은 사납고 강한 것이라고 한다.

누가 무엇을 근거로 이런 말을 했는지는 불분명하다. 공자의 말로 보기에는 제자에 대한 평가가 너무 각박한 것 같다.

청의 왕훤(汪烜)은 『사서전의(四書詮義)』에서 다음과 같이 말했다. "이런 단점이 있으면 이런 장점이 있다. 우직한 자는 두텁고 무거우며, 둔한 자는 성실하고, 꾸밈이 심한 자는 반드시 재주가 높고, 거친 자는 성질이 곧다. 이들은 성인의 문하에서 그 기질은 치우쳤으나, 익히는 것과 물드는 것에 의해 무너지지 않은 자들이다. 우직한 자는 학문으로 충당하며, 둔한 자는 민첩하게 구하는 것으로 힘쓰고, 꾸밈이 심한 자는 충신(忠信)으로 수렴하며, 거친 자는 예악으로 꾸민다. 장점을 따라 크게 하고, 치우친 것을 없애 가면 중용에 이를 수 있으니, 이에 이것을 말해 스스로 힘쓸 것을 알게 한 것이다"(『논어집석』에서 재인용).

18

공자께서 말씀하셨다. "회는 도(道)에 거의 다가갔으나 번번이 양식이 떨어졌다. 사는 천명을 받지 않았는데도 재산이 많았다. 예측하면 잘 맞았기 때문이다."

子曰 回也其庶乎 屢空.
공자께서 말씀하셨다. "회는 도(道)에 거의 다가갔으나 번번이 양식이 떨어졌다."

서(庶)는 주희에 의하면 근(近)으로 도에 가까움을 말한다. 누(屢)는 번번이, 공(空)은 고주, 신주 모두 공궤(空匱), 즉 양식을 담을 독이 비었다는 뜻으로 풀이한다. 그러나 하안의 고주는 공(空)을 허중(虛中), 즉 안회의 도(道)가 높아 자주 그 마음이 허정(虛靜)한 상태에 가까웠다고 풀이하는 일설(一說)도 함께 소개한다. 아마 고주의 편집자인 하안 자신이 노장(老莊) 철학의 애호가였기 때문이리라. 하안의 고주에는 이렇게 노장의 사상에 입각해 풀이하는 대목이 간혹 눈에 뜨인다. 아무튼 안회는 가난 속에서도 도를 추구하는 즐거움을 버리지는 않았지만(옹야) 평생 가난에서 벗어날 수는 없었다.

제11편. 선진(先進) **475**

賜不受命 而貨殖焉 億則屢中.

"사는 천명을 받지 않았는데도 재산이 많았다. 예측하면 잘 맞았기 때문이다."

사(賜)는 자공이다. 명(命)은 천명(天命)이다. 천명을 받지 않았다는 것은 다산에 의하면 귀(貴)한 신분이 아니라는 뜻이다. 옛날의 부는 귀(貴, 신분)에서 나왔다. 자공이 천명을 받지 않고서도 재산이 많았다는 것은, 그가 특별한 지위는 없었어도 자력으로 많은 부를 쌓았다는 뜻이다. 억즉루중(億則屢中)의 億은 예측하는 것이고, 中은 맞춘다는 뜻이다. 즉 어떤 물건의 시세 변동을 예측해 잘 맞추었다는 말이다.

자공은 재주가 많은 사람이다. 말솜씨도 좋았지만 안회와 비교될 정도로 재주도 뛰어났던 모양이다. 그리하여 공야장8에서 공자는 그가 아직 안회만 못함을 지적했다. 이 장도 안회와 자공을 비교한 말이다. 빈곤에 연연하지 않는 안회, 놀라운 재주로 부를 쌓은 자공, 공자의 입장에서는 안회가 더욱 사랑스러웠으리라. 그러나 공자가 자공을 비난한 것은 아니다. 왜냐하면 공자는 부(富)를 부정하지는 않았기 때문이다.

사마천의 『사기』 「화식열전(貨殖列傳)」을 보면 자공은 조(曹)나라와 노나라 사이에서 장사를 해 많은 재물을 모았다. 자공은 공자의 70여 제자들 중에서 가장 부유했으며, 공자의 이름이 천하에 널리 알려지게 된 것도 자공이 음양으로 도운 바에 힘입은 게 크다고 한다.

주 봉건제 아래에서 부는 신분과 직결된 문제였다. 가장 신분이 고귀한 자가 가장 많은 인민과 토지를 지배했고, 가장 많은 부를 손에 넣을 수 있었다. 거주 이전의 자유와 직업 선택의 자유가 없었던 일반 인민이 부를 축적한다는 것은 거의 불가능에 가까웠다. 공자가 부를 하늘이 결정하는 것이라고 한 것은 바로 이러한 현실을 말한 것으로 볼 수 있다. 즉 부는 자신이 어찌할 수 없는 탄생(운명)과 직결된 문제라는 것이다.

그러나 철기의 도입에 따라 생산력이 발달하면서 상황은 변하기 시작했다. 공동 경작이 가족 경작으로 바뀌었고, 토지 사유제가 발전했다. 공동체 내부에서는 계층 분화가 진행되어, 한편에서는 몇몇 소수에게 토지가 집중되었고, 그 이면에서는 수많은 사람들이 토지로부터 방출됐다. 공동체가 붕괴하기 시작하면서 인민에 대한 전통적인 통제는 힘을 잃어갔다. 신분제도 덩달아 붕괴해갔다. 집중된 부는 교역을 촉진했고 그에 따라 신흥 상인 계급이 출현했다. 안회의 적빈(赤貧), 자공의 장사를 통한 부의 축적 등은 바로 이러한 사회상을 반영하는 것이 아닐까?

19

자장이 선인(善人)의 도(道)에 대해 물었다. 공자께서 말씀하셨다. "발자취를 밟지 않고서는 또한 방에 들어갈 수 없다."

子張問善人之道. 子曰 不踐迹 亦不入於室.

적(迹)은 성인의 발자취다. 방에 들어가지 못한다는 것은 깊은 경지, 즉 성인의 경지에 이르지 못함을 말한다. 아무리 착한 사람이라도 성인의 발자취를 따르지 않으면 성인의 경지에 이를 수 없다는 말이다. 청의 공광

삼(孔廣森, 1752~1786)이 『경학치언(經學卮言)』에서 밝힌 견해를 따랐다(『논어집석』에서 재인용). 한편 고주나 신주는 모두 "(성인의) 발자취를 밟지 않은 사람이다. (그것으로도 가하다.) 그렇지만 또한 방에 들어갈 수는 없다"로 해석한다.

착한 사람은 그것으로 괜찮기는 하지만 성인을 본받아 노력하지 않으면 그것으로 그칠 뿐, 더 높은 경지, 즉 성인의 경지에는 이르지 못한다. 이미 이룩한 것에 안주하지 말고 더욱 정진할 것을 촉구한 말이다. 배움의 길은 평생 끝이 없으니 오직 죽음으로써 끝날 뿐이다.

한편 다산은 선인지도(善人之道)가 선인의 도가 아니라 사람을 좋게 하는 도, 즉 사람을 가르치는 방법이라고 풀이했다. 자장이 그에 대해 묻자 공자가 차근차근 옛 자취를 따라가지 않으면 학문의 깊은 경지에 도달할 수 없다고 가르쳤다는 것이다.

20

공자께서 말씀하셨다. "말하는 것이 독실하다고 하여 좋다고 할 수 있을까? 군자다울 수도 있고, 겉모양만 번드레한 자일 수도 있다."

子曰 論篤是與. 君子者乎 色莊者乎.
주희에 의하면 여(與)는 허여(許與)하는 것, 즉 허락하고 인정하는 것이다. 말만 갖고는 사람을 판단할 수 없다는 말이다.

그러나 하안의 고주는 해석을 전혀 달리한다. 우선 고주에서는 이 장을 앞 장과 하나로 묶어 해석한다. 즉 앞 장의 선인(善人)의 도에 대한 설명을 이어받아 선인의 세 종류에 대해 말하는 것으로 본다. 언론이 독실한 자, 군자다운 자, 몸가짐이 장중한 자가 선인이라는 것이다. 다만 단정적으로 말하는 것을 회피해 여(與), 호(乎)의 어조사(語助辭)를 첨가한 것이다. 번역하자면 "언론이 독실한 자가 그러한 사람일까? 군자다운 자가 그러할까? 몸가짐이 장중한 자가 그러할까?"가 된다. 자왈(子曰)이 첨가된 것은 형병의 『논어주소』에 의하면 그 말한 시기가 다르기 때문이라고 한다.

21

자로가 물었다. "듣는 대로 그대로 행해야 합니까?"

공자께서 말씀하셨다. "아버지와 형이 계시는데 듣는 대로 그대로 행하면 어쩌겠느냐?"

염유가 물었다. "듣는 대로 그대로 행해야 합니까?"

공자께서 말씀하셨다. "듣는 대로 그대로 행해라."

공서화가 물었다. "유가 '듣는 대로 그대로 행해야 합니까?'하고 물었을 때, 선생님께서는 '아버지와 형이 계신다'라고 말씀하셨습니다. 그런데 구가 '듣는 대로 그대로 행해야 합니까?'라고 물으니, 선생님께서는 '듣는 대로 그대로 행해라'고 말씀하셨습니다. 저는 어리둥절해 감히 물어봅니다."

공자께서 말씀하셨다. "구는 뒤로 처지는 까닭에 앞으로 나아가게 한 것이고, 유는 너무 나서는 까닭에 뒤로 물러나게 한 것이다."

子路問 聞斯行諸.
자로가 물었다. "듣는 대로 그대로 행해야 합니까?"

문사행저(聞斯行諸)는 남으로부터 좋은 말을 들으면 들은 그대로 행해야 하느냐란 질문이다.

子曰 有父兄在 如之何其聞斯行之.
공자께서 말씀하셨다. "아버지와 형이 계시는데 듣는 대로 그대로 행하면 어쩌겠느냐?"

아버지와 형이 계신다는 말은 아버지와 형이 있기 때문에 내 마음대로 처신해서는 안 된다는 말이다.

冉有問 聞斯行諸.
염유가 물었다. "듣는 대로 그대로 행해야 합니까?"

子曰 聞斯行之.
공자께서 말씀하셨다. "듣는 대로 그대로 행해라."

公西華曰 由也問聞斯行諸 子曰 有父兄在. 求也問聞斯行諸 子曰 聞斯行之. 赤也惑 敢問.
공서화가 물었다. "유가 '듣는 대로 그대로 행해야 합니까?'하고 물었을 때, 선생님께서는 '아버지와 형이 계신다'라고 말씀하셨습니다. 그런데 구가 '듣는 대로 그대로 행해야 합니까?'라고 물으니, 선생님께서는 '듣는 대로 그대로 행해라'고 말씀하셨습니다. 저는 어리둥절해 감히 물어봅니다."

子曰 求也退 故進之. 由也兼人 故退之.
공자께서 말씀하셨다. "구는 뒤로 처지는 까닭에 앞으로 나아가게 한 것이고, 유는 너무 나서는 까닭에 뒤로 물러나게 한 것이다."

퇴(退)는 뒤로 처지는 것이고, 겸인(兼人)은 남의 몫까지 겸하는 것이다. 즉 너무 적극적으로 나선다는 뜻이다.

자로와 염구는 모두 공문에서 정사로 이름이 높았다(政事冉有季路-선진2). 그러나 서로의 성격은 판이했다. 자로는 적극적인 성격으로 무엇을 듣고 행하지 못하면 더 듣는 것을 두려워할 정도였다(子路有聞 未之能行 唯恐有聞-공야장13). 그러기에 공자가 그에게 부형이 계시니 행동을 삼가고 조심하여 부형에게 누를 끼치지 말라고 한 것이다. 그에 반해 염구는 소극적인 성격이었던 것 같다. 그는 공자의 가르침이 자신에게는 너무 벅차다고 지레 한계를 그었다가 공자에게 꾸중을 듣기도 했다(冉求曰 非不說子之道 力不足也-옹야10). 그런 염구의 기질을 살펴 공자가 그로 하여금 적극적으로 나서게끔 한 것이다.

공자의 가르침은 결코 획일적이지 않았다. 그는 배우는 사람의 기질을 살펴, 지나친 것은 억제하고 부족한 것은 더해주었다. 그러기에 여기에서와 같이 사람에 따라 정반대로 가르치게 되는 경우도 생겼던 것이다. 공자에게는 당연한 일이었지만 듣는 공서화로서는 어리둥절할 수밖에 없었을 것이다.

22

공자께서 광 땅에서 두려운 일을 당하셨을 때 안연이 뒤에 처져 있었다.
공자께서 말씀하셨다. "나는 네가 죽은 줄로 알았다."
"선생님이 계신데 제가 어찌 감히 죽을 수 있겠습니까?"

子畏於匡 顔淵後.
子曰 吾以女爲死矣.

공자께서 광 땅에서 두려운 일을 당하셨을 때 안연이 뒤에 처져 있었다.
공자께서 말씀하셨다. "나는 네가 죽은 줄로 알았다."

공자가 광(匡)에서 당한 두려운 일에 관해서는 자한5에서 이미 서술한 바 있다. 후(後)는 뒤에 처진 것이다.

曰 子在 回何敢死.

"선생님이 계신데 제가 어찌 감히 죽을 수 있겠습니까?"

자재 회하감사(子在 回何敢死)는 스승이 살아계신데, 스승을 보필해야 할 제자로서 어찌 감히 경거망동하다 그 책임을 다하지 못하고 먼저 죽을 수 있겠느냐는 말이다.
 스승과 제자의 사랑이 넘쳐흐르고 있다. 광(匡)에서의 두려운 일을 가까스로 모면하고 나니 사랑하는 제자 안연이 보이지 않았다. 혹시 안연이 잘 못되지 않았을까 그것을 걱정한 공자와 스승을 모셔야 할 제자로서 어찌 스승이 살아계신데 감히 경거망동하다 먼저 죽을 수 있겠느냐고 대답하는 안연, 참으로 보기 좋은 광경이다.

23

계자연이 물었다. "중유와 염구는 대신(大臣)이라고 할 수 있겠습니까?"
공자께서 말씀하셨다. "나는 당신이 다른 것을 묻는다고 여겼더니, 바로 유와 구에 대한 질문이군요. 대신은 도로써 임금을 섬기고 그것이 가능하지 않으면 물러납니다. 지금 유와 구는 그저 자리나 차지하는 신하라고 할 수 있습니다."
"그러면 시키는 대로 따를 사람들입니까?"
공자께서 말씀하셨다. "아비와 임금을 죽이는 일이라면 역시 따르지 않을 것입니다."

季子然問 仲由 冉求 可謂大臣與.
계자연이 물었다. "중유와 염구는 대신(大臣)이라고 할 수 있겠습니까?"

계자연(季子然)은 계씨의 일족이다. 대신(大臣)은 훌륭한 신하다.

子曰 吾以子爲異之問 曾由與求之問. 所謂大臣者 以道事君 不可則止. 今由與求也 可謂具臣矣.

공자께서 말씀하셨다. "나는 당신이 다른 것을 묻는다고 여겼더니, 바로 유와 구에 대한 질문이군요. 대신은 도로써 임금을 섬기고 그것이 가능하지 않으면 물러납니다. 지금 유와 구는 그저 자리나 차지하는 신하라고 할 수 있습니다."

구신(具臣)은 그저 자리나 차지하는 신하다.

曰 然則從之者與.

"그러면 시키는 대로 따를 사람들입니까?"

子曰 弑父與君 亦不從也.

공자께서 말씀하셨다. "아비와 임금을 죽이는 일이라면 역시 따르지 않을 것입니다."

자로와 염구를 신하로 얻게 된 계자연이 득의만만해 그들에 대해 물었다. 그들은 진짜 대신이라 할 수 있겠느냐고. 그 질문에 공자가 그저 자리나 차지하는 신하라고 대답한 까닭은 분명하지 않다. 아마 그들이 계씨의 참람(僭濫)한 행위를 말리지 못한 것을 일컬은 것이리라. 훌륭한 신하라면 마땅히 계씨의 참람한 행위를 말려 옳은 방향으로 이끌었어야 했고, 그것이 불가능하다면 벼슬에서 물러났어야 했다. 그런데 자로와 염구는 그렇지 못했다. 그러자 계자연이 그러면 시키는 대로 따라 하기는 하겠느냐고 물었다. 그러자 공자가 대답했다. 비록 훌륭한 신하는 아니지만 당신들이 임금이나 아비를 살해하려 한다면 그런 짓은 따르지 않을 것이니, 그런 일은 꿈도 꾸지 말라. 공자가 계씨 일족의 참람함을 기롱(譏弄)한 말이다.

24

자로가 자고를 비 땅의 읍재가 되게 했다.
공자께서 말씀하셨다. "남의 자식을 해치고 있구나."
자로가 말했다. "백성이 있고 사직이 있는데, 어찌 책을 읽은 연후에만 학문이라고 하겠습니까?"
공자께서 말씀하셨다. "이렇기 때문에 말재주나 부리는 자를 미워하는 것이다."

子路使子羔爲費宰. 子曰 賊夫人之子.
자로가 자고를 비 땅의 읍재가 되게 했다. 공자께서 말씀하셨다. "남의 자식을 해치고 있구나."

자고(子羔)는 선진17에서 우직하다고 한 고시(高柴)다. 자로가 계씨의 재(宰)로 있으면서 자고를 비(費)의 재(宰)로 추천했다. 자로는 자고가 비의 재가 되기에 능력이 충분하다고 보았지만, 공자가 보기에는 아직 배움이 부족했다. 그러기에 "남의 자식을 해치고 있구나"라고 말한 것이다. 여기서 남의 자식이란 바로 자고를 일컫는다. 즉 아직 배움의 길이 창창하게 남아 있는 자를 중도에서 끌어내어 망친다는 뜻이다.

子路曰 有民人焉 有社稷焉 何必讀書 然後爲學.

자로가 말했다. "백성이 있고 사직이 있는데, 어찌 책을 읽은 연후에만 학문이라고 하겠습니까?"

사직(社稷)의 사(社)는 토지 신이며, 직(稷)은 곡물의 신이다. 합쳐서 나라를 나타내는 말로 쓰인다. 백성과 사직이 있다는 말은 학문의 목적이 정치에 있는 만큼, 실제로 정치를 하는 것이 바로 살아 있는 학문을 하는 것이 아니겠느냐는 뜻이다. 꼭 책상에 앉아 공부하는 것만이 학문하는 것은 아니지 않겠느냐는 자로의 반발이다. 자로의 말이 본의는 아니었을 것이다. 다만 말을 둘러댄다는 것이 조금 지나쳤던 것이었으리라.

子曰 是故惡夫佞者.

공자께서 말씀하셨다. "이렇기 때문에 말재주나 부리는 자를 미워하는 것이다."

군자는 먼저 몸을 닦고, 그런 연후에 벼슬길에 나아가 백성을 다스린다. 즉 자신을 갈고 닦음으로써 그것이 가족에까지 미치고, 나아가 한 나라, 천하로까지 이어지는 것이다(修身齊家治國平天下). 자신을 닦지 못한 자는 남을 다스릴 수 없다. 학문을 이루지 못하고 정치를 하는 것은 백성을 학대하는 것이요, 또한 자기 자신을 파멸로 이끄는 것이다. 공자가 자고가 비의 재가 되는 것을 말린 이유는 여기에 있었다. 그런 공자를 이해하지 못한 자로가 궤변을 늘어놓자 공자가 말재주나 피운다고 일침을 놓은 것이다.

25

자로와 증석과 염유와 공서화가 공자를 모시고 앉아 있었다. 공자께서 말씀하셨다. "내가 너희보다 하루라도 더 나이가 많기는 하지만 그렇게 생각하지 마라. 평소에 '나를 알아주지 않는다'라고 말을 했는데 만일 너희를 알아준다면 어떻게 하겠는가?"

자로가 불쑥 나서며 대답했다. "천승의 나라가 큰 나라 사이에 끼어 군사적인 침략을 받고 이어 기근까지 닥쳤다 하더라도 제가 다스리길 3년이 된다면, 백성들에게 용기를 갖게 하고 또 살아가는 도리를 알게 하겠습니다."

공자께서 쓴웃음을 지으셨다.

"구야, 너는 어떻게 하겠느냐?"

"사방 60, 70리나 50, 60리 되는 나라를 제가 다스리길 3년이 된다면, 백성들을 풍족하게 하겠습니다. 예악에 관해서는 군자를 기다리겠습니다."

"적아, 너는 어떻게 하겠느냐?"

"능히 할 수 있다고 하는 것은 아닙니다. 원컨대 배우기를 바랍니다. 종묘의 행사나 제후의 회동 때 예복을 갖춰 입고 작게나마 보좌할 수 있는 자가 되기를 원합니다."

"점아, 너는 어떻게 하겠느냐?"

거문고를 뜯다가 멈추더니, 쿵 하고 놓고 일어나 말했다. "세 사람이 말한 것과는 다릅니다."

공자께서 말씀하셨다. "무슨 상관이 있겠느냐? 역시 각자 자기의 뜻을 말한 것뿐인데."

"늦은 봄에 봄옷이 만들어지면, 젊은이 대여섯 명과 동자 예닐곱 명을 데

제11편. 선진(先進)

리고 기수(沂水)에서 몸을 씻고, 무우(舞雩)에서 바람을 쐰 뒤, 노래를 부르며 돌아오겠습니다."

공자께서 깊이 탄식하며 말씀하셨다. "나는 점과 같이 하겠다."

세 사람이 물러가고 증석만이 남았다. 증석이 말했다. "세 사람의 말이 어떻습니까?"

공자께서 말씀하셨다. "역시 각자 자기의 뜻을 말했을 뿐이다."

"선생님께서는 어찌하여 유의 말에 웃으셨습니까?"

"나라를 다스리는 것은 예로써 해야 하는 것인데 그 말이 겸손하지 않았기에 웃은 것이다. 구는 나라를 다스리는 것이 아닐까? 사방 60, 70리나 50, 60리라고 해서 어찌 나라가 아니라고 할 수 있겠느냐? 적은 나라를 다스리는 것이 아닐까? 종묘의 일과 제후의 회동을 제후가 아니면 어떻게 하겠느냐? 적이 하는 일이 작다면 누가 하는 일이 능히 크겠느냐?"

子路 曾晳 冉有 公西華侍坐. 子曰 以吾一日長乎爾 毋吾以也. 居則曰 不吾知也. 如或知爾 則何以哉.

자로와 증석과 염유와 공서화가 공자를 모시고 앉아 있었다. 공자께서 말씀하셨다. "내가 너희보다 하루라도 더 나이가 많기는 하지만 그렇게 생각하지 마라. 평소에 '나를 알아주지 않는다'라고 말을 했는데 만일 너희를 알아준다면 어떻게 하겠는가?"

증석(曾晳)은 증삼(曾參)의 아비로 이름은 점(點)이다. 무오이야(毋吾以也)의 以는 주희에 의하면 생각하는 것, 여기는 것이다. 나를 나이가 많다고 어렵게 여기지 말고 편하게 말해보라는 말이다.

거즉왈(居則曰)의 居는 '평상시'라는 뜻이다.

子路率爾而對曰 千乘之國 攝乎大國之間 加之以師旅 因之以饑饉.
由也爲之 比及三年 可使有勇 且知方也.
夫子哂之.

자로가 불쑥 나서며 대답했다. "천승의 나라가 큰 나라 사이에 끼어 군사적인 침략을 받고 이어 기근까지 닥쳤다 하더라도, 제가 다스리길 3년이 된다면 백성들에게 용기를 갖게 하고 또 살아가는 도리를 알게 하겠습니다."

공자께서 쓴웃음을 지으셨다.

솔이(率爾)는 가볍고 급한 모양이다. 자로가 세 사람 중 제일 연장자일 뿐만 아니라 성격마저도 제일 급해 불쑥 대답하고 나선 것을 형용한 말이다. 섭호대국지간(攝乎大國之間)의 攝은 유월의 『군경평의』에 의하면 협(夾)으로 가운데 끼이는 것이다(『논어집석』에서 재인용). 주희는 속박을 받는다는 뜻의 관속(管束)으로, 고주의 포함은 핍박을 받는다는 뜻의 박(迫)으로 풀이했다. 가지이사여(加之以師旅)의 師旅는 군대다. 주희에 의하면 2,500명을 師, 500명을 旅라고 한다. 다른 나라로부터 군사적 침략을 받았다는 뜻이다. 인(因)은 잉(仍)으로 뒤따르는 것이다. 비급(比及)은 미치는 것으로, 比及三年은 3년에 미친다, 즉 3년이 된다는 뜻이다. 지방(知方)의 方은 인간이 살아가는 도리다.

신(哂)은 쓴웃음을 짓는 것이다.

자로는 무장(武將)의 기풍이 있었다. 성격이 적극적이고 급할 뿐만 아니라 용기를 숭상했고 군사 문제에 관심이 많았다. 그는 자신이 삼군의 대장이 될 만하다고 생각했고(술이10), 공자도 그것을 인정했다(由也 千乘之國 可使治其賦也-공야장7). 여기서도 그는 천승의 나라를 전란으로부터 구할 수 있다고 자신 있게 호언한다. 그뿐만 아니라 군사 문제를 넘어서, 백성들에게 살아가는 도리까지 깨우쳐주겠다고 했다. 공자는 그런 자로의 호언장담에 대해 그저 쓴웃음만 짓고 말았다.

求 爾何如.

"구야, 너는 어떻게 하겠느냐?"

對曰 方六七十 如五六十 求也爲之 比及三年 可使足民. 如其禮樂 以俟君子.

"사방 60, 70리나 50, 60리 되는 나라를 제가 다스리길 3년이 된다면, 백성들을 풍족하게 하겠습니다. 예악에 관해서는 군자를 기다리겠습니다."

여(如)는 혹(或)으로 '아니면', '또는'의 뜻이다. 족민(足民)은 백성을 경제적으로 풍족하게 하는 것이다. 이사군자(以俟君子)는 자기는 자신이 없으므로 예악에 정통한 군자를 기다려 그에게 맡기겠다는 말이다.

염구는 자로와 더불어 정사에 뛰어났다고 평가된 인물이다. 그러나 자로가 국방에 관심이 많았다면, 염구는 주로 내치, 그중에서도 경제면에 밝았던 모양이다. 염구는 공서화가 제나라에 공자의 사신으로 갈 때, 그의 모친에게 곡식 한 부(釜)를 주라는 공자의 지시를 무시하고, 다섯 병(秉)이나 주었다가, 공자로부터 꾸중을 들은 바 있다(옹야3). 또 선진16을 보면 그는 계씨를 위해 백성으로부터 지나치게 많은 세금을 거두었다가 공자로부터 내 제자가 아니라는 꾸중까지 들었다. 비록 스승인 공자로부터 꾸중은 들었지만, 경제 문제에 대해서 그 나름대로의 입장이 있었기 때문에 그렇게 행동했던 것이리라. 그러기에 공자도 그가 작은 나라의 재(宰)가 될 만한 인물이라고 평가했다(求也 千室之邑 百乘之家 可使爲之宰-공야장7). 여기서도 염구는 경제 문제는 해결하겠으나 예악(禮樂)의 문제는 그 방면의 전문가에게 맡기겠다고 하고 있다. 자로의 호언장담에 대해 공자가 쓴웃음을 짓는 것을 보고서 자신을 낮춰 겸손함을 보인 것이다.

赤 爾何如.
"적아, 너는 어떻게 하겠느냐?"

對曰 非曰能之 願學焉. 宗廟之事 如會同 端章甫 願爲小相焉.
"능히 할 수 있다고 하는 것은 아닙니다. 원컨대 배우기를 바랍니다. 종묘의 행사나 제후의 회동 때 예복을 갖춰 입고, 작게나마 보좌할 수 있는 자가 되기를 원합니다."

종묘지사(宗廟之事)는 임금의 조상에 대한 제사이고 회동(會同)은 제후끼리 모이는 회합이다. 단장보(端章甫)의 端은 검은색의 예복이고, 章甫는 예식 때 쓰는 관이다. 모두 중요한 행사 때 입는 정식 예복이다. 상(相)은 임금이 예식을 행할 때 돕는 자다.

　공서화는 공자로부터 외교에 재능이 있다고 인정받은 사람이다(赤也 束帶立於朝 可使與賓客言也-공야장7). 공자도 그를 제나라에 사신으로 보낸 적이 있다(옹야3). 따라서 그는 외교 문제에 대한 것만을 말했다. 그것도 잘할 수 있을지 모르겠으니 가르쳐달라고 하면서 말이다. 염구보다 더욱 겸손을 보였다.

點 爾何如.

"점아, 너는 어떻게 하겠느냐?"

鼓瑟希 鏗爾舍瑟而作. 對曰 異乎三子者之撰.

거문고를 뜯다가 멈추더니, 쿵 하고 놓고 일어나 말했다. "세 사람이 말한 것과는 다릅니다."

고슬희(鼓瑟希)의 鼓는 악기를 연주하는 것이고, 希는 그만두는 것, 멈추는 것이다. 갱이(鏗爾)은 거문고를 내려놓는 소리고, 작(作)은 일어서는 것이다.

　증석은 뜻이 높았던 사람(狂人)으로 전해진다(如琴張曾晳牧皮者 孔子之所謂 狂矣-『맹자』「진심하」37). 그런 까닭에 혼탁한 세속의 정치에 관심이 없었다. 그래서 남들이 정치에 관해 이야기를 하는 동안 그는 혼자 묵묵히 거문고나 뜯고 있었다. 그러나 공자가 묻자 대답을 안 할 수 없어, 거문고를 내려놓으며 분명히 선을 긋는다. 자기는 앞의 세 사람과 생각이 다르다, 즉 자기는 정치에 관심이 없다고 말이다.

子曰 何傷乎 亦各言其志也.

공자께서 말씀하셨다. "무슨 상관이 있겠느냐? 역시 각자 자기의 뜻을 말한 것뿐인데."

하상호(何傷乎)는 무엇을 근심하겠느냐, 즉 무슨 상관있겠느냐는 말이다.

曰 莫春者 春服旣成 冠者五六人 童子六七人 浴乎沂 風乎舞雩 詠
而歸.
"늦은 봄에 봄옷이 만들어지면, 젊은이 대여섯 명과 동자 예닐곱 명을 데리고 기수(沂水)에서 몸을 씻고, 무우(舞雩)에서 바람을 쐰 뒤, 노래를 부르며 돌아오겠습니다."

莫은 모(暮)로, 모춘(莫春)은 늦은 봄이다. 관자(冠子)는 관례(冠禮)를 올린 젊은이다. 기(沂)는 곡부(曲阜) 남쪽에 있는 냇물 이름이다. 무우(舞雩)는 기우제(祈雨祭)를 지내는 곳으로 단(壇)과 나무가 있었다.
 증석은 유유히 자연을 벗 삼아 즐기는 생활을 말했다. 세속에 물들지 않고 자연에 은거해 유유자적(悠悠自適)하는 생활은 욕심이 많은 사람으로서는 불가능하다. 증석은 그 뜻이 높아 세속의 출세를 가볍게 생각하는 까닭에 이런 생활을 꿈꾸었으리라.

夫子喟然歎曰 吾與點也.
공자께서 깊이 탄식하며 말씀하셨다. "나는 점과 같이 하겠다."

위연(喟然)은 깊이 탄식하는 모양이다.
 공자가 왜 깊이 탄식을 했을까? 공자는 증석과 같이 뜻만 높아(狂), 세상일에 등을 돌리는 그런 사람은 아니다. 그는 세상의 일에 진지한 관심을 갖고 있었다. 정치적·사회적 혼란 속에서 백성들이 받고 있는 고통에 대해 깊이 동정했으며, 모든 인간이 서로 사랑하며 함께 살 수 있는 그런 사회를 만들기 위해 평생을 고민해왔다. 그러나 세상은 그런 그를 이해하지 못했다. 그의 꿈은 좌절되었고 이제는 고향에 돌아와 제자나 가르치면서 노년을 보내는 그런 신세가 되고 말았다. 자연을 벗 삼고 싶어서 그러는 것이 아니라 이제 그것 이외에는 달리 할 것이 없는 처지가 되고 만 것이다. 공자의 탄식은 아마 그런 탄식이 아니었을까?

그러나 주희의 해석은 다르다. 다음은 주희의 말이다.

"증점의 공부는 사람의 욕심(人欲)이 모두 사라진 곳에 천리(天理)가 유행해 가는 곳마다 충만해져 조금도 부족함과 결함이 없음을 본 바가 있었다. 따라서 그가 가만히 있거나 움직일 때 그 종용(從容)함이 이와 같았다. 그리고 그 뜻을 말한 것은 자신이 처한 위치에서 일상생활을 즐기는 것에 지나지 않았고, 처음부터 나를 버리고 남을 위하겠다는 생각이 없었다. 그래서 그 가슴속이 유연해 바로 천지만물 상하와 함께 흘러 각자 제자리를 얻은 묘미(妙味)가 은연중 말 밖에 나타났다. 저 세 사람이 지엽적인 일에 급급한 것과 비교해보면 그 기상이 다르다. 따라서 공자가 탄식을 하시며 깊이 허여한 것이니, 문인들이 그 본말을 특히 더 자세히 기록한 것은 그들도 또한 이것을 알았기 때문이다."

이어 주희가 인용한 정호의 말이다.

"공자께서 증점을 허여한 것은 성인의 뜻과 같았기 때문이니 바로 요순의 기상이다. 진실로 저 세 사람과 달랐으나 다만 행동이 말을 가리지 못했을 뿐이다. 이것이 소위 광자(狂者)라고 하는 것이다. 자로 등이 본 것은 작았다. 다만 자로는 나라를 다스리는 것은 예로 한다는 도리에 통달하지 못했기 때문에 공자께서 쓴웃음을 지으신 것이다. 만약 통달했다면 이것도 바로 그러한 기상이다."

주희나 정호의 말은 요컨대 증점이 사람의 욕심이 모두 사라져 천리만이 두루 흐르는 그런 경지를 보았다는 것이다. 다시 말하면 득도의 경지를 보았다는 것이다. 다만 그에게 부족한 것은 행동이 뒤따르지 못했을 뿐이다. 그래서 공자가 자신과 같은 경지임을 인정하고 허락했다는 소리다. 그에 반해 자로 등 세 사람은 아직도 무엇을 해보겠다는 욕심을 버리지 못해 거기에 급급한 모습을 보인 것이라고 한다.

주희나 정호의 이런 주장에 대해 명의 양신은 『단연총록』에서 다음과 같이 비판했다.

"증석은 공문에서 일개 광사(狂士)에 불과한데 공자가 그를 자기와 동지(同志)라고 가볍게 허락했을 리 없다는 것이 첫 번째 의문이요, 이미 그를 허락했으면 어찌하여 빙그레 웃지 않고 한숨을 쉬며 탄식을 했느냐는 것이 두 번째 의문이고, 진정 공자가 허락했다면 어찌하여 나중에 그를 배척했느냐가 세 번째 의문이다. 공자의 뜻을 살펴보면 자신의 신세에 대해 감개해 세상을 만나지 못한 것을 슬퍼하고 있음을 알 수 있다. 공자가 증점에게 허락한 것은 그와 함께 은거하겠다는 뜻에 불과하다. 사람의 욕심이 모두 사라진 곳에 천리가 유행한다는 말은 사리에 어두운 이야기다. 하물며 요순의 기상을 갖추었다 운운함이 어찌 어리석은 자의 잠꼬대가 아니겠는가?"

三子者出 曾晳後. 曾晳曰 夫三子者之言何如.
세 사람이 물러가고 증석만이 남았다. 증석이 말했다. "세 사람의 말이 어떻습니까?"

子曰 亦各言其志也已矣.
공자께서 말씀하셨다. "역시 각자 자기의 뜻을 말했을 뿐이다."

曰 夫子何哂由也.

"선생님께서는 어찌하여 유의 말에 웃으셨습니까?"

曰 爲國以禮 其言不讓. 是故哂之. 唯求則非邦也與. 安見方六七十 如五六十而非邦也者. 唯赤則非邦也與 宗廟會同 非諸侯而何. 赤也爲之小 孰能爲之大.

"나라를 다스리는 것은 예로써 해야 하는 것인데 그 말이 겸손하지 않기에 웃은 것이다. 구는 나라를 다스리는 것이 아닐까? 사방 60, 70리나 50, 60리라고 하여 어찌 나라가 아니라고 할 수 있겠느냐? 적은 나라를 다스리는 것이 아닐까? 종묘의 일과 제후의 회동을 제후가 아니면 어떻게 하겠느냐? 적이 하는 일이 작다면 누가 하는 일이 능히 크겠느냐?"

아무튼 증석만 남고 다 물러갔다. 홀로 남은 증석은 자로의 말에 공자가 왜 웃었는지 그 까닭이 궁금했다. 공자가 설명해준다. 나라를 다스리는 것은 예로써 하는 것이다. 그러나 자로는 나라를 다스리는 일을 말하고 있으면서 그 말에 겸양의 모습이 전혀 없다. 스스로가 예를 모르면서 어떻게 백성들에게 의롭게 사는 법을 깨우쳐준다(知方)는 말인가? 염구는 사방 60, 70리나 50, 60리 되는 조그마한 나라에 대해서 말하지만, 그것은 그가 겸손하게 말한 것이지, 어찌 그런 나라라고 하여 나라가 아니란 말인가? 공서화도 마찬가지다. 종묘의 일과 제후의 회동은 제후가 아니면 할 수 없는 일이다. 그가 겸손하게 말해서 그렇지, 그가 하는 일이 작다면 도대체 누가 하는 일이 크단 말인가?

유구즉비방야여(唯求則非邦也與), 유적즉비방야여(唯赤則非邦也與)를 주희는 증점이 물은 말로 해석한다. 그러나 황간을 위시해 다산도 공자가 자문자답한 것으로 보고 있다. 여기서는 이 견해를 따랐다.

315자에 이르는 논어에서 가장 긴 글이다.

제12편
안연 顔淵

1

 안연이 인(仁)에 대해 물었다. 공자께서 말씀하셨다. "나를 극복하고 예를 실천하는 것이 인을 행하는 것이다. 하루 동안 나를 극복하고 예를 실천하면 천하가 인이라 부른다. 인을 행하는 것이 나로부터 비롯되지, 남으로부터 비롯되겠는가?"

 안연이 말했다. "청컨대 그 조목을 묻습니다."

 공자께서 말씀하셨다. "예가 아니면 보지를 말고, 예가 아니면 듣지를 말며, 예가 아니면 말하지 말고, 예가 아니면 움직이지 말라."

 안연이 말했다. "제가 비록 영민하지는 못하나 그 말씀을 삼가 받들겠습니다."

顏淵問仁. 子曰 克己復禮爲仁.

안연이 인(仁)에 대해 물었다. 공자께서 말씀하셨다. "나를 극복하고 예를 실천하는 것이 인을 행하는 것이다."

 유명한 극기복례위인(克己復禮爲仁)이란 말이 여기서 나왔다. 그러나 그 해석은 쉽지 않다. 극기와 복례가 무엇을 의미하는지가 불분명하기 때문이다. 극기복례위인을 해석하기 위해서는 우선 예(禮)에 대해 좀 더 깊이 살펴보아야 한다. 예는 앞에서도 언급했지만 사람을 남녀·노소·귀천·장유·상하 등으로 구분해 차별하는 것이다. 남자는 남자로 대접하고, 여자는 여자로 대접하며, 노인은 노인으로, 아이는 아이로 각기 차별해 대하는 것이 바로 예다. 사회의 문물제도라는 것도 사실 이런 차별을 제도화하고 규정화한 것에 불과하다. 따라서 예라는 것은 사람의 차별성에 주목해 다르게 인정하고 대하는 것이다.

그런데 인(仁)은 남도 나와 같다고 인정한 위에서 남과 더불어 살아가려고 하는 것이다. 기소불욕 물시어인(己所不欲 勿施於人-안연2, 위령공23), 기욕립이립인 기욕달이달인(己欲立而立人 己欲達己達人-옹야28), 능근취비(能近取譬-옹야28) 모두 남도 나와 같다는 것을 전제로 하고 있다. 남이 나와 같음을 안 연후에야 비로소 남과의 사이에서 본분을 다할 수 있다. 남을 나와 똑같은 사람으로 대접하지 못하면서 어찌 사람 사이의 본분을 다할 수 있겠는가?

그러면 인과 예는 어떤 관계일까? 얼핏 보기에 인은 같다고 하는 것이고, 예는 다르다고 하는 것이니 상호 충돌할 것처럼 보인다. 그러나 잘 생각해보면 인과 예는 상호 모순적인 것이 아니라 상호 보완적이다. 서로 똑같은 사람이라는 것을 전제로 하지 않는 예는 억압과 굴종일 뿐이다. 고대사회의 노예와 귀족, 중세사회의 양반과 상놈의 관계, 얼마 전까지의 남녀관계를 보면 그것을 잘 알 수 있다. 바람직한 예는 서로 같다는 것을 인정한 위에 그 다른 점을 실현하는 것이다. 즉 모두가 다 평등하다는 동질성 위에서 차별성을 구현하는 것이다.

그런데 인을 베풀 때 모두가 다 똑같다고 하는 동질성에만 주목한다면 어떻게 될까? 모두가 똑같은 사람이라고 어린아이도 어른과 똑같이 밖에 나가 돈을 벌어오라고 하는 것이 말이 될까? 모두가 똑같다고 나이 먹은 노인보고 젊은이와 똑같이 무거운 짐을 지라고 하는 것이 말이 될까? 모두가 똑같으니까 여자도 총을 메고 전쟁터에 나아가 싸우라고 하는 것이 말이 될까? 그것은 오히려 사람을 망치는 것이고, 따라서 서로 간에 그 본분을 다하는 것이 아니다(不仁). 오히려 어린이는 어린이로 대하는 것이 그를 같은 사람으로 대하는 것이고, 그에게 본분을 다하는 것이다(仁). 노인도, 여자도 똑같다. 바람직한 인은 서로 다르다는 것을 인정한 위에 그 같다는 것을 실현하는 것이다. 즉 서로 다르다는 차별성을 통해 동질성을 구현하는 것이다.

그렇다면 극기는 무엇을 뜻하는 것일까? 기(己)는 나다. 나의 주장, 나의 욕심 등 남과 구분되는 그 무엇으로서의 나다. 극(克)은 이기는 것, 극복하는 것이다. 극기는 나를 극복하는 것이다. 다시 말하면 나만 내세우지 않는 것, 내 관점에서만 세상을 보려 하지 않는 것이다.

복례(復禮)는 예를 실천하는 것이다. 다시 말하면 남이 갖고 있는 차별성을 인정하고 존중하는 것이다.

따라서 극기복례위인이란 '나만 내세우지 않고(克己) 남이 갖고 있는 차별성을 인정하고 그렇게 대하는 것이(復禮) 사람으로서 서로 간에 본분을 다하는 것이 된다(爲仁)'는 말이다. 이렇게 해석하면 충서(忠恕)나 기소불욕물시어인과도 뜻이 어긋나지 않는다. 모두 함께하는 삶을 말한다. 공야장 25에 나오는 "늙은 사람은 편안하게 해주고, 벗은 믿도록 하며, 어린아이는 품어주겠노라(老者安之 朋友信之 少者懷之)"는 공자의 말이 바로 극기복례위인의 대표적인 사례다.

한편 주희의 해석은 전형적인 성리학의 입장을 보여준다. 다음은 주희의 해석이다. 인은 본래 마음이 갖고 있는 온전한 덕(本心之全德)이다. 극은 승(勝)으로 이기는 것이고, 기는 자신의 사사로운 욕심(身之私欲)이다. 복(復)은 반(反)으로 돌아가는 것이고, 예는 하늘의 이치를 구분지어 나타낸 것(天理之節文)이다. 위인(爲仁)이라는 것은 그 마음의 덕을 온전하게 하는 것이다. 마음의 온전한 덕이 천리(天理)가 아님이 없으나, 또한 사람의 욕심에 파괴되지 않을 수 없다. 따라서 인을 행하는 자가 반드시 사사로운 욕심을 이기고 예로 돌아가면, 일마다 천리(天理)가 아닌 것이 없게 되고 본심의 덕이 다시 나에게서 온전해진다.

인간의 마음은 원래 천리를 그대로 부여받아 온전한 것이었으나 사사로운 욕심(私欲)에 의해 그 천리가 가려진다. 따라서 사람의 마음을 가리는 그 사사로운 욕심을 제거하고(克己) 예로 돌아가면(復禮) 본래 마음이 갖고 있던 천리가 그대로 나타나게 되니, 그것이 곧 본래 마음을 온전히 하는 것, 즉 인(仁)을 행하는 것이 된다. 마치 맑은 거울에 먼지가 앉아 지저분해진 것을 먼지를 깨끗이 닦아내면 다시 맑아지는 것과 같은 이치라는 것이다.

주희의 이런 해석은 성리학(性理學) 특유의 도학(道學)적인 관념이 너무 짙다. 논어의 어디를 읽어보아도 공자의 가르침은 그렇게 형이상학적이지 않다. 또한 공자가 인간의 세속적인 욕망(私欲)을 부정하지 않는다는 점에서도, 인간의 욕망을 천리와 대립하는 것으로 파악한 주희의 해석은 설득력이 없다.

또 주희는 복례(復禮)의 復을 돌아간다는 뜻의 反으로 풀이하는데 그것이 무슨 의미인가도 애매하다. 예로 돌아간다고 했으니 예를 실천한다는 뜻이 아님은 분명하다. 그렇지만 예로 돌아간다는 것이 어떻게 해야 돌아가는 것인지는 끝내 밝히지 않았다. 선승(禪僧)들처럼 가부좌 틀고 앉아 내 마음이 본래 청정함을(온전함을) 깨닫는 것이 돌아가는 것인지(청의 학자들은 주희가 사실상 선승들과 똑같은 주장을 한다고 여겼다), 아니면 다른 무슨 방법이 있는지 정녕 애매하기 짝이 없다. 복례의 실천적 의미가 없다면 극기복례의 실체는 결국 극기뿐인데, 사실 주희의 해설은 사욕을 없애는 극기에만 치중한 것도 사실이다. 그런데 이 장의 문답을 보면 공자의 초점은 복례에 가 있다. 그렇기에 예가 아니면 보지도 듣지도 말하지도 움직이지도 말라고 한 것이 아니겠는가?

그리고 주희에 의하면 예라는 것이 결국 천리이기 때문에(天理之節文), 복례는 곧 천리로 돌아가는 것이고, 천리로 돌아가니 그것이 바로 위인(爲仁)이 된다는 것인데, 이 주장은 논리적으로도 상당한 문제가 있다. 주희처럼 하면 克己復禮爲仁은 克己復理爲仁이고 다시 克己復理爲理가 된다. 그런데 성리학에서는 仁義禮智가 모두 理다. 따라서 禮와 仁 자리에 仁義禮智의 아무거나 넣어도 된다는 말이 된다. 克己復義爲仁, 克己復智爲仁도 말이 되고, 심지어는 克己復仁爲禮, 克己復義爲智까지도 성립된다. 이는 심각한 문제가 아닐 수 없다.

고주의 마융의 해설에 의하면 극기는 약신(約身)이다. 즉 자신을 단속하는 것이다. 복례의 復은 공안국에 의하면 역시 反으로 돌아가는 것이다. 주희처럼 형이상학적이지는 않으나 복례를 反禮로 풀음으로써 주희와 똑같은 문제점에 봉착한다. 범녕은 황간의 『논어의소』에서 克은 책(責)으로, 자신의 실례(失禮)를 자책하고 예로 돌아가는 것이 위인이라고 했다. 예로 돌아간다는 것을 자신의 실례를 자책하는 것으로 해석하는 것이다. 공안국이나 마융보다는 복례의 내용이 구체적이나 왜 예로 돌아가는 것이 위인이 되는가는 막연하다.

다산은 복례에 대한 언급은 없다. 다만 극기에 대해서는 사람의 마음속에 두 가지 마음이 있는데, 그중 도심(道心)이 인심(人心)을 극복하는 것이 극기라고 설명한다. 욕심대로 하고 싶어 하는 인심을 하지 말라고 하는 도심이 극복하는 것이 극기라는 것이다.

一日克己復禮 天下歸仁焉. 爲仁由己 而由人乎哉.

"하루 동안 나를 극복하고 예를 실천하면 천하가 인이라 부른다. 인을 행하는 것이 나로부터 비롯되지, 남으로부터 비롯되겠는가?"

귀(歸)는 모기령에 의하면 칭(稱)으로, 칭하는 것. 부르는 것이다(『논어집석』에서 재인용). 주희는 여(與), 즉 허여하는 것이라고 풀이했고, 다산은 글자 그대로 귀의하는 것으로 풀이했다. 여기서는 모기령을 따랐다. 인을 행하는 가장 짧은 시간 단위인 하루와 인이 행해지는 가장 넓은 공간 단위인 천하를 대비함으로써 극기복례의 중요성을 강조했다. 공자의 말로서는 보기 드물게 강한 어조다. 극기복례를 솔선수범해 남과 더불어 살아가는 마음자세를 가지면 천하의 모든 사람들이 나를 인이라고 부른다는 뜻이다.

위인유기 이유인호재(爲仁由己 而由人乎哉)는 인을 행하는 것은 내가 마음먹기 나름이지 남에게 의지할 바가 아니라는 뜻이다. 술이29에서 "인이 멀겠느냐? 내가 인을 원하면 인이 이른다"고 했으니 대개 같은 뜻이다.

顔淵曰 請問其目.
안연이 말했다. "청컨대 그 조목을 묻습니다."

청문기목(請問其目)의 목(目)은 조목(條目)이다.

子曰 非禮勿視 非禮勿聽 非禮勿言 非禮勿動.
공자께서 말씀하셨다. "예가 아니면 보지를 말고, 예가 아니면 듣지를 말며, 예가 아니면 말하지 말고, 예가 아니면 움직이지 마라."

비례물시 비례물청 비례물언 비례물동(非禮勿視 非禮勿聽 非禮勿言 非禮勿動)은 공자의 말치고는 상당히 단정적인 어투다. 복례의 중요성을 강조하기 위한 것이다.

顔淵曰 回雖不敏 請事斯語矣.
안연이 말했다. "제가 비록 영민하지는 못하나 그 말씀을 삼가 받들겠습니다."

논어에는 공자가 제자들과 인(仁)에 대해 말하고 있는 대목이 많이 있다. 그러나 인에 대한 공자의 말은 사람과 상황에 따라 계속 바뀐다. 그것은 공자가 인에 대해 추상적으로 말하지 않고 사람에 따라, 상황에 따라 가장 절실한 것을 중심으로 말했기 때문이다. 하지만 그중에서 가장 유명한 것이 바로 이 극기복례위인이란 말이다. 그것은 아마 안연이 공자의 학문적 경지에 가장 가까이 근접했던 사람이었던 만큼, 이 말이 아마 인의 본뜻에 가장 가까울 것이라고 미루어 짐작한 데서 기인한 것이리라. 그러나 어찌 공자가 제자들을 차별했을까? 공연한 짐작일 것이다.

『춘추좌씨전』 소공(昭公) 12년에는 공자가 초령왕(楚靈王)에 대한 이야기를 듣고 克己復禮仁也라고 말한 대목이 있다. 혹자는 여기에 근거해 克己復禮爲仁이란 말이 공자의 독창적인 말이 아니라 예로부터 전해 내려온 숙어(熟語)일 것이라고 추측한다. 진위를 확인할 수는 없으나 적어도 공자가 이 말에 새로운 의미를 부여한 것만은 분명하다.

2

중궁이 인(仁)에 대해 물었다. 공자께서 말씀하셨다. "문 밖에 나가서는 큰 손님을 뵙는 것 같이 하며, 백성을 부릴 때에는 큰 제사를 받드는 것 같이 하라. 내가 원하지 않는 것을 남에게 베풀지 마라. 나라 안에서도 원망이 없을 것이며 집안에서도 원망이 없을 것이다."

중궁이 말했다. "제가 비록 영민하지는 못하나 그 말씀을 삼가 받들겠습니다."

仲弓問仁. 子曰 出門如見大賓 使民如承大祭. 己所不欲 勿施於人. 在邦無怨 在家無怨.

중궁이 인(仁)에 대해 물었다. 공자께서 말씀하셨다. "문 밖에 나가서는 큰 손님을 뵙는 것 같이 하며, 백성을 부릴 때에는 큰 제사를 받드는 것 같이 하라. 내가 원하지 않는 것을 남에게 베풀지 마라. 나라 안에서도 원망이 없을 것이며 집안에서도 원망이 없을 것이다."

이번에는 중궁(염옹)이 인(仁)에 대해 물었다. 대빈(大賓)은 나라의 손님(國賓)이다. 대제(大祭)는 나라의 큰 제사다. 출문여견대빈 사민여승대제(出門如見大賓 使民如承大祭)는 모든 일을 삼가고 공경하는 것으로 경(敬)을 말한다. 기소불욕 물시어인(己所不欲 勿施於人)은 내가 원하지 않는 것은 남에게 베풀지 말라는 말이다. 즉 내가 싫어하는 것은 남도 싫어한다는 뜻으로 서(恕)다. 恕는 남도 나와 똑같다는 것을 인정하는 것이다. 방(邦)은 제후의 나라, 가(家)는 대부(大夫)의 집안을 뜻한다. 재방무원 재가무원(在邦無怨 在家無怨)은 일족(一族) 안에서든, 나라 안에서든 원망을 듣는 일이 없다는 뜻이다.

유보남은 『논어정의』에서 재방(在邦)을 제후의 나라에서 벼슬을 하는 것, 재가(在家)를 경대부의 집안에서 벼슬을 하는 것으로 해석했다. 즉 어디에서 벼슬을 하거나 원망을 듣는 일이 없다는 말이다. 다산은 재방은 나라 안에서 벼슬하는 것, 재가는 벼슬을 하지 않고 집안에 머무는 것으로 이해했다.

공자는 중궁에게 경(敬)과 서(恕), 즉 만사를 삼가고 공경하며, 또한 남도 자기와 똑같다는 것을 인정하는 것이 인이라고 말했다. 증자는 공자의 가르침을 한마디로 충서(忠恕)라고 했다(夫子之道 忠恕而已矣-이인15). 서로 경(敬)과 충(忠)이 다르나, 서(恕)는 공통된다. 자기를 미루어 남을 헤아릴 줄 아는 것, 남도 나와 똑같은 사람이라는 것을 인정하는 것(恕), 그것이 이 세상을 남과 함께 어울려 살아가는 데 가장 중요한 자세임은 틀림없다.

仲弓曰 雍雖不敏 請事斯語矣.

중궁이 말했다. "제가 비록 영민하지는 못하나 그 말씀을 삼가 받들겠습니다."

주희는 다음과 같이 말했다.

"극기복례는 하늘의 도(乾道)요, 敬을 主로 하고 恕를 행하는 것은 땅의 도(坤道)다. 안연과 염옹의 학문의 높고 낮음과 깊고 얕음을 여기서 볼 수 있다. 그러나 배우는 사람들이 진실로 敬恕의 사이에서 능히 종사해 터득할 수 있다면 장차 극복해야 할 사욕이 없게 될 것이다."

송의 유학자들의 고질 중의 하나가 공자의 제자들의 우열을 평가하는 것이다. 송유들은 마치 자신들이 무언가 대단한 것을 터득한 양 공자의 고명 제자들을 이처럼 자기들의 잣대로 마구 평가하고 서열을 매긴다. 그러나 다산의 말대로 극기가 바로 서다. 남도 나와 같다는 것을 알 수 있어야만 자연히 자신만을 내세우려 하지 않을 수 있기 때문이다. 그것을 하늘과 땅이라고 표현하는 주희가 참 답답하다.

『춘추좌씨전』 희공(僖公) 33년에 진(晉)나라 구계(臼季)의 出門如賓 承事如祭 仁之則也라는 말이 있다. 여기에 근거해 풍의(馮椅)는 『논어해(論語解)』에서 出門如見大賓 使民如承大祭 또한 예로부터 전해 내려오는 숙어(熟語)일 것이라고 추측했다(『논어집석』에서 재인용).

인간은 태어날 때부터 개별적인 존재였기 때문에 원천적으로 남을 이해하는 것이 불가능하다. 서로 육체가 다르고, 그에 따라 사고도 달리하는데 무슨 방법으로 남을 이해할 수 있단 말인가? 남의 고통은 남의 고통일 뿐이지 나의 고통은 아니다. 따라서 내가 그의 고통을 도대체 어떻게 이해한단 말인가? 인간이 다른 인간을 이해하는 것이 불가능하다면 인간과 인간 사이의 간극은 도저히 넘을 수 없는 심연으로만 있게 되고 따라서 인간 사이의 소통은 불가능해진다. 그런 속에서 어떻게 인간이 무리를 이루어 살아갈 수 있겠는가? 그러나 인간은 역사적으로 무리를 이루어 살아왔고, 또 앞으로 분명 그럴 것이다. 무엇이 그것을 가능하게 했을까? 그것은 우리가 모두 같은 인간이라는 것을 자각하고 있기 때문이다. 모두 같은 인간이기 때문에 비록 내가 직접 겪지는 않았다고 하더라도 내가 그 입장이었다면 하고 비유하는 순간(能近取譬) 남을 이해할 수 있게 되는 것이다. 그리고 그 순간부터 인간 사이에 소통이 가능해지는 것이다. 바로 이것, 서로 같은 인간 사이에서 내가 바로 그 입장이었다면 하고 비유하는 것, 이것이 바로 서(恕)다. 서는 소극적으로 기소불욕 물시어인(己所不欲 勿施於人)만 해당하는 것이 아니다. 적극적으로 기욕립이립인 기욕달이달인(己欲立而立人 己欲達而

達人)도 서다. 그리고 서는 단순한 인의 방법에만 그치지 않는다. 바로 인간의 사회생활을 존립케 하는 근거다. 그러기에 다산도 공자의 일이관지(一以貫之)의 一을 다름 아닌 서라고 한 것이리라.

● 위령공23에서는 己所不欲 勿施於人이 서(恕)라고 하고 있다.

3

사마우가 인(仁)에 대해 물었다. 공자께서 말씀하셨다. "어진 자는 그 말을 참는다."

"그 말을 참으면 어질다고 할 수 있습니까?"

공자께서 말씀하셨다. "행하는 것이 어려운데, 말을 하는 것을 어찌 참지 않을 수 있겠느냐?"

司馬牛問仁. 子曰 仁者其言也訒.
사마우가 인(仁)에 대해 물었다. 공자께서 말씀하셨다. "어진 자는 그 말을 참는다."

사마우(司馬牛)는 공자의 제자로 성은 사마, 이름은 사마천의 『사기』「중니제자열전」에 의하면 경(耕), 고주의 공안국에 의하면 이(犁)다. 사마천에 의하면 자(字)가 자우(子牛)라고 한다. 주희나 공안국은 술이22에 나온 환퇴(桓魋)의 아우라고 한다.

제12편. 안연(顔淵) **509**

인(訒)은 주희에 의하면 인(忍)으로, 참는 것이다. 「중니제자열전」에 의하면 사마우는 말이 많고 참을성이 없었다고 한다. 그래서 공자가 말을 참는 것이 인이라고 가르침을 준 것이다.

曰 其言也訒 斯謂之仁已乎.
"그 말을 참으면 어질다고 할 수 있습니까?"

子曰 爲之難 言之得無訒乎.
공자께서 말씀하셨다. "행하는 것이 어려운데, 말을 하는 것을 어찌 참지 않을 수 있겠느냐?"

그런데도 사마우가 그 말을 가볍게 여겨 다시 질문하자, 공자는 말에는 실천이 따르므로 항상 삼가고 어려워해야 한다고 재차 가르친다. 사마우가 말을 참는 것이 얼마나 어려운 일인 줄 모르고 다시 물은 것이니, 이것으로 보아 그가 말이 많았음을 미루어 짐작할 수 있다.

한편 고주의 공안국에 의하면 訒은 난(難)으로 말을 어려워하는 것이고, 말을 어려워하는 것의 대상은 인(仁)이다. 인이라는 것은 말하기 어려운 것인데, 인을 행하는 것이 어렵기 때문에 인에 대해 말하기가 어렵다는 뜻이다. 다산도 같은 견해다.

4

사마우가 군자에 대해 물었다. 공자께서 말씀하셨다. "군자는 근심하지 않으며, 두려워하지 않는다."

"근심하지 않으며, 두려워하지 않으면, 군자라고 할 수 있겠습니까?"

공자께서 말씀하셨다. "안으로 살펴보아 잘못한 것이 없다면, 무엇을 근심하고 무엇을 두려워하겠는가?"

司馬牛問君子. 子曰 君子不憂不懼.

사마우가 군자에 대해 물었다. 공자께서 말씀하셨다. "군자는 근심하지 않으며, 두려워하지 않는다."

曰 不憂不懼 斯謂之君子已乎.

"근심하지 않으며, 두려워하지 않으면, 군자라고 할 수 있겠습니까?"

子曰 內省不疚 夫何憂何懼.

공자께서 말씀하셨다. "안으로 살펴보아 잘못한 것이 없다면, 무엇을 근심하고 무엇을 두려워하겠는가?"

구(疚)는 병(病)이니, 마음에 병이 되는 것, 즉 양심에 가책을 느끼는 것이다.

『춘추좌씨전』 애공 14년을 보면, 환퇴(桓魋)는 송(宋)의 사마(司馬, 오늘날 국방장관)로 있었다. 송 경공(景公)과 다툼이 있어, 환퇴가 먼저 선수를 쳐 공격했으나 실패해 제로 달아났다. 환퇴의 동생 사마우(司馬牛) 또한 영읍(領邑)을 버리고 각지를 떠도는 신세가 됐다가, 결국 노의 곽문(郭門) 밖에서 객사하고 만다. 고주의 공안국에 의하면 환퇴의 동생 사마우가 바로 이 장의 사마우와 동일 인물이라고 하나, 『사기』에서는 언급하지 않고 있다. 예로부

제12편. 안연(顔淵) **511**

터 논란이 되고 있는 문제다. 공안국의 설명이 맞다면 사마우는 항상 근심과 두려움 속에서 살았으리라. 그것을 본 공자가 안으로 살펴보아 스스로 잘못한 것이 없다면, 걱정하거나 두려워할 필요가 없다고 위로한 것이다.

정수덕은 『논어집석』에서 다음과 같이 송의 정여해의 말을 인용했다. "공자의 말은 비록 사마우를 위한 것이지만 근심하지 않는 것은 인(仁)이요(仁者不憂라는 말에 근거함), 두려워하지 않는 것은 용(勇)이다(勇者不懼라는 말에 근거함). 어질면서 용기가 있으니 비록 생사의 변고에도 의연하게 처할 수 있다. 그러니 어찌 군자가 아니랴?"

5

사마우가 걱정하며 말했다. "사람마다 다 형제가 있는데 나만 없구나."

자하가 말했다. "내가 일찍이 듣기를 '죽고 사는 것은 운명에 달려 있고, 부귀는 하늘에 달려 있다'고 했습니다. 군자가 공경해 도리를 잃지 않고 남과 사귐에 공손해 예를 지킨다면, 사해 안이 모두 형제입니다. 군자가 어찌 형제가 없다고 근심하겠습니까?"

司馬牛憂曰 人皆有兄弟 我獨亡.
사마우가 걱정하며 말했다. "사람마다 다 형제가 있는데 나만 없구나."

망(亡)은 무(無)다. 고주의 정현에 의하면 사마우는 형제가 없는 것을 걱정한 것이 아니라, 형인 환퇴가 악한 일을 저질러 죽을 날이 얼마 안 남았기 때문에 홀로 형제가 없을까 걱정한 것이라고 한다.

子夏曰 商聞之矣. 死生有命 富貴在天. 君子敬而無失 與人恭而有禮 四海之內 皆兄弟也. 君子何患乎無兄弟也.
자하가 말했다. "내가 일찍이 듣기를 '죽고 사는 것은 운명에 달려 있고, 부귀는 하늘에 달려 있다'고 했습니다. 군자가 공경해 도리를 잃지 않고 남과 사귐에 공손해 예를 지킨다면, 사해 안이 모두 형제입니다. 군자가 어찌 형제가 없다고 근심하겠습니까?"

그것을 듣고 자하가 말한다. 생사와 부귀는 사람의 힘으로 결정되는 것이 아니다. 그것은 천명(天命), 즉 인간으로서는 어쩔 수 없는 운명의 소관이다. 비록 형인 환퇴가 반란을 일으켜 정처 없이 떠도는 신세가 되고 말았지만, 그것은 형인 환퇴의 잘못 때문이다. 그로 인해 사마우가 설사 사고무친의 신세가 된다고 하더라도, 그것 또한 어쩔 수 없는 운명일 뿐이다. 자하는 사생유명 부귀재천(死生有命 富貴在天)이라는 말을 통해 사마우를 위로한다.

무실(無失)은 다산에 의하면 도리를 잃지 않는 것, 여(與)는 교(交)로 교제하는 것이다. 계속해서 자하가 말한다. 군자가 몸가짐을 공경히 하고, 남과 사귐에 예를 지킨다면, 사해(四海) 안의 모든 사람들이 그를 형제처럼 받아 준다. 어찌 피붙이만이 형제이겠느냐?

사마우가 환퇴의 아우라는 공안국의 설(說)에 의거했다. 만일 사마우가 환퇴(桓魋)의 동생이 아니라면 사마우가 진짜 형제가 없어 외로워서 한 이야기가 된다. 양백준이 이런 입장이다.

사해지내 개형제야(四海之內 皆兄弟也)란 말에 대해서는 약간의 논란이 있다. 원래 유가(儒家)의 애(愛)란 별애(別愛)다. 즉 우선 부모형제를 사랑하고,

거기에서 나아가 점차적으로 널리 사랑을 베풀어가는 것이다. 부모형제와 다른 사람을 똑같이 사랑하는 것은 이른바 묵자의 겸애(兼愛)로, 맹자(孟子)에 의하면 아비도 없는 금수(禽獸)나 할 짓이다(墨氏兼愛 是無父也 無父無君 是禽獸也 -『맹자』「등문공하」). 그런데 사해 안이 모두 형제라는 자하의 말은 묵자의 겸애(兼愛)를 연상시킬 수도 있기 때문이다.

주희는 호인을 인용해 이 말이 자하가 비록 사마우의 근심을 덜어주기 위하여 부득이하게 한 말이긴 하나 어폐가 있다고 하면서 읽는 사람이 조심해야 할 것이라고 했다. 주희의 말은 얼핏 유가의 정통을 지키기 위한 말처럼 생각되나 중대한 착오가 있다. 주희나 정호·정이 형제 등 성리학자들이 금과옥조처럼 받드는 글 가운데 장재(張載, 1020~1077)의 서명(西銘)이란 글이 있는데 거기에는 이런 표현이 있다. "백성은 나의 동포요, 만물은 나의 무리다(民吾同胞 物吾與)." 백성은 나의 동포요, 만물은 나의 무리라는 장재의 주장을 호인이나 주희는 어떻게 평할지 모르겠다.

6

자장이 밝은 것에 대해 물었다. 공자께서 말씀하셨다. "서서히 스며드는 비방과 피부에 와 닿는 하소연에도 움직이지 않는다면 밝다고 할 수 있다. 서서히 스며드는 비방과 피부에 와 닿는 하소연에도 움직이지 않는다면 고원하다고 할 수 있다."

子張問明. 子曰 浸潤之譖 膚受之愬 不行焉 可謂明也已矣. 浸潤

之譖 膚受之愬 不行焉 可謂遠也已矣.

명(明)은 식견이 밝은 것이다. 침윤(浸潤)은 물이 서서히 스며들어가는 모양이고, 참(譖)은 남을 헐뜯는 말이다. 마치 물이 조금씩 스며들어 마침내 전체를 적시는 것처럼, 남을 헐뜯는 비방이 처음에는 대수롭지 않으나 시간이 지남에 따라 점차 사람의 마음을 미혹에 빠뜨리는 것을 말한다.

부수(膚受)는 피부에 와 닿는 것이고, 소(愬)는 원통함을 호소하는 하소연이다. 원통함을 호소하는 하소연이 피부에 와 닿게 절실한 것이다.

원(遠)은 식견이 고원해 가까운 것에 가리지 않는 것이다.

신주에서 양시는 이렇게 말하고 있다. "갑자기 말하는 것과 이해(利害)가 내 몸에 절실하지 않은 것은 움직여지지 않으니, 밝은 자가 아니더라도 능히 할 수 있다. 따라서 서서히 스며드는 비방과 피부에 와 닿는 하소연에도 움직이지 않은 연후에야 밝다고 하고 고원하다고 할 수 있다. 고원한 것은 밝음이 지극한 것이다. 『서경』에서는 '멀리 보는 것이 밝은 것이다'라고 했다."

7

자공이 정치에 대해 물었다. 공자께서 말씀하셨다. "먹을 것을 충족시키고 군사를 충분히 갖추며 백성이 믿도록 하는 것이다."

자공이 말했다. "부득이 꼭 하나를 버려야 한다면, 이 셋 중에서 어느 것을 먼저 버려야 합니까?"

"군사를 버려야 할 것이다."

자공이 말했다. "부득이 꼭 하나를 버려야 한다면, 이 둘 중에서 어느 것을 먼저 버려야 합니까?"

　　"먹을 것을 버려야 한다. 예로부터 누구에게나 죽음은 있지만, 백성이 믿지 않는다면 설 수 없다."

子貢問政. 子曰 足食 足兵 民信之矣.

자공이 정치에 대해 물었다. 공자께서 말씀하셨다. "먹을 것을 충족시키고 군사를 충분히 갖추며 백성이 믿도록 하는 것이다."

족(足)은 충족시키는 것이다.

子貢曰 必不得已而去 於斯三者何先.

자공이 말했다. "부득이 꼭 하나를 버려야 한다면, 이 셋 중에서 어느 것을 먼저 버려야 합니까?"

거(去)는 버리는 것이다.

曰 去兵.

"군사를 버려야 할 것이다."

子貢曰 必不得已而去 於斯二者何先.

자공이 말했다. "부득이 꼭 하나를 버려야 한다면, 이 둘 중에서 어느 것을 먼저 버려야 합니까?"

曰 去食. 自古皆有死 民無信不立.

"먹을 것을 버려야 한다. 예로부터 누구에게나 죽음은 있지만, 백성이 믿지 않는다면 설 수 없다."

공자는 정치의 요체를 경제 · 국방 · 국민과의 신뢰, 이 세 가지라고 하면서 부득이하게 어느 하나를 버릴 수밖에 없을 경우 국방, 경제의 순서로 버리라고 했다. 국민과의 신뢰를 가장 중요시한 것이다. 국방은 그런 대로 이해할 수 있으나, 먹고사는 것보다 국민과의 신뢰를 우선시한 것은 상당히 파격적이다. 왜냐하면 먹고사는 것이 떨어질 경우 죽을 수밖에 없기 때문이다. 그러나 공자의 생각으로는 설사 굶어 죽는 것을 모면한다 하더라도 죽음은 피할 수 없는 숙명이다. 어쩔 수 없는 것이다. 그러나 정치는 백성과의 신뢰가 없다면 성립 그 자체가 불가능하다. 따라서 먹을 것을 포기할 수밖에 없는 것이다. 백성과의 신뢰를 그만큼 강조한 것이다. 오늘의 위정자들이 꼭 귀담아 들어야 할 대목이다.

8

극자성(棘子成)이 말했다. "군자는 바탕뿐이니 꾸밈을 어디에 쓰겠습니까?"

자공이 말했다. "안타깝습니다, 당신이 군자에 대해 말하는 것이. 네 필의 말이 끄는 마차도 혀에는 미치지 못합니다. 꾸밈이 곧 바탕이고 바탕이 곧 꾸밈이라고 한다면, 호랑이나 표범의 가죽도 털을 없애버리고 나면, 개나 양의 가죽과 다를 바가 없게 됩니다."

棘子成曰 君子質而已矣 何以文爲.

극자성(棘子成)이 말했다. "군자는 바탕뿐이니 꾸밈을 어디에 쓰겠습니까?"

극자성(棘子成)은 위(衛)의 대부라고만 전해진다. 군자질이이의(君子質而已矣)는 군자에게는 바탕(質)만이 중요하다는 말이다. 하이문위(何以文爲)는 왕인지의 『경전석사(經傳釋詞)』에 의하면 以는 용(用), 爲는 의미 없는 어조사로 '꾸밈을 어디에 쓰겠느냐'는 뜻이다(『논어집석』에서 재인용).

子貢曰 惜乎 夫子之說君子也. 駟不及舌.

자공이 말했다. "안타깝습니다, 당신이 군자에 대해 말하는 것이. 네 필의 말이 끄는 마차도 혀에는 미치지 못합니다."

사불급설(駟不及舌)은 네 마리의 말이 끄는 마차(駟)가 혀에 미치지 못한다는 말로, 한 번 잘못 뱉은 말은 마차를 타고 쫓아가도 이미 고칠 수가 없다는 뜻이다.

한편 주희는 夫子之說君子也를 夫子之說 君子也로 끊어 읽는다. 주희에 의하면 "그대의 말이 군자다우나"가 된다. 무리가 있는 해석이라고 생각된다.

文猶質也 質猶文也. 虎豹之鞟猶犬羊之鞟.

"꾸밈이 곧 바탕이고 바탕이 곧 꾸밈이라고 한다면, 호랑이나 표범의 가죽도 털을 없애버리고 나면, 개나 양의 가죽과 다를 바가 없게 됩니다."

문유질야 질유문야(文猶質也 質猶文也)는 바탕과 꾸밈은 같은 것이라 바탕만 있으면 그것으로 되었지 굳이 꾸밈을 쓸 필요가 없다는 말이다. 곽(鞹)은 털을 없앤 가죽이다. 호랑이나 표범(군자를 비유함)의 가죽이 귀중한 것은 그 털의 무늬(文)가 아름답기 때문이다. 그런데 극자성의 말대로 바탕과 꾸밈 사이에 아무런 구별이 없어 바탕만 있으면 되고 꾸밈을 쓸 필요가 없다면 그것은 털가죽에서 털 무늬를 제거하는 것과 같아, 호랑이나 표범의 곽과 개나 양(소인을 비유함)의 곽을 구별할 수 없게 된다. 즉 꾸밈과 바탕은 서로 구별되는 것으로 둘 다 꼭 필요한 것이라는 말이다. 자공은 바로 그런 점을 지적하면서 극자성의 말이 잘못된 것임을 지적했다. 재아와 더불어 공자의 문중에서 언어(言語)에 쌍벽을 이루는 자공다운 말솜씨. 황간에 의거했다.

주희는 文猶質也 質猶文也를 자공이 꾸밈과 바탕이 서로 없어서는 안 되는 것임을 밝힌 말이라고 한다. 그래서 (만일 꾸밈을 제거하고 바탕만 존치한다면) 호랑이나 표범의 곽과 개나 양의 곽을 구별할 수 없게 된다는 뜻으로 이해하고 있다. 전체적인 뜻에서는 큰 차이가 없으나, 주희의 해석은 猶를 수(須)로 풀이하는데, 이는 진천상이 밝히고 있듯이 훈고에서 문제가 있다 (『논어집석』에서 재인용).

또 주희는 자공이 꾸밈이 전혀 필요 없다는 극자성의 잘못을 교정하려고 이렇게 말을 했으나, 이 말 자체도 본말(本末)과 경중(輕重)을 잃은 폐단이 있다고 지적한다. 즉 바탕(質)과 꾸밈(文)을 똑같이 취급한 오류가 있다는 것이다. 주희에 의하면 바탕은 본(本)이요, 꾸밈은 말(末)이다. 꾸밈도 반드시 필요하지만 본바탕이 꾸밈에 우선한다는 뜻이다.

9

애공이 유약에게 물었다. "흉년이 들어 쓸 것이 모자라는데 어떻게 해야 합니까?"

유약이 대답하여 말했다. "어찌 철법을 쓰지 않으십니까?"

"10분의 2도 오히려 부족할 판인데 철법을 써서 어찌하겠습니까?"

"백성이 풍족하다면 임금께서 누구와 더불어 부족하겠으며, 백성이 부족하다면 임금께서 누구와 더불어 풍족하겠습니까?"

哀公問於有若曰 年饑 用不足 如之何.

애공이 유약에게 물었다. "흉년이 들어 쓸 것이 모자라는데 어떻게 해야 합니까?"

연기(年饑)는 흉년이 든 것이다. 용(用)은 나라에서 쓸 재정이다.

有若對曰 盍徹乎.

유약이 대답하여 말했다. "어찌 철법을 쓰지 않으십니까?"

합(盍)은 하불(何不)을 줄인 말로 '어찌 ~ 하지 않느냐'의 뜻이다.

철(徹)은 수확의 10분의 1을 나라에서 세금으로 걷어 들이는 제도다. 주의 일반적인 세제(稅制)로 통용되었기 때문에 통한다는 의미에서 철(徹)이라고 불렀다. 주의 토지 제도는 정전제(井田制)로, 토지를 농부 1인당 100무

(畝)의 비율로 정(井) 자 모양으로 구획을 지어, 같이 정(井)을 이루는 사람들끼리 공동으로 경작한다. 수확도 같이 정을 이루는 사람끼리 공동으로 나누어 갖는데, 우선 전체 수확의 10분의 1을 국가에 세금으로 바친다. 이 10분의 1이 철(徹)이다. 그런데 노나라 선공(宣公) 이후 철 외에, 각자 경작하는 토지의 무 수에 따라 또 10분의 1의 세(稅)가 새로 부가되어 도합 10분의 2가 됐다. 이상은 주희의 해설에 의거했다.

曰 二 吾猶不足 如之何其徹也.
"10분의 2도 오히려 부족할 판인데 철법을 써서 어찌하겠습니까?"

애공은 10분의 2의 세금으로도 재정이 모자라 세금을 더 거둘 생각을 갖고 있었다. 그런데 유약의 대답은 예상외로 10분의 1의 세제로 돌아가라는 것이었다. 애공은 혹시 유약이 말귀를 잘못 알아들었나 생각되어 다시 자기의 뜻을 밝혔다.

對曰 百姓足 君孰與不足. 百姓不足 君孰與足.
"백성이 풍족하다면 임금께서 누구와 더불어 부족하겠으며, 백성이 부족하다면 임금께서 누구와 더불어 풍족하겠습니까?"

그러자 유약이 애공에게 충고한다. 백성이 부유하다면 당신이 가난할 게 어디 있으며, 백성이 곤궁하다면 당신 혼자 부자라고 해도 어찌하겠는가라고. 태백21을 보면 우는 자신의 의식주(衣食住)는 검소하게 하면서도 나랏일에는 온갖 정성을 아끼지 않았다. 그러기에 그를 만고의 성군(聖君)으로 칭송하는 것이다. 공자 또한 천승(千乘)의 나라를 다스리는 요체(要諦)의 하나가 비용을 절약해 백성을 사랑하는 것(道千乘之國 …… 節用而愛人-학이5)이라고 했다. 유가(儒家)의 정치 목표는 다름 아닌 백성의 행복이다. 유약과 애공 사이의 국가관의 차이가 뚜렷이 대비된다.

한편 다산의 해설은 이와 다르다. 다산에 의하면 노나라 공실(公室)의 재정이 부족한 것은 당시 노나라의 실권을 쥐고 있던 삼환(三桓)이 중간에서 세금을 유용했기 때문이다. 만일 철법을 시행해 세금을 노나라 공실에서 직접 관장한다면, 백성과 공실 모두 부족함이 없게 된다. 유약이 철법의 시행을 주장한 것은 바로 그러한 이유 때문이라고 한다.

공자가 활동하던 시대는 이미 주 왕실의 권위가 무너지고 강한 제후국이 약한 제후국을 병합하는 약육강식이 본격화되던 시대였다. 즉 그나마 존왕양이(尊王攘夷)를 명분으로 삼던 춘추시대가 끝나가면서 무한 경쟁의 전국시대로 넘어가려 하고 있던 시대였다. 이렇게 나라 간의 경쟁이 치열해지면서 각 군주들의 최대 관심사는 부국강병(富國强兵)이었다. 그것만이 이 경쟁에서 살아남는 유일한 방법이었다.

그러나 그 당시 군주들이 생각하는 부국강병이란 오늘날의 부국강병과는 상당히 거리가 멀었다. 오늘날의 부국강병이란 우선 국민이 잘 살고, 그것을 바탕으로 자국의 국가 이익을 옹호할 수 있는 강력한 군비(軍備)를 갖추는 것을 말한다. 오늘날의 국가란 국민을 바탕으로 한 것이기 때문이다.

그러나 그 당시 군주들의 생각은 그렇지 않았다. 나라가 부유하다는 것은 군주가 부유하다는 것이지, 그 나라 백성이 부유하다는 것은 아니었다. 국가는 군주 개인과 동일시되었으며, 국민은 군주를 위해 존재하는 생산의 도구, 징집의 대상일 뿐이었다. 군주의 이익이 바로 국가의 이익이었다. 여기서 보이는 애공의 입장은 바로 이러한 당시 군주들의 생각을 그대로 반영한 것이다. 백성의 고통은 군주와는 무관하며, 군주가 부유한 것이 나라가 부유한 것이기 때문에 흉년임에도 세금을 깎기는커녕, 오히려 더 받으려고 한 것이다.

그러나 공자의 생각은 달랐다. 공자는 국가를 국민의 것이라고 생각하지는 않았으나, 국가는 국민의 행복을 위해 존재한다고 생각했다. 따라서 백성이 부유한 국가가 부유한 국가이며, 백성이 가난하다면 군주가 아무리 부유하다고 하더라도 그 나라는 가난한 국가다. 정치의 목표는 백성을 잘 살게 하는 것이다. 바로 이러한 공문(孔門)의 사상이 바로 여기서 유약의 입을 통해 확연히 나타났다.

공문(孔門)의 이러한 입장은 훗날 맹자에 이르러서는, 군주가 무도해 백성을 도탄에 빠뜨릴 경우 새로이 덕이 있는 자로 군주를 바꾸어야 한다는 역성혁명(易姓革命) 사상으로까지 발전했다. 그리고 바로 이러한 민본주의(民本主義)가 유가(儒家)가 다른 제자백가(諸子百家)를 물리치고 중국 정치사상의 주류에 우뚝 설 수 있었던 가장 큰 원동력이었다.

10

자장이 덕을 높이고 미혹을 분별하는 것에 대해 물었다. 공자께서 말씀하셨다. "충성과 신의를 주로 하며, 의(義)로 옮겨가는 것이 덕을 높이는 것이다. 사랑하면 살기를 바라고, 미워하면 죽기를 바란다. 이미 살기를 바라다가 또 죽기를 바라는 것이 바로 미혹이다."

"진정 부유해서가 아니고 역시 달리하는 것이다."

子張問崇德 辨惑. 子曰 主忠信 徙義 崇德也. 愛之欲其生 惡之欲其死. 旣欲其生 又欲其死 是惑也.

자장이 덕을 높이고 미혹을 분별하는 것에 대해 물었다. 공자께서 말씀하셨다. "충성과 신의를 주로 하며, 의(義)로 옮겨가는 것이 덕을 높이는 것이다. 사랑하면 살기를 바라고, 미워하면 죽기를 바란다. 이미 살기를 바라다가 또 죽기를 바라는 것이 바로 미혹이다."

숭덕(崇德)은 자신의 덕을 높이는 것이요, 변혹(辨惑)은 미혹을 분별하는 것이다. 주충신(主忠信)은 남과 일을 꾀할 때 성의를 다하고, 벗을 신의로 사귀는 것이다(爲人謀而不忠乎 與朋友交而不信乎-학이4). 사의(徙義)는 의(義)로 옮기는 것, 즉 의를 듣고 그곳으로 나아가 행하는 것이다. 술이3에서 의를 듣고도 행동으로 옮기지 못하는 것이 근심이라고 했으니(聞義不能徙 …… 是吾憂也) 바로 이것을 말한다. 공자는 충(忠)·신(信)·의(義)를 숭덕(崇德)이라고 대답했다.

혹(惑)은 의혹, 미혹이다. 애지욕기생 오지욕기사 기욕기생 우욕기사(愛之欲其生 惡之欲其死 旣欲其生 又欲其死)는 사람의 좋아함과 미워함이 반복무상한 것이다. 그래서 혹인 것이다.

그러나 주희는 생사(生死)는 명(命)에 의한 것으로 인간이 어쩔 수 없는 것인데, 그것을 바라기 때문에 혹이라고 했다. 또 황간은 『논어의소』에서 한 사람에 대해서 좋아하고 미워하며, 살기를 바라고 또 죽기를 바라는 것은 모두 마음으로부터 일어나는 것으로, 그 마음이 정(定)해지지 않았기 때문에 혹이라고 했다. 역시 불교(佛敎)의 체취가 물씬 풍긴다.

誠不以富 亦祇以異.

"진정 부유해서가 아니고 역시 달리하는 것이다."

성불이부 역지이이(誠不以富 亦祇以異)는 『시경』 소아(小雅) 아행기야(我行其野)의 마지막에 나오는 말이다. 그러나 이 말이 무엇을 뜻하는지는 누구도 자신 있게 설명하지 못한다. 신주의 정이의 주장에 의하면 다른 데 있어야 할 것이(계씨12의 맨 앞) 잘못 섞여든 것(錯簡)이라 한다(한나라 때 종이가 발명되기 이전에는 책을 대나무로 만들었다. 대나무를 잘게 쪼개 그 위에 글을 쓴 후, 그것들을 하나하나 묶어 책으로 만든 것이다. 따라서 그 대나무 조각들을 엮은 끈이 풀어질 경우 다시 엮는 과정에서 잘못 섞일 가능성이 충분히 있다. 그런 것을 착간이라고 한다). 계씨12도 제경공(齊景公)으로 시작하고 이 장 바로 뒤도 제경공(齊景公)으로 시작하기 때문에 엮는 이가 착각했다는 것이다. 해설을 보류해둔다.

●
主忠信은 학이8, 자한24에도 보인다. 崇德辨惑에 대해서는 안연21에서도 언급한다.

11

제나라 경공이 공자에게 정치에 대해 물었다. 공자께서 대답하셨다. "임금은 임금답게, 신하는 신하답게, 아비는 아비답게, 자식은 자식답게 하는 것입니다."

제12편. 안연(顏淵) **525**

경공이 말하길 "좋은 말씀이오. 진실로 임금이 임금답지 못하고, 신하가 신하답지 못하며, 아비가 아비답지 못하고, 자식이 자식답지 못하다면, 비록 곡식이 있다 한들 내가 그것을 먹을 수 있겠습니까?"

齊景公問政於孔子. 孔子對曰 君君 臣臣 父父 子子.
제나라 경공이 공자에게 정치에 대해 물었다. 공자께서 대답하셨다. "임금은 임금답게, 신하는 신하답게, 아비는 아비답게, 자식은 자식답게 하는 것입니다."

제경공(齊景公)은 제의 임금으로 이름은 저구(杵臼)다. BC 548년 제간공이 최자에게 시해된 후(공야장18 참고) 즉위하여 BC 547년에서부터 BC 490년까지 58년간 재위했다.

군군 신신 부부 자자(君君 臣臣 父父 子子)는 각자가 자신의 직분에 충실할 것을 말한 것이다. 한자(漢字)만이 가질 수 있는 독특하고, 아름다운 문장이다. 다만 형식적으로는 병렬적인 구조이나 내용적으로는 조건문으로 읽을 수도 있다고 생각된다. 그렇게 읽는다면 "임금이 임금다워야 신하가 신하답게 되며, 아비가 아비다워야 자식이 자식답게 됩니다"가 된다. 공자가 경공에게 임금으로서 임금 노릇을 제대로 할 것을 완곡하게 충고하고 있는 셈이 되는 것이다.

公曰 善哉 信如君不君 臣不臣 父不父 子不子 雖有粟 吾得而食諸.
경공이 말하길 "좋은 말씀이오. 진실로 임금이 임금답지 못하며, 신하가 신하답지 못하며, 아비가 아비답지 못하고, 자식이 자식답지 못하다면, 비록 곡식이 있다 한들 내가 그것을 먹을 수 있겠습니까?"

제경공은 입으로는 공자의 말에 수긍을 표시했다. 그러나 계씨12를 보면 제경공이 죽었을 때 말이 1,000사(駟)나 있었으나 백성들 가운데 그의 덕을 기리는 자가 없었다고 한다. 실제로는 전혀 공자의 말을 귀담아 듣지 않은 것이다. 경공이 죽은 지 10년 후 제나라는 신하인 전(田)씨가 실권을 다 차지했으며, 마침내 BC 386년에는 나라를 완전히 빼앗기고 말았다.

12

공자께서 말씀하셨다. "한쪽 말만 듣고도 소송을 판결할 수 있는 사람은 아마 유일 것이다."
자로는 약속을 묵혀두지 않았다.

子曰 片言可以折獄者 其由也與.
공자께서 말씀하셨다. "한쪽 말만 듣고도 소송을 판결할 수 있는 사람은 아마 유일 것이다."

편언(片言)은 편언(偏言)으로 소송 당사자 중 어느 한쪽의 말(單辭)이다. 절옥(折獄)은 재판하는 것, 소송을 판결하는 것이다. 소송에는 원고와 피고가 있는 만큼 반드시 양쪽의 말을 다 들어야만 올바르게 판결을 내릴 수 있다. 그러나 자로는 평소에 신의가 있었던 관계로, 사람들이 자로 앞에서 거짓말을 꾸미지 않았다. 따라서 자로는 소송 당사자 어느 한쪽의 말만 듣고도 판결을 내릴 수 있었다. 자로가 평소에 신의를 잃지 않았음을 칭찬한 말이다. 고주에 의거했다. 다산의 견해도 같다.

그러나 황간의 『논어의소』에 인용된 손작의 해설은 이와 다르다. 손작에 의하면 재판은 소송 당사자 양쪽의 주장을 다 들어야만 하나, 자로는 그 성격이 곧아 거짓말로 자신을 변명하려고 하지 않았으므로 재판장은 자로의 말만 듣고도 판결을 내릴 수 있었다. 손작은 자로가 재판을 받게 될 때의 일을 말하고 있다. 주희는 편언(片言)을 반 마디 말(半言)로 풀이한다. 자로가 평소에 말에 신의가 있고 또 정사에 재능이 있어 소송을 명쾌히 판결하므로, 자로의 말이 채 다 끝나기도 전에 소송 당사자들이 다 그 판결에 감복했다는 뜻이다.

子路無宿諾.

자로는 약속을 묵혀두지 않았다.

무숙락(無宿諾)의 宿은 유(留)로 유보하는 것이고, 諾은 약속이다. 자로는 신의를 소중히 생각한 사람이다. 따라서 한 번 승낙하면 반드시 그 약속을 유보해두지 않고 실천한 것이다. 주희를 따랐다. 신주에서 윤돈은 "반 마디 말로 소송을 판결하는 것은, 말하기 이전에 이미 (자로에 대한) 믿음이 있어서 사람들이 스스로 믿기 때문이다. 승낙한 것을 유보해두지 않는 것은 그 믿음을 온전하게 하는 것이다"라고 말한다.

고주의 해석은 이와 다르다. 고주에 의하면 宿은 유보하는 것이 아니라 미리 하는 것(預)이다. 자로가 성격이 독실하고, 또 일이 닥쳤을 때 변고가 많을 것을 두려워해, 섣부르게 약속을 미리 하지 않았다는 뜻이다. 다산과 오규 소라이도 같은 주장이다. 그러나 이들의 주장을 따르면 자로는 성격이 매우 신중한 사람으로 논어에 보이는 성급한 모습과는 거리가 멀다.

13

공자께서 말씀하셨다. "소송을 판결하는 것은 나도 남과 같겠지만, 굳이 한다면 소송을 없애려고 한다고 할까?"

子曰 聽訟 吾猶人也. 必也使無訟乎.

인간 세상에서 서로 간의 분쟁이 없을 수는 없다. 따라서 재판은 필요불가결한 요소다. 고대의 정치란 행정·사법을 모두 겸한 것이므로, 훌륭한 정치인은 마땅히 재판도 잘 처리할 줄 알아야 했다. 그러나 공자는 재판을 잘 다루는 것이 전부는 아니라고 생각했다. 그는 사람 사이에 다툼이 일어나는 그 근본 원인을 다스리는 것이 보다 본질적인 해결책이라고 생각했다. 사람들 사이이 다툼이란 대개의 경우 이해관계의 첨예한 대립에서 비롯된다. 서로 한 발씩 물러나 남을 이해하려고 노력하고, 더불어 살아가려고 노력한다면 다툼은 크게 줄어들 것이다. 정치의 요체는 재판을 잘하는 데 있는 것이 아니라, 백성들로 하여금 서로 사랑하며 함께 살아가는 마음가짐(仁)을 갖게 하고 또 백성들을 예로 교화함으로써 아예 다툼 그 자체를 없애는 데 있다. 이것이 공자를 비롯한 유가(儒家)의 정치사상이다. 법을 앞세우고, 법질서의 강요를 통해 사회의 안정을 꾀하려고 노력한 법가(法家)의 정치사상과는 근본적으로 다르다. 각박해져만 가는 오늘의 현실 속에서 새삼 절실하게 가슴에 와 닿는 말이다.

14

자장이 정치에 대해 물었다. 공자께서 말씀하셨다. "자신을 올바르게 하기를 게을리하지 말 것이며, 남을 올바르게 하기를 충성으로 해라."

子張問政. 子曰 居之無倦 行之以忠.

거지(居之)와 행지(行之)가 구체적으로 무엇을 의미하는지가 불명확하다. 사람에 따라 의견이 갈린다. 다산은 "정치는 올바름이다(政者正也-안연17)"라는 공자의 말을 인용해 이 장을 풀이했다. 정치란 나를 올바르게 함으로써 남이 올바르게 되는 것인데(正己而物正者也), 居之는 자신이 올바른 데 머무는 것(身居正), 즉 자신을 올바르게 하는 것이고, 行之은 남을 올바르게 하는 것(正物)이라고 한다. 여기서는 다산을 따랐다.

고주의 왕숙은 居之는 정치의 도(爲政之道)를 마음에 간직하는 것으로, 行之는 그것을 백성에게 행하는 것으로 풀이했다. 주희는 之가 무엇인지는 구체적으로 밝히지 않고 居之는 마음에 보존하는 것, 行之는 일에 드러내는 것이라고만 하고 있다. 양백준은 벼슬자리에 있는 것을 居之, 정령을 집행하는 것을 行之라고 하는데, 그렇다면 居之와 行之가 무슨 차이가 있는지 궁금하다.

15

공자께서 말씀하셨다. "널리 글을 배우고 예로써 그것을 요약하고 단속한다면 도리에 어긋나지 않을 것이다."

子曰 博學於文 約之以禮 亦可以弗畔矣夫.

●

옹야25에도 같은 말이 있는데 거기에는 君子라는 말이 더 있다. 자한10에는 博我以文 約我以禮라는 표현이 있다.

16

공자께서 말씀하셨다. "군자는 남의 좋은 점은 이루게 하고, 남의 나쁜 점은 이루지 못하게 한다. 소인은 그 반대다."

子曰 君子成人之美 不成人之惡. 小人反是.

군자는 남의 좋은 점은 더욱 장려하고 나쁜 점은 계도해 고치게 한다. 더불어 살려고 하기 때문이다. 그러나 소인은 남의 좋은 점을 시기하고 나쁜 점은 조장한다. 남과 이익을 다투기 때문이다.

한편 다산은 미(美)는 미명(美名), 악(惡)은 악명(惡名)이라고 풀이한다.

17

계강자가 정치에 대해 공자께 물었다. 공자께서 대답하셨다. "정치란 올바르게 하는 것입니다. 당신이 솔선해 올바르게 하신다면, 누가 감히 올바르지 않겠습니까?"

季康子問政於孔子. 孔子對曰 政者正也. 子帥以正 孰敢不正.

정(政)과 정(正)은 현대 중국어에서 발음이 'zheng'으로 서로 같다. 공자 때에도 아마 그랬으리라. 그것을 이용해 공자가 이렇게 말한 것이다. 한문에서 자주 볼 수 있는 용법으로 해음쌍관(諧音雙關)이라고 한다.

●
자로6, 13

18

계강자가 도둑을 걱정해 공자께 물었다. 공자께서 대답하셨다. "당신이 진정 탐욕을 부리지 않으신다면, 비록 상을 준다고 하더라도 도둑질하지 않을 것입니다."

季康子患盜 問於孔子. 孔子對曰 苟子之不欲 雖賞之不竊.

나라에 도둑이 들끓는 것은 백성이 먹고 살기가 힘들어졌기 때문이고, 백성이 먹고 살기 힘들어진 것은 위로부터 가렴주구(苛斂誅求)가 심하기 때문이다. 임금을 비롯한 위정자들이 백성을 탐학(貪虐)하지 않는데, 누가 상을 준다고 도둑질을 하겠는가?

다산은 구자지불욕(苟子之不欲)을 "진정 당신이 백성들이 도둑질하는 것을 원치 않는다면"으로 해석했다. 계강자가 진정 그런 뜻이 있다면, 백성을 교화하고 그들의 삶을 넉넉히 하는 데 힘써야 한다는 뜻이다. 그러면 설사 상을 준다고 해도 백성들이 도둑질하지 않을 것이다.

19

계강자가 정치에 대해 공자께 물었다. "만일 무도한 자를 죽여, 도(道)를 이룬다면 어떻습니까?"

공자께서 대답하셨다. "당신은 정치를 하면서 어찌 사람을 죽이려 하십니까? 당신이 선해지기를 원하면 백성이 선해집니다. 군자의 덕은 바람이고, 소인의 덕은 풀입니다. 풀 위로 바람이 불면 풀은 눕습니다."

季康子問政於孔子曰 如殺無道 以就有道. 何如.
계강자가 정치에 대해 공자께 물었다. "만일 무도한 자를 죽여, 도(道)를 이룬다면 어떻습니까?"

이취유도(以就有道)의 就는 고주의 공안국에 의하면 성(成)으로 이루는 것이다.

孔子對曰 子爲政 焉用殺. 子欲善 而民善矣. 君子之德風 小人之德草. 草上之風必偃.
공자께서 대답하셨다. "당신은 정치를 하면서 어찌 사람을 죽이려 하십니까? 당신이 선해지기를 원하면 백성이 선해집니다. 군자의 덕은 바람이고, 소인의 덕은 풀입니다. 풀 위로 바람이 불면 풀은 눕습니다."

초상지풍필언(草上之風必偃)의 上은 상(尙)으로 가하는 것, 偃은 눕는 것이다.
　17장부터 계속해서 계강자와의 문답이다. 공자는 일관되게 계강자에게 충고한다. 우선 자신부터 올바른 길로 나아가라. 그러면 백성이 자연 당신의 뒤를 따를 것이다. 어느 시대나 위정자들이 꼭 귀담아 들어야 할 소중한 말이다.
　여기서는 군자(君子)와 소인(小人)이 도덕적인 의미로 사용되지 않고 위정자와 백성이란 의미로 사용됐다. 그것이 원래 군자와 소인의 의미였으리라는 것은 그 글자(임금의 아들이 君子, 신분이 낮은 사람이 小人)를 통해서도 알 수 있다.

20

자장이 물었다. "사(士)는 어떻게 해야 두루 통한다고 할 수 있습니까?"
공자께서 말씀하셨다. "무엇이냐? 네가 두루 통한다고 하는 것이?"
자장이 대답했다. "나라 안에서도 반드시 명성이 있고, 집안에서도 반드시 명성이 있는 것입니다."
공자께서 말씀하셨다. "그것은 명성이지, 두루 통하는 것이 아니다. 무릇 두루 통한다는 것은 바탕이 곧고 의를 좋아하며, 남의 말과 안색을 잘 관찰하고, 남에게 자신을 낮출 것을 생각하는 것이다. 그러면 나라 안에서도 반드시 두루 통하게 되고, 집안에서도 반드시 두루 통하게 된다. 무릇 명성이라는 것은 겉으로는 어진 체하나 그 행실은 어긋나는데도, 스스로 자처하며 의심하지 않는 것이다. 이러한 사람은 나라 안에서도 반드시 명성이 있으며, 집안에서도 반드시 명성이 있다."

子張問 士何如斯可謂之達矣.
자장이 물었다. "선비는 어떻게 해야 두루 통한다고 할 수 있습니까?"

달(達)은 주희에 의하면 덕이 남에게 믿어져 행동을 하여 얻지 못하는 것이 없는 것이다. 여기서는 두루 통하는 것으로 번역했다.

子曰 何哉 爾所謂達者.
공자께서 말씀하셨다. "무엇이냐? 네가 두루 통한다고 하는 것이?"

子張對曰 在邦必聞 在家必聞.
자장이 대답했다. "나라 안에서도 반드시 명성이 있고, 집안에서도 반드시 명성이 있는 것입니다."

방(邦)은 제후의 나라, 가(家)는 대부의 집안이다. 문(聞)은 명성이다.
   두루 통하려면 우선 명성이 있어야 한다. 그래서 자장이 이렇게 대답한 것이리라.

子曰 是聞也 非達也. 夫達也者 質直而好義 察言而觀色 慮以下人. 在邦必達 在家必達. 夫聞也者 色取仁而行違 居之不疑. 在邦必聞 在家必聞.
공자께서 말씀하셨다. "그것은 명성이지, 두루 통하는 것이 아니다. 무릇 두루 통한다는 것은 바탕이 곧고 의를 좋아하며, 남의 말과 안색을 잘 관찰하고, 남에게 자신을 낮출 것을 생각하는 것이다. 그러면 나라 안에서도 반드시 두루 통하게 되고, 집안에서도 반드시 두루 통하게 된다. 무릇 명성이라는 것은 겉으로는 어진 체하나 그 행실은 어긋나는데도, 스스로 자처하며 의심하지 않는 것이다. 이러한 사람은 나라 안에서도 반드시 명성이 있으며, 집안에서도 반드시 명성이 있다."

찰언이관색(察言而觀色)은 남의 말과 안색을 살펴 상대방이 원하는 것을 알아채는 것이다. 여이하인(慮以下人)은 생각하기를 남에게 자신을 낮추는 것으로써 하는 것을 말한다. 거지불의(居之不疑)의 居之는 거짓 仁에 머무는 것, 즉 스스로 仁이라 자처하는 것이며, 不疑는 자신의 거짓 명성에 대해 스스로 의심하지 않는 것이다. 고주의 마음에 의거했다.

황간의 『논어의소』는 다음과 같은 반고의 말을 인용했다.

"명성(聞)이란 것은 두루 통하는 것(達)의 이름이요, 두루 통하는 것은 명성의 실질이다. 실질이 있는 사람은 반드시 이름이 있지만, 이름이 있다고 꼭 실질이 있는 것은 아니다. 실질은 근본에 깊숙하지만, 명성은 말단에 떠 있다."

21

번지가 공자를 따라 무우(舞雩)에서 노닐다 말했다. "감히 덕을 높이고, 간특한 것을 바로잡으며, 미혹을 분별하는 것에 대해 묻고 싶습니다."

공자께서 말씀하셨다. "좋도다, 질문이. 일은 남보다 앞장서고 얻는 것은 남보다 뒤에 하는 것이 덕을 높이는 것이 아니겠느냐? 자신의 나쁜 점은 꾸짖고, 남의 나쁜 점은 꾸짖지 않는 것이 간특한 것을 바로잡는 것이 아니겠느냐? 하루아침의 분노로 자신의 처지를 잊고 그 화가 부모에게까지 미치게 하는 것이 미혹이 아니겠느냐?"

樊遲從遊於舞雩之下曰 敢問崇德 修慝 辨惑.

번지가 공자를 따라 무우(舞雩)에서 노닐다 말했다. "감히 덕을 높이고, 간특한 것을 바로잡으며, 미혹을 분별하는 것에 대해 묻고 싶습니다."

무우(舞雩)는 기우제를 지내는 곳으로, 고주의 포함에 의하면 제단과 나무가 있어 그 아래에서 노닐 만하다고 한다. 수특(修慝)의 慝은 신주의 호인의 설명에 의하면 익(匿)과 심(心)을 합친 글자로, 마음속에 숨겨진 간특함이다. 修는 그것을 다스려 없애는 것이다.

子曰 善哉問. 先事後得 非崇德與. 攻其惡 無攻人之惡 非修慝與. 一朝之忿 忘其身 以及其親 非惑與.
공자께서 말씀하셨다. "좋도다, 질문이. 일은 남보다 앞장서고 얻는 것은 남보다 뒤에 하는 것이 덕을 높이는 것이 아니겠느냐? 자신의 나쁜 점은 꾸짖고, 남의 나쁜 점은 꾸짖지 않는 것이 간특한 것을 바로잡는 것이 아니겠느냐? 하루아침의 분노로 자신의 처지를 잊고 그 화가 부모에게까지 미치게 하는 것이 미혹이 아니겠느냐?"

선사후득(先事後得)은 다산에 의하면 일은 남보다 앞장서고, 이득을 얻는 일은 남보다 뒤에 하는 것이다. 고주의 공안국이나 주희는 모두 일을 먼저 하고 그 보답은 나중에 받는 것이라고 풀이한다.

 공기악(攻其惡)의 攻은 힐책(詰責)하는 것이고, 기악(其惡)은 자신의 잘못이다.

 급기친(及其親)은 자신의 분노로 인한 화(禍)가 부모에게까지 미치는 것이다.

 옹야20에서 공자는 번지에게 인(仁)이란 어려운 일은 남보다 앞장서고

이득을 얻는 일은 남보다 뒤에 하는 것(仁者先難而後獲)이라고 했다. 이 장과 똑같은 말이다. 힘든 일은 남보다 뒤에 서고, 이득을 얻는 일은 남보다 앞장서고 싶어 하는 것이 인간의 상정(常情)이다. 그러나 어진 자는 자기가 그런 마음이면 남도 그런 마음인 줄 알기 때문에, 어려운 일은 남보다 앞장서고 얻는 일은 남보다 뒤에 선다.

군자는 남의 잘못을 함부로 떠들어대는 자를 미워한다(惡稱人之惡者-양화24). 또한 군자는 허물을 자기에게서 찾지, 남에게서 찾지 않는다(君子求諸己-위령공20). 남의 눈에 있는 티끌은 보면서, 자기 눈의 대들보를 못 보는 것은 군자가 아니다. 군자는 자기의 잘못에 대해서는 준엄하고, 남의 잘못에 대해서는 관대해야 한다(躬自厚而薄責於人-위령공14). 이것이 마음속에 숨겨진 간특함을 바로잡는 것이다.

화나는 일이 생겼을 때는, 그 화로 인해 야기될 어려운 일을 생각해야 한다(忿思難-계씨10). 그것을 생각하지 않았다가 만일 그 화가 부모에게까지 미친다면, 참으로 큰 불효를 저지르게 된다. 그것이 미혹(迷惑)이다.

崇德辨惑은 안연10에도 나타난다.

22

번지가 인(仁)에 대해 물었다. 공자께서 말씀하셨다. "사람을 사랑하는 것이다."

아는 것(知)에 대해 물었다. 공자께서 말씀하셨다. "사람을 아는 것이다."

번지가 깨닫지 못했다. 공자께서 말씀하셨다. "곧은 사람을 발탁해 굽은 사람 위에 놓으면 능히 굽은 사람을 곧게 만들 수 있을 것이다."

번지가 물러 나오다 자하를 보고 말했다. "아까 내가 선생님을 뵙게 되어 아는 것에 대해 물었더니, 선생님께서 말씀하시길 '곧은 사람을 발탁해 굽은 사람 위에 놓으면 능히 굽은 사람을 곧게 만들 수 있을 것이다'라고 하셨는데, 무슨 뜻이오?"

자하가 말했다. "의미심장하구나! 말씀이. 순임금이 천하를 다스릴 때 뭇사람 중에서 고요를 발탁하니 어질지 않은 자들이 멀어졌소. 탕임금이 천하를 다스릴 때 뭇사람 중에서 이윤을 발탁하니 어질지 않은 자들이 멀어졌소."

樊遲問仁. 子曰 愛人.
번지가 인(仁)에 대해 물었다. 공자께서 말씀하셨다. "사람을 사랑하는 것이다."

問知. 子曰 知人.
아는 것(知)에 대해 물었다. 공자께서 말씀하셨다. "사람을 아는 것이다."

樊遲未達. 子曰 擧直錯諸枉 能使枉者直.
번지가 깨닫지 못했다. 공자께서 말씀하셨다. "곧은 사람을 발탁해 굽은 사람 위에 놓으면 능히 굽은 사람을 곧게 만들 수 있을 것이다."

거직조저왕(擧直錯諸枉)은 위정19에서 이미 나왔다. 곧은 사람을 발탁해 굽은 사람 위에 올려놓는 것이다. 우리가 굽은 물건을 펼 때 평평한 것을 그 위에 올려놓아 그 무게로 굽은 것을 펴듯이, 굽은 사람 위에 곧은 사람을 올려놓으면 굽은 사람도 곧게 되기 마련이다.

번지가 깨닫지 못한 것에 대해 신주는 다음과 같은 증기(曾幾, 1084~1166)의 말을 인용한다. "번지의 생각은 사랑은 두루 하고자 하는 것이고, 아는 것은 고르는 바가 있는 것이어서 둘이 서로 모순된다고 여긴 것이다."

樊遲退 見子夏曰 鄕也吾見於夫子而問知. 子曰 擧直錯諸枉 能使枉者直 何謂也.
번지가 물러 나오다 자하를 보고 말했다. "아까 내가 선생님을 뵙게 되어 아는 것에 대해 물었더니, 선생님께서 말씀하시길 '곧은 사람을 발탁해 굽은 사람 위에 놓으면 능히 굽은 사람을 곧게 만들 수 있을 것이다'라고 하셨는데, 무슨 뜻이오?"

향(鄕)은 향(嚮)으로 '아까', '접때'의 의미다.

子夏曰 富哉言乎. 舜有天下 選於衆 擧臯陶 不仁者遠矣. 湯有天下 選於衆 擧伊尹 不仁者遠矣.
자하가 말했다. "의미심장하구나! 말씀이. 순임금이 천하를 다스릴 때 뭇사람 중에서 고요를 발탁하니 어질지 않은 자들이 멀어졌소. 탕임금이 천하를 다스릴 때 뭇사람 중에서 이윤을 발탁하니 어질지 않은 자들이 멀어졌소."

고요(臯陶)는 순의 사구(司寇, 오늘날 법무장관)로 법을 세워 사회를 바로 잡았다고 전해지는 사람이다. 탕(湯)은 하나라 걸왕(桀王)의 폭정을 타도하고 은 왕조를 창시한 사람이다. 이윤(伊尹)은 탕의 재상으로 이름은 지(摯)이며, 탕을 도와 하나라를 정벌했다.

불인자원의(不仁者遠矣)는 사람들이 모두 교화되고 어질어져 어질지 못한 자가 보이지 않는 것이 마치 어질지 못한 자들이 모두 멀리 가버린 것과 같았다는 말이다.

공자는 인(仁)과 지(知)를 각각 애인(愛人)과 지인(知人)이라고 했다. 모두 정치에 관한 이야기다. 애인은 백성을 사랑하라는 말이고, 지인은 훌륭한 인재를 등용하라는 말이다. 군자의 가장 큰 사회적 의무는 훌륭한 정치로써 백성을 평안케 하는 것이다. 적시 적소에 인재를 등용하면(知人) 정치가 올바르게 행해지게 되고, 그렇게 되면 백성의 삶도 자연 평안해진다(愛人). 이것보다 훌륭한 정치가 어디에 있으랴. 또한 백성을 편안케 하는 것보다 더 큰 인(仁)이 어디에 있겠는가?

擧直錯諸枉은 위정19에서도 나온다. 옹야20, 자로19에서도 번지는 공자에게 仁과 知에 대해 묻는다.

23

자공이 벗에 대해 물었다. 공자께서 말씀하셨다. "충고해 잘 이끌어라. 할 수 없으면 그만두어 스스로 욕되게 하지 마라."

子貢問友. 子曰 忠告而善道之. 不可則止 無自辱焉.

벗은 서로 도와 덕을 높여준다(以友輔仁-안연24). 따라서 벗이 잘못된 길로 나아가면 이를 충고해 올바른 길로 나아가게끔 도와주어야 한다. 그러나 성심껏 충고했는데도 듣지 않는다면 그만두어야 한다. 계속 충고하면 할수록 오히려 점점 사이만 멀어질 뿐이며(朋友數 斯疏矣-이인26), 자칫하면 모욕을 당하는 수도 있기 때문이다. 왜냐하면 벗은 의(義)로 맺어진 관계(후천적으로 맺어진 관계)기 때문이다

　공자는 임금에 대한 충성이나, 벗과의 교우에 대해 일정한 한계를 긋고 있다. 우선 그것이 도(道)에 어긋나지 않아야 함은 자명하다. 그리고 여기서 말하는 것처럼 자신에게 해(害)가 되어서도 안 된다. 왜냐하면 모두 의로 맺어진 후천적인 관계이기 때문이다. 이인26에서 이미 언급한 바다.

● 이인26

24

　증자가 말했다. "군자는 글로써 벗을 만나고, 벗으로써 인(仁)을 돕는다."

曾子曰 君子以文會友 以友輔仁.

글로써 벗을 만나면 학문이 더욱 깊어진다. 또한 벗과 함께 학문을 절차탁마(切磋琢磨)하면 덕이 나날이 높아질 것이니, 그것이 나의 인(仁)을 돕는 것이다.

제13편
자로 子路

1

자로가 정치에 대해 물었다. 공자께서 말씀하셨다. "먼저 솔선수범하고 나서 백성에게 일을 시켜라."

자로가 좀 더 가르쳐줄 것을 청하자 말씀하셨다. "게을리하지 마라."

子路問政. 子曰 先之勞之.
자로가 정치에 대해 물었다. 공자께서 말씀하셨다. "먼저 솔선수범하고 나서 백성에게 일을 시켜라."

선지로지(先之勞之)의 선지는 백성에게 먼저 솔선수범하는 것, 로지는 백성을 부리는 것이다. 다산의 견해를 따랐다.

신주는 "무릇 백성이 할 것을 내가 먼저 솔선하면(以身先之) 명령하지 않아도 행해지고, 백성이 할 일을 내가 힘써 하면(以身勞之) 비록 수고롭더라도 원망하지 않는다"는 소식의 해설로 대신했다. 소식은 로지를 以身勞之로 해석하는 것인데, 이는 진천상이 『사서번의』에서 지적하는 바와 같이 사실상 선지의 뜻으로 동어반복이다.

請益. 曰 無倦.
자로가 좀 더 가르쳐줄 것을 청하자 말씀하셨다. "게을리하지 마라."

청익(請益)은 그것만으로는 부족하다고 여겨 스승에게 더 가르쳐줄 것을 청한 것이다. 무권(無倦)은 끝까지 게을리하지 말라는 말로, 선지로지를 행하기를 끝까지 게을리하지 말라는 뜻이다.

2

중궁이 계씨의 가재가 되어 정치에 대해 물었다. 공자께서 말씀하셨다.
"먼저 관원들에게 솔선수범하고, 사소한 잘못은 용서하며, 어진 인재를 등용해야 한다."
"어진 인재를 어떻게 알아내어 등용합니까?"
"우선 네가 아는 자를 등용해라. 그러면 네가 모르는 사람들을 남들이 그냥 내버려두겠느냐?"

仲弓爲季氏宰 問政. 子曰 先有司 赦小過 擧賢才.
중궁이 계씨의 가재가 되어 정치에 대해 물었다. 공자께서 말씀하셨다. "먼저 관원들에게 솔선수범하고, 사소한 잘못은 용서하며, 어진 인재를 등용해야 한다."

재(宰)는 가재(家宰)다. 유사(有司)는 말단 관원이다. 선유사(先有司)는 앞 장의 선지로지(先之勞之)와 같은 뜻으로 먼저 말단 관원들 앞에 모범을 보이라는 말이다.
그러나 고주의 왕숙은 먼저 관원들에게 일을 위임하라는 뜻으로 해석했다. 신주도 마찬가지다.

曰 焉知賢才而擧之.

"어진 인재를 어떻게 알아내어 등용합니까?"

曰 擧爾所知. 爾所不知 人其舍諸.

"우선 네가 아는 자를 등용해라. 그러면 네가 모르는 사람들을 남들이 그냥 내버려두겠느냐?"

정치에서 가장 중요한 것은 군주가 덕을 닦아 임금다운 임금이 되는 것이다. 그러나 군주 혼자로는 육체적·물리적 한계가 있는 만큼, 그다음에 요청되는 일은 바로 군주를 보좌할 유능한 인재를 등용하는 것이다. 우선 내가 아는 인재를 등용해 정중히 대접한다면, 남들로부터 인재 추천이 끊이지 않게 된다. 인재의 등용도 인(仁)과 같이 가까운 데서부터 시작해 먼 데까지 나아가는 것이다.

3

자로가 말했다. "위나라 임금이 선생님을 보시고 정치를 하려고 하는데, 선생님께서는 장차 무엇부터 하시겠습니까?"

공자께서 말씀하셨다. "꼭 한다면 이름을 바로 세우고 싶다."

자로가 말했다. "여전하시군요, 선생님의 우원(迂遠)하심이란. 어찌 이름을 바로 세운다고 하시는 겁니까?"

공자께서 말씀하셨다. "비속하구나, 유야. 군자는 알지 못하는 것에 대해서는 잠자코 있는 법이다. 이름이 바로 서지 않으면 말이 통하지 않으며,

말이 통하지 않으면 일이 이루어지지 않고, 일이 이루어지지 않으면 예악이 흥하지 않으며, 예악이 흥하지 않으면 형벌이 맞지 않게 되고, 형벌이 맞지 않으면, 백성들이 손발을 둘 곳이 없게 된다. 그런 까닭에 군자가 이름을 세우면 반드시 말을 할 수 있어야 하고, 말을 하면 반드시 행할 수 있어야 한다. 군자는 그 말에 구차함이 없을 뿐이다."

子路曰 衛君待子而爲政 子將奚先.
자로가 말했다. "위나라 임금이 선생님을 모시고 정치를 하려고 하는데, 선생님께서는 장차 무엇부터 하시겠습니까?"

위군(衛君)은 영공(靈公)의 손자인 출공(出公) 첩(輒)이다.

子曰 必也正名乎.
공자께서 말씀하셨다. "꼭 한다면 이름을 바로 세우고 싶다."

정명(正名)은 이름을 똑바로 하는 것이니, 그 이름(名)과 내용(實)을 일치시키는 것이다. 안연11의 君君 臣臣 父父 子子나 옹야23의 觚不觚 觚哉 觚哉 등이 正名의 예다. 한편 『논어의소』에는 정명(正名)을 정서자(正書字), 즉 글자를 바로잡는 것이라고 풀이하는 정현의 주장이 실려 있으나 동의하기 어렵다.

　공자가 우선 이름부터 바로 세우자고(正名) 대답한 데는 특수한 배경이 있다. BC 493년 위령공(衛靈公)이 죽자 그 지위는 아들인 괴외(蒯聵)에게 계승되지 않고, 손자인 첩(輒)에게로 이어졌다. 아들인 괴외가 위령공의 부인인 남자(南子)를 죽이려고 하다가 실패해 국외로 망명했기 때문이다. 손자인 첩은 조부의 뜻을 승계해 출공(出公)이 되었으나, 나라 밖의 괴외는 자신의 계승권을 주장하면서 호시탐탐 기회만 엿보고 있었다. 이러한 부자지간 왕위 다툼의 결과 위나라는 괴외를 지지하는 파와 출공을 지지하는 파로 나뉘어 내분이 지속되고 있었다. 이 혼란한 상황은 술이14에서도 이미 언급한 바 있다. 다산은 이런 상황에서 공자가 무엇보다도 먼저 부자간, 군신 간의 명분을 바로잡으려고 하여 正名을 주장한 것이라고 했다.

子路曰 有是哉, 子之迂也. 奚其正.
자로가 말했다. "여전하시군요, 선생님의 우원(迂遠)하심이란. 어찌 이름을 바로 세운다고 하시는 겁니까?"

유시재(有是哉)는 일찍이 의심하고 있었는데 역시 그렇다는 뜻이다. 우(迂)는 우원(迂遠)함이다.

子曰 野哉 由也. 君子於其所不知 蓋闕如也. 名不正 則言不順. 言不順 則事不成. 事不成 則禮樂不興. 禮樂不興 則刑罰不中. 刑罰不中 則民無所措手足. 故君子名之必可言也. 言之必可行也. 君子於其言 無所苟而已矣.
공자께서 말씀하셨다. "비속하구나, 유야. 군자는 알지 못하는 것에 대해서는 잠자코 있는 법이다. 이름이 바로 서지 않으면 말이 통하지 않으며, 말이 통하지 않으면 일이 이루어지지 않고, 일이 이루어지지 않으면 예악이 흥하지 않으며, 예악이 흥하지 않으면 형벌이 맞지 않게 되고, 형벌이 맞지 않으면, 백성들이 손발을 둘 곳이 없게 된다. 그런 까닭에 군자가 이름을 세우면 반드시 말을 할 수 있어야 하고, 말을 하면 반드시 행할 수 있어야 한다. 군자는 그 말에 구차함이 없을 뿐이다."

야(野)는 주희에 의하면 비속한 것이다. 궐여(闕如)는 비워두는 것으로 거론하지 않고 잠자코 있는 것이다. 언불순(言不順)은 말이 서로 원만하게 통하지 않는 것이다. 사불성 즉예악불흥 예악불흥 즉형벌부중(事不成 則禮樂不興 禮樂不興 則刑罰不中)에 대해 신주의 범조우는 다음과 같이 말했다. "일이 순서를 얻는 것을 일컬어 禮라 하고, 사물이 조화를 얻는 것을 일컬어 樂이라고 한다. 일이 이루어지지 않으면 순서가 없어지고 조화를 잃는다. 따라서 禮樂이 흥하지 못하고, 禮樂이 흥하지 못하면 정사를 베푸는 데 모두 그 道를 잃게 된다. 따라서 형벌이 맞지 않게 되는 것이다."

일부 학자들은 순자(荀子)의 정명론(正名論)의 기원을 여기에서 찾는다. 그러나 순자의 정명론은 전국시대 학자들 간의 논쟁이 치열해지면서 나타나는 개념의 혼란과 그것을 악용한 궤변을 방지하기 위한 일종의 논리학(論理學) 비슷한 것이다. 따라서 여기서의 정명(正名)을 순자의 정명(正名)과 같은 선상에서 연관 짓는 것은 무리가 있다.

또 이 장의 진위 여부에 대해서도 상당한 의문이 제기된다. 우선 공자의 말이라고 보기에는 그 내용이 지나치게 법가(法家)적이다. 공자는 형벌에 의한 정치를 반대했다(안연19). 그런데 여기서는 형벌의 사용이 당연시된다. 평소의 공자의 언행과 일치하지 않는다. 문체 또한 평소의 공자의 말과 많이 다르다는 사실도 주의해야 한다. 공자는 말재주가 좋은 자를 영자(佞者)라 하여 탐탁해하지 않았다(공야장4). 그런 공자가 여기에서는 마치 오늘날의 삼단논법을 연상시키는 정연한 논리를 전개한다. 공자는 일일이 설명을 해주지 않고 본인이 직접 깨닫게 했으며, 따라서 그의 말 또한 장황하기보다는 간략하며, 논리적이기보다는 비유적이었다. 여기에서 보이는 공자의 말은 논어의 다른 곳에서 보이는 공자의 말과 분명 다른 모습이다. 크릴은 이 장이 후세 법가에 의해 위작·삽입된 것으로 본다.

4

  번지가 곡식 농사에 대해 배울 것을 청했다. 공자께서 말씀하셨다. "나는 늙은 농부만 못하다."
  채소 농사에 대해 배울 것을 청하자 말씀하셨다. "나는 늙은 채소 농사꾼만 못하다."
  번지가 물러갔다. 공자께서 말씀하셨다. "소인이로구나, 번수는. 윗사람이 예를 좋아하면 백성들 중에 감히 공경하지 않는 사람이 없고, 윗사람이 의를 좋아하면 백성들 중에 감히 복종하지 않는 사람이 없으며, 윗사람이 신의를 좋아하면 백성들 중에 감히 정성을 다하지 않는 사람이 없다. 이렇게 되면 사방의 백성들이 자식을 등에 업고 이른다. 농사짓는 것을 어디에 쓰겠는가?"

樊遲請學稼. 子曰 吾不如老農.
번지가 곡식 농사에 대해 배울 것을 청했다. 공자께서 말씀하셨다. "나는 늙은 농부만 못하다."

가(稼)는 고주의 마음에 의하면 오곡을 재배하는 것이다.

請學爲圃. 曰 吾不如老圃.
채소 농사에 대해 배울 것을 청하자 말씀하셨다. "나는 늙은 채소 농사꾼만 못하다."

포(圃)는 채소를 재배하는 것을 말한다.

樊遲出. 子曰 小人哉 樊須也. 上好禮 則民莫敢不敬. 上好義 則民莫敢不服. 上好信 則民莫敢不用情. 夫如是 則四方之民襁負其子 而至矣. 焉用稼.
번지가 물러갔다. 공자께서 말씀하셨다. "소인이로구나, 번수는. 윗사람이 예를 좋아하면 백성들 중에 감히 공경하지 않는 사람이 없고, 윗사람이 의를 좋아하면 백성들 중에 감히 복종하지 않는 사람이 없으며, 윗사람이 신의를 좋아하면 백성들 중에 감히 정성을 다하지 않는 사람이 없다. 이렇게 되면 사방의 백성들이 자식을 등에 업고 이른다. 농사짓는 것을 어디에 쓰겠는가?"

용정(用情)은 『논어의소』에 인용된 이충의 해설에 의하면 정성을 다하는 것(盡忠)이다. 강부기자(襁負其子)의 襁은 포대기로, 자식을 포대기에 싸서 업는 것이다.

공자가 살던 춘추시대는 생산력이 비약적으로 발달하고 있었던 시기다. 철기의 도입과 그에 따른 우경(牛耕)의 확산으로 농업 분야에서 생산력의 발달은 특히 눈부셨다. 전통적인 씨족공동체의 집단 농업은 이제 철기를 앞세운 새로운 가족 단위의 농업으로 대체되어갔다. 그러한 변화에 적응하는 사람은 경제적 부(富)를 손에 쥘 수 있었고, 그렇지 못한 자는 경쟁에서 낙오될 수밖에 없었다. 번지의 질문은 바로 이러한 사회상의 변화를 반영하는 것이 아닐까? 새로운 영농법을 배워 나라를 경제적으로 풍요롭게 하는 것, 번지가 물은 것은 그것이 아니었을까?

그러나 공자의 대답은 번지의 기대와 어긋났다. 공자는 모른다고 했을 뿐 아니라, 나중에는 번지를 소인이라고 비난까지 했다. 자하의 말에 "비록 작은 도라고 하더라도 반드시 볼 만한 것이 있다. 그러나 멀리 가는데 발이 빠질까 두렵다. 이런 까닭으로 군자는 배우지 않는 것이다"라고 했다(자장 4). 위정자가 몸소 덕을 갖춤으로써 모범을 보이면 저절로 나라는 부강해진다. 군자는 근본에 충실할 뿐이다. 지엽말단의 작은 일에 연연해서는 안 된다. 아마 이것이 공자의 생각일 것이다.

격심한 시대 변화의 와중에서 스승과 제자의 입장 차이가 분명히 나타난다.

5

공자께서 말씀하셨다. "시 300편을 외우고 있더라도, 정치를 맡아 제대로 처리하지 못하고, 사방에 사신으로 나아가 혼자 상대할 줄 모른다면, 비록 많이 외우고 있다 한들 어디에 쓰겠는가?"

子曰 誦詩三百 授之以政 不達. 使於四方 不能專對. 雖多 亦奚以爲.

시삼백(詩三百)은 『시경』의 시 305편을 말한다. 수지이정(授之以政)은 정치 임무를 그에게 준다는 말이다. 전(專)은 하안이나 주희에 의하면 독(獨), 다산에 의하면 천(擅)으로, 전대(專對)는 남의 나라에 사신으로 나아가 혼자서 업무를 처리하는 것이다. 대부가 남의 나라에 사신으로 갈 때 군주로부터 명(命)을 받을 뿐, 해야 할 말까지 받는 것은 아니다. 따라서 그 나라에 가서는 자신의 판단만으로 응대해야 한다. 이것이 전대다. 해이위(奚以爲)의 以는 用, 爲는 의문을 나타내는 어조사다(양백준). 어디에 쓰겠냐는 말이다.

『시경』의 시를 공부하면 백성의 애환을 알 수 있으며, 또한 수사학(修辭學)적 기교도 배울 수 있다. 따라서 정치를 잘할 수 있고, 사신으로서의 업무도 훌륭히 수행할 수 있는 것이다. 그러나 시를 아무리 많이 읽었어도 실제 필요한 상황에서 그것을 쓸 줄 모른다면 소용없는 일이다.

● 시의 효용에 대해서는 양화9에서도 언급한다.

6

공자께서 말씀하셨다. "그 몸이 바르면 명령하지 않아도 행해지고, 그 몸이 바르지 않으면 비록 명령해도 따르지 않는다."

子曰 其身正 不令而行. 其身不正 雖令不從.

군자의 정치는 백성에게 강요하는 것이 아니다. 몸소 모범을 보임으로써 백성으로 하여금 자연스럽게 따라오게 하는 것이다. 이것이 덕치(德治)요, 교화(敎化)다. "몸으로 가르치면 따르고, 말로 가르치면 소송을 일으킨다(以身敎者從 以言敎者訟)"는 옛말이 있다.

●

안연17, 자로13

7

공자께서 말씀하셨다. "노와 위의 정치는 형제다."

子曰 魯衛之政兄弟也.

노의 시조 주공(周公) 단(旦)과 위의 시조 강숙(康叔) 봉(封)은 주 문왕(文王)의 아들들로 형제간이다. 게다가 공자 당시 노는 삼환(三桓)으로 인해 정치가 문란해졌고, 위는 부자간의 왕위 다툼으로 혼란에 빠져 있었다. 분명하지는 않지만 아마 그것을 말한 듯하다.

8

공자께서 위(衛)의 공자 형에 대해 말씀하셨다. "살림살이를 잘했다. 처음 재산이 모이자 '약간 모았다'라고 하더니, 조금 더 늘어나자 '대강 갖추어졌다'라고 했다. 넉넉해지자 '그런대로 아름답다'라고 말했다."

子謂衛公子荊 善居室. 始有曰 苟合矣. 小有曰 苟完矣. 富有曰 苟美矣.

공자 형(荊)은 위의 대부이나 자세한 것은 알려져 있지 않다. 거실(居室)은 살림살이를 말한다. 구(苟)는 '그런 대로', '제법'의 뜻이다. 합(合)은 모이는 것(聚), 완(完)은 갖추어지는 것(備)이다. 공자 형이 재산에 연연하지 않고, 족(足)함을 알았음을 칭찬한 말이다.

9

공자께서 위(衛)에 가실 때 염유가 마차를 몰았다. 공자께서 말씀하셨다. "사람이 많구나."
 염유가 말했다. "이미 사람이 많다면 그다음에는 무엇을 해야 합니까?"
 "부유하게 해야 한다."
 "이미 부유하다면 그다음에는 또 무엇을 해야 합니까?"

"가르쳐야 한다."

子適衛 冉有僕. 子曰 庶矣哉.

공자께서 위(衛)에 가실 때 염유가 마차를 몰았다. 공자께서 말씀하셨다. "사람이 많구나."

복(僕)은 마차를 모는 것, 서(庶)는 인구가 많은 것이다.

冉有曰 旣庶矣 又何加焉.

염유가 말했다. "이미 사람이 많다면 그다음에는 무엇을 해야 합니까?"

曰 富之.

"부유하게 해야 한다."

曰 旣富矣 又何加焉.

"이미 부유하다면 그다음에는 또 무엇을 해야 합니까?"

曰 敎之.

"가르쳐야 한다."

위는 작은 나라다. 그런 위에도 많은 사람들이 모여 살고 있었다. 이 많은 사람들을 다스리려면 어떻게 해야 할까? 우선 백성의 의식주를 해결하고, 그다음에 백성을 가르쳐야 할 것이다.

『맹자』「양혜왕상」7에 보면 "풍년에도 내내 고달프고 흉년이 들면 죽음을 면할 수 없습니다. 이렇게 되면 오직 죽음만을 모면하는 데도 부족할까 두려운데 어느 겨를에 예의를 닦을 수 있겠습니까?"라는 말이 있다. 주희는 이 말을 풀이하기를 일정한 생업이 없으면 일정한 마음도 없다(無常産而無常心)라고 했다. 백성을 교화하는 것이 중요하나 그것도 백성의 먹고살 것이 해결되고 난 후의 일이다. 먼저 부유하게 하고 난 후 가르치는 것이다(先富後敎).

10

공자께서 말씀하셨다. "진실로 나를 쓰는 자가 있다면 1년이라도 괜찮다. 3년이면 결과가 있을 것이다."

子曰 苟有用我者 期月而已可也. 三年有成.

기월(期月)은 1년을 말한다. 공자가 자신이 쓰이지 못함을 탄식한 말이다. 『사기』「공자세가」에서는 공자가 위에 있을 때 한 말이라고 했다. 어지러운 세상에서 그것을 바로 잡을 수 있는 큰 경륜을 지니고 있으면서도 쓰이지 못하는 공자의 안타까운 처지가 가슴을 저민다.

11

공자께서 말씀하셨다. "일을 잘 하는 사람이 나라를 다스리더라도 100년은 되어야 잔혹한 행위와 사람을 해치는 것을 없앨 수 있다고 하더니, 정말이로구나! 그 말은."

子曰 善人爲邦 百年 亦可以勝殘去殺矣. 誠哉 是言也.

선인(善人)은 모두들 선한 사람이라고 해석하나 다산만은 그 일을 잘하는 사람(善於其事者)이라고 달리 풀이한다. 승잔(勝殘)은 잔혹한 행위를 이기는 것, 억제하는 것이다. 거살(去殺)은 고주의 왕숙, 신주 모두 사형(殺)을 폐지하는 것(刑措)으로 해석했다. 그러나 다산은 사람을 해치는 행위를 없애는 것이라고 풀이했다. 다산을 따랐다. 선인위방 백년 역가이승잔거살의(善人爲邦 百年 亦可以勝殘去殺矣)는 아마 옛날부터 전해 내려오던 숙어일 것이다.

12

공자께서 말씀하셨다. "만일 왕자가 있더라도 반드시 한 세대 후에야 어질어질 것이다."

子曰 如有王者 必世而後仁.

왕자(王者)는 주희에 의하면 명(命)을 받아 일어선 성인(聖人)이다. 세(世)는 고주의 공안국에 의하면 30년이다.
    성인이라도 한 세대는 되어야 백성들을 교화시켜 서로 사랑하며 사는 이상 사회를 건설할 수 있다는 말이다.

13

공자께서 말씀하셨다. "진실로 그 몸을 바르게 한다면, 정치에 종사하는 데 무슨 어려움이 있겠는가? 그 몸을 바르게 하지 못한다면, 어찌 남을 바르게 할 수 있겠는가?"

子曰 苟正其身矣 於從政乎何有. 不能正其身 如正人何.

하유(何有)는 무슨 어려움이 있겠느냐는 뜻이다. 정치의 시작은 위정자 스스로부터 몸가짐을 올바르게 하는 것이다. 나부터 바로 한 뒤에 비로소 남을 교화할 수 있다.

●
    안연17, 자로6에서도 자신의 몸가짐부터 바로 할 것을 말한다.

14

염자가 조정에서 돌아왔다. 공자께서 말씀하셨다. "어찌 늦었느냐?"
대답했다. "정사(政事)가 있었습니다."
공자께서 말씀하셨다. "그것은 사사로운 일이다. 만일 정사가 있었다면 비록 나를 쓰지 않았지만, 나도 아마 그 일을 함께 들었을 것이다."

冉子退朝. 子曰 何晏也.
염자가 조정에서 돌아왔다. 공자께서 말씀하셨다. "어찌 늦었느냐?"

염자(冉子)는 염구(冉求)다. 조(朝)는 조정이다. 이 조(朝)에 대해 주희나 이토 진사이는 당시 노의 실권자인 계씨(季氏)의 조회, 즉 사조(私朝)로 봤다. 그러나 고주의 주생렬(周生烈)은 노의 임금 앞에서 행해지는 조회, 즉 공조(公朝)라고 해설했다. 다산의 견해도 같다. 염구가 계씨의 가재(家宰)였던 것을 미루어 볼 때 계씨의 사조로 보아야 할 것이다.
안(晏)은 만(晚)으로 늦는 것이다.

對曰 有政.
대답했다. "정사(政事)가 있었습니다."

子曰 其事也. 如有政 雖不吾以 吾其與聞之.

제13편. 자로(子路) **563**

공자께서 말씀하셨다. "그것은 사사로운 일이다. 만일 정사가 있었다면 비록 나를 쓰지 않았지만 나도 아마 그 일을 함께 들었을 것이다."

정(政)은 나라의 정치고, 사(事)는 집안일이다. 주희의 설(說)이다. 고주의 마융은 정(政)은 고치거나 바로잡는 것이고, 사(事)는 일상적으로 행해지는 일이라고 했다. 오늘날의 정무(政務)와 사무(事務)에 비견되는 말이다. 여기서는 주희를 따랐다.

이(以)는 용(用)이다.

염구는 정사에 재주가 있는 인물로, 계씨에 출사해 그 가재(家宰)가 됐다. 당시 노나라의 실권이 계씨의 수중에 있었던 까닭에 노나라의 국정이 계씨의 집안에서 사사로이 처리되는 일이 많았을 것이다. 염구 또한 계씨의 가재의 자격으로 노나라의 국정에 많은 관여를 했음에 틀림없다. 이날도 염구는 계씨의 집안에서 평소 하던 대로 노나라의 국정을 처리하다 늦었으리라. 그리하여 자연스럽게 공자에게 정사를 처리하다 늦었다고 대답했다. 그러나 공자는 그것을 꾸짖었다. 그것은 노나라의 정사가 아니라 계씨의 집안일이라고 말이다. 즉 계씨의 참람함을 꾸짖은 것이며, 그것을 구분 못 하는 염구도 함께 꾸짖은 것이다.

나라의 정사는 정당한 자격을 가진 사람들이 정당한 장소에서 광명정대하게 처리하는 것이지, 사사로이 몇몇이서 처리하는 것이 아니다. 계씨는 국사(國事)를 사사로이 자신의 집안에서 처리했다. 국사에 관한 것이라면 공자가 비록 현직에 있지는 않더라도 대부의 말석을 차지하는 이상 의당 참가해야 한다. 그런데 그렇지 않았다. 따라서 염구가 처리한 일은 정사가 아니라 계씨의 사사로운 집안일이다. 실로 준엄한 꾸짖음이다.

15

정공이 물었다. "한마디 말로 나라를 흥하게 할 수 있는 그런 말이 있습니까?"

공자께서 대답하셨다. "말은 그와 같은 것을 아마 기약할 수 없을 것입니다. 사람들이 말하길 '임금 노릇 하는 것도 어렵고, 신하 노릇 하는 것도 쉽지 않다'라고 했습니다. 만일 임금 노릇 하는 것의 어려움을 안다면, 한마디 말로 나라를 흥하게 하는 것을 기약할 수 있지 않을까요?"

"한마디 말로 나라를 잃는 그런 말이 있을까요?"

공자께서 대답하셨다. "말은 그와 같은 것을 아마 기약할 수 없을 것입니다. 사람들이 말하길 '나는 임금 노릇 하는 것을 즐기지 않고, 오직 내 말을 아무도 거스르지 않는 것을 즐긴다'라고 했습니다. 만일 그 말이 선(善)한데 아무도 그 말을 거스르지 않는다면 또한 좋지 않겠습니까? 만일 그 말이 선하지 않은데 아무도 그 말을 거스르지 않는다면, 한마디 말로 나라를 잃는 것을 기약할 수 있지 않을까요?"

定公問 一言而可以興邦 有諸.

정공이 물었다. "한마디 말로 나라를 흥하게 할 수 있는 그런 말이 있습니까?"

정공(定公)은 팔일19에서도 나온 바 있는 노의 임금이다. 유저(有諸)는 유지호(有之乎)를 줄인 말이다.

孔子對曰 言不可以若是其幾也. 人之言曰 爲君難 爲臣不易. 如知
爲君之難也 不幾乎一言而興邦乎.
공자께서 대답하셨다. "말은 그와 같은 것을 아마 기약할 수 없을 것입니다. 사람들이 말하길 '임금 노릇 하는 것도 어렵고, 신하 노릇 하는 것도 쉽지 않다'라고 했습니다. 만일 임금 노릇 하는 것의 어려움을 안다면, 한마디 말로 나라를 흥하게 하는 것을 기약할 수 있지 않을까요?"

기(幾)는 주희에 의하면 기(期)로 기약하는 것이다. 고주의 왕숙은 근(近), 즉 가깝다는 뜻으로 풀이했다. 여기서는 신주를 따랐다.

曰 一言而喪邦 有諸.
"한마디 말로 나라를 잃는 그런 말이 있을까요?"

孔子對曰 言不可以若是其幾也. 人之言曰 予無樂乎爲君 唯其言而
莫予違也. 如其善而莫之違也 不亦善乎. 如不善而莫之違也 不幾
乎一言而喪邦乎.
공자께서 대답하셨다. "말은 그와 같은 것을 아마 기약할 수 없을 것입니다. 사람들이 말하길 '나는 임금 노릇 하는 것을 즐기지 않고, 오직 내 말을 아무도 거스르지 않는 것을 즐긴다'라고 했습니다. 만일 그 말이 선(善)한데 아무도 그 말을 거스르지 않는다면 또한 좋지 않겠습니까? 만일 그 말이 선하지 않은데 아무도 그 말을 거스르지 않는다면, 한마디 말로 나라를 잃는 것을 기약할 수 있지 않을까요?"

위(違)는 거스르는 것이다.

신주의 사량좌는 다음과 같이 말했다. "임금 노릇 하는 것의 어려움을 안다면 반드시 공경하고 삼가서 유지할 것이다. 그 말을 아무도 거스르지 않는다면 참소하고 아첨하며 면전에서 아부하는 사람들이 모여들 것이다. 나라가 꼭 대번에 흥하고 망하는 것은 아니나, 흥하고 망하는 근원이 여기서 갈린다. 그러나 은미(隱微)한 것을 알아낼 수 있는 군자가 아니면 어찌 이것을 족히 알 수 있겠는가?"

16

섭공이 정치에 대해 물었다. 공자께서 말씀하셨다. "가까운 사람들을 기쁘게 하면 멀리 있는 사람들이 찾아옵니다."

葉公問政. 子曰 近者說 遠者來.

섭공(葉公)은 술이18에서 나온 바 있는 초의 이름 높은 정치가다.
  위정자가 선정을 베풀면 제일 먼저 그 나라 백성들이 기뻐한다. 또한 그 소문이 멀리 퍼짐에 따라 먼 데 있는 딴 나라 백성들까지도 그 선정을 그리워해서 모여들기 마련이다.

17

자하가 거보의 읍재가 되어 정치에 관해 물었다. 공자께서 말씀하셨다. "서두르려 하지 말고, 작은 이익을 바라보지 마라. 서두르면 통달하지 못하고, 작은 이익을 바라보면 큰일이 이루어지지 않는다."

子夏爲莒父宰 問政. 子曰 無欲速 無見小利. 欲速 則不達. 見小利 則大事不成.

거보(莒父)는 노의 읍(邑)으로, 양백준에 의하면 지금의 산둥성 가오미(高密)현 동남지역이라고 한다.

신주에서 정호는 이 장에 대해 다음과 같이 논했다. "자장이 정치에 대해 물었을 때 공자께서는 '자신을 올바르게 하기를 게을리하지 말 것이며, 남을 올바르게 하기를 충성으로 해라'고 하셨으며(안연14), 자하가 정치에 대해 물었을 때 '서두르려 하지 말고, 작은 이익을 바라보지 마라'고 하셨다. 자장은 항상 지나치게 높아 어질지 못했고, 자하의 병은 항상 가깝고 작은 데 있었다. 따라서 각자 그 몸에 절실한 일로 고해주신 것이다." 타당한 지적 같아 보이나 꼭 그렇다는 증거는 없다.

18

섭공이 공자에게 말했다. "우리 마을에 행실이 정직한 궁(躬)이라는 사람이 있습니다. 그 아비가 양을 훔치자 자식이 그것을 고발했습니다."

공자께서 말씀하셨다. "우리 마을의 행실이 정직한 자는 그와 다릅니다. 아비는 자식을 위해 숨기고, 자식은 아비를 위해 숨깁니다. 정직함은 그 속에 있습니다."

葉公語孔子曰 吾黨有直躬者. 其父攘羊 而子證之.
섭공이 공자에게 말했다. "우리 마을에 행실이 정직한 궁(躬)이라는 사람이 있습니다. 그 아비가 양을 훔치자 자식이 그것을 고발했습니다."

당(黨)은 행정 단위의 하나로, 500호(戶)로 이루어진 마을을 당이라고 한다. 여기서는 그냥 마을로 번역했다.

직궁(直躬)의 躬은 유보남의 『논어정의』에 의하면 사람의 이름으로, 행실이 곧은(直人) 躬이라는 이름의 사람을 가리킨다. 육덕명의 『경전석문』에 인용된 정현의 주(注)도 궁(躬)은 궁(弓)으로 사람의 이름을 가리키는 것이라고 했다. 그러나 고주의 공안국이나 신주의 주희는 몸가짐을 곧게 행하는 것(直身而行)으로 풀이한다. 즉 곧게 행동하는 사람을 말한다.

양(攘)은 훔치는 것으로, 주희에 의하면 까닭이 있어 훔치게 된 것(有因而盜), 즉 닭이나 양이 우연히 자기 집에 들어와 훔치게 된 것과 같은 종류의 것이라고 한다. 증(證)은 고(告)로 고발하는 것이다.

孔子曰 吾黨之直者異於是. 父爲子隱 子爲父隱. 直在其中矣.

공자께서 말씀하셨다. "우리 마을의 행실이 정직한 자는 그와 다릅니다. 아비는 자식을 위해 숨기고, 자식은 아비를 위해 숨깁니다. 정직함은 그 속에 있습니다."

국가의 법질서와 가족 질서 사이에 충돌이 발생할 때 어느 것이 우선할까 하는 문제다. 섭공은 국가의 법질서를 우선시하여 자기 아비를 고발한 사람을 정직한 사람이라고 했다. 그러나 공자는 다르다. 공자가 보기에 국가는 혈연공동체의 연장에 불과하다. 국가의 질서라는 것도 실은 종족 내의 효제(孝弟)가 외연적으로 확장된 것이다. 효제는 세상 모든 질서의 근본이다. 따라서 아비가 비록 도둑질을 했다고 하더라도 자식이 그 아비를 숨기는 것은 당연한 일이다. 유보남의 『논어정의』에 의하면 이미 한나라 때에 자식이 부모를 숨긴 경우에는 비록 사형에 해당하더라도 처벌하지 않았으며, 부모가 자식을 숨긴 경우에는 사형보다 가벼운 처벌의 경우 위에 처벌을 청하지 않았다고 한다.

한편 여불위(呂不韋, ?~BC 235)가 편찬한 『여씨춘추(呂氏春秋)』「당무(當務)」편에는 다음과 같은 이야기가 전해진다.

"초나라에 행실이 곧은 자가 있었는데 그 아비가 양을 훔치자 그 사실을 윗사람에게 고발했다. 위에서 아비를 잡아 죽이려고 하자 그 행실이 곧은 자가 아비를 대신해 죽을 것을 청했다. 장차 그를 죽이려 하자 형리에게 고해 말하길 '아비가 양을 훔친 것을 고발했으니 신의가 있지 아니한가? 아비가 처형되려 하자 아비를 대신했으니 효자가 아닌가? 신의가 있고 효자인 사람을 처형한다면 나라에 장차 처형당하지 않을 사람이 있겠는가?'라고 했다. 초나라의 왕이 그 말을 듣고 그를 처형하지 않았다. 공자가 말했다. '괴이하구나! 그 행실이 곧은 자의 신의가. 아비는 하나인데 두 번 이름을 얻었구나.' 그 자의 신의는 없는 것만 못하다."

국가의 질서가 우선하느냐 아니면 씨족공동체의 질서가 우선하느냐 하는 것은 춘추전국시대 제자백가 간의 논쟁에서 가장 핵심적인 사항의 하나였다. 전자는 법가로 후자는 유가로 대표된다.

춘추전국시대는 전통적인 혈연공동체가 파괴되면서 중앙집권적 전제국가가 성립해가는 시기였다. 황제(皇帝)를 정점으로 해서 관료제의 지원을 받는 이 중앙집권적 전제국가는 혈연공동체를 완전히 파괴하고, 그 속에 속박되어 있던 각 개인을 직접 군주의 지배 체제하에 끌어들였다. 전제군주의 의사(意思) 표현인 법(法)은 그 앞에 어떠한 예외도 인정하지 않았다. 군주의 권력이 무제한이듯이 법 또한 무제한이었다. 자신들의 특수성을 주장하며 국가 권력의 침투를 제한하려고 했던 공동체적 질서는 마땅히 해체되어야만 했다. 이것이 상앙(商鞅, ?~BC 338), 한비자(韓非子, BC 280?~BC 233), 이사(李斯, ?~BC 208) 등으로 대표되는 법가(法家)의 정치 철학이다.

그러나 공자를 시조로 하는 유가의 입장은 달랐다. 공자가 그랬듯이 유가의 입장에서 볼 때 국가는 혈연공동체의 연장이다. 혈연공동체의 질서는 사회질서의 기초를 이룬다. 춘추전국시대의 혼란은 바로 이 혈연공동체의 질서가 무너지면서 발생한 것이다. 따라서 이 혼란을 수습하는 것은 바로 혈연공동체의 질서를 복원하는 것에서부터 출발해야 한다. 국가 법질서의 무제한성(無制限性)을 주장하는 것은 바로 이 혈연공동체적 질서를 파괴하는 것이며, 세상을 더욱 혼란으로 몰아넣는 것이다. 따라서 아무리 국법이라 하더라도 공동체의 특수성 위에 군림할 수는 없다. 이것이 유가의 입장이다.

이렇듯 유가와 법가는 공동체적 질서의 존폐(存廢)를 둘러싸고 첨예하게 대립했다. 그러나 전제군주의 입장에서 볼 때 유가란 공동체의 특수성, 백성의 행복 운운하며 군주권의 확대를 가로막는 골치 아픈 존재에 불과했다. 군주의 입장에서는 군주권의 무제한적인 강화(强化)를 추구하는 법가야말로 가장 환영할 만한 존재였다.

중원의 서방에 치우친 야만 국가였던 진(秦)나라는 상앙의 변법(變法)을 받아들여 가장 먼저 중앙집권화에 성공하면서 일약 중원의 최강자로 떠오르게 되었고, 이어 BC 221년 마침내 전 중국을 통일했다. 중국을 통일한 진시황(秦始皇)은 실용적 목적 이외의 모든 학문을 금지했다. 이른바 분서갱유(焚書坑儒)다. 공자로부터 시작해 300여 년 가까이 지속되어온 제자백가의 논쟁은 결국 법가의 승리로 끝나고 말았다.

그러나 역사가 그것으로 끝난 것은 아니었다. 법가의 약점은 그것이 통치자의 입장에서 가장 효율적이었던 것만큼 백성의 입장에서는 너무나 가혹했다는 것이었다. 결국 폭정으로 인해 진(秦)은 20년도 채 유지하지 못하고 BC 206년 멸망하고 말았다. 한(漢)의 유방(劉邦)이 진의 수도 함양(咸陽)에 입성했을 때 진의 악법을 폐지하고 약법삼장(約法三章)을 공포함으로써 진나라 백성들의 민심을 얻었다는 것은 유명한 이야기다. 법가가 진의 조정에서 위세를 떨치는 동안 유가는 백성들의 민심을 얻어가고 있었던 것이다. 결국 한(漢)은 유교를 국가의 공식 이념으로 채택했다. 최후의 승리를 거둔 것은 유가였던 셈이다.

19

번지가 인(仁)에 대해 물었다. 공자께서 말씀하셨다. "평소에 몸가짐을 공손히 하고, 일을 잡으면 삼가 신중히 하며, 남과 함께할 때는 성실히 하라. 비록 오랑캐 땅에 가더라도 (이것을) 버려서는 안 될 것이다."

樊遲問仁. 子曰 居處恭 執事敬 與人忠. 雖之夷狄 不可棄也.

거처(居處)는 평상시 행동하는 것이다. 공(恭)은 용모를 위주로 한 것이고, 경(敬)은 일을 위주로 한 것이다. 恭은 겉으로 드러나고, 敬은 마음속에서 主가 된다. 주희의 풀이다. 이적(夷狄)은 오랑캐다.

  논어에서 번지는 인(仁)에 대해 세 번 묻는다. 옹야20과 안연22, 그리고 이 장이다. 그때마다 공자의 대답은 각각 다르다. 옹야20에서는 어려운 일은 남보다 앞장서고 얻는 것은 남보다 뒤에 하는 것이라고 했으며, 안연 22에서는 사람을 사랑하는 것이라고 했다. 공자가 번지의 사람됨과 질문할 당시의 상황을 고려해 대답한 것이리라. 물을 당시의 상황은 구체적인 언급이 없어 전말을 추측하기 어렵다. 다만 번지의 사람됨에 대해서는 자로 4의 번지가 농사짓는 것에 대해 물은 데서 약간은 추측해볼 수 있다. 즉 번지는 생산력의 발전에 따라 공동체가 해체되어가던 당시 상황에서, 생산력의 발달과 그에 따른 부의 축적을 옹호하는 입장에 서 있지 않았나 생각된다. 그러기에 농사짓는 데 관심을 가졌고, 이상주의적 정치보다는 직접적으로 결과가 나타나는 그러한 부국 정책에 힘을 쏟았던 것이 아닐까? 그리하여 공자가 어려운 일은 남보다 앞장서고 얻는 것은 남보다 나중에 하라고 한 것은 아닌지, 또 사람을 사랑하라고 한 것은 아닌지……. 아무튼 획일적인 추상적 가르침보다는 각자의 사람됨과 처한 상황에 따라 구체적으로 살아있는 가르침을 베푸는 공자의 진면목이 여실하다.

20

자공이 물었다. "어찌하면 사(士)라고 할 수 있습니까?"
공자께서 말씀하셨다. "행동함에 부끄러움을 알며, 사방에 사신으로 가서 임금의 명령을 욕되게 하지 않는다면 가히 사라고 할 수 있다."
"감히 그다음을 묻겠나이다."
"일족(一族)으로부터 효성스럽다는 소리를 듣고, 마을 사람들로부터 공손하다는 소리를 듣는 사람이다."
"감히 그다음을 묻겠나이다."
"말은 반드시 지키고, 일은 반드시 결과를 보는 것이다. 비록 고지식한 소인이기는 하나 그래도 아마 그다음은 될 수 있을 것이다."
"요즈음 정치에 종사하고 있는 자들은 어떻습니까?"
"아아, 그릇이 작은 자들이다. 세어볼 것도 없다."

子貢問曰 何如斯可謂之士矣.
자공이 물었다. "어찌하면 사(士)라고 할 수 있습니까?"

子曰 行己有恥 使於四方 不辱君命 可謂士矣.
공자께서 말씀하셨다. "행동함에 부끄러움을 알며, 사방에 사신으로 가서 임금의 명령을 욕되게 하지 않는다면 가히 사라고 할 수 있다."

유치(有恥)는 잘못이 있으면 부끄러워할 줄 아는 것이다. 자신의 잘못을 부끄러워할 줄 알아야 고칠 수 있다. 사어사방불욕군명(使於四方不辱君命)은 천하 각지에 사신으로 가서 그 맡은 바 사명을 완수하는 것이다.

그 뜻이 하지 않는 바가 있으며 그 재주가 충분히 훌륭한 일을 할 수 있는 사람이면(주희), 가히 재덕을 겸비한 자로서 백성을 통치할 수 있다. 따라서 사(士)가 될 수 있는 것이다.

曰 敢問其次.
"감히 그다음을 묻겠나이다."

曰 宗族稱孝焉 鄕黨稱弟焉.
"일족(一族)으로부터 효성스럽다는 소리를 듣고, 마을 사람들로부터 공손하다는 소리를 듣는 사람이다."

종족(宗族)은 조상을 같이하는 일족(一族)을 말하며, 향당(鄕黨)은 같은 마을 사람이다. 유자는 효제(孝弟)를 모든 도덕의 근본으로 보았다(孝弟也者 其爲仁之本與 - 학이2). 따라서 士가 비록 재주가 없어 나라의 큰일을 맡을 수 없다면, 마땅히 근본에 힘써 부모에게 효도하고 윗사람에게 공손해야 할 것이다.

曰 敢問其次.
"감히 그다음을 묻겠나이다."

曰 言必信 行必果 硜硜然小人哉 抑亦可以爲次矣.

"말은 반드시 지키고, 일은 반드시 결과를 보는 것이다. 비록 고지식한 소인이기는 하나 그래도 아마 그다음은 될 수 있을 것이다."

행필과(行必果)의 果에 대해 고주의 정현은 과감(果敢)한 것이라 했고, 황간의 『논어의소』의 이충은 결과를 이루는 것(成)이라고 했다. 여기서는 후자를 따랐다. 갱갱연(硜硜然)은 작은 돌의 단단한 모양을 형용한 말로, 고지식한 사람이 융통성 없이 자기에게만 충실한 것을 나타낸다. 말에 신의가 있고 일을 함에 반드시 결과를 보는 사람이면 적어도 자기가 한 말, 자기가 맡은 일은 책임질 수 있다. 따라서 비록 부족하나마 士의 반열에 오를 수 있으리라. 그러나 공자의 생각으로는 부모에게 효도하고 윗사람에게 공손한 사람보다는 못하다. 왜냐하면 효제(孝弟)는 인(仁)을 행하는 근본으로, 그 마음을 널리 남에게까지 넓힌다면 그것이 바로 인이기 때문이다.

『맹자』「이루(離婁)하」11에는 이와 관련해 "대인(大人)은 말을 했다고 해서 꼭 지킬 것을 기약하지 않으며, 행동을 했다고 해서 꼭 그 결과를 기약하지 않는다. 오직 의(義)만 따를 뿐이다(大人者 言不必信 行不必果 唯義所在)"라는 말이 있다. 소인(小人)이 자기에만 연연하는 데 반해, 대인은 자기보다는 천하의 의(義)를 생각한다는 말이다.

曰 今之從政者何如.

"요즈음 정치에 종사하고 있는 자들은 어떻습니까?"

子曰 噫 斗筲之人 何足算也.

"아아, 그릇이 작은 자들이다. 세어볼 것도 없다."

두소지인(斗筲之人)의 斗는 한 말들이, 筲는 한 말 두 되들이 그릇을 가리키며, 도량이 좁은 사람을 말한다. 산(算)은 수(數)로, 세는 것이다.

21

공자께서 말씀하셨다. "중도의 길을 걷는 사람을 얻어 함께하지 못하면, 반드시 뜻이 높은 자나 고집이 센 자를 얻어 함께하겠다. 뜻이 높은 자는 진취적이며, 고집이 센 자는 하지 않는 바가 있다."

子曰 不得中行而與之 必也狂狷乎. 狂者進取 狷者有所不爲也.

중행(中行)은 중도(中道)의 길을 걷는 자이니, 한쪽으로 치우치거나 기울지 않는 중용(中庸)의 길을 걷는 자다. 여(與)는 함께하는 것이다. 광(狂)은 뜻은 높으나 행동이 그에 미치지 못하는 사람이고, 견(狷)은 고집이 세 옳지 않은 것은 옳지 않다고 하는 사람이다. 『맹자』에는 狷이 견(獧)으로 되어 있다.

사람의 자질로는 어느 한쪽으로 치우치지 않는 중용을 제일로 친다. 그러나 그렇지 못하다면 뜻이 높거나 고집이라도 세어야 한다. 뜻이 높으면 멀리 보고 나아가므로 진취적이며, 고집이 세면 세속에 아부하지 않고 아닌 것은 아니라고 한다. 비록 한쪽으로 치우치는 잘못은 있지만, 장점을 잘 살리면 얻는 바가 있다. 그러나 겉으로는 근후(謹厚)한 척하면서 시속(時俗)

의 더러움에 아부하는 향원(鄕原)이라면 족히 함께할 바가 되지 못한다.『맹자』「진심하」37을 참고하기 바란다.

22

공자께서 말씀하셨다. "남방 사람들의 말에 '사람이 한결같지 않으면 무의(巫醫)도 어쩔 수 없다'고 했는데 좋은 말이다. 그 덕을 한결같게 하지 않으면 부끄러운 일을 당할 수 있다."

공자께서 말씀하셨다. "점을 칠 것도 없다."

子曰 南人有言曰 人而無恒 不可以作巫醫. 善夫. 不恒其德 或承之羞.

공자께서 말씀하셨다. "남방 사람들의 말에 '사람이 한결같지 않으면 무의(巫醫)도 어쩔 수 없다'고 했는데 좋은 말이다. 그 덕을 한결같게 하지 않으면 부끄러운 일을 당할 수 있다."

항(恒)은 그 마음이 한결같은 것이다. 남인(南人)은 남방 사람이다.

무의(巫醫)를 주희는 무당과 의사로 나누어 생각했다. 그러나 유월이『군경평의』에서 밝히는 것처럼 고대의 무당은 대개 의사도 겸했던 관계로 나누어 생각하는 것은 옳지 않다. 불가이작무의(不可以作巫醫)는 고주의 정현에 의하면 무의도 어쩔 수 없다는 뜻이다. 다산이나 오규 소라이의 견해도 같다. 그러나 주희나 황간의『논어의소』에 인용된 위관은 무의도 될 수 없다는 뜻으로 풀이한다. 여기서는 고주를 따랐다.

불항기덕 혹승지수(不恒其德 或承之羞)란 말은 현재『주역』항괘(恒卦) 九三의 효사(爻辭)에 나타나 있다. 자기의 덕이 한결같지 않으면 수치스러운 일을 당할 수 있다는 뜻이다. 그러나 이 구절이 현재의『주역』에 있다고 해서 공자가 주역의 글을 인용했다고 할 수는 없다. 술이16에서도 언급했지만 공자는 결코 주역에 심취하지 않았으며, 오히려 그 반대되는 입장에 서 있었다. 만일 역(易)의 글을 인용했다면 易曰이라고 했을 것이다. 아마 당시 전해 내려오던 숙어(熟語)였으리라.

子曰 不占而已矣.
공자께서 말씀하셨다. "점을 칠 것도 없다."

앞의 글을 부연한 것으로 보인다. 그러나 왜 子曰이 다시 붙었는가는 불분명하다. 마음이 한결같지 못한 자는 점을 칠 대상조차도 못 된다는 말이다.

23

공자께서 말씀하셨다. "군자는 서로 어울리면서도 부화뇌동하지는 않으며, 소인은 부화뇌동하면서도 서로 어울릴 줄은 모른다."

子曰 君子和而不同 小人同而不和.

화(和)는 서로 다르면서도 함께 조화를 이루는 것이요, 동(同)은 무조건 같이 따라 하는 것이다. 화에는 주체성이 살아 있으나, 동에는 없으며, 화에는 조화가 숨 쉬나, 동에는 획일성만이 있을 뿐이다. 화가 의기(義氣)로 결합한 것이라면, 동은 이해관계나 감정으로 결합한 것이다.

『춘추좌씨전』 소공(昭公) 20년에는 당시 제의 재상이었던 안영(晏嬰, ?~BC 500)이 제경공과 화와 동에 대해 이야기를 나눈 것이 실려 있다. 거기에서 안영은 군주가 옳다고 주장하나 옳지 않은 것이 있을 때는 그 옳지 않은 것을 지적하고, 군주가 아니라고 하지만 옳은 것이 있을 때는 그 옳은 것을 밝혀내어 군주를 보완하는 것이 화요, 군주가 옳다고 하면 옳다고 하고 그르다고 하면 그르다고 하며 무턱대고 따르는 것이 동이라고 말했다.

한편 이토 진사이는 어울리면(和) 남을 잃지 않으며, 부화뇌동하지 않으면(不同) 자신을 잃지 않는다고 말한다.

24

자공이 물었다. "마을 사람들이 모두 좋아하면 어떻습니까?"
공자께서 말씀하셨다. "아직 좋다고 할 수 없다."
"마을 사람들이 모두 미워하면 어떻습니까?"
공자께서 말씀하셨다. "아직도 좋다고 할 수 없다. 마을 사람들 중 착한 사람들이 좋아하고, 착하지 않은 사람들이 미워하는 것만 같지 못하다."

子貢問曰 鄕人皆好之 何如.

자공이 물었다. "마을 사람들이 모두 좋아하면 어떻습니까?"

子曰 未可也.
공자께서 말씀하셨다. "아직 좋다고 할 수 없다."

鄕人皆惡之 何如.
"마을 사람들이 모두 미워하면 어떻습니까?"

子曰 未可也. 不如鄕人之善者好之 其不善者惡之.
공자께서 말씀하셨다. "아직도 좋다고 할 수 없다. 마을 사람들 중 착한 사람들이 좋아하고, 착하지 않은 사람들이 미워하는 것만 같지 못하다."

모름지기 사람은 자신의 입장을 일관하며 옳은 것은 옳다, 틀린 것은 틀렸다고 할 줄 알아야 한다. 그러면 당연히 선한 사람들로부터는 평판이 좋을 것이요, 옳지 못한 자들로부터는 미움을 받을 것이다. 모든 사람에게 다 잘 보이려고 하는 자는 거짓군자(僞君子)일 뿐이다. 양화13에서는 그런 사람을 향원(鄕原)이라고 하면서 덕을 해치는 자라고 말한다(鄕原德之賊也).

이인3에 "오직 어진 사람만이 능히 사람을 좋아할 수 있고, 사람을 미워할 수 있다"라는 말이 있다. 위령공27에는 "뭇사람이 미워하더라도 반드시 살펴보아야 하며, 뭇사람이 좋아하더라도 반드시 살펴보아야 한다"라는 말이 있다.

25

공자께서 말씀하셨다. "군자는 섬기기는 쉬우나, 기쁘게 하기는 어렵다. 옳지 않은 것으로써 기쁘게 하면 기뻐하지 않는다. 사람을 부릴 때에는 그 기량에 따라 한다. 소인은 섬기기는 어려우나 기쁘게 하기는 쉽다. 옳지 않은 것으로써 기쁘게 하더라도 기뻐한다. 사람을 부릴 때에는 모두 갖출 것을 요구한다."

子曰 君子易事而難說也. 說之不以道 不說也. 及其使人也 器之. 小人難事而易說也. 說之雖不以道 說也. 及其使人也 求備焉.

說은 기쁠 열(悅)이다. 기지(器之)는 그 그릇에 맞게 하는 것이다. 구비(求備)는 모든 것을 다 갖출 것을 요구하는 것으로, 즉 전능하기를 요구하는 것이다.

 군자는 사람을 부릴 때 그 사람의 기량에 맞게 일을 부린다. 따라서 누구라도 자신의 능력대로만 하면 되므로, 군자의 밑에서 일을 하기는 쉽다. 그러나 그를 기쁘게 하는 것은 어렵다. 왜냐하면 군자는 도(道)가 아니면 기뻐하지 않기 때문이다. 소인은 사람을 부릴 때 그 사람이 전능하기를 요구한다. 따라서 소인의 밑에서는 일을 하기가 어렵다. 그러나 소인을 기쁘게 하기는 쉽다. 옳든 틀리든 소인의 기분만 맞추면 되기 때문이다. 남의 윗자리에 있는 사람이라면 꼭 명심해야 할 말이다.

 이 장에서는 說을 열(悅)로 풀이했다. 대부분의 학자들이 여기에 동의하나, 청의 모기령의 『논어계구편(論語稽求篇)』에는 다른 주장이 소개되어 있다. 모기령에 의하면 說은 글자 그대로 말하는 것(言說)이라고 풀이할 수도 있다고 한다. 중국의 조기빈은 『논어신탐』에서 모기령의 주장에 약간 수정을 가해 說之不以道, 說之雖不以道의 說은 해(解), 즉 이해시킨다는 뜻으로, 君子易事而難說也, 不說也, 小人難事而易說也, 說也의 說은 열(悅), 즉 기쁘다는 뜻으로 해석할 것을 주장한다. 조기빈에 의하면 "군자를 섬기기는 쉬우나 기쁘게 하기는 어렵다. 옳지 않은 것으로써 이해시키려 하면 기뻐하지 않는다. …… 소인은 섬기기는 어려우나, 기쁘게 하기는 쉽다. 옳지 않은 것으로써 이해시키려 하더라도 기뻐한다"가 된다. 같은 說을 한 문장 안에서 해(解)와 열(悅)로 각각 다르게 풀이하는 점이 문제가 될 수 있으나 說을 열(悅)보다는 해(解)로 풀이하는 것이 더 문리(文理)가 순탄한 문장이 논어 안에 여러 곳(옹야26, 선진3, 양화5) 있는 것으로 미루어 볼 때, 참고할 필요가 있다.

26

공자께서 말씀하셨다. "군자는 태연하나 교만하지 않다. 소인은 교만하나 태연하지 못하다."

子曰 君子泰而不驕 小人驕而不泰.

태(泰)는 태연한 것, 교(驕)는 교만한 것이다. 다산에 의하면 泰는 안이 가득 차서 밖에서 구할 것이 없는 것이요, 驕는 안이 텅 비어 그 기세를 밖으로 부리는 것이라 한다.

이공은 『논어전주』에서 이 말을 풀이해 말하길 "군자는 많고 적음이나 크고 작음도 없고, 감히 오만한 것도 없으니, 그 얼마나 여유롭고 태연하며, 또한 어찌 교만할 수 있겠는가? 소인은 자신을 자랑하고 남에게 오만하며, 오직 남으로부터 존경을 잃을까 두려워하니, 그 얼마나 교만하고 방자하며, 또한 어찌 태연할 수 있겠는가?"라고 했다.

술이36에는 "군자는 관대하고 넓으나, 소인은 근심이 많고 두려워한다"는 말이 있다. 泰而不驕라는 말은 요왈2에도 나온다.

27

공자께서 말씀하셨다. "강직하고 의연하며 질박하고 어눌하면 인(仁)에 가깝다."

子曰 剛毅木訥近仁.

강(剛)은 욕심이 없어 강직한 것이고, 의(毅)는 뜻이 굳세어 의연한 것, 목(木)은 질박한 것, 눌(訥)은 말이 어눌한 것이다. 사욕에 흔들림이 없어 강직하고 어떤 고난에도 의연하며 그 성품이 허식(虛飾)을 좋아하지 않아 소박하고 말을 아낄 줄 안다면, 인(仁) 그 자체는 아니더라도 인에 가까이 갔음에는 틀림없다.

학이3, 양화17에 보이는 巧言令色 鮮仁矣가 인에 대해 소극적인 관점에서 한 말이라면, 이 말은 적극적으로 표현한 것이다. 강의(剛毅)는 영색(令色)과, 목눌(木訥)은 교언(巧言)과 대비된다.

28

자로가 물었다. "어찌하면 가히 사(士)라고 할 수 있습니까?"
공자께서 말씀하셨다. "서로 간절히 질책하고 화목하면 가히 사라고 할 수 있다. 벗에게는 간절히 격려하며, 형제에게는 화목해야 한다."

子路問曰 何如斯可謂之士矣.
자로가 물었다. "어찌하면 가히 사(士)라고 할 수 있습니까?"

子曰 切切偲偲 怡怡如也 可謂士矣. 朋友切切偲偲 兄弟怡怡.
공자께서 말씀하셨다. "서로 간절히 질책하고 화목하면 가히 사라고 할 수 있다. 벗에게는 간절히 격려하며, 형제에게는 화목해야 한다."

절절시시(切切偲偲)는 고주의 마음에 의하면 서로 간절히 질책하는 모양이고, 이이(怡怡)는 서로 화목하는 모양이다.

벗과는 학문의 길에 매진할 수 있도록 서로 질책하며, 형제간에는 화목해야 한다. 이것이 士의 길이다.

29

공자께서 말씀하셨다. "잘하는 사람이 백성을 가르치기를 7년이면 전쟁에 내보낼 수 있다."

子曰 善人敎民七年 亦可以卽戎矣.

선인(善人)은 선한 사람이 아니라 그 일을 잘하는 사람이다. 다산의 해설이다. 즉융(卽戎)의 즉(卽)은 취(就)로 나아가는 것이며, 융(戎)은 병(兵)으로 전쟁을 뜻한다.

30

공자께서 말씀하셨다. "가르치지 않은 백성으로 싸우는 것을 일컬어 그들을 버린다고 한다."

子曰 以不敎民戰 是謂棄之.

불교민(不敎民)은 싸우는 것을 가르치지 않은 백성이다. 그런 사람을 데리고 싸운다는 것은 그들을 죽음으로 내모는 것이다. 따라서 버린다고 하는 것이다.

앞 장과 함께 전쟁에 대해 언급했다. 공자의 말치고는 생소하다. 진짜 공자가 한 말인지 의심스럽다.

제14편

헌문 憲問

1

원헌이 부끄러움에 대해 물었다. 공자께서 말씀하셨다. "나라에 도가 있으면 봉록을 받는다. 나라에 도가 없는데 봉록을 받는 것이 부끄러운 일이다."

憲問恥. 子曰 邦有道 穀. 邦無道 穀 恥也.

헌(憲)은 공자의 제자인 원헌(原憲)으로, 자는 자사(子思)다. 옹야3에 나오는 원사(原思)와 동일 인물이다. 곡(穀)은 고주의 공안국에 의하면 녹(祿)으로 벼슬길에 올라 녹봉을 받는 것이다.

 옹야3을 보면 원헌이 공자의 가재(家宰)가 되자 공자가 그에게 봉록으로 곡식 900을 주었으나 원헌은 그것을 받지 않으려 했다. 또 『사기』 「중니제자열전」을 보면 원헌은 공자가 죽은 후 풀이 우거진 늪지대에 숨어 살았다. 위나라의 재상이 된 자공이 그를 찾아와 초라한 모습을 보고 안타까워하며 말하길 "어찌히여 병이 드셨습니까?"라고 하자, 원헌이 대답하기를 "나는 '재물이 없는 사람을 가난하다고 하고, 도를 배우고도 실행하지 못하는 사람을 병들었다고 한다'고 들었소. 내 비록 가난하기는 하나 병들지는 않았소"라고 했다. 이후 자공은 죽을 때까지 그때의 실수를 부끄러워했다고 한다. 또 『사기』 「유협(游俠)열전」은 원헌이 일생을 곤궁하게 살다가 죽었지만, 그 문도(門徒)들은 무려 400여 년이 지난 후에도 그를 받들어 모셨다고 한다. 이것으로 미루어 보아 원헌이 청빈을 숭상하고 세속의 부귀영화에 초연했음을 짐작할 수 있다.

이 장은 공자가 바로 이러한 원헌의 사람됨을 직시하고, 그에게 무조건 세상과 담을 쌓으려고만 하지 말고, 나라에 도가 행해지면 적극적으로 세상에 나아가 벼슬살이를 하라고 충고한 말이 아닐까? 그렇게 해석한다면 말의 중심은 방유도 곡(邦有道 穀)에 있다. 방무도 곡 치야(邦無道 穀 恥也)는 원헌에게 봉록을 받는 것이 모두 부끄러운 일이 아니라, 나라에 도가 없을 때 받는 것이 부끄러운 일이라고 깨우쳐주기 위한 말이다. 고주를 따랐다.

다산은 "나라에 도가 있을 때도 봉록을 받고, 나라에 도가 없을 때도 봉록을 받는 것은 부끄러운 일이다"라고 풀이했다. 즉 나라야 어찌되든 봉록에만 관심을 갖는 것은 부끄러운 일이라는 뜻이다. 주희는 나라에 도가 있을 때 훌륭한 일을 하지 못하고, 나라에 도가 없을 때 홀로 선하지 못하며 (벼슬길에서 물러나지 못하며), 단지 봉록을 받아먹는 것만 아는 것이 부끄러운 일이라고 풀이했다.

태백13에서는 "나라에 도가 있는데 빈천한 것은 부끄러운 일이며, 나라에 도가 없는데 부귀한 것은 수치스러운 일이다"라고 한다. '邦有道~ 邦無道~' 하는 표현은 공야장1, 20, 태백13, 헌문4, 위령공6에도 보인다.

2

"남을 이기기를 좋아하고 자신을 자랑하며 남을 원망하고 탐욕을 부리는 짓을 하지 않는다면, 인(仁)이라고 할 수 있습니까?"

공자께서 말씀하셨다. "어렵다고 할 수는 있지만, 인(仁)인즉 나는 모르겠다."

克伐怨欲不行焉 可以爲仁矣.

"남을 이기기를 좋아하고 자신을 자랑하며 남을 원망하고 탐욕을 부리는 짓을 하지 않는다면, 인(仁)이라고 할 수 있습니까?"

극(克)은 남을 이기기를 좋아하는 것이고, 벌(伐)은 스스로 자기의 공을 자랑하는 것, 원(怨)은 남을 원망하는 것, 욕(欲)은 탐욕(貪慾)이다. 고주의 마융의 풀이다. 청의 이중부(李中孚)는 『사서반신록(四書反身錄)』에서 다음과 같이 말했다. "대개 범인들이 이기기를 좋아하는 것은 마음을 비우지 않았기 때문이다. 진실로 마음을 비워 처신한다면 저절로 남과 경쟁하지 않을 것이다. 자신을 자랑하는 것은 많은 경우 그릇이 작기 때문이다. 그릇이 크면 모든 장점을 다 잊어버릴 것이니 어찌 자랑이 있겠느냐? 원망은 명(命)을 알지 못하는 데서 생긴다. 명을 알면 천명을 따르며 편안해할 것이다. 욕심은 족(足)할 줄 모르는 데서 생긴다. 족할 줄 알면 담백해 욕심이 사라질 것이다"(『논어집석』에서 재인용).

子曰 可以爲難矣. 仁則吾不知也.

공자께서 말씀하셨다. "어렵다고 할 수는 있지만, 인(仁)인즉 나는 모르겠다."

克, 伐, 怨, 欲을 하지 않는 것이 쉬운 일은 아니다. 그러나 그것은 남에게 피해를 주지 않는 데 그칠 뿐이다. 인(仁)은 그러한 개념이 아니다. 인은 보다 적극적으로 남과 서로 사랑하며 어울려 사는 것이다. 자기가 서고자 하면 남도 서게 해주며, 자기가 두루 통하고자 하면 남도 두루 통하게 해주는 것(己欲立而立人 己欲達而達人 - 옹야28)이 인이다. 그러기에 공자가 인이라고 인정하지 않은 것이다.

한편 다산은 克伐怨欲을 네 가지 일로 보지 않았다. 다산에 의하면 克伐은 극공(剋攻)으로 공격해 이기는 것이다. 怨欲은 바로 그 克伐의 대상이다. 즉 원망과 욕심을 다스려 극복해 행하지 않는다는 뜻이다.

克伐怨欲不行焉 可以爲仁矣가 누구의 말인지는 명확하게 나타나지 않았다. 그러나 대부분의 학자들이 앞의 장과 연결 지어 원헌의 말로 추정한다. 고주에서는 앞의 장과 이 장을 하나의 장으로 편집했다.

3

공자께서 말씀하셨다. "사(士)가 편안한 것만 생각한다면, 족히 사라고 할 수 없다."

子曰 士而懷居 不足以爲士矣.

회거(懷居)는 일상생활의 안락함만을 생각하는 것이다.

도(道)에 뜻을 두지 않고 단지 일신의 안락함만 생각한다면 언제 도(道)를 이룰 것이며, 어떻게 남을 다스릴 수 있겠는가? 士라고 불릴 자격이 없다.

4

공자께서 말씀하셨다. "나라에 도가 있으면 당당하게 말하고 당당하게 행동하라. 나라에 도가 없으면 당당하게 행동하되 말은 공손하게 하라."

子曰 邦有道 危言危行. 邦無道 危行言孫.

방유도(邦有道), 방무도(邦無道)는 나라를 다스리는 임금이 유도하고 무도한 것이다. 위(危)는 높고 당당한 것, 손(孫)은 공손한 것이다. 이토 진사이가 인용한 홍(洪)씨에 의하면 危는 교만하고 격한 것이 아니라 도를 곧게 하는 것이고, 孫은 아부하는 것이 아니라 해를 멀리하는 것이라고 한다.

　나라에 도가 있다면 말과 행동을 자신의 신념에 따라 높고 당당하게 한다. 그러나 도가 없다면 행동은 자신의 신념에 따라 시속(時俗)에 흔들리지 않고 높고 당당하게 하되 말은 삼간다. 공연히 말로 인해 쓸데없는 화(禍)를 입는 것을 피하기 위해서다. 군자는 항상 말이 앞서 나가는 것을 경계해야 한다. 특히 어지러운 세상에서는 더욱 그렇다. 뒤집어 생각한다면 군자가 말을 삼가고 조심하는 나라는 이미 도가 없는 나라다. 언론의 자유가 없는 나라, 필화(筆禍)·설화(舌禍)가 많은 나라에서 정의를 찾을 수는 없다. 우리나라의 박정희, 전두환 시대를 생각하면 명약관화할 것이다.

●

'邦有道~, 邦無道~' 하는 표현은 공야장1, 20, 태백13, 헌문1, 위령공6

에도 보인다.

5

공자께서 말씀하셨다. "덕이 있는 자는 반드시 들을 만한 말이 있지만, 들을 만한 말이 있는 자가 반드시 덕이 있는 것은 아니다. 어진 자는 반드시 용기가 있지만, 용감한 자가 반드시 어진 것은 아니다."

子曰 有德者必有言 有言者不必有德. 仁者必有勇 勇者不必有仁.

유언(有言)은 들을 만한 말이 있는 것이다. 덕이 있는 자는 그 말속에 자연히 덕이 스며 나온다. 따라서 그 말이 들을 만하다. 그러나 말을 잘하는 자 중에는 간사하게 말만 잘하는 자(侫者)도 있다.

용기는 의(義)를 으뜸으로 친다. 어진 자는 도(道)에 따라 살기 때문에 의를 보면 반드시 행한다. 따라서 용기가 있다. 그러나 용감한 자 중에는 단지 혈기(血氣)만 방자한 자도 있다.

6

남궁괄이 공자에게 물었다. "예는 활을 잘 쏘았고 오는 육지에서 배를 끌 수 있는 힘을 가졌으나, 모두 제명에 죽지를 못했습니다. 우와 직은 몸소 농사를 지었으나 천하를 가졌습니다." 공자께서 대답이 없으셨다.

남궁괄이 물러가자 공자께서 말씀하셨다. "군자로구나, 저 사람은. 덕을 숭상하는구나, 저 사람은."

南宮适問於孔子曰 羿善射 奡盪舟 俱不得其死然. 禹稷躬稼 而有天下. 夫子不答.

남궁괄이 공자에게 물었다. "예는 활을 잘 쏘았고 오는 육지에서 배를 끌 수 있는 힘을 가졌으나, 모두 제명에 죽지를 못했습니다. 우와 직은 몸소 농사를 지었으나 천하를 가졌습니다." 공자께서 대답이 없으셨다.

남궁괄(南宮适)은 주희에 의하면 공야장1, 선진4에 나오는 남용(南容)이다. 그러나 고주의 공안국은 노나라의 대부 남궁경숙(南宮敬叔)이라고 했다. 이 두 사람이 같은 사람인지 아닌지에 대해서도 설이 엇갈린다.

예(羿)와 오(奡)는 설화 속의 주인공이다. 주희의 해설에 의하면 예는 하나라의 제후로 유궁국(有窮國)의 군주였는데 활을 잘 쏘았다고 한다. 하나라의 임금 상(相)을 죽이고 그 자리를 찬탈했으나, 부하인 한착(寒浞)에게 피살당했다. 오는 『춘추좌씨전』에는 요(澆)로 되어 있다. 한착(寒浞)의 아들로 힘이 세어 육지에서 배를 잡아끌 정도였다고 한다. 뒤에 하나라 임금 소강(少康)에게 죽임을 당했다. 탕주(盪舟)는 힘이 세어 육지에서도 배를 끌었다는 말이다.

부득기사연(不得其死然)은 제명에 죽지를 못하고 남에 의해 피살당한 것을 말한다. 선진12에서도 자로가 제명대로 살지 못할 것임을 말하면서 같은 표현을 썼다.

우(禹)는 하 왕조를 건국한 시조다. 원래 순(舜)의 신하였으나, 황하의 치수에 공을 세워 순으로부터 왕위를 선양(禪讓)받았다. 직(稷)은 주를 창건한 문왕(文王)·무왕(武王)의 시조로 백성들에게 농사를 가르쳤다고 전해진다. 직은 왕이 되지는 못했으나, 그 후손이 왕이 되었으므로 천하를 가졌다고 표현했다.

南宮适出. 子曰 君子哉若人 尙德哉若人.
남궁괄이 물러가자 공자께서 말씀하셨다. "군자로구나, 저 사람은. 덕을 숭상하는구나, 저 사람은."

주희에 의하면 남궁괄은 예와 오를 당대의 권력자에, 우와 직을 공자에 비유했다. 그런 까닭에 공자는 남궁괄의 말에 아무런 대답을 하지 않았다. 그러다가 그가 물러가자 남궁괄이 우와 직의 덕을 숭상하고 있음을 칭찬한 것이다.

7

공자께서 말씀하셨다. "군자로서 어질지 못한 자는 있을 수 있으나, 소인으로서 어진 자는 없다."

子曰 君子而不仁者有矣夫. 未有小人而仁者也.

유의부(有矣夫)는 꼭 그런 것은 아니지만 어쩌다 그런 경우도 있다는 말이다.
　군자는 항상 인(仁)에 뜻을 두고 노력하지만, 아직 이루지 못하고 있는 경우도 있다. 그러나 소인은 항상 이익에 매달려 남과 다투려고 하기 때문에 인에 가까이 갈 수 없다.

8

　공자께서 말씀하셨다. "사랑하면 능히 수고롭게 할 수 없는 것인가? 충성하면 능히 가르쳐줄 수 없는 것인가?"

子曰 愛之 能勿勞乎. 忠焉 能勿誨乎.

노(勞)는 신주에 의하면 수고롭게 하는 것이다. 다산과 이토 진사이도 신주와 견해가 같다. 그러나 고주의 공안국은 위로하는 것, 청의 유보남은 근심하는 것이라고 풀이했다. 여기서는 신주를 따랐다. 회(誨)는 가르쳐주는 것이다.
　주희는 소식의 말로 해설을 대신했다. "사랑하기만 하고 수고롭게 하지 않는 것은 짐승들의 사랑이고, 충성하기만 하고 가르쳐주지 않는 것은 부인과 내시의 충성이다. 사랑하면서도 수고롭게 할 줄 알면 그 사랑함이 깊은 것이고, 충성하면서도 가르쳐줄 줄 알면 그 충성이 큰 것이다."

9

공자께서 말씀하셨다. "(정에서는) 외교 문서를 작성할 때 비심이 초안을 만들고, 세숙이 검토하며, 외교 담당인 자우가 첨삭한 후, 동리(東里)의 자산이 문장을 아름답게 다듬었다."

子曰 爲命 裨諶草創之 世叔討論之 行人子羽修飾之 東里子産潤色之.

비심(裨諶) 이하의 네 사람이 모두 정(鄭)의 대부(大夫)이므로 정의 이야기다.
  위명(爲命)은 제후에게 보내는 외교 문서를 작성하는 것이다.
  비심(裨諶)은 정의 대부라는 것 이외에는 알려지지 않았다. 초창(草創)은 초안(草案)을 만드는 것이다.
  세숙(世叔)은 정의 대부로 본명은 유길(遊吉)이다. 『춘추좌씨전』에는 자태숙(子太叔)으로 나와 있다. 토론(討論)은 검토해 잘못을 고치는 것이다.
  행인(行人)은 외교 문제를 담당하는 관리다. 자우(子羽)는 정의 대부로 본명은 공손휘(公孫揮)다. 수식(修飾)은 글자를 더하거나 빼 고치는 것이다.
  동리(東里)는 고을 이름이다. 자산(子産)은 정의 유명한 재상인 공손교(公孫僑)로, 공야장15에서도 언급한 바 있는 공자가 평소 존경하던 선배 정치가다. 윤색(潤色)은 문장을 아름답게 다듬는 것이다.
  이상은 주희의 해설에 의거했다.
  정은 큰 나라들 사이에 끼어 있는 작은 나라였다. 따라서 외교는 나라의 흥망을 좌우할 수 있는 대단히 중요한 문제였다. 그러나 중신들이 이와 같이 서로 협력함으로써 많은 어려움을 피해갈 수 있었다.

10

어떤 사람이 자산(子産)에 대해 물었다. 공자께서 말씀하셨다. "은혜를 베푼 사람이다."

자서(子西)에 대해 물으니 말씀하셨다. "그 사람 말이냐, 그 사람?"

관중에 대해 물으니 말씀하셨다. "어진 사람이다. 백씨의 병(騈)읍 300호(戶)를 빼앗았기 때문에, 백씨는 거친 밥을 먹게 되었으나, 죽을 때까지 그를 원망하지 않았다."

或問子産. 子曰 惠人也.

어떤 사람이 자산(子産)에 대해 물었다. 공자께서 말씀하셨다. "은혜를 베푼 사람이다."

자산(子産)은 바로 앞 장에서 나온 동리의 자산이다. 혜인(惠人)은 다산에 의하면 백성에게 은혜를 베푼 사람이다. 공야장15에서 공자는 자산에 대해 평가하기를 "백성을 부양함에 은혜를 베풀었고, 백성을 부림에 의로웠다"라고 했다. 『맹자』「이루하」2에는 자산이 자신의 수레로 강가에서 사람들을 건네준 것에 대해 맹자가 은혜를 베푸나 정치를 할 줄 모른다고 비판한 말이 있다.

問子西. 曰 彼哉 彼哉.
자서(子西)에 대해 물으니 말씀하셨다. "그 사람 말이냐. 그 사람?"

자서(子西)에 대해서 고주의 마융은 정의 대부라고 하나, 주희는 초(楚)의 공자 신(申)이라고 한다. 주희에 의하면 자서는 소왕(昭王)을 세워 정치를 개혁하고 기강을 바로 세운 현명한 대부였다. 그러나 소왕이 공자를 등용하려는 것을 방해하고 마침내 백공(白公)을 불러들여 화란을 초래했으니 이것으로 그 사람됨을 알 수 있다고 한다. 피재피재(彼哉彼哉)는 주희에 의하면 사람을 도외시하는 표현이다.

問管仲. 曰 人也. 奪伯氏騈邑三百 飯疏食 沒齒無怨言.
관중에 대해 물으니 말씀하셨다. "어진 사람이다. 백(伯)씨의 병(騈)읍 300호(戶)를 빼앗았기 때문에, 백씨는 거친 밥을 먹게 되었으나, 죽을 때까지 그를 원망하지 않았다."

관중(管仲)은 제(齊)의 재상으로 팔일22에도 나온 바 있다.

인야(人也)의 人은 청의 주빈(朱彬, 1753~1834)의 『경전고증(經傳考證)』에 의하면 인(仁)이다(『논어집석』에서 재인용). 옹야24에서도 사람을 나타내는 人을 仁으로 표기한 바 있다. 고대에는 人과 仁이 서로 통용됐다고 한다.

人也에 대해서는 다른 주장도 많다. 주희는 人을 이 사람(此人)이란 뜻으로 풀이했다. 고주에서는 『시경』 진풍(秦風) 겸가(蒹葭)와 소아(小雅) 백구(白駒)편에 보이는 이인(伊人), 즉 현자(賢者)라고 풀이한다. 우리나라의 다산은 人也 앞에 글자 하나가 빠진 것으로 생각한다.

백씨(伯氏)는 제나라의 대부다. 병읍(騈邑)은 지명이다. 반소사(飯疏食)는 거친 밥을 먹는 것이니, 곤궁한 생활을 뜻한다. 몰치(沒齒)의 치(齒)는 연(年)으로 연수가 다하도록, 즉 죽을 때까지란 뜻이다. 백씨의 병읍을 빼앗은 관중의 조치가 정당했기에, 그것을 수긍한 백씨는 평생토록 원망의 말이 없었다. 관중의 정치가 그만큼 공평무사했다는 말이다.

관중에 대해서는 팔일22, 헌문17, 18에서도 언급한다.

11

공자께서 말씀하셨다. "가난하면서도 원망하지 않는 것은 어렵지만, 부유하면서도 교만하지 않는 것은 쉽다."

子曰 貧而無怨難 富而無驕易.

부유하면서 교만하지 않은 사람도 훌륭한 사람이지만, 가난하면서도 세상을 원망하지 않고, 그 속에서 즐거움을 찾을 수 있는 사람이야말로 진정 군자가 아닐까?(飯疏食飮水 曲肱而枕之 樂亦在其中矣－술이15)
　안연은 가난 속에서도 근심하지 않고, 오히려 학문을 하는 즐거움을 바꾸려 하지 않았다(옹야9). 또한 자공은 부유한 속에서도 교만하지 않았다(학이15). 이런 안연과 자공을 두고 황간의 『논어의소』에서 동진의 강희는 안

제14편. 헌문(憲問) 603

연의 원망이 없는 경지는 가히 미칠 수 없는 것이나, 자공의 교만하지 않는 경지는 가히 도달할 수 있는 것이라고 했다.

●

학이15에서 자공은 가난해도 아첨하지 않고 부유해도 교만하지 않다면 어떻겠냐고 공자에게 묻는다.

12

공자께서 말씀하셨다. "맹공작은 조(趙)씨나 위(魏)씨의 가신의 우두머리가 되기에는 충분하지만, 등(滕)이나 설(薛)의 대부는 될 수 없다."

子曰 孟公綽爲趙魏老則優 不可以爲滕薛大夫.

맹공작(孟公綽)은 노의 대부다. 바로 다음의 13장에 의하면 욕심이 없는 사람이다.

조(趙)와 위(魏)는 오늘날 산시성(山西省) 지방인 진(晉)의 대부다. 커다란 영지를 갖고 있던 상당히 유력한 가문으로, 나중에 진(晉)을 분할해 각각 전국 시대 칠웅(七雄)의 하나인 조(趙)나라와 위(魏)나라를 세웠다.

노(老)는 가신(家臣)의 우두머리다. 우(優)는 남음이 있는 것, 충분한 것이다.

등(滕)과 설(薛)은 각각 노의 이웃에 있던 작은 제후국이다.

조씨와 위씨는 비록 그 차지하고 있는 영지가 크다고 하나 제후의 가신일 뿐이다. 따라서 사사로운 집안일이 있을 뿐이지 나라의 일(國事)은 없다. 그러나 등과 설은 비록 영토는 작다고 하나 분명한 제후국으로서 국사(國事)가 있다. 맹공작은 그 재주가 모자라 국사를 담당하기에는 부적절하다는 말이다.

13

자로가 성인(成人)에 대해 물었다. 공자께서 말씀하셨다. "만일 장무중의 지혜와 공작의 무욕(無慾), 변장자의 용기, 염구의 재주에다 예(禮)와 악(樂)으로써 꾸민다면 가히 성인이라고 할 수 있을 것이다."

"지금의 성인이야 어찌 꼭 그렇겠는가? 이익을 보면 의를 생각하고, 위급함을 보면 목숨을 내놓으며, 옛 약속에 대해 평소에 한 말을 잊지 않는다면 가히 성인이라고 할 수 있을 것이다."

子路問成人. 子曰 若臧武仲之知 公綽之不欲 卞莊子之勇 冉求之藝 文之以禮樂 亦可以爲成人矣.

자로가 성인(成人)에 대해 물었다. 공자께서 말씀하셨다. "만일 장무중의 지혜와 공작의 무욕(無慾), 변장자의 용기, 염구의 재주에다 예(禮)와 악(樂)으로써 꾸민다면 가히 성인이라고 할 수 있을 것이다."

성인(成人)은 주희에 의하면 완전한 사람(全人), 즉 인격이 완성된 사람을 말

제14편. 헌문(憲問) **605**

한다. 장무중(臧武仲)은 노의 대부 장손흘(臧孫紇)이다. 공작(公綽)은 바로 앞의 12장에서 나온 그 맹공작이다. 변장자(卞莊子)는 노의 변(卞)읍의 대부이다. 염구의 재주에 대해서는 옹야6에서도 언급한 바 있다(求也藝). 문(文)은 꾸미는 것이다. 지혜 · 청빈 · 용기 · 재주를 갖춘 후, 예로써 절제하고 악(樂)으로써 조화를 꾀한다면 가히 완전한 인격체라 할 수 있을 것이다. 이상은 주희에 의거했다.

이토 진사이는 지혜 · 청빈 · 용기 · 재주를 모두 갖추는 것은 성인도 하기 힘든 일이라고 하면서 고주나 신주를 비판했다. 진사이의 해석은 이 넷 중 한 가지에다가 예악으로 꾸민다면 가히 성인이라고 할 수 있다는 말이다. 오규 소라이도 같은 입장이다.

曰 今之成人者何必然. 見利思義 見危授命 久要不忘平生之言 亦可以爲成人矣.

"지금의 성인이야 어찌 꼭 그렇겠는가? 이익을 보면 의를 생각하고, 위급함을 보면 목숨을 내놓으며, 옛 약속에 대해 평소에 한 말을 잊지 않는다면 가히 성인이라고 할 수 있을 것이다."

견리사의(見利思義)는 이익을 눈앞에 두고, 그것이 정당한 것인가 아닌가를 생각하는 것이다. 견위수명(見危授命)의 危는 위급함, 授命은 목숨을 아끼지 않고 바치는 것이다. 구요(久要)는 고주나 신주에 의하면 옛 약속(舊約)이다. 여기서는 이 주장을 따랐다. 그러나 양백준과 오규 소라이는 오랜 곤궁(久約)으로 풀이했다. 평생지언(平生之言)은 주희에 의하면 평소에 한 말이다. 고주의 공안국은 어렸을 때 한 말이라고 풀이했다. 주희를 따랐다.

공자는 옛것을 숭상하는 사람이다. 그의 이상향은 멀리 주공(周公)이 다스렸다는 시대다(술이5). 따라서 그에게 지금의 사람이란 항상 옛사람들에 비해 부족했다. 여기서도 마찬가지다. 과거의 성인(成人)은 위와 같이 높은 자격이 요구되었지만, 지금의 각박한 현실에서는 그렇게까지 요구할 수 없다. 그저 사욕에 눈이 어둡지 않고, 위급할 때 목숨을 바쳐 충성을 다하며, 말에 신의가 있으면 족히 성인이라고 할 수 있을 것이다. 今之成人者 이하는 현실에 대한 그러한 안타까움을 나타냈다.

신주에서 호인은 今之成人者 이하를 자로가 한 말로 보았다.

14

공자께서 공명가에게 공숙문자에 대해 물으셨다. "정말입니까? 그분은 말을 하지 않고, 웃지도 않으며, (재물을) 취하지도 않으신다는 말이."

공명가가 대답했다. "그것은 알린 사람이 지나쳤습니다. 그분은 때가 된 연후에 말씀하시므로 사람들이 그 말을 싫어하지 않습니다. 즐거운 연후에야 웃으시므로 사람들이 그 웃음을 싫어하지 않습니다. 의로운 연후에 취하시므로 남들이 그 취하는 것을 싫어하지 않습니다."

공자께서 말씀하셨다. "그렇습니까? 어찌 그럴 수가?"

子問公叔文子於公明賈曰 信乎 夫子不言 不笑 不取乎.

공자께서 공명가에게 공숙문자에 대해 물으셨다. "정말입니까? 그분은 말을 하지 않고, 웃지도 않으며, (재물을) 취하지도 않으신다는 말이."

공숙문자(公叔文子)는 고주의 공안국에 의하면 위(衛)의 대부 공손발(公孫拔)로 문(文)은 시호(諡號)다.

공명가(公明賈)는 위나라 사람이란 것 이외에는 자세히 알려지지 않았다.

公明賈對曰 以告者過也. 夫子時然後言 人不厭其言. 樂然後笑 人不厭其笑. 義然後取 人不厭其取.

공명가가 대답했다. "그것은 알린 사람이 지나쳤습니다. 그분은 때가 된 연후에 말씀하시므로 사람들이 그 말을 싫어하지 않습니다. 즐거운 연후에야 웃으시므로 사람들이 그 웃음을 싫어하지 않습니다. 의로운 연후에 취하시므로 남들이 그 취하는 것을 싫어하지 않습니다."

이고자과야(以告者過也)의 以는 양백준에 의하면 차(此)로, 이것은 말을 알린 사람이 지나쳤다는 말이다. 시연후언(時然後言), 낙연후소(樂然後笑), 의연후취(義然後取)는 주희에 의하면 일이 그 가(可)함에 맞아서 사람들이 싫어하지 않아 그런 일이 있었는지 깨닫지 못하는 것이다. 즉 남들이 모두 즐겁게 웃을 때 웃거나, 남들이 모두 밥 먹을 때 밥 먹으면 그가 웃었는지 먹었는지 특별히 생각나지 않는 것과 같은 것이다.

子曰 其然 豈其然乎.

공자께서 말씀하셨다. "그렇습니까? 어찌 그럴 수가?"

기연 기기연호(其然 豈其然乎)는 주희에 의하면 의심하는 말이다. 공숙문자의 사람됨이 비록 훌륭하다고 하나, 공명가의 말이 너무 지나치다고 생각한 것이다.

한편 다산은 其然은 공자가 공명가의 말을 듣고 그 실상을 알게 됨이 기뻐서 한 말이고, 豈其然乎는 지난날 들은 말(不言不笑不取)이 사리에 맞지 않았음을 깨달아 한 말이라고 보았다. 다산을 따라 해석한다면 "그렇겠지요, 어찌 그럴 리 있겠습니까?"가 된다.

15

공자께서 말씀하셨다. "장무중은 방(防)읍을 가지고 노에 자신의 후계자를 세워줄 것을 요구했다. 비록 임금에게 강요한 것은 아니라고 하나 나는 믿지 못하겠다."

子曰 臧武仲以防求爲後於魯. 雖曰不要君 吾不信也.

장무중은 앞의 13장에서 지혜가 출중한 인물로 언급된 바 있다.
　방(防)은 장무중의 집안이 대대로 이어받은 봉읍(封邑)이다. 양백준에 의하면 오늘날 산동성 페이(費)현 동북쪽 60리에 있는 화청(華城) 일대라고 한다.
　위후(爲後)는 후계자를 세우는 것이고, 요군(要君)은 임금에게 강요하는 것이다.
　장무중은 노의 실력자인 맹손(孟孫)씨의 참소를 받고 주(邾)로 망명했다. 그러다가 그는 자신의 봉읍인 방(防)읍으로 몰래 잠입해 그곳을 점거하고,

조상의 제사를 이을 수 있도록 후계자를 세워줄 것을 요구했다. 말은 공손했지만 여차하면 반란이라도 일으킬 기세였다. 요구는 받아들여져 배다른 형인 장위(臧爲)가 후계자로 결정됐다. 무중은 방읍을 떠나 제(齊)나라로 망명했다. 노나라 양공(襄公) 23년의 일로『춘추좌씨전』에 기록되어 있다.

 누군가가 말하길 무중이 온순한 말로 자신의 후계자를 세워줄 것을 청했으므로 임금에게 강요한 것이 아니라고 했던 것 같다. 이에 공자가 그 실상이 방읍을 근거로 삼아 임금에게 강요한 것임을 분명히 밝힌 것이다.

16

 공자께서 말씀하셨다. "진(晉)나라 문공은 권도를 쓰고 정도를 쓰지 않았다. 제(齊)나라 환공은 정도를 쓰고 권도를 쓰지 않았다."

子曰 晉文公譎而不正 齊桓公正而不譎.

진문공(晉文公)은 이름은 중이(重耳)로 오늘날의 산시성(山西省) 일대인 진(晉)의 임금이었다. BC 636년에 즉위해 BC 628년에 사망했다. 춘추오패(春秋五覇)의 한 사람으로 제환공의 뒤를 이어 패자(覇者)가 됐다.

 제환공(齊桓公)의 이름은 소백(小白)이다. 오늘날 산둥성 일대인 제(齊)를 BC 685년에서 BC 643년까지 다스렸다. 춘추오패의 시초이면서 또한 으뜸으로 평가받는다.

 휼(譎)은 권(權)으로, 일상 원칙에 구애받지 않고 시의에 따라 경중(輕重)

을 헤아려 행하는 권도(權道)를 말한다. 주로 일상적인 원칙이 통용되지 않는 비상시에 많이 쓰인다. 정(正)은 평상시에 쓰는 정치의 상도(常道)다. 즉 진문공은 비상시의 권도(權道)에는 능했으나 일상적인 정치의 상도에는 취약했고, 제환공은 정치의 상도에는 능했으나 권도에는 약했다는 뜻이다. 유보남이나 송상봉 같은 청의 학자들이 주로 이렇게 해설했다.

그러나 고주와 신주에서는 휼(譎)을 사(詐)나 궤(詭)로 풀이해 남을 속이는 것이라고 했다. 즉 진문공은 남을 속이고 올바르지 않았으나, 제환공은 올바르고 남을 속이지 않았다는 말이다. 그 근거로 고주의 정현은 진문공이 천토(踐土)로 천자를 불러 들여 제후들로 하여금 알현케 한 후 회맹(會盟)을 맺은 것을 들고 있다. 즉 진문공이 천자와 제후들을 기만했다는 것이다.

17

자로가 말했다. "환공이 공자 규를 죽였을 때 소홀은 함께 죽었으나 관중은 죽지 않았습니다." "인(仁)이 아니겠지요?"

공자께서 말씀하셨다. "환공이 제후를 규합했으나 무력에 의지하지 않았으니 관중의 힘이었다. 누가 그의 인(仁)만 같겠는가? 누가 그의 인만 같겠는가?"

子路曰 桓公殺公子糾. 召忽死之 管仲不死. 曰 未仁乎.

자로가 말했다. "환공이 공자 규를 죽였을 때 소홀은 함께 죽었으나 관중은 죽지 않았습니다." "인(仁)이 아니겠지요?"

공자 규(糾)는 제 희공(僖公)의 아들로, 환공과 함께 양공(襄公)의 동생이다. 신주의 정이는 환공이 형이라고 하나, 『사기』「제태공세가(齊太公世家)」에 의하면 규가 형이다.

양공이 포악무도해 공자 규는 관중, 소홀(召忽)과 함께 노로, 후일의 환공인 공자 소백(小白)은 포숙아(鮑叔牙)와 함께 거(莒)로 망명했다. 양공이 죽자 소백이 먼저 제로 돌아가 군주가 됐다. 그가 제환공이다. 공자 규는 노의 지원을 받아 환공에게 도전했으나 전쟁에서 패해 죽임을 당했다. 소홀 또한 공자 규의 뒤를 따라 자살했다. 그러나 관중은 포로가 되어 제나라로 압송됐다. 평소 관중의 사람됨을 높이 평가했던 포숙아는 관중을 죽이기는커녕 환공에게 천거했다. 마침내 관중은 제의 재상이 되어 환공을 도와 패업(覇業)을 이루었다.

子曰 桓公九合諸侯 不以兵車 管仲之力也. 如其仁 如其仁.
공자께서 말씀하셨다. "환공이 제후를 규합했으나 무력에 의지하지 않았으니 관중의 힘이었다. 누가 그의 인(仁)만 같겠는가? 누가 그의 인만 같겠는가?"

구합(九合)의 구(九)는 숫자를 나타내는 것이 아니라 규(糾)다. 즉 흩어져 있는 사람을 불러 모으는 것이다. 주희의 설(說)이다.

그러나 황간의 『논어의소』는 환공의 주도로 이루어진 아홉 번의 회맹(會盟)을 가리키는 것으로 해석했다. 다산도 같은 입장이다.

병거(兵車)는 무력이다. 여기인(如其仁)은 고주의 공안국에 의하면 수여관중지인(誰如管仲之仁)으로, 누가 관중의 인(仁)만 같겠느냐는 뜻이다. 신주도 같다. 그러나 다산은 其를 소홀로 보아 소홀의 인과 같다, 즉 소홀만큼 어질다는 뜻으로 풀이했다.

성격이 단순한 자로는 관중이 소홀처럼 자신이 섬기던 공자 규를 따라 순사하지 않은 것이 목숨을 부지하기 위해 신의를 저버린 것으로 생각되었던 모양이다. 그래서 그와 같은 질문을 한 것이리라. 그러나 공자의 대답은 자로의 기대와는 달랐다. 비록 자신이 섬기던 사람과 생사를 같이하지 못한 잘못은 있다고 하나, 무력에 의하지 않고 천하를 안정시켰으니 그 공은 실로 크다. 작은 절개(小節)는 잃었으나 천하의 큰 공(大業)을 세운 것이다. 천하 만백성의 삶을 안정시켰으니 이것보다 더 큰 인(仁)이 어디에 있겠는가? 작은 절개(小節)와 큰 공(大業)에 관한 문제다.

●

관중에 대해서는 팔일22, 헌문10, 18에서도 언급한다.

18

자공이 말했다. "관중은 어질지 못한 사람이지요? 환공이 공자 규를 죽일 때 따라 죽지 못했을 뿐만 아니라, 그를 돕기까지 했으니 말입니다."

공자께서 말씀하셨다. "관중은 환공을 도와 제후들의 패자가 되게 하고, 천하를 하나로 바로잡았다. 백성들은 지금에 이르기까지 그 은혜를 입고 있다. 관중이 없었다면 우리는 아마 머리를 풀어헤치고 옷깃을 왼쪽으로 했을 것이다. 어찌 필부필부(匹夫匹婦)의 고지식함과 같겠는가? 스스로 도랑에서 목매어 죽어도 아무도 알아주는 이가 없는."

子貢曰 管仲非仁者與. 桓公殺公子糾 不能死 又相之.

자공이 말했다. "관중은 어질지 못한 사람이지요? 환공이 공자 규를 죽일 때 따라 죽지 못했을 뿐만 아니라, 그를 돕기까지 했으니 말입니다."

子曰 管仲相桓公霸諸侯 一匡天下. 民到于今受其賜. 微管仲 吾其被髮左衽矣.

공자께서 말씀하셨다. "관중은 환공을 도와 제후들의 패자가 되게 하고, 천하를 하나로 바로잡았다. 백성들은 지금에 이르기까지 그 은혜를 입고 있다. 관중이 없었다면 우리는 아마 머리를 풀어 헤치고 옷깃을 왼쪽으로 했을 것이다."

패제후(霸諸侯)는 뭇 제후들의 패자(霸者)가 되는 것이고, 일광(一匡)은 하나로 바로잡는 것이다. 미(微)는 무(無)로, '만약 ~이 없었더라면'의 뜻이다. 피발(被髮)은 머리를 풀어헤치는 것이고, 좌임(左衽)은 옷깃을 왼편으로 여미는 것으로 모두 오랑캐의 풍습이다. 다산은 피발을 변발(辮髮), 즉 만주인들처럼 머리를 뒤로 길게 따 늘인 것이라고 풀이했다.

춘추오패(春秋五覇)라 불리는 패자들은 모두 존왕양이(尊王攘夷)를 기치로 내세웠다. 존왕(尊王)이란 주 왕실을 받들어 천하의 정치를 안정시키는 것이요, 양이(攘夷)란 제후들과 힘을 합쳐 오랑캐를 물리치는 것이다. 一匡天下, 微管仲 吾其被髮左衽矣는 바로 그 존왕양이를 나타낸다.

豈若匹夫匹婦之爲諒也 自經於溝瀆而莫之知也.

"어찌 필부필부(匹夫匹婦)의 고지식함과 같겠는가? 스스로 도랑에서 목매어 죽어도 아무도 알아주는 이가 없는."

필부필부(匹夫匹婦)는 보잘 것 없는 서민을 말하며, 량(諒)은 작은 신의에 얽매이는 고지식함이다. 경(經)은 목을 매는 것, 구독(溝瀆)은 작은 도랑이다. 주희의 해설을 따랐다.

그러나 명의 왕부지는 『사서패소』에서 구독(溝瀆)은 지명으로, 소홀과 공자 규가 죽은 곳이라고 주장한다. 청의 황식삼은 왕부지의 주장을 이어받아 필부필부(匹夫匹婦)가 바로 구독에서 죽은 소홀을 지칭한다고까지 했다(『논어집석』에서 재인용).

자공도 자로와 같은 질문을 했다. 관중이 공자 규와의 신의를 저버린 일이 당시 꽤나 문제가 되었던 모양이다. 공자의 대답은 시종 같다. 관중의 작은 허물을 보지 말고 그가 천하 만백성에게 끼친 큰 공을 생각하라고.

팔일22를 보면 공자는 관중이 그릇이 작다고 하면서, 그가 사치를 좋아했고 예 또한 알지 못했다고 했다. 또한 관중은 공자 규와의 신의도 지키지 못했다. 그러나 이러한 허물에도 그가 천하 만백성에게 끼친 공적은 실로 지대했다. 그는 무너져가는 주의 정치 체제를 안정시켰으며, 오랑캐로부터 중국을 보호했다. 그는 진실로 천하 만백성에게 널리 베푼 것이다. 옹야28에서 공자는 널리 백성에게 은혜를 베풀어 능히 무리를 구제한다면 인(仁) 정도에 그치는 것이 아니라 성인(聖人)일 것이며, 요순도 그것을 어려워했다고 했다. 그의 이러한 큰 공을 작은 허물에 가려 보지 못해서는 안 된다. 작은 절개에 연연하지 않는 공자의 넓은 기풍을 알 수 있다.

그러나 한편으로 생각하면 팔일22와 지금 이 두 장과의 사이에는 서로 모순이 있는 것 또한 사실이다. 이 사실을 어떻게 설명해야 할까? 혹시 말한 시기가 달랐던 것은 아닐까? 그래서 관중에 대한 공자의 생각이 변한 것은 아닐까? 그렇다면 팔일22의 말이 보다 젊었을 때 한 말일 것이다.

19

공숙문자의 가신인 대부 선이 문자와 함께 조정에 올랐다. 공자께서 그 말을 듣고 말씀하셨다. "가히 시호를 문(文)이라고 할 만하다."

公叔文子之臣大夫僎 與文子同升諸公. 子聞之曰 可以爲文矣.

정수덕의 『논어집석』에 인용된 염약거의 『사서석지』의 주장에 의하면 춘추시대에 이르면 배신(陪臣)들도 대부를 칭했다고 한다. 따라서 가신인 선(僎)을 대부라고 한 것이다. 그러나 모기령은 신대부(臣大夫)로 붙여 읽어야 한다고 주장한다. 대부의 집에 벼슬하면 가대부(家大夫)라 하고, 읍에 벼슬하면 읍대부(邑大夫)라고 하는데 통칭해 신대부라고 부른다고 한다.

저(諸)는 어(於)이고, 공(公)은 공조(公朝), 즉 제후의 조정이다. 공숙문자가 자신의 가신인 대부 선이 유능함을 알고 그를 천거해 같이 조정에 오른 것이다.

문(文)이라는 시호(諡號)는 시호 중 최상의 것 중 하나로 학문에 공적이 있거나 덕으로 백성을 평안하게 한 사람에게 주는 것이다.

청(淸)의 육롱기(陸隴其, 1630~1693)의 『사서곤면록(四書困勉錄)』에 인용된 오인지(吳因之)의 말에 의하면 남의 신하가 된 자에게는 두 가지 병폐가 있을 수 있다고 한다. 하나는 후배가 현명해 이후 나보다 공이 많을 것을 꺼리는 것이요, 또 하나는 스스로를 존대하고 남을 천하게 여겨 자기와 동렬에 서는 것을 인정하지 않는 것이다(『논어집석』에서 재인용).

신주에 인용된 남송의 홍흥조(洪興祖, 1090~1155)의 해설에 의하면 공숙문자가 대부 선을 조정에 천거한 것은 첫째로 남의 능력을 알아본 것이요, 둘째로 자신의 사사로운 욕심을 버린 것이고, 셋째는 임금에게 충성을 다한 것이다. 따라서 그 시호를 문이라고 할 만했다고 한다.

20

공자께서 위령공의 무도함에 대해 말씀하셨다. 계강자가 말했다. "그러면서 어찌하여 나라를 잃지 않았습니까?"

공자께서 말씀하셨다. "중숙어가 외교를 맡아 다스렸고, 축타가 종묘의 제사를 맡아 다스렸으며, 왕손가가 군사를 맡아 다스렸습니다. 그러니 어찌 나라를 잃겠습니까?"

子言衛靈公之無道也. 康子曰 夫如是 奚而不喪.
공자께서 위령공의 무도함에 대해 말씀하셨다. 계강자가 말했다. "그러면서 어찌하여 나라를 잃지 않았습니까?"

해이(奚而)는 유월의 『군경평의』에 의하면 해위(奚爲)다(『논어집석』에서 재인용).
상(喪)은 나라를 잃는 것, 임금의 지위를 잃는 것이다.

孔子曰 仲叔圉治賓客 祝鮀治宗廟 王孫賈治軍旅 夫如是奚其喪.

공자께서 말씀하셨다. "중숙어가 외교를 맡아 다스렸고, 축타가 종묘의 제사를 맡아 다스렸으며, 왕손가가 군사를 맡아 다스렸습니다. 그러니 어찌 나라를 잃겠습니까?"

중숙어(仲叔圉)는 공야장14에 나온 바 있는 공문자(孔文子)다. 축타(祝鮀)는 옹야14에서 나왔다. 말재간이 좋다고 했다. 왕손가(王孫賈)는 팔일13에서 나왔다.

　공자 시대 국가의 가장 중요한 업무는 제사와 군사 문제였다. 제사는 국가의 일체감의 조성을 위해 필요했고, 군사 문제는 국가의 존속을 위한 것이었다. 외교는 군사 문제와 밀접히 연관된 사항이다. 위령공이 비록 무도했으나, 위와 같이 유능한 사람들이 각각 외교·제사·군사를 맡고 있었기 때문에 나라를 잃지 않을 수 있었다.

21

공자께서 말씀하셨다. "그 말에 부끄러움이 없는 것, 그것을 행하기가 어렵다."

子曰 其言之不怍 則爲之也難.

작(怍)은 부끄러워하는 것이다. 말이 진실하면 부끄러움이 없다. 그러나 그렇게 하기란 쉬운 일이 아니다. 고주를 따랐다. 다산과 이토 진사이도 같은 입장이다.

신주는 "말에 부끄러움이 없으면, 그 말을 실행하는 것이 어렵다"라고 해석했다. 말을 삼가고 조심하라는 뜻이다. 오규 소라이는 신주를 따랐다.

22

진성자가 제간공을 시해했다. 공자께서 목욕재계하시고 조정에 나아가 애공에게 말씀하셨다. "진항이 임금을 시해했습니다. 청컨대 그를 토벌하십시오."

애공이 말했다. "저 세 사람에게 말해보시오."

공자께서 말씀하셨다. "내가 대부의 말석이라도 차지하고 있기 때문에 감히 고하지 않을 수 없었는데, 임금께서는 '저 세 사람에게 말해 보시오'라고 하는구나."

세 사람에게 가서 고하셨으나 받아들여지지 않았다. 공자께서 말씀하셨다. "내가 대부의 말석이라도 차지하고 있기 때문에 감히 고하지 않을 수 없었다."

陳成子弑簡公. 孔子沐浴而朝 告於哀公曰 陳恒弑其君 請討之.
진성자가 제간공을 시해했다. 공자께서 목욕재계하시고 조정에 나아가 애공에게 말씀하셨다. "진항이 임금을 시해했습니다. 청컨대 그를 토벌하십시오."

진성자(陳成子)는 제(齊)의 대부 진항(陳恒)으로 전상(田常)이라고도 불린다. 그가 자신의 임금인 제간공(齊簡公, 재위년 BC 491~BC 481)을 시해한 것은 공자가 죽기 2년 전인 BC 481년 노 애공(哀公) 14년의 일이다. 이후 진씨는(나중에 田씨로 성을 바꿈) 계속 세력을 쌓아가 이 사건이 있은 지 약 100년 후 결국 제를 찬탈하고 만다. 진성자의 증손자인 전화(田和)가 강태공(姜太公)의 후예로부터 제를 빼앗아 스스로 임금이 된 것이다(BC 386). 전화의 찬탈은 춘추시대와 전국시대를 나누는 분기점 중 하나다.

목욕(沐浴)은 목욕재계하는 것이다. 공자가 목욕재계한 것은 임금을 시해한 자를 토벌하는 것이 주의 통치 질서 안에서 그만큼 중요한 일이었기 때문이다.

公曰 告夫三子.

애공이 말했다. "저 세 사람에게 말해보시오."

삼자(三子)는 노의 실권자들인 삼환(三桓), 즉 계손(季孫)씨, 숙손(叔孫)씨, 맹손(孟孫)씨를 가리킨다. 애공이 실권이 없었기 때문에 자신이 결정하지 못하고 삼환씨에게 미룬 것이다.

孔子曰 以吾從大夫之後 不敢不告也. 君曰 告夫三子者.

공자께서 말씀하셨다. "내가 대부의 말석이라도 차지하고 있기 때문에 감히 고하지 않을 수 없었는데, 임금께서는 '저 세 사람에게 말해보시오'라고 하는구나."

이오종대부지후(以吾從大夫之後)는 자신이 대부의 말석에 있다는 뜻이다. 비록 권한은 없지만 나라의 정치에 책임이 있는 대부의 신분으로서 공자는 진항의 시역(弑逆)을 못 본 체할 수는 없었다. 군왈 고부삼자자(君曰 告夫三子者)는 애공에 대한 공자의 실망감을 나타낸 말이다. 애공이 직접 삼환에게 지시하면 될 일을, 공자보고 찾아가서 고하라고 시킨 것이다.

之三子告 不可. 孔子曰 以吾從大夫之後 不敢不告也.
세 사람에게 가서 고하셨으나 받아들여지지 않았다. 공자께서 말씀하셨다. "내가 대부의 말석이라도 차지하고 있기 때문에 감히 고하지 않을 수 없었다."

삼환씨가 거절한 것은 당연하다. 그들 자신이 진성자와 마찬가지로 노의 국정을 전횡하고 있었기 때문이다. 진성자를 토벌하는 것은 자칫하면 자기 자신에게 활시위를 겨누는 꼴이 될 수 있었다. 예상대로 거절의 대답을 들은 공자는 다시 자기가 고한 것은 그래도 대부인지라 나랏일을 못 본 체할 수 없었기 때문이라고 말한다. 공자의 답답한 마음을 나타내고 있다.

● 以吾從大夫之後라는 표현은 선진7에도 보인다.

23

자로가 임금을 섬기는 것에 대해 물었다. 공자께서 말씀하셨다. "속이지 마라. 그러나 안색은 범(犯)해라."

子路問事君. 子曰 勿欺也 而犯之.

기(欺)는 속이는 것이다. 범(犯)은 안색(顏色)을 범하는 것이니 임금의 뜻에 거슬리더라도 옳은 말을 간하는 것이다.

『예기』「단궁(檀弓)상」에 부모를 섬기는 데는 감추는 것은 있으나 범(犯)하는 것은 없으며(事親 有隱而無犯), 임금을 섬기는 데는 범(犯)하는 것은 있으나 감추는 것은 없다(事君 有犯而無隱)는 말이 있다. 부모는 그 마음을 편하게 하는 것이 중요하지만, 임금은 바른 길로 나아가게 하는 것이 중요하기 때문이다.

24

공자께서 말씀하셨다. "군자는 위로 통달하고, 소인은 아래로 통달한다."

子曰 君子上達 小人下達.

고주에서는 상(上)을 본(本), 하(下)를 말(末)이라고 했고, 황간의 『논어의소』에서는 인의(仁義), 재리(財利)라고 했다. 주희는 "군자는 천리를 따르기 때문에 나날이 고명한 곳으로 나아가고, 소인은 인욕을 따르기 때문에 나날이 더럽고 비천한 곳으로 이른다"라고 풀이했다. 다산은 상달(上達)을 풀이하기를 군자가 나날이 덕으로 나아가 마침내 최상(最上)의 단계에 오르는 것, 하달(下達)을 풀이하기를 소인이 이(利)를 추구하다가 나날이 퇴보하여 마침내 최하(最下)의 단계로 떨어지는 것이라고 했다.

●

헌문37에 下學而上達이라는 말이 있다.

25

공자께서 말씀하셨다. "옛날의 배우는 자는 자신을 위했고, 지금의 배우는 자는 남을 위한다."

子曰 古之學者爲己 今之學者爲人.

위기(爲己)는 신주의 정이에 의하면 몸에 얻고자 하는 것이고, 위인(爲人)은 남에게 알려지고자 하는 것이다. 계속해서 정이는 말한다. "옛날의 배우는 자는 자신을 위했지만 끝내 남을 이루어주는 데 이르렀고, 지금의 배우는 자는 남을 위했지만 끝내 자신을 잃는 데 이른다."
고주에서는 爲己를 실행하는 것, 爲人을 헛되이 말만 하는 것이라고 풀이했다.
옛날의 학자는 자신을 갈고 닦기 위해 공부했으므로, 남이 자기를 알아주지 않아도 화내지 않으며(人不知而不慍 不亦君子乎 - 학이1), 허물을 자기에게서 찾았다(君子求諸己 小人求諸人 - 위령공20). 오늘의 학자는 남에게 보이기 위해 공부하므로, 남이 자기를 알아주지 않는 것을 참지 못하며, 허물을 남에게서 찾는다.

26

거백옥이 공자께 사람을 보냈다. 공자께서 자리를 내주시면서 물었다. "그분께서는 어찌하고 계십니까?"
　　대답해 말했다. "그분께서는 허물을 적게 하고자 하십니다만 아직 못하고 있습니다."
　　사자가 물러가자 공자께서 말씀하셨다. "훌륭한 사자로군, 훌륭한 사자로군."

蘧伯玉使人於孔子. 孔子與之坐而問焉曰 夫子何爲.
거백옥이 공자께 사람을 보냈다. 공자께서 자리를 내주시면서 물었다. "그분께서는 어찌하고 계십니까?"

거백옥(蘧伯玉)은 위의 대부 거원(蘧瑗)이다. 『사기』「공자세가」에 의하면 공자가 위에 있을 때 주로 거백옥의 집에서 머물렀다고 한다. 여지좌(與之坐)는 사자에게 앉으라고 자리를 내주는 것이다. 부자(夫子)는 신분이 있는 사람을 존칭해 부르는 말이다.

對曰 夫子欲寡其過而未能也.

대답해 말했다. "그분께서는 허물을 적게 하고자 하십니다만 아직 못하고 있습니다."

使者出. 子曰 使乎 使乎.

사자가 물러가자 공자께서 말씀하셨다. "훌륭한 사자로군, 훌륭한 사자로군."

사호 사호(使乎 使乎)는 사자로서 훌륭함을 칭찬한 말이다.
 거백옥의 사자는 주인을 욕되게 하지 않으면서도 겸손을 잃지 않았다. 이에 공자가 그를 칭찬한 것이다.

27

공자께서 말씀하셨다. "그 지위에 있지 않고서는 정사를 도모하지 않는다."

子曰 不在其位 不謀其政.

태백14에 같은 말이 있으며, 바로 다음의 헌문28에서는 비슷한 내용의 말을 증자가 한다.

28

증자가 말했다. "군자의 생각은 그 지위를 벗어나지 않는다."

曾子曰 君子思不出其位.

바로 앞 장과 같은 내용의 말이다. 따라서 고주에서는 앞 장과 묶어 하나의 장으로 했다.

『주역』 간괘(艮卦) 상전(象傳)에 君子以思不出其位라는 말이 있다. 이(以)가 더 있을 뿐 이 장과 똑같다. 대부분의 학자들이 증자가 『주역』을 인용한 것으로 본다. 그러나 술이16에서도 언급했듯이 아마 당시 전해지던 숙어(熟語)로 보아야 할 것이다.

한편 오규 소라이는 이 말이 제사 지낼 때를 위해 한 말이라고 보았다. 즉 제사 지낼 때 생각이 제사 지내는 그 자리를 벗어나서는 안 된다는 말이다. 독특하다 못해 괴이한 해설이다.

●

태백14, 헌문27에 비슷한 내용의 말이 있다.

29

공자께서 말씀하셨다. "군자는 그 말이 그 행동보다 지나친 것을 부끄러워한다."

子曰 君子恥其言而過其行.

이(而)는 황간의 『논어의소』에는 지(之)로 되어 있다. 여기서는 황간을 따랐다.
　주희는 치(恥)를 감히 다하지 못하는 것, 과(過)를 남음이 있는 것으로 풀이해, "군자는 그 말은 다하지 않고, 그 행동은 남음이 있고자 한다"라고 해석했다.

●

말과 행동에 대해서는 학이14, 위정13, 이인22, 24, 헌문21 등에서도 언급한다.

30

공자께서 말씀하셨다. "군자에게 도(道)가 셋 있으나 나는 할 수 없다. 어진 자는 걱정하지 않고, 지혜로운 자는 의혹에 빠지지 않으며, 용감한 자는 두려워하지 않는다."
　자공이 말했다. "선생님께서 자신에 대해 말씀하신 것이다."

子曰 君子道者三 我無能焉. 仁者不憂 知者不惑 勇者不懼.
부공자께서 말씀하셨다. "군자에게 도(道)가 셋 있으나 나는 할 수 없다. 어진 자는 걱정하지 않고, 지혜로운 자는 의혹에 빠지지 않으며, 용감한 자는 두려워하지 않는다."

子貢曰 夫子自道也.
자공이 말했다. "선생님께서 자신에 대해 말씀하신 것이다."

부자자도야(夫子自道也)의 道는 말하는 것(言)이다.
　공자가 자신은 능히 실천할 수 없다고 한 것은 겸손의 말이다. 역시 자공은 그 사실을 잘 알고 있었다.

●
　자한28에도 仁者不憂 知者不惑 勇者不懼라는 말이 있다.

31

　자공이 남을 비교해 평가했다. 공자께서 말씀하셨다. "사는 현명도 하구나. 나라면 그럴 여가가 없는데."

子貢方人. 子曰 賜也賢乎哉. 夫我則不暇.

방(方)은 비(比)로 비교해 평가하는 것이다.

말재주도 좋고(言語宰我子貢-선진2), 돈 버는 데도 뛰어났던(賜不受命而貨殖焉-선진18) 자공은 남의 인물됨을 비교·평가하기를 좋아하는 좀 별스러운 취미가 있었던 모양이다. 선진15에서도 자장과 자하를 비교해 누가 더 나은가 공자에게 물었다. 그때는 공자로부터 꾸중을 듣지 않았지만 이번에는 스승으로부터 호되게 야단맞고 있다. 자신을 연마하기에도 시간이 부족하거늘 어찌 남에게 쓸데없는 관심을 가질 여가가 있느냐고 말이다. 뛰어난 재주를 지녔으면서도 자기보다는 남에게 더 관심이 많았기에, 그 자신도 인정했듯이 도저히 안회를 쫓아갈 수 없었는지도 모른다(賜也何敢望回 回也聞一以知十 賜也聞一以知二-공야장8).

32

공자께서 말씀하셨다. "남이 자기를 알아주지 않는다고 걱정하지 말고, 자신이 하지 못함을 걱정하라."

子曰 不患人之不己知 患其不能也.

같은 취지의 말이 모두 네 번 나온다. 학이16, 이인14, 위령공18, 그리고 이 장이다. 그만큼 공자가 중요시한 것이다.

33

공자께서 말씀하셨다. "남이 나를 속일까 미리 짐작하지 않고, 남이 나를 믿지 않을까 미리 억측하지 않으면서도, 먼저 깨닫는 사람이 현명한 사람일 것이다."

子曰 不逆詐 不億不信 抑亦先覺者 是賢乎.

불역사(不逆詐)의 逆은 아직 이르지 않은 것을 미리 짐작하는 것, 詐는 남이 나를 속이는 것으로, 남이 나를 속일까 미리 짐작하지 않는다는 말이다. 불억불신(不億不信)의 億은 보지 않고 생각하는 것으로 억측하는 것을 말하며, 不信은 남이 나를 믿지 못하는 것으로, 남이 나를 믿지 않을까 미리 억측하지 않는다는 말이다. 성실한 사람이라면 남에게 거짓을 말하지도 않지만, 또한 남에 대해 의심을 품지도 않는다. 그러나 그러면서도 남이 자기를 속이려 하거나 또는 남이 나에 대해 의심을 품는 것을 미리 알아차릴 수 있다면 진정 현명한 사람이 아닐까? 신주에 입각해 풀이했다.

고주의 공안국은 "남이 나를 속일까 미리 짐작하지 않고, 남이 나를 믿지 않을까 미리 억측하지 않는다. 인정을 먼저 깨닫는 자를 어찌 현명한 자라고 할 수 있겠는가? 때때로 오히려 남으로부터 원망을 받게 될 것이다"라고 해설했다.

34

미생무가 공자에 대해 말했다. "구는 어찌하여 그렇게 정처 없이 다니는 것인가? 말재주나 부리는 것은 아닌가?"
　공자께서 말씀하셨다. "감히 말재주나 부리는 것은 아닙니다. 고루함을 미워하는 것입니다."

微生畝謂孔子曰 丘何爲是栖栖者與 無乃爲佞乎.
미생무가 공자에 대해 말했다. "구는 어찌하여 그렇게 정처 없이 다니는 것인가? 말재주나 부리는 것은 아닌가?"

미생무(微生畝)는 미생이 성이고 이름은 무이다. 공자를 구(丘)라고 부르는 것으로 보아 공자보다 연장자라고 생각된다.
　서서(栖栖)는 형병의 『논어주소』에 의하면 황황(皇皇)으로 정처 없이 다니는 모양을 나타낸다. 공자가 자신의 이상을 실현하기 위해 제후에게 유세를 다니는 모습을 미생무가 그렇게 표현한 것이다.
　위녕(爲佞)은 말재주나 부리는 것이고, 무내 ～ 호(無乃 ～ 乎)는 '～이 아닌가?'라는 뜻의 구문이다.

孔子曰 非敢爲佞也 疾固也.
공자께서 말씀하셨다. "감히 말재주나 부리는 것은 아닙니다. 고루함을 미워하는 것입니다."

질(疾)은 미워하는 것이고, 고(固)는 고루(固陋)함으로 세상의 고루함이다. 고주의 포함의 주장이다. 주희는 固를 미생무의 고집으로 풀이했다. 여기서는 고주를 따랐다.

미생무는 세상으로부터 은거한 은자(隱者)로 추측된다. 현실의 추악함으로부터 도피한 사람이다. 그런 미생무의 입장에서 볼 때 공자는 되지도 않을 일을 갖고 돌아다니면서 말재주나 부리는 사람일 수도 있다. 그러나 공자의 대답은 온순하다. 세상이 고루해서 그 고루함을 고치려고 돌아다니는 것이라고.

헌문편과 미자편에는 미생무와 같은 은자들이 자주 등장한다. 그들은 모두 공자의 현실에 대한 의욕을 비웃는다. 어지러운 세상에서 흔히 볼 수 있는 지식인의 냉소적 현실도피주의다. 이들의 이러한 입장은 점차 발전해 후일 전통 시대 중국 사상계를 유가와 더불어 양분한 도가(道家) 사상으로 발전해간다. 공자 당시의 세상이 이미 공자 자신조차도 떠나고 싶어 할 정도로(道不行 乘桴浮於海 - 공야장6) 어지러웠기 때문에 아마 이렇게 도가 사상의 선구자들이 등장하게 되었으리라.

그러나 공자가 노자로부터 예를 배웠다든가, 노자가 세상을 은거하기 위해 함곡관(函谷關)을 나서면서 『도덕경(道德經)』을 지었다고 하는 설화는 전설에 불과할 가능성이 상당히 높다. 우선 논어 안에 노자에 관한 언급이 전혀 없다는 것이 그 뚜렷한 증거다. 공자가 자신 이전과 그 당시의 수많은 인물에 대해 언급하면서, 그리고 어찌 보면 노자의 아류라고 할 수 있는 많은 은자에 대해서까지 언급하면서, 자신에게 예를 가르쳤다는 노자에 대해 전혀 언급하지 않았다는 것은 상식적으로 수긍이 안 된다. 공자가 노자를 몰랐다는 것으로밖에 달리 설명할 방법이 없다. 역사학계에서는 노자를 가공의 인물로 보며, 『도덕경』의 성립 연대를 공자 이후인 전국시대로 추정한다. 단언할 수는 없지만 적어도 공자가 노자에게 예를 배웠다는 설화는 도가의 사상가들이 사상적 우월성을 과시하기 위해 날조한 것으로 보아야 할 것이다.

논어에 언급된 이들 은자들이 도가의 사상적 원류임은 분명하나 이들에 관한 설화도 그 진위 여부에 대해서는 확신할 수 없다. 우선 그들 은자들은 말 그대로 세상을 등진 사람들이기 때문에 다른 문헌을 통해 확인할 방법이 없다. 그리고 공자의 사상과 배치되는 이들 은자들에 관한 이야기가 왜 논어에 실려야 하는지도 분명하지 않다. 게다가 논어에 나오는 이들 은자들은 하나같이 고고한 자세로 공자를 아래로 내려다본다. 논어 안에서 공자보다 이들 은자들이 더 당당하고 고고해 보인다는 것은 무언가 앞뒤가 맞지 않는다. 은자들에 관한 설화를 전부 부정할 수는 없겠지만, 그렇다고 전부 인정하는 것도 곤란하다. 그렇다고 어느 것이 진실이고, 어느 것이 거짓인지를 구체적으로 밝혀내는 것은 더욱 너 곤란한 일이다.

35

공자께서 말씀하셨다. "천리마는 그 힘을 일컫는 것이 아니라 그 덕을 일컫는 것이다."

子曰 驥 不稱其力 稱其德也.

기(驥)는 천리마이다. 칭(稱)은 일컫는 것, 칭찬하는 것이다.

   천리마는 하루에 1,000리를 갈 수 있는 힘을 갖고 있다. 그러나 아무리 좋은 힘을 갖고 있다고 하더라도 하루에 1,000리를 가서 사람에게 도움이 되지 않으면 소용이 없다. 천리마가 달리지 않고 가만히 있다면, 그것은 천리마라고 할 수 없다. 마찬가지로 사람도 아무리 좋은 재주가 있다 하더라도 사람을 위해 그 좋은 재주를 쓰지 않는다면 소용없는 것이다.

36

어떤 사람이 말했다. "덕으로 원한을 갚는다면 어떻습니까?"
공자께서 말씀하셨다. "무엇으로 덕을 갚겠소? 곧음으로 원한을 갚고, 덕으로 덕을 갚아야 합니다."

或曰 以德報怨 何如.
어떤 사람이 말했다. "덕으로 원한을 갚는다면 어떻습니까?"

이덕보원(以德報怨)은 노자의 『도덕경』 63장 은시(恩始)에 나오는 말이다. 그러나 앞에서 밝혔듯이 아마 당시 전해오던 숙어였을 것이다. 덕(德)은 여기서는 '선의(善意)', '은혜(恩惠)'의 뜻이다.

子曰 何以報德. 以直報怨 以德報德.

공자께서 말씀하셨다. "무엇으로 덕을 갚겠소? 곧음으로 원한을 갚고, 덕으로 덕을 갚아야 합니다."

직(直)은 사랑하고 미워하며 취하고 버리는 데 공평하고 사사로움이 없는 것이다.

원한을 덕으로 갚는 것은 어려운 일이다. 그것을 할 수 있다면 보통 이상의 인격, 아니 인간으로서 최고의 경지에 이른 사람일지도 모른다. 수많은 사람들이 그 말이 내포하는 그 드넓은 아량에 아마 감동했으리라. 그러나 공자는 달랐다. 그 말이 갖고 있는 맹점을 짚은 것이다. 그렇다면 덕에 대해서는 무엇으로 갚아야 하느냐고. 덕과 원한에 대해 똑같이 대한다면 이 세상에 덕과 원한을 구분할 필요가 어디 있겠느냐는 뜻이다.

남의 은혜를 모르는 것은 배은망덕한 짓이다. 따라서 덕에 대해서는 반드시 덕으로 갚는다. 그러나 원한에 대해서는 무조건적으로 선의로 대하거나, 또는 반드시 그만큼 응징해야 하는 것은 아니다. 공정하게 있는 그대로 살펴본 후 그에 맞는 대응을 취해야 한다. 남의 고의적인 악의(惡意)에 대해서까지 무조건 덕으로 대한다면, 그것은 세상의 의(義)를 해치는 것이다.

『도덕경』에 이 구절이 실린 것은 나름의 이유가 있다. 도가(道家)에 의하면 인간 세상의 모든 선악(善惡)은 모두 인간이 인위적으로 만든 관념에 불과한 것이다. 이 세상에 선과 악이라는 것은 없다. 모두 자연(道)의 자연스러운 흐름인 것을 인간이 스스로 선과 악으로 분류하고 판단할 뿐이다. 도(道)를 터득한 사람이라면 자연의 이치에 따라 행동하므로 누구에게 해(害)를 가할 리도 없고, 또 누구에게 원(怨)을 품을 리도 없다. 성인(聖人)이 하는 일은 그 모두가 도이며, 덕(德)이다. 따라서 원이거나 덕이거나 모두 자연의

도, 즉 덕(德)으로 대하는 것이다.

도가의 사회적 관념으로부터 초월하고자 하는 입장과 유가의 현실 중심적 윤리관이 선명하게 대비된다. 또한 以德報怨은 마태복음 5장 39절의 "누구든 네 오른뺨을 치거든 왼뺨도 돌려 대라"는 예수의 말을 연상케 한다.

37

공자께서 말씀하셨다. "아무도 나를 알아주는 사람이 없구나."
자공이 말했다. "어찌하여 그렇게 아무도 나를 알아주는 사람이 없다고 말씀하십니까?"
공자께서 말씀하셨다. "하늘을 원망하지도 않고 사람을 탓하지도 않는다. 아래로 배워 위로 통달했으니, 나를 알아주는 것은 아마 하늘이리라."

子曰 莫我知也夫.
공자께서 말씀하셨다. "아무도 나를 알아주는 사람이 없구나."

子貢曰 何爲其莫知子也.
자공이 말했다. "어찌하여 그렇게 아무도 나를 알아주는 사람이 없다고 말씀하십니까?"

子曰 不怨天 不尤人. 下學而上達. 知我者其天乎.
공자께서 말씀하셨다. "하늘을 원망하지도 않고 사람을 탓하지도 않는다. 아래로 배워 위로 통달했으니, 나를 알아주는 것은 아마 하늘이리라."

유명한 공자의 막지지탄(莫知之歎)이다. 하학(下學)은 아래로 인간 세상의 일(人事)을 배우는 것이고, 상달(上達)은 위로 천명(天命)에 통달하는 것이다. 황간의 해설이다. 즉 인간 세상의 일로부터 공부를 시작해, 천명(天命)을 깨우쳤다는 말이다.

어지러운 세상을 구제하려던 공자의 꿈은 세인들의 몰이해 속에 결국 물거품이 되고 말았다. 누구도 공자의 그 높은 이상을 이해하지 못한 것이다. 그 절망감 속에 "아무도 나를 알아주는 사람이 없구나"라는 탄식이 절로 나왔다. 그러자 말년의 공자를 모시고 있던 자공이 어찌하여 그런 말을 하느냐고 묻는다. 공자는 자신의 인생을 담담하게 받아들인다. 이렇게 불행한 자신의 운명(天)도 원망하지 않고, 자신을 이해하지 못한 세상 사람들(人)도 탓하지 않는다. 그러면서도 공자는 자신의 일생에 대한 강한 긍지를 피력한다. 나는 인간사(人間事)를 공부해 마침내 천명(天命)을 깨달았다. 그것을 저 하늘만이 알고 있으리라. 세상에 대한 한탄과 그러면서도 달관의 경지에 이른 인생에 대한 담담함, 그리고 자신의 인생에 대한 강한 긍지가 짧은 문장 속에 다 나타나 있다.

사마천은 『사기』 「공자세가」에서 이 말을 공자가 죽기 바로 2년 전인 노나라 애공(哀公) 14년(BC 481년)의 일로 기록했다. 그해 봄에 기린이 잡혀 죽었다. 상서로운 짐승인 기린의 죽음을 보고 공자는 자신의 인생도 이제 끝이로구나 하는 절망감을 느꼈다. 그 절망감 속에 이런 말이 나온 것이라고 했다. 진위 여부는 별도로 하고 참으로 멋진 문학적 상상력이라고 하겠다.

주희는 이 장을 공자가 자신의 공부에 대해 한 말로 보고 있다. 공자는 다만 자기 몸에 돌이켜 스스로 닦아서 순서를 따라 점점 나아갔을 뿐(인간사로부터 시작해 하늘의 일에까지 나아갔다), 남과 크게 다른 것으로 지식을 이룬 것은 없다는 것을 밝혔다. 공자의 문하에서 오직 자공의 지혜만이 여기에 미칠 수 있었는데, 공자가 이렇게까지 말해주었는데도 자공은 그것을 깨닫지 못했다. 그래서 안타깝다는 것이 주희의 주장이다. 주희의 논어 해석에 일관되는 것은 공자를 인간의 경지를 벗어난 절대 무오류의 인간으로 그리는 것이다. 공자에 대한 존경심에서 비롯된 것임은 알지만, 그것은 오히려 반감만 초래할 뿐, 공자의 인간다운 매력을 전부 없애는 것이다. 공자도 탄식할 수 있다. 왜 탄식할 수 없는 것인가? 다만 범인과 다른 것은 거기에 절망하지 않고 극복하고 일어섰다는 점이다. 그것이 더더욱 공자를 존경하게 만드는 것은 아닐까? 거기에 자공이 깨닫지 못해 안타깝다 운운함은 송유의 건방짐 외에 아무것도 아니다.

한편 다산도 이 장을 공자의 탄식의 말로 보지 않았다. 다산에 의하면 당시 사람들이 모두 공자의 높은 덕을 기렸기 때문에 그것을 전해들은 공자가 모두 나에 대해 제대로 알고 있지 못하다고 하면서, 그에 대해 해명한 말이라고 한다. 주희와 비슷하다고 할 수 있겠다. 다만 다산은 공자가 성인을 자처한 것이 아니라 오히려 겸손을 보인 것이라고 보고 있다.

38

　공백료가 자로를 계손씨에게 참소했다. 자복경백이 그 사실을 공자께 아뢰었다. "그분이 정말로 공백료에게 미혹하고 있습니다. 내 힘이 아직 능히 그를 죽여 시장이나 조정에 내걸 수 있습니다."

　공자께서 말씀하셨다. "도(道)가 장차 행해지는 것도 명(命)이며, 도가 장차 사라지는 것도 명이다. 공백료가 명을 어찌하겠느냐?"

公伯寮愬子路於季孫. 子服景伯以告曰 夫子固有惑志於公伯寮. 吾
力猶能肆諸市朝.

공백료가 자로를 계손씨에게 참소했다. 자복경백이 그 사실을 공자께 아뢰었다. "그분이 정말로 공백료에게 미혹하고 있습니다. 내 힘이 아직 능히 그를 죽여 시장이나 조정에 내걸 수 있습니다."

공백료(公伯寮)는 노나라 사람이다. 『사기』「중니제자열전」에는 공자의 제자로 나와 있으나 자세한 것은 알 수 없다. 소(愬)는 참소(讒訴)하는 것이다.

  자복경백(子服景伯)은 노의 대부로 성은 자복, 경은 시호(諡號), 백은 자(字)로, 이름은 하(何)다.

  부자(夫子)는 계손씨를 가리키는 말이다.

  사저시조(肆諸市朝)의 肆는 사람을 죽여 그 시체를 효시(梟示)하는 것이고, 諸는 지어(之於)의 준말, 市는 시장, 朝는 조정이다. 대부 이상은 朝에, 사(士)는 市에 효시한다고 한다.

子曰 道之將行也與 命也. 道之將廢也與 命也. 公伯寮其如命何.

공자께서 말씀하셨다. "도(道)가 장차 행해지는 것도 명(命)이며, 도가 장차 사라지는 것도 명이다. 공백료가 명을 어찌하겠느냐?"

공백료가 자로를 무어라고 참소했는지는 분명하지 않다. 아무튼 거기에 흥분한 자복경백이 공백료를 죽이려고 하자 공자가 그를 말렸다. 도가 행해지는 것도 행해지지 않는 것도 명(命)이다. 공백료 따위가 명을 어찌하겠는가. 어찌 보면 공자가 운명론자가 아닌가하는 생각이 들 수도 있다. 그러나 그 본뜻은 그것이 아니다. 공자는 자신의 도(道)에 대해 강한 신념을 갖고 있었다. 자신의 도는 하늘로부터 받은 소명(召命)으로, 공백료 따위가 어찌할 수 있는 것이 아니다. 그러니 쓸데없이 무리한 일은 벌리지 마라. 이것이 공자의 참뜻이다.

39

공자께서 말씀하셨다. "현명한 자는 세상을 피하고, 다음에는 땅을 피하며, 그다음에는 안색을 피하고, 또 다음에는 말을 피한다."

子曰 賢者辟世 其次辟地 其次辟色 其次辟言.

피(辟)는 피하는 것(避)이다. 피세(辟世)는 도가 행해지지 않는 어지러운 세상을 피해 은거하는 것이다. 피지(辟地)는 어지러운 나라를 떠나 다스려지는 나라로 가는 것이며, 피색(辟色)은 임금이 대하는 예가 소홀해질 때 물러나는 것이고, 피언(辟言)은 임금이 말을 어길 때 물러나는 것이다. 신주의 정호에 의하면 사람의 우열(優劣)을 논한 것이 아니라, 처한 상황에 따라 그렇게 해야 함을 말한 것이라고 한다. 그러나 황간의 『논어의소』는 사람의 우열을 논한 것이라고 했다. 여기서는 신주를 따랐다.

  은자(隱者)를 찬미하는 내용을 담고 있어 과연 공자의 말일까 의심이 든다.

40

공자께서 말씀하셨다. "일어선 자가 일곱이다."

子曰 作者七人矣.

무슨 말인지 분명하지 않다. 고주에서는 앞 장과 합해 하나의 장으로 했다. 고주의 포함은 작(作)을 위(爲)로 보고, 앞에서 말한 세상이나 땅 등을 피한 사람이 일곱이라 하며 논어에 나오는 여러 은자들을 열거하고 있으나 동의하기 어렵다. 억지로 해석하지 않는 것이 좋겠다.

41

자로가 석문(石門)에서 하룻밤을 묵었다. 문지기가 물었다. "어디에서 오십니까?"
자로가 말했다. "공씨 댁에서 옵니다."
"그 안 되는 줄 알면서도 하고 다니는 사람 말입니까?"

子路宿於石門. 晨門曰 奚自.
자로가 석문(石門)에서 하룻밤을 묵었다. 문지기가 물었다. "어디에서 오십니까?"

석문(石門)은 지명이다. 신문(晨門)은 새벽과 저녁에 성문을 열고 닫는 문지기다.

子路曰 自孔氏.
자로가 말했다. "공씨 댁에서 옵니다."

曰 是知其不可而爲之者與.
"그 안 되는 줄 알면서도 하고 다니는 사람 말입니까?"

석문의 문지기는 아마 고심한 학덕을 지니고서도 세상을 등지고 사는 은자(隱者)일 것이다. 그가 공자를 기롱(譏弄)했다. 그런데 그 말이 재미있다. 안 되는 줄 알면서도 하고 다니는 사람이라고. 공자의 이상이 너무 높아 어지러운 당시 세상에서는 받아들여질 수 없는데도 본인 또한 그 사실을 잘 알고 있으면서도 계속 미련을 버리지 못한다고 기롱한 것이다.
  다산에 의하면 석문의 문지기가 겉으로는 기롱하는 척하지만 마음속으로는 깊이 동정하는 것이라고 한다.

42

공자께서 위나라에서 경쇠를 치고 계셨다. 삼태기를 지고 공씨의 문 앞을 지나가는 자가 있어 말했다. "마음이 있구나, 경쇠를 치는 것이."
  조금 지나자 말했다. "비루하구나, 확고하고. 아무도 자기를 알아주지 않는데 자기뿐이구나. '물이 깊으면 옷을 입고 건너고, 얕으면 옷자락을 걷고 건너는 것을.'"

　공자께서 말씀하셨다. "과감하구나. 어려움이 없을 것이다."

子擊磬於衛. 有荷蕢而過孔氏之門者 曰 有心哉 擊磬乎.
공자께서 위나라에서 경쇠를 치고 계셨다. 삼태기를 지고 공씨의 문 앞을 지나가는 자가 있어 말했다. "마음이 있구나, 경쇠를 치는 것이."

　격(擊)은 치는 것이다. 경(磬)은 옥이나 돌을 매달아놓고 치는 타악기다. 하(荷)는 지는 것이요, 궤(蕢)는 풀로 엮은 삼태기다. 유심재(有心哉)는 경쇠 소리에 마음이 담겨 있다는 뜻이니, 즉 세상에 대한 걱정과 근심이 경쇠 소리에 담겨 있다는 말이다.

　삼태기를 지고 지나가는 사람 역시 고귀한 덕을 지니고서도 세상을 등지고 사는 은자일 것이다. 그러기에 단순히 경쇠 치는 소리만 듣고도 공자의 심중을 헤아릴 수 있었다. 공자를 공씨(孔氏)로 표현한 것이 이채롭다. 공자의 제자들이라면 결코 그렇게 쓸 리 없다. 왜 그렇게 썼는가는 알 수 없다.

旣而曰 鄙哉 硜硜乎. 莫己知也 斯己而已矣. 深則厲 淺則揭.
조금 지나자 말했다. "비루하구나, 확고하고. 아무도 자기를 알아주지 않는데 자기뿐이구나. '물이 깊으면 옷을 입고 건너고, 얕으면 옷자락을 걷고 건너는 것을.'"

　기이(旣而)는 시간이 잠시 지난 것이다. 비(鄙)는 비루한 것이다. 갱갱(硜硜)

제14편. 헌문(憲問)　643

은 주희에 의하면 돌이 부딪치는 소리로 확고함을 나타낸다. 다산은 그냥 경쇠 소리를 나타내는 의성어로 보고 있다.

사기이이의(斯己而已矣)는 하안에 의하면 자기뿐인 것, 즉 자기만 고집하는 것이다. 아무도 자기를 알아주지 않는데도 자기만 고집하고 있다는 말이다. 주희는 己를 이(已)로 보아 그만둔다는 뜻으로 풀이했다. 아무도 자기를 알아주지 않으면 그만둘 뿐이라는 말이다. 여기서는 하안을 따랐다.

여(厲)는 옷을 입은 채로 물을 건너는 것이고, 게(揭)는 옷자락을 무릎까지 걷고 건너는 것이다. 심즉려 천즉게(深則厲 淺則揭)는 물이 깊고 얕음에 따라 처신을 달리하는 것으로 세상에 자신을 맞춰가며 사는 것이다. 『시경』 패풍(邶風) 포유고엽(匏有苦葉)에 나온다. 그 구절은 다음과 같다.

박에는 쓴 잎이 있고, 나루터에는 깊은 건널목이 있네.
깊으면 옷을 입은 채로 건너고, 얕으면 옷자락을 걷고 건너리.
匏有苦葉, 濟有深涉
深則厲, 淺則揭

子曰 果哉 末之難矣.
공자께서 말씀하셨다. "과감하구나. 어려움이 없을 것이다."

과(果)는 과감한 것으로 과감하게 세상일을 잊는 것이다. 말지난의(末之難矣)는 어려움이 없다는 말이다. 그처럼 과감하게 세상일을 잊을 수 있다면 세상에 어려운 일이 없을 것이라는 뜻이다. 주희의 해설에 의거했다.

고주에서는 "나의 뜻도 모르면서 나를 기롱하니 과감도 하구나! 나의 뜻을 이해할 수 없기 때문에 어려움이 없는 것이다"로 해석했다. 다산은 果哉를 "과연 그렇구나"하고 인정하는 말로 해석한다. 難은 힐난(詰難)하는 것이다. 공자가 그의 말을 듣고 옳다고 생각해 내가 어찌 그를 힐난하겠느냐고 말했다는 것이다. 불우한 인생을 살은 다산의 심정이 절절히 와 닿는다.

공자가 위에 머물고 있을 때 누가 삼태기를 지고 공자의 숙소 앞을 지나다가 공자가 치는 경쇠 소리를 들었다. 그 소리에는 세상에 대한 근심, 걱정의 마음이 담겨 있어 자연 사람의 발걸음을 붙잡았다. 그 또한 깊은 학덕을 지니고도 세상을 등지고 사는 은자(隱者)인지라 경쇠 소리만 갖고도 상대의 마음을 읽을 수 있었다. 그런데 유심히 들어보니 공자의 경쇠 소리에는 자신에 대한 고집이 너무 강하게 나타나 있었다. 그리하여 그가 한마디 충고한다. 세상에 맞춰 처신하라고 말이다.

그 말을 전해들은 공자가 탄식한다. 그렇게만 할 수 있다면야 세상에 무슨 어려움이 있겠느냐. 공자는 아마 그 삼태기를 짊어진 사람의 말을 수긍할 수 없었을 것이다. 그에게 이 세상은 그냥 잊고 살 그런 대상이 아니었다. 세상은 너무 어지러웠고, 공자는 그것을 개혁하는 것이 자신의 사명이라는 굳은 신념 속에 일생을 살아왔다.

43

자장이 말했다. "서(書)에 '고종께서 상중(喪中)에 3년 동안 말을 하지 않으셨다'고 했는데 무슨 말입니까?"

공자께서 말씀하셨다. "하필 고종뿐이겠느냐? 옛사람들은 다 그리했다. 임금이 돌아가시면 백관들이 총재(冢宰)의 재가를 받아 직책을 수행하기를

3년 동안 했다."

子張曰 書云 高宗諒陰 三年不言. 何謂也.

자장이 말했다. "서(書)에 '고종께서 상중(喪中)에 3년 동안 말을 하지 않으셨다'고 했는데 무슨 말입니까?"

서(書)는 옛날부터 전해 내려오는 역사적 문건을 말한다. 후대에 정리되어 『상서(尙書)』 또는 『서경(書經)』이라 불렸다. 여기에 언급된 고종양음삼년불언(高宗諒陰三年不言)이란 말은 『서경』의 무일(無逸)편에 보인다.

고종(高宗)은 은을 중흥시킨 어진 임금으로, 이름은 무정(武丁)이다. 양음(諒陰)은 그 정확한 의미는 알 수 없으나, 주희에 의하면 천자가 상(喪) 중에 있음을 나타낸 말이라고 한다. 삼년(三年)은 부모가 돌아가셨을 때의 복상 기간이다.

자장은 임금이 3년 동안 말을 하지 않으면 나랏일은 누가 돌보는지 궁금하여 물은 것이다.

한편 이토 진사이는 3년 동안 말을 하지 않았다는 것이 진짜 아무 말도 하지 않은 것이 아니라 정사를 돌보지 않은 것이라고 했다.

子曰 何必高宗 古之人皆然. 君薨 百官總己以聽於冢宰三年.

공자께서 말씀하셨다. "하필 고종뿐이겠느냐? 옛사람들은 다 그리했다. 임금이 돌아가시면 백관들이 총재(冢宰)의 재가를 받아 직책을 수행하기를 3년 동안 했다."

훙(薨)은 제후의 죽음을 나타내는 말이다. 천자(天子)의 죽음은 붕(崩)이라 한다. 총기(總己)는 자기 직책을 다 하는 것이요, 총재(冢宰)는 국정을 총괄하는 대신이다. 천자가 상을 당해 3년 동안 말을 하지 않으므로, 총재가 대신 백관들로부터 국정을 보고 받아 총괄하는 것이다.

부모의 복상 기간을 3년(실제로는 25개월 내지 27개월)으로 하는 것은 위로는 천자(天子)로부터 아래로는 평민에 이르기까지 공통된 예(禮)였으며, 1911년 신해혁명(辛亥革命)으로 전통 왕조 체제가 붕괴될 때까지 그 예는 유지됐다. 그 3년 동안 관리들은 원칙적으로 휴직해야 했다. 그러한 예의 규정이 이미 공자 이전부터 확립되어 있었던 모양이다. 그러나 『맹자』「등문공상」2를 보면 이미 맹자 시대에 삼년상이 실제로는 잘 지켜지지 않아 그것 자체가 대단한 구경거리였음이 나타나 있다. 또 군왕의 경우 월을 일로 바꾸어 25일 내지 27일로 삼년상을 대신해왔다.

● 양화21에서도 삼년상에 대해 말한다.

44

공자께서 말씀하시길 "윗사람이 예를 좋아하면 백성을 부리기가 쉽다."

子曰 上好禮 則民易使也.

예가 시행되면 각자 자신의 분수에 충실하므로 당연히 백성을 부리기가 쉬어진다.

● 자로4에는 윗사람이 예를 좋아하면 백성은 그를 공경한다는 말이 있으며, 양화4에서는 소인이 도를 배우면 부리기가 쉽다고 한다.

45

자로가 군자에 대해 물었다. 공자께서 말씀하셨다. "경(敬)으로 자기를 닦는 것이다."
"그와 같을 뿐입니까?"
"자기를 닦음으로써 남을 평안케 해야 한다."
"그와 같을 뿐입니까?"
"자기를 닦음으로써 백성을 평안케 해야 한다. 자기를 닦음으로써 백성을 평안케 하는 것은 요임금과 순임금도 오히려 근심하셨을 것이다."

子路問君子. 子曰 修己以敬.
자로가 군자에 대해 물었다. 공자께서 말씀하셨다. "경(敬)으로 자기를 닦는 것이다."

曰 如斯而已乎.
"그와 같을 뿐입니까?"

曰 修己以安人.

"자기를 닦음으로써 남을 평안케 해야 한다."

曰 如斯而已乎.

"그와 같을 뿐입니까?"

曰 修己以安百姓. 修己以安百姓 堯舜其猶病諸.

"자기를 닦음으로써 백성을 평안케 해야 한다. 자기를 닦음으로써 백성을 평안케 하는 것은 요임금과 순임금도 오히려 근심하셨을 것이다."

경(敬)으로 자기를 닦는 것이 군자라는 공자의 대답을 자로는 너무 쉽게 생각했다. 그리하여 다시 질문한다. "그와 같을 뿐입니까?" 그러자 공자가 남을 평안케 해야 한다고 설명한다. 그러나 자로는 또 안이하게 생각했다. 그리하여 마침내 공자가 말한다. 백성을 평안케 해야 한다고. 그러고도 또 자로가 안이하게 생각할까 봐 그것은 요순(堯舜)도 근심한 일이라고 부연했다. 여기서의 군자는 다산에 의하면 지위가 있는 자다. 즉 치자(治者)라는 말이다.

자기를 닦는 것(修己)부터 남을 평안케 하는 것(安人), 천하의 만백성을 평안케 하는 것(安百姓)으로 말의 수위가 점차 높아지고 있다. 공자가 볼 때 천하의 만백성을 평안케 하는 것(安百姓)도 결국 자기를 닦는 것(修己)으로부터 비롯된다. 성인이 멀리 있는 것이 아니다. 敬이 자신의 몸을 넘어 널리 천하의 모든 백성에게까지 미치는 경지가 곧 성인이다. 『대학(大學)』에 나오는 수신제가치국평천하(修身齊家治國平天下)도 같은 말이다. 평천하(平天下)도 결국 수신(修身)으로부터 비롯되는 것이다.

진리는 항상 몸 가까운 곳에 있다. 자로가 진리를 먼 곳에서만 찾으려고 할 뿐, 몸 가까이 있는 것을 소홀히 하기 때문에 그것을 깨우쳐준 말이다.

●

堯舜其猶病諸라는 표현은 옹야28에도 있다.

46

원양이 무릎을 세우고 앉아 공자를 기다리고 있었다. 공자께서 말씀하셨다. "어려서는 윗사람에게 공손하지 않았고 커서는 내세울 만한 것도 없으며, 늙어서는 죽지도 않고 있으니, 이것이 도적이다."
지팡이로 정강이를 치셨다.

原壤夷俟. 子曰 幼而不孫弟 長而無述焉 老而不死 是爲賊. 以杖叩其脛.

원양(原壤)은 노나라 사람으로 공자의 오랜 벗이었다고 전해진다. 『예기(禮記)』「단궁(檀弓)하」편에 보면 자기 어머니가 죽었을 때 관 위에 올라가 노래를 불렀다고 한다. 미루어 짐작하건대 세속의 예(禮)를 고의로 무시한 사람이라고 생각된다. 주희는 노자의 무리라고 하는데, 노자는 공자 한참 후의 인물이다.
이(夷)는 무릎을 세우고 앉는 것이요, 사(俟)는 기다리는 것이다. 무술(無

述)은 이렇다 하고 내세울 만한 것이 없는 것이다. 경(脛)은 정강이다. 정강이를 친 것은 무릎을 세우지 못하게 한 것이다.

원양은 예를 무시하고 사는 사람이다. 손님을 기다릴 때는 단정히 앉아 기다리는 것이 예법이거늘 원양은 그것을 무시했다. 공자는 오랜 벗의 방자한 행동에 지팡이를 들어 정강이를 치는 것으로 대답했다. 아마 툭 친 것이리라. 그러나 그 말은 상당히 과격하다. 늙어서는 죽지도 않으며 도적이라고 했으니 말이다. 아마 늙어 죽지도 않고 쌀만 축내고 있으니 너야말로 도적이라는 뜻일 게다. 평소 말을 삼가는 공자가 그런 말을 했다는 것이 이해가 잘 안 될 정도다.

47

궐당(闕黨)의 동자가 말을 전달하고 있었다. 어떤 사람이 그에 대해 물었다. "진전이 있는 자입니까?"

공자께서 말씀하셨다. "나는 그 애가 어른들 자리에 앉고, 어른들과 나란히 걷는 것을 보았습니다. 그 애는 진전이 있기를 바라는 자가 아니라 빨리 이루기를 바라는 자입니다."

闕黨童子將命. 或問之曰 益者與.
궐당(闕黨)의 동자가 말을 전달하고 있었다. 어떤 사람이 그에 대하여 물었다. "진전이 있는 자입니까?"

제14편. 헌문(憲問) 651

궐당(闕黨)은 마을 이름이다. 양백준은 고염무(顧炎武, 1613~1682)의 『일지록(日知錄)』을 인용해 궐당이 공자가 살던 마을이라고 주장하나, 염약거 같은 사람은 아니라고 한다(『논어집석』에서 재인용).

장명(將命)은 주인과 손님 사이에서 말을 전달하는 것이니, 즉 손님을 접대하는 것이다. 익(益)은 배움에 진전이 있는 것이다.

子曰 吾見其居於位也 見其與先生並行也. 非求益者也 欲速成者也.
공자께서 말씀하셨다. "나는 그 애가 어른들 자리에 앉고, 어른들과 나란히 걷는 것을 보았습니다. 그 애는 진전이 있기를 바라는 자가 아니라 빨리 이루기를 바라는 자입니다."

위(位)는 어른들의 자리다. 어린아이는 구석에 앉는 것이 예법이다. 선생(先生)은 스승(師)이 아니라 자기보다 나이가 많은 어른이다. 병행(並行)은 어른들과 나란히 걷는 것이다. 어른과 같이 걸을 때는 뒤에서 좀 떨어져 가는 것이 예법이다. 궐당 동자가 어른과 자리를 같이하고, 또 나란히 걸은 것은 예를 어긴 것이다.

궐당의 동자가 손님 접대 역을 맡은 것이 공자의 뜻에 의한 것인지 아니면 자신이 스스로 나선 것인지는 분명하지 않다. 아무튼 그것을 의아하게 여긴 손님이 물었다. 어린아이가 그런 일을 하는 것을 보니 상당히 학문에 진전이 있는 모양이라고. 공자가 해명한다. 학문에 진전이 있는 것이 아니라 빨리 이루고 싶어 하는 것이라고. 동자가 손님을 접대한 것이 공자의 뜻에 의한 것이라면, 아마 공자는 그 아이로 하여금 손님을 접대하면서 자연스럽게 예에 대해 깨우치기를 기대했던 것이리라.

제15편
위령공 衛靈公

1

위령공이 공자에게 진법(陣法)에 대해 물었다. 공자께서 대답하셨다. "제례에 관한 일은 일찍이 들었습니다. 군사에 관한 일은 아직 배우지 못했습니다."

이튿날 마침내 떠나셨다.

진(陳)나라에 계실 때 양식이 떨어졌다. 수행하던 자들도 병이 나서 아무도 일어나지 못했다. 자로가 화가 나 공자를 뵙고 말했다. "군자도 또한 궁할 때가 있습니까?"

공자께서 말씀하셨다. "군자도 원래 궁할 때가 있는 법이다. 소인은 궁하게 되면 못하는 짓이 없다."

衛靈公問陳於孔子. 孔子對曰 俎豆之事 則嘗聞之矣. 軍旅之事 未之學也. 明日遂行.

위령공이 공자에게 진법(陣法)에 대해 물었다. 공자께서 대답하셨다. "제례에 관한 일은 일찍이 들었습니다. 군사에 관한 일은 아직 배우지 못했습니다."

이튿날 마침내 떠나셨다.

진(陳)은 진(陣)으로 군사를 배치하는 진법(陣法)이다. 조두(俎豆)는 제례 때 제물을 담는 그릇이다. 俎는 도마 모양으로 생긴 것이고, 豆는 높은 받침대에 뚜껑이 달린 그릇이다. 따라서 俎豆之事는 제례에 관한 일을 뜻한다. 태백4에서는 변두지사(籩豆之事)라고 했다. 군려지사(軍旅之事)의 軍은 병력

1만 2,500명의 군대를 말하고, 旅는 500명으로 구성된 군대다. 즉 군사에 관한 일을 말한다.

오규 소라이는 조두지사를 제후들 간의 평화적인 회동이라고 풀이했다. 즉 제후들의 외교적인 연회라는 말이다.

위령공이 전쟁에 관한 일을 물었다. 아마 전쟁을 일으킬 계획이 있었던 모양이다. 이에 공자는 더는 위령공에게 기대할 바가 없다고 판단하고 그 다음 날 위를 떠났다. 다시 돌아오지 않을 작정이었으리라. 수(遂)는 그러한 공자의 마음을 나타낸다.

在陳絶糧. 從者病 莫能興. 子路慍見曰 君子亦有窮乎.

진(陳)나라에 계실 때 양식이 떨어졌다. 수행하던 자들도 병이 나서 아무도 일어나지 못했다. 자로가 화가 나 공자를 뵙고 말했다. "군자도 또한 궁할 때가 있습니까?"

진(陳)은 오늘날 허난성(河南省) 지방의 작은 나라다. 공자가 천하를 주유하던 중 채(蔡)나라를 떠나 진나라를 들르게 됐다. 그런데 진나라와 채나라 사이에서 뜻하지 않게 식량마저 떨어지는 곤궁한 사태에 처했다. 그 원인에 대해서 고주의 공안국은 진나라가 오(吳)나라의 침략을 받아 전란에 휩싸였기 때문이라고 했다. 그러나 사마천은 『사기』「공자세가」에서 달리 설명했다. 남방의 대국 초(楚)나라가 공자를 초청했다. 공자가 초나라에 등용될 경우 자신들이 위태로워질 것을 두려워한 진나라의 대부들은 사람을 보내 공자의 초나라 행을 막았다. 공자 일행이 식량이 떨어진 것은 바로 그 때문이었다고 한다.

아무튼 뜻하지 않은 곤궁한 사태에 직면한 자로는 화가 났다. 자기의 스승 같은 성인에게 어찌 이처럼 비참한 일이 생길 수 있냐는 것이다. 세상이 원망스러웠으리라.

子曰 君子固窮. 小人窮斯濫矣.
공자께서 말씀하셨다. "군자도 원래 궁할 때가 있는 법이다. 소인은 궁하게 되면 못하는 짓이 없다."

공자가 그런 자로를 달랜다. 군자에게도 궁할 때가 있을 수 있는 것이다. 군자는 도를 행하는 것에 관심이 있을 뿐이지, 부귀나 빈천에는 관심이 없다. 그러므로 설사 곤궁하다고 해서 도에 어긋난 일을 행하지 않는다. 그러나 소인은 다르다. 소인은 곤궁한 경우를 당하면 참지 못하고 못하는 짓이 없게 된다. 그것이 소인과 군자의 차이다. 그러므로 화내지 말고 묵묵히 인내하자고 달랜 것이다. 소인궁사람의(小人窮斯濫矣)의 濫은 일(溢)로 지나쳐 넘치는 것, 즉 하지 못하는 것이 없는 것이다. 신주를 따랐다.

한편 신주의 정이는 고(固)를 '진실로', '원래'라는 뜻으로 해석하지 않고 고수(固守)로 해석했다. 즉 군자는 곤궁한 일을 굳게 잘 참는다는 뜻이다. 전반적인 뜻에 큰 차이는 없다.

공자가 13년 간 천하를 주유히는 동안 가장 곤궁했을 때가 바로 이 진나라와 채나라 사이에 있을 때였다. 그때의 일을 흔히 진채지액(陳蔡之厄)이라고 부른다. 맹자(孟子)는 「진심(盡心)하」 18에서 "군자(공자)가 진나라와 채나라 사이에서 황액(橫厄)을 당하신 것은 상하와 교제가 없었기 때문이다"라고 했다.

고주에서는 明日遂行 이하를 별개의 장(章)으로 나눴다. 다산은 在陳絕糧 이하를 별개의 장으로 나눌 것을 주장했다.

2

공자께서 말씀하셨다. "사야, 너는 내가 많이 배워 그것을 잘 기억하고 있는 사람이라고 생각하느냐?"

자공이 대답했다. "그렇습니다. 아닙니까?"

말씀하셨다. "아니다. 나는 하나로 관통해 있느니라."

子曰 賜也 女以予爲多學而識之者與.
공자께서 말씀하셨다. "사야, 너는 내가 많이 배워 그것을 잘 기억하고 있는 사람이라고 생각하느냐?"

사(賜)는 자공의 이름이고, 지(識)는 기억하는 것이다.

對曰 然 非與.
자공이 대답했다. "그렇습니다. 아닙니까?"

曰 非也. 予一以貫之.
말씀하셨다. "아니다. 나는 하나로 관통해 있느니라."

자한6에서 자공은 공자가 하늘이 내신 성인이라 여러 가지 재주가 많다고 했다(子貢曰 固天縱之將聖 又多能也). 그 자신도 재주가 많았던 사람이라, 공자의 사후 세상에는 그가 공자보다 더 현명하다는 평판까지 있었다(叔孫武叔語大夫於朝曰 子貢賢於仲尼 - 자장23). 재주가 많은 사람의 눈에는 남의 재주만 보이는 법이다. 자공은 공자를 지식의 측면에서만 보고 있었던 것이다. 그런 자공에게 공자가 자신의 배움은 모두 하나로 일관되어 있다고 말했다. 그러나 그 일관된 하나가 무엇인지는 말하지 않았다. 다만 이인15를 보면 증자는 그것을 충서(忠恕)라고 말하고 있다. 또 위령공23에서 공자는 자공에게 한마디 말로 평생 동안 실천할 만한 것은 서(恕)라고 했다. 이런 정황으로 미루어 보아 공자가 말하는 하나라는 것은 아마 서(恕)일 것이다.

한편 신주는 다음과 같은 윤돈의 말을 첨가했다.

"공자는 증자에게 그 질문을 기다리지 않고 바로 이것(一以貫之, 이인15 참조)을 알려주었는데, 증자는 다시 이것을 깊이 깨닫고 '예'라고 대답했다. 그런데 자공의 경우는 먼저 그 의문을 유발한 후 알려주었으나, 자공은 끝내 증자처럼 '예'라고 대답하지 못했다. 두 사람의 학문의 깊고 얕음을 여기에서 볼 수 있다."

여기에 주희 자신도 다음과 같은 말을 덧붙였다.

"공자가 자공에게는 여러 번 알려준 바가 있으나, 다른 사람들은 여기에 관여하지 못했다. 그러니 안연, 증자 이하 여러 제자들의 학문의 깊고 얕음을 또한 볼 수 있다."

윤돈과 주희는 안연 이하 여러 제자들의 학문의 서열을 매긴 것이다. 송유들의 못된 습관이다.

●

一以貫之라는 표현은 이인15에도 보인다.

3

공자께서 말씀하셨다. "유야, 덕을 아는 자가 드물구나."

子曰 由 知德者鮮矣.

유(由)는 자로의 이름이다. 지덕(知德)은 다산에 의하면 남이 가진 덕을 아는 것이다(知人之有德).
　고주의 왕숙은 이 편 1장과 관련지어 공자 일행이 진나라에서 곤욕을 겪을 때 자로가 화를 낸 데 대해 공자가 이렇게 말한 것이라고 풀이하나, 꼭 그렇게 볼 필요는 없을 것이다.

4

공자께서 말씀하셨다. "아무것도 하지 않으면서 다스린 사람은 아마 순일 것이다. 무엇을 했겠는가? 몸을 공손히 하고 남쪽을 바라보았을 뿐이지."

子曰 無爲而治者 其舜也與. 夫何爲哉. 恭己正南面而已矣.

무위(無爲)는 무조건 아무것도 하지 않는다는 것은 아니다. 노장(老莊)의 사상에서 무위(無爲)는 자연(自然)의 법칙인 도(道)를 따를 뿐 아무것도 인위적으로 하지 않는 것을 말한다. 그러나 공자가 그런 뜻으로 말했으리라고는 생각되지 않는다. 오히려 자신이 덕(德)으로 솔선수범해 그것으로 백성이 교화된다면 새삼 인위적으로 다스릴 필요가 없게 된다는 뜻은 아닐까? 위정1에서는 덕에 의한 정치를 북극성이 가만히 있는데도 뭇 별들이 그를 향해 인사하는 것에 비유했다. 즉 무위라는 것은 군주의 덕에 의한 정치를 말하는 것이다. 그럴 때만이 굳이 영(令)을 내리지 않아도 다스려지는 것이다 (其身正 不令而行-자로6).

고주에서는 무위를 인재를 발굴해 적재적소(適材適所)에 등용했기 때문에 직접 정치에 나설 필요가 없었던 것이라고 해석했다. 인재 등용의 중요함을 강조한 것이나, 그것만으로 보기에는 어딘가 부족한 듯하다.

5

자장이 행(行)해지는 것에 대해 물었다. 공자께서 말씀하셨다. "말이 성실하고 신의가 있으며 행동이 독실하고 공경스러우면 비록 오랑캐의 나라라 하더라도 행(行)해질 것이다. 말이 불성실하고 신의가 있지 않으며 행동이 독실하지 못하고 불경스러우면 비록 네가 사는 곳이라 하더라도 행(行)해지겠느냐? 서 있을 때는 이 말이 네 눈앞에 삼삼하게 보이고, 수레에 탔을 때는 수레 멍에에 걸려 있는 듯 보이게 하라. 그런 연후에 행(行)하여질 것이다."

자장이 이 말을 큰 띠에 적었다.

子張問行. 子曰 言忠信 行篤敬 雖蠻貊之邦行矣. 言不忠信 行不篤敬 雖州里行乎哉. 立 則見其參於前也. 在輿 則見其倚於衡也. 夫然後行. 子張書諸紳.

행(行)은 자기의 주장이나 뜻이 세상에 행해지는 것이다. 만맥(蠻貊)의 蠻은 남쪽의 오랑캐, 貊은 북쪽의 오랑캐다. 주리(州里)는 본래 행정 단위를 의미하나, 여기서는 자기가 사는 고장을 가리킨다. 삼어전(參於前)은 눈앞에 삼삼한 것이다. 여(輿)는 수레, 의어형(倚於衡)은 수레의 멍에(衡)에 걸려 있는 것이다. 신(紳)은 허리에 매는 큰 띠다.

뜻이 행해지는 것이 멀리 내 몸 밖에 있는 것은 아니다. 충신독경(忠信篤敬) 이 네 글자를, 서 있을 때는 눈앞에 있는 듯, 수레를 탔을 때는 수레 멍에에 걸려 있는 듯, 한시도 잊지 않고 생각한다면 자연 학덕이 깊어지게 되고, 그에 따라 자연히 뜻이 행해질 것이다. 이 말을 들은 자장이 충신독경 이 네 글자를 잊지 않으려고 허리에 매는 큰 띠에 적은 것이다.

한편 다산은 忠信篤敬을 넷으로 보지 않고 信과 敬 둘로 본다. 다산에 의하면 마음속에서 나온 信(信由中)이 忠信이고, 실제로 하는 敬(敬以實)이 篤敬이다. 參於前은 멍에(軛)고, 倚於衡은 끌채(輈)다. 수레와 말이 멍에와 끌채로 연결된 다음에 달릴 수 있듯이 사람과 사람이 信과 敬으로 연결된 다음에 행해질 수 있다는 뜻이다.

6

공자께서 말씀하셨다. "곧구나! 사어는. 나라에 도가 있을 때도 화살과 같았고, 나라에 도가 없을 때도 화살과 같았다. 군자로구나! 거백옥은. 나라에 도가 있을 때는 벼슬을 했고, 도가 없을 때는 거두어 돌아갔다."

子曰 直哉 史魚. 邦有道 如矢, 邦無道 如矢.
공자께서 말씀하셨다. "곧구나! 사어는. 나라에 도가 있을 때도 화살과 같았고, 나라에 도가 없을 때도 화살과 같았다."

사어(史魚)는 위(衛)의 대부로 이름은 추(鰌)다. 사어에 대해서는 시간(屍諫)이란 고사가 『공자가어』 등에 전해진다. 위의 대부 사어가 병이 깊어 죽게 됐다. 그는 일찍이 거백옥의 현명함을 알고 영공(靈公)에게 자주 천거했으나, 영공은 거백옥을 쓰지 않고 오히려 불초한 미자하(彌子瑕)를 중용했다. 이에 사어는 자신이 살아 있을 때 임금의 잘못을 바로잡지 못했으니 죽어서도 예를 이룰 수 없다고 하면서, 자신이 죽거든 시신을 창문 밑에 놓아두라고 유언했다. 영공이 조문을 와서 보고 괴이하게 여겼다. 그 자식으로부터 전말을 알게 된 영공은 마침내 미자하를 추방하고 거백옥을 등용했다. 즉 사어는 죽어서도 자신의 시신을 갖고 임금의 잘못을 간했다. 이것이 시간(屍諫)이다. 이 설화의 진위 여부는 알 수 없으나, 그 사람됨이 곧았기 때문에 이런 설화가 생겨났으리라.

君子哉 蘧伯玉. 邦有道 則仕, 邦無道 則可券而懷之.
"군자로구나! 거백옥은. 나라에 도가 있을 때는 벼슬을 했고, 도가 없을 때는 거두어 돌아갔다."

거백옥은 헌문26에서 나왔다. 거기서 공자는 그가 보낸 사신의 훌륭함을 칭찬했다. 사신의 인물됨을 미루어 보아 그의 사람됨도 짐작할 수 있다. 권(券)은 거두는 것(收)이고, 회(懷)는 유월의 『군경평의』에 의하면 귀(歸)로 돌아가는 것이다. 주희는 懷를 감추는 것(藏)으로 풀이했다. 거백옥에 대해서는 자세한 이야기가 전해지지 않는다.

공자는 사어를 곧다고(直), 거백옥을 군자라고 평했다. 사어보다 거백옥을 높이 평가한 것이다. 원래 공자는 천하에 도가 있으면 자신의 재주를 드러내고, 없으면 감추라고 했다(天下有道則見 無道則隱-태백13). 임금을 도로써 섬기되 그럴 수 없으면 그만둔다(以道事君 不可則止-선진23). 무도한 임금을 자주 간하는 것은 오히려 욕이 된다(事君數 斯辱矣-이인26). 거백옥은 그 나아감과 물러남이 이와 같았으므로 공자가 그를 군자라고 칭했다. 그러나 사어는 그 물러남을 알지 못한 관계로 곧다고(直) 한 것이다.

●

'邦有道~, 邦無道~' 하는 표현은 공야장1, 20, 태백13, 헌문1, 4에도 나온다.

7

공자께서 말씀하셨다. "더불어 말을 할 수 있는데도 더불어 말을 하지 않으면 사람을 잃는다. 더불어 말을 할 수 없는데도 더불어 말을 하면 말을 잃는다. 지혜로운 자는 사람도 잃지 않고 말도 잃지 않는다."

子曰 可與言而不與之言 失人. 不可與言而與之言 失言. 知者不失人 亦不失言.

말은 사람과 사람 사이를 잇는 다리다. 그러나 아무나 함께 말을 나눌 수 있는 것은 아니다. 말이 될 만한 사람, 즉 서로의 학덕을 증진시킬 수 있는 사람과 더불어 말을 나눠야 한다. 그러한 사람인데도 교류하지 못한다면 그 사람을 잃는 것이다. 그러나 그렇지 못한 사람과 말을 나누는 것은 쓸데없이 말만 낭비하는 것이다.

8

공자께서 말씀하셨다. "뜻 있는 선비와 어진 사람은 살기 위해 인(仁)을 해치는 일이 없으며, 목숨을 바쳐서 인(仁)을 이루는 일은 있다."

子曰 志士仁人 無求生以害仁 有殺身以成仁.

인(仁)이란 남들과 더불어 살아가려고 하는 마음이다. 따라서 인(仁)에 뜻을 두고 사는 사람은 구차히 한 목숨 살기 위해 남에게 피해를 주는 일은 하지 않는다. 자기의 목숨도 중요하지만 남의 목숨도 그만큼 중요하기 때문이다. 오히려 자기 한 목숨 바쳐 뭇사람을 살리는 그런 경우는 있다. 비록 내 한 목숨은 사라지지만 그로 인해 많은 사람이 살 수 있다면, 그보다 더 지극한 인간에 대한 사랑이 어디에 있으랴. 살신성인(殺身成仁)이란 말이 여기서 유래했다.

9

자공이 인(仁)을 행하는 것에 대해 물었다. 공자께서 말씀하셨다. "장인(匠人)이 그 일을 잘하고자 하면 반드시 먼저 연장부터 잘 다듬는다. 어느 나라에 있든지 그 대부(大夫)나 사(士) 가운데 현명하고 어진 사람을 섬기고 사귀도록 해라."

子貢問爲仁. 子曰 工欲善其事 必先利其器. 居是邦也 事其大夫之賢者 友其士之仁者.

공(工)은 장인(匠人)이고, 이(利)는 예리하게 잘 다듬는 것이다. 시방(是邦)의

是는 어느 특정한 것을 지시(指示)하는 것이 아니라 불특정의 어느 것(영어로는 any)을 지시하는 말이다. 학이10에도 그 용례가 있다. 사(士)는 여기서는 신분을 나타낸다. 제후의 일족으로서 지배계급의 기저를 이루는 집단이 士다. 사기대부지현자 우기사지인자(事其大夫之賢者 友其士之仁者)는 호문(互文)이다.

공야장2에서 공자는 자천(子賤)의 군자됨을 보고 말하길 노나라에 군자가 많았기에 이런 사람이 나왔다고 했다(子謂子賤 君子哉若人 魯無君子者 斯焉取斯). 또 안연24에서 증자는 군자는 글로 벗을 만나고, 벗으로 인(仁)을 돕는다고 말했다(曾子曰 君子以文會友 以友輔仁). 덕(德)이 혼자만의 힘으로 이루어지는 것이 아니고 스승과 선배, 그리고 벗들의 인도와 도움 속에서 이루어짐을 말한다. 따라서 군자는 어디에 가든지 현자(賢者)와 인자(仁者)를 사귀는 것을 등한시해서는 안 된다.

10

안연이 나라를 다스리는 것에 대해 물었다. 공자께서 말씀하셨다. "하의 역법(曆法)을 시행하고, 은의 수레를 타며, 주의 면류관을 쓰고, 음악은 소무(韶舞)를 한다. 정(鄭)의 음악을 추방하고, 말만 잘하는 자를 멀리해야 한다. 정의 음악은 도가 지나치고, 말만 잘하는 자는 위험하다."

顏淵問爲邦. 子曰 行夏之時 乘殷之輅 服周之冕 樂則韶舞. 放鄭聲 遠佞人. 鄭聲淫 佞人殆.

하지시(夏之時)는 하의 역법(曆法)이다. 주희에 의하면 고대 중국에서는 왕조에 따라 각기 다른 태음력(太陰曆)을 썼는데, 하(夏)는 대략 지금의 음력(陰曆) 1월을, 은(殷)은 음력 12월을, 주(周)는 음력 11월을 정월(正月)로 하는 달력을 썼다고 한다. 공자가 무슨 이유로 하의 역법을 쓸 것을 주장했는지 자세히 알 수는 없으나, 아마 하의 역법이 1년의 시작을 봄으로 하기 때문에 농사짓기에 편리했던 것이 그 이유가 아니었나 싶다.

은지로(殷之輅)는 은의 수레요, 주지면(周之冕)은 주의 면류관이다. 자세한 것은 알 수 없지만, 은의 수레는 나무로 만들어 질박하고 실용적이었다고 한다. 따라서 그 실용성을 채택한 것이다. 면류관은 주에 이르러 그 복식이 정비됐다고 한다. 그래서 그 정비된 제도를 따른 것이다. 주희에 의거했다.

소무(韶舞)는 순(舜)의 음악이다. 일찍이 공자는 제나라에 있을 때 소를 듣고 석 달 동안 고기 맛을 느끼지 못할 정도로 심취했으며(子在齊聞韶 三月不知肉味-술이13), 선하고 아름다움이 지극하다고 평했다(子謂韶 盡美矣 又盡善也-팔일25). 공자가 소무를 음악으로 채택한 것은 당연하다.

그러나 청의 유월은 『군경평의』에서 舞를 무(武), 즉 주 무왕의 음악으로 해석해야 한다고 주장한다. 팔일25에서 공자가 소에 이어 무를 평하면서 더할 나위 없이 아름다우나 더할 나위 없이 선하지는 못하다고 평가한 것(謂武 盡美矣 未盡善也)이 그 근거 중 하나다. 유월에 의하면 음악은 순의 음악인 소와 무왕의 음악인 무를 채택해야 한다는 뜻이다(『논어집석』에서 재인용).

정성(鄭聲)은 정의 음악이다. 음(淫)이라는 것은 꼭 음란함만을 의미하지는 않는다. 균형을 잃고 지나친 것이다. 그러나 지금의 『시경』에 보이는 시 중에서 정풍(鄭風)이 가장 호색(好色)적이라는 것에 대해서는 많은 사람들이 일치한다. 아무튼 정성(鄭聲)이 인간의 감성을 과도하게 자극하므로 멀리하라고 한 것이다.

말만 잘하는 자(佞人)를 미워하는 것은 논어에서 이미 누차 나온 바 있다.

안연이 나라를 다스리는 법에 대해 묻자 공자는 이상적인 국가에 대해 대답했다. 그 내용이 너무나 추상적이어서 제대로 해석하기에는 무리가 있지만 억지로 풀이한다면 다음과 같다. 하(夏)의 역법은 백성으로 하여금 본업에 충실하게 하는 정치를 나타낸다. 은의 수레는 나라의 살림살이를 실용적이고 질박하게 운용하라는 뜻이다. 주의 면류관은 주의 발달된 문물제도를 뜻한다. 그리고 순의 음악인 소무로 백성을 순치·교화한다. 그런 연후에 백성의 감성을 지나치게 자극하는 정성을 멀리하고, 군주를 미혹시키는 말만 잘하는 자를 멀리한다. 그러면 이상적인 나라가 될 수 있을 것이다.

11

공자께서 말씀하셨다. "사람이 멀리 생각하지 않으면, 반드시 가까운 데 근심이 생길 것이다."

子曰 人無遠慮 必有近憂.

원(遠)과 근(近)은 공간적으로 멀고 가까운 것이 아니라 시간적으로 멀고 가까운 것이다. 주희는 공간적으로 생각해 다음과 같은 소식의 말을 첨가했다.

"사람이 밟고 있는 곳은 발을 붙이는 곳 이외에는 모두 쓸데없는 땅이지만 이를 버릴 수는 없다. 그러므로 생각이 1,000리 밖에 있지 않으면 근심거리는 바로 앉아 있는 자리 밑에 있다."

이에 대해 다산은 공간적으로 말한다면 군자가 해야 할 바는 언제나 가까운 데 있지 먼 데 있는 것이 아니라며 비판한다. 다시 말해 가까운 데 있는 자가 기뻐해야 먼 데 있는 자가 온다는 말이다(近者說 遠者來, 자로16).

사람이 먼 앞날을 생각하지 않고 눈앞의 일에만 급급하다가는 반드시 가까운 장래에 우환거리가 생기는 법이다.

12

공자께서 말씀하셨다. "이제 끝났구나! 나는 덕을 좋아하기를 미녀를 좋아하듯 하는 사람을 아직 보지 못했다."

子曰 已矣乎. 吾未見好德如好色者也.

이의호(已矣乎)는 절망 끝에 탄식하는 소리다.

● 자한17에서는 같은 말이 已矣乎만 빠졌다.

13

공자께서 말씀하셨다. "장문중은 아마 벼슬을 훔친 자일 것이다. 유하혜의 현명함을 알고도 그와 함께 조정에 서지 않았다."

子曰 臧文仲其竊位者與. 知柳下惠之賢 而不與立也.

장문중(臧文仲)은 공야장17에서 나온 노의 대부 장손신(臧孫辰)이다. 절위(竊位)는 벼슬자리를 훔친 것이다. 주희에 의하면 그 자리에 걸맞지 않아 마음에 부끄러움이 있는 것이 마치 도둑질해 얻고 몰래 점거한 것과 같아 그렇게 표현한 것이라고 한다.

유하혜(柳下惠)는 노의 대부로 성은 전(展), 이름은 획(獲), 자는 금(禽)이다. 유하는 식읍(食邑)의 지명이요, 혜는 시호다. 주희의 주장이다. 『맹자장구(孟子章句)』를 쓴 조기(趙岐, 108~201)는 성은 展, 이름은 禽, 자는 계(季), 유하는 호라고 했다.

여립(與立)은 주희에 의하면 조정에 함께 서는 것으로, 천거해 함께 조정에 나아가는 것이다. 그러나 유월은 『군경평의』에서 立을 위(位)로, 與는 준다는 뜻의 동사로 풀이해야 한다고 주장한다. 즉 장문중이 유하혜의 현명함을 알고도 그에게 벼슬을 주지 않았다는 뜻이다(『논어집석』에서 재인용).

장문중은 노나라에서 평판이 좋았던 사람이다. 그러나 공자는 그에 대해 평가를 달리했다. 공야장17에서는 귀신에게 현혹되어 예를 망각한 사람이라고 비판했다. 여기서도 공자는 그에 대해 비판적으로 말한다. 즉 장문중이 유하혜의 현명함을 알고서도 그를 천거하지 않았다는 것이다. 그것을 공자는 벼슬을 도둑질한 것이라고까지 했다. 군자가 벼슬을 하는 데 가장 중요한 일 중의 하나가 초야에 묻혀 있는 현명한 자를 발굴해 천거하는 것이다. 장문중은 그것을 소홀히 한 정도가 아니라 알면서도 고의로 묵살했다. 공자의 관점에서 보면 그는 벼슬자리에 있어서는 안 될 위인이었다.

● 공야장17에서도 장문중을 비판했다.

14

공자께서 말씀하시길 "자신에게는 엄하게 하고 남에게는 가볍게 책망한다면, 원망이 멀어질 것이다."

子曰 躬自厚 而薄責於人 則遠怨矣.

궁자후(躬自厚)의 厚는 후책(厚責)의 責 자가 생략된 것이다. 자신을 엄하게 책망하면 덕이 날로 쌓일 것이요, 또한 남을 가볍게 책망하면 남으로부터 원망 받는 일도 없을 것이다.

躬自厚를 자신의 덕을 두텁게 한다(厚其德)는 뜻으로 풀이하는 사람도 있다. 황간의 『논어의소』에 인용된 채모와 일본의 이토 진사이 등이 그런 입장이다.

15

공자께서 말씀하셨다. "'어떻게 할까? 어떻게 할까?'라고 말하지 않는 사람은 나도 어떻게 할 수 없다."

子曰 不曰如之何如之何者 吾末如之何也已矣.

분발해 애쓰지 않으면 가르쳐 줄 수 없다(不憤不啓 不悱不發 – 술이8)는 말이다.
　고주의 공안국(孔安國)은 不曰如之何. 如之何者 吾末如之何也已矣로 끊어 읽어 "어떻게 할까?'라고 말하지 마라. 어떻게 할까라고 하는 것은 (禍難이 이미 이루어진 것이라) 나도 어떻게 할 수 없다"로 해석하고 있으나 온당치 않다고 생각된다.

16

공자께서 말씀하셨다. "하루 종일 모여 있으면서, 하는 말이 의로운 일에는 미치지 않고 잔재주나 부리길 좋아한다면 어려운 일이다."

子曰 羣居終日 言不及義 好行小慧 難矣哉.

군거(羣居)는 모여 있는 것이다. 소혜(小慧)는 고주에 의하면 소소한 재지(才智), 즉 잔재주를 뜻하며, 난(難)은 끝내 공을 이루지 못하는 것이다.

17

공자께서 말씀하셨다. "군자는 의(義)로 바탕을 삼고 예로 행하며 공손함으로 나타내고 신의로 이룬다. 그러면 진실로 군자이니라."

子曰 君子義以爲質 禮以行之 孫以出之 信以成之. 君子哉.

모든 일에 의(義)가 근본이다. 의를 근본으로 해, 행할 때는 예로써, 나타낼 때는 공손하게, 그리고 그 말에 신의를 지킴으로써 완성한다. 이것이 군자다.

18

공자께서 말씀하셨다. "군자는 무능한 것을 걱정하지, 남이 자신을 알아주지 않는 것을 걱정하지 않는다."

子曰 君子病無能焉 不病人之不己知也.

학이16, 이인14, 헌문32에도 같은 취지의 말이 있다.

19

공자께서 말씀하셨다. "군자는 인생을 마칠 때까지 그 이름이 일컬어지지 않는 것을 싫어한다."

子曰 君子疾沒世而名不稱焉.

몰세(沒世)는 인생을 마치는 것이고, 칭(稱)은 일컬어지는 것이다.

군자는 자신을 위해 공부하지 남이 알아주는 것을 기대하여 공부하지는 않는다(古之學者爲己 今之學者爲人-헌문25). 또 바로 앞 장에서 말했듯이 자신이 무능한 것을 걱정하지, 남이 자신을 알아주지 않는 것을 걱정하지 않는다. 그러나 생애를 마칠 때까지 이름이 일컬어지지 않는다면, 그것은 배운 바가 보잘 것 없기 때문이다. 덕이 몸 안에 가득 차면 자연히 밖으로 드러나기 마련이다. 따라서 학덕을 연마하는 것을 게을리해서는 안 된다. 열심히 공부할 것을 지적한 말이지, 명성에 연연하라는 뜻은 아니다.

몰세(沒世)를 죽은 뒤라는 뜻으로 해석하는 사람도 있다. 사마천이 그런 입장으로, 『사기』「공자세가」는 공자가 『춘추』를 지은 것이 자신이 죽은 뒤 그 이름이 사라질까 걱정했기 때문이라고 한다. 또 왕양명은 『전습록(傳習錄)』에서 稱을 거성(去聲), 즉 어울린다는 뜻으로 읽어야 한다고 주장한다.

군자는 평생을 마치도록 그 이름이 어울리지 않는 것, 즉 소문이 실정보다 지나친 것을 싫어한다는 말이다.

20

공자께서 말씀하셨다. "군자는 자신에게서 구하고, 소인은 남에게서 구한다."

子曰 君子求諸己 小人求諸人.

군자는 자기의 인생을 자신의 책임하에 주체적으로 살아간다. 남에게 의지하지도 않고, 남을 탓하지도 않는다. 그러나 소인은 그 반대다. 『맹자』「이루상」4에서는 "행해서 얻지 못하면 모두 자기 자신에게서 돌이켜 구해야 한다(行有不得者 皆反求諸己)"고 했다.

21

공자께서 말씀하셨다. "군자는 긍지를 갖되 다투지 않으며, 무리를 이루되 편당하지 않는다."

子曰 君子矜而不爭 羣而不黨.

긍(矜)은 긍지를 갖는 것이고, 군(羣)은 무리를 이루는 것, 당(黨)은 편당(偏黨)하는 것이다. 군자는 자신의 삶에 긍지를 갖는다. 그러나 그것을 나타낼 때는 공손하게 하므로 남과 더불어 다툴 일이 없다. 또한 남과 부드럽게 잘 어울리면서도 의(義)를 따라 살아가므로 편파적으로 파당을 만들지 않는다.

●
위정14, 자로23

22

공자께서 말씀하셨다. "군자는 말 때문에 사람을 천거하지 않으며, 사람 때문에 말을 버리지 않는다."

子曰 君子不以言擧人 不以人廢言.

덕이 있는 자는 반드시 그 덕이 말에 나타나지만, 말이 들을 만하다고 하여 덕이 있는 것은 아니다(有德者必有言 有言者不必有德 – 헌문5). 따라서 말만 갖고 사람을 천거할 수는 없다. 또한 사람됨이 조금 모자란다고 해서 그 사람이 하는 말도 모두 들을 만한 가치가 없는 것은 아니다. 필부에게서도 뜻밖의 훌륭한 말이 나올 수 있다.

23

자공이 물었다. "한마디 말로 평생 동안 행할 만한 것이 있습니까?"
공자께서 말씀하셨다. "아마 서(恕)일 것이다. 내가 원하지 않는 것을 남에게 베풀지 마라."

子貢問曰 有一言而可以終身行之者乎.
자공이 물었다. "한마디 말로 평생 동안 행할 만한 것이 있습니까?"

한마디 말이라는 것은 공자의 가르침을 한마디로 집약한 것이라고 할 수 있다. 공자의 가르침이 하나로 관통한다는 一以貫之와 일맥상통한다.

子曰 其恕乎. 己所不欲 勿施於人.
공자께서 말씀하셨다. "아마 서(恕)일 것이다. 내가 원하지 않는 것을 남에게 베풀지 마라."

이인15에서 증자는 그 일(一)을 충서(忠恕)라고 했다. 여기서는 그것을 한 글자로 서(恕)라고 한다. 자기를 미루어 남을 헤아릴 줄 아는 것(恕), 그것이 이 세상을 남들과 더불어 살아가는 데 가장 필요한 자세임은 두말할 필요도 없다.

『대학』에서는 "군자는 자신에게 (善이) 있은 후에 남에게 요구하며, 자신에게 (惡이) 있지 않은 후에 남을 비난한다(有諸己而后求諸人 無諸己而后非諸人)"고 하면서 이것을 혈구지도(絜矩之道)라고 했다. 絜矩之道도 恕이다.

다산은 恕를 추서(推恕)와 용서(容恕)로 구분한다. 推恕는『논어』의 己所不欲 勿施於人, 『중용』의 "나에게 베푸는 것을 원치 않는 것을 또한 남에게 베풀지 마라(施諸己而不願 亦勿施於人)" 등과 같은 것으로, 하지 말라는 勿 자에 중점이 있다. 容恕는 바로 대학의 有諸己而后求諸人 無諸己而后非諸人과 같은 것으로, ~하라는 求, 非에 중점이 있다. 推恕는 스스로를 닦는 것으로 자신의 善을 실행하는 것이다. 容恕는 남을 다스리는 것으로 남의 惡을 관용하는 것이다. 다산에 의하면 공자가 말하는 것은 바로 推恕라고 한다.

●

己所不欲 勿施於人은 안연2에도 나온다.

24

공자께서 말씀하셨다. "내가 사람에 대해 누구를 비방하고 누구를 칭찬하겠는가? 만일 칭찬한 일이 있다면 그것은 시험을 해본 바가 있기 때문이다. 이 백성들은 삼대(三代)의 곧은 도를 행해왔다."

子曰 吾之於人也 誰毀誰譽. 如有所譽者 其有所試矣. 斯民也 三

代之所以直道而行也.

훼(毁)는 비방하는 것, 예(譽)는 칭찬하는 것, 시(試)는 시험하는 것이다. 삼대(三代)는 하(夏)·은(殷)·주(周)의 세 왕조를 말한다.

사람에 대해 근거 없이 함부로 비방하거나 칭찬하는 것은 옳지 않다. 반드시 그 근거가 있어야 한다. 지금의 이 백성들도 예전의 삼대(三代)의 성왕(聖王)들의 곧은 도(道)를 그대로 행해온 백성들이다. 그러니 어찌 이 백성들 앞에서 자의적으로 사람에 대해 평가할 수 있겠는가?

글이 무언가 빠진 것이 있는 느낌이다. 다산은 당시 공자가 누군가를 칭찬했는데, 남들이 이를 보고 아부하는 것 아닌가 의심했기 때문에 공자가 스스로 이를 밝힌 것이라고 했다.

25

공자께서 말씀하셨다. "나는 예전에는 사관이 의심스러운 것을 쓰지 않고 비워두는 것과 말을 가진 자가 남에게 빌려주어 타게 하는 것을 본 바 있다. 그러나 지금은 없다."

子曰 吾猶及史之闕文也 有馬者借人乘之. 今亡矣夫.

사(史)는 기록을 담당하는 관리, 즉 사관(史官)이다. 궐문(闕文)은 고주의 포함에 의하면 옛날 사관이 글자가 의심스러운 것이 있으면 쓰지 않고 비워두어 훗날 아는 사람을 기다리는 것이다.

시대가 변하면서 사람들의 마음가짐도 변해 옛날의 곧고 두터운 습속을 찾아보기 힘들게 되었음을 탄식한 말로 추정되나 고래로 해석이 분분하다. 신주에서 호인은 "이 장은 뜻이 의심스러우니 억지로 해석해서는 안 된다"라고까지 하고 있다.

문제의 핵심은 사관이 闕文하는 것과 말을 빌려주는 것 사이에 아무런 논리적 연관이 없다는 것이다. 고주의 포함은 둘을 별개의 일로 보고, 말을 빌려주는 것은 자신이 말을 조련할 수 없기 때문에 남으로 하여금 말을 길들이게 하기 위한 것이라고 풀이했다. 송의 형병(邢昺)은 『논어주소(論語注疏)』에서 유마자차인승지(有馬者借人乘之)는 비유로, 사관이 잘 모르는 것을 비워두는 것이 후에 잘 아는 자가 나타나기를 기다리기 위한 것처럼, 말을 남에게 빌려주는 것도 자신이 말을 조련할 수 없기 때문에 훌륭한 조련사에게 빌려주어 길들이게 하기 위한 것이라고 부연 설명했다. 그러나 전점은 『논어후록』에서 포함의 설을 부정하면서, 말을 빌려주는 것은 자로가 벗들과 수레나 말을 함께 쓰기를 원하는 것과 같은 것으로, 옛날의 후덕한 인심을 나타낸 것이라고 했다(『논어집석』에서 재인용). 전점의 주장에 손을 들어주고 싶다.

26

공자께서 말씀하셨다. "교묘한 말은 덕을 어지럽힌다. 작은 일을 참지 못하면 큰일을 어지럽힌다."

子曰 巧言亂德. 小不忍 則亂大謀.

27

공자께서 말씀하셨다. "뭇사람이 미워하더라도 반드시 살펴보아야 하며, 뭇사람이 좋아하더라도 반드시 살펴보아야 한다."

子曰 衆惡之 必察焉. 衆好之 必察焉.

군자는 남의 장단에 부화뇌동하지 않는다. 반드시 스스로 살펴 판단한다. 결코 뭇사람이 미워한다고 해서 무조건 미워하지도 않으며, 좋아한다고 하여 무조건 좋아하지도 않는다. 뭇사람이 모두 미워하는 것은 혹 그 사람됨이 너무 우뚝해 남과 어울리지 못해 그럴 수도 있고, 모두 좋아하는 것은 혹시 남의 비위를 잘 맞추어 그럴 수도 있기 때문이다. 스스로 살펴 미워할 만하면 미워하고, 좋아할 만하면 좋아한다. 그러기에 오직 어진 자만이 능히 사람을 사랑할 수 있고, 사람을 미워할 수 있다(惟仁者 能好人 能惡人-이인3).

●
이인3에서는 "오직 어진 사람만이 능히 사람을 좋아할 수 있고, 사람을 미워할 수 있다"고 했다. 자로 24에는 선한 사람이 좋아하고, 악한 사람이 미워하는 사람이 되라는 말이 있다.

28

공자께서 말씀하셨다. "사람이 능히 도를 넓히지, 도가 사람을 넓히는 것은 아니다."

子曰 人能弘道 非道弘人.

홍(弘)은 넓히는 것이다. 도(道)는 인간을 떠나 존재하는 것이 아니다. 도는 오직 인간을 통해서만 구현될 수 있다. 인간이 어떻게 하느냐에 의해 도는 넓어질 수도 좁아질 수도 있다. 따라서 인간이 도를 넓히는 것이지, 도가 사람을 넓혀주는 것이 아니다. 인간의 주체성과 책임감을 강조한 말이다.

29

공자께서 말씀하셨다. "잘못을 저질렀으면서도 고치지 않는 것, 그것을 일컬어 잘못이라고 한다."

子曰 過而不改 是謂過矣.

사람은 누구나 잘못을 저지를 수 있다. 그러나 잘못을 고친다면 두 번 다시 같은 잘못을 되풀이하지 않는다(不貳過-옹야2). 만일 고치지 않는다면 잘못이 굳어져 고질이 된다.

다산은 앞의 過를 과중(過中), 뒤의 過를 죄과(罪過)라고 풀이한다. 즉 잘못이란 중도에서 벗어난 것을 일컫는 것이나, 그것을 고쳐 중도를 얻으면 잘못이라 할 수 없다. 그런데 그것을 고치지 않으면 이것을 일컬어 罪過라고 한다는 말이다.

30

공자께서 말씀하셨다. "내가 일찍이 하루 종일 먹지도 않고, 밤새도록 자지도 않으며, 생각에 잠겨봤으나, 아무런 이익이 없었다. 배우는 것만 못했다."

子曰 吾嘗終日不食 終夜不寢 以思. 無益. 不如學也.

배우기만 하고 생각하지 않으면 견식이 어둡고, 생각만 하고 배우지 않으면 자칫 독단에 치우쳐 위태로운 법이다(學而不思則罔 思而不學則殆-위정15). 그러나 배움의 길은 우선 앞선 사람들이 깨우친 것을 공부하는 것으로부터 시작하는 것이 순리다. 공자가 자신의 체험을 빌려 그것을 깨우쳐주고 있다.

31

공자께서 말씀하셨다. "군자는 도를 도모하지 밥을 도모하지는 않는다. 농사를 지어도 굶주림이 그 안에 있고, 학문을 해도 녹이 그 안에 있다. 군자는 도를 걱정하지 가난한 것을 걱정하지 않는다."

子曰 君子謀道 不謀食. 耕也 餒在其中矣. 學也 祿在其中矣. 君子憂道不憂貧.

뇌(餒)는 굶주림이요, 녹(祿)은 관리가 받는 봉록이다.
  먹고 살기 위해 농사를 지어도 때로는 흉년이 들어 굶주릴 수가 있다. 군자가 공부하는 학문은 원래 도를 위한 것이지, 봉록을 받기 위한 것은 아니다. 그러나 그 학문이 무르익으면 세상에 나아가 벼슬을 함으로써 봉록을 받는 경우도 생길 수 있다. 먹을 것을 찾아도 굶주릴 수 있으며, 먹을 것을 찾지 않는다 하더라도 꼭 굶주리는 것은 아니다. 따라서 군자는 그런 것에 신경 쓰지 않는다. 오지 도에 대해 걱정할 뿐이지.

  학문이 녹을 가져다 줄 수 있다는 생각은 중국인의 전통적인 사고방식이다. 그러나 학문을 갖고 벼슬을 할 수 있게 된 것은 공자로부터 그리 오래된 시대의 일은 아니다. 주대의 관직은 대대로 맡은 가문에 세습됐다. 즉 신분에 의해 관직이 결정된 것이다. 그들은 주로 제후의 지족(支族)들이거나 아니면 유력 공신 가문의 후손들이었다.

제15편. 위령공(衛靈公)

그러나 춘추시대에 들어서면서 상황은 변하기 시작했다. 우선 제후들 간의 잦은 전쟁으로 인해 귀족들이 몰락하기 시작했다. 그리고 철기 도입에 따른 사회적 변동으로 신분 질서도 붕괴하기 시작했다. 또한 제후들 간의 약육강식 경쟁에서 살아남기 위해 군주들은 신분에 관계없이 자신에게 충성하는 유능한 전문가들을 관리로 등용해 나라를 통치하고자 했다. 관직의 세습제가 위기에 처한 것이다. 거기에 부응한 것이 공자를 위시한 제자백가(諸子百家)다. 이들은 오로지 학문 하나만을 갖고 자신을 등용해줄 군주를 찾아 천하를 주유했다. 등용만 되면 물론 온갖 부귀를 다 누릴 수 있었다. 합종(合從)으로 유명한 소진(蘇秦)이 매우 곤궁한 생활 속에 있다가 마침내 세 치 혀로 여섯 나라의 재상이 되어 온갖 부귀영화를 누렸다는 이야기는 이것을 잘 말해준다. 약육강식의 난세가 지식인에게는 마치 물고기가 물을 만난 격이 된 것이다.

이후 중국 사회는 왕조가 어떻게 바뀌더라도 관리는 지식인이 해야 한다는 기조는 크게 변함이 없었다. 과거제도는 그것을 제도화한 것에 불과하다. 지금의 대만이나 한국의 고시(考試) 제도는 바로 그러한 전통의 맥락 위에 서 있다.

32

공자께서 말씀하셨다. "지혜가 그 지위에 미치더라도 인(仁)이 그것을 지킬 수 없다면, 비록 얻었다 하더라도 반드시 잃고 만다. 지혜가 그 지위에 미치고 인이 그것을 지킬 수 있다 하더라도 장엄하게 임하지 않는다면, 백성들이 공경하지 않는다. 지혜가 그 지위에 미치고 인이 그것을 지킬 수 있고 장엄하게 임한다 하더라도, 예로써 움직이지 않는다면 아직 좋다고 할 수 없다."

子曰 知及之 仁不能守之 雖得之 必失之. 知及之 仁能守之 不莊以 涖之 則民不敬. 知及之 仁能守之 莊以涖之 動之不以禮 未善也.

열한 번에 걸쳐 나오는 지(之)가 무엇을 가리키느냐가 해석의 핵심이다. 주희는 지(之)가 이(理), 즉 이치를 뜻한다고 하나, 많은 학자들의 주장대로 지나치게 자의적인 해석이다. 고주의 포함이나 황간은 之가 관위(官位)라고 했다. 다산은 관위가 아니라 천자나 제후의 지위라고 주장한다. 그냥 포괄적으로 위정자로서의 지위를 뜻하는 것으로 보아 무방할 것이다. 그러면 이 장의 말은 군자가 정치를 할 때 지켜야 할 도리를 말하는 셈이다. 리(涖)는 임(臨)으로 임하는 것이다.

33

공자께서 말씀하셨다. "군자는 작은 지혜가 없어도 큰일을 맡을 수 있으며, 소인은 큰일을 맡을 수는 없어도 작은 지혜를 기대할 수는 있다."

子曰 君子不可小知 而可大受也. 小人不可大受 而可小知也.

소지(小知)는 소지(小智)로 작은 지혜, 대수(大受)는 큰일을 맡는 것이다. 군자는 근본에 힘쓰므로, 비록 지엽적인 일에 모르는 것이 있다고 하더라도 큰일을 맡을 수 있다. 그러나 소인은 항상 지엽적인 일이나 가능할 뿐이다.

고주나 신주는 小知를 "작은 것으로 알아보다"는 뜻으로 해석했다. 그렇게 해석하면 "군자는 (내가) 작은 것으로 알아볼 수는 없어도 큰일을 맡을 수 있으며, 소인은 큰일을 맡을 수는 없어도 (내가) 작은 것으로 알아볼 수 있다"는 뜻이 되어 주희의 말대로 사람을 살펴보는 방법(觀人之法)을 말한 것이 된다.

34

공자께서 말씀하셨다. "백성들은 인(仁)에 대해 물이나 불보다도 더 심하다. 물과 불은 밟다가 죽은 사람도 내가 보았으나, 인은 밟다가 죽은 사람을 아직 보지 못했다."

子曰 民之於仁也甚於水火. 水火吾見蹈而死者矣 未見蹈仁而死者也.

심(甚)은 심한 것이다. 도(蹈)는 밟는 것으로 가까이한다는 뜻이다. 왕필에 의하면 백성들이 인을 멀리하는 것을 탄식한 말이다. 백성들이 인을 멀리하기를 물이나 불을 멀리하는 것보다도 심해 물이나 불은 가끔 가까이하다가 죽는 사람도 보았지만 인을 가까이하다가 죽는 사람은 아직 못 보았다는 말이다. 황간의 『논어의소』에 인용됐다. 다산과 이토 진사이도 같은 입장이다.

고주나 신주의 해석은 다르다. 그들에 의하면 甚은 절실히 필요한 것이다. 백성들에게 인은 물이나 불보다도 더 절실히 필요하다. 물이나 불은 가끔 사람을 해치기도 하지만 인은 사람을 해치지 않는다. 따라서 인이 인간에게는 물이나 불보다도 더 절실히 필요하다. 물과 불을 끌어들여 인의 필요성을 강조하는 말로 보는 것이다. 이에 대해 다산은 그렇게 해석하려면 문장이 仁之於民也甚於水火로 바뀌어야 한다고 비판한다.

35

공자께서 말씀하셨다. "인(仁)을 당해서는 스승에게도 양보하지 않는다."

子曰 當仁 不讓於師.

당인(當仁)은 고주의 공안국에 의하면 인(仁)을 행할 일을 당하는 것(當行仁之事)이다. 신주의 정호는 이에 대해 다음과 같이 말한다. "인을 행하는 것은 나에게 있으니 사양함과 관계없는 것이다. 좋은 명성이라면 내 밖에 있으니 사양하지 않을 수 없다."

제15편. 위령공(衛靈公) 689

36

공자께서 말씀하시길 "군자는 바른 것을 굳게 지키지만 덮어놓고 고집하지는 않는다."

子曰 君子貞而不諒.

정(貞)은 바른 것을 굳게 지키는 것이고, 량(諒)은 작은 신의를 고집하는 것이다.

37

공자께서 말씀하셨다. "임금을 섬길 때는 먼저 그 일을 공경할 것이며 녹은 그 뒤로 한다."

子曰 事君 敬其事而後其食.

식(食)은 벼슬할 때 받는 녹이다.

38

공자께서 말씀하셨다. "가르침에 차별은 없다."

子曰 有敎無類.

유(類)는 빈부, 귀천 등의 종류별로 나누는 것이다. 일찍이 공자는 스승에 대한 예의만 나타낸다면 누구라도 가르치지 않은 바가 없다고 했다(自行束脩以上 吾未嘗無誨焉 - 술이7). 학문의 길에서 신분의 차별을 인정하지 않은 것이다. 공자의 문하에서는 사마우(司馬牛)와 같은 대부 출신부터 중궁(仲弓)과 같이 얼룩소의 새끼(犂牛之子 - 옹야4)라고 불릴 정도의 미천한 출신이 함께 수학했다. 오늘날의 관점에서 보면 지극히 당연한 일이겠지만, 당시의 엄격한 신분 질서하에서는 상당히 파격적인 일이다. 공자가 신분 질서를 인정하지 않았다는 증거로 자주 인용되는 구절이다.

주희는 "가르침이 있으면 차별이 없어진다"로 해석했다. 사람의 본성이 모두 착하기 때문에 군자로부터 가르침을 받으면 모두 원래의 善으로 돌아가 다시 그 선악의 종류를 논할 필요가 없어진다는 말이다. 다산도 같은 입장이다.

●
술이7

39

공자께서 말씀하셨다. "길이 다르면 서로 도모하지 않는다."

子曰 道不同 不相爲謀.

도(道)는 인생을 살아가는 길이다. 군자와 소인이 함께 인생을 살아갈 수는 없는 법이다. 서로 나아가고자 하는 길이 다르기 때문이다.

40

공자께서 말씀하셨다. "말은 뜻이 통하면 된다."

子曰 辭達而已矣.

말에 꾸밈이 많으면 번잡해지고, 나아가 그 뜻이 왜곡될 가능성이 크다. 공자가 그것을 경계해 한 말이라고 생각된다. 당의 한유는 공자의 이 말을 기치로 내걸고 꾸밈이 화려한 육조시대의 변려문(騈儷文)에서 벗어나 질박한 선진(先秦)과 양한(兩漢) 시대의 고문(古文)으로 돌아가자는 고문운동을 전개했다.

청의 전대흔은 『잠연당답문』에서 사(辭)가 일반적인 언어가 아니라 외교적인 언사(言辭)를 가리키는 것이라고 풀이했다(『논어집석』에서 재인용). 즉 외교적인 언사는 뜻이 올바르게 전달되는 것이 가장 중요하다는 것이다. 다산과 오규 소라이도 같은 입장이다.

41

악사 면이 공자를 알현했다. 계단에 이르자 공자께서 말씀하셨다. "계단입니다."

자리에 이르자 말씀하셨다. "자리입니다."

모두 앉자 일러 말씀하셨다. "아무개는 저기에, 아무개는 저기에 있습니다."

악사 면이 나갔다. 자장이 물었다. "악사와 이야기할 때의 방법입니까?"

공자께서 말씀하셨다. "그렇다. 본래 악사를 도와주는 방법이다."

師冕見. 及階 子曰 階也. 及席 子曰 席也. 皆坐 子告之曰 某在斯 某在斯.

악사 면이 공자를 알현했다. 계단에 이르자 공자께서 말씀하셨다. "계단입니다."

자리에 이르자 말씀하셨다. "자리입니다."

모두 앉자 일러 말씀하셨다. "아무개는 저기에, 아무개는 저기에 있습니다."

사(師)는 악사(樂士)로 예전의 악사는 모두 소경이었다. 면(冕)은 사람 이름이다. 현(見)은 알현하는 것이다. 계(階)는 뜰에서 당(堂)으로 오르는 계단, 석(席)은 당(堂) 위에 마련된 자리다. 모재사 모재사(某在斯 某在斯)는 누구는 어디에, 누구는 어디에 앉아 있다고 알려주는 것이다.

師冕出. 子張問曰 與師言之道與.
악사 면이 나갔다. 자장이 물었다. "악사와 이야기할 때의 방법입니까?"

子曰 然. 固相師之道也.
공자께서 말씀하셨다. "그렇다. 본래 악사를 도와주는 방법이다."

상(相)은 돕는 것이다.
 앞을 보지 못하는 소경을 위해 세심하게 배려하는 공자의 자상함이 돋보인다.

제16편

계씨 季氏

주희는 남송 초의 학자 홍흥조의 말을 인용해 이 편이 『제논어』가 아닌가 의심한다. 『한서예문지(漢書藝文志)』에 의하면 당시 전해지던 논어에는 세 가지 종류가 있었다고 한다. 고문(古文)으로 쓰여진 『고논어』, 오늘날 산둥성 지방인 제(齊)의 학자들 사이에서 전해 내려온 『제논어』, 그리고 공자가 태어난 노(魯)의 학자들 사이에서 전해 내려온 『노논어』가 그것이다. 이 편이 『제논어』가 아닌가 하는 의혹을 받는 것은 논어의 다른 편과 몇 가지 차이점을 보이기 때문이다.

우선 눈에 띄는 차이점은 다른 편들이 子曰로 공자의 말을 시작하고 있는 데 반해(물론 약간의 예외는 있다), 이 편은 모두 孔子曰로 시작한다는 것이다. 두 번째는 미세한 문제이지만, 이 편에 나타나는 공자의 말에는 이상하게도 특정의 숫자를 의식해, 그 숫자에 맞춰 설명하려는 경향이 두드러지게 보인다는 점이다. 4장의 益者三友 損者三友, 5장의 益者三樂 損者三樂, 6장의 侍於君子有三愆, 7장의 君子有三戒, 8장의 君子有三畏, 10장의 君子有九思가 그것들이다. 3이나 9라고 하는 숫자에 억지로 내용을 끼워 맞추려 한다는 느낌을 지울 수 없다. 그에 따른 당연한 결과로 논어의 다른 편, 특히 전반 10편에서 많이 느낄 수 있는 함축미를 이 편에서는 거의 느끼기 어렵다. 이런 면들이 아마 『제논어』가 아닌가 하는 의심을 불러 일으켰으리라고 생각되나, 현재로서는 확인할 수 있는 방법이 없다.

이 편의 또 다른 특징으로는 인(仁)이라는 글자가 한 번도 쓰이지 않았다는 점이다.

1

 계씨가 장차 전유(顓臾)를 정벌하려고 했다. 염유와 계로가 공자를 뵙게 되어 말했다. "계씨가 장차 전유에 일을 벌이려 합니다."
 공자께서 말씀하셨다. "구야, 잘못이 네게 있는 것 아니냐? 전유는 옛날에 선왕께서 동몽(東蒙)산의 제주(祭主)로 삼으신 나라로, 그 땅은 우리나라 안에 있다. 우리나라의 사직(社稷)의 신하다. 어찌하여 정벌하려 하느냐?"
 염유가 말했다. "그분께서 바라는 것입니다. 우리 두 신하는 모두 바라지 않습니다."
 공자께서 말씀하셨다. "구야, 주임이 말하길 '힘을 펼쳐 벼슬자리에 나아가되, 할 수 없으면 그만 둔다'고 했다. 위험한데도 잡아주지 않고 넘어지는데도 부축하지 않는다면, 그런 신하를 어디에다 쓰겠는가? 또 네 말도 잘못됐다. 호랑이나 외뿔소가 우리에서 뛰쳐나오고, 거북 껍질(龜甲)이나 보옥(寶玉)이 궤 속에서 깨진다면, 그것은 누구의 잘못이겠느냐?"
 염유가 말했다. "전유는 성곽도 견고한데다, 비(費) 땅에 가까이 있습니다. 지금 취하지 않는다면, 후세에 반드시 자손들의 근심거리가 될 것입니다."
 공자께서 말씀하셨다. "구야, 군자는 자기가 원한다고 말하지 않고, 억지로 꾸며대어 말하는 것을 미워한다. 내가 듣건대 '나라를 가졌거나 가문이 있는 자는 가난한 것을 걱정하지 않고 고르지 못한 것을 걱정하며, 백성의 숫자가 적은 것을 걱정하지 않고 평안하지 않은 것을 걱정한다'고 했다. 대개 고르면 가난함이 없고, 화합하면 백성의 숫자가 적은 것도 없으며, 평안하면 기우는 일도 없다. 이런 까닭에 먼 데 사람들이 복종하지 않으면 학문과 덕을 닦아 그들을 오게 만들고, 이미 왔으면 평안하게 해야 한다. 지금 유와 구는 그분을 돕고 있으면서, 먼 데 사람이 복종하지 않는데도 오게 하지 못하고 있으며, 나라가 갈라지고 무너지고 흩어지고 쪼개져도 능히 지키지도 못하면서 나라 안에서 창과 방패를 움직일 것을 꾀하고 있다. 나는 계손씨의 근심이 전유에게 있지 않고 울타리 안에 있을까 염려된다."

季氏將伐顓臾. 冉有季路見於孔子曰 季氏將有事於顓臾.
계씨가 장차 전유(顓臾)를 정벌하려고 했다. 염유와 계로가 공자를 뵙게 되어 말했다. "계씨가 장차 전유에 일을 벌이려 합니다."

전유(顓臾)는 노(魯)의 영내에 있는 작은 나라 이름이다. 나라라고는 하나 영토가 작은 관계로 천자에게 직속하지 않고 제후인 노(魯)에게 속한다. 이런 나라를 부용(附庸)이라고 한다. 양백준에 의하면 오늘날 산동성 페이(費)현 서북쪽 80리에 있는 주안위(顓臾)촌 일대라고 한다.

염유(冉有)는 염구이고, 계로(季路)는 자로다. 견어공자(見於孔子)는 목적하고 찾아가 본 것이 아니라 어떤 일로 공자를 보게 됐다는 뜻이다.

두 사람은 일찍이 계씨의 신하였다. 계씨가 노나라의 절반을 차지하고서도 욕심을 버리지 못하고 다시 전유를 쳐 영토를 확장하려고 하자, 공자에게 그 가부를 물은 것이다.

孔子曰 求 無乃爾是過與. 夫顓臾 昔者先王以爲東蒙主 且在邦域之中矣. 是社稷之臣也. 何以伐爲.

공자께서 말씀하셨다. "구야, 잘못이 네게 있는 것 아니냐? 전유는 옛날에 선왕께서 동몽(東蒙)산의 제주(祭主)로 삼으신 나라로, 그 땅은 우리나라 안에 있다. 우리나라의 사직(社稷)의 신하이다. 어찌하여 정벌하려 하느냐?"

무내이시과여(無乃爾是過與)의 無乃~與는 '~이 아니냐'는 뜻의 구문이고, 爾是過는 양백준에 의하면 잘못이 네게 있다는 뜻의 過爾가 도치된 문장이다. 是는 문장이 도치되었음을 나타내는 어조사다.

　동몽(東蒙)은 오늘날 산동성 페이현 서북쪽에 있는 몽(蒙)산이다. 전유는 동몽산의 제사를 받드는 제주(祭主)로 선왕으로부터 분봉(分封)받았다.

　사직지신(社稷之臣)은 나라의 사직을 받드는 중요한 신하다. 전유가 비록 부용(附庸)의 나라이나, 노나라에 속하므로 노나라의 중요한 신하나 마찬가지라는 뜻이다. 따라서 정벌의 대상이 아니라고 공자가 말한 것이다.

冉有曰 夫子欲之 吾二臣者皆不欲也.
염유가 말했다. "그분께서 바라는 것입니다. 우리 두 신하는 모두 바라지 않습니다."

염유는 자기들이 아니라 계씨가 그렇게 하려는 것이라고 변명한다.

孔子曰 求 周任有言曰 陳力就列 不能者止. 危而不持 顚而不扶 則將焉用彼相矣. 且爾言過矣. 虎兕出於柙 龜玉毀於櫝中 是誰之過與.
공자께서 말씀하셨다. "구야, 주임이 말하길 '힘을 펼쳐 벼슬자리에 나아가되, 할 수 없으면 그만

제16편. 계씨(季氏)　699

둔다'고 했다. 위험한데도 잡아주지 않고 넘어지는데도 부축하지 않는다면, 그런 신하를 어디에다 쓰겠는가? 또 네 말도 잘못됐다. 호랑이나 외뿔소가 우리에서 뛰쳐나오고, 거북 껍질(龜甲)이나 보옥(寶玉)이 궤 속에서 깨진다면, 그것은 누구의 잘못이겠느냐?"

주임(周任)은 고대의 이름난 사관(史官)이다. 진력취열(陳力就列)의 陳은 포(布)로 펼치는 것이요, 열(列)은 위(位)로 벼슬자리다. 모름지기 군자는 벼슬자리에 나아가 자신의 능력을 다 발휘하되, 그것이 여의치 않으면 그만두는 것이다.

위이부지 전이불부(危而不持 顚而不扶)의 危는 위험한 것, 持는 잡아주는 것, 顚은 넘어지는 것, 扶는 부축하는 것이다. 피상(彼相)의 相은 도와주는 사람으로 여기서는 신하다. 염구와 자로가 주군인 계씨의 잘못되고 위험한 상황을 알면서도 그를 도와 바로잡지 않으니, 그런 신하를 어디에다 쓰겠냐고 꾸짖은 것이다.

시(兕)는 외뿔소, 합(柙)은 우리, 구(龜)는 거북 껍질(龜甲), 독(櫝)은 궤(櫃)다. 호랑이와 외뿔소가 우리에서 나오고, 거북 껍질과 보옥이 궤 속에서 깨진다면, 그것은 보관하는 자의 잘못이다. 마찬가지로 계씨의 잘못된 행동을 막지 못해 나라가 혼란스러워지고 계씨에게 누가 된다면 그것은 계씨를 보좌하는 염구와 자로의 잘못이다. 공연히 계씨에게 책임을 전가하지 말라는 뜻이다.

冉有曰 今夫顓臾 固而近於費. 今不取 後世必爲子孫憂.
염유가 말했다. "전유는 성곽도 견고한데다, 비(費) 땅에 가까이 있습니다. 지금 취하지 않는다면, 후세에 반드시 자손들의 근심거리가 될 것입니다."

마침내 염구가 본심을 털어놓는다. 전유가 계씨의 중요한 근거지인 비(費)에 가까이 있고 그 성곽도 단단해, 지금 치지 않으면 장차 후대의 근심거리가 될 것이기 때문이라고. 즉 염구 자신도 전유를 정벌하는 데 동의했던 것이다.

孔子曰 求 君子疾夫舍曰欲之 而必爲之辭. 丘也聞 有國有家者 不患寡而患不均 不患貧而患不安. 蓋均無貧 和無寡 安無傾.

공자께서 말씀하셨다. "구야, 군자는 자기가 원한다고 말하지 않고, 억지로 꾸며대어 말하는 것을 미워한다. 내가 듣건대 '나라를 가졌거나, 가문이 있는 자는 가난한 것을 걱정하지 않고 고르지 못한 것을 걱정하며, 백성의 숫자가 적은 것을 걱정하지 않고 평안하지 않은 것을 걱정한다'고 했다. 대개 고르면 가난함이 없고, 화합하면 백성의 숫자가 적은 것도 없으며, 평안하면 기우는 일도 없다."

공자는 우선 염구의 교묘한 말재주부터 비판한다. 갖고 싶으면 솔직히 갖고 싶다고 말하지 교묘한 말로 둘러대지 말라고. 군자질부사왈욕지 이필위지사(君子疾夫舍曰欲之 而必爲之辭)의 舍는 사(捨)로 버리는 것, 즉 하지 않는 것이고 必爲之辭는 꼭 해야 할 당위성이 있는 것처럼 말을 꾸며내는 것이다.

유국(有國)은 나라를 갖고 있는 제후를 뜻하고, 유가(有家)는 가문을 이끌고 있는 대부(大夫)를 말한다.

과(寡)는 백성의 수가 적은 것이요, 빈(貧)은 가난한 것이다. 청의 유월은 『군경평의』에서 불환과이환불균 불환빈이환불안(不患寡而患不均 不患貧而患不安)의 寡와 貧이 서로 글자가 바뀌었다고 주장한다. 유월에 의하면 寡는 사람의 숫자를 말한 것이고, 貧은 재물을 말한 것이다. 또 개균무빈 화무과 안무경(蓋均無貧 和無寡 安無傾)을 보더라도 均은 貧과 같이 사용된다. 따라서 不患貧而患不均 不患寡而患不安으로 고쳐야 한다는 것이다. 타당한 주장이라고 생각된다.

한 나라나 한 가문을 다스리고 있는 자는 가난한 것을 걱정하지 않고 서로 균등하지 못한 것을 걱정하며, 그 백성의 수가 적은 것을 걱정하지 않고 평안하지 않은 것을 걱정한다. 서로 균등하면 그 안에 특별히 가난이라고 할 것도 없으며, 백성들이 서로 화합하면 모두가 한마음이니 비록 수가 적다한들 무슨 문제가 될 것이며, 또 나라 전체가 평안하니 어찌 기울겠는가?

夫如是 故遠人不服 則修文德以來之. 旣來之 則安之. 今由與求也 相夫子 遠人不服 而不能來也. 邦分崩離析 而不能守也. 而謀動干戈於邦內. 吾恐季孫之憂 不在顓臾 而在蕭墻之內也.

"이런 까닭에 먼 데 사람들이 복종하지 않으면 학문과 덕을 닦아 그들을 오게 만들고, 이미 왔으면 평안하게 해야 한다. 지금 유와 구는 그분을 돕고 있으면서, 먼 데 사람이 복종하지 않는데도 오게 하지 못하고 있으며, 나라가 갈라지고 무너지고 흩어지고 쪼개져도 능히 지키지도 못하면서 나라 안에서 창과 방패를 움직일 것을 꾀하고 있다. 나는 계손씨의 근심이 전유에게 있지 않고 울타리 안에 있을까 염려된다."

고주의 공안국에 의하면 백성이 딴마음을 먹는 것을 분(分), 백성이 떠나고자 하는 것을 붕(崩), 모을 수 없는 것을 이석(離析)이라고 한다. 간과(干戈)는 방패(干)와 창(戈)이니, 무력을 뜻한다. 소장지내(蕭墻之內)의 蕭墻은 문 밖에서 집안이 보이는 것을 막기 위해 만든 담장이다. 즉 계씨의 근심이 다름 아닌 계씨의 집안 내에 있다는 뜻이다.

너희들은 계씨를 돕는다고 하나 그렇게 하지도 못하고 있다. 게다가 지금 노나라는 삼환(三桓)으로 인해 갈라지고 쪼개져 위험에 처해 있는데도 너희는 그것조차 방비하지 못하고 있다. 그런데도 나라 안에서 전란을 일으키려고 하고 있으니, 내 생각으로는 계씨의 근심은 전유에게 있는 것이 아니라 바로 계씨의 집 안에 있다고 본다. 그러니 전유를 정벌하려는 쓸데없는 욕심은 버려야 한다. 이게 공자의 생각이리라.

염구와 자로가 함께 공자를 만났으나 자로는 일절 말이 없고 염구만이 말하고 있다. 성미 급한 자로가 가만히 있는 것이 이상하다.

염구는 공자의 제자이면서도 스승과는 정치적 이념이 많이 달랐던 것 같다. 공자는 주례(周禮)의 복원을 주장했지만, 염구는 당시 계씨의 참례를 묵인했다. 팔일6을 보면 염구는 계씨가 태산에 여(旅)제를 지내는 것을 막지 못했다고 하여 공자로부터 꾸중을 들었다. 염구가 몰랐으리라고는 생각되지 않는다. 염구가 스승의 가르침과 현실 사이에서 암묵적으로 현실 쪽에 서 있었던 것으로밖에 추측되지 않는다. 또 선진16에서는 계씨를 위해 세금을 징수하다가 공자로부터 제자가 아니라는 비난을 들었다. 염구는 계씨의 세력 확장을 위해 세금을 징수한 것이다. 그에게 현실은 어쩔 수 없는 대세였고, 따라서 약육강식의 경쟁에서 살아남기 위해서는 그렇게 할 수밖에 없으리라. 이 장에서도 마찬가지다. 계씨의 영토확장을 도모한 것이다. 그러기에 계씨로부터 총애를 받았으리라(자로14).

총 274자로 선진25의 315자에 이어 논어 안에서 두 번째로 긴 글이다.

2

공자께서 말씀하셨다. "천하에 도가 있으면 예악과 정벌(征伐)이 천자로부터 나오고, 천하에 도가 없으면 예악과 정벌이 제후로부터 나온다. 제후로부터 나온 지 10대가 되어 망하지 않는 경우가 드물며, 대부로부터 나온 지 5대가 되어 망하지 않는 경우가 드물다. 배신이 나라의 명령을 잡은 지 3대가 되어 망하지 않는 경우가 드물다. 천하에 도가 있으면 정치가 대부에게 있지 않으며, 천하에 도가 있으면 서민들이 나랏일을 의논하지 않는다."

孔子曰 天下有道 則禮樂征伐自天子出. 天下無道 則禮樂征伐自諸侯出. 自諸侯出 蓋十世希不失矣. 自大夫出 五世希不失矣. 陪臣執國命 三世希不失矣. 天下有道 則政不在大夫. 天下有道 則庶人不議.

천하에 도가 있으면 예악을 정하고 정벌을 행할 수 있는 권한이 천자에게 있는 법이다. 그러나 도가 없어지면 천자가 아니라 제후가 천자를 참람하고 그 권한을 행사한다. 그런 상태가 된 지 10대가 되도록 망하지 않은 나라는 드물다. 제후도 아니고 제후 밑에 있는 대부(大夫)의 손에 그 권한이 넘어가면 5대가 못 가 나라가 망한다. 대부도 모자라 대부의 가신인 배신(陪臣)의 손에 넘어가면 3대도 못 가 나라가 망하게 된다. 천하에 도가 있다면 대부가 정치를 하는 법이 없고, 서민이 나랏일에 대해 의논하지 않는다. 질서의 붕괴, 예의 붕괴가 가져올 폐해를 경계한 말이다.

그러나 공자의 말로 보기에는 너무 단정적이다. 과연 10대, 5대, 3대라고 단정할 수 있을까? 물론 예를 들어 그렇다는 뜻이겠지만 평소 공자의 겸손한 말투와는 사뭇 맛이 다르다. 또한 높고 많은 것으로부터 낮고 적은 것으로 내려오는 수사(修辭)적 기교가 일견 세련되어 보이지만, 논어의 다른 곳에서 보이는 소박하면서도 함축미 있는 비유의 격을 못 쫓아온다. 과연 공자의 말일까 의심이 가는 장이다.

3

공자께서 말씀하셨다. "녹을 주는 권한이 공실을 떠난 지가 5대요, 정치가 대부의 손에 들어간 지가 4대다. 이런 까닭에 저 삼환의 자손이 쇠미(衰微)해가는 것이다."

孔子曰 祿之去公室五世矣 政逮於大夫四世矣. 故夫三桓之子孫微矣.

녹(祿)은 작(爵)과 녹(祿)을 주는 권한이다. 공실은 노의 군주를 가리킨다. 5세(五世)라는 것은 노 문공(文公)이 죽은 후 공자 수(遂)가 적(赤)을 살해하고 선공(宣公)을 세운 때로부터 성공(成公), 양공(襄公), 소공(昭公), 정공(定公)에 이르기까지를 말한다. 대부는 삼환(三桓)씨, 특히 계손(季孫)씨를 가리키며, 4세(四世)라는 것은 주희에 의하면 계무자(季武子), 계도자(季悼子), 계평자(季平子), 계환자(季桓子)를 말한다.

정치의 모든 권한이 노의 군주의 손을 떠난 것이 공실의 입장에서 세면 5

대요, 그 권한을 손에 쥔 대부, 즉 계씨의 입장에서 세면 4대나 된다. 바로 앞 장에서 대부로부터 나온 지 5대가 되어 망하지 않은 경우가 드물다고 했는데, 이미 4대나 되었으니 저 대부들, 즉 삼환씨의 가문이 어찌 쇠잔하지 않겠느냐는 말이다. 노 정공(定公) 5년에 계씨의 가신(陪臣)인 양호(陽虎)가 반란을 일으켜 계환자를 가두고 정권을 일시 탈취한 것도 다 이런 배경이 있는 것이라고 한다.

4

공자께서 말씀하셨다. "유익한 벗이 셋, 해로운 벗이 셋 있다. 정직한 사람을 벗하고 신의가 있는 사람을 벗하며 박학다식한 사람을 벗하는 것은 유익하다. 겉치레를 잘하는 사람을 벗하고 아첨을 잘하는 사람을 벗하며 말을 잘 둘러대는 자를 벗하는 것은 해롭다."

孔子曰 益者三友 損者三友. 友直 友諒 友多聞 益矣. 友便辟 友善柔 友便佞 損矣.

직(直)은 정직한 사람, 량(諒)은 신의가 있는 사람, 다문(多聞)은 박학다식한 사람이다. 편벽(便辟)은 겉치레에 익숙하고 정직하지 못한 사람, 선유(善柔)는 아첨을 잘해 미덥지 못한 사람, 편령(便佞)은 말만 번지르르하게 잘할 뿐 실제 견문(見聞)은 없는 사람이다. 주희에 의거했다.

유익하고 해로운 벗이 과연 이렇게 세 부류로만 분류될 수 있는지 모르겠다. 3(三)이라는 숫자에 억지로 끼워 맞추려 한다는 느낌을 지울 수 없다. 이하 8장까지는 3(三)이라는 숫자, 10장은 9(九)라는 숫자에 초점이 맞춰졌다. 계씨편만의 독특한 특징이나 계씨편을 의심케 하는 근거이기도 하다.

5

공자께서 말씀하셨다. "즐거서 유익한 것이 셋이요, 해로운 것이 셋이다. 예악에 절도를 지키는 것을 즐기고 남의 좋은 점을 말하기를 즐기며 어진 벗이 많음을 즐기면 유익하다. 방자하게 놀기를 즐기고 절제 없이 노는 것을 즐기며 주연(酒宴)을 벌이는 것을 즐기면 해롭다."

孔子曰 益者三樂 損者三樂. 樂節禮樂 樂道人之善 樂多賢友 益矣. 樂驕樂 樂佚遊 樂宴樂 損矣.

禮樂의 樂은 악으로 읽고, 驕樂, 宴樂의 樂은 락으로 읽는다. 그 나머지 樂을 주희는 좋아한다는 뜻의 요로 읽을 것을 주장했고, 다산은 즐긴다는 뜻의 락으로 읽을 것을 주장했다. 여기서는 다산을 따랐다. 절예악(節禮樂)은 예악을 절제하는 것이다. 도(道)는 말하는 것(言)이다. 교락(驕樂)은 교만 방자하게 노는 것, 질유(佚遊)는 절제함이 없이 노는 것, 연락(宴樂)은 주연을 벌이는 것이다.

6

공자께서 말씀하셨다. "군자를 모실 때 세 가지 범하기 쉬운 잘못이 있다. 말을 할 때가 아직 되지 않았는데도 말하는 것은 조급하다고 하며, 말을 할 때가 되었는데도 말하지 않는 것은 숨긴다고 하고, 상대방의 안색을 살펴보지 않고 말하는 것은 장님이라고 한다."

孔子曰 侍於君子有三愆. 言未及之而言 謂之躁. 言及之而不言 謂之隱. 未見顔色而言 謂之瞽.

건(愆)은 허물이다. 조(躁)는 조급한 것, 은(隱)은 숨기는 것, 고(瞽)는 장님으로 남을 살피는 눈이 없는 것이다.

7

공자께서 말씀하셨다. "군자가 세 가지 경계할 것이 있다. 젊었을 때는 혈기가 아직 안정되어 있지 않으므로 여색을 조심하고, 장년이 되어서는 혈기가 굳건하므로 남과 다투는 것을 조심하며, 늙어서는 혈기가 이미 쇠약해졌으니 욕심을 경계해야 한다."

孔子曰 君子有三戒. 少之時血氣未定 戒之在色. 及其壯也血氣方剛 戒之在鬪. 及其老也血氣旣衰 戒之在得.

색(色)은 여색(女色), 투(鬪)는 남과 싸우는 것이다. 득(得)은 무엇을 얻고자 하는 욕심으로 재물뿐만 아니라 명예나 지위까지 포함된 개념이다. 주희는 다음과 같은 범조우의 말을 인용했다. "성인이 남들과 같은 것은 혈기고, 남들과 다른 것은 지기(志氣)다. 혈기는 때에 따라 쇠약해지기도 하지만, 지기는 때에 따라 쇠약해지는 것이 없다. 젊었을 때 안정되지 못하고 장년이 되어 굳건해지고 늙어 쇠약해지는 것은 혈기고, 여색을 경계하고 다투는 것을 경계하고 욕심을 경계하는 것은 지기다. 군자는 지기를 기르기 때문에 혈기에 동요되지 않는다. 그러므로 나이가 들수록 덕이 더욱 높아지는 것이다."

8

공자께서 말씀하셨다. "군자가 두려워하는 것이 셋 있다. 천명을 두려워하고 대인을 두려워하며 성인의 말씀을 두려워한다. 소인은 천명을 알지 못하므로 두려워하지 않는다. 대인을 가볍게 여기고 성인의 말씀을 업신여긴다."

孔子曰 君子有三畏. 畏天命 畏大人 畏聖人之言. 小人不知天命而

不畏也 狎大人 侮聖人之言.

외(畏)는 두려워하는 것, 외경(畏敬)하는 것이다. 대인(大人)은 고주의 하안에 의하면 성인(聖人)이고, 정현에 의하면 천자나 제후와 같이 신분이 높은 사람이다. 다산도 정현과 같은 입장이다. 압(狎)은 친하다고 함부로 대하는 것이고, 모(侮)는 업신여기는 것이다. 다산에 의하면 천명과 대인은 선한 자에게는 복을, 악한 자에게는 재앙을 내리기 때문에 두려워하는데, 다만 천명은 은연중에, 대인은 현실적으로 뚜렷이 내리는 것이 다르다고 한다. 또한 성인은 사람이 보지 못하는 것을 볼 수 있는 사람이기 때문에 성인의 말을 두려워하는 것이라고 한다.

9

공자께서 말씀하셨다. "태어나면서부터 아는 자가 으뜸이요, 배워서 아는 자는 그다음이고, 곤궁해져 배우는 자는 또 그다음이며, 곤궁해져도 배우지 않는 자는 백성으로 가장 아래다."

孔子曰 生而知之者 上也. 學而知之者 次也. 困而學之 又其次也. 困而不學 民斯爲下矣.

곤(困)은 곤궁해지는 것, 즉 어려움에 부딪쳐 어떻게 해야 할지 모르는 것이다.

사람마다 타고난 자질이 달라 학문의 성취도 다 다르다. 가장 자질이 좋은 사람은 태어나면서부터 저절로 아는 사람, 그다음은 배워가면서 학식을 쌓는 사람, 어려운 문제에 부딪치고 나서야 공부하려는 사람이 그다음, 어떤 경우에도 전혀 배우려고 하지 않는 사람이 최하위다. 그런데 맨 위와 맨 아래는 배움이 필요 없다. 태어나면서부터 저절로 아는 자는 이미 알고 있으니 새삼 배울 필요가 없으며, 벽에 부딪쳐서도 배우려고 하지 않는 자는 어떻게 가르칠 방도가 없다. 그러기에 가장 지혜로운 자와 가장 어리석은 자는 변화시킬 수가 없는 것이다(唯上知與下愚不移-양화 3).

한편 다산은 學而知之者를 어릴 때부터 계속 학문을 닦은 사람, 困而學之를 어릴 때는 공부를 하지 못했다가 성인이 되고 나서야 공부에 분발한 사람이라고 풀이했다.

10

공자께서 말씀하셨다. "군자에게는 아홉 가지 생각해야 할 것이 있다. 사물을 볼 때는 분명하게 볼 것을, 들을 때는 똑똑히 들을 것을, 안색은 온화하게 할 것을, 용모는 공손하게 할 것을, 말은 성실하게 할 것을, 일은 삼가 신중히 할 것을, 의문이 드는 것은 물을 것을, 화가 날 때는 나중에 닥칠 어려운 일을, 이득을 보게 될 때는 정당한 것인가를 생각해야 한다."

孔子曰 君子有九思. 視思明 聽思聰 色思溫 貌思恭 言思忠 事思敬 疑思問 忿思難 見得思義.

명(明)은 보기를 분명하게 하는 것, 총(聰)은 똑똑히 듣는 것, 온(溫)은 온화한 것, 난(難)은 나중에 닥칠 어려운 일, 의(義)는 정당한 것이다. 9(九)라고 하는 숫자에 맞춰 인간이 갖춰야 할 덕목을 서술했다.

11

　공자께서 말씀하셨다. "착한 일을 보면 마치 미치지 못하는 것처럼 하고, 착하지 않은 일을 보면 마치 끓는 물에 손을 담근 것처럼 하라. 나는 그런 사람도 보았고, 그런 말도 들었다. 세상으로부터 숨어살면서도 자신의 뜻을 추구하고, 의(義)를 행해 도를 달성한다. 나는 그런 말은 들어봤으나, 아직 그런 사람은 보지 못했다."

孔子曰 見善如不及 見不善如探湯. 吾見其人矣 吾聞其語矣. 隱居以求其志 行義以達其道. 吾聞其語矣 未見其人也.

　여불급(如不及)은 미치지 못하는 것처럼 여겨 열심히 뒤쫓아가는 것이고, 여탐탕(如探湯)은 물이 얼마나 뜨거운지 알아보기 위하여 끓는 물에 손을 넣어보는 것처럼 하는 것이다. 착한 일은 항상 열심히 쫓아가면서 행하고, 악한 일은 끓는 물에 손을 넣었을 때처럼 급히 손을 빼라는 말이다.
　착한 일을 열심히 하고 악한 일에서 손을 빼는 것은 그런 말도 있고, 또 그런 사람도 주변에서 볼 수 있다. 그러나 은거(隱居)하면서도 자신의 뜻을 추구하고 의를 행해 그 도를 달성하는 것은 어려운 일로, 말은 들어봤지만 아직 사람은 보지 못했다. 은거하면 세상에 대해 냉소적이거나 무관심해지기 쉽기 때문이다. 물론 말이 있는 이상 언젠가는 그런 사람을 보게 될 수도 있으리라. 그러나 아직껏 보지 못하고 있다. 탄식 반, 기대 반이다.

12

제경공은 말이 1,000사(駟)나 있었으나, 죽었을 때 백성들이 그의 덕을 기리지 않았다. 백이숙제는 수양산 아래에서 굶어 죽었으나 백성들은 지금에 이르기까지 그를 기리고 있다. 그것은 이것을 두고 한 말일까?

齊景公有馬千駟. 死之日 民無德而稱焉. 伯夷叔齊餓于首陽之下. 民到于今稱之. 其斯之謂與.

사(駟)는 말 네 필을 가리킨다. 수양(首陽)은 백이숙제가 은거했다는 산의 이름이나 그 자세한 위치는 상고할 수 없다.

제경공과 백이숙제를 비교해 부(富)가 사람을 판단하는 기준이 될 수 없음을 보였다. 그러나 기사지위여(其斯之謂與)가 무엇을 말하는지는 불분명하다. 학이15에도 其斯之謂與라는 구절이 보인다. 그러나 그 장에서는 子貢曰 詩云 如切如磋 如琢如磨 其斯之謂與라고 되어 있어 其斯之謂與가 詩云 如切如磋 如琢如磨를 말하는 것임을 알 수 있다. 신주에서 호인은 안연10의 맨 뒤에 있는 誠不以富 亦祇以異의 구는 바로 이 장의 맨 앞에 있어야 한다는 정이의 말을 인용하면서, 자신이 문세(文勢)를 자세히 살펴보건대 이 장의 맨 앞이 아니라 바로 이 其斯之謂與 앞에 와야 한다고 주장한다. 즉 사람을 판단하는 기준이 부유함이 아닌 다른 것에 있다는 말(誠不以富 亦祇以異)이 바로 백이숙제와 제경공의 일을 말해준다는 것이다. 일리가 있다. 주희는 또 이 장의 첫머리에 孔子曰이 빠져 있음을 지적하면서, 논어의 후반10편에는 빠진 글이나 잘못된 것이 많다고 부기했다.

한편 다산은 이 장을 앞 장과 합해 하나의 장으로 만들었다. 다산에 의하면 其斯之謂與는 앞 장의 隱居以求其志 行義以達其道를 말하는 것이라고 한다.

13

진항이 백어에게 물었다. "당신은 달리 들은 것이 있지요?"

대답해 말했다. "없습니다. 일찍이 아버님께서 홀로 서 계시기에 내가 종종걸음으로 뜰을 지나가니, '시를 공부했느냐?' 하고 물으셨습니다. '아직 못 배웠습니다'라고 대답하자, 말씀하시길 '시를 배우지 않으면 말을 할 수 없다'고 하셨습니다. 나는 물러나 시를 공부했습니다. 다른 날 또 홀로 서 계시기에 종종걸음으로 뜰을 지나가니 '예를 공부했느냐?'라고 물으셨습니다. '아직 못 배웠습니다'라고 대답하자, 말씀하시길 '예를 배우지 않으면 설 수가 없다'고 하셨습니다. 나는 물러나 예를 공부했습니다. 이 두 말씀을 들었을 뿐입니다."

진항이 물러 나와 기뻐하며 말했다. "하나를 물어 셋을 얻었다. 시에 대해 들었고, 예에 대해 들었으며, 군자가 자기 자식을 멀리한다는 것을 들었다."

陳亢問於伯魚曰 子亦有異聞乎.

진항이 백어에게 물었다. "당신은 달리 들은 것이 있지요?"

진항(陳亢)은 학이10에 나오는 자금(子禽)이다.
　백어(伯魚)는 공자의 아들로 이름은 이(鯉)다. 伯魚는 자(字)다.
　이문(異聞)은 백어가 아버지인 공자로부터 남들 모르게 별도로 배운 것을 말한다.

對曰 未也. 嘗獨立 鯉趨而過庭. 曰 學詩乎. 對曰 未也. 不學詩 無以言. 鯉退而學詩.

대답해 말했다. "없습니다. 일찍이 아버님께서 홀로 서 계시기에 내가 종종걸음으로 뜰을 지나가니, '시를 공부했느냐?' 하고 물으셨습니다. '아직 못 배웠습니다'라고 대답하자, 말씀하시길 '시를 배우지 않으면 말을 할 수 없다'고 하셨습니다. 나는 물러나 시를 공부했습니다."

추(趨)는 어른 앞을 지날 때 종종걸음으로 빨리 지나는 것이다.
　시를 배우지 않으면 말을 할 수 없다는 말은 시를 통해 감정을 절제하고 비유적으로 표현하는 법을 배울 수 있다는 말이다.

他日 又獨立 鯉趨而過庭. 曰 學禮乎. 對曰 未也. 不學禮 無以立. 鯉退而學禮. 聞斯二者.

다른 날 또 홀로 서 계시기에 종종걸음으로 뜰을 지나가니 '예를 공부했느냐?'라고 물으셨습니다.

'아직 못 배웠습니다'라고 대답하자, 말씀하시길 '예를 배우지 않으면 설 수가 없다'고 하셨습니다. 나는 물러나 예를 공부했습니다. 이 두 말씀을 들었을 뿐입니다."

입(立)은 독립된 인격체로서 사회에 우뚝 서는 것이다. 예를 공부하지 않으면 상황과 사람에 맞게 적절히 처신할 줄을 모른다. 따라서 독립된 인격체로 우뚝 설 수 없는 것이다.

陳亢退而喜曰 問一得三. 聞詩 聞禮 又聞君子之遠其子也.
진항이 물러 나와 기뻐하며 말했다. "하나를 물어 셋을 얻었다. 시에 대해 들었고, 예에 대해 들었으며, 군자가 자기 자식을 멀리한다는 것을 들었다."

공자의 시대에는 지식도 가문 내에서만 세습되어 전수됐다. 당시 신분제 사회에서 직업 자체가 세습되었기 때문에 그 직업에 필요한 전문 지식도 세습된 것이다. 따라서 한 가문만의 고유한 지식이 있었으며, 그것은 당연히 남에게는 알려주지 않는 비전(秘傳)이었다. 공자는 이러한 전통에 반기를 들고 누구에게나 차별 없는 교육을 실시했다(子曰 有敎無類－위령공38). 그러나 이러한 공자의 태도를 믿지 못하는 사람들도 많았던 것 같다. 공자가 제자들에게 자신이 숨기는 것은 아무것도 없다고 말하고 있는 것(술이23) 자체가 역설적으로 그러한 의심을 받았다는 것을 말해준다. 이 장에서도 마찬가지다. 진항은 백어가 공자의 아들인 관계로 무언가 자신들은 알지 못하는 특별한 가르침을 받았으리라고 생각했다. 그러나 백어의 대답에는 아무 것도 특이한 것이 없었다. 시와 예를 공부하라고 한 것은 어느 제자에게나 똑같았다. 공자는 자기 아들이라고 해서 달리 가르친 바가 없었던 것이다.

맹자는 「이루(離婁)상」편18에서 옛사람들은 서로 자식을 바꾸어서 가르쳤다고 하면서, "가르치는 것은 반드시 올바른 것으로 해야 한다. 올바른 것으로 가르치는데 실행하지 않으면 이어서 화가 나게 되고, 화가 나게 되면 오히려 감정을 상하게 된다. (자식이 생각하기를) '아버지는 나에게 올바르라고 가르치시면서 당신께서는 올바르게 행하지 않고 계신다.' 이렇게 되면 부자가 서로 감정이 상하는 것이다. 부자가 서로 감정이 상하는 것은 나쁜 일이다"라고 했다. 이어 "부자간에는 착한 일을 하도록 서로 책망하지 않는다. 착한 일을 하도록 서로 책망하면 사이가 멀어지고 사이가 멀어지면 이보다 더 나쁜 것이 없기 때문이다"라고도 말했다.

14

한 나라의 임금의 아내를 임금이 부를 때는 부인(夫人), 부인이 자칭할 때는 소동(小童), 그 나라 백성들이 부를 때는 군부인(君夫人), 다른 나라 사람들에게 말할 때는 과소군(寡小君), 다른 나라 사람들이 부를 때는 군부인(君夫人)이라고 한다.

邦君之妻 君稱之曰夫人. 夫人自稱曰小童. 邦人稱之曰君夫人. 稱諸異邦曰寡小君. 異邦人稱之亦曰君夫人.

임금의 아내를 부르는 호칭에 관한 글이다. 이 글이 논어에 실린 이유를 알 수 없다. 공자의 말인지 아니면 예(禮)의 한 규정인지도 불분명하다. 무언가 착오가 있었을 가능성을 부정할 수 없다. 황간은 당시 예가 문란해져 호칭이 불명확해졌기 때문에 이것을 바로잡은 것이라고 주장한다.

제17편

양화 陽貨

1

양화가 공자를 만나고자 했으나 공자께서 만나주지 않으셨다. 양화가 공자께 돼지를 보냈다. 공자께서 그가 없는 틈을 타서 찾아가 인사를 했다. 돌아오는 길에 그를 만났다.

공자께 말했다. "이리 오시오. 내가 당신과 이야기 좀 하리다."

"보물을 품고 있으면서도 나라를 어지럽게 하고 있으니 인(仁)이라고 할 수 있겠소?"

"그렇다고 할 수 없겠지요."

"일에 종사하기를 좋아하면서도 자주 때를 놓치니 지혜롭다고 할 수 있겠소?"

"그렇다고 할 수 없겠지요."

"해와 달이 가고 있습니다. 세월은 우리를 기다려주지 않소."

"알았소이다. 나도 장차 벼슬길에 나아가리다."

陽貨欲見孔子. 孔子不見. 歸孔子豚. 孔子時其亡也 而往拜之. 遇諸塗.

양화가 공자를 만나고자 했으나 공자께서 만나주지 않으셨다. 양화가 공자께 돼지를 보냈다. 공자께서 그가 없는 틈을 타서 찾아가 인사를 했다. 돌아오는 길에 그를 만났다.

양화(陽貨)는 계씨의 가신으로 이름은 호(虎)다. 『춘추좌씨전』에 의하면 노나라 정공(定公) 5년에 자신의 주군인 계환자(季桓子)를 구금하고 정권을 잡았으며, 정공 8년에 삼환(三桓)을 제거하려고 반란을 일으켰다가 실패해 국외로 망명했다. 여기의 문답은 정공 8년 이전의 일로 추정된다. 다산은 정공 6~7년의 일로 본다. 양화가 앞으로의 일을 위해 명망이 높은 공자를 포섭해 자기의 세력을 강화하려 한 것이다.

귀(歸)는 궤(饋)로 음식이나 물건을 보내는 것이고, 시(時)는 때를 엿보는 것이다. 우저도(遇諸塗)의 遇는 우연히 만나는 것이고, 諸는 지어(之於), 도(塗)는 길이다.

양화와 공자의 만남에 대해서는 『맹자』 「등문공(滕文公)하」 7에 그 자세한 전말이 나타나 있다. 대부(大夫)가 사(士)에게 선물을 보냈는데 사가 직접 그것을 받지 못하면 몸소 대부의 집으로 찾아가 인사를 하는 것이 당시의 예법이었다. 공자가 자기를 만나려고 하지 않는다는 것을 눈치챈 양화는 공자를 자신의 집으로 오게 하기 위해 일부러 공자가 집에 없는 틈을 타 돼지를 보냈다. 공자는 보내준 선물에 대한 답례로서 양화에게 인사를 갈 수밖에 없었다. 그러나 양화를 만나는 것이 싫었기 때문에 공자도 또한 양화가 집에 없는 기회를 엿본 것이다. 그러다가 공교롭게도 집으로 돌아오는 길에 그를 만난 것이다.

謂孔子曰 來 予與爾言. 曰 懷其寶而迷其邦 可謂仁乎.
공자께 말했다. "이리 오시오 내가 당신과 이야기 좀 하리다."
"보물을 품고 있으면서도 나라를 어지럽게 하고 있으니 인(仁)이라고 할 수 있겠소?"

회기보이미기방(懷其寶而迷其邦)은 공자가 훌륭한 재능을 갖고 있으면서도 그것을 발휘하지 않고 나라가 어지러운 것을 수수방관하고 있는 것을 나타낸 말이다.

曰 不可.

"그렇다고 할 수 없겠지요."

好從事而亟失時 可謂知乎.

"일에 종사하기를 좋아하면서도 자주 때를 놓치니 지혜롭다고 할 수 있겠소?"

기(亟)는 자주 하는 것(數)이다. 공자가 정치에 종사하기를 바라면서도 자기와 같이할 기회를 자주 놓치고 있다는 말이다.

曰 不可.

"그렇다고 할 수 없겠지요."

日月逝矣 歲不我與.

"해와 달이 가고 있습니다. 세월은 우리를 기다려주지 않소."

孔子曰 諾 吾將仕矣.

"알겠습니다. 나도 장차 벼슬길에 나아갈 것입니다."

양화는 공자가 벼슬길에 나서지 않고 있음을 비판하면서 자기와 함께 일을 할 것을 재촉했다. 그에 대해 공자는 모두 불가(不可), 즉 양화의 말이 옳다고 긍정한다. 그러나 공자가 자기가 잘못했다고 시인한 것은 아니다. 공자는 양화의 말이 말 그 자체의 이치가 옳다고 긍정한 것뿐이지, 양화와 함께 일을 하겠다고 한 것은 아니었다. 핵심은 슬쩍 비켜간 것이다. 양화가 마지막으로 시간이 없다고 재촉한다. 그 말에 대해서도 역시 공자는 그렇다고 인정한다. 자기도 장차 벼슬을 할 것이라고, 그러나 장(將)이라고 한 것은 장차 언젠가는 할 것이라는 뜻이지, 지금 당신과 함께한다는 것은 아니다. 공자는 양화의 말을 다 인정하면서도 끝까지 양화의 제의에 대해서는 대답을 회피했다. 주희에 의거했다.

싫고 좋음을 떠나 예에는 예로 대하고, 말이 맞을 때는 맞다고 인정하기를 주저하지 않으면서도, 상대의 제의를 돌려 회피하는 공자의 진면목이 여실하다. 공자가 벼슬하기를 싫어한 것은 아니다. 다만 무도한 양화의 도움을 얻어 벼슬길에 나아가는 것이 싫었던 것뿐이다. 양화를 노하게 하지도 않고, 그렇다고 구구한 변명을 늘어놓지도 않으면서 공자는 자기의 입장을 관철했다. 만일 정면에서 양화의 말을 거슬렸다면 공자에게 무슨 일이 일어났을지도 모를 일이다. 정녕 군자의 지혜라 아니할 수 없다. 간략하지만 읽을수록 행간의 의미가 되씹혀지는 장이다.

한편 청의 모기령은 『논어계구편』에서 두 번의 불가(不可)라는 말이 공자의 말이 아니라, 양화가 자기가 묻고 자기가 대답한 것이라고 풀이했다. 다산도 같은 입장이다. 왕인지의 『경전석사』에 의하면 한 사람이 자문자답할 때 그 사이에 曰을 넣어 구분한다고 한다(정수덕의 『논어집석』에서 재인용).

2

공자께서 말씀하셨다. "성(性)은 서로 가까우나, 익히는 것에 의해 서로 멀어진다."

子曰 性相近也 習相遠也.

성(性)은 인간이 선천적으로 타고난 성품, 즉 천성이다. 습(習)은 후천적으로 익히는 것이다. 인간이 처음 태어날 때는 서로 큰 차이가 없다. 다만 커가면서 무엇을 배우고 익히느냐에 의해 착한 사람도 되고, 악한 사람도 되는 것이다.

공자는 원래 인간의 타고난 성품이 선(善)하다, 악(惡)하다는 등의 말을 한 바가 없다(夫子之言性與天道 不可得而聞也-공야장12). 그러나 공자는 인간의 가능성을 믿었다. 그러기에 누구라도 하루 동안은 인(仁)을 행할 수 있는 능력이 있다고 했다(이인6). 인간이 어진 사람이 되지 못하는 것은 그가 인을 행하려 하지 않기 때문이다. 인을 행하려 하고 꾸준히 배워간다면 누구나 어진 사람이 될 수 있다. 어진 사람이 되고 못되는 것은 그의 노력, 즉 그가 무엇을 익히느냐에 달려 있을 뿐이다.

한편 주희는 여기서의 성(性)이 기질(氣質)을 겸해서 말한 것이라고 했다. 주희가 그런 말을 하는 것은 성이 서로 가깝다는 공자의 말이 성리학의 근본 명제와 어긋나기 때문이다. 공자의 말은 인간의 성이 서로 다르다는 것을 전제로 한다. 공자의 말은 다시 말해 인간의 성은 서로 다르지만 그 차이는 그리 크지 않다는 말이다. 그런데 성리학에 의하면 인간이 타고나는 성은 하늘의 이(天理)로, 이 이(理)는 원래부터 선하며 어떤 차별성도 없다. 다만 인간이 타고나는 기질은 좋고 나쁨의 차이가 있어 그렇기 때문에 사람 사이에 차별이 생기는 것이다. 그런데 그 차별성도 시초부터 따진다면 그리 크게 차이가 나지 않는다. 다만 후천적으로 무엇을 익히느냐에 따라 선하게도 되고 악하게도 되는 것이다. 주희는 공자의 말과 성리학의 근본 명제 사이의 모순을 기질의 성(氣質之性)이라는 새로운 개념을 도입해 해결하려 한 것이다.

공자 사후 맹자는 인간의 타고난 성품이 착하다는 성선설(性善說)을, 순자(荀子)는 악하다는 성악설(性惡說)을 주장했다. 맹자는 성선설에 근거해 교화를 통해 도덕적인 사회를 건설하는 것이 가능하고, 또 그렇게 해야 한다는 입장을 전개했다. 따라서 맹자는 군주의 덕(德)에 의한 정치가 가장 훌륭한 정치라는 왕도(王道) 정치를 주장했다. 그러나 순자는 성악설에 입각해 예(禮)의 교육을 통해 인간의 타고난 악(惡)으로 인한 사회적 혼란을 방지하자고 주장했다. 순자의 이러한 주장은 마침내 그의 제자라고 일컬어지는 이사(李斯, ?~BC 208)와 한비자에 이르러 국가의 물리적 강제력(法)에 의한 인간의 통제를 주장하는 법가(法家)의 정치 이론으로까지 발전했다. 같은 공문(孔門)의 제자 사이에서 시작된 인간 성품의 선악에 대한 논쟁이 서로 정반대의 정치, 사회, 윤리적 주장으로까지 발전한 것이다. 공자는 비록 명시하지는 않았으나, 인간의 가능성을 믿고 있었다는 점에서 볼 때 아마 맹자의 성선의 주장에 보다 가까울 것이라고 생각된다.

3

공자께서 말씀하셨다. "오직 가장 지혜로운 자와 가장 어리석은 자만이 변하지 않는다."

子曰 唯上知與下愚不移.

상지(上知)와 하우(下愚)가 구체적으로 무엇을 지칭하는지 불분명하다. 고주의 공안국은 상지는 악한 일을 하게 할 수 없으며, 하우는 억지로 현명하게 할 수 없다고만 했다. 생각하건대 계씨9에서 말하는 태어나면서부터 아는(生而知之) 자가 上知, 곤궁해져도 배우려고 하지 않는(困而不學) 자가 下愚일 것이다. 이(移)는 바뀌는 것, 변하는 것이다.

정이는 신주에서 다음과 같이 말했.

"사람의 성(性)이 원래 선한데, 변하지 않는 것이 있는 것은 어째서일까? 성을 말하면 모두 선하나, 재주를 말하면 下愚의 변하지 않음이 있다. 소위 하우에는 두 가지가 있는데, 자포(自暴)와 자기(自棄)다. 사람이 진정 선(善)으로 자신을 닦으면 변할 수 없는 것이 없어서, 비록 지극히 어둡고 어리석은 사람이라도 모두 조금씩 연마해 앞으로 나아갈 수 있다. 오직 스스로를 해치는 자(自暴者)만이 믿지 못해 거절하고, 스스로를 버리는 자(自棄者)만이 하지 않고 끊으니, 비록 성인과 함께 산다고 하더라도 교화시켜 들어가게 할 수 없다. 이것이 공자께서 말씀하시는 소위 하우다. 그러나 그 기질이 꼭 어둡고 어리석은 것만은 아니다. 왕왕 강하고 사나워서 재주와 기운이 남보다 지나친 자들도 있으니 상(商)나라의 신(辛, 은나라의 폭군 주紂)이 그렇다. 성인이 자기 스스로 선(善)을 끊는다고 해서 하우라고 일컬었으나, 그 귀결을 살펴보면 정녕 어리석을 뿐이다."

정이의 말에 의하면 하우는 바뀔 수가 없는(不可移) 것이 아니라 바뀌려 하지 않는(不肯移) 것이다. 상지는 태어날 때부터 도를 알아 그에 따라 살아가니 더 바뀔 필요가 없다.

고주는 이 장을 앞의 장과 합쳐 하나의 장으로 편집했다.

4

공자께서 무성(武城)에 가시어 거문고 소리에 맞춰 부르는 노랫소리를 들으셨다. 공자께서 빙그레 웃으시며 말씀하셨다. "닭을 잡는 데 어찌 소 잡는 칼을 쓰느냐?"

자유가 대답했다. "전에 저는 선생님으로부터 이런 말을 들었습니다. '군자가 도를 배우면 사람을 사랑하고, 소인이 도를 배우면 부리기가 쉽다.'"

공자께서 말씀하셨다. "얘들아, 언(偃)의 말이 옳다. 아까 한 말은 농담이니라."

子之武城 聞弦歌之聲. 夫子莞爾而笑曰 割雞焉用牛刀.
공자께서 무성(武城)에 가시어 거문고 소리에 맞춰 부르는 노랫소리를 들으셨다. 공자께서 빙그레 웃으시며 말씀하셨다. "닭을 잡는 데 어찌 소 잡는 칼을 쓰느냐?"

무성(武城)은 오늘날 산동성 페이(費)현 가까이에 있는 노의 읍(邑)이다. 당시 자유가 읍재(邑宰)로 있었다.

현(弦)은 거문고와 같은 현악기다. 완이(莞爾)는 빙그레 웃는 모양을 나타낸 말이다.

子游對曰 昔者偃也聞諸夫子曰 君子學道則愛人 小人學道則易使也.
자유가 대답했다. "전에 저는 선생님으로부터 이런 말을 들었습니다. '군자가 도를 배우면 사람을 사랑하고, 소인이 도를 배우면 부리기가 쉽다.'"

子曰 二三子 偃之言是也. 前言戱之耳.
공자께서 말씀하셨다. "얘들아, 언의 말이 옳다. 아까 한 말은 농담이니라."

언(偃)은 자유의 이름이다. 이삼자(二三子)는 제자들을 친근하게 부르는 말이다.

거문고 소리에 맞춰 부르는 노랫소리가 들렸다는 것은 자유가 무성을 다스리기를 예악(禮樂)으로써 했다는 것이다. 그 소리를 들은 공자는 자기의 가르침대로 실행하는 자유가 대견스러웠을 것이다. 또한 한편으로는 그 곧이곧대로 하는 고지식함에 웃음도 나왔으리라. 그래서 빙긋이 웃으며 이 작은 마을 하나 다스리는 데 어찌 예악까지 필요하겠느냐고 말을 건넸다. 고지식한 자유는 정색을 하고 전에 선생님이 그렇게 가르치시지 않았느냐고 답변한다. 공자는 고지식한 자유에게 더 이상 농(弄)을 해서는 안 되겠다고 생각하고 자신의 말이 농담이었음을 인정한다. 농담으로 제자에 대한 대견함을 표시하는 공자, 그에 정색으로 맞서는 자유의 고지식함, 자유의 지적을 인정하고 자신의 말을 취소하는 공자의 모습이 짧은 글 속에 잘 표현되어 있다. 논어를 읽는 즐거움이다.

5

공산불요가 비(費)읍에서 반란을 일으키고 공자를 불렀다. 공자께서 가시려고 했다.
자로가 납득이 가지 않아 말했다. "가실 곳이 없으시면 그만두실 것이지, 하필이면 공산씨에게 가시려 하십니까?"
공자께서 말씀하셨다. "나를 부르는 자가 어찌 그냥 불렀겠느냐? 만일 나를 써주는 사람이 있다면, 나는 그 곳을 동방의 주(周)나라로 만들겠다."

公山弗擾以費畔. 召. 子欲往.
공산불요가 비(費)읍에서 반란을 일으키고 공자를 불렀다. 공자께서 가시려고 했다.

공산불요(公山弗擾)는 공산이 성, 불요는 이름이다. 반(畔)은 반란을 일으키는 것(叛)이다. 고주의 공안국에 의하면 계씨(季氏)의 가신으로 양호(陽虎)와 함께 계환자(季桓子)를 잡아 가두고 비(費)읍을 근거로 반란을 일으켰다고 한다. 주희의 설명도 같다. 그러나 『사기』「공자세가」에는 공산불요가 공산불뉴(公山不狃)로 되어 있다. 또 『춘추좌씨전』에는 공산불뉴가 노나라 정공(定公) 8년에 양호와 함께 반란을 일으켰으며, 정공 12년에는 비(費)의 사람들을 이끌고 노나라를 습격해왔다는 기록이 있다. 고주나 신주 모두 비록 명시하지는 않았으나, 공산불요와 공산불뉴를 동일 인물로 본다. 그러나 원의 진천상 같은 사람은 두 사람이 별개의 인물이라고 주장한다.

공산불요가 반란을 일으키고 난 후 공자를 불렀다. 아마 공자의 도움을 얻으려고 했던 것이리라. 그런데 예상 밖으로 공자는 불요의 초청에 응하려고 했다.

子路不說曰 末之也 已. 何必公山氏之之也.
자로가 납득이 가지 않아 말했다. "가실 곳이 없으시면 그만두실 것이지, 하필이면 공산씨에게 가시려 하십니까?"

說은 보통 기쁘다는 뜻의 열(悅)로 읽으나, 여기서는 조기빈의 『논어신탐』의 주장을 따라 '이해하다', '납득이 가다'는 뜻의 해(解)로 해석했다.

말지야 이(末之也 已)의 末은 없다(無), 之는 가다(適), 已는 그만둔다(止)는 뜻이다. 즉 갈 곳이 없으면 그만둔다는 의미다.

하필공산씨지지야(何必公山氏之之也)는 하필지공산씨야(何必之公山氏也)가 도치된 것으로 之之의 첫 번째 之는 문장이 도치된 것임을 알려주는 어조사이고, 두 번째 之는 간다는 뜻의 동사다.

자로의 말은 갈 곳이 없으면 그만두고 가만히 있을 일이지, 하필이면 반란자인 공산불요에게 가려고 하느냐는 질책의 말이다.

子曰 夫召我者而豈徒哉. 如有用我者 吾其爲東周乎.
공자께서 말씀하셨다. "나를 부르는 자가 어찌 그냥 불렀겠느냐? 만일 나를 써주는 사람이 있다

면, 나는 그 곳을 동방의 주(周)나라로 만들겠다."

기도재(豈徒哉)의 徒는 헛되이(空)라는 뜻으로, 공산불요가 나를 불렀을 때는 무슨 생각이 있어서 그랬겠지, 어찌 헛되이 그냥 부르려고 했겠느냐는 의미다.

동주(東周)는 동녘 땅의 주나라다. 즉 비(費)읍이 중국의 동쪽에 있으므로 그곳에 주나라의 도(道)를 부흥시키겠다는 뜻이다.

예로부터 해석이 분분한 장(章)이다. 예를 참람하는 행위를 그렇게도 비판한 공자가 도대체 무슨 이유로 반란자인 공손불요의 부름에 응하려고 했는가가 문제다. 이에 대해 청의 유보남은 『논어정의』에서 계씨가 노나라 공실(公室)을 참람하고 있었으므로, 공자가 공산불요의 도움을 얻어 계씨를 제거하고 노나라 공실의 위엄을 회복하려 했던 것이라고 주장한다. 일리가 있는 주장이기는 하나, 논리적으로는 큰 반란을 진압하기 위해 작은 반란을 허용한 것이 된다. 즉 결과적으로는 반란을 인정한 것이며, 죄악으로써 죄악을 갚는 격이다. 사회적 혼란을 인간 본연의 인(仁)으로 극복하려고 한 공자의 평소 입장과는 상반된다.

정자(程子) 같은 사람은 성인(聖人)인 공자가 이 세상에서 어쩌지 못할 사람은 없다. 공자는 공산불요의 허물을 고치지 못할 게 없다고 생각했기 때문에 가려고 했다. 그러나 마침내 공산불요가 도저히 어쩔 수 없는 사람임을 깨닫고 가는 것을 포기한 것이라고 주장한다. 공자에 대한 숭배가 너무 지나치다.

사마천은 『사기』「공자세가」에서 이 일을 노나라 정공(定公) 9년, 공자 나이 쉰 살 때의 일로 봤다. 사마천에 의하면 공자가 도를 따른 지 이미 오래 되었으나 아무도 공자를 등용하려 하지 않았다. 그때 마침 공산불요가 공자를 초빙했다. 공자는 "주나라 문왕과 무왕은 풍(豊)과 호(鎬) 지방에서 일어나 왕이 됐다. 지금 비록 비(費) 땅이 작기는 하나, 대체로 풍이나 호와 다를 바도 없지 않겠느냐"라고 말하며 가려고 했다. 그러나 결국 가지 않았다는 것이다. 사마천의 눈에 비친 공자는 자신의 도를 현실 정치에서 실현하기 위해 반란자와도 손을 잡을 정도로 기회를 목말라 한 사람이었다. 공자가 자신의 이상을 실현하기 위해 13년이나 천하를 주유한 것을 감안할 때 어느 정도 수긍이 가는 주장이라고도 할 수 있다.

일본의 역사학자 오쿠라 요시히코(小倉芳彦)는 반(畔)이라는 글자가 사용된 용례(用例)를 분석해 이 문제 해결의 단초를 찾는다. 즉 춘추시대에 반(畔)이라는 글자는 전국시대의 군신(君臣)관계에서 보이는 것과 같은 비난받아 마땅한 반역(叛)의 의미로는 사용되지 않았다는 것이다. 춘추시대의 반(畔)은 서로 독립적인 도시국가 간, 혹은 독립성이 강한 가신과 주군을 연결하는, 서로 다른 씨족 간의 맹약(盟約) 관계를 파기하고 제각기 분리되는 것이라고 한다. 그렇기에 공자도 아무런 도덕적 부담을 느끼지 않고 공산불요에게 가려고 했다는 것이다. 좀 더 깊은 연구를 기다려야 하겠다.

6

자장이 인(仁)에 대해 공자께 물었다. 공자께서 말씀하셨다. "능히 다섯 가지를 천하에 행할 수 있다면, 인을 행하는 것이다."

"청컨대 묻사옵니다."

"공손함·관대함·신의·민첩함·은혜이니라. 공손하면 모욕을 당하지 않고, 관대하면 많은 사람들을 얻으며, 신의가 있으면 사람들이 신임하고,

민첩하면 공을 이룰 수 있으며, 은혜를 베풀면 족히 사람을 부릴 수 있다."

子張問仁於孔子. 孔子曰 能行五者於天下 爲仁矣.
자장이 인(仁)에 대해 공자께 물었다. 공자께서 말씀하셨다. "능히 다섯 가지를 천하에 행할 수 있다면, 인을 행하는 것이다."

請問之.
"청컨대 묻사옵니다."

曰 恭寬信敏惠. 恭則不侮 寬則得衆 信則人任焉 敏則有功 惠則足以使人.
"공손함 · 관대함 · 신의 · 민첩함 · 은혜이니라. 공손하면 모욕을 당하지 않고, 관대하면 많은 사람들을 얻으며, 신의가 있으면 사람들이 신임하고, 민첩하면 공을 이룰 수 있으며, 은혜를 베풀면 족히 사람을 부릴 수 있다."

논어에서 공자의 제자들이 공자에게 인(仁)에 대해 묻는 대목은 모두 일곱 번 나온다. 그중 번지(樊遲)가 옹야20, 안연22, 자로19에서 도합 세 번 묻고, 나머지는 안연1에서 안연(顔淵)이, 안연2에서 중궁(仲弓)이, 안연3에서 사마우(司馬牛)가, 그리고 이 장에서 자장이 묻는다. 공자의 대답은 사람에 따라, 그리고 같은 사람이라도 상황에 따라 각기 다르다. 공자에게 인(仁)이란 추상적인 개념의 문제가 아니라 구체적인 실천의 문제였기 때문이다.

　여기서도 공자는 자장에게 공손함 · 관대함 · 신의 · 민첩함 · 은혜(恭寬信敏惠)를 갖춰 행할 수 있다면 인(仁)을 행하는 것이라고 말한다. 다만 이 장이 다른 곳과 다른 것은 공자가 공관신민혜(恭寬信敏惠) 다섯 가지로 말을 한정한다는 것이다. 공자는 말을 아끼는 사람으로 항상 말을 한정하기보다는 말에 여유를 두기를 좋아했다. 그런데 여기서는 다섯 가지로 말을 한정했다. 평소와는 다른 어투다. 계씨편에서도 언급했지만 다섯이라는 숫자에 말을 맞춘 느낌을 지울 수 없다. 주희는 이욱(李郁)를 인용해 이 장과 이 편 8장의 육언육폐(六言六蔽), 그리고 요왈2의 오미사악(五美四惡)의 문체가 논어의 다른 문장들과 크게 다르다고 지적한다. 진짜 공자의 말일까 의심하는 것이다.

7

필힐이 불렀다. 공자께서 가시려고 했다. 자로가 말했다. "전에 저는 선생님으로부터 이런 말을 들었습니다. '군자는 자신이 몸소 좋지 못한 일을 하는 자에게 들어가지 않는다.' 필힐이 중모(中牟)에서 반란을 일으켰는데 선생님께서 가시려고 하는 것은 어째서입니까?"

공자께서 말씀하셨다. "그렇다. 그런 말을 한 적이 있다. 하지만 갈아도 엷어지지 않는다면 단단하다고 할 수 있지 않겠느냐? 검은 물감을 들여도 검어지지 않는다면 희다고 할 수 있지 않겠느냐? 내가 어찌 쓰디쓴 박이란 말이냐? 매달려만 있고 사람들에게 따먹히지도 못하는."

佛肹召. 子欲往. 子路曰 昔者由也聞諸夫子曰 親於其身爲不善者 君子不入也. 佛肹以中牟畔. 子之往也 如之何.

제17편. 양화(陽貨) 735

필힐이 불렀다. 공자께서 가시려고 했다. 자로가 말했다. "전에 저는 선생님으로부터 이런 말을 들었습니다. '군자는 자신이 몸소 좋지 못한 일을 하는 자에게 들어가지 않는다.' 필힐이 중모(中牟)에서 반란을 일으켰는데 선생님께서 가시려고 하는 것은 어째서입니까?"

필힐(佛肸)은 진(晋)의 유력자 조간자(趙簡子)의 가신으로 중모(中牟)의 읍재(邑宰)로 있었다. 이 필힐이 중모에서 조간자에게 반란을 일으켰다. 유보남은 노나라 애공(哀公) 5년 공자 나이 예순두 살 때의 일로 본다.

중모는 진의 읍으로 양백준에 의하면 오늘날 허베이(河北)성 싱타이(邢台)와 한단(邯鄲) 사이에 있었다고 한다.

필힐도 공산불요와 마찬가지로 공자를 초청했고 공자 또한 그 초청에 응하려고 했다. 예의 자로가 가만히 있을 리가 없다. 당연히 제지하고 나섰다.

子曰 然. 有是言也. 不曰堅乎 磨而不磷. 不曰白乎 涅而不緇. 吾豈匏瓜也哉 焉能繫而不食.

공자께서 말씀하셨다. "그렇다. 그런 말을 한 적이 있다. 하지만 갈아도 엷어지지 않는다면 단단하다고 할 수 있지 않겠느냐? 검은 물감을 들여도 검어지지 않는다면 희다고 할 수 있지 않겠느냐? 내가 어찌 쓰디쓴 박이란 말이냐? 매달려만 있고 사람들에게 따먹히지도 못하는."

견(堅)은 단단한 것이고, 마(磨)는 돌을 가는 것, 린(磷)은 엷은 것(薄)이다. 열(涅)은 옷감을 검게 물들이는 염료다. 치(緇)는 검은색(黑)이다. 불왈견호 마이불린 불왈백호 열이불치(不曰堅乎 磨而不磷 不曰白乎 涅而不緇)는 누구도 자신을 어쩔 수 없다는 공자의 자신감의 표현이다. 즉 반란자인 필힐과 어울리더라도 자신의 도를 지킬 수 있다는 뜻이다.

포과(匏瓜)는 박의 일종으로 그 맛이 써서 먹지는 못한다. 계(繫)는 매달려 있는 것이고, 식(食)은 사람들에게 따먹히는 것이다. 공자는 자신이 매달려만 있을 뿐, 맛이 써서 아무도 따먹으려고 하지 않는 박과 같은 존재는 아니라고 했다. 즉 누군가 자신을 등용해주기를 기다리고 있다는 말이다. 食을 수동(受動)형으로 해석한 것은 일본의 이토 진사이의 『논어고의』에 의거했다.

청의 모기령의 『논어계구편』도 같이 식(食)을 수동형으로 해석하나 설명은 다르다. 모기령에 의하면 포과는 먹는 것이 아니라 허리에 매달고 물을 건너는 데 쓰는 것이라고 한다. 따라서 계(繫)는 한 곳에 매달려 있는 것이 아니라 허리에 매단다는 뜻이다. 그러나 황간, 형병, 주희는 食을 능동(能動)형으로 해석한다. 즉 나는 한곳에만 매달려 있는 박과 같은 존재가 아니다. 사람이기 때문에 여기저기 다니며 음식을 먹어야 한다는 뜻이다. 또 황간의 『논어의소』에는 匏瓜가 박이 아니라 별자리의 이름이라는 일설(一說)도 소개되어 있다.

5장의 공산불요의 경우와 마찬가지로 해석이 분분하다. 공산불요의 경우에도 그랬지만, 공자는 필힐의 부름에 응하려고 했으나 결국 가지 못하고 말았다.

한편 주희는 다음과 같은 장식의 말로 이 장의 해설을 대신했다.

"자로가 옛날에 들은 말은 군자가 몸을 지키는 평상의 법(常法)이고, 공자가 오늘 말한 것은 성인이 도를 체득한 큰 권도(大權)다. 그러나 공자께서 공산불요나 필힐의 부름에 가려고 한 것은 천하에 바꾸지 못할 사람은 없으며, 하지 못할 일도 없기 때문이다. 끝내 가지 않은 것은 결국 그 사람이 바뀌지 않을 것이며, 그 일이 끝내 이루어지지 않을 것임을 알았기 때문이다. 하나는 사물을 기르는 인(仁)이요, 하나는 사람을 알아보는 지(智)다."

장식이나 주희나 공자를 성인으로 추앙하는 것이 지나쳐 사람의 피와 살이 하나도 없는 박제로 만들고 있다.

8

공자께서 말씀하셨다. "유야, 너는 육언육폐(六言六蔽)란 말을 들어 보았느냐?"

자로가 대답했다. "아직 듣지 못했습니다."

"앉아라. 내가 말해주겠다. 인(仁)만 좋아하고 배우는 것을 좋아하지 않으면 그 폐단은 어리석음이다. 지(知)만 좋아하고 배우는 것을 좋아하지 않으면 그 폐단은 방자함이다. 신의(信)만 좋아하고 배우는 것을 좋아하지 않으면 그 폐단은 남을 해치는 것이다. 정직함(直)만 좋아하고 배우는 것을 좋아하지 않으면 그 폐단은 가혹함이다. 용기(勇)만 좋아하고 배우는 것을 좋아하지 않으면 그 폐단은 난폭함이다. 굳셈(剛)만 좋아하고 배우는 것을 좋아하지 않으면 그 폐단은 무모함이다."

子曰 由也 女聞六言六蔽矣乎.
공자께서 말씀하셨다. "유야, 너는 육언육폐(六言六蔽)란 말을 들어 보았느냐?"

對曰 未也.
자로가 대답했다. "아직 듣지 못했습니다."

居 吾語女. 好仁不好學 其蔽也愚. 好知不好學 其蔽也蕩. 好信不好學 其蔽也賊. 好直不好學 其蔽也絞. 好勇不好學 其蔽也亂. 好剛不好學 其蔽也狂.

"앉아라. 내가 말해주겠다. 인(仁)만 좋아하고 배우는 것을 좋아하지 않으면 그 폐단은 어리석음이다. 지(知)만 좋아하고 배우는 것을 좋아하지 않으면 그 폐단은 방자함이다. 신의(信)만 좋아하고 배우는 것을 좋아하지 않으면 그 폐단은 남을 해치는 것이다. 정직함(直)만 좋아하고 배우는 것을 좋아하지 않으면 그 폐단은 가혹함이다. 용기(勇)만 좋아하고 배우는 것을 좋아하지 않으면 그 폐단은 난폭함이다. 굳셈(剛)만 좋아하고 배우는 것을 좋아하지 않으면 그 폐단은 무모함이다."

육언(六言)은 여섯 가지 말로, 인(仁)·지(知)·신(信)·직(直)·용(勇)·강(剛)을 가리킨다. 육폐(六蔽)는 여섯 가지 폐단으로, 우(愚)·탕(蕩)·적(賊)·교(絞)·난(亂)·광(狂)이다. 학(學)은 이치를 궁구해 사리에 맞게 재단할 줄 아는 것이다.

인(仁)을 좋아하더라도 배우는 것을 좋아하지 않는다면 사람만 좋을 뿐 어리석어지는 폐해가 있다. 지(知)를 좋아하더라도 배우는 것을 좋아하지 않는다면 분수를 모르고 방자해지는 폐단이 있다. 신의를 좋아하더라도 배우는 것을 좋아하지 않는다면 도적의 신의가 되어 사람을 해치는 폐단이 나타난다. 정직함을 좋아하더라도 배우는 것을 좋아하지 않는다면 남을 배려할 줄 모르는 가혹함이 폐단이 된다. 용기를 좋아하더라도 배우는 것을 좋아하지 않는다면 난폭해지는 폐단이 있다. 굳센 것을 좋아하더라도 배우는 것을 좋아하지 않는다면 무모해지는 폐단이 나타난다. 배움의 중요함을 나타낸 말이다.

이 편 6장에서도 언급했듯이 육언육폐(六言六蔽)는 육(六)이라는 숫자에 얽매인, 지나치게 단정적인 느낌이 드는 표현이다. 고래로 많은 학자들이 과연 공자의 말일까 의심했다.

9

공자께서 말씀하셨다. "너희들은 어찌하여 아무도 시를 공부하지 않느냐? 시는 감흥을 나타낼 수 있으며 세상을 살펴볼 수 있고 무리와 어울릴 수 있으며 원망할 수 있다. 가까이는 아비를 섬기고 멀리는 임금을 섬길 수 있으며, 새와 짐승, 풀과 나무의 이름도 많이 알 수 있다."

子曰 小子 何莫學夫詩. 詩 可以興 可以觀 可以羣 可以怨. 邇之事父 遠之事君. 多識於鳥獸草木之名.

공자가 시(詩)의 효용을 강조한 말이다. 흥(興)을 주희는 감발지의(感發志意)라고 했다. 즉 사람의 생각과 뜻을 느끼고 나타내게 할 수 있다는 말이다. 그러나 고주의 공안국은 인비연류(引譬連類), 즉 시에서 자주 사용되는 수사학(修辭學)적 기교인 비유(譬喻)를 사용해 자신의 의사와 비슷한 것을 끌어대 표현할 수 있다는 뜻으로 풀이했다.

관(觀)을 주희는 세상의 득실을 미루어 살펴보는 것이라고 했고, 고주의 정현은 세상 풍속의 성쇠를 살펴보는 것이라고 했다. 모두 같은 뜻이다. 즉 시를 통해 자신이 직접 경험하지 못한 것도 느끼고 미루어 살펴볼 수 있다는 뜻이다. 문학의 간접 경험 기능을 말했다.

군(羣)은 군(群)으로 무리와 어울리는 것이다. 공안국은 함께 모여 갈고 닦는 것, 즉 공동으로 학문을 연마하는 것이라고 했고, 주희는 서로 같이 어울리되 시류(時流)에 빠지지 않는 것이라고 했다. 시가 남과 어울리는 데 효용이 있음을 나타낸 말이다.

원(怨)은 원망하는 것이다. 주희는 원망하되 노하지 않는 것이라고 했고, 공안국은 윗사람의 정치를 풍자하는 것이라고 했다.

興, 觀, 羣, 怨, 이 넷이 시의 가장 중요한 효용이다. 그것을 배움으로써 가까이는 부모를 섬길 수 있고, 멀리는 임금을 섬길 수 있다. 즉 인륜(人倫)을 지킬 수 있게 된다. 그 밖에 시의 부수적인 효용으로는 사물에 박식해진다는 것이다.

10

공자께서 백어에게 말씀하셨다. "너는 주남(周南)과 소남(召南)을 공부했느냐? 사람으로서 주남과 소남을 공부하지 않으면, 아마 담장을 마주하고 서 있는 것과 같을 것이다."

子謂伯魚曰 女爲周南召南矣乎. 人而不爲周南召南 其猶正牆面而立也與.

백어(伯魚)는 공자의 아들 이(鯉)다. 위(爲)는 학(學)으로 공부하는 것이다. 주남(周南), 소남(召南)은 『시경』 국풍(國風)의 처음 두 편의 이름이다. 주로 남녀 간의 사랑을 노래했다. 담장을 마주하고 서 있다는 것은 앞으로 나아가지도 못하고 보지도 못하는 것을 말한다.

  시의 중요성을 말하고 있다고 생각되나, 유보남은 『논어정의』에서 주남, 소남이 주로 부부간의 사랑을 노래하는 점으로 미루어, 혹시 백어가 결혼할 때 공자가 교훈으로 한 말이 아닐까 추측한다.

11

  공자께서 말씀하셨다. "예라 예라 일컫지만 어찌 옥이나 비단을 말하는 것이겠는가? 악이라 악이라 일컫지만 어찌 종이나 북을 말하는 것이겠는가?"

子曰 禮云禮云 玉帛云乎哉. 樂云樂云 鐘鼓云乎哉.

공경하여 옥과 비단으로 받들면 예가 되고, 조화를 이루어 종과 북으로 나타내면 음악이 된다. 그러나 그 근본(공경과 조화)을 버리고 오로지 말단만 일삼는다면 어찌 예악이라 할 수 있겠는가? 이상은 주희의 해설이다. 신주에 인용된 정이의 말에 의하면 예라는 것은 단지 하나의 순서(序)일 뿐이며, 음악이라는 것은 단지 하나의 조화(和)일 뿐이라고 한다.

  한편 다산은 이 장이 팔일3의 "사람으로서 어질지 않다면 예를 어찌 할 것이며, 사람으로서 어질지 않다면 음악을 어찌 할 것인가?"라는 말과 같은 뜻이라고 한다. 즉 사람이 어질지 않으면 예악도 소용없다는 말이다.

12

공자께서 말씀하셨다. "겉으로는 위엄이 가득하면서도 속은 유약한 사람은, 소인에게 비유한다면 아마 벽을 뚫고 담을 넘어가는 좀도둑과 같을 것이다."

子曰 色厲而內荏 譬諸小人 其猶穿窬之盜也與.

색(色)은 겉모습이요, 여(厲)는 위엄이 있는 것이다. 임(荏)은 유약해서 줏대가 없는 것이다. 천(穿)은 벽을 뚫는 것이고, 유(窬)는 담을 타고 넘는 것이다.
 겉으로는 위엄이 있는 척하면서 속은 유약한 사람과, 벽을 뚫고 담을 넘는 좀도둑은 둘 다 남이 알아차릴까 봐 항상 마음을 졸이고 있다는 점에서 서로 같다.

13

공자께서 말씀하셨다. "향원(鄕原)은 덕을 해치는 자다."

子曰 鄕原德之賊也.

향원(鄕原)은 자신의 말과 행동을 삼가는 척하면서 더러운 세속에 영합해 세속인들로부터 마치 덕이 있는 사람으로 칭송받는 사람을 일컫는 말이다. 즉 주변 사람들의 잘못을 보면서도 그것을 지적하지 않고 눈감아주는 등 마치 겉으로는 너그럽고 후덕한 사람처럼 행세하는 자 따위를 가리킨다. 안연20에서 말하는 겉으로는 어진 사람인 척하나 그 행실은 어긋나면서도, 자신이 어진 사람이라고 믿어 의심하지 않는 사람(色取仁而行違 居之不疑)과 같은 부류다. 『맹자』「진심하」37에 자세한 설명이 나와 있다.

사람은 누구나 명백한 악(惡)에는 현혹되지 않는다. 그러나 실제는 악(惡)이면서도 겉으로는 덕(德)처럼 보이는 이러한 사이비(似而非) 덕(德)은 사람을 미혹에 빠뜨린다. 그러기에 공자가 덕(德)의 적(賊)이라고까지 말한 것이다.

14

공자께서 말씀하셨다. "길에서 듣고 길에서 말하는 것은 덕을 버리는 것이다."

子曰 道聽而塗說 德之棄也.

사람은 누구나 자신의 말에 책임을 질 줄 알아야 한다. 남의 말을 들었으면 그것을 곰곰이 음미해 자기 것으로 만든 연후에 남에게 전해야 한다. 그렇지 않고 남에게서 주워들은 풍월을 그대로 생각 없이 남에게 전하는 것은 말을 버리는 짓이요, 덕을 버리는 짓이다.

15

공자께서 말씀하셨다. "비루한 사람과 함께 임금을 섬길 수 있을까? 얻지 못하면 얻을 것을 근심하고, 얻으면 잃을 것을 근심한다. 진실로 잃을 것을 근심하면 이르지 못하는 곳이 없다."

子曰 鄙夫可與事君也與哉. 其未得之也 患得之. 旣得之 患失之. 苟患失之 無所不至矣.

비부(鄙夫)는 비루한 사람이다. 환득지(患得之)는 어떻게 하면 벼슬을 얻을까 근심하는 것이고, 환실지(患失之) 벼슬을 잃지 않으려고 근심하는 것이다.

  군자는 벼슬이 없는 것을 걱정하지 않고, 다만 그 자리에 서 있을 능력이 있는가를 걱정한다(不患無位 患所以立-이인14). 그러나 소인은 벼슬 그 자체가 목적이기 때문에 벼슬을 위해서라면 무슨 짓이든 못하는 것이 없다. 그러기에 함께 임금을 섬길 수 없는 것이다.

  신주에는 다음과 같은 호인의 말이 인용되어 있다.

  "허창(許昌)의 근재지(靳裁之)가 말하길 '선비의 인품이 대개 세 종류가 있으니, 도덕에 뜻을 둔 자는 공명(功名)이 그 마음을 잡아맬 수 없고, 공명에 뜻을 둔 자는 부귀가 족히 그 마음을 잡아맬 수 없다. 부귀에만 뜻을 둔 자는 이르지 못하는 곳이 없다'라고 했는데, 부귀에만 뜻을 둔 자가 바로 공자께서 말씀하신 비루한 자다."

16

공자께서 말씀하셨다. "옛날에는 백성에게 세 가지 병폐가 있었으나, 지금은 아마 이것이 없어진 것 같다. 옛날의 뜻이 높은 자는 작은 절개에 얽매이지 않았으나, 지금의 뜻이 높은 자는 방자하기만 하다. 옛날의 자부심이 강한 자는 모나게 행동했으나, 지금의 자부심이 강한 자는 남과 다투기만 한다. 옛날의 어리석은 사람들은 우직했으나, 지금의 어리석은 자들은 남을 속이기만 한다."

子曰 古者民有三疾 今也或是之亡也. 古之狂也肆 今之狂也蕩. 古之矜也廉 今之矜也忿戾. 古之愚也直 今之愚也詐而已矣.

질(疾)은 흠, 병폐다. 광(狂)은 뜻은 높으나 행동이 그에 미치지 못하는 사람, 긍(矜)은 자부심이 강한 사람, 우(愚)는 어리석은 사람이다.

사(肆)는 주희에 의하면 작은 절개에 얽매이지 않는 것이다. 탕(蕩)은 지키는 바가 없어 방자한 것, 염(廉)은 행동이 모가 난 것, 분려(忿戾)는 분을 터뜨리며 남과 다투는 것, 직(直)은 우직한 것, 사(詐)는 남을 속이는 것이다.

옛날에는 狂·矜·愚라는 세 종류의 결함 있는 사람들이 있었다. 그러나 그러한 결점에도 그들은 나름의 좋은 점도 갖고 있었다. 즉 뜻이 높은 자(狂)는 작은 절개에 얽매이지 않았고, 자부심이 센 자(矜)는 나름대로 행동에 줏대가 있었으며, 어리석은 자(愚)는 남을 속이지는 않았다. 그러나 지금은 세태가 각박해져 광자(狂者)는 오직 방자할 뿐이고, 긍자(矜者)는 남과 다투기나 하고, 우자(愚者)는 남을 속이려고만 할 뿐이다. 옛사람들의 순박함을 잃어버렸기 때문이다.

17

공자께서 말씀하셨다. "교묘한 말과 좋은 얼굴빛치고 어진 자가 드물다."

子曰 巧言令色 鮮矣仁.

학이3에 같은 말이 있다.

18

공자께서 말씀하셨다. "자주색이 붉은 색을 빼앗는 것을 미워하고, 정나라 음악이 아악(雅樂)을 어지럽히는 것을 미워하며, 말재주가 나라와 집안을 뒤엎는 것을 미워한다."

子曰 惡紫之奪朱也. 惡鄭聲之亂雅樂也. 惡利口之覆邦家者.

자(紫)는 자주색이고, 주(朱)는 붉은색이다. 주(朱)는 정색(正色)이고, 자(紫)는 간색(間色)이다.

정성(鄭聲)은 정나라의 음악으로 『시경』의 노래 중 가장 음탕하다고 한다. 아악(雅樂)은 정통의 바른 음악이다.

이구(利口)는 말재주이고, 복(覆)은 뒤엎는 것이다.

이토 진사이는 다음과 같이 말했다. "무릇 천하의 일들 중에서 그 시비와 선악이 심하게 드러난 것은 판연히 쉽게 알아볼 수 있어서 사람을 헷갈리게 할 수 없다. 대저 비슷하나 아닌 것, 선한 것 같으나 실은 악인 것들이 사람의 마음을 의심하고 헷갈리게 만들어 진실을 어지럽힌다. 그러니 그 해는 말로 다할 수 없을 정도다. 그래서 공자께서 향원을 미워하는 것이다."

19

공자께서 말씀하셨다. "나는 이제 아무 말도 하지 않으련다."

자공이 말했다. "선생님께서 아무 말씀도 하지 않으신다면 저희들이 어떻게 도를 이어받아 전하겠습니까?"

공자께서 말씀하셨다. "하늘이 무슨 말을 하더냐? 사시(四時)가 운행되고 만물이 생장하지만 하늘이 무슨 말을 하더냐?"

子曰 予欲無言.

공자께서 말씀하셨다. "나는 이제 아무 말도 하지 않으련다."

子貢曰 子如不言 則小子何述焉.

자공이 말했다. "선생님께서 아무 말씀도 하지 않으신다면 저희들이 어떻게 도를 이어받아 전하겠습니까?"

술(述)은 조술(祖述)로 도를 이어받아 전하는 것이다.

子曰 天何言哉. 四時行焉 百物生焉 天何言哉.

공자께서 말씀하셨다. "하늘이 무슨 말을 하더냐? 사시(四時)가 운행되고 만물이 생장하지만 하늘이 무슨 말을 하더냐?"

인간은 말로 의사를 소통한다. 또 그 말을 글로 남겨 시간과 공간을 멀리하고서도 서로의 생각을 전하고 받을 수 있다. 학문을 가르치고 배우는 데 만일 언어가 없었다고 가정한다면 그 결과는 상상할 필요조차 없으리라. 그런데 공자가 이제부터 자신은 아무 말도 하지 않겠다고 갑자기 선언했다. 자공의 놀람은 당연하다. 그런 자공에게 공자는 하늘의 운행을 예로 들어 말한다. 하늘이 언제 말을 하더냐? 아무 말도 없지만 사시가 운행되고 천하 만물이 다 생장하지 않느냐고.

견월망지(見月望指)란 말이 있다. 달을 보라고 손가락으로 가리켰더니, 달은 안 보고 손가락만 바라본다는 말이다. 언어와 진리와의 관계가 그것은 아닌지……. 언어는 진리를 나타내는 수단일 뿐이지 진리 그 자체는 아니다. 자세히는 알 수 없지만 아마 공자가 말에 뛰어난 자공에게 말에 너무 얽매이지 말고 사물의 근본을 꿰뚫어 직시하라고 가르친 말이 아닐까 생각된다.

한편 주희는 다음과 같이 해설한다.

"사시가 운행되고 만물이 생장하는 것, 그 어느 것도 천리(天理)가 발현해 흐르는 실제가 아닌 것이 없으니, 말을 기다리지 않고도 알 수 있다. 성인의 일거수일투족이 신묘한 도(道)와 정심한 의리의 발현 아닌 것이 없으니, 또한 하늘일 뿐이다. 어찌 말을 기다려서 드러나겠는가? 이 또한 자공에게 열어 보여주기를 간절히 한 것인데, 안타깝다 그 끝내 깨닫지 못한 것이."

주희는 공자가 자공에게 도를 깨우칠 가르침을 베풀었는데 자공이 끝내 그것을 깨우치지 못해 안타깝다고 말하는 것이다. 주희가 공자의 가르침을 전하고 있는 것인지, 석가모니나 달마의 가르침을 전하는 것인지 알지 못하겠다.

20

유비가 공자를 뵙고자 했다. 공자께서 병을 이유로 거절하셨다. 말을 전하는 자가 문을 나가자, 공자께서 거문고를 들어 노래하시어 그로 하여금 듣게 했다.

孺悲欲見孔子. 孔子辭以疾. 將命者出戶. 取瑟而歌 使之聞之.

유비(孺悲)는 노나라 사람이라고 전해진다. 『예기(禮記)』 「잡기(雜記)하」편에 노나라 애공이 그를 공자에게 보내 사상례(士喪禮)를 배우게 했다는 기록이 있다.

장명자(將命者)는 말을 전하는 심부름꾼이다.

자세한 전말(顚末)을 알 수는 없지만 공자가 유비를 만나기 싫었던 모양이다. 그러기에 유비의 뜻을 전달하러 온 심부름꾼에게 병을 이유로 만나는 것을 거절했다. 그리고 그가 문을 나서자 거문고를 타고 노래를 부르며 자신이 실은 아프지 않다는 것을 암시했다. 만나고 싶지 않다는 뜻을 분명히 한 것이다. 신주의 정호에 의하면 이것이 바로 맹자의 이른바 가르치는 것을 달가워하지 않는 가르침(不屑之敎誨)이라고 한다.

21

재아가 물었다. "삼년상은 1년이면 이미 충분합니다. 군자가 3년 동안 예(禮)를 행하지 않으면 예는 반드시 무너집니다. 3년 동안 악(樂)을 행하지 않으면 악이 반드시 무너집니다. 묵은 곡식이 이미 없어지고 햇곡식이 벌써 나옵니다. 불씨도 바꿉니다. 1년이면 됩니다."

공자께서 말씀하셨다. "쌀밥을 먹고 비단옷을 입는 것이 네게는 편안하느냐?"

"편안합니다."

"네가 편안하거든 그렇게 하라. 무릇 군자는 상중에는 기름진 음식을 먹어도 달지 않으며, 음악을 들어도 즐겁지 않고, 집에 머물러도 편안하지 않기 때문에 그렇게 하지 않는다. 지금 네가 편안하다면 그렇게 하라."

재아가 나갔다. 공자께서 말씀하셨다. "재아는 어질지 못하구나. 자식이 태어난 지 3년이 지난 후에야 부모의 품에서 벗어난다. 무릇 삼년상은 천하에 공통된 상례다. 재여도 부모로부터 3년의 사랑을 받았을까?"

宰我問 三年之喪 期已久矣. 君子三年不爲禮 禮必壞. 三年不爲樂 樂必崩. 舊穀旣沒 新穀旣升 鑽燧改火. 期可已矣.

재아가 물었다. "삼년상은 1년이면 이미 충분합니다. 군자가 3년 동안 예(禮)를 행하지 않으면 예는 반드시 무너집니다. 3년 동안 악(樂)을 행하지 않으면 악이 반드시 무너집니다. 묵은 곡식이 이미 없어지고 햇곡식이 벌써 나옵니다. 불씨도 바꿉니다. 1년이면 됩니다."

기이구의(期已久矣)의 期에 대해서는 1년으로 해석하는 견해와 기간이라는 뜻으로 해석하는 견해가 있다. 황간과 주희는 기월(期月)의 期로 읽어 1년으로 해석하는데 "1년이면 이미 충분하다"는 말이다. 후자는 정수덕과 양백준이 취한 입장으로 "기간이 너무 오래다"로 해석한다. 기가이의(期可已矣)의 期는 모두 期月의 期, 즉 1년으로 해석한다.

 구곡기몰 신곡기승(舊穀旣沒 新穀旣升)의 沒은 다하는 것(盡), 없어지는 것이고, 升은 새 곡식이 올라오는 것(登)이다. 곡식의 순환, 즉 자연현상이 1년을 주기로 함을 말했다. 찬수개화(鑽燧改火)의 鑽은 부싯돌이고, 燧는 부싯돌로 불을 피울 때 쓰는 나무이다. 1년마다 새 불씨로 바꾼다는 뜻으로, 인간 생활도 자연현상과 마찬가지로 1년을 주기로 순환함을 말했다.

子曰 食夫稻 衣夫錦 於女安乎.

공자께서 말씀하셨다. "쌀밥을 먹고 비단옷을 입는 것이 네게는 편안하느냐?"

도(稻)는 쌀밥, 금(錦)은 비단옷이다. 의식(衣食) 중에서 제일 좋은 것이다. 상중에는 음식을 가려 쌀밥과 기름진 음식을 먹지 못한다. 그래서 공자가 그렇게 물은 것이다.

曰 安.
"편안합니다."

女安則爲之. 夫君子之居喪 食旨不甘 聞樂不樂 居處不安 故不爲也. 今女安則爲之.
"네가 편안하거든 그렇게 하라. 무릇 군자는 상중에는 기름진 음식을 먹어도 달지 않으며, 음악을 들어도 즐겁지 않고, 집에 머물러도 편안하지 않기 때문에 그렇게 하지 않는다. 지금 네가 편안하다면 그렇게 하라."

宰我出. 子曰 予之不仁也. 子生三年 然後免於父母之懷. 夫三年之喪 天下之通喪也. 予也有三年之愛於其父母乎.
재아가 나갔다. 공자께서 말씀하셨다. "재아는 어질지 못하구나. 자식이 태어난 지 3년이 지난 후에야 부모의 품에서 벗어난다. 무릇 삼년상은 천하에 공통된 상례다. 재여도 부모로부터 3년의 사랑을 받았을까?"

면어부모지회(免於父母之懷)는 부모의 품에서 벗어난다는 말이다. 통상(通喪)은 위로는 천자로부터 아래로는 백성에 이르기까지 누구에게나 통용되는 공통된 상례라는 말이다.

공자는 부모의 상을 3년으로 하는 근거를 부모가 자식을 3년 동안 품어 주었다는 데서 찾았다. 부모가 3년 동안 사랑을 베풀었으니 자식도 마땅히 그렇게 보답해야 한다는 것이다.

자공과 더불어 말을 잘하기로 소문난 재아가 나름대로의 근거를 내세우며 삼년상이 너무 기니까 1년으로 줄일 것을 주장했다. 재아의 논리는 다음과 같다. 군자는 삼년상 동안 부모의 무덤 앞에 초막을 짓고 부모를 기리는 것 이외에 일체의 일을 삼간다. 그렇게 하여 3년 동안 예악(禮樂)을 방치한다면 마침내 예악은 붕괴하고 만다. 그것을 누가 책임진다는 말인가? 그리고 자연현상과 인간 생활도 1년을 주기로 순환한다. 그러니 1년이면 족한 것이 아닌가.

공자는 재아의 말의 핵심을 찌른다. 거창한 논리로 변명하지 마라. 너는 삼년상 동안 거친 옷을 입고, 거친 음식을 먹는 것이 싫어서 그러는 것이 아니냐. 군자가 삼년상 동안 거친 옷을 입고 거친 음식을 먹으며 초막에서 불편하게 지내는 것은 돌아가신 부모를 생각할 때 좋은 옷, 좋은 음식, 편안한 집이 눈에 들어오지 않기 때문이다. 네가 좋은 옷, 좋은 음식, 편안한 집이 그립거든 네 마음대로 그렇게 하라. 말을 아끼는 공자로서는 상당히 파격적인 질책이다.

재아가 문을 나서자 공자가 그에 대해 평한다. 사람이 태어나 부모의 품속에서 자라다가 그 품으로부터 벗어나는 것은 3년이 지나서다. 삼년상도 거기에서 비롯됐다. 이것은 위로는 임금으로부터 아래로는 천민에 이르기까지 천하 만민에게 공통된 것이다. 재아도 부모의 품에서 3년 동안 사랑을 받았을 터인데, 그 부모의 은덕을 모르는 자다.

팔일21, 공야장9, 옹야24에서 보이는 것처럼 예의 재아의 말솜씨에 대해 공자가 꾸짖은 대목이다. 공야장9에서 재아는 낮잠을 자다가 공자에게 썩은 나무로는 조각을 할 수 없고, 썩은 흙담에는 흙손질을 할 수 없으니, 너를 꾸짖어봐야 무엇 하겠느냐고 꾸중을 들었다. 논어에 보이는 여러 제자들과의 문답 중에서 유독 재아에 대한 것만은 부정적인 것으로 일관된다. 논어의 편찬자 중에 재아에 대해 호의적이지 않은 사람이 있어서 그랬는지, 아니면 진정 재아의 사람됨이 문제가 있었던 것인지 알 수 없다.

다만 이 장에서 재아의 논리는 공자로부터 호된 비판을 받지만 그 나름대로 상당한 설득력이 있다. 3년 동안 모든 일을 내팽개치고 부모를 기리는 것이 과연 타당한 것인가? 자연현상과 인간 세상의 순환 주기에 따라 1년으로 하는 것이 옳지 않겠는가? 현대인의 입장에서 보면 재아의 주장이 더 설득력이 있다고도 할 수 있다.

재아의 상례(喪禮)에 대한 입장은 현실적·실리적이다. 이는 당시 시대 상황과도 일정하게 연관지을 수 있다. 공자의 시대는 전통의 혈연공동체가 붕괴되면서 사회적 경쟁에서 승리한 사람들을 중심으로 새로운 시대 질서가 형성되어가던 때였다. 이들 새로운 사회적 승자들의 입장에서 보면 구래의 형식적인 의례는 오히려 자기들의 성장에 장애가 되는 질곡이었다. 그들의 관심은 어떻게 하면 이 경쟁에서 낙오하지 않고 승리할 수 있느냐에 집중되어 있었다. 그들의 입장이 현실적·실리적이 되는 것은 당연한 일이었다. 재아의 말은 혹시 그러한 사회적 경향을 반영하는 것은 아닐까?

그러나 이러한 재아의 주장도 거친 옷, 거친 음식이 싫어 삼년상을 1년으로 바꾸자고 한 것 아니냐는 공자의 날카로운 질문 앞에 결국 무너지고 만다. 오늘날의 입장에서 볼 때 3년이다, 1년이다가 중요한 것이 아니라, 부모가 나를 낳아주고 길러주신 은혜를 얼마만큼 진정으로 기리느냐가 중요한 것이다. 3년이다, 1년이다 하는 것은 그러한 애절한 마음을 담는 형식으로서 의미가 있는 것이다. 그러나 재아가 거친 음식, 거친 옷이 싫어 1년을 주장했다면 모처럼의 논리도 근본에서부터 허물어질 수밖에 없다. 거기에 재아의 약점이 있다.

청의 왕조진(王肇晉)은 『논어경정록(論語經正錄)』에서 공자가 재아가 물러난 이후에도 다른 사람들 앞에서 그에 대해 말한 것은, 그로 하여금 다시 한 번 더 전해 듣고 자기의 잘못을 깨달을 수 있게 하기 위해서라고 했다(『논어집석』에서 재인용). 공자가 사람을 대할 때 그 성실하고 두터운 정이 이와 같았다는 것이다. 꽤나 섬세한 분석이다.

한편 다산은 『춘추』에는 삼년상이 거의 보이지 않는다고 하면서 이런 상황에서 공자가 삼년상을 추진하자 재아가 이에 반대해 자신의 의견을 개진한 것이라고 주장한다. 즉 당시 삼년상이 실제로는 거의 지켜지지 않았다는 말이다. 『맹자』「등문공상」2를 보면 맹자 당시 등(滕)나라뿐만 아니라 예의 본고장인 노나라에서도 삼년상이 전혀 지켜지지 않았음을 알 수 있다. 오죽 삼년상이 드물었으면 등문공(滕文公)이 아비인 등정공(滕定公)의 삼년상을 거행하자 사방에서 구경하러 모여들었다고까지 했다. 이로 미루어 보건대 당시 삼년상은 말뿐이었음을 알 수 있다. 캉유웨이는 『논어주』에서 삼년상은 이전에는 없던 것을 공자가 제도를 바꾼 것(改制)이라고까지 주장했다. 어쨌든 이후 삼년상(실제로는 25개월 또는 27개월)은 제도화되어 오늘날에 이르기까지 일부에서는 그것을 받들고 있다. 그러나 실상의 생활에서 삼년상은 그대로 따르기 매우 어려운 것이었다. 일을 해야만 먹고 사는 계층에서는 거의 불가능했으며, 오직 남의 위에 군림하는 좌식(坐食) 계급에서만 가능한 일이었다. 그나마 궁중에서는 달을 날로 바꾸어 25일 내지 27일로 삼년상을 대신했다.

22

공자께서 말씀하셨다. "하루 종일 배불리 먹으면서 마음을 쓰는 데가 없다면 어려운 노릇이다. 장기나 바둑도 있지 않느냐? 그런 것이라도 하는 것이 안 하는 것보다 오히려 나을 것이다."

子曰 飽食終日 無所用心 難矣哉. 不有博弈者乎. 爲之猶賢乎已.

박혁(博弈)은 장기와 바둑이다. 위지유현호이(爲之猶賢乎已)의 乎는 비교를 나타내는 어조사로 영어로 말하면 'than'이고, 已는 지(止)로 하지 않는 것이다.

하루 종일 아무 하는 일 없이 빈둥빈둥 노는 것보다는 장기나 바둑을 두면서 벗과 한가로움을 함께 나누는 것이 오히려 나을 것이다. 무위도식(無爲徒食)을 경계한 말이다.

23

자로가 말했다. "군자는 용기를 숭상합니까?"
공자께서 말씀하셨다. "군자는 의(義)를 으뜸으로 여긴다. 군자가 용기만 있고 의가 없으면 난을 일으킨다. 소인이 용기만 있고 의가 없으면 도적이 된다."

子路曰 君子尚勇乎.

자로가 말했다. "군자는 용기를 숭상합니까?"

子曰 君子義以爲上. 君子有勇而無義爲亂 小人有勇而無義爲盜.

공자께서 말씀하셨다. "군자는 의(義)를 으뜸으로 여긴다. 군자가 용기만 있고 의가 없으면 난을 일으킨다. 소인이 용기만 있고 의가 없으면 도적이 된다."

용기는 항상 의(義)와 함께한다. 신분이 높은 자가 용기는 있으면서도 의를 모른다면 나라에 난(亂)을 일으키기 십상이다. 신분이 낮은 자라면 도둑이나 깡패가 되기 쉽다.

위정24에서는 의를 보고도 행하지 않는 것은 용기가 없는 것이라 했고, 태백2에서는 용감하되 예가 없으면 난폭해진다고 했다. 또한 태백10에서는 용기를 좋아하면서 가난을 싫어하면 난을 일으키며, 양화8에서는 용기를 좋아하면서도 배우는 것을 좋아하지 않으면 그 폐단이 난폭함으로 나타난다고 했다.

24

자공이 말했다. "군자도 미워하는 것이 있습니까?"
공자께서 말씀하셨다. "미워하는 것이 있다. 남의 잘못을 떠들어대는 자를 미워하며, 아랫자리에 있으면서 윗사람을 비방하는 자를 미워하고, 용기만 있을 뿐 예의가 없는 자를 미워하며, 과감하면서도 앞뒤가 막힌 자를 미워한다."

"사야, 너도 미워하는 것이 있느냐?"

"남의 말을 가로채는 것을 안다고 하는 자를 미워하고, 불손한 것을 용감하다고 여기는 자를 미워하며, 남의 비밀을 들춰내는 것을 정직하다고 하는 자를 미워합니다."

子貢曰 君子亦有惡乎.

자공이 말했다. "군자도 미워하는 것이 있습니까?"

子曰 有惡. 惡稱人之惡者. 惡居下流而訕上者. 惡勇而無禮者. 惡果敢而窒者.

공자께서 말씀하셨다. "미워하는 것이 있다. 남의 잘못을 떠들어대는 자를 미워하며, 아랫자리에 있으면서 윗사람을 비방하는 자를 미워하고, 용기만 있을 뿐 예의가 없는 자를 미워하며, 과감하면서도 앞뒤가 막힌 자를 미워한다."

자공이 말하는 군자는 공자를 가리킨다.

여러 번 등장하는 惡은 人之惡者의 惡만 잘못이라는 뜻의 악으로 읽고 나머지는 모두 미워한다는 뜻의 오로 읽는다.

칭(稱)은 드러내 떠드는 것이다.

하류(下流)는 남의 아랫자리를 말한다. 청의 혜동은 『구경고의』에서 流를 빼고 단순히 下로만 써야 한다고 주장한다. 자장20에 군자오거하류(君子惡

제17편. 양화(陽貨) **759**

居下流)라는 표현이 있어 전해지는 과정에서 착각한 것이라고 한다. 유보남을 비롯한 많은 학자들이 혜동의 견해에 찬성한다.

산(訕)은 헐뜯는 것이다. 상(上)은 윗사람이다. 질(窒)은 앞뒤가 막힌 것이다.

曰 賜也 亦有惡乎.
"사야, 너도 미워하는 것이 있느냐?"

惡徼以爲知者. 惡不孫以爲勇者. 惡訐以爲直者
"남의 말을 가로채는 것을 안다고 하는 자를 미워하고, 불손한 것을 용감하다고 여기는 자를 미워하며, 남의 비밀을 들춰내는 것을 정직하다고 하는 자를 미워합니다."

요(徼)는 남의 말을 가로채는 것이고, 알(訐)은 남의 사사로운 비밀을 들춰내는 것이다.

 공자는 인간의 성품에 대해 선하다(性善), 악하다(性惡)라고 선험적으로 규정하지는 않았다. 그러나 논어에 나타난 공자의 언행으로 비추어 볼 때 공자는 인간의 가능성을 누구보다도 믿고 있었다. 그러기에 그는 항상 긍정적인 것에 대해 언급했지 부정적인 것에 대해서는 거의 언급하지 않았다. 그런 그가 여기서는 미워하는 것에 대해 언급했다. 논어에서 드물게 보이는 대목이다.

25

공자께서 말씀하셨다. "오직 여자와 소인만은 기르기 어렵다. 가까이하면 불손하고 멀리하면 원망한다."

子曰 唯女子與小人爲難養也. 近之則不孫 遠之則怨.

생각하는 것이 비천한 사람은 가까이 대해주면 할아버지 수염까지 뽑으려 들고, 조금만 멀리하면 토라져서 우는 어린아이와 같다. 어린아이야 커가면서 제대로 가르치면 차차 나아지지만, 생각이 비천한 사람은 어찌할 방도가 없다. 그래서 다루기 어려운 것이다. 그러나 여자를 그 범주에 포함시킨 것은 오늘날의 관점에서 보면 받아들이기 어렵다. 공자 당시의 남존여비(男尊女卑) 사상을 확연히 느끼게 하는 대목이다.

26

공자께서 말씀하셨다. "나이가 마흔이 되어서도 미움을 받는다면 그대로 끝이다."

子曰 年四十而見惡焉 其終也已.

나이 마흔이면 불혹(不惑)의 나이다. 인생의 절정기이면서 또한 쇠퇴기에 접어드는 시점이다. 그 이후 더는 발전을 기대하기 쉽지 않다. 따라서 나이가 마흔이 되어서도 남에게 미움을 받는 인간이라면 기대할 것이 없는 인간이다. 원문 그대로 해석한다면 그러한 뜻이나, 느닷없이 돌출된 말이라는 느낌을 지울 수 없다. 주희는 소식를 인용해 무슨 사연이 있어 나온 말이나, 누구를 위한 것인지는 알 수 없다고 했다. 다산은 자신의 경험담이라고 하면서 나이가 마흔이면 혈기가 쇠퇴해져 개과천선의 희망이 없다고 했다.

청의 유월은 『군경평의』에서 이 말을 공자가 자기 자신에 대해 한 말로 보았다. 『사기』 「공자세가」에 의하면 공자가 제나라에 간 것은 나이 서른다섯 살 때였다. 당시 제나라 임금이었던 경공이 공자를 등용하려고 했으나, 재상인 안영의 반대로 무산되고 말았다. 그때의 공자 나이가 마흔 살 전후였기 때문에 공자가 이렇게 말하면서 자신의 처지를 한탄했다는 것이다. 고증(考證)의 문제가 숙제가 될 것이다.

●

자한22에 나이가 마흔, 쉰이 되도록 세상에 이름이 없는 인간은 두려워할 대상이 못 된다는 말이 있다.

제18편
미자 微子

이 편은 자왈(子曰)로 시작하는 장(章)이 하나도 없다는 것이 특징이다.

1

미자는 떠나갔고, 기자는 종이 되었으며, 비간은 간언을 하다가 죽었다. 공자께서 말씀하셨다. "은(殷)에는 인자(仁者)가 세 사람 있었다."

微子去之 箕子爲之奴 比干諫而死. 孔子曰 殷有三仁焉.

미자(微子)는 사마천의 『사기』「송세가(宋世家)」에 의하면 은의 최후의 왕인 폭군 주(紂)의 배다른 형(庶兄)이다. 그러나 『여씨춘추』「중동기(仲冬紀)」의 설명은 이와 다르다. 『여씨춘추』에 의하면 미자는 이름이 계(啓)로 은의 최후의 왕 주와 동모(同母) 형제라고 한다. 다만 미자의 생모가 미자를 낳았을 때는 아직 첩(妾)의 신분이었다. 이후 미자의 생모가 정처(正妻)가 되어 아들을 하나 더 낳았는데 그가 바로 은의 최후의 왕 주(紂)다. 미자는 비록 선왕(先王) 제을(帝乙)의 장자였음에도 그 어미가 첩의 신분으로 있을 때 낳기 때문에 왕의 지위를 계승하지 못했다. 결국 왕의 지위는 그 어미가 정처가 되어 낳은 주에게로 계승됐다고 한다. 미(微)는 봉국(封國)의 이름이고, 자(子)는 작위(爵位)다. 미자는 주왕에게 간언을 올렸으나 받아들여지지 않자, 나라를 버리고 떠났다. 미자는 은의 멸망을 예견하고 조상의 제사를 보존하기 위해서 눈물을 머금고 망명을 택한 것이다. 마침내 은이 주에 의해 멸망당하자, 주 무왕(武王)에 의해 송(宋)에 봉해져 은의 제사를 이어받았다고 한다.

기자(箕子)와 비간(比干)은 고주의 마융에 의하면 주(紂)의 아저씨뻘 되는 당내(堂內) 친척(諸父)이다. 기자는 간언이 받아들여지지 않자, 머리를 풀어 헤쳐 미친 것처럼 가장하고 스스로 죄인이 되어 노예의 무리 속으로 들어 갔다. 후일 주 무왕에 의해 조선(朝鮮)에 봉해졌다고 한다. 비간도 주의 학정에 간언을 올렸으나, 폭군 주는 성을 내며 "내 듣자하니 성인의 심장에는 구멍이 7개 있다고 한다"고 하면서 그의 배를 갈라 죽였다고 한다.

미자, 기자, 비간은 모두 주(紂)의 폭정을 간(諫)했다. 그러나 받아들여지지 않자 미자는 망명을 택했고, 기자는 종이 되어 숨었으며, 비간은 끝내 간하다 죽임을 당했다. 세 사람이 각각 행동을 달리했으나, 모두 종족과 백성을 위하는 마음에서 비롯됐다. 그러기에 공자가 인자(仁者)라고 한 것이다.

2

유하혜가 사사(士師) 벼슬을 했으나 세 번이나 쫓겨났다. 어떤 사람이 말했다. "당신은 떠날 수 없었습니까?"

"도를 곧게 지켜 남을 섬긴다면 어디에 간들 세 번 쫓겨나지 않겠습니까? 도를 굽혀 남을 섬긴다면 어찌 굳이 부모의 나라를 떠나겠습니까?"

柳下惠爲士師 三黜. 人曰 子未可以去乎.
유하혜가 사사(士師) 벼슬을 했으나 세 번이나 쫓겨났다. 어떤 사람이 말했다. "당신은 떠날 수 없었습니까?"

유하혜는 위령공13에서 현인(賢人)으로 소개되었던 노의 대부다. 사사(士

師)는 사법관이다. 출(黜)은 벼슬에서 쫓겨나는 것이다.

曰 直道而事人 焉往而不三黜. 枉道而事人 何必去父母之邦.
"도를 곧게 지켜 남을 섬긴다면 어디에 간들 세 번 쫓겨나지 않겠습니까? 도를 굽혀 남을 섬긴다면 어찌 굳이 부모의 나라를 떠나겠습니까?"

유하혜가 벼슬자리에서 세 번이나 쫓겨나자 주변에서 노를 떠날 것을 권유했다. 그러자 유하혜의 대답이 일품이다. 원칙대로 남을 섬긴다면 어디에 간들 쫓겨나지 않을 수 있겠느냐? 원칙을 굽힌다면 이곳에서도 받아들여질 텐데 굳이 부모의 나라를 떠날 이유가 있겠느냐? 부드럽게 말하면서도 곧은 도(道)를 버리지 않겠다는 뜻을 분명히 했다. 주희는 그 말투가 이처럼 온화하고 여유 있으니 가히 맹자의 말처럼 성인 중의 화합하는 사람(聖之和者)이라고 할 만하다고 했다.

한편 말이 중간에서 끝난 것 같은 느낌도 든다. 주희는 호인을 인용해 유하혜에 대한 공자의 평(評)이 뒤에 있었을 것이라고 추정했다.

3

제 경공이 공자를 붙들며 말했다. "계씨만큼은 할 수 없지만, 계씨와 맹씨 중간 정도로 대우하겠소."
"나는 늙었소. 등용할 수가 없소."
공자께서 떠나가셨다.

齊景公待孔子曰 若季氏則吾不能 以季孟之間待之.
曰 吾老矣 不能用也.
孔子行.

대(待)는 가지 못하게 막는 것으로, 『사기』「공자세가」에서는 지(止)로 썼다. 계씨(季氏)는 노의 국정을 전횡하고 있던 계손(季孫)씨다. 계맹(季孟)은 계손씨와 맹손(孟孫)씨다. 삼환(三桓) 중 계씨가 가장 세력이 컸고, 맹씨가 가장 작았다. 계씨와 맹씨의 중간 정도로 대우한다는 것은 공자에 대한 예우를 그렇게 한다는 뜻이다.

다산은 이계맹지간대지(以季孟之間待之)의 待는 희뢰(餼牢)로써 예우하는 것으로, 신분에 따라 뇌례(牢禮)의 수(數)를 달리한다고 풀이했다. 옛날에 손님을 대접할 때 가장 까다롭게 따지는 것이 음식상인데, 각각 신분에 따라 그 음식의 수효를 달리했다는 것이다. 공자에 대한 뇌수(牢數)를 계씨와 맹씨 중간 정도로 한다는 뜻이다.

『사기』에서는 이 사건을 공자 나이 서른다섯 살, 노 소공(昭公) 25년 이후의 일로 기록한다. 염약거의 『사서석지속(四書釋地續)』에 의하면 제 경공 33년의 일로 그때 경공의 나이는 이미 예순 살에 달했다고 한다. 경공은 처음에는 공자를 중용하려고 생각했으나, 훗날 마음을 바꾸어 공자를 등용하지 않았다. 『사기』에서는 당시 제의 재상이었던 안영이 방해했기 때문이라고 기록했다. 실망한 공자는 제를 떠나고 만다.

4

　제에서 여자 가무단을 보내왔다. 계환자가 그것을 받고 사흘 동안 조회를 열지 않았다. 공자께서 떠나셨다.

齊人歸女樂. 季桓子受之 三日不朝. 孔子行.

여악(女樂)은 여자 가무단이다.
　계환자(季桓子)는 노의 대부로, 삼환(三桓)의 으뜸인 계손씨이며, 이름은 사(斯)다. 계강자(季康子)의 아버지로 노의 국정을 전횡했다.
　『사기』「공자세가」에 의하면 이 일은 노 정공(定公) 14년, 공자 나이 쉰여섯 살 때의 일이다. 『사기』의 기록을 그대로 인용하면 다음과 같다.
　정공(定公) 14년 공자는 쉰여섯 살의 나이로 대사구(大司寇)가 되어 재상의 일을 맡게 되자 얼굴에 희색이 돌았다. …… 얼마 후 공자는 노의 정사를 문란케 한 대부 소정묘(少正卯)를 주살했다. 공자가 정치를 맡은 지 3개월이 지나자 양과 돼지를 파는 사람들이 값을 속이지 않았다. 남녀가 길을 갈 때 따로 걸었으며, 길에 물건이 떨어져도 주워가는 사람이 없었다. 사방에서 읍으로 찾아오는 여행자들도 관리의 허가를 받을 필요가 없었으며, 모두 잘 대접해서 만족해하며 돌아가게 했다.
　제나라 사람들이 이 소문을 듣고 두려워하며 말했다. "공자가 정치를 담당하면 노가 패자가 될 것이다. 노가 패자가 되면 우리가 가까우니 먼저 침략당할 것이다. 어찌 먼저 땅을 떼어주지 않는가?" 여서(黎鉏)가 말하길 "청컨대 먼저 그를 막아보시기 바랍니다. 막아서 되지 않으면 그때 땅을 떼어주어도 늦지 않을 것입니다." 이에 제는 미녀 80명을 선발해 아름다운 옷을 입히고 강락무(康樂舞)를 가르쳐 화려하게 꾸민 말 30사(駟)와 함께 노의 임금에게 보냈다.

여악(女樂)과 말들을 노의 도성 남쪽의 고문(高門) 밖에 벌려놓자, 계환자는 미복(微服) 차림으로 두세 차례 가서 살펴보고 이를 받아들이려고 했다. 이에 각 지역을 순회한다고 임금에게 말하고는 그곳에 가 하루 종일 놀면서 정사를 소홀히 했다. 자로가 말하길 "선생님께서 떠나셔야 할 것 같습니다." 공자가 말하길 "이제 곧 노의 교제(郊祭)가 있을 것이니, 만일 그때 제사에 쓴 고기를 대부에게 나누어준다면 나는 머물러 있을 것이다"라고 했다. 환자는 결국 제의 여악을 받아들이고 사흘 동안 정사를 돌보지 않았으며, 교제를 지냈으나 제사에 쓴 고기 또한 대부에게 나누어주지 않았다. 공자는 노를 떠났다.

그러나 『사기』의 기록이 과연 사실 그대로인가는 의심스럽다. 앞에서도 이미 언급한 바 있지만 논어에는 어디에도 공자가 노의 사구(司寇) 벼슬을 했다는 기록이 없다. 만일 그것이 진실이라면 제자들이 스승의 언행을 기록하면서 이 자랑스러운 사실을 간과했을 리 없다. 또 『사기』의 기록에 의하면 공자는 사구의 직에 있으면서 재상의 일을 대행했다고 하는데, 그러면 공자는 왜 소정묘를 죽일 때처럼 단호하게 재상으로서 자신의 직책을 수행하지 않았느냐 하는 의문이 남는다. 그리고 또 계환자가 무슨 자격으로 노의 임금에게 보내온 여악을 자신이 받았는지도 문제가 된다. 공자가 노의 사구 벼슬을 했고, 그때 이런저런 일을 했다는 기록들은 아마 훗날 공자를 추모하는 사람들이 의도적으로 만들어낸 가공의 설화로 보아야 할 것이다. 크릴은 이 장을 후세에 가필(加筆)된 위작(僞作)으로 본다.

5

초의 광인(狂人) 접여가 노래를 부르며 공자의 앞을 지나가면서 말했다. "봉황새야, 봉황새야! 어찌하여 덕이 쇠퇴해졌나? 지나간 일은 탓할 수 없지만, 닥쳐올 일은 쫓아갈 수 있네. 그만두어라, 그만두어라. 지금 정치에 종사하는 것은 위태롭다네."

공자께서 수레에서 내려 함께 말씀을 나누려고 했으나, 달아나 피해버려 말씀을 나눌 수 없었다.

楚狂接輿歌而過孔子曰 鳳兮鳳兮 何德之衰. 往者不可諫 來者猶可追. 已而 已而. 今之從政者殆而.

초의 광인(狂人) 접여가 노래를 부르며 공자의 앞을 지나가면서 말했다. "봉황새야, 봉황새야! 어찌하여 덕이 쇠퇴해졌나? 지나간 일은 탓할 수 없지만, 닥쳐올 일은 쫓아갈 수 있네. 그만두어라, 그만두어라. 지금 정치에 종사하는 것은 위태롭다네."

접여(接輿)는 초나라 사람으로 거짓으로 미친 체하며 세상을 피했다. 황간의 『논어의소』에 의하면 성은 육(陸) 이름은 통(通), 접여는 자(字)라고 한다. 그러나 청의 유보남은 성이 접이고 이름이 여라고 했다. 이와 관련해 청의 조지승(曺之升)은 『사서척여설(四書摭餘說)』에서 색다른 주장을 편다. 그에 의하면 논어에 기록된 은사(隱士)들은 대개 그 사건으로 이름을 붙였다고 한다. 즉 헌문41에 나오는 신문(晨門)은 문(門)에서 그 이름을 땄고, 이 편 6장의 장저(長沮), 걸익(桀溺)의 저(沮), 익(溺)은 나룻터(津)에서 그 이름을 땄으며, 7장의 장인(丈人)은 지팡이(丈)에서 그 이름을 땄다는 것이다. 접여 또한 그가 공자의 수레(輿)에 접(接)했기 때문에 접여(接輿)라고 이름 지은 것이라고 한다(『논어집석』에서 재인용). 재미있는 주장이나 고증할 방법은 없다.

봉(鳳)은 공자를 비유한 말이다. 공자를 성인(聖人)을 상징하는 새인 봉황에 비유한 것은 그의 학덕을 높이 평가한 것이다.

하덕지쇠(何德之衰)는 공자가 아무런 소득도 없이 천하를 주유하고 다니는 것을 풍자한 말이다. 왕자불가간(往者不可諫)은 이제껏 헛되이 정치에 뜻을 두고 천하를 주유한 것은 이미 지나간 일이니 탓하지 않겠다는 뜻이다. 내자유가추(來者猶可追)는 앞으로 닥칠 일은 쫓아갈 수 있다는 말로, 이제라도 늦지 않았으니 정치에 뜻을 두지 말고 은거(隱居)하라는 뜻이다.

이(已)는 지(止)로 그만두라는 뜻이고, 이(而)는 어조사다.

孔子下 欲與之言. 趨而辟之 不得與之言.
공자께서 수레에서 내려 함께 말씀을 나누려고 했으나, 달아나 피해버려 말씀을 나눌 수 없었다.

하(下)는 하차(下車)로 수레에서 내린다는 뜻이다. 辟은 피한다는 피(避)다.

접여는 높은 학덕을 갖고서도 세상을 등지고 사는 은둔지사(隱遁之士)다. 그런 그가 공자를 보며 안타까워한다. 왜 그렇게 현실 정치에 참여하려고 애쓰고 다니느냐. 이미 지난 일은 탓하지 않겠으니, 이제라도 단념하고 세상으로부터 은거하라. 지금 정치에 종사해봤자 목숨만 위태로울 뿐이다. 공자가 수레에서 내려 그와 말을 나누려고 했으나, 접여가 달아나는 바람에 말을 나눌 수 없었다. 공자는 무슨 말을 하려고 했을까? 아마 자기가 왜 이 현실을 외면할 수 없는지 그 까닭을 설명하려고 한 것은 아닐까? 아무튼 도가(道家)의 냄새가 물씬 풍긴다. 『장자(莊子)』「인간세(人間世)」편에도 이에 대한 기록이 있으나, 크릴은 진위(眞僞)를 의심한다.

6

장저와 걸익이 나란히 밭을 갈고 있었다. 공자께서 지나가시다가 자로로 하여금 나루터가 어디에 있는지 물어보게 하셨다.

장저가 말했다. "수레를 잡고 있는 사람은 누구입니까?"

자로가 말했다. "공구이십니다."

"노나라 공구이십니까?"

"그렇습니다."

"그렇다면 나루터를 알 것이오."

걸익에게 물었다. 걸익이 말했다. "그대는 뉘시오?"

"중유입니다."

"노나라 공구의 무리요?"

대답했다. "그렇습니다."

"도도하게 흐르는 물결처럼 천하가 다 그렇소. 이를 누가 바꿀 수 있으리오. 그리고 당신도 사람을 피하는 선비를 따르는 것이 어찌 세상을 피하는 선비를 따르는 것만 같겠소?"

씨앗을 흙으로 덮는 일을 멈추지 않았다.

자로가 가서 말씀드렸다. 공자께서 실망해서 말씀하셨다. "새나 짐승과는 함께 무리가 될 수 없는 것이거늘 내가 이 사람들과 함께하지 않으면 누구와 함께한단 말인가? 천하에 도가 있다면 내가 바꾸려 하지 않았을 것이다."

長沮桀溺耦而耕. 孔子過之 使子路問津焉.
長沮曰 夫執輿者爲誰.

장저와 걸익이 나란히 밭을 갈고 있었다. 공자께서 지나가시다가 자로로 하여금 나루터가 어디에 있는지 물어보게 하셨다.
장저가 말했다. "수레를 잡고 있는 사람은 누구입니까?"

장저(長沮), 걸익(桀溺)은 모두 은둔지사(隱遁之士)로 자세한 것은 알 수 없다. 우이경(耦而耕)은 두 사람이 한 조가 되어 밭을 가는 것이다.
   집여(執輿)는 수레의 고삐를 잡는 것이다. 원래 자로가 수레를 몰았으나, 나루터를 물으러 수레에서 내렸으므로 공자가 대신 잡았다.

子路曰 爲孔丘.
자로가 말했다. "공구이십니다."

曰 是魯孔丘與.
"노나라 공구이십니까?"

曰 是也.

"그렇습니다."

曰 是知津矣.

"그렇다면 나루터를 알 것이오."

시지진의(是知津矣)은 공자가 천하를 여러 번 주유했으니, 나루터가 어디에 있는지 이미 알고 있을 것이란 뜻이다. 장저가 공자를 기롱(譏弄)한 말이다.

問於桀溺. 桀溺曰 子爲誰.

걸익에게 물었다. 걸익이 말했다. "그대는 뉘시오?"

曰 爲仲由.

"중유입니다."

曰 是魯孔丘之徒與.

"노나라 공구의 무리요?"

對曰 然.

대답했다. "그렇습니다."

曰 滔滔者天下皆是也. 而誰以易之. 且而與其從辟人之士也 豈若從辟世之士哉.
耰而不輟.

"도도하게 흐르는 물결처럼 천하가 다 그렇소. 이를 누가 바꿀 수 있으리오. 그리고 당신도 사람을 피하는 선비를 따르는 것이 어찌 세상을 피하는 선비를 따르는 것만 같겠소?"
씨앗을 흙으로 덮는 일을 멈추지 않았다.

도도(滔滔)는 큰물이 흘러가는 모습을 나타낸 말이다.

수이역지(誰以易之)는 어느 누가 이 세상을 바꿀 수 있겠느냐는 뜻이다.

차이여기종피인지사야(且而與其從辟人之士也)의 而는 여(汝)로 당신이고, 辟은 피한다는 뜻의 피(避)다. 辟人之士는 사람을 피하는 선비로 공자를 말한다. 피세지사(辟世之士)는 세상을 피해 사는 선비로 걸익 자신을 말한다.

여(與)A 기약(豈若)B는 'A하는 것이 어찌 B만 하겠느냐'는 뜻의 구문이다.

우(耰)는 씨앗을 흙으로 덮는 것이며, 철(輟)은 그치는 것(止)이다.

子路行以告. 夫子憮然曰 鳥獸不可與同羣 吾非斯人之徒與而誰與. 天下有道 丘不與易也.

자로가 가서 말씀드렸다. 공자께서 실망해서 말씀하셨다. "새나 짐승과는 함께 무리가 될 수 없는 것이거늘 내가 이 사람들과 함께하지 않으면 누구와 함께한단 말인가? 천하에 도가 있다면 내가 바꾸려 하지 않았을 것이다."

무연(憮然)은 실망해서 멍하니 있는 것이다.

오비사인지도여이수여(吾非斯人之徒與而誰與)는 사람과 더불어 이 세상을 살아야지, 새나 짐승을 벗 삼아 산속에서 은거하며 지낼 수는 없다는 뜻이다.

천하유도 구불여역야(天下有道 丘不與易也)는 "천하가 이미 잘 다스려지고 있다면 내가 굳이 세상을 바꾸려고 하지 않았을 것이다. 천하가 어지럽기 때문에 내가 이 세상을 선왕(先王)의 도(道)로 바꾸려고 하는 것이다"라는 뜻이다.

이상은 주희의 해설을 따랐다.

세상에서 은둔해 사는 것을 미덕으로 간주하는 장저, 걸익의 도가(道家)적 세계관과 세상에 참가해 도를 실천함으로써 백성을 평안케 하려는 공자의 유가(儒家)적 세계관이 잘 대비된다. 공자가 보기에 사람으로 태어난 이상 사람과 더불어 살아야지 새나 짐승과 더불어 살 수는 없다. 또한 사람과 함께 살면서 백성의 고통을 나 몰라라 할 수도 없다. 세상이 잘 다스려지고 있다면 굳이 나서야 할 이유가 없으나 그렇지 못하기 때문에 나서는 것이다.

다산의 해설은 이와 다르다. 다산의 『논어고금주』에 의하면 誰以易之의 之는 주희처럼 세상을 의미하는 것이 아니라 자기의 소신을 가리킨다. 즉 걸익이 세상에서 은거해 살려는 자신의 소신을 바꾸지 않겠다고 한 말이다. 吾非斯人之徒與而誰與는 걸익의 그러한 입장을 전해들은 공자가 그에 동조하면서 자신도 장저, 걸익과 같은 사람들과 함께하지 않으면 누구와 함께하겠느냐고 자신의 소망을 피력한 말이다. 天下有道 丘不與易也는 지금 천하가 무도(無道)해 내가 세상으로부터 은거하고자 하나, 만일 세상이 유도(有道)하다면 나도 내 입장을 바꾸지 않았을 것이라는 말이다. 즉 군자는 세상에 도가 있으면 나아가 자신의 학덕을 보이나 도가 없으면 은거하는 법이니, 지금 세상이 무도해 내가 은거하고자 하지만 만일 유도(有道)하다면 나도 내 입장을 고수해 세상에 나아가 나의 도(道)를 펼쳤을 것이라는 뜻이다. 다산은 주희와는 달리 공자가 세상으로부터 은거하고 싶다는 뜻을 나타낸 말로 보았다.

7

자로가 공자를 따르다가 뒤에 처졌다. 노인을 만났는데, 지팡이에 대바구니를 매달아 어깨에 메고 있었다. 자로가 물었다. "영감님께서는 우리 선생님을 보셨습니까?"

노인이 말했다. "사지를 부지런히 움직이지도 않고, 오곡을 구분할 줄도 모르면서, 누가 선생이란 말인가?"

지팡이를 꽂아놓고 김을 맸다. 자로는 두 손을 모으고 서 있었다.

(노인이) 자로를 붙잡아 하룻밤을 묵게 했다. 닭을 잡고 기장밥을 지어 먹게 하고는 두 아들을 인사시켰다.

이튿날 자로가 가서 이 사실을 말씀드렸다. 공자께서 말씀하셨다. "은자다."

자로로 하여금 되돌아가 만나보게 하셨다. 자로가 도착해보니 노인은 떠나고 없었다.

자로가 말했다. "벼슬을 하지 않는 것은 의(義)가 없는 것입니다. 장유(長幼)의 예절도 없앨 수 없는데, 군신(君臣)의 의를 어찌 없애겠습니까? 내 한 몸을 깨끗하게 하려고 큰 인륜을 어지럽히고 계십니다. 군자가 벼슬길에 나아감은 그 의(義)를 실행하려는 것입니다. 도(道)가 행해지지 않는다는 것은 이미 알고 있습니다."

子路從而後 遇丈人 以杖荷蓧. 子路問曰 子見夫子乎.
자로가 공자를 따르다가 뒤에 처졌다. 노인을 만났는데, 지팡이에 대바구니를 매달아 어깨에 메고 있었다. 자로가 물었다. "영감님께서는 우리 선생님을 보셨습니까?"

장인(丈人)은 지팡이를 짚고 다니는 사람, 즉 노인이다. 하(荷)는 어깨에 걸치는 것이고, 조(蓧)는 대바구니다.

丈人曰 四體不勤 五穀不分 孰爲夫子.
植其杖而芸. 子路拱而立.
노인이 말했다. "사지를 부지런히 움직이지도 않고 오곡을 구분할 줄도 모르면서, 누가 선생이란 말인가?"
지팡이를 꽂아놓고 김을 맸다. 자로는 두 손을 모으고 서 있었다.

사체(四體)는 사지(四肢)다. 분(分)은 변(辨)으로 분별하는 것이다. 사체불근 오곡불분 숙위부자(四體不勤 五穀不分 孰爲夫子)는 자로가 농사일에는 종사하지 않고 쓸데없이 선생을 쫓아 멀리 돌아다니는 것을 책망한 말이다.
　식(植)은 꽂아놓는 것, 운(芸)은 김을 매는 것, 공(拱)은 두 손을 모으는 것이다. 자로가 두 손을 모으고 서 있었던 것은 노인이 보통 사람이 아님을 알아보고 예를 표한 것이다.

止子路宿 殺雞爲黍而食之 見其二子焉.

제18편. 미자(微子)　779

明日子路行以告. 子曰 隱者也.
使子路反見之. 至則行矣.

(노인이) 자로를 붙잡아 하룻밤을 묵게 했다. 닭을 잡고 기장밥을 지어 먹게 하고는 두 아들을 인사시켰다.

이튿날 자로가 가서 이 사실을 말씀드렸다. 공자께서 말씀하셨다. "은자다."

자로로 하여금 되돌아가 만나보게 하셨다. 자로가 도착해보니 노인은 떠나고 없었다.

지즉행의(至則行矣)는 자로가 도착하니 노인의 일가가 다 떠나고 없었다는 말이다. 노인이 자로가 다시 돌아올 것을 알고 피한 것이다.

子路曰 不仕無義. 長幼之節 不可廢也. 君臣之義 如之何其廢之. 欲潔其身 而亂大倫. 君子之仕也 行其義也. 道之不行 已知之矣.

자로가 말했다. "벼슬을 하지 않는 것은 의(義)가 없는 것입니다. 장유(長幼)의 예절도 없앨 수 없는데, 군신(君臣)의 의를 어찌 없애겠습니까? 내 한 몸을 깨끗하게 하려고 큰 인륜을 어지럽히고 계십니다. 군자가 벼슬길에 나아감은 그 의(義)를 실행하려는 것입니다. 도(道)가 행해지지 않는다는 것은 이미 알고 있습니다."

자로왈(子路曰) 이하는 자로의 독백이다. 욕결기신 이난대륜(欲潔其身 而亂大倫)은 자기 한 몸을 깨끗이 하기 위해 은거한다고 하면서, 어찌 세상의 큰 대의(大義)인 군신간의 의는 부정하느냐는 말이다.

고주의 정현과 황간의 『논어의소』는 子路曰 이하를 자로가 노인의 두 아들에게 한 말로 봤다. 그렇게 본다면 노인만이 떠나고 그 가족들은 남아 있었던 것이 된다. 따라서 至則行矣의 行은 노인이 잠시 어딘가에 출타한 것

(出行)이 된다.

한편 주희는 송 초에 복주(福州)에 논어 사본이 하나 있었는데 거기에는 子路曰의 子路 다음에 反子 두 글자가 더 있었다고 전한다. 즉 子路反 子曰로 되어 있었다는 말이다. 그 뜻은 "자로가 돌아오자 공자가 말했다"가 된다. 즉 子路曰 이하가 공자의 말이 되는 셈이다.

이 노인도 마찬가지로 은둔지사다. 노인은 자로를 비난한다. 부지런히 일도 하지 않고 오곡도 구분하지 못하는 사람이 누구를 선생이라고 하면서 싸다니고 있느냐고. 자로는 뜻밖의 말에 멍할 수밖에 없었다. 그리하여 노인의 말에 대꾸도 못하고 그저 공손히 서 있었다. 그런 자로를 노인이 집에 데려가 융숭히 대접하고는 하룻밤을 묵게 했다. 아마 자로의 공손함이 마음에 들었던 것이리라. 그리고는 자신의 두 아들을 자로에게 인사시켰다. 세상으로부터 은둔해 사는 이 노인도 장유의 예절은 지키고 있었던 것이다.

자로로부터 이 사실을 전해들은 공자가 자로를 다시 보냈다. 그러나 노인은 떠나고 없었다. 자로가 말을 남긴다. 군자가 벼슬에 나서는 것은 입신출세를 위해서가 아니라 천하의 의(義)를 행하기 위해서다. 당신은 집안에서 장유(長幼)의 예절은 지키면서 어찌하여 천하의 큰 대의(大義)인 군신의 의는 무시하려고 하느냐? 당신은 자기 한 몸 깨끗이 하려고 세상의 큰 인륜을 어지럽히고 있는 것이 아니냐? 지금 세상에서 도(道)가 실행될 수 없다는 것쯤은 나도 이미 알고 있다.

5장부터 이 장까지 모두 도가(道家)적 은자(隱者)들과 공자와의 일화를 소개하고 있다. 이들 은자들은 모두 하나같이 인간의 사회적 활동을 무의미한 것으로 간주한다. 그들은 공자가 도를 실천하기 위해 동분서주하는 것을 비판하면서 자기들처럼 은둔할 것을 요구한다. 난세를 살아가는 또 하나의 처세이리라.

    그러나 공자의 생각은 그들과 다르다. 사람은 사람을 떠나서는 살 수 없다. 인간 세상에 사는 한 인간의 일을 모른 척해서는 안 된다. 천하에 도가 행해지지 않아 백성이 고통을 당하고 있다는 사실 자체가 공자에게는 출사(出仕)의 이유가 된다. 인간 세상에서 무엇보다 큰 가치는 천하 만민과 더불어 평안한 삶을 영위하는 것이다. 제 한 몸 깨끗이 하기 위해 세상일을 나 몰라라 하는 것은 더 큰 인륜을 저버리는 행위다.

8

    일민(逸民)은 백이 · 숙제 · 우중 · 이일 · 주장 · 유하혜 · 소련이다.
    공자께서 말씀하셨다. "뜻을 굽히지 않고 몸을 욕되게 하지 않은 사람은 아마 백이와 숙제일 것이다."
    유하혜와 소련에 대해 말씀하셨다. "뜻을 굽히고 몸을 욕되게 했으나, 말이 도리에 맞고 행동이 사려에 맞았다. 이것뿐이었다."
    우중과 이일에 대해 말씀하셨다. "숨어 살면서 말을 하지 않았다. 몸가짐은 깨끗했고 세상을 버리는 것이 권도(權道)에 맞았다."
    "나는 이들과 다르다. 가(可)한 것도 없고 불가(不可)한 것도 없다."

逸民 伯夷 叔齊 虞仲 夷逸 朱張 柳下惠 少連.
일민(逸民)은 백이, 숙제, 우중, 이일, 주장, 유하혜, 소련이다.

일민(逸民)은 높은 덕을 갖고서도 세상으로부터 은거해 사는 사람이다.

우중(虞仲)은 주희에 의하면 주나라의 창업자 문왕(文王)의 중부(仲父)인 중옹(仲雍)이다. 태백(泰伯)의 아우로 태백과 함께 왕위를 사양하고 오(吳) 땅으로 숨어버려, 아우인 계력(季歷)이 왕위를 계승했다. 문왕은 계력의 아들이다. 자세한 이야기는 태백1에서 언급했다. 그러나 다산은 『사기』「오태백세가(吳泰伯世家)」를 인용해 중옹의 증손(曾孫)으로 주나라 무왕(武王) 당시 오(吳)나라의 군주였던 주장(周章)의 아우라고 했다.

이일(夷逸)과 주장(朱張)에 대해서는 알려진 바 없다.

유하혜는 위령공13, 미자2에서 나온 바 있다.

소련(少連)은 『예기』「잡기(雜記)하」편에 동이(東夷) 사람으로 거상(居喪)을 잘 치른 사람이라는 기록이 있으나 동일인인지는 불분명하다.

子曰 不降其志 不辱其身 伯夷 叔齊與.
공자께서 말씀하셨다. "뜻을 굽히지 않고 몸을 욕되게 하지 않은 사람은 아마 백이와 숙제일 것이다."

여(與)는 추측을 나타낸다.

謂 柳下惠 少連 降志辱身矣. 言中倫 行中慮. 其斯而已矣.
유하혜와 소련에 대해 말씀하셨다. "뜻을 굽히고 몸을 욕되게 했으나, 말이 도리에 맞고 행동이 사려에 맞았다. 이것뿐이었다."

윤(倫)은 세상의 도리, 려(慮)는 사려(思慮)다. 중(中)은 들어맞는 것이다.

謂 虞仲 夷逸 隱居放言. 身中清 廢中權.
우중과 이일에 대하여 말씀하셨다. "숨어 살면서 말을 하지 않았다. 몸가짐은 깨끗했고 세상을 버리는 것이 권도(權道)에 맞았다."

방언(放言)은 고주의 포함에 의하면 치언(置言)으로 말을 내려놓은 것, 즉 하지 않는 것이다. 다산은 말을 함부로 하는 것이라고 풀이했다. 고주를 따랐다.
　폐(廢)는 세상을 버리는 것, 권(權)은 권도(權道), 즉 시세(時勢)다.

我則異於是 無可無不可.
"나는 이들과 다르다. 가(可)한 것도 없고 불가(不可)한 것도 없다."

무가무불가(無可無不可)는 꼭 해야 하는 것도, 해서는 안 될 것도 없다는 말이다. 세상에 도가 행해지면 나아가 벼슬을 하고, 도가 행해지지 않으면 물러나 은거한다(用之則行 舍之則藏-술이10, 邦有道則仕 邦無道則可券而懷之-위령공6). 꼭 벼슬을 하겠다, 꼭 세상으로부터 은거하겠다고 고집하지 않는다. 오직 의와 비교해 행할 뿐이다(君子之於天下也 無適也 無莫也 義之與比-이인10). 주희는 다음과 같은 맹자의 말로 무가무불가(無可無不可)를 설명했다.
　"공자는 벼슬을 해야 하면 벼슬을 했고, 그만두어야 하면 그만두었으며, 오래 있어야 하면 오래 있었고, 빨리 떠나야 하면 빨리 떠났다"(『맹자』「만장하』1). 이런 공자를 가리켜 맹자는 성인 중의 때를 아는 사람(聖之時者)라고 불렀다.

백이와 숙제는 폭군 주의 무도한 조정에 출사(出仕)하지 않았으며, 또 주 무왕의 은 정벌에 반대하고 수양산에 들어가 굶어 죽었으니, 그 뜻을 굽히지 않고 그 몸을 욕되게 하지 않은 것이다. 이런 백이를 가리켜 맹자는 『맹자』「만장하」 1에서 성인 중의 맑은 사람(聖之淸者)이라고 했다. 유하혜의 경우는 미자2를 보면, 어지러운 조정에 출사해 세 번이나 쫓겨났으니, 비록 그 뜻을 굽히고 몸을 욕되게 한 것이나, 그 언행은 사려 깊고 도리에 맞았다. 맹자는 유하혜를 성인 중의 화합하는 사람(聖之和者)이라고 불렀다. 자세한 이야기는 『맹자』「만장하」 1에 나와 있다.

그 외의 사람은 공자가 무엇을 근거로 이런 말을 했는지 사적(事蹟)이 없어 알 수 없다.

또 일민으로 일곱 사람을 들면서 오직 주장에 대해서만은 언급이 없다. 황간의 『논어의소』는 왕필의 말을 인용해 주장의 자(字)는 자궁(子弓)으로 그 행적이 공자와 같기 때문에 언급을 생략한 것이라고 했다.

일민(逸民)이라는 말이 여기서 유래했다. 이후 일민은 자유롭게 살아가는 고결한 은둔자라는 뜻으로 사용되어 세인(世人)들의 존경의 대상이 됐다. 예컨대 도연명(陶淵明)과 같은 사람이 그 대표적인 예다. 그리고 『후한서(後漢書)』「일민전(逸民傳)」, 『진서(晉書)』「은일전(隱逸傳)」 등에서 보이는 바와 같이 이후 역사에서도 일민은 하나의 주제가 됐다.

9

태사(大師) 지는 제(齊)로 갔고, 아반(亞飯) 간은 초(楚)로 갔으며, 삼반(三飯) 요는 채(蔡)로 갔고, 사반(四飯) 결은 진(秦)으로 갔다. 북을 치는 방숙은 하내(河內)로 들어갔고, 소고를 흔드는 무는 한중(漢中)으로 들어갔으며, 소사(少師) 양과 경쇠를 치는 양은 바다에 있는 섬으로 들어갔다.

大師摯適齊. 亞飯干適楚. 三飯繚適蔡. 四飯缺適秦. 鼓方叔入於河. 播鼗武入於漢. 少師陽 擊磬襄入於海.

태사(大師)는 궁정의 악사장이다. 지(摯)는 사람 이름이다. 태백15에 나온 인물과 동일인이라고도 하나 확인할 수 없다.

아반(亞飯)은 군주가 두 번째 식사를 할 때 음악을 연주하는 사람이다. 이하 삼반(三飯), 사반(四飯)은 각각 세 번째, 네 번째 식사 때에 음악을 연주하는 사람이다. 간(干), 요(繚), 결(缺)은 사람 이름이다.

고(鼓)는 북을 치는 사람이며, 방숙(方叔)은 사람 이름이다. 하(河)는 지명으로 하내(河內) 지방이다.

파(播)는 흔드는 것이고, 도(鼗)는 작은 북으로 양 옆에 귀가 달려 있어서 자루를 잡고 흔들면 곁의 귀가 다시 스스로를 쳐 소리를 내는 악기라고 한다. 무(武)는 사람 이름이다. 한(漢)은 지명으로 한중(漢中)이다.

소사(少師)는 태사를 돕는 악관(樂官)이다. 격(擊)은 치는 것이요, 경(磬)은 경쇠이다. 양(陽)과 양(襄)은 사람 이름이다. 해(海)는 바다에 있는 섬이다.

정현은 주 평왕(平王) 때, 고주의 공안국은 노 애공 때의 일이라고 하나 확인할 수 없다. 또 아반(亞飯), 삼반(三飯)의 반(飯)에 대해서도 식사라고 하는 견해와 요리라고 하는 견해가 맞선다. 주희는 공자의 말이 아닐 수도 있다고까지 했다. 굳이 해설을 한다면, 나라가 망할 때는 예악이 붕괴한다. 노가 망할 때가 멀지 않아, 악인(樂人)들이 이처럼 흩어져 세상을 은거한 것을 기록한 말이 아닐까 짐작된다.

10

주공이 노공에게 말했다. "군자는 그 친척을 버리지 말아야 하며, 대신들로 하여금 쓰이지 않아 원망하지 않도록 해야 하고, 오랜 벗은 큰 잘못이 없는 한 버리지 않아야 하며, 한 사람에게 모든 것을 다 갖출 것을 요구해서는 안 된다."

周公謂魯公曰 君子不施其親. 不使大臣怨乎不以. 故舊無大故 則不棄也. 無求備於一人.

노공(魯公)은 주공의 아들 백금(伯禽)이다. 원래 주공 단이 노에 봉해졌으나, 성왕(成王)을 보필하는 관계로 주를 떠날 수 없어 백금이 대신 노에 부임했다.
  불시기친(不施其親)의 施는 주희에 의하면 이(弛)로 소홀히 하는 것, 버리는 것이다. 다산과 이토 진사이의 견해도 같다. 고주의 공안국은 施를 바꾼다는 뜻의 역(易)으로 풀이해 남의 친척을 자기의 친척과 바꾸지 말라는 뜻으로 해석하고 있으나 따르기 어렵다. 친(親)은 친척이다.

이(以)는 용(用)으로 쓰이는 것이다. 대고(大故)는 큰 잘못이다. 비(備)는 모든 것을 다 갖추는 것을 말한다.

신주의 호인에 의하면 노공이 봉지(封地)인 노에 부임할 때, 주공이 그에게 나라를 다스리는 법에 대해 훈계한 말이라고 한다. 일가친척을 잘 보살펴 친척 간의 우애를 돈독히 하면 공동체 내부에 후덕한 기풍이 생겨난다. 또 그 사람됨이 대신으로서 부족하거든 등용하지 말아야 하며, 일단 등용했으면 그 지위에 맞는 일을 맡겨야 한다. 대신들이 직무가 주어지지 않아 원망하는 일이 있어서는 안 된다. 벗과의 우정을 소중히 여기고, 사람을 부릴 때에는 그 기량에 맞게 부려 한 사람에게서 모든 것을 기대해서는 안 된다. 그렇게 하면 나라가 잘 다스려질 것이다.

●

태백2에 군자가 친척에게 돈독히 하면 백성들 사이에 어진 기풍이 일어나며, 옛 친구를 버리지 않으면 백성들이 각박해지지 않는다는 말이 있다. 자로25에는 군자는 사람을 부릴 때 각기 그 기량에 따라 하고, 소인은 모든 것을 다 갖출 것을 요구한다는 말이 있다.

11

주나라에 여덟 명의 사(士)가 있었다. 백달(伯達)과 백괄(伯适), 중돌(仲突)과 중홀(仲忽), 숙야(叔夜)와 숙하(叔夏), 계수(季隨)와 계와(季騧)다.

周有八士. 伯達 伯适 仲突 仲忽 叔夜 叔夏 季隨 季騧.

　이 여덟 사람에 대해서는 여러 주장이 분분하나 확인할 수 있는 것은 거의 없다. 황간은 『논어의소』에서 한 어머니가 네 차례에 걸쳐 아이를 낳았는데, 낳을 때마다 쌍둥이여서 도합 여덟 명이라고 했다. 그 근거로 백(伯), 중(仲), 숙(叔), 계(季)에 맞춰 두 명씩 이름이 지어진 것을 들고 있으나 역시 확인할 방법은 없다.

　오규 소라이는 향당편 마지막의 색사거의(色斯擧矣) 운운하는 장, 계씨편 마지막의 방군지처(邦君之妻) 운운하는 장과 마찬가지로 논어와는 상관없는 내용이 잘못 끼어들어간 것으로 본다.

제19편
자장 子張

이 편은 모두 제자들의 말을 기록한 것으로 공자의 말은 한 장도 없다. 자장의 말이 제1장에서 3장까지, 4장에서 13장까지는 자하의 말, 14장과 15장은 자유의 말, 16장부터 19장까지는 증자의 말, 20장부터 마지막 25장까지는 자공의 말이 기록되어 있다.
후기(後記)의 의미로 제자들의 말을 모아 편찬한 것으로 추측된다.

1

 자장이 말했다. "사(士)가 위태로운 것을 보고 목숨을 내놓고, 이득을 보고 의(義)를 생각하며, 제사에 공경함을 생각하고, 초상에 슬픔을 생각한다면 아마 괜찮을 것이다."

子張曰 士見危致命. 見得思義. 祭思敬. 喪思哀. 其可已矣.

치명(致命)은 목숨을 바치는 것이다.
 주희는 이 네 가지는 몸을 세우는 큰일로 이 중 하나라도 지극하지 못한 것이 있으면 그 나머지는 족히 볼 것도 없다고 했다.

●
 헌문13에 見利思義 見危授命이라는 표현이 있다.

2

 자장이 말했다. "덕을 지녀도 넓지 못하고, 도를 믿어도 돈독하지 못하다면, 어찌 있다고 할 수 있으며, 어찌 없다고 할 수 있으랴."

子張曰 執德不弘 信道不篤 焉能爲有 焉能爲亡.

덕을 지니고 있어도 넓지 못하며, 도를 믿어도 돈독하지 못한 사람은 그 덕과 도가 있다, 없다고 말할 만한 대상이 되지 못한다. 무의미하다는 뜻이다.

3

자하의 문인이 남과 사귀는 것에 대해 자장에게 물었다. 자장이 말했다. "자하는 무어라고 하더냐?"

대답했다. "자하께서는 '사귀어도 되는 사람과는 사귀고 그렇지 못한 사람은 거절하라'고 하셨습니다."

자장이 말했다. "내가 듣던 바와는 다르구나. 군자는 어진 사람을 존경하고 뭇사람을 포용하며, 착한 사람을 칭찬하고 무능한 사람을 불쌍히 여긴다. 내가 크게 어질다면 남들에게 무엇을 용납하지 못하겠느냐? 내가 어질지 못하다면 남들이 장차 나를 거절할 것인데, 어찌 남을 거절할 수 있겠느냐?"

子夏之門人問交於子張. 子張曰 子夏云何.

자하의 문인이 남과 사귀는 것에 대해 자장에게 물었다. 자장이 말했다. "자하는 무어라고 하더냐?"

교(交)는 남과 사귀는 것이다.

對曰 子夏曰 可者與之 其不可者拒之.
대답했다. "자하께서는 '사귀어도 되는 사람과 사귀고 그렇지 못한 사람은 거절하라'고 하셨습니다."

子張曰 異乎吾所聞. 君子尊賢而容衆 嘉善而矜不能. 我之大賢與 於人何所不容. 我之不賢與 人將拒我 如之何其拒人也.
자장이 말했다. "내가 듣던 바와는 다르구나. 군자는 어진 사람을 존경하고 뭇사람을 포용하며, 착한 사람을 칭찬하고 무능한 사람을 불쌍히 여긴다. 내가 크게 어질다면 남들에게 무엇을 용납하지 못하겠느냐? 내가 어질지 못하다면 남들이 장차 나를 거절할 것인데, 어찌 남을 거절할 수 있겠느냐?"

소문(所聞)은 공자로부터 들은 것이다.

아지대현여(我之大賢與), 아지불현여(我之不賢與)의 與는 가정을 나타내는 어조사다.

자하의 말은 소극적으로 자신을 지키는 데 중점을 둔 것이다. 자장이 그런 자하의 소극적인 면을 비판하고 나섰다. 누구와는 사귀고 누구와는 사귀지 못할 것이 어디에 있겠느냐? 문제는 나에게 달린 것이다. 자장의 말이 자하에 비해 진취적이고 호방하게 느껴진다. 고주의 포함은 벗을 사귈 때는 자하와 같이 하고, 두루 사귈 때는 자장과 같이 하라고 말한다. 황간의 『논어의소』는 자하가 말하는 것은 비슷한 사람끼리 사귀는 것(倫黨之交)이고, 자장이 말하는 것은 높고 낮은 사람 간에 사귀는 것(尊卑之交)이라고 하는 정현의 말을 인용했다.

한편 주희는 자장의 말이 너무 지나치게 고원한 폐단이 있다고 지적한다. 현명하든 그렇지 못하든 큰 잘못이 있는 자나 손해를 끼치는 자와는 거리를 멀리하는 것이 올바르다고 주희는 말한다.

선진15에서 공자는 자장은 지나치고 자하는 미치지 못한다(師也過 商也不及)고 말했다. 자장은 지나치게 진취적이고, 자하는 지나치게 소극적임을 말하는 것이다. 두 사람의 기질 차이가 여기서도 여실히 나타났다. 지나친 것은 미치지 못한 것과 같다(過猶不及). 두 사람의 기질에 따른 차이일 뿐, 누가 옳고 누가 그르다는 차원의 문제는 아닐 것이다.

공자 사후 제자들 사이에서 점차 견해가 엇갈리고 있음을 은연중 보여준다.

4

자하가 말했다. "비록 작은 도라고 하더라도 반드시 볼 만한 것이 있다. 그러나 멀리 가는데 발이 빠질까 두렵다. 이런 까닭으로 군자는 배우지 않는 것이다."

子夏曰 雖小道必有可觀者焉. 致遠恐泥 是以君子不爲也.

소도(小道)를 고주는 이단(異端)이라고 풀이하나, 주희는 농사일이나 의술, 점술과 같은 것(農圃醫卜)이라고 풀이한다. 공문(孔門)의 가르침 이외의 여러 잡학(雜學)을 가리키는 말로 보아도 무방할 것이다. 다산은 대체(大體)를 닦는 것이 대도(大道), 소체(小體)를 닦는 것이 소도라고 말한다. 즉 『맹자』 「고자상」 15에 나오는 대체(마음과 뜻을 의미함), 소체(입과 배를 의미함)를 인용하여 대도와 소도를 풀이하는 것이다. 내용상으로는 주희의 풀이와 큰 차이 없다.

치원(致遠)은 멀리까지 가는 것, 즉 도(道)를 이루는 것이다. 니(泥)는 진흙탕에 발이 빠져 꼼짝달싹 못하는 것이다.

5

자하가 말했다. "날마다 모르는 것을 알아가고, 달마다 그 아는 바를 잊지 않도록 한다면, 가히 배우는 것을 좋아한다고 말할 수 있을 것이다."

子夏曰 日知其所亡 月無忘其所能. 可謂好學也已矣.

망(亡)은 알지 못하는 것이고, 능(能)은 할 수 있는 것이니 아는 것이다.

모르는 것은 계속 배우고, 또한 그 아는 것은 잊지 않으려고 노력한다면 진정 배움을 좋아하는 사람이라고 할 수 있겠다. 유가의 여러 경전(經典)들이 대부분 자하로부터 전수됐다고 전해지는 것도 자하의 이러한 학문 태도와 깊이 관련지을 수 있을 것이다.

황간은 풀이하기를 위정11의 온고지신(溫故知新)과 같은 뜻이라고 했다. 즉 날마다 모르는 것을 알아 가는 것(日知其所亡)은 새로운 것을 아는 것(知

新)이요, 다달이 그 아는 바를 잊지 않는 것(月無忘其所能)은 옛것을 찾아 익히는 것(溫故)이라고 한다. 여기서는 지신온고(知新溫故)로 온고지신(溫故知新)과는 어순(語順)이 반대일 뿐이다. 다산은 새로운 것을 아는 것이 급하기 때문에 지신(知新)을 먼저 쓴 것이라고 했다.

청의 고염무는 여기에서 본 따 자신의 책을 『일지록(日知錄)』이라고 이름 지었다.

6

자하가 말했다. "널리 배우고 뜻을 돈독히 가지며, 절실하게 묻고 가까이서 생각한다면, 인(仁)이 그 가운데 있다."

子夏曰 博學而篤志 切問而近思 仁在其中矣.

절문(切問)은 절실하게 묻는 것이고, 근사(近思)는 가까운 데서 생각하는 것이다. 공자는 자기와 가까운 것에서 비유를 취해 멀리 남에게까지 미루어 가는 것을 인(仁)을 실천하는 방법으로 보았다(能近取譬 可謂仁之方也已 - 옹야28).

주희가 쓴 『근사록(近思錄)』은 여기서 그 이름이 유래했다.

인은 선천적으로 타고나는 것이 아니다. 널리 배우고 뜻을 돈독히 가지며, 절실하게 묻고 가까이서 생각하면서 후천적으로 얻어가는 것이다. 다시 말해 인은 공부(學)을 통해 얻는 것이다. 인간은 누구나 공부를 통해 어진 사람이 될 수 있으며, 나아가 성인도 될 수 있다. 공문(孔門)에서 제일로 치는 것은 다름 아닌 학(學)이다.

7

자하가 말했다. "모든 장인(匠人)들은 작업장에 있으면서 그 일을 이루고, 군자는 학문으로써 그 도에 이른다."

子夏曰 百工居肆以成其事 君子學以致其道.

공(工)은 장인(匠人)이며, 백(百)은 실제의 수로서 백이 아니라, '모든'이란 뜻이다. 사(肆)는 장인의 작업장 또는 점포를 말한다. 치(致)는 극(極)으로 궁극에까지 이르는 것이다.

군자가 학문에만 전념할 것을 가르친 말이다.

8

자하가 말했다. "소인이 잘못을 저지르면 반드시 꾸며댄다."

子夏曰 小人之過也必文.

문(文)은 꾸미는 것이다. 소인은 잘못을 범할 경우 그것을 고치려 하지 않고 오히려 그 잘못을 은폐하기 위해 온갖 변명을 꾸며댄다. 그럼으로써 잘못은 더욱 커져갈 뿐이다.

한편 오규 소라이는 소인을 세민(細民), 즉 가난한 백성이라고 해석했다. 그에 의하면 세민이 그런 것은 자기 마을에서만 살기에 남들이 알지 못할 것이라고 생각하기 때문이라고 한다. 권세 없고 가난한 사람은 모두 도덕적으로도 못났다는 말인데, 참 고약하기 짝이 없는 생각이다. 자고로 높은 지위에 있으면서 짐승만도 못한 짓을 저질렀던 자들이 한둘이었던가? 걸과 주는 높기가 천자의 신분이었는데도 짐승만도 못한 일을 저지르지 않았는가? 도덕과 부귀는 항상 일치하는 것이 아니다.

학이8에서는 잘못이 있을 경우 고치는 것을 꺼려하지 말라고 했으며, 위령공29에서는 허물이 있는 것을 고치려 하지 않는 것, 이것이 허물이라고 했다. 또 이 편 21장에는 군자의 잘못은 일식이나 월식과 같아, 잘못을 저지르면 모두가 보게 되고, 고치면 모두가 우러러본다는 말이 있다.

9

자하가 말했다. "군자는 세 가지 변함이 있다. 멀리서 보면 의젓하며, 가까이 다가가면 온화하고, 그 말을 들으면 엄정하다."

子夏曰 君子有三變. 望之儼然 卽之也溫 聽其言也厲.

엄(儼)은 의젓한 모양이다. 온(溫)은 온화한 모양, 려(厲)는 말이 엄정(嚴正)한 것이다.

황간의 『논어의소』에 인용된 진의 이충의 해설에 의하면 군자는 전혀 변하는 것이 없으나, 남들이 그렇게 일컫는 것이라고 한다. 또 다산은 이 장에서 군자란 공자를 일컫는 말이라고 했다.

10

자하가 말했다. "군자는 믿게 한 연후에 백성을 부린다. 믿게 하지 않으면 백성들은 자기들을 괴롭힌다고 생각한다. 신망을 얻은 뒤에야 임금에게 간하니, 그렇지 않으면 자기를 비방한다고 여긴다."

子夏曰 君子信而後勞其民. 未信則以爲厲己也. 信而後諫. 未信則以爲謗己也.

노(勞)는 백성에게 노역을 시키는 것, 려(厲)는 병(病)으로 백성을 괴롭히는 것, 방(謗)은 비방하는 것이다.

위로 임금을 섬기고 아래로 백성을 다스리는 데 무엇보다 중요한 것이 그들로부터 신뢰를 얻는 것이다. 공자는 나라를 다스리는 데 군대나 식량은 없어도 되지만 신뢰가 없어서는 안 된다(안연7)고까지 말했다.

11

자하가 말했다. "큰 덕이 법규를 어기지 않는다면, 작은 덕이 조금 어긋나는 것은 상관없다."

子夏曰 大德不踰閑 小德出入可也.

한(閑)은 법(法), 출입(出入)은 조금 어긋나는 것이다. 대덕(大德), 소덕(小德)이 무엇을 가리키는가에 대해서는 고주와 신주가 크게 엇갈린다. 주희는 대덕을 큰 규범(大節), 소덕을 작은 규범(小節)으로 풀이했다. 그러나 고주의 공안국, 황간의 『논어의소』는 대덕(大德)을 매우 어진 사람(上賢 이상), 소덕을 그보다 못한 사람(中賢 이하)으로 보았다. 즉 대덕은 공자와 같은 성인, 소덕은 그보다 못한 학자들을 가리킨다는 것이다. 다산도 같은 입장이다.

주희의 해석에 의하면 중요한 윤리 규범만 제대로 지킨다면 사소한 예절 따위는 조금 어겨도 상관없다는 뜻이 된다. 큰 규범(大德)에 어김이 없어야 한다는 것을 강조한 말이다. 고주에 의하면 공자와 같은 성인은 법도를 추호도 어기지 않지만, 그보다 못한 사람들은 조금 어긴다고 해도 다시 법도로 복귀할 수 있다면 무방하다는 뜻이 된다. 즉 사람들이 비록 작은 잘못을 저지른다고 하더라도 널리 포용하라는 의미다. 주희의 신주가 보다 읽는 맛이 깊게 느껴진다.

한편 주희는 오역의 말을 인용해 자하의 이 말에 폐단이 있을 수 있다고 했다. 자칫하면 소덕(小德)이라고 해서 많은 일상 규범을 무시할 가능성이 있다고 본 것이다.

12

자유가 말했다. "자하의 제자들은 물을 뿌려 청소하고, 손님을 접대하며, 앞으로 나아가고 뒤로 물러나는 일은 괜찮다. 그러나 그것은 말단의 일일 뿐이다. 근본이 없으니 어찌하겠느냐?"

자하가 그 말을 듣고 말했다. "아아, 자유의 말이 지나치다. 군자의 도를 어느 것을 먼저라고 전하고, 어느 것을 나중이라고 게을리하겠는가? 초목에 비유한다면 종류에 따라 구분하는 것과 같다. 군자의 도를 어찌 속일 수 있겠느냐? 처음과 끝을 겸비한 사람은 아마 오직 성인뿐일 것이다."

子游曰 子夏之門人小子 當洒掃應對進退 則可矣. 抑末也. 本之則無 如之何.

자유가 말했다. "자하의 제자들은 물을 뿌려 청소하고, 손님을 접대하며, 앞으로 나아가고 뒤로 물러나는 일은 괜찮다. 그러나 그것은 말단의 일일 뿐이다. 근본이 없으니 어찌하겠느냐?"

문인소자(門人小子)는 제자들을 말한다. 정수덕은 청의 무억(武億, 1745~1799)의 『경독고이(經讀考異)』를 인용해 門人에서 끊고 小子는 아래 구에 붙여 읽을 것을 주장했다. 그 주장에 의하면 "자하의 문인 중 어린 사람들이 물을 뿌려 청소하고, 손님을 접대하며, 앞으로 나아가고 뒤로 물러나는 일은 괜찮다"로 해석된다. 여기서는 그냥 일반적인 견해를 따랐다.

쇄소(洒掃)는 청소할 때 물을 뿌리고 비로 쓰는 것이다. 응대(應對)는 손님을 접대하는 것이요, 진퇴(進退)는 손님을 모시고 나아가고 물러나는 것이다. 모두 일상의 작은 예절이다. 따라서 자유가 말단의 일이라고 했다.

子夏聞之曰 噫 言游過矣. 君子之道 孰先傳焉 孰後倦焉. 譬諸草木 區以別矣. 君子之道 焉可誣也. 有始有卒者 其惟聖人乎.
자하가 그 말을 듣고 말했다. "아아, 자유의 말이 지나치다. 군자의 도를, 어느 것을 먼저라고 전하고, 어느 것을 나중이라고 게을리하겠는가? 초목에 비유한다면 종류에 따라 구분하는 것과 같다. 군자의 도를 어찌 속일 수 있겠느냐? 처음과 끝을 겸비한 사람은 아마 오직 성인뿐일 것이다."

언유과의(言游過矣)의 언유는 자유다.

숙선전언 숙후권언(孰先傳焉 孰後倦焉)은 주희에 의하면 그것이 말단이라고 해서 먼저 전하고, 근본이라고 해서 나중으로 미루어 가르치는 것을 게을리하는 것은 아니란 말이다.

비저초목 구이별의(譬諸草木 區以別矣)는 학문의 깊고 얕음에 따라 가르침을 달리하는 것을, 초목을 종류에 따라 각기 따로 심는 것에 비유한 말이다. 즉 군자의 도를 가르치는 데, 초목을 종류에 따라 심는 곳을 달리하듯이 배우는 자의 성취 여하에 따라 먼저 가르칠 것이 있고 나중에 가르칠 것이 있다는 뜻이다.

군자지도 언가무야(君子之道 焉可誣也)의 무(誣)는 속이는 것이다. 군자의 도를 가르치는 것이 위와 같은데, 어찌 함부로 군자의 도를 왜곡할 수 있겠느냐는 뜻이다.

유시유졸자(有始有卒者)는 처음과 끝(本과 末)을 겸비하는 것으로 오직 성인만이 그럴 수 있다.

한편 주희는 다음과 같이 정이의 말을 인용했다.

"물을 뿌려 청소하고 손님을 접대하는 것이 형이상(形而上)의 일이니, 理는 크고 작음이 없기 때문이다. 그러므로 군자의 도는 오직 홀로 있을 때도 삼가는 것(愼獨)에 있다." "성인의 도는 정밀하고 거침이 없으니 물을 뿌려 청소하고 손님을 접대하는 일에서부터 의(義)에 정밀해 입신의 경지에 이르는 것까지 오직 하나의 理로 관통한다. 비록 물을 뿌려 청소하고 손님을 접대하는 일이라 하더라도 다만 왜 그런가를 보아야 한다." "모든 사물에는 본말(本末)이 있으나 본과 말을 두 가지 일로 나누어서는 안 된다. 물을 뿌려 청소하고 손님을 접대하는 일도 그러하니 반드시 그러한 이유가 있다." "물을 뿌려 청소하고 손님을 접대하는 일에서부터 위로 올라가면 바로 성인의 일에 도달할 수 있다."

삼라만상이 비로자나불의 현신이 아닌 것이 없으니, 만물에 불성이 있고 만사가 부처님의 일이라는 불교의 가르침과 무엇이 다른지 모르겠다.

공자의 가르침이 공자 사후 그 제자들에 의해 각기 분파로 나뉘어져 가기 시작했음을 보여주는 글이다. 이 글로 미루어 본다면 자하는 주변의 작은 일상적인 것으로부터 가르침을 시작했고, 자유는 보다 근본적인 학문의 도리에 중점을 두었던 것 같다. 자유가 자하의 제자들을 비판하는 것으로부터 이야기는 시작된다. 자하의 제자들이 일상 예절에는 밝으나 그것은 말단의 일일 뿐, 학문의 근본 도리와는 거리가 멀다고. 자하가 반론을 전개한다. 학문은 사람에 따라 가르치는 순서가 있다. 이제 처음 시작하는 사람에게 심오한 도리를 말할 수는 없다. 우선 이해하기 쉽도록 하기 위해 말단의 일부터 가르치는 것이지, 학문의 근본 도리를 가르치지 않으려는 것은 아니다. 그것은 초목을 그 종류에 따라 구분해 심는 것과 같다. 말단의 일과 근본 도리를 처음부터 꿰고 있는 사람은 성인뿐이다.

13

자하가 말했다. "벼슬을 하면서 남음이 있으면 학문을 하고, 학문을 하면서 남음이 있으면 벼슬을 해야 한다."

子夏曰 仕而優則學 學而優則仕.

사(仕)는 벼슬을 하는 것이고, 우(優)는 남음이 있는 것, 여력이 있는 것이다.
   자하는 학문과 벼슬을 함께할 것을 말했다. 그러나 일찍이 공자는 제자인 칠조개로 하여금 벼슬길에 나아가게 했으나, 칠조개가 아직 자신이 없다고 사양하는 것을 보고 기뻐한 바 있다(공야장5). 또 자로가 자고를 비(費) 땅의 읍재를 시키려고 한 데 대해 남의 자식을 망치고 있다고 비판했다(선진24). 공자에게는 벼슬보다 학문을 쌓는 것이 우선이었다. 벼슬이란 결국 백성을 바로잡는 것인데 자신이 바르지 못하면서 남을 바로잡을 수는 없기 때문이다. 이런 연유로 주희는 『주자어류(朱子語類)』란 책에서 사이우즉학(仕而優則學)에 대해 당시 세족(世族)의 자식들이 학문에 의하지 않고 세습에 의해 벼슬길에 올랐기 때문에 이처럼 말한 것이라고 설명했다.

14

자유가 말했다. "초상은 슬픔을 다하는 데서 그칠 것이다."

子游曰 喪致乎哀而止.

치(致)는 극(極)으로 끝까지 다하는 것이다. 지(止)는 그치는 것이다.

  장례를 치를 때 형식적으로 예를 갖추려고 노력하기보다는 차라리 슬퍼하라는 말이 있다(喪與其易也寧戚-팔일4). 또 장례를 보면 슬퍼할 것을 생각하라는 말도 있다(喪思哀-자장1). 상(喪)을 당했을 때는 무엇보다 가슴속 깊이 슬퍼하는 것이 제일 중요하다는 뜻이다. 이상은 주희의 신주를 따랐다.

  그러나 고주의 공안국의 해석은 다르다. 공안국은 이 장을 풀이해 말하기를 몸을 훼손해 성명(性命)을 상실해서는 안 된다(毁不滅性)라고 했다. 즉 슬픔이 지나쳐 몸을 훼손할 정도가 되면 안 된다는 뜻이다. 신주보다는 깊은 맛이 덜 느껴진다.

  한편 주희는 그쳐야 한다는 뜻의 而止라는 두 글자가 고원함이 약간 지나쳐 세세한 것을 소홀히 하는 폐단이 있다고 지적한다. 다시 말해 슬픔에만 신경을 써 예를 소홀히 해서는 안 된다는 말이다.

15

자유가 말했다. "내가 자장의 벗이 되기에는 재주가 모자라니, 아직 그의 인(仁)에 미치지 못했다."

子游曰 吾友張也 爲難能也 然而未仁.

우(友)는 벗이란 뜻의 명사가 아니라 벗한다는 뜻의 동사로 읽어야 한다. 오우장야(吾友張也)는 내가 자장과 벗이 되는 것이고, 난능(難能)은 나의 재주가 능히 그에게 미치기 어려운 것이다. 그리고 미인(未仁)은 자장의 인(仁)에 미치지 못한다는 뜻이다. 자유가 자장의 재능이 고원함을 칭찬한 말이다. 청의 왕개운의 『논어훈』의 주장을 따랐다.

고주나 신주를 포함한 일반적인 해석은 이와 다르다.

고주나 신주 모두 友를 벗이란 뜻의 명사로 읽는다. 난능(難能)은 고주의 포함에 의하면 용모와 거동(容儀)이 남이 미치기 어려운 것이다. 고주에 의하면 나의 벗인 자장은 용모와 거동은 남이 미치기 어려울 정도로 당당하지만, 아직 인(仁)은 이루지 못했다는 뜻이다. 주희나 다산도 비슷한 견해다.

이들의 해석은 모두 선진15에 나온 '자장은 지나치다(師也過)'는 공자의 말을 그 기반으로 했다. 그러나 가만히 생각하면 여기에는 약간의 무리가 있다. 동문들끼리 서로 비난하고 있기 때문이다. 공자는 스승의 입장에서 제자의 결점을 지적하고 훈계할 수 있다고 하지만, 과연 동문들끼리 그러는 것도 옳다고 할 수 있을까?

16

증자가 말하길 "당당하구나, 자장이여! 나란히 인(仁)을 행하기가 어렵다."

曾子曰 堂堂乎張也 難與並爲仁矣.

당당(堂堂)은 그 풍채가 당당함을 말하는 것이다.

증자가 자장을 칭찬한 말로 왕개운의 해석을 따랐다.

앞 장에서도 말한 바와 같이, 고주나 신주를 포함한 대부분의 학자들은 자장이 용모는 당당하나, 더불어 인(仁)을 행하기는 어렵다는 뜻으로 해석한다.

17

증자가 말했다. "내가 선생님으로부터 듣기를 '사람이 스스로 마음을 다할 수는 없다. 꼭 있다면 부모의 상일 것이다'라고 했다."

曾子曰 吾聞諸夫子 人未有自致者也 必也親喪乎.

자치(自致)는 주희에 의하면 스스로 그 지극함을 다하는 것이다. 필야(必也)는 '꼭 한다면'의 뜻이다.

부모의 상만큼 사람의 마음속에 절절히 와 닿는 것은 없다는 말이다. 『맹자』「등문공상」 2에는 부모의 상에는 원래 자신의 정성을 다하는 것이라는 말이 있다(親喪固所自盡也).

18

증자가 말했다. "내가 선생님으로부터 듣기를 '맹장자의 효는 다른 것은 다 할 수 있지만, 아비의 신하와 정치를 바꾸지 않은 것만은 행하기 어렵다'라고 했다."

曾子曰 吾聞諸夫子 孟莊子之孝也 其他可能也. 其不改父之臣與父之政 是難能也.

맹장자(孟莊子)는 노의 대부 중손속(仲孫速)이다. 그의 아비 맹헌자(孟獻子)는 어진 사람으로 이름이 높았다고 한다.

3년 동안 그 아비가 하던 바를 바꾸지 말아야 효(孝)라고 할 수 있다(三年無改於父之道 可謂孝矣-학이11)고 했다. 맹장자가 아비의 좋은 점을 본받아 고치지 않은 것은 가히 효라고 할 만하다.

19

맹씨가 양부를 사사(士師)로 삼았다. 양부가 증자에게 물었다. 증자가 말했다. "위에서 도를 잃어 백성이 흩어진 지 오래됐다. 만일 그 범죄의 실상을 알게 된다 하더라도 슬퍼하고 불쌍히 여기지, 기뻐하지 마라."

孟氏使陽膚爲士師 問於曾子. 曾子曰 上失其道 民散久矣. 如得其情 則哀矜而勿喜.

맹씨(孟氏)는 노의 대부 맹손(孟孫)씨다. 양부(陽膚)는 증자의 제자다.
  사사(士師)는 사법관(司法官)이다.
  민산(民散)은 잘못된 정치 때문에 백성이 생업에 전념하지 못하고 흩어진 것이다. 자연히 각지를 떠돌다가 도적이 되기 십상이다. 정(情)은 범죄의 실상이다.
  양부가 사법관이 되어 앞으로 일을 어떻게 하면 좋을까 물어왔다. 증자가 대답했다. 위에서 정치를 잘못해 백성이 흩어지고 그에 따라 범죄가 만연하게 됐다. 따라서 혹 범죄자를 적발하더라도 기뻐하지 마라. 위에서 정치를 잘못해 백성을 범죄의 길로 내몬 것이다. 그런 백성의 처지를 불쌍히 여기는 마음을 가져라. 유가(儒家) 정치사상의 진면목을 엿볼 수 있다. 맹자는 위에서 정치를 잘못해 백성을 범죄의 길로 몰아넣고 이어 죄를 줬다고

제19편. 자장(子張) 811

잡아 처벌하는 것을 일컬어 백성을 그물질한다고까지 했다(罔民). 오늘날 정치를 하는 사람들이 형벌을 높이는 것으로 증가하는 범죄에 대처하려고 하나 그것은 본말이 전도된 것이다. 나라에 정의가 살아 있다면 범죄는 자연히 줄어든다. 깊이 명심해야 할 일이다.

20

자공이 말했다. "주의 악함이 이처럼 심하지는 않았다. 이런 까닭에 군자는 하류(下流)에 처하기를 싫어하는 것이니, 천하의 악이 모두 그에게로 돌아가기 때문이다."

子貢曰 紂之不善 不如是之甚也. 是以君子惡居下流. 天下之惡皆歸焉.

주(紂)는 은의 마지막 임금 주(紂)왕으로 정식 이름은 제신(帝辛)이다. 주는 포악했기에 붙여진 나쁜 시호다. 하의 마지막 임금 걸(桀)과 더불어 폭군(暴君)으로 이름이 높다. 주 무왕에게 멸망당했다.

하류(下流)는 낮고 비속한 자리로, 도덕적으로 평판이 나쁜 곳을 일컫은 말이다. 낮고 비속한 자리에는 온갖 천하고 악한 것들이 마치 물이 낮은 곳으로 모이듯 모여들기 마련이다.

주가 악하다고 하나 지금 전해지는 것처럼 그렇게까지 심하지는 않았다. 그러나 한번 폭군으로 악명(惡名)이 세상에 퍼지고 나니 온갖 나쁜 일들이 전부 그의 것으로 되고 말았다. 마찬가지로 사람이 한번 세상에 오명(汚名)이 나면, 온갖 나쁜 일들이 모두 그의 탓으로 돌려지기 마련이다. 이런 까닭으로 군자는 오명(汚名)이 나는 것을 두려워한다.

황간의 『논어의소』에서 진(晉)의 채모(蔡謨)는 악(惡)을 악인(惡人)으로 풀이했다. 주가 악하기 때문에 천하의 악인들이 모두 그의 밑으로 모여들어 악행이 더욱 심해졌다는 뜻이다.

21

자공이 말했다. "군자의 잘못은 일식이나 월식과 같다. 잘못을 저지르면 모두가 바라보고, 고치면 모두가 우러러본다."

子貢曰 君子之過也 如日月之食焉. 過也 人皆見之. 更也 人皆仰之.

군자는 만인이 주시하는 대상이다. 따라서 군자의 잘못은 일식이나 월식과 같아 감추려고 해도 감춰지지 않는다. 그러기에 군자는 소인처럼 자신의 잘못을 굳이 변명하려고 하지 않는다(小人之過也 必文-자장8). 또한 군자는 자신의 잘못을 고치기를 꺼려하지 않는다(過則勿憚改-학이8). 잘못을 저지르고도 고치려고 하지 않는 것 또한 잘못이기 때문이다(過而不改 是謂過矣-위령공29). 군자가 잘못을 고칠 경우 사람들은 그를 더욱 우러러본다. 그의 덕행이 나날이 높아져 더욱 빛나기 때문이다.

22

위(衛)의 공손조가 자공에게 물었다. "중니께서는 어디에서 배우셨습니까?"

자공이 말했다. "문왕과 무왕의 도가 아직 땅에 떨어지지 않아 사람에게 있습니다. 현명한 자는 그 큰 것을 기억하고 있으며, 그렇지 못한 자는 그 작은 것을 기억하고 있습니다. 문왕과 무왕의 도가 없는 곳이 없습니다. 선생님께서 어디선들 배우지 않았겠으며, 또한 어찌 일정한 스승이 있겠습니까?"

衛公孫朝問於子貢曰 仲尼焉學.
위(衛)의 공손조가 자공에게 물었다. "중니께서는 어디에서 배우셨습니까?"

공손조(公孫朝)는 위(衛)의 대부다.

子貢曰 文武之道 未墜於地 在人. 賢者識其大者 不賢者識其小者. 莫不有文武之道焉. 夫子焉不學 而亦何常師之有.
자공이 말했다. "문왕과 무왕의 도가 아직 땅에 떨어지지 않아 사람에게 있습니다. 현명한 자는 그 큰 것을 기억하고 있으며, 그렇지 못한 자는 그 작은 것을 기억하고 있습니다. 문왕과 무왕의 도가 없는 곳이 없습니다. 선생님께서 어디선들 배우지 않았겠으며, 또한 어찌 일정한 스승이 있겠습니까?"

문무(文武)는 주(周)나라를 건국한 문왕(文王)과 무왕(武王)이다. 문왕과 무왕의 도는 주의 문물제도다. 공자는 자신의 학문의 뿌리를 이 주의 문물제도에서 찾았다(周監於二代 郁郁乎文哉 吾從周-팔일14).

識은 기억한다는 뜻의 지로 읽는다.

여기서부터 이 편 끝에 이르기까지 네 장에서는 특이하게도 공자를 중니(仲尼)라고 부르고 있다.

23

숙손무숙이 조정에서 대부들에게 말했다. "자공이 중니보다 더 현명하다."

자복경백이 자공에게 알렸다. 자공이 말했다. "집의 담장에 비유한다면 나의 담장은 어깨에 미치는 것으로 집 안의 좋은 것을 다 엿볼 수 있습니다. 선생님의 담장은 몇 길이나 되어 그 문을 통해 들어가지 않고는 종묘의 아름다움과 백관의 화려함을 볼 수 없습니다. 그러나 그 문을 찾아 들어간 사람이 적으니 그분이 그렇게 말하는 것도 또한 마땅하지 않겠습니까?"

叔孫武叔語大夫於朝曰 子貢賢於仲尼.
숙손무숙이 조정에서 대부들에게 말했다. "자공이 중니보다 더 현명하다."

숙손무숙(叔孫武叔)은 노의 대부로 이름은 주구(州仇)다.

제19편. 자장(子張) **815**

子服景伯以告子貢. 子貢曰 譬之宮牆 賜之牆也及肩 窺見室家之
好. 夫子之牆數仞 不得其門而入 不見宗廟之美 百官之富. 得其門
者或寡矣 夫子之云 不亦宜乎.

자복경백이 자공에게 알렸다. 자공이 말했다. "집의 담장에 비유한다면 나의 담장은 어깨에 미치는 것으로 집 안의 좋은 것을 다 엿볼 수 있습니다. 선생님의 담장은 몇 길이나 되어 그 문을 통해 들어가지 않고는 종묘의 아름다움과 백관의 화려함을 볼 수 없습니다. 그러나 그 문을 찾아 들어간 사람이 적으니 그분이 그렇게 말하는 것도 또한 마땅하지 않겠습니까?"

자복경백(子服景伯)도 노의 대부로 헌문38에서 이미 나온 바 있다.

궁(宮)은 집이다. 宮이 왕이 사는 궁궐이란 의미로 쓰이기 시작한 것은 진시황 이후다. 장(牆)은 담장이다. 인(仞)은 한 길로, 고주의 포함에 의하면 7척(尺), 왕숙에 의하면 8척이다. 부자지운(夫子之云)의 夫子는 숙손무숙을 가리킨다.

오직 현자(賢者)만이 현자를 알아볼 수 있다. 숙손무숙이 자공이 공자보다 낫다고 공자를 폄하(貶下)했다. 자공이 그 말을 전해 듣고 범인(凡人)이 공자를 알기는 쉬운 일이 아니니, 그분이 그렇게 말하는 것도 당연한 일이라고 대답한 것이다.

24

숙손무숙이 공자를 헐뜯었다. 자공이 말했다. "그래도 소용없습니다. 선생님은 감히 헐뜯을 수가 없는 분이십니다. 다른 현명한 사람은 언덕과 같아 넘을 수 있습니다만, 선생님은 해와 달과 같아 넘을 수 없습니다. 사람들이 비록 스스로 끊으려고 하나 해와 달에 무슨 손상이 있겠습니까? 바로 자신이 분수를 모른다는 것을 나타낼 뿐입니다."

叔孫武叔毁仲尼. 子貢曰 無以爲也. 仲尼不可毁也. 他人之賢者丘陵也 猶可踰也. 仲尼日月也 無得而踰焉. 人雖欲自絶 其何傷於日月乎 多見其不知量也.

훼(毁)는 헐뜯는 것이다.

무이위(無以爲)는 주희에 의하면 무용위차(無用爲此)로 그렇게 해봐야 소용없다는 말이다. 양백준은 以를 '이렇게', '그렇게'라는 뜻의 차(此)로 해석한다. 그렇게 하지 말라는 뜻이다.

구릉(丘陵)은 작은 언덕이고 유(踰)는 넘는 것이다. 자절(自絶)은 스스로 관계를 끊으려고 하는 것이다. 기하상어일월호(其何傷於日月乎)는 사람들이 해와 달로부터 관계를 끊으려고 아무리 애써 봐야, 해와 달에게는 아무 영향도 없다는 뜻이다.

다(多)는 지(祇), 적(適)으로 '다름 아니라', '바로'의 뜻이다. 량(量)은 분수(分數), 지각(知覺)을 뜻한다. 부지량(不知量)을 황간은 공자의 도량(度量)을 헤아리지 못하는 것으로 풀이했으나, 주희처럼 자신의 분수를 헤아리지 못하는 것으로 읽는 편이 보다 맛이 깊다.

앞 장과 같은 사건을 다뤘다. 다만 여기서는 앞 장보다 자공의 어조가 좀 더 강하다. 해와 달과 같은 존재인 우리 스승을 당신이 아무리 헐뜯으려 해봐야 소용없는 짓이다. 그래봤자 당신이 지각없는 사람임을 나타낼 뿐이지, 우리 스승에게야 무슨 손상이 있겠느냐. 자공은 공자를 해와 달에 비유했다. 말년의 스승을 봉양하고 임종까지 지켜본 자공에게 공자는 하늘과 같은 존재였으리라.

25

진자금이 자공에게 말했다. "당신은 겸손하십니다. 중니께서 어찌 당신보다 더 현명하겠습니까?"

자공이 말했다. "군자는 한마디 말로 지혜로운 사람도 되고, 한마디 말로 지혜롭지 못한 사람도 됩니다. 말은 신중하지 않으면 안 됩니다. 선생님께 미치지 못하는 것은 마치 하늘을 사다리를 놓고 오를 수 없는 것과 같습니다. 선생님께서 만일 나라를 얻어 다스리신다면, 이른바 '세우면 서고, 이끌면 따르며, 편안하게 하면 오고, 고무하면 화답한다. 그 살아계심은 영광이며, 돌아가심은 슬픔이다'라는 말 그대로입니다. 어찌 그분께 미칠 수 있겠습니까?"

陳子禽謂子貢曰 子爲恭也. 仲尼豈賢於子乎.

진자금(陳子禽)이 자공에게 말했다. "당신은 겸손하십니다. 중니께서 어찌 당신보다 더 현명하겠습니까?"

진자금은 학이10, 계씨13에 나오는 진항(陳亢)이다. 공자의 제자다. 자공의 제자라는 설도 있다.

子貢曰 君子一言以爲知 一言以爲不知. 言不可不愼也. 夫子之不可及也 猶天之不可階而升也.

자공이 말했다. "군자는 한마디 말로 지혜로운 사람도 되고, 한마디 말로 지혜롭지 못한 사람도 됩니다. 말은 신중하지 않으면 안 됩니다. 선생님께 미치지 못하는 것은 마치 하늘을 사다리를 놓고 오를 수 없는 것과 같습니다."

계이승(階而升)은 사다리를 놓고 오르는 것이다.

夫子之得邦家者 所謂立之斯立 道之斯行 綏之斯來 動之斯和. 其生也榮 其死也哀. 如之何其可及也.

"선생님께서 만일 나라를 얻어 다스리신다면, 이른바 '세우면 서고, 이끌면 따르며, 편안하게 하면 오고, 고무하면 화답한다. 그 살아계심은 영광이며, 돌아가심은 슬픔이다'라는 말 그대로입니다. 어찌 그분께 미칠 수 있겠습니까?"

방가(邦家)의 방(邦)은 제후의 나라, 가(家)는 대부의 집안을 뜻하는 말이나, 다산(茶山)은 방가가 국가(國家)라고 했다. 부자지득방가자(夫子之得邦家者)는 만일 공자가 나라를 얻어 다스릴 수 있게 된다면 하는 가정의 말이다.

소위(所謂) 이하의 입지사립 도지사행 수지사래 동지사화 기생야영 기사야애(立之斯立 道之斯行 綏之斯來 動之斯和 其生也榮 其死也哀)는 공자가 정치를 한다는 가정하에 이루어지는 이상적인 정치의 모습이다. 소위(所謂)라는 표현으로 미루어 보아 아마 당시 유행하고 있던 관용어(慣用語)였으리라.

立은 백성의 삶을 세우는 것이고, 斯는 즉(卽)이다. 立之斯立은 백성의 삶을 세우면 백성의 삶이 세워진다는 말이다.

道는 도(導)로 백성을 가르쳐 인도하는 것이고, 行은 종(從)으로 따르는 것이다. 道之斯行은 백성을 가르쳐 인도하면 그 인도하는 대로 백성이 따른다는 뜻이다.

綏는 편안하게 하는 것이다. 綏之斯來는 백성을 편안하게 하면 먼 나라의 백성들이 귀의한다는 뜻이다.

動은 백성을 고무하는 것이고, 和는 거기에 화답하는 것이다. 動之斯和는 백성을 고무하면 백성이 그에 화답한다는 말이다.

其生也榮 其死也哀는 그 임금이 살아 있는 것은 영광이고, 죽는 것은 슬픔이라는 말이다. 유월은 榮을 낙(樂)으로 풀이해 "그 살아 있는 것이 즐거움이다"라고 해석했다.

이상은 주희에 의거했다.

인류가 태어난 이래 그만한 사람이 없다는(子貢曰 …… 自生民以來 未有夫子也 -『맹자』「공손추상」2) 공자가 생전에 벼슬다운 벼슬 한 번 못해봤다는 사실은 공문(孔門)의 제자들에게 당혹스러운 문제였다. 덕이 있는 자가 나라를 다스려야 한다는 유가(儒家)의 정치철학은 이 세상 최고의 성인인 공자가 임금은 고사하고 벼슬 한 번 제대로 못했다는 사실과 분명 모순이 될 수밖에 없었다. 농사꾼 출신인 우(禹)도 천하의 임금이 되었는데(禹稷躬稼而有天下-헌문6), 공자는 어찌하여 임금이 될 수 없었을까?

이 난제를 해결하기 위하여 등장한 것이 소위 소왕론(素王論)이다. 소왕(素王)이란 임금의 지위가 없는 왕이란 뜻으로, 임금이 될 만한 덕이 있는 성인(聖人)이 천명(天命)을 받지 못해 임금이 되지 못한 것을 일컫는 말이다. 맹자는 공자가 천하를 얻지 못한 것은 천자(天子)의 추천이 없었기 때문이라고 했다(匹夫而有天下者 德必若舜禹而有天子薦之者 故仲尼不有天下 -『맹자』 「만장상」 6). 맹자가 보기에 공자는 천하의 임금이 될 자격이 있는 사람이었다. 그러기에 그는 공자가 『춘추(春秋)』를 쓴 것을 천자의 일이라고 했다(孔子懼作春秋 春秋天子之事也 -『맹자』「등문공하」 9). 맹자는 공자가 비록 현실의 천자는 아니었지만, 그가 고대 성왕(聖王)의 도를 전한 것 자체가 천자로서의 일이었다고 본 것이다. 맹자는 무관(無冠)의 공자에게 소왕(素王)의 지위를 부여했다. 맹자의 이러한 행위는 조사(祖師)에 대한 존경심에서 나온 것이었지만, 한편으로는 유가의 정치사상 자체에 내포되었던 모순을 해결하기 위한 군색한 변명이기도 했다.

제20편

요왈 堯曰

논어의 마지막 편이다. 단 세 장만으로 구성되어 있다. 육덕명의 『경전석문』에 의하면 마지막 제3장은 『노논어』에는 없고 『고논어』에만 있었다고 한다. 또 하안에 의하면 『고논어』는 제2장 이하를 별도의 한 편으로 엮어 자장(子張)이라고 이름 지었다고 한다. 그에 따르면 『고논어』는 모두 스물한 편으로 자장편이 둘 있고, 요왈편은 제1장 단 하나만으로 이루어진 것이 된다.

제1장은 내용이 의심스럽고 출처도 불명확하다. 요·순·우는 현대 역사학계에서는 전설상의 가공의 인물이라는 것이 정설(定說)이다. 또 여러 주석가들이 출처로 내세운 『서경(書經)』의 「대우모(大禹謨)」편, 「탕고(湯誥)」편, 「무성(武成)」편, 「태서(泰誓)」편은 모두 동진(東晉) 시대의 위작(僞作)임이 나중에 밝혀졌다. 공자가 요·순·우·무왕이라는 고대 성왕(聖王)의 도(道)를 계승했다는 것을 나타내기 위해 후세에 첨부한 것으로 생각된다.

제2장은 자장과의 문답이다. 오미(五美), 사악(四惡)을 말하나, 양화6에서 밝힌 바 있듯이 주희를 위시한 많은 학자들이 공자의 말이 아닐 것이라고 의심한다.

제3장은 육덕명이 원래의 『노논어』에는 없었다고 하는 것으로 미루어 볼 때, 그 진위 여부를 확인하기 어렵다.

전반적으로 살펴볼 때 이 편은 그 진위 여부가 상당히 의심스럽다. 대부분의 학자들 사이에서 후세에 첨부된 것으로 의견이 모아지고 있다. 아마 20편이라는 숫자를 맞추기 위하여 억지로 끼워 넣은 것이 아닐까 추측된다.

1

　요께서 말씀하셨다. "아아, 너 순아! 하늘의 역수(曆數)가 네게 있으니, 진실로 그 중용의 도를 잡아라. 사해가 곤궁하면 하늘이 주신 녹이 영원히 끊어질 것이다."
　순께서도 또한 이 말씀을 우에게 하셨다.
　(탕께서) 말씀하셨다. "저 소자 이는 감히 검은 소를 제물로 바쳐 위대한 상제(上帝)께 분명히 아뢰옵니다. 죄 있는 자를 감히 사면치 않을 것입니다. 상제의 신하들을 덮어 가리지 않겠습니다. 간택(簡擇)은 상제의 마음에 있습니다. 제게 죄가 있으면 만방(萬方)에 묻지 마시고, 만방에 죄가 있으면 그 죄는 저에게 있습니다."
　주 무왕께서 크게 상을 주었는데 착한 사람들에게 많이 주셨다. 무왕께서 말씀하셨다. "비록 지극히 친한 사람들이 있으나 어진 사람만 같지 못합니다. 백성에게 잘못이 있으면 그 죄는 저 한 사람에게 있습니다."
　무왕께서 도량형을 바로 하고 법과 제도를 살펴 정비하며 폐지된 관직을 다시 부활시키자, 사방의 정치가 잘 시행됐다. 멸망한 나라를 다시 일으켜 세우고 대(代)가 끊어진 집안을 다시 이어주며 초야에 묻힌 인재를 등용하자 천하의 민심이 모여들었다. 백성에게 중요한 것은 먹을 것과 장례와 제사였다.
　관대하면 많은 사람들을 얻을 수 있고, 신의가 있으면 백성들이 신임하며, 민첩하면 공을 이룰 수 있고, 공정하면 기뻐한다.

堯曰 咨 爾舜 天之曆數在爾躬 允執其中. 四海困窮 天祿永終.

요께서 말씀하셨다. "아아, 너 순아! 하늘의 역수(曆數)가 네게 있으니, 진실로 그 중용의 도를 잡아라. 사해가 곤궁하면 하늘이 주신 녹이 영원히 끊어질 것이다."

이 장(章)은 누구의 말인지도 불분명하며, 또한 출처도 불확실하다. 그리고 각 문장 간의 연결도 부자연스럽다. 예로부터 구구한 해석이 많으나 모두 무리가 많다. 원의 진천상은 『사서변의』에서 이 장의 말들은 모두 순서가 없고 난잡하며 또 누구의 말인지조차 알 수 없다. 고래로 많은 사람들이 해설해왔으나 누구도 명쾌히 해설하지 못했다. 그런데도 아무도 이 장의 해석이 불가능하다고 분명히 밝히지 않았다. 오직 소동파(蘇東坡)만이 이 장이 『서경』「우모(禹謨)」편,「탕고(湯誥)」편,「태서(泰誓)」편,「무성(武成)」편의 글들이 서로 순서 없이 뒤엉켜 있어 다시 생각하기가 불가능하다고 했는데, 이 말이 가장 인정(人情)에 가깝다라고 했다(『논어집석』에서 재인용). 진천상의 말을 따라 자세한 해설은 삼가고 다만 주희의 해석을 중심으로 풀이한다.

자이순(咨爾舜)에서부터 사해곤궁 천록영종(四海困窮 天祿永終)까지는 요가 순에게 왕위를 선양(禪讓)할 때 한 말이라고 한다. 요와 순 두 사람이 모두 전설상의 인물임을 미루어 볼 때 그 진위는 짐작이 가고도 남음이 있다.

咨는 감탄사다. 천지역수(天之曆數)는 천명(天命)에 의해 제왕(帝王)의 지위가 계승되는 순서다. 그러나 다산은 역법(曆法), 즉 달력을 제정하는 것이라고 했다. 달력을 제정하는 것은 천자에게만 허용되는 권한이다. 하늘의 역수가 네게 있다는 것은 이제 네가 왕이 될 차례라는 뜻이다.

윤(允)은 진실로(信)라는 뜻이요, 중(中)은 중용(中庸)의 도(道)다.

天祿은 하늘이 준 임금의 녹이다. 四海困窮 天祿永終에 대해서 주희는 사해(四海), 즉 만백성이 곤궁하게 되면 천록, 즉 하늘이 준 임금의 자리도 영원히 끝나게 된다는 뜻으로 풀이했다. 그러나 고주의 포함은 "정치를 함에 진실로 중용의 도를 잡아 사해 끝까지 펼친다면 천록이 영원할 것이다"라고 해석했다.

요가 전했다는 이 말은 『사기』에는 보이지 않고, 『서경』「대우모」편에 四海困窮 天祿永終의 여덟 자가 보인다. 그러나 「대우모」편은 동진(東晉) 시대에 만들어진 위고문상서(僞古文尙書)에만 들어 있는 위편(僞編)이다.

舜亦以命禹.
순께서도 또한 이 말씀을 우에게 하셨다.

순역이명우(舜亦以命禹)는 순도 우한테 왕위를 선양할 때 같은 말을 했다는 뜻이다.

曰 予小子履 敢用玄牡 敢昭告于皇皇后帝. 有罪不敢赦. 帝臣不蔽 簡在帝心. 朕躬有罪 無以萬方. 萬方有罪 罪在朕躬.
(탕께서) 말씀하셨다. "저 소자 이는 감히 검은 소를 제물로 바쳐 위대한 상제(上帝)께 분명히 아뢰옵니다. 죄 있는 자를 감히 사면치 않을 것입니다. 상제의 신하들을 덮어 가리지 않겠습니다. 간택(簡擇)은 상제의 마음에 있습니다. 제게 죄가 있으면 만방(萬方)의 백성에게 묻지 마시고, 만방에 죄가 있으면 그 죄는 저에게 있습니다."

여소자이(子小子履)부터 만방유죄 죄재짐궁(萬方有罪 罪在朕躬)까지는 은을 건국한 탕(湯)의 말이라고 전해진다. 『서경』「탕고」편에 실려 있으나 이것 또한 위편(僞編)이다. 탕은 순이나 우와는 달리 선양을 통해 평화적으로 왕위를 이어받지 않았다. 그는 하(夏)의 마지막 임금 걸(桀)의 폭정에 반기를 들어 걸을 타도하고 은을 세웠다. 즉 무력에 의한 역성혁명(易姓革命)을 일으킨 것이다. 이 말은 탕이 혁명을 하늘에 고했을 때의 말이라고 한다.

小子는 자신을 겸양하며 한 말이다. 이(履)는 탕의 이름이다. 현모(玄牡)는 검은 황소다. 소(昭)는 '분명히', '확실히'라는 뜻이다. 황황후제(皇皇后帝)는 은의 최고신인 상제(上帝)를 존경해 부르는 말이다.

유죄불감사(有罪不敢赦)는 죄 있는 자를 용서하지 않겠다는 말로, 하의 폭군 걸(桀)을 가리켜 한 말이다.

제신불폐 간재제심(帝臣不蔽 簡在帝心)은 주희에 의하면 천하의 어진 사람이 모두 상제의 신하(帝臣)이니, 그들을 덮어두지 않고 상제의 뜻에 따라 간택하겠다는 말이다. 그러나 하안에 의하면 걸(桀)도 상제의 신하이니, 감히 그의 죄를 은폐하지 않고 상제의 뜻에 맡기겠다는 뜻이다.

만방(萬方)은 만방의 백성을 일컫는다.

周有大賚 善人是富. 雖有周親 不如仁人. 百姓有過 在予一人.
주 무왕께서 크게 상을 주었는데 착한 사람들에게 많이 주셨다. 무왕께서 말씀하셨다. "비록 지극히 친한 사람들이 있으나 어진 사람만 같지 못합니다. 백성에게 잘못이 있으면 그 죄는 저 한사람에게 있습니다."

주유대뢰 선인시부(周有大賚 善人是富)는 주 무왕(武王)의 일이라 한다. 賚는 하사한다는 뜻이다. 무왕이 은을 멸하고 사해에 크게 상을 주었다는 기록이 『서경』「무성」편에 보인다. 그러나 이 「무성」편 또한 위편이다. 주희는 여기에 의거해 무왕이 천하에 크게 상을 베풀었는데 착한 사람에게 가장 많이 주었다는 뜻으로 풀이했다. 그러나 고주는 달리 해석한다. 고주에 의하면 주가 하늘로부터 큰 은혜를 입어 착한 사람이 많았다는 뜻이다.

수유주친 불여인인 백성유과 재여일인(雖有周親 不如仁人 百姓有過 在予一人)은 무왕의 말이다. 『서경』「태서중」편에 보인다. 그러나 「태서」편도 위편이다. 주(周)는 지극하다는 뜻의 지(至)다. 雖有周親 不如仁人은 은의 폭군 주가 지극히 친한 사람들이 많이 있어도 주에 어진 사람이 많은 것만 못하다는 말이다.

謹權量 審法度 修廢官 四方之政行焉. 興滅國 繼絶世 擧逸民 天下之民歸心焉. 所重民 食喪祭.
무왕께서 도량형을 바로 하고 법과 제도를 살펴 정비하며 폐지된 관직을 다시 부활시키자, 사방의 정치가 잘 시행됐다. 멸망한 나라를 다시 일으켜 세우고 대(代)가 끊어진 집안을 다시 이어주며 초야에 묻힌 인재를 등용하자 천하의 민심이 모여들었다. 백성에게 중요한 것은 먹을 것과 장례와 제사였다.

근권량(謹權量)에서부터 식상제(食喪祭)까지는 무왕의 치적이다.
　권(權)은 저울, 양(量)은 곡식의 양을 재는 됫박이다.
　수폐관(修廢官)은 없어진 관직 중 좋은 것을 다시 살리는 것이다.
　흥멸국 계절세(興滅國 繼絶世)는 없어진 나라를 다시 일으켜 세우고, 끊어진 집안의 대를 잇는 것이다. 은(殷)에게 멸망한 하(夏)의 후예를 찾아 기(杞)

를 세워 제사를 잇게 하고, 은의 폭군 주(紂)의 형인 미자(微子)를 송(宋)에 봉해 은의 제사를 잇게 한 것이 그것이다.

일민(逸民)은 초야에 묻혀 사는 현인(賢人)이다.

소중민 식상제(所重民 食喪祭)는 주희에 의하면 백성에게 중요한 것은 食, 喪, 祭라는 뜻이다. 그러나 고주의 공안국(孔安國)은 所重 民食喪祭로 읽어 중히 여기는 것은 백성과 먹을 것, 장례와 제사였다고 풀이했다.

寬則得衆 信則民任焉 敏則有功 公則說.
관대하면 많은 사람들을 얻을 수 있고, 신의가 있으면 백성들이 신임하며, 민첩하면 공을 이룰 수 있고, 공정하면 기뻐한다.

관즉득중(寬則得衆) 이하는 요로부터 시작해 무왕에 이르기까지 고대의 성왕들이 행한 정치에 관한 결론이다. 寬則得衆 信則民任焉 敏則有功까지는 이미 양화6에서 나왔다. 다만 양화 6에서는 民任이 人任으로 되어 있고, 公則說 대신 惠則足以使人이 첨부됐다. 이토 진사이는 다음 장이 子張으로 시작되는 바람에 잘못 끼어든 것이 아닌가 의심한다(양화6도 子張으로 시작한다). 공(公)은 공정한 것이다.

요(堯)·순(舜)·우(禹)·탕(湯) 등 고대 성왕(聖王)에 관해 오늘날 전해지는 설화(說話)가 언제쯤 형성되기 시작했는가는 아직 불명확하다. 현대의 역사학은 요와 순은 전설상의 가공의 인물로 본다. 고고학적으로 은나라의 역사적 실재는 확인되고 있으나, 우가 건국했다는 하는 아직 그 실재가 증명되지 못했다. 요·순·우·탕·문왕·무왕, 이 여섯 명으로 대표되는 고

성왕(古聖王) 중 적어도 요·순·우는 아직은 전설의 차원에 머물러 있는 것이다. 그러나 중국의 많은 역사책에는 이들에 관한 많은 이야기들이 마치 사실인 것처럼 생생하게 기록되어 있다. 그것은 아마 주의 동천(東遷) 이후 정치적·사회적 혼란이 격심해짐에 따라 이상(理想)사회를 동경하는 염원이 고대의 이상적인 군주에 관한 설화를 만들어냈고, 시간이 지남에 따라 그것이 점차 진실인 것처럼 받아들여지면서 그 설화의 내용들이 점점 더 풍부해진 것으로 생각할 수 있다.

이들 고성왕에 대한 설화들 중에서 가장 중요한 것의 하나가 바로 요와 순의 선양(禪讓)에 대한 것이다. 덕이 있는 자가 나라를 다스려야 한다는 생각은 공자 이래 유가의 전통적 정치사상이었다. 그러나 공자는 논어에서 요·순의 선양에 관해서는 아무 말도 하지 않았다. 요와 순이 자기 자식이 아닌 순과 우에게 왕위를 선양했다는 이 설화는 공자의 정치사상을 크게 뒷받침할 수 있는 근거였다. 요와 순의 선양에 관한 설화가 당시 이미 존재하고 있었다면 그렇게 중요한 사실에 대해 공자가 일언반구 언급하지 않았을 리 없다. 논어에서 요순의 선양에 대해 언급한 것은 이곳이 유일하다. 그러나 요왈편은 후세의 첨작으로 보아야 한다. 따라서 요순의 선양에 관한 설화는 공자 당시에는 없었거나, 아니면 있었더라도 당시 사람들의 주목을 받지 못했음에 틀림없다.

요순의 선양에 관한 기록이 문헌에 처음 나타나는 것은 『묵자(墨子)』부터다. 이런 사실들을 살펴볼 때 요순의 선양 설화는 공자 이후 묵자에 이르는 약 100년도 채 못 되는 짧은 기간 동안에 사회적으로 광범위하게 유포되었던 것 같다. 아니면 묵자가 의도적으로 만들어 유포시켰던가. 어찌되었든 유가는 선양설을 적극적으로 받아들였다. 거기에는 당시의 사회적 혼란과 공자의 덕치(德治) 사상이 큰 기여를 했을 것이다. 왜냐하면 선양론은 공자의 덕치사상의 논리적 최정점이기 때문이다. 공자의 덕치주의와 요순의 선양 설화는 이후 맹자에 의해 역성혁명(易姓革命)론으로까지 발전했다. 그리고 이후 요순의 선양 설화는 적어도 유가의 주류에서는 의심의 여지없는 당연한 사실로 받아들여졌고, 유가의 상고주의(尙古主義)의 이론적 토대가 됐다.

하지만 같은 유가이면서도 순자 같은 사람은 선양설을 신봉하지 않았다. 순자는 선양을 헛된 말이며, 천박한 자가 전하는 말이고, 어리석은 자의 이론이라고 비판했다(夫曰堯舜擅讓 是虛言也 是淺者之傳 陋者之說也-『순자』「정론正論」). 한비자는 더 나아가 순·우·탕·무왕을 가리켜 신하로서 그 임금을 죽인 자라고까지 했다(『한비자』「설의說疑」). 선양설은 당시 사람들이 받아들이기에도 무리가 있었던 것 같다.

2

자장이 공자에게 물었다. "어떻게 해야 정치에 종사할 수 있겠습니까?"

공자께서 말씀하셨다. "다섯 가지 미덕을 존중하고 네 가지 나쁜 것을 물리친다면 정치에 종사할 수 있다."

자장이 말했다. "다섯 가지 미덕은 어떤 것입니까?"

공자께서 말씀하셨다. "군자는 은혜를 베풀되 낭비하지 않으며, 수고롭게 하되 원망을 사지 않으며, 원하되 탐욕을 부리지 않으며, 태연하되 교만하지 않으며, 위엄이 있되 사납지 않다."

자장이 말했다. "은혜를 베풀되 낭비하지 않는다는 말은 무슨 말입니까?"

공자께서 말씀하셨다. "백성에게 이익이 되는 것을 따라 이롭게 하면, 그것이 곧 은혜를 베풀되 낭비하지 않는 것이다. 수고롭게 해도 될 것을 택해서 수고롭게 하면 또 누가 원망하겠느냐? 인(仁)을 원해서 인(仁)을 얻었으니 또 무엇을 탐하겠느냐? 군자가 많고 적음이나 크고 작음을 생각하지 않고 감히 오만하지 않으면, 그것이 바로 태연하되 교만하지 않은 것 아니겠느냐? 군자가 의관을 바로 하고 바라보기를 단정히 하면, 사람들이 엄숙히 바라보고 두려워하니, 그것이 곧 위엄이 있되 사납지 않은 것 아니겠느냐?"

자장이 말했다. "네 가지 나쁜 것은 어떤 것입니까?"

공자께서 말씀하셨다. "가르치지 않고 함부로 죽이는 것을 잔학하다고 한다. 미리 알려주지 않고 결과를 보려고 하는 것을 난폭하다고 한다. 명령을 게을리하고서 기한을 재촉하는 것을 남을 해친다고 한다. 마땅히 나누어 주어야 할 것을 나누어 주는 데 인색하게 구는 것을 벼슬아치 행색을 한다고 한다."

子張問於孔子曰 何如斯可以從政矣.
자장이 공자에게 물었다. "어떻게 해야 정치에 종사할 수 있겠습니까?"

子曰 尊五美 屏四惡 斯可以從政矣.
공자께서 말씀하셨다. "다섯 가지 미덕을 존중하고 네 가지 나쁜 것을 물리친다면 정치에 종사할 수 있다."

존(尊)은 존중하는 것이고 병(屏)은 물리치는 것이다.

子張曰 何謂五美.
자장이 말했다. "다섯 가지 미덕은 어떤 것입니까?"

子曰 君子惠而不費 勞而不怨 欲而不貪 泰而不驕 威而不猛.
공자께서 말씀하셨다. "군자는 은혜를 베풀되 낭비하지 않으며, 수고롭게 하되 원망을 사지 않으며, 원하되 탐욕을 부리지 않으며, 태연하되 교만하지 않으며, 위엄이 있되 사납지 않다."

子張曰 何謂惠而不費.
자장이 말했다. "은혜를 베풀되 낭비하지 않는다는 말은 무슨 말입니까?"

子曰 因民之所利而利之 斯不亦惠而不費乎. 擇可勞而勞之 又誰怨. 欲仁而得仁 又焉貪. 君子無衆寡 無小大 無敢慢 斯不亦泰而不驕乎. 君子正其衣冠 尊其瞻視 儼然人望而畏之 斯不亦威而不猛乎.
공자께서 말씀하셨다. "백성에게 이익이 되는 것을 따라 이롭게 하면, 그것이 곧 은혜를 베풀되 낭비하지 않는 것이다. 수고롭게 해도 될 것을 택해서 수고롭게 하면 또 누가 원망하겠느냐? 인(仁)을 원하여 인(仁)을 얻었으니 또 무엇을 탐하겠느냐? 군자가 많고 적음이나 크고 작음을 생각하지 않고 감히 오만하지 않으면, 그것이 바로 태연하되 교만하지 않은 것 아니겠느냐? 군자가 의관을 바로 하고 바라보기를 단정히 하면, 사람들이 엄숙히 바라보고 두려워하니, 그것이 곧 위엄이 있되 사납지 않은 것 아니겠느냐?"

혜(惠)는 은혜를 베푸는 것, 비(費)는 낭비하는 것이다. 노(勞)는 수고롭게 하는 것이다.
    군자무중과 무소대 무감만(君子無衆寡 無小大 無敢慢)은 상대의 재산이 많고 적음, 권세가 크고 작음에 상관없이 오만하지 않다는 말이다.

첨(瞻)은 바라보는 것이다. 존기첨시(尊其瞻視)는 바라보기를 단정히 한다는 말이다.

엄연인망(儼然人望)은 남이 엄숙히 바라보는 것이다. 자장9에 望之儼然이란 표현이 있다.

子張曰 何謂四惡.
자장이 말했다. "네 가지 나쁜 것은 어떤 것입니까?"

子曰 不敎而殺 謂之虐. 不戒視成 謂之暴. 慢令致期 謂之賊. 猶之與人也 出納之吝 謂之有司.
공자께서 말씀하셨다. "가르치지 않고 함부로 죽이는 것을 잔학하다고 한다. 미리 알려주지 않고 결과를 보려고 하는 것을 난폭하다고 한다. 명령을 게을리하고서 기한을 재촉하는 것을 남을 해친다고 한다. 마땅히 나누어 주어야 할 것을 나누어 주는 데 인색하게 구는 것을 벼슬아치 행색을 한다고 한다."

학(虐)은 잔학함이다. 백성을 가르치지 않고서 죄를 지었다고 하여 함부로 죽이는 것은 잔학한 짓이다.

계(戒)는 미리 알리는 것, 시성(視成)은 결과를 보는 것이다. 미리 알려주지 않고 결과만을 보려고 하는 것은 난폭한 짓이다.

만령(慢令)은 명령을 내리기를 게을리하는 것이요, 치기(致期)는 기한을 한정하는 것이다. 적(賊)은 남을 해친다는 뜻이다. 일을 게을리하다가 나중에 급히 기한을 재촉하며 백성을 들볶는 것은 백성을 해치는 짓이라는 뜻이다.

유지여인(猶之與人)의 猶는 균(均)으로 고루 나누는 것이다. 인(吝)은 인색한 것, 유사(有司)는 말단의 벼슬아치다. 마땅히 나누어 줄 것을 나누어 주는데도, 인색하게 구는 것을 벼슬아치 행색을 한다고 한다.

양화6에서도 밝혔듯이 공자의 말로 보기에는 의심의 여지가 있다. 오미(五美), 사악(四惡)이라고 오와 사라는 숫자에 내용을 한정하려는 표현 방식이 특히 그렇다.

3

공자께서 말씀하셨다. "명을 알지 못하면 군자가 될 수 없다. 예를 알지 못하면 설 수가 없다. 말을 알지 못하면 사람을 알아볼 수 없다."

子曰 不知命 無以爲君子也. 不知禮 無以立也. 不知言 無以知人也.

논어의 대미(大尾)를 장식하는 말이다.

명(命)은 천명(天命)으로, 자신이 하늘로부터 받은 소명(召命)이라고 해석할 수도 있으며, 자신의 운명(運命)이라고 해석할 수도 있다. 불가지(不可知)한 신비(神秘)의 세계를 멀리한 공자의 평소 언행으로 볼 때 소명(召命)으로 해석하는 것이 더 나을 것 같다. 원래 명(命)이라는 말에는 소명(召命)이라는 뜻과 운명(運命)이라는 뜻이 함께 포함되어 있다. 모름지기 이 세상에 태어나서 자기가 해야 할 일을 알지 못한다면 군자라고 하기 어려울 것이다.

입(立)은 독립된 인격체로 서는 것이다. 예를 모르면 각기 다른 상황에서 그에 맞게 올바르게 처신할 수 없게 되고, 따라서 사회에서 하나의 독립된 인격체로 대접받기 어렵다. 계씨13에서는 不學禮 無以立이라고 했다.

말은 사람을 나타낸다. 따라서 말을 들으면 그 사람을 알 수 있다. 그러나 세상에는 간혹 말만 번드레한 자(佞者)도 있으니 삼가 조심해야 할 일이다.

진위 여부에 대해 논란이 있으나 공자의 말로 보아도 무방한 내용이다. 다만 논어의 대미를 장식하기 위해서라면 첫 문장, 즉 不知命 無以爲君子也 하나만으로 끝내는 것이 더 낫지 않았을까 하는 것이 나의 개인적인 생각이다.

공자 연표

* 『사기』를 참고하여 작성하였으나 어디까지 믿을 수 있을지는 명확하지 않음.

BC 551(노양공魯襄公 22) 1세. 노(魯) 창평향(昌平鄕) 추읍(陬邑, 지금의 산둥성 취푸曲阜 시 동남의 쩌우청陬城 부근)에서 태어남. 공자의 탄생 연도에 대해서는 두 가지 설이 있음. 『사기』와 『춘추좌전(春秋左傳)』에서는 양공 22년을, 『공양전(公羊傳)』과 『곡량전(穀梁傳)』에서는 양공 21년을 주장함.

BC 549(노양공 24) 3세. 공자의 아버지라 전해지는 숙량흘(叔梁紇)이 죽어 취푸의 동쪽 방산(防山)에 매장함(『공자가어孔子家語』에서 인용).

BC 542(노양공 31) 10세. 노양공이 죽고 그의 아들 주(裯)가 즉위하여 소공(昭公)이 됨.

BC 533(노소공 9) 19세. 송나라 출신의 견관(开官)씨와 결혼(공자가어).

BC 532(노소공 10) 20세. 아들 이(鯉) 출생(공자가어).

BC 517(노소공 25) 35세. 소공이 계평자(季平子)를 제거하려다 실패하여 제(齊)로 망명함.

BC 516(노소공 26) 36세. 제에서 소(韶) 음악을 듣고 3개월 동안 고기 맛을 잊음. 제경공(齊景公)이 공자에게 정치에 대해 물음.

BC 510(노소공 32) 42세. 제에 망명한 노소공 사망. 소공의 동생 공자 송(宋)이 즉위하여 정공(定公)이 됨.

BC 505(노정공 5) 47세. 양호(陽虎)가 계환자(季桓子)를 잡아 가두고 노의 권력을 잡음. 공자는 벼슬에 나아가지 않고 물러나 시(詩), 서(書), 예(禮), 악(樂)을 닦으면서 제자들을 가르침.

BC 502(노정공 8) 50세. 공산불뉴(公山不狃)가 비(費)에서 계씨에게 반기를 들고 사람을 시켜 공자를 초빙하였으나 자로의 반대로 가지 않음.

BC 501(노정공 9) 51세. 양호가 반란이 실패하여 제로 도주함. 공자는 중도(中都, 현 산둥성 원상汶上현 서북 지방)의 재(宰)가 되어 많은 업적을 쌓음.

BC 500(노정공 10) 52세. 협곡(夾谷, 현 산둥성 우라이蕪萊현의 쟈구샤夾谷峽)의 회맹(會盟)에서 정공을 수행함. 공자가 예악으로, 정공을 협박하려는 제경공을 꾸짖고 제에게 빼앗겼던 운(鄆), 문양(汶陽), 구음(龜陰)의 땅을 되찾음.

BC 496(노정공 14) 56세. 노나라의 대사구(大司寇)가 되었으나, 계환자가 제에서 보낸 여악(女樂)에 현혹되어 3일 동안 정사를 돌보지 않고, 또 제사 때 쓴 구운 고기를 하사하지 않자 위(衛)로 떠남. 이때부터 13년 동안 자신의 정치적 이상을 실현하기 위해 천하를 주유함.

BC 495(노정공 15) 57세. 노정공이 죽고 그의 아들 장(蔣)이 애공(哀公)으로 즉위함.

BC 492(노애공 3) 60세. 송(宋)의 사마(司馬) 환퇴(桓魋)가 공자를 죽이려 함.

BC 490(노애공 5) 62세. 필힐(佛肹)이 반란을 일으켜 공자를 초빙하였으나 자로의 반대로 가지 않음.

BC 489(노애공 6) 63세. 진(陳)과 채(蔡) 사이에서 양식이 떨어지는 고난을 당함.

BC 484(노애공 11) 68세. 애공과 계강자(季康子)가 국로(國老)의 예로 초빙하여 13년 만에 고향인 노로 돌아옴. 이때부터 만년의 제자 양성이 시작됨. 『사기』「공자세가」에 의하면 제자의 수가 모두 합하여 3,000이 넘었으며 그 중 육예(六藝)에 통달한 자만 해도 72명이나 되었다고 함.

BC 483(노애공 12) 69세. 아들 이(鯉)가 50세의 나이로 사망함.

BC 481(노애공 14) 71세. 안회(顔回) 죽음. 이 해 공자가 『춘추』의 집필을 마쳤다고 전해짐.

BC 480(노애공 15) 72세. 위에서 정변이 일어나 자로(子路) 죽음.

BC 479(노애공 16) 73세. 4월 기축(己丑)일에 세상을 떠나 사수(泗水) 부근에 매장됨. 제자들이 모두 모여 3년 동안 공자의 묘를 지킴. 자공만은 홀로 6년 동안 거상(居喪)함. 현 산둥성 취푸시 북쪽의 공림(孔林) 안에 공자묘(孔子墓)가 있음.

공자의 제자들

* 『사기』「중니제자열전」과 고주, 신주를 참고하여 작성했음.
* 나이는 공자와의 나이 차이를 말하며 「중니제자열전」에 의거했음.

통칭	나이	성명	자	비고
공서화(公西華)	42	공서적(公西赤)	자화(子華)	
공야장(公冶長)		공야장(公冶長)	자장(子長)	
금로(琴牢)		금로(琴牢)	자개(子開)	
남용(南容)		남궁괄(南宮适)	자용(子容)	
담대멸명(澹臺滅明)	39	담대멸명(澹臺滅明)	자우(子羽)	
무마기(巫馬期)	30	무마시(巫馬施)	자기(子期)	
민자건(閔子騫)	15	민손(閔損)	자건(子騫)	
번지(樊遲)	36	번수(樊須)	자지(子遲)	
사마우(司馬牛)		사마경(司馬耕)	자우(子牛)	
안로(顔路)		안무요(顔無繇)		안연의 아버지
안연(顔淵)	30	안회(顔回)	자연(子淵)	
염유(冉有)	29	염구(冉求)	자유(子有)	
염백우(冉伯牛)		염경(冉耕)	백우(伯牛)	
원사(原思)		원헌(原憲)	자사(子思)	
유자(有子)	33	유약(有若)	자유(子有)	
자고(子羔)	30	고시(高柴)	자고(子羔)	
자공(子貢)	31	단목사(端木賜)	자공(子貢)	
자로(子路)	9	중유(仲由)	자로(子路), 계로(季路)	
자유(子游)	45	언언(言偃)	자유(子游)	

통칭	나이	성명	자	비고
자장(子張)	48	전손사(顓孫師)	자장(子張)	
자천(子賤)	30	복부제(宓不齊)	자천(子賤)	공자가어에는 49살 아래.
자하(子夏)	44	복상(卜商)	자하(子夏)	
재아(宰我)		재여(宰予)	자아(子我)	
중궁(仲弓)		염옹(冉雍)	중궁(仲弓)	
증석(曾晳)		증점(曾點)	석(晳)	증자의 아버지
증자(曾子)	46	증삼(曾參)	자여(子輿)	
진자금(陳子禽)		진항(陳亢)	자금(子禽)	자공의 제자라고도 함
칠조개(漆雕開)		칠조개(漆雕開)	자개(子開), 자약(子若)	

논어 인명 색인

* 숫자는 편/장을 나타냄.

ㄱ

간공(簡公) 14/22

강자(康子)→계강자(季康子)

거백옥(蘧伯玉) 14/26, 15/6

걸닉(桀溺) 18/6

격경양(擊磬襄) 18/9

계강자(季康子), 강자(康子) 2/20, 6/6, 10/15, 11/6, 12/17, 12/18, 12/19, 14/20

계로(季路)→자로(子路)

계문자(季文子) 5/19

계손(季孫) 14/38

계수(季隨) 18/11

계씨(季氏) 3/1, 3/6, 6/7, 11/16, 13/2, 16/1, 18/3

계와(季騧) 18/11

계자연(季子然) 11/23

계환자(季桓子) 18/4

고방숙(鼓方叔) 18/9

고요(皐陶) 12/22

고종(高宗) 14/43

공명가(公明賈) 14/14

공문자(孔文子) 5/14

공백료(公伯寮) 14/38

공산불요(公山弗擾) 17/5

공서적(公西赤)→공서화(公西華)

공서화(公西華), 자화(子華), 공서적(公西赤), 적(赤) 5/7, 6/3, 7/33, 11/21, 11/25

공손조(公孫朝) 19/22

공숙문자(公叔文子) 14/14, 14/19

공야장(公冶長) 5/1

공자규(公子糾) 14/17, 14/18

공작(公綽)→맹공작(孟公綽)

관중(管仲), 관씨(管氏) 3/22, 14/10, 14/17, 14/18

광인(匡人) 9/5

구(求)→염구(冉求)

궁(躬) 13/18

궐당동자(闕堂童子) 14/47

극자성(棘子成) 12/8

기자(箕子) 18/1

ㄴ

남궁괄(南宮适)→남용(南容)

남용(南容), 남궁괄(南宮适) 5/1, 11/5, 14/6

남자(南子) 6/26

노(牢) 9/6

노공(魯公) 18/10
노태사(魯大師) 3/23
노팽(老彭) 7/1

ㄷ

달항당인(達巷黨人) 9/2
담대멸명(澹臺滅明) 6/12
대부선(大夫僎) 14/19
동리자산(東里子產)→자산(子產)

ㅁ

맹경자(孟敬子) 8/4
맹공작(孟公綽), 공작(公綽) 14/12, 14/13
맹무백(孟武伯) 2/6, 5/7
맹씨(孟氏) 19/19
맹의자(孟懿子) 2/5
맹장자(孟莊子) 19/18
맹지반(孟之反) 6/13
무마기(巫馬期) 7/30
무왕(武王) 8/20
문무(文武) 19/22
문왕(文王) 9/5
미생고(微生高) 5/23
미생무(微生畝) 14/34
미자(微子) 18/1
민자(閔子)→민자건(閔子騫)
민자건(閔子騫), 민자(閔子) 6/7, 11/2, 11/4, 11/12, 11/13

ㅂ

백괄(伯适) 18/11
백달(伯達) 18/11
백씨(伯氏) 14/10
백어(伯魚)→이(鯉)
백우(伯牛)→염백우(冉伯牛)
백이숙제(伯夷叔齊) 5/22, 7/14, 16/12, 18/8
번수(樊須)→번지(樊遲)
번지(樊遲), 번수(樊須) 2/5, 6/20, 12/21, 12/22, 13/4, 13/19
변장자(卞莊子) 14/13
비간(比干) 18/1
비심(裨諶) 14/9

ㅅ

사(賜)→자공(子貢)
사(師)→자장(子張)
사마우(司馬牛) 12/3, 12/4, 12/5
사면(師冕) 15/41
사반결(四飯缺) 18/9
사어(史魚) 15/6
사지(師摯)→태사지(大師摯)
삼(參)→증자(曾子)
삼가(三家) 3/2
삼반요(三飯繚) 18/9
삼환(三桓) 16/3
상(商)→자하(子夏)

논어 인명 색인 **843**

섭공(葉公) 7/18, 13/16, 13/18
세숙(世叔) 14/9
소공(昭公) 7/30
소련(少連) 18/8
소사양(少師陽) 18/9
소홀(召忽) 14/17
송조(宋朝) 6/14
숙손무숙(叔孫武叔) 19/23, 19/24
숙야(叔夜) 18/11
숙하(叔夏) 18/11
순(舜), 우(虞) 6/28, 8/18, 8/20, 12/22, 14/45, 15/4, 20/1
시(柴)→자고(子羔)
신문(晨門) 14/41
신장(申棖) 5/10

ㅇ

아반간(亞飯干) 18/9
안로(顔路) 11/7
안연(顔淵), 안회(顔回), 회(回) 2/9, 5/8, 5/25, 6/2, 6/5, 6/9, 7/10, 9/10, 9/19, 9/20, 11/2, 11/3, 11/6, 11/7, 11/8, 11/9, 11/10, 11/18, 11/22, 12/1, 15/10
안평중(晏平仲) 5/16
안회(顔回)→안연(顔淵)
애공(哀公) 2/19, 3/21, 6/2, 12/9
양부(陽膚) 19/19
양화(陽貨) 17/1

언(偃)→자유(子游)
언유(言游)→자유(子游)
여(予)→재아(宰我)
염구(冉求), 염유(冉有), 구(求), 염자(冉子) 3/6, 5/7, 6/3, 6/6, 6/10, 7/14, 11/2, 11/12, 11/16, 11/21, 11/23, 11/25, 13/9, 13/14, 14/13, 16/1
염백우(冉伯牛) 6/8, 11/2
염유(冉有)→염구(冉求)
염자(冉子)→염구(冉求)
영공(靈公)→위령공(衛靈公)
영무자(寧武子)(5/20)
영윤자문(令尹子文) 5/18
예(羿) 14/6
오(奡) 14/6
오맹자(吳孟子) 7/30
옹(雍)→중궁(仲弓)
왕손가(王孫賈) 3/13, 14/20
요(堯), 당(唐) 6/28, 8/19, 14/45, 20/1
우(禹) 8/18, 8/21, 14/6, 20/1
우중(虞仲) 18/8
원사(原思), 헌(憲) 6/3, 14/1
원양(原壤) 14/46
위공자형(衛公子荊) 13/8
위군(衛君) 7/14
위령공(衛靈公), 영공(靈公) 14/20, 15/1
유(由)→자로(子路)
유비(孺悲) 17/20

유약(有若)→유자(有子)

유자(有子), 유약(有若) 1/2, 1/12, 1/13, 12/9

유하혜(柳下惠) 15/13, 18/2, 18/8

의봉인(儀封人) 3/24

이(鯉), 백어(伯魚) 11/7, 16/13, 17/10

이(履)→탕(湯)

이윤(伊尹) 12/22

이일(夷逸) 18/8

임방(林放) 3/4, 3/6

ㅈ

자고(子羔), 시(柴) 11/17, 11/24

자공(子貢), 사(賜) 1/10, 1/15, 2/13, 3/17, 5/3, 5/8, 5/11, 5/12, 5/14, 6/6, 6/28, 7/14, 9/6, 9/12, 11/2, 11/12, 11/15, 11/18, 12/7, 12/8, 12/23, 13/20, 13/24, 14/18, 14/31, 14/37, 15/2, 15/9, 15/23, 17/19, 17/24, 19/20, 19/21, 19/22, 19/23, 19/24, 19/25

자금(子禽), 진항(陳亢), 진자금(陳子禽) 1/10, 16/13, 19/25

자로(子路), 중유(仲由), 유(由), 계로(季路) 2/17, 5/6, 5/7, 5/13, 5/25, 6/6, 6/26, 7/10, 7/18, 7/34, 9/11, 9/26, 10/18, 11/2, 11/11, 11/12, 11/14, 11/17, 11/21, 11/23, 11/24, 11/25, 12/12, 13/1, 13/3, 13/28, 14/13, 14/17, 14/23, 14/38, 14/41, 14/45, 15/3, 16/1, 17/5, 17/7, 17/8, 17/23, 18/6, 18/7

자복경백(子服景伯) 14/38, 19/23

자산(子産), 동리자산(東里子産) 5/15, 14/9, 14/10

자상백자(子桑伯子) 6/1

자서(子西) 14/10

자유(子游), 언(偃), 언유(言游) 2/7, 4/26, 6/12, 11/2, 17/4, 19/12, 19/14, 19/15

자장(子張), 사(師) 2/18, 2/23, 5/18, 11/15, 11/17, 11/19, 12/6, 12/10, 12/14, 12/20, 14/43, 15/5, 15/41, 17/6, 19/1, 19/2, 19/3, 19/15, 19/16, 20/2

자천(子賤) 5/2

자하(子夏), 상(商) 1/7, 2/8, 3/8, 6/11, 11/2, 11/15, 12/5, 12/22, 13/17, 19/3, 19/4, 19/5, 19/6, 19/7, 19/8, 19/9, 19/10, 19/11, 19/12, 19/13

자화(子華)→공서화(公西華)

장무중(臧武仲) 14/13, 14/15

장문중(臧文仲) 5/17, 15/13

장저(長沮) 18/6

재아(宰我), 재여(宰予), 여(予) 3/21, 5/9, 6/24, 11/2, 17/21

재여(宰予)→재아(宰我)

적(赤)→공서화(公西華)

논어 인명 색인 **845**

전유(顓臾) 16/1

점(點)→증석(曾皙)

접여(接輿) 18/5

정공(定公) 3/19, 13/15

제경공(齊景公) 12/11, 16/12, 18/3

제환공(齊桓公), 환공(桓公) 14/16, 14/17, 14/18

좌구명(左丘明) 5/24

주(紂) 19/20

주공(周公) 7/5, 8/11, 11/16, 18/10

주임(周任) 16/1

주장(主張) 18/8

중궁(仲弓), 옹(雍) 5/4, 6/1, 6/4, 11/2, 12/2, 13/2

중돌(仲突) 18/11

중숙어(仲叔圉) 14/20

중유(仲由)→자로(子路)

중홀(仲忽) 18/11

증석(曾皙), 점(點) 11/25

증자(曾子), 삼(參) 1/4, 1/9, 4/15, 8/3, 8/4, 8/5, 8/6, 8/7, 11/17, 12/24, 14/28, 19/16, 19/17, 19/18, 19/19

직(稷) 14/6

진문공(晋文公) 14/16

진문자(陳文子) 5/18

진사패(陳司敗) 7/30

진성자(陳成子), 진항(陳恒) 14/22

진자금(陳子禽)→자금(子禽)

진항(陳亢)→자금(子禽)

진항(陳恒)→진성자(陳成子)

ㅊ

최자(崔子) 5/18

축타(祝駝) 6/14, 14/20

칠조개(漆雕開) 5/5

ㅌ

탕(湯), 이(履) 12/22, 20/1

태백(泰伯) 8/1

태사지(大師摯), 사지(師摯) 8/15, 18/9

태재(大宰) 9/6

ㅍ

파도무(播鼗武) 18/9

필힐(佛肸) 17/7

ㅎ

하조장인(荷蓧丈人) 18/7

행인자우(行人子羽) 14/9

헌(憲)→원사(原思)

호향동자(互鄕童子) 7/28

환공(桓公)→제환공(齊桓公)

환퇴(桓魋) 7/22

회(回)→안연(顔淵)

논어 어구 색인

* 숫자는 편/장을 나타냄.

ㄱ

가아수년 오십이학 역가이무대과의(加我數年 五十以學 易可以無大過矣) 7/16

가여공학 미가여적도(可與共學 未可與適道) 9/29

가여립 미가여권(可與立 未可與權) 9/29

가여언이불여지언 실인(可與言而不與之言 失人) 15/7

가여적도 미가여립(可與適道 未可與立) 9/29

가자여지 기불가자거지(可者與之 其不可者 拒之) 19/3

강의목눌 근인(剛毅木訥 近仁) 13/27

개균무빈 화무과 안무경(蓋均無貧 和無寡 安無傾) 16/1

거간이행간 무내대간호(居簡而行簡 無乃大簡乎) 6/1

거경이행간 이림기민 불역가호(居敬而行簡 以臨其民 不亦可乎) 6/1

거상불관 위례불경 임상불애 오하이관지재(居上不寬 爲禮不敬 臨喪不哀 吾何以觀之哉) 3/26

거선이교불능즉권(擧善而教不能則勸) 2/20

거시방야 사기대부지현자 우기사지인자(居是邦也 事其大夫之賢者 友其士之仁者) 15/9

거이소지 이소부지 인기사저(擧爾所知 爾所不知 人其舍諸) 13/2

거지무권 행지이충(居之無倦 行之以忠) 12/14

거직조저왕 능사왕자직(擧直錯諸枉 能使枉者直) 12/22

거직조저왕즉민복 거왕조저직즉민불복(擧直錯諸枉則民服 擧枉錯諸直則民不服) 2/19

거처공 집사경 여인충 수지이적 불가기야(居處恭 執事敬 與人忠 雖之夷狄 不可棄也) 13/19

견득사의(見得思義) 16/10, 19/1

견리사의(見利思義) 14/13

견선여불급 견불선여탐탕 오견기인야 오문기어의(見善如不及 見不善如探湯 吾見其人矣 吾聞其語矣) 16/11

견위수명(見危授命) 14/13

견의불위 무용야(見義不爲 無勇也) 2/24

견현사제언 견불현이내자성야(見賢思齊焉 見不賢而內自省也) 4/17

경야 뇌재기중의(耕也 餒在其中矣) 15/31

고구무대고 즉불기야(故舊無大故 則不棄也) 18/10

고구불유 즉민불투(故舊不遺 則民不偷) 8/2

고불고 고재 고재(觚不觚 觚哉 觚哉) 6/23

고자 언지불출 치궁지불체야(古者 言之不出 恥躬之不逮也) 4/22

고저왕이지래자(告諸往而知來者) 1/15

고지광야사 금지광야탕(古之狂也肆 今之狂也蕩) 17/16

고지긍야렴 금지긍야분려(古之矜也廉 今之矜也忿戾) 17/16

고지우야직 금지우야사이이의(古之愚也直 今之愚也詐而已矣) 17/16

고지학자위기 금지학자위인(古之學者爲己 今之學者爲人) 14/25

곤이불학 민사위하의(困而不學 民斯爲下矣) 16/9

곤이학지 우기차야(困而學之 又其次也) 16/9

공근어례 원치욕야(恭近於禮 遠恥辱也) 1/13

공기악 무공인지악 비수특여(攻其惡 無攻人之惡 非修慝與) 12/21

공욕선기사 필선리기기(工欲善其事 必先利其器) 15/9

공이무례 즉로(恭而無禮 則勞) 8/2

공즉불모(恭則不侮) 17/6

공즉열(公則說) 20/1

공호이단 사해야이(攻乎異端 斯害也已) 2/16

교소천혜 미목반혜 소이위현혜(巧笑倩兮 美目盼兮 素以爲絢兮) 3/8

과유불급(過猶不及) 11/15

과이불개 시위과의(過而不改 是謂過矣) 15/29

과즉물탄개(過則勿憚改) 1/8, 9/24

관저 낙이불음 애이불상(關雎 樂而不淫 哀而不傷) 3/20

관즉득중(寬則得衆) 17/6, 20/1

광이부직 통이불원 공공이불신 오부지지의(狂而不直 侗而不愿 悾悾而不信 吾不知之矣) 8/16

광자진취 견자유소불위야(狂者進取 狷者有所不爲也) 13/21

교언난덕(巧言亂德) 15/26

교언영색 선의인(巧言令色 鮮矣仁) 1/3, 17/17

구곡기몰 신곡기승(舊穀旣沒 新穀旣升) 17/21

구요 불망평생지언(久要 不忘平生之言) 14/13

구유용아자 기월이이가의 삼년유성(苟有用我者 朞月而已可也 三年有成) 13/10

구인이득인 우하원(求仁而得仁 又何怨) 7/14

구정기신의 어종정호하유(苟正其身矣 於從政乎何有) 13/13

구지어인의 무오야(苟志於仁矣 無惡也) 4/4

군거종일 언불급의 호행소혜 난의재(群居終日 言不及義 好行小慧 難矣哉) 15/16

군군신신부부자자(君君臣臣父父子子) 12/11

군사신이례 신사군이충(君使臣以禮 臣事君以忠) 3/19

군자 가서야 불가함야 가기야 불가망야(君子 可逝也 不可陷也 可欺也 不可罔也) 6/24

군자거인 오호성명(君子去仁 惡乎成名) 4/5

군자거지 하루지유(君子居之 何陋之有) 9/13

군자 경이무실 여인공이유례 사해지내 개형제야(君子 敬而無失 與人恭而有禮 四海之內 皆兄弟也) 12/5

군자고궁 소인궁사람의(君子固窮 小人窮斯濫矣) 15/1

군자구저기 소인구저인(君子求諸己 小人求諸人) 15/20

군자긍이부쟁 군이부당(君子矜而不爭 群而不黨) 15/21

군자독어친 즉민흥어인(君子篤於親 則民興於仁) 8/2

군자명지 필가언야(君子名之 必可言也) 13/3

군자모도 불모식(君子謀道 不謀食) 15/31

군자무본 본립이도생(君子務本 本立而道生) 1/2

군자무소쟁 필야사호(君子無所爭 必也射乎) 3/7

군자무종식지간위인 조차필어시 전패필어시(君子無終食之間違仁 造次必於是 顚沛必於是) 4/5

군자무중과 무소대 무감만 사불역태이불교호(君子無衆寡 無小大 無敢慢 斯不亦泰而不驕乎) 20/2

군자박학어문 약지이례 역가이불반의부(君子博學於文 約之以禮 亦可以弗畔矣夫) 6/25

군자병무능언 불병인지부기지야(君子病無能焉 不病人之不己知也) 15/18

군자부중즉불위 학즉불고(君子不重則不威 學則不固) 1/8

군자불가소지이가대수야 소인불가대수이가소지야(君子不可小知而可大受也 小人不可大受而可小知也) 15/32

군자불기(君子不器) 2/12

군자불시기친(君子不施其親) 18/10

군자불우불구(君子不憂不懼) 12/4

군자불이언거인 불이인폐언(君子不以言擧人 不以人廢言) 15/22

군자사불출기위(君子思不出其位) 14/28

군자상달 소인하달(君子上達 小人下達)

14/24

군자성인지미 불성인지악 소인반시(君子成人之美 不成人之惡 小人反是) 12/16

군자소귀호도자삼 동용모사원폭만의 정안색사근신의 출사기사원비배의(君子所貴乎道者三 動容貌斯遠暴慢矣 正顔色斯近信矣 出辭氣斯遠鄙倍矣) 8/4

군자식무구포 거무구안 민어사이신어언 취유도이정언 가위호학야이(君子食無求飽 居無求安 敏於事而愼於言 就有道而正焉 可謂好學也已) 1/14

군자신이후로기민 미신즉이위려기야(君子信而後勞其民 未信則以爲厲己也) 19/10

군자어기부지 개궐여야(君子於其所不知 蓋闕如也) 13/3

군자어기언 무소구이이의(君子於其言 無所苟而已矣) 13/3

군자오거하류(君子惡居下流) 19/20

군자욕눌어언 이민어행(君子欲訥於言 而敏於行) 4/24

군자우도 불우빈(君子憂道 不憂貧) 15/31

군자유구사(君子有九思) 16/10

군자유삼계(君子有三戒) 16/7

군자유삼변 망지엄연 즉지야온 청기언야려(君子有三變 望之儼然 卽之也溫 聽其言也厲) 19/9

군자유삼외 외천명 외대인 외성인지언(君子有三畏 畏天命 畏大人 畏聖人之言) 16/8

군자유어의 소인유어리(君子喻於義 小人喻於利) 4/16

군자유용이무의 위란(君子有勇而無義 爲亂) 17/23

군자의이위상(君子義以爲上) 17/23

군자의이위질 예이행지 손이출지 신이성지(君子義以爲質 禮以行之 孫以出之 信以成之) 15/17

군자이문회우 이우보인(君子以文會友 以友輔仁) 12/24

군자이불인자유의부 미유소인이인자야(君子而不仁者有矣夫 未有小人而仁者也) 14/7

군자이사이난열야(君子易事而難說也) 13/25

군자일언이위지 일언이위부지 언불가불신야(君子一言以爲知 一言以爲不知 言不可不愼也) 19/25

군자정기의관 존기첨시 엄연인망이외지 사불역위이불맹호(君子正其衣冠 尊其瞻視 儼然人望而畏之 斯不亦威而不猛乎) 20/2

군자정이불량(君子貞而不諒) 15/36

군자존현이용중 가선이긍불능(君子尊賢而容衆 嘉善而矜不能) 19/3

군자주급 불계부(君子周急 不繼富) 6/3

군자주이불비 소인비이부주(君子周而不比 小人比而不周) 2/14

군자지과야 여일월지식언 과야인개견지 경야인개앙지(君子之過也 如日月之食焉 過也人皆見之 更也人皆仰之) 19/21

군자지덕풍 소인지덕초 초상지풍필언(君子之德風 小人之德草 草上之風必偃) 12/19

군자지도 숙선전언 숙후권언(君子之道 孰先傳焉 孰後倦焉) 19/12

군자지사야 행기의야(君子之仕也 行其義也) 18/7

군자지어천하야 무적야 무막야 의지여비(君子之於天下也 無適也 無莫也 義之與比) 4/10

군자질몰세이명불칭언(君子疾沒世而名不稱焉) 15/19

군자질부사왈욕지이필위지사(君子疾夫舍曰欲之而必爲之辭) 16/1

군자치기언이과기행(君子恥其言而過其行) 14/29

군자탄탕탕 소인장척척(君子坦蕩蕩 小人長戚戚) 7/36

군자태이불교 소인교이불태(君子泰而不驕 小人驕而不泰) 13/26

군자학도즉애인(君子學道則愛人) 17/4

군자화이부동 소인동이불화(君子和而不同 小人同而不和) 13/23

군자회덕 소인회토 군자회형 소인회혜(君子懷德 小人懷土 君子懷刑 小人懷惠) 4/11

군훙 백관총기이청어총재삼년(君薨 百官總己以聽於冢宰三年) 14/43

궁자후 이박책어인 즉원원의(躬自厚 而薄責於人 則遠怨矣) 15/14

극기복례위인(克己復禮爲仁) 12/1

근자열 원자래(近者說 遠者來) 13/16

급기로야 혈기기쇠 계지재득(及其老也 血氣旣衰 戒之在得) 16/7

급기사인야 구비언(及其使人也 求備焉) 13/25

급기사인야 기지(及其使人也 器之) 13/25

급기장야 혈기방강 계지재투(及其壯也 血氣方剛 戒之在鬪) 16/7

기래지 즉안지(旣來之 則安之) 16/1

기불칭기력 칭기덕야(驥不稱其力 稱其德也) 14/35

기생야영 기사야애(其生也榮 其死也哀) 19/25

기소불욕 물시어인(己所不欲 勿施於人) 12/2, 15/23

기신부정 수령부종(其身不正 雖令不從)‧13/6

기신정 불령이행(其身正 不令而行(13/6)

기언지부작 즉위지야난(其言之不怍 則爲之也難) 14/21

논어 어구 색인 851

기왕불구(既往不咎) 3/21

기위인야 발분망식 낙이망우 부지로지장지
운이(其爲人也 發憤忘食 樂以忘憂 不知
老之將至云爾) 7/18

기위인야효제 이호범상자선의 불호범상 이
호작란자미지유야(其爲人也孝弟 而好犯
上者鮮矣 不好犯上 而好作亂者未之有
也) 1/2

ㄴ

낙교락 낙질유 낙연락 손의(樂驕樂 樂佚遊
樂宴樂 損矣) 16/5

낙연후소 인불염기소(樂然後笑 人不厭其
笑) 14/14

낙절예악 낙도인지선 낙다현우 익의(樂節禮
樂 樂道人之善 樂多賢友 益矣) 16/5

내성불구 부하우하구(內省不疚 夫何憂何
懼) 12/4

노이불원(勞而不怨) 20/2

노자안지 붕우신지 소자회지(老者安之 朋友
信之 小者懷之) 5/25

능근취비 가위인지방야이(能近取譬 可謂仁
之方也已) 6/28

능이예양위국호 하유(能以禮讓爲國乎 何
有) 4/13

ㄷ

다문궐의 신언기여즉과우(多聞闕疑 愼言其

餘則寡尤) 2/18

다문궐태 신행기여즉과회(多見闕殆 愼行其
餘則寡悔) 2/18

다문 택기선자이종지 다견이지지 지지차야
(多聞 擇其善者而從之 多見而識之 知之
次也) 7/27

당인 불양어사(當仁 不讓於師) 15/35

대거무예 소거무월 기하이행지재(大車無輗
小車無軏 其何以行之哉) 2/22

대덕불유한 소덕출입가야(大德不踰閑 小德
出入可也) 19/11

덕불고 필유린(德不孤 必有鄰) 4/25

덕지불수 학지불강 문의불능사 불선불능개
시오우야(德之不修 學之不講 聞義不能
徙 不善不能改 是吾憂也) 7/3

덕행 안연민자건염백우중궁(德行 顔淵閔子
騫冉伯牛仲弓) 11/2

도부동 불상위모(道不同 不相爲謀) 15/39

도지사행(道之斯行) 19/25

도지이덕 제지이례 유치차격(道之以德 齊
之以禮 有恥且格) 2/3

도지이정 제지이형 민면이무치(道之以政 齊
之以刑 民免而無恥) 2/3

도지장행야여 명야 도지장폐야여 명야(道
之將行也與 命也 道之將廢也與 命也)
14/38

도청이도설 덕지기야(道聽而塗說 德之棄
也) 17/14

독신호학 수사선도(篤信好學 守死善道)
8/13

동지사화(動之斯和) 19/25

두소지인 하족산야(斗筲之人 何足算也)
13/20

ㅁ

마면례야 금야순 검 오종중(麻冕禮也 今也
純 儉 吾從衆) 9/3

막아지야부(莫我知也夫) 14/37

만령치기 위지적(慢令致期 謂之賊) 20/2

만방유죄 죄재짐궁(萬方有罪 罪在朕躬)
20/1

망이위유 허이위영 약이위태 난호유항의(亡
而爲有 虛而爲盈 約而爲泰 難乎有恒矣)
7/25

명부정 즉언불순(名不正 則言不順) 13/3

모사공(貌思恭) 16/10

묘이불수자유의부 수이부실자유의부(苗而
不秀者有矣夫 秀而不實者有矣夫) 9/21

무구비어일인(無求備於一人) 18/10

무민지의 경귀신이원지 가위지의(務民之義
敬鬼神而遠之 可謂知矣) 6/20

무욕속 무견소리(無欲速 無見小利) 13/17

무우불여기자(無友不如己者) 1/8

무우불여기자(毋友不如己者) 9/24

묵이식지 학이불염 회인불권 하유어아재(默
而識之 學而不厭 誨人不倦 何有於我哉)
7/2

문막오유인야 궁행군자즉미지유득(文莫吾
猶人也 躬行君子則吾未之有得) 7/32

문왕기물 문부재자호(文王旣沒 文不在玆
乎) 9/5

문유질야 질유문야 호표지곽유견양지곽(文
猶質也 質猶文也 虎豹之鞹猶犬羊之鞹)
12/8

문학 자유자하(文學 子游子夏) 11/2

물기야 이범지(勿欺也 而犯之) 14/23

미견안색이언 위지고(未見顔色而言 謂之
瞽) 16/6

미능사인 언능사귀(未能事人 焉能事鬼)
11/11

미지생 언지사(未知生 焉知死) 11/11

민가사유지 불가사지지(民可使由之 不可使
知之) 8/9

민무신 불립(民無信 不立) 12/7

민이호학 불치하문 시이위지문야(敏而好學
不恥下問 是以謂之文也) 5/14

민즉유공(敏則有功) 17/6, 20/1

ㅂ

박아이문 약아이례(博我以文 約我以禮)
9/10

박학어문 약지이례 역가이불반의부(博學於
文 約之以禮 亦可以不畔矣夫) 12/15

박학이독지 절문이근사 인재기중의(博學而

논어 어구 색인 853

篤志 切問而近思 仁在其中矣) 19/6
박학이무소성명(博學而無所成名) 9/2
반소사음수 곡굉이침지 낙역재기중의(飯疏食飲水 曲肱而枕之 樂亦在其中矣) 7/15
방어리이행 다원(放於利而行 多怨) 4/12
방유도곡 방무도곡치야(邦有道穀 邦無道穀恥也) 14/1
방유도불폐 방무도면어형륙(邦有道不廢 邦無道免於刑戮) 5/1
방유도빈차천언치야 방무도부차귀언치야(邦有道貧且賤焉恥也 邦無道富且貴焉恥也) 8/13
방유도여시 방무도여시(邦有道如矢 邦無道如矢) 15/6
방유도위언위행 방무도위행언손(邦有道危言危行 邦無道危行言孫) 14/4
방유도즉사 방무도즉권이회지(邦有道則仕 邦無道則可券而懷之) 15/6
방유도즉지 방무도즉우(邦有道則知 邦無道則愚) 5/20
방정성(放鄭聲) 15/10
배하례야 금배호상 태야 수위중 오종하(拜下禮也 今拜乎上 泰也 雖違衆 吾從下) 9/3
백공거사이성기사 군자학이치기도(百工居肆以成其事 君子學以致其道) 19/7
백성유과 재여일인(百姓有過 在予一人) 20/1

백성족 군숙여부족 백성부족 군숙여족(百姓足 君孰與不足 百姓不足 君孰與足) 12/9
백이숙제 불염구악 원시용희(伯夷叔齊 不念舊惡 怨是用希) 5/22
법어지언 능무종호 개지위귀(法語之言 能無從乎 改之爲貴) 9/23
복주지면(服周之冕) 15/10
봉황부지 하불출도 오이의부(鳳鳥不至 河不出圖 吾已矣夫) 9/8
부달야자 질직이호의 찰언이관색 여이하인(夫達也者 質直而好義 察言而觀色 慮以下人) 12/20
부득중행이여지 필야광견호(不得中行而與之 必也狂狷乎) 13/21
부모유기질지우(父母唯其疾之憂) 2/6
부모재 불원유 유필유방(父母在 不遠遊 遊必有方) 4/19
부모지년 불가불지야 일즉이희 일즉이구(父母之年 不可不知也 一則以喜 一則以懼) 4/21
부문야자 색취인이행위 거지불의(夫聞也者 色取仁而行違 居之不疑) 12/20
부삼년지상 천하지통상야(夫三年之喪 天下之通喪也) 17/21
부여귀 시인지소욕야 불이기도득지 불처야(富與貴 是人之所欲也 不以其道得之 不處也) 4/5

부위자은 자위부은 직재기중의(父爲子隱 子爲父隱 直在其中矣) 13/18

부이가구야 수집편지사 오역위지 여불가구 종오소호(富而可求也 雖執鞭之士 吾亦爲之 如不可求 從吾所好) 7/11

부인자 기욕립이립인 기욕달이달인(夫仁者 己欲立而立人 其欲達而達人) 6/28

부자지도 충서이이의(夫子之道 忠恕而已矣) 4/15

부자지문장 가득이문야(夫子之文章 可得而聞也) 5/12

부자지불가급야 유천지불가계이승야(夫子之不可及也 猶天之不可階而升也) 19/25

부자지언성여천도 불가득이문야(夫子之言 性與天道 不可得而聞也) 5/12

부자지장수인 부득기문이입 불견종묘지미 백관지부 득기문자혹과의(夫子之牆數仞 不得其門而入 不見宗廟之美 百官之富 得其門者或寡矣) 19/23

부재관기지 부몰관기행 삼년무개어부지도 가위효의(父在觀其志 父沒觀其行 三年無改於父之道 可謂孝矣) 1/11

부재기위 불모기정(不在其位 不謀其政) 8/14, 14/27

부지례 무이립야(不知禮 無以立也) 20/3

부지명 무이위군자야(不知命 無以爲君子也) 20/3

부지언 무이지인야(不知言 無以知人也) 20/3

분사난(忿思難) 16/10

분토지장 불가오야(糞土之牆 不可杇也) 5/9

불가여언이여지언 실언(不可與言而與之言 失言) 15/7

불계시성 위지폭(不戒視成 謂之暴) 20/2

불교이살 위지학(不敎而殺 謂之虐) 20/2

불기불구 하용부장(不忮不求 何用不臧) 9/26

불능이예양위국 여례하(不能以禮讓爲國 如禮何) 4/13

불능정기신 여정인하(不能正其身 如正人何) 13/13

불분불계 불비불발 거일우불이삼우반 즉불복야(不憤不啓 不悱不發 擧一隅不以三隅反 則不復也) 7/8

불사대신원호불이(不使大臣怨乎不以) 18/10

불역사 불억불신 억역선각자시현호(不逆詐 不億不信 抑亦先覺者是賢乎) 14/33

불왈견호 마이불린(不曰堅乎 磨而不磷) 17/7

불왈백호 열이불치(不曰白乎 涅而不緇) 17/7

불왈여지하여지하자 오말여지하야이의(不曰如之何如之何者 吾末如之何也已矣)

15/15

불원천 불우인(不怨天 不尤人) 14/37

불의이부차귀 어아여부운(不義而富且貴 於我如浮雲) 7/15

불인자불가이구처약 불가이장처락(不仁者 不可以久處約 不可以長處樂) 4/2

불천노 불이과(不遷怒 不貳過) 6/2

불천적 역불입어실(不踐迹 亦不入於室) 11/19

불학례 무이립(不學禮 無以立) 16/13

불학시 무이언(不學詩 無以言) 16/13

불항기덕 혹승지수(不恒其德 或承之羞) 13/22

불호범상 이호작란자 미지유야(不好犯上 而好作亂者 未之有也) 1/2

불환막기지 구위가지야(不患莫己知 求爲可知也) 4/14

불환무위 환소이립(不患無位 患所以立) 4/14

불환인지불기지 환기불능야(不患人之不己知 患其不能也) 14/32

불환인지불기지 환부지인야(不患人之不己知 患不知人也) 1/16

붕우삭 사소의(朋友數 斯疏矣) 4/26

붕우절절시시 형제이이(朋友切切偲偲 兄弟怡怡) 13/28

비기귀이제지 첨야(非其鬼而祭之 諂也) 2/24

비례물시 비례물청 비례물언 비례물동(非禮勿視 非禮勿聽 非禮勿言 非禮勿動) 12/1

비여위산 미성일궤 지 오지야(譬如爲山 未成一簣 止 吾止也) 9/18

비여평지 수복일궤 진 오왕야(譬如平地 雖覆一簣 進 吾往也) 9/18

빈여천 시인지소오야 불이기도득지 불거야(貧與賤 是人之所惡也 不以其道得之 不去也) 4/5

빈이락 부이호례(貧而樂 富而好禮) 1/15

빈이무원난 부이무교이(貧而無怨難 富而無驕易) 14/11

빈이무첨 부이무교(貧而無諂 富而無驕) 1/15

人

사견위치명(士見危致命) 19/1

사군 경기사이후기식(事君 敬其事而後其食) 15/37

사군삭 사욕의(事君數 斯辱矣) 4/26

사군진례 인이위첨야(事君盡禮 人以爲諂也) 3/18

사달이이의(辭達而已矣) 15/40

사민여승대제(使民如承大祭) 12/2

사부모기간 견지부종 우경불위 노이불원(事父母幾諫 見志不從 又敬不違 勞而不怨) 4/18

사부주피 위력부동과 고지도야(射不主皮 爲力不同科 古之道也) 3/16

사불가이불홍의 임중이도원 인이위기임 불역중호 사이후이 불역원호(士不可以不弘毅 任重而道遠 仁以爲己任 不亦重乎 死而後已 不亦遠乎) 8/7

사불급설(駟不及舌) 12/8

사불성 즉예악불홍(事不成 則禮樂不興) 13/3

사사경(事思敬) 16/10

사생유명 부귀재천(死生有命 富貴在天) 12/5

사 십 오 십 이 무 문 언 사 역 부 족 외 야 이 (四十五十而無聞焉 斯亦不足畏也已) 9/22

사십이불혹(四十而不惑) 2/4

사이우즉학 학이우즉사(仕而優則學 學而優則仕) 19/13

사이회거 부족이위사의(士而懷居 不足以爲士矣) 14/3

사장지이례 제지이례(死葬之以禮 祭之以禮) 2/5

사즉불손 검즉고 여기불손야령고(奢則不孫 儉則固 與其不孫也寧固) 7/35

사지어도이치악의악식자 미족여의야(士志於道而恥惡衣惡食者 未足與議也) 4/9

사해곤궁 천록영종(四海困窮 天祿永終) 20/1

사해지내 개형제야(四海之內 皆兄弟也) 12/5

삼군가탈수야 필부불가탈지야(三軍可奪帥也 匹夫不可奪志也) 9/25

삼년무개어부지도 가위효의(三年無改於父之道 可謂孝矣) 1/11, 4/20

삼년학 부지어곡 불이득야(三年學 不至於穀 不易得也) 8/12

삼십이립(三十而立) 2/4

삼인행 필유아사언 택기선자이종지 기불선자이개지(三人行 必有我師焉 擇其善者而從之 其不善者而改之) 7/21

상사애(喪思哀) 19/1

상 여기이야 영척(喪 與其易也 寧戚) 3/4

상치호애이지(喪致乎哀而止) 19/14

상호례 즉민막감불경(上好禮 則民莫敢不敬) 13/4

상호례 즉민이사야(上好禮 則民易使也) 14/44

상호신 즉민막감불용정(上好信 則民莫敢不用情) 13/4

상호의 즉민막감불복(上好義 則民莫敢不服) 13/4

색난(色難) 2/8

색려이내임 비저소인 기유천유지도야여(色厲而內荏 譬諸小人 其猶穿窬之盜也與) 17/12

색사온(色思溫) 16/10

논어 어구 색인 857

생사지이례(生事之以禮) 2/5

생이지지자 상야(生而知之者 上也) 16/9

서자여사부 불사주야(逝者如斯夫 不舍晝夜) 9/16

선사후득 비숭덕여(先事後得 非崇德與) 12/21

선유사 사소과 거현재(先有司 赦小過 擧賢才) 13/2

선인교민칠년 역가이즉융의(善人敎民七年 亦可以卽戎矣) 13/29

선인위방백년 역가이승잔거살의(善人爲邦百年 亦可以勝殘去殺矣) 13/11

선지로지(先之勞之) 13/1

선진어예악 야인야 후진어예악 군자야(先進於禮樂 野人也 後進於禮樂 君子也) 11/1

선행기언 이후종지(先行其言 而後從之) 2/13

성사불설(成事不說) 3/21

성상근야 습상원야(性相近也 習相遠也) 17/2

세한연후 지송백지후조야(歲寒然後 知松柏之後彫也) 9/27

소불인 즉란대모(小不忍 則亂大謀) 15/26

소인난사이이열야(小人難事而易說也) 13/25

소인부지천명이불외야 압대인 모성인지언(小人不知天命而不畏也 狎大人 侮聖人之言) 16/8

소인유용이무의 위도(小人有勇而無義 爲盜) 17/23

소인지과야 필문(小人之過也 必文) 19/8

소인학도 즉이사야(小人學道 則易使也) 17/4

소중민 식상제(所重民 食喪祭) 20/1

소지시 혈기미정 계지재색(少之時 血氣未定 戒之在色) 16/7

손여지언 능무열호 역지위귀(巽與之言 能無說乎 繹之爲貴) 9/23

송시삼백 수지이정부달 사어사방불능전대 수다 역해이위(誦詩三百 授之以政不達 使於四方不能專對 雖多 亦奚以爲) 13/5

수기이경(修己以敬) 14/45

수기이안백성(修己以安百姓) 14/45

수기이안인(修己以安人) 14/45

수능출불유호 하막유사도야(誰能出不由戶 何莫由斯道也) 6/15

수사불간(遂事不諫) 3/21

수소도 필유가관자언 치원공니 시이군자불위야(雖小道 必有可觀者焉 致遠恐泥 是以君子不爲也) 19/4

수지사래(綏之斯來) 19/25

수화오견도이사자의 미견도인이사자야(水火吾見蹈而死者矣 未見蹈仁而死者也) 15/34

술이부작 신이호고(述而不作 信而好古) 7/1

승은지로(乘殷之輅) 15/10
시 가이흥 가이관 가이군 가이원 이지사부원지사군 다식어조수초목지명(詩 可以興 可以觀 可以群 可以怨 邇之事父 遠之事君 多識於鳥獸草木之名) 17/9
시기소이 관기소유 찰기소안 인언수재 인언수재(視其所以 觀其所由 察其所安 人焉廋哉 人焉廋哉) 2/10
시사명(視思明) 16/10
시삼백 일언이폐지왈 사무사(詩三百 一言以蔽之曰 思無邪) 2/2
시어군자 유삼건(侍於君子 有三愆) (16/6)
시연후언 인불염기언(時然後言 人不厭其言) 14/14
신근어의 언가복야(信近於義 言可復也) 1/13
신이무례 즉사(慎而無禮 則葸) 8/2
신이후간 미신즉이위방기야(信而後諫 未信則以爲謗己也) 19/10
신종추원 민덕귀후의(慎終追遠 民德歸厚矣) 1/9
신즉민임언(信則民任焉) 20/1
신즉인임언(信則人任焉) 17/6
심즉려 천즉게(深則厲 淺則揭) 14/42
십유오이지우학(十有五而志于學) 2/4

◯

아불욕인지가저아야 오역욕무가저인(我不欲人之加諸我也 吾亦欲無加諸人) 5/11
아비생이지지자 호고민이구지자야(我非生而知之者 好古敏以求之者也) 7/19
아지대현여 어인하소불용(我之大賢與 於人何所不容) 19/3
아지불현여 인장거아 여지하기거인야(我之不賢與 人將拒我 如之何其拒人也) 19/3
악운악운 종고운호재(樂云樂云 鍾鼓云乎哉) 17/11
앙지미고 찬지미견(仰之彌高 鑽之彌堅) 9/10
애인(愛人) 12/22
애지능물로호 충지능물회호(愛之能勿勞乎 忠焉能勿誨乎) 14/8
애지욕기생 오지욕기사 기욕기생 우욕기사 시혹야(愛之欲其生 惡之欲其死 既欲其生 又欲其死 是惑也) 12/10
약성여인즉오기감 억위지불염 회인불권 즉가위운이이의(若聖與仁則吾豈敢 抑爲之不厭 誨人不倦 則可謂云爾已矣) 7/33
어인이구급 누증어인(禦人以口給 屢憎於人) 5/4
언과우 행과회 녹재기중의(言寡尤 行寡悔 祿在其中矣) 2/18
언급지이불언 위지은(言及之而不言 謂之隱) 16/6
언미급지이언 위지조(言未及之而言 謂之躁) 16/6

논어 어구 색인 859

언불순 즉사불성(言不順 則事不成) 13/3
언불충신 행부독경 수주리행호재(言不忠信 行不篤敬 雖州里行乎哉) 15/5
언사충(言思忠) 16/10
언어 재아자공(言語 宰我子貢) 11/2
언지 필가행야(言之 必可行也) 13/3
언충신 행독경 수만맥지방행의(言忠信 行篤敬 雖蠻貊之邦行矣) 15/5
언필신 행필과(言必信 行必果) 13/20
여기미어오 영미어조(與其媚於奧 寧美於竈) 3/13
여기진야 불여기퇴야(與其進也 不與其退也) 7/28
여무락호위군 유기언이막여위야(予無樂乎爲君 唯其言而莫予違也) 13/15
여유왕자 필세이후인(如有王者 必世而後仁) 13/12
여유주공지재지미 사교차린 기여부족관야이(如有周公之才之美 使驕且吝 其餘不足觀也已) 8/11
여일이관지(予一以貫之) 15/2
여절여차 여탁여마(如切如磋 如琢如磨) 1/15
역부족자 중도이폐(力不足者 中道而廢) 6/10
연사십이견오언 기종야이(年四十而見惡焉 其終也已) 17/26
열지불이도 불열야(說之不以道 不說也)
13/25
열지수불이도 열야(說之雖不以道 說也) 13/25
예악불흥 즉형벌부중(禮樂不興 則刑罰不中) 13/3
예 여기사야 영검(禮 與其奢也 寧儉) 3/4
예운예운 옥백운호재(禮云禮云 玉帛云乎哉) 17/11
예지용 화위귀(禮之用 和爲貴) 1/12
오거하류이산상자(惡居下流而訕上者) 17/24
오과감이질자(惡果敢而窒者) 17/24
오당지소자광간 비연성장 부지소이재지(吾黨之小子狂簡 斐然成章 不知所以裁之) 5/21
오도일이관지(吾道一以貫之) 4/15
오미견능견기과이내자송자야(吾未見能見其過而內自訟者也) 5/26
오미견호덕여호색자야(吾未見好德如好色者也) 9/17, 15/12
오불손이위용자(惡不孫以爲勇者) 17/24
오불시고예(吾不試故藝) 9/6
오불여제 여부제(吾不與祭 如不祭) 3/12
오불인자 기위인의 불사불인자가호기신(惡不仁者 其爲仁矣 不使不仁者加乎其身) 4/6
오상종일불식 종야불침 이사무익 불여학야(吾嘗終日不食 終夜不寢 以思無益 不如

860

學也) 15/30

오소야천 고다능비사(吾少也賤 故多能鄙
事) 9/6

오십이지천명(五十而知天命) 2/4

오알이위직자(惡訐以爲直者) 17/24

오요이위지자(惡徼以爲知者) 17/24

오용이무례자(惡勇而無禮者) 17/24

오이구지복방가자(惡利口之覆邦家者)
17/18

오자지탈주야(惡紫之奪朱也) 17/18

오정성지란아악야(惡鄭聲之亂雅樂也)
17/18

오칭인지악자(惡稱人之惡者) 17/24

온고이지신 가이위사의(溫故而知新 可以爲
師矣) 2/11

옹야 가사남면(雍也 可使南面) 6/1

요순기유병저(堯舜其猶病諸) 6/28, 14/45

욕속즉부달 견소리즉대사불성(欲速則不達
見小利則大事不成) 13/17

욕이불탐(欲而不貪) 20/2

욕인이득인 우언탐(欲仁而得仁 又焉貪)
20/2

용이무례 즉란(勇而無禮 則亂) 8/2

용자불구(勇者不懼) 9/28, 14/30

용지즉행 사지즉장(用之則行 舍之則藏)
7/10

우직우량우다문 익의(友直友諒友多聞 益
矣) 16/4

우편벽우선유우편녕 손의(友便辟友善柔友
便佞 損矣) 16/4

원거마의경구 여붕우공 폐지이무감(願車馬
衣輕裘 與朋友共 敝之而無憾) 5/25

원무벌선 무시로(願無伐善 無施勞) 5/25

원인불복 즉수문덕이래지(遠人不服 則修文
德以來之) 16/1

월무망기소능(月無忘其所能) 19/5

위군난 위신불이(爲君難 爲臣不易) 13/15

위방불입 난방불거(危邦不入 亂邦不居)
8/13

위이불맹(威而不猛) 20/2

위이불지 전이불부 즉장언용피상의(危而不
持 顚而不扶 則將焉用彼相矣) 16/1

위인유기 이유인호재(爲仁由己 而由人乎
哉) 12/1

위정이덕 비여북신 거기소이중성공지(爲政
以德 譬如北辰 居其所而衆星共之) 2/1

위지난 언지득무인호(爲之難 言之得無訒
乎) 12/3

유교무류(有敎無類) 15/38

유국유가자 불환과이환불균 불환빈이환불안
(有國有家者 不患寡而患不均 不患貧而
患不安) 16/1

유덕자필유언 유언자불필유덕(有德者必有
言 有言者不必有德) 14/5

유붕자원방래 불역락호(有朋自遠方來 不亦
樂乎) 1/1

논어 어구 색인 861

유상지여하우불이(唯上知與下愚不移) 17/3

유시유졸자 기유성인호(有始有卒者 其惟聖人乎) 19/12

유야승당의 미입어실야(由也升堂矣 未入於室也) 11/14

유약무 실약허 범이불교(有若無 實若虛 犯而不校) 8/5

유여자여소인위난양야 근지즉불손 원지즉원(唯女子與小人爲難養也 近之則不孫 遠之則怨) 17/25

유이불손제 장이무술언 노이불사 시위적(幼而不孫弟 長而無述焉 老而不死 是爲賊) 14/46

유인자 능호인 능오인(惟仁者 能好人 能惡人) 4/3

유일언이가이종신행지자호(有一言而可以終身行之者乎) 15/23

유주무량 불급란(唯酒無量 不及亂) 10/8

유지여인야 출납지오 위지유사(猶之與人也 出納之吝 謂之有司) 20/2

육십이이순(六十而耳順) 2/4

육언육폐(六言六蔽) 17/8

윤집기중(允執其中) 20/1

은거이구기지 행의이달기도 오문기어의 미견기인야(隱居以求其志 行義以達其道 吾聞其語矣 未見其人也) 16/11

의사문(疑思問) 16/10

의연후취 인불염기취(義然後取 人不厭其取) 14/14

이덕보원(以德報怨) 14/36

이도사군 불가즉지(以道事君 不可則止) 11/23

이불교민전 시위기지(以不敎民戰 是謂棄之) 13/30

이약실지자선의(以約失之者鮮矣) 4/23

이우지자 성차각 수욕물용 산천기사저(犁牛之子 騂且角 雖欲勿用 山川其舍諸) 6/4

이인위미 택부처인 언득지(里仁爲美 擇不處仁 焉得知) 4/1

이적지유군 불여제하지망야(夷狄之有君 不如諸夏之亡也) 3/5

이직보원 이덕보덕(以直報怨 以德報德) 14/36

익자삼락 손자삼락(益者三樂 損者三樂) 16/5

익자삼우 손자삼우(益者三友 損者三友) 16/4

인결기이진 여기결야 불보기왕야(人潔己以進 與其潔也 不保其往也) 7/28

인능홍도 비도홍인(人能弘道 非道弘人) 15/28

인무원려 필유근우(人無遠慮 必有近憂) 15/11

인미유자치자야 필야친상호(人未有自致者也 必也親喪乎) 19/17

인민지소리이리지 사불역혜이불비호(因民

之所利而利之 斯不亦惠而不費乎) 20/2

인부지이불온 불역군자호(人不知而不慍 不亦君子乎) 1/1

인수욕자절 기하상어일월호 다견기부지량야(人雖欲自絕 其何傷於日月乎 多見其不知量也) 19/24

인원호재 아욕인 사인지의(仁遠乎哉 我欲仁 斯仁至矣) 7/29

인이무신 부지기가야(人而無信 不知其可也) 2/22

인이무항 불가이작무의(人而無恆 不可以作巫醫) 13/22

인이불위주남소남 기유정장면이립야여(人而不爲周南召南 其猶正牆面而立也與) 17/10

인이불인 여례하(人而不仁 如禮何) 3/3

인이불인 여악하(人而不仁 如樂何) 3/3

인이불인 질지이심 난야(人而不仁 疾之已甚 亂也) 8/10

인자기언야인(仁者其言也訒) 12/3

인자 기욕립이립인 기욕달이달인(仁者 己欲立而立人 其欲達而達人) 6/28

인자불우(仁者不憂) 9/28, 14/30

인자선난이후획 가위인의(仁者先難而後獲 可謂仁矣) 6/20

인자수(仁者壽) 6/21

인자안인 지자이인(仁者安仁 知者利仁) 4/2

인자요산(仁者樂山) 6/21

인자정(仁者靜) 6/21

인자필유용 용자불필유인(仁者必有勇 勇者不必有仁) 14/5

인지과야각어기당 관과사지인의(人之過也 各於其黨 觀過斯知仁矣) 4/7

인지생야직 망지생야행이면(人之生也直 罔之生也幸而免) 6/17

인지장사 기언야선(人之將死 其言也善) 8/4

일단사일표음 재루항 인불감기우 회야불개기락(一簞食一瓢飲 在陋巷 人不堪其憂 回也不改其樂) 6/9

일언이가이흥방(一言而可以興邦) 13/15

일언이상방(一言而喪邦) 13/15

일이관지(一以貫之) 4/15, 15/2

일일극기복례 천하귀인언(一日克己復禮 天下歸仁焉) 12/1

일조지분 망기신 이급기친 비혹여(一朝之忿 忘其身 以及其親 非惑與) 12/21

일지기소망 월무망기소능 가위호학야이의(日知其所亡 月無忘其所能 可謂好學也已矣) 19/5

임지이장즉경(臨之以莊則敬) 2/20

입지사립(立之斯立) 19/25

입태묘 매사문(入大廟 每事問) 3/15, 10/21

ㅈ

자견자최자 면의상자여고자 견지 수소필작

과지필추(子見齋衰者 冕衣裳者與瞽者 見之 雖少必作 過之必趨) 9/9

자로무숙락(子路無宿諾) 12/12

자로 유문 미지능행 유공유문(子路 有聞 未 之能行 唯恐有聞) 5/13

자불어괴력난신(子不語怪力亂神) 7/20

자생삼년연후 면어부모지회(子生三年然後 免於父母之懷) 17/21

자소아언 시서집례 개아언야(子所雅言 詩 書執禮 皆雅言也) 7/17

자식어유상자지측 미상포야 자어시일곡 즉 불가(子食於有喪者之側 未嘗飽也 子於 是日哭 則不歌) 7/9

자여인가이선 필사반지 이후화지(子與人歌 而善 必使反之 而後和之) 7/31

자온이려 위이불맹 공이안(子溫而厲 威而 不猛 恭而安) 7/37

자이사교 문행충신(子以四敎 文行忠信) 7/24

자재제문소 삼월부지육미 왈 부도위악지지 어사야(子在齊聞韶 三月不知肉味 曰 不 圖爲樂之至於斯也) 7/13

자절사 무의무필무고무아(子絕四 毋意毋必 毋固毋我) 9/4

자조이불강 익불석숙(子釣而不綱 弋不射 宿) 7/26

자지소신 재전질(子之所愼 齊戰疾) 7/12

자한언리 여명여인(子罕言利 與命與仁) 9/1

자행속수이상 오미상무회언(自行束脩以上 吾未嘗無誨焉) 7/7

장유지절 불가폐야 군신지의 여지하기폐지 (長幼之節 不可廢也 君臣之義 如之何其 廢之) 18/7

전전긍긍 여림심연 여리박빙(戰戰兢兢 如 臨深淵 如履薄氷) 8/3

정사 염유계로(政事 冉有季路) 11/2

정자정야 자수이정 숙감부정(政者正也 子 帥以正 孰敢不正) 12/17

제사경(祭思敬) 19/1

제여재 제신여신재(祭如在 祭神如神在) 3/12

조문도 석사가의(朝聞道 夕死可矣) 4/8

조수불가여동군 오비사인지도여 이수여(鳥 獸不可與同群 吾非斯人之徒與 而誰與) 18/6

조지장사 기명야애(鳥之將死 其鳴也哀) 8/4

존오미 병사악(尊五美 屛四惡) 20/2

주감어이대 욱욱호문재 오종주(周監於二代 郁郁乎文哉 吾從周) 3/14

주충신(主忠信) 1/8, 9/24, 12/10

중니일월야 무득이유언(仲尼日月也 無得而 踰焉) 19/24

중오지필찰언 중호지필찰언(衆惡之必察焉 衆好之必察焉) 15/27

중용지위덕야 기지의호 민선구의(中庸之爲

864

德也 其至矣乎 民鮮久矣) 6/27

중인이상 가이어상야 중인이하 불가이어상야(中人以上 可以語上也 中人以下 不可以語上也) 6/19

지급지 인능수지 부장이리지 즉민불경(知及之 仁能守之 不莊以涖之 則民不敬) 15/32

지급지 인능수지 장이리지 동지불이례 미선야(知及之 仁能守之 莊以涖之 動之不以禮 未善也) 15/32

지급지 인불능수지 수득지 필실지(知及之 仁不能守之 雖得之 必失之) 15/32

지덕자선의(知德者鮮矣) 15/3

지사인인 무구생이해인 유살신이성인(志士仁人 無求生以害仁 有殺身以成仁) 15/8

지아자기천호(知我者其天乎) 14/37

지어도 거어덕 의어인 유어예(志於道 據於德 依於仁 游於禮) 7/6

지인(知人) 12/22

지자동(知者動) 6/21

지자락(知者樂) 6/21

지자불실인 역불실언(知者不失人 亦不失言) 15/7

지자불혹(知者不惑) 9/28, 14/30

지자요수(知者樂水) 6/21

지지위지지 부지위부지 시지야(知之爲知之 不知爲不知 是知也) 2/17

지지자불여호지자 호지자불여락지자(知之者不如好之者 好之者不如樂之者) 6/18

지화이화 불이례절지 역불가행야(知和而和 不以禮節之 亦不可行也) 1/12

직이무례 즉교(直而無禮 則絞) 8/2

진력취열 불능자지(陳力就列 不能者止) 16/1

진문공휼이부정 제환공정이불휼(晋文公譎而不正 齊桓公正而不譎) 14/16

질승문즉야 문승질즉사 문질빈빈연후군자(質勝文則野 文勝質則史 文質彬彬然後君子) 6/16

질직이호의 찰언이관색 여이하인(質直而好義 察言而觀色 慮以下人) 12/20

짐궁유죄 무이만방(朕躬有罪 無以萬方) 20/1

집덕불홍 신도부독 언능위유 언능위망(執德不弘 信道不篤 焉能爲有 焉能爲亡) 19/2

天

찬수개화(鑽燧改火) 17/21

천상여 천상여(天喪予 天喪予) 11/8

천지미상사문야 광인기여여하(天之未喪斯文也 匡人其如予何) 9/5

천지장상사문야 후사자부득여어사문야(天之將喪斯文也 後死者不得與於斯文也) 9/5

천하무도 즉예악정벌자제후출(天下無道 則

禮樂征伐自諸侯出) 16/2

천하언재 사시행언 백물생언 천하언재(天何言哉 四時行焉 百物生焉 天何言哉) 17/19

천하유도 구불여역야(天下有道 丘不與易也) 18/6

천하유도 즉서인불의(天下有道 則庶人不議) 16/2

천하유도 즉예악정벌자천자출(天下有道 則禮樂征伐自天子出) 16/2

천하유도 즉정부재대부(天下有道 則政不在大夫) 16/2

천하유도즉현 무도즉은(天下有道則見 無道則隱) 8/13

첨지재전 홀언재후(瞻之在前 忽焉在後) 9/10

청사총(聽思聰) 16/10

청송 오유인야 필야사무송호(聽訟 吾猶人也 必也使無訟乎) 12/13

출문여견대빈(出門如見大賓) 12/2

충고이선도지 불가즉지 무자욕언(忠告而善道之 不可則止 無自辱焉) 12/23

친어기신위불선자 군자불입야(親於其身爲不善者 君子不入也) 17/7

칠십이종심소욕불유구(七十而從心所欲不踰矩) 2/4

침윤지참 부수지소 불행언 가위명야이의(浸潤之譖 膚受之愬 不行焉 可謂明也已矣) 12/6

침윤지참 부수지소 불행언 가위원야이의(浸潤之譖 膚受之愬 不行焉 可謂遠也已矣) 12/6

E

타인지현자구릉야 유가유야(他人之賢者丘陵也 猶可踰也) 19/24

태이불교(泰而不驕) 20/2

택가로이로지 우수원(擇可勞而勞之 又誰怨) 20/2

ㅍ

팔일무어정 시가인야 숙불가인야(八佾舞於庭 是可忍也 孰不可忍也) 3/1

포식종일 무소용심 난의재 불유박혁자호 위지유현호이(飽食終日 無所用心 難矣哉 不有博奕者乎 爲之猶賢乎已) 17/22

폭호빙하 사이무회자 오불여야(暴虎馮河 死而無悔者 吾不與也) 7/10

필야정명호(必也正名乎) 13/3

ㅎ

하학이상달(下學而上達) 14/37

학야 녹재기중의(學也 祿在其中矣) 15/31

학여불급 유공실지(學如不及 猶恐失之) 8/17

학이불사즉망 사이불학즉태(學而不思則罔

思而不學則殆) 2/15

학이시습지 불역열호(學而時習之 不亦說乎) 1/1

학이지지자 차야(學而知之者 次也) 16/9

할계 언용우도(割鷄 焉用牛刀) 17/4

행기유치 사어사방불욕군명 가위사의(行己有恥 使於四方不辱君命 可謂士矣) 13/20

행불유경(行不由徑) 6/12

행하지시(行夏之時) 15/10

향원 덕지적야(鄉原 德之賊也) 17/13

현자피세 기차피지 기차피색 기차피언(賢者辟世 其次辟地 其次辟色 其次辟言) 14/39

형벌부중 즉민무소조수족(刑罰不中 則民無所措手足) 13/3

혜이불비(惠而不費) 20/2

혜즉족이사인(惠則足以使人) 17/6

호강불호학 기폐야광(好剛不好學 其弊也狂) 17/8

호시출어합 귀옥훼어독중 시수지과여(虎兕出於柙 龜玉毁於櫝中 是誰之過與) 16/1

호신불호학 기폐야적(好信不好學 其弊也賊) 17/8

호용불호학 기폐야란(好勇不好學 其弊也亂) 17/8

호용질빈 난야(好勇疾貧 亂也) 8/10

호인불호학 기폐야우(好仁不好學 其弊也愚) 17/8

호인자 무이상지(好仁者 無以尙之) 4/6

호종사이기실시 가위지호(好從事而亟失時 可謂知乎) 17/1

호지불호학 기폐야탕(好知不好學 其弊也蕩) 17/8

호직불호학 기폐야교(好直不好學 其弊也絞) 17/8

회기보이미기방 가위인호(懷其寶而迷其邦 可謂仁乎) 17/1

회사후소(繪事後素) 3/8

획죄어천 무소도야(獲罪於天 無所禱也) 3/13

효자즉충(孝慈則忠) 2/20

효제야자 기위인지본여(孝弟也者 其爲仁之本與) 1/2

후목불가조야(朽木不可雕也) 5/9

후생가외 언지래자지불여금야(後生可畏 焉知來者之不如今也) 9/22

흥어시 입어례 성어악(興於詩 立於禮 成於樂) 8/8

KI신서 5285

이우재의 논어 읽기

1판 1쇄 발행 2013년 11월 16일
1판 4쇄 발행 2017년 10월 10일

역주 이우재
펴낸이 김영곤 **펴낸곳** (주)북이십일 21세기북스
출판사업본부장 신승철
인문기획팀 정지은 장보라 양으녕 김찬성 윤홍
출판영업팀 이경희 이은혜 권오권 홍태형
출판마케팅팀 김홍선 최성환 배상현 신혜진 김선영 나은경
제작팀 이영민 **홍보팀** 이혜연 최수아 김미임 박혜림 문소라 전효은 백세희 김세영
출판등록 2000년 5월 6일 제 406-2003-061호
주소 (우 10881) 경기도 파주시 회동길 20(문발동)
대표전화 031-955-2100 **팩스** 031-955-2151 **이메일** book21@book21.co.kr

(주)북이십일 경계를 허무는 콘텐츠 리더
21세기북스 채널에서 도서 정보와 다양한 영상자료, 이벤트를 만나세요!
장강명, 요조와 함께하는 팟캐스트 말랑한 책수다 '책, 이게 뭐라고'
페이스북 facebook.com/21cbooks 블로그 b.book21.com
인스타그램 instagram.com/21cbooks 홈페이지 www.book21.com

© 이우재, 2013

ISBN 978-89-509-5227-3 03140
책값은 뒤표지에 있습니다.

이 책 내용의 일부 또는 전부를 재사용하려면 반드시 (주)북이십일의 동의를 얻어야 합니다.
잘못 만들어진 책은 구입하신 서점에서 교환해 드립니다.